Röhrs · Die Reformpädagogik

Hermann Röhrs

Die Reformpädagogik

Ursprung und Verlauf unter internationalem Aspekt

4. Auflage 1994

Deutscher Studien Verlag · Weinheim

Die Deutsche Bibliothek – CIP – Einheitsaufnahme

Röhrs, Hermann:
Die Reformpädagogik : Ursprung und Verlauf
unter internationalem Aspekt / Hermann Röhrs. –
4. Aufl. – Weinheim : Deutscher Studien Verlag, 1994
ISBN 3–89271–265–4

3., durchgesehene Auflage 1991
4. Auflage 1994

Die 1. und die 2. Auflage ist im Schroedel Schulbuchverlag GmbH, Hannover, erschienen.

Druck: Druck Partner Rübelmann, 69502 Hemsbach
Seriengestaltung des Umschlags: Atelier Warminski, 63654 Büdingen
Printed in Germany
ISBN 3 89271 265 4

INHALTSVERZEICHNIS

VORWORT ZUR 1. UND 2. AUFLAGE

Die Frage nach der Tragfähigkeit und Übertragbarkeit der Reformpädagogik schließt jene andere nach ihrer Geschichtlichkeit und ihres Gegenwartsbezuges ein. Handelt es sich um eine in sich geschlossene Bewegung mit einer klar aufweisbaren Zäsur, oder ist die Endphase in ihrem Auslauf so flexibel, daß wir uns noch in ihrem Vollzuge befinden? Die Dynamik der Bewegung legt zumindest die Prüfung der letzteren Frage nahe.

Es ist ein ungemein aufschlußreiches Schauspiel, wie im Rahmen des reformerischen Aufbruchs ein Lösungsbeitrag sogleich weitere Ansätze hervorbringt. So entsteht ein breites Spektrum an pädagogischen Antworten auf die als Notstand empfundene Ausgangslage. Vieles deutet darauf hin, daß der gemeinsame Grundcharakter der Strömungen, der sich in einem eigenen Geist und Ethos sowie in einem besonderen Wirklichkeitsverhältnis ausdrückt, als der für die Beurteilung wichtigste Indikator zu betrachten ist. Unter dieser Voraussetzung müssen die Jahre von 1900–1932 als zentral im Verlauf der Reformbewegung betrachtet werden. Daß sie in den faschistisch gewordenen Ländern bereits zu Beginn der 30er Jahre abgeschlossen wurde, wirkte lähmend auf die übrige Welt zurück, da die internationale Kommunikation den Lebensnerv der Reformpädagogik bildet. Mit Beginn und Ausweitung des Zweiten Weltkrieges verschob sich das pädagogische Interesse notwendigerweise auf die hart gesetzten Lebensfragen, zumal die Schulen in nahezu allen Ländern Europas unter Ausnahmebedingungen arbeiten mußten.

Die Reformpädagogik umgreift eine ungewöhnlich reiche pädagogische Epoche, in der weitaus die meisten der existentiellen Fragen, die gegenwärtig im Zentrum der pädagogischen Diskussion stehen, entscheidend erörtert wurden. Mag es sich um die methodisch-didaktische Fragestellung oder um Aufgaben der Schülerbeurteilung, Schülerselbstverwaltung, der Elternarbeit, der Strafproblematik oder um einheitlich gegliederte Schulsysteme im Sinne der Gesamtschule handeln – sie alle haben eine breite Vorgeschichte im Rahmen der Reformpädagogik. Wenn heute wieder Überlegungen hinsichtlich der Grundschule, der gymnasialen Oberstufe, des Verhältnisses von Lehren und Lernen sowie des Stellenwertes der emotionalen Bildung im Rahmen der kognitiven Arbeit einsetzen, so handelt es sich um Probleme, die während der gesamten reformpädagogischen Epoche lebhaft erörtert und im Rahmen von Schulversuchen praktisch erprobt wurden.

Viele dieser Aufgaben waren damals weiter entwickelt, als der gegenwärtige Diskussionsstand ahnen läßt. So ist der Gedanke, daß die pädagogisch profilierte Schule auch der Verpflichtung und Mitverantwortung von seiten der Schüler bedürfe, gegenwärtig völlig aus dem Blick geraten. Ob dazu ein Schulgelöbnis notwendig ist, wie es in der Reformpädagogik vielfach entwickelt wurde, sei zunächst dahingestellt. Auch die Frage des meditativen Haltepunkts des Schullebens in Gestalt des »Kapellengedankens« (Reddie, Lietz) der »Andachten« (Geheeb), der »Meditation« (Montessori), der »Pädagogischen Rückschau« (Petersen) ist als pädagogische Aufgabe der Schulgestaltung seit der Reformpädagogik nicht wieder aufgegriffen worden. Sicherlich läßt sich das wenigste schlechthin übernehmen und für die gegenwärtigen Bedürfnisse umsetzen. Anstoßen und anregen lassen sich derartige Reflexionen indessen durch die Auseinandersetzung mit den reformpädagogischen Ansätzen in reichem Maße.

Während der reformpädagogischen Epoche gab es eine international wirksame Diskussion pädagogischer Fragen, die Vorstellungen weckte und Maßstäbe schärfte. Wenn nach der Wirksamkeit der Ideen gefragt wird, so muß auf eine Form pädagogischer Bewußtseinsbildung hingewiesen werden, die sehr tief in die Erziehungswirklichkeit und insbesondere in den Schulumkreis hineinreicht. Der Deutung dieser Wechselbezüge möchte das vorliegende Buch dienen.

Über den besonderen Stellenwert dieses Buches seien einige Anmerkungen gemacht. Die Entstehung und Entwicklung der Reformpädagogik in den USA wurde von mir als notwendige thematische Ergänzung unter dem Titel »Die progressive Erziehungsbewegung« (Schroedel-Verlag, Hannover 1977) dargestellt. Darum erfolgt in dem vorgelegten Band eine eindeutige Gewichtung hinsichtlich der Entwicklung in Deutschland und einigen anderen europäischen Ländern. Außerdem wurde die Deutung der Geschichte und Entwicklung des Weltbundes für Erneuerung der Erziehung (World Education Fellowship), der als eine wichtige Bewegung hinter der Entfaltung der reformpädagogischen Ideen in Europa und den USA steht, in dem Bändchen »Die Reform des Erziehungswesens als internationale Aufgabe. Entwicklung und Zielstellung des Weltbundes für Erneuerung der Erziehung« (Schindele-Verlag, Rheinstetten 1977) vorgenommen. Beide Bände sowie im weiteren Sinne auch die Bücher »Reformpädagogik des Auslands« (Düsseldorf 1965. Neuauflage: Klett-Cotta ^{2}1982) und »Schule und Bildung im internationalen Gespräch« (Akademische Verlagsgesellschaft, Frankfurt a. M. 1966) sollten als Ergänzung des in diesem Bande Dargelegten betrachtet werden. Aus den zuletzt genannten beiden Büchern wurden einige Teile in die hier veröffentlichte Darstellung übernommen.

Das Buch wird in der Überzeugung vorgelegt, daß die Reformpädagogik das Fundament unserer gegenwärtigen pädagogischen Existenz bildet. Hinter unseren Planungen und Handlungen steht bewußt oder unbewußt ihr Gedankengut. Ein wichtiges Ziel des Buches besteht darin, diesen besonderen Standort historisch bewußtzumachen – nicht zuletzt auch in seinen internationalen Verzweigungen. Diese Sicht- und Deutungsweise unter Einbezug der Entwicklung im internationalen Raum ist leider auch in der Gegenwart noch nicht zu einer selbstverständlichen Praxis geworden.

Zu danken habe ich vielen: Einmal meiner Familie, daß sie mir wiederum jenes fragwürdige Wechselgeschäft gewährte, meine Zeit und Kraft der Reformpädagogik statt der unmittelbaren Lebensgestaltung zu widmen; zum anderen Herrn Dr. Hake vom Schroedel-Verlag, der noch als Student zu Beginn der 50er Jahre an der Universität Hamburg meine Vorlesung über die Reformpädagogik hörte und mich wiederholt freundlich zur Verwirklichung des bereits mit Ernst Lichtenstein abgesprochenen Buchprojekts mahnte; vor allem aber Hans-Hermann Groothoff, der als Herausgeber viele fruchtbare Hinweise und Einwände vermittelte und bei der Kürzung des zu langen Manuskripts (dem begrenzten Reihenumfang entsprechend) half; schließlich auch meinen Mitarbeitern, Dipl.-Päd. Baron, Dipl.-Päd. Eppinger und Eckhard Piotrowski, die mich bei der Vorbereitung des Buches in vielfältiger Hinsicht unterstützt haben.

Heidelberg, März 1979 *Hermann Röhrs*

VORWORT ZUR 3. (DURCHGESEHENEN) AUFLAGE

Nachdem die 2. Auflage im Schroedel-Verlag ausgelaufen ist, erwies sich für die 3. Auflage ein Verlagswechsel als notwendig. Gewählt wurde der »Deutsche Studien Verlag« Weinheim. Herrn Rüdiger Herth gebührt Dank für die Betreuung und Ausstattung der Neuauflage.

Die Geschichte des Buches seit 1979 ist gekennzeichnet durch ein stetes Wachsen und Reifen der Interessen breitester Kreise für die Reformpädagogik. Seit den 20er Jahren als historische Erscheinung kanonisiert, bewährt sich die Reformpädagogik als eine lebendige Bewegung, die die pädagogische Entwicklung anregt und zur Erneuerung treibt. Damit wird die von mir wiederholt formulierte These, daß die Reformpädagogik – konzipiert auf dem Hintergrund der Bildungskrise in der letzten Hälfte des 19. Jahrhunderts – als eine schöpferische Synthese der lebenskräftigen Motive der pädagogischen Klassiker (Comenius, Rousseau, Pestalozzi) ein stets zukunftsweisendes Ingrediens der pädagogischen Entwicklung darstellt, bestätigt. Der Kanon der wichtigsten Einsichten der Reformpädagogik will daher in jeder pädagogischen Situation hinsichtlich zeitgemäßer Lösungen neu durchdacht werden. Die Reformpädagogik ist insofern keine einmalige historische Erscheinung; vielmehr ein Kontinuum, das epochal jeweils neu auszulegen, weiterzuentwickeln und anzuwenden ist.

Die Reformpädagogik bedarf keiner »Hochstilisierung« oder »Monumentalisierung« zu einer internationalen Bewegung; sie *ist* es schlechthin. Alle anderen Auslegungen verfahren verkürzend, und es ist vollends fragwürdig, wenn sie sich in dieser Rolle selbstgefällig präsentieren. Wer breite und substantiell wichtige Teile übersieht, nicht zur Kenntnis nimmt oder als unbedeutend einschätzt, wobei nicht immer klar wird, welche dieser Positionen dominiert, der wird der Vielschichtigkeit der Reformpädagogik nicht gerecht.

Die Rückbesinnung auf diesen Grundzug der Internationalität hat erst gegenwärtig konkretisierend eingesetzt. Die Einlösung beginnt gerade schrittweise im Umkreis der Bemühungen um ein Vereintes Europa sowie der Bestrebungen zur Verstärkung der Kooperation zwischen Erster, Zweiter und Dritter Welt. Die Reformpädagogik könnte in kritisch gesichteter Form diesen weltweiten Zielen ein gesichertes Fundament bereiten, dessen Glaubwürdigkeit und Tragfähigkeit sich zuerst im eigenen Haus zu erweisen hat. Diesem gesamten Prozeß möchte der wiedervorgelegte Band durch sachdienliche Information und pädagogische Inspiration dienen.

Gerade im wiedervereinten Deutschland als wichtiger Baustein eines neuen Europa kann die Rückbesinnung auf die Reformpädagogik ein gemeinsames Fundament von wegweisender Bedeutung bereiten. Eine derartige Auseinandersetzung sichert weit über den historischen Aspekt hinaus gemeinsame Voraussetzungen für die pädagogische Kooperation, die zudem zukunftgerichtet sind, denn die Reformpädagogik dringt in ihrem Kern dynamisch auf Bewährung und Weiterentwicklung.

Heidelberg, im Januar 1991 *Hermann Röhrs*

I. ZUR EINFÜHRUNG: DIE REFORMPÄDAGOGIK ALS HISTORISCHES PHÄNOMEN

Die Reformpädagogik bildet noch einen Teil des Fundaments, auf dem wir uns gegenwärtig — sei es bewußt oder unbewußt — bewegen. Dieser fortwährende Einfluß ist schon darum erklärlich, weil nach der eingehenden Kritik am Bildungswesen seit den 80er Jahren des letzten Jahrhunderts von seiten der Kulturkritik neue Maßstäbe für das pädagogische Handeln und Denken entstanden, die bis in die unmittelbare Gegenwart nachwirken.

Sicherlich spielt das altersbedingte Verhältnis zur Reformpädagogik eine bedeutsame Rolle. So ist die Generation derer, die im Rahmen der Reformpädagogik vor und nach dem ersten Weltkrieg mitwirkten, dieser Theorie und Praxis direkter verbunden als jene, die ihre Begegnung erst nach 1945 während der Zeit des Wiederaufbaus hatten. Jede spätere Auseinandersetzung bleibt auf die literarische Ebene fixiert; der eigentliche »Geist« dieser pädagogischen Richtung und ihr besonderes »Ethos« sind auf diesem Wege nur begrenzt erfahrbar.

Darin sind zweifellos wichtige Gründe für die so unterschiedliche Bewertung der Reformpädagogik zu erblicken. Auf der einen Seite wird sie als die seit der Deutschen Bewegung fruchtbarste und ertragreichste pädagogische Epoche ausgelegt, die über die Schule hinausgehend für die angemessene Gestaltung der Erziehungswirklichkeit neue Voraussetzungen sichert[1]; auf der anderen Seite werden Kulturkritik und Reformpädagogik als irrationalistische Strömungen dargestellt, denen es nicht nur an pädagogischer Konsistenz, sondern auch an Realitätsnähe mangelt[2]. Unter diesem Aspekt wird es als ein erziehungspolitisches Grundübel verstanden, daß nach 1945 an die Tradition der Reformpädagogik angeschlossen wurde und ein grundsätzliches Neuvermessen der pädagogischen Landschaft unterblieb. Diese Feststellung erfolgt häufig im Zusammenhang mit der Behauptung, daß die Reformpädagogik in ihrem

---

1 Herman Nohl: Pädagogik aus dreißig Jahren (Darin: Die Einheit der Pädagogischen Bewegung). Frankfurt a. M. 1949, S. 21. — Ders.: Die pädagogische Bewegung in Deutschland und ihre Theorie. Frankfurt a. M. [3]1949, S. 3, 218. — Wolfgang Scheibe: Die Reformpädagogische Bewegung 1900—1932. Weinheim, Berlin, Basel [2]1971, S. 1.

2 Hubertus Kunert: Deutsche Reformpädagogik und Faschismus. Hannover, Darmstadt, Dortmund, Berlin 1973. — Bruno Schonig: Irrationalismus als pädagogische Tradition. Weinheim, Basel 1973.

Denkansatz faschistisch gewesen sei und dem Nationalsozialismus den Weg bereitet habe.

Jede Darstellung der Reformpädagogik wird sich mit diesen Einwänden auseinandersetzen müssen. Selbst wenn man glaubt, daß diese Kritik falsch angesetzt sei, wird sie sie angesichts ihrer Gewichtigkeit nicht übersehen oder leicht nehmen dürfen. Das kann allerdings auch nicht davon abhalten, an den Beginn der Darstellung die These zu stellen, daß die Reformpädagogik eine der reichsten pädagogischen Epochen verkörpert, die über die Schule hinausgehend ein erstes Mal die Erziehungswirklichkeit insgesamt für die Pädagogik erschlossen hat. Es soll weiter die These gewagt werden, daß erst derjenige, der die reformpädagogische Entwicklung überschaut und sich mit ihren Einsichten auseinandergesetzt hat, über die volle Dimension erziehungswissenschaftlichen Projektierens und erziehungspraktischen Gestaltens verfügt.

Nicht zuletzt wegen der Breite des pädagogischen Auf- und Umbruchs ist es berechtigt, von einer reformpädagogischen »Bewegung« zu sprechen, die auf dem Hintergrund einer grundsätzlichen Infragestellung des Überkommenen und Bestehenden zu Anstößen, Initiationen und Impulsen in den verschiedensten Bereichen der Erziehungswirklichkeit führt.

Das Charakteristikum dieser Bewegung ist die Unaufhaltsamkeit ihres Aufbruchs, ihre ideelle Kraft und Gestaltungsfähigkeit sowie Dauer und Folgerichtigkeit des Verlaufs. Schließlich erweisen sich die Vielzahl der Auf- und Umbrüche in den verschiedensten Bereichen der Kunsterziehung, der Landerziehungsheime, der Frauenbildung, der autonomen Jugenderziehung als Glieder einer in sich geschlossenen Bewegung, deren umfassendes Ziel die Lebensreform darstellt.

Der Begriff der reformpädagogischen Bewegung ist von Herman Nohl in Analogie zu demjenigen der Deutschen Bewegung geprägt worden[3]. Wolfgang Scheibe nimmt den Begriff der Bewegung auf diesem Hintergrund auf und definiert ihn folgendermaßen: »Wo auch immer dieses Wort verwandt wurde, wies es darauf hin, daß etwas Neues im Aufbruch war, starke Kräfte sich regten und vorwärts drängten. Auch war in jenen Jahren der Begriff ›Bewegung‹ als eine geisteswissenschaftliche Kategorie von dem Berliner Philosophen und Pädagogen Wilhelm Dilthey entwickelt und verwandt worden. Im Unterschied zu einer Schule, etwa eines Wissenschaftlers, meint ›Bewegung‹ die Dynamik gleicher Gesinnungen, Überzeugungen und Willensrichtungen auf Grund bestimmter geistiger Entscheidungen. ›Bewegung‹ in diesem Sinne drängt immer zur Tat, will sich ausbreiten und Ziele verwirklichen.«[4]

Unter der Deutschen Bewegung wird jene reiche Epoche verstanden, die Aufklärung, Sturm und Drang, Klassik, Romantik sowie die geistige Bändigung des Gedankenreichtums der gesamten Periode — insbesondere aber des Sturm und Drangs —

---

3 Herman Nohl: Die pädagogische Bewegung in Deutschland und ihre Theorie. A. a. O. — Vgl. Hans Jürgen Finckh: Der Begriff der Deutschen Bewegung und seine Bedeutung für die Pädagogik Herman Nohls. Frankfurt a. M., Bern 1977.

4 Wolfgang Scheibe: Die Reformpädagogische Bewegung. A. a. O., S. 1.

umgreift und durch die Philosophie Kants zusammenfaßt. Ob die reformpädagogische Bewegung als Teil der Deutschen Bewegung oder aber als ein eigenständiges pädagogisches Pendant zu verstehen ist, bleibt eine Frage der Auslegung. Das Verbindende besteht darin, daß in beiden Bewegungen die freiheitliche Entfaltung des Menschen das Ziel ist, seine Humanisierung in einem Lebensrahmen, in dem die äußeren Rangunterschiede eine Relativierung zugunsten des Gemeinsamen erfahren. Wie stark bereits die erzieherischen Ideen die Mitte der Deutschen Bewegung bilden, ließe sich an jedem ihrer Repräsentanten — besonders aber an Herder, Schiller, Kant und Justus Möser — exemplarisch zeigen.

Bewegung wird hier — trotz gewisser Anklänge an den Nohlschen Begriff — in weitgehender Übereinstimmung mit der angelsächsischen Auslegung von »movement« verstanden. Gerade wegen ihres internationalen Bedeutungsgehalts hat sie nichts gemein mit der partiellen Okkupation des Begriffs durch den Nationalsozialismus. Als Auf- und Umbruch im Dienste des Neuen verkörpert sie zwar einen Wendepunkt, der aber doch an die bewährten Formen anschließt. Die Bewegung gewährleistet trotz ihres intensivierten und dynamisierten Verlaufs eine Kontinuität, die sich aber jeweils durch neue Entwicklungsmotive anreichert und steigert. Das Experiment und die verstehende Auslegung seiner Ergebnisse sind die Achse der Bewegung. So sind als das besondere Kennzeichen der reformpädagogischen Bewegung das zunehmende Bestreben nach empirischer Bewährung, zu der auch die Erfahrungsanreicherung durch den internationalen Vergleich gehört, sowie die zunehmende wissenschaftliche Begründung zu nennen. Die reformpädagogische Bewegung ist demnach weder etwas bloß stetig Fließendes[5] noch etwas einmalig Abgeschlossenes, vielmehr etwas lebendig sich Fortsetzendes und anreichernd sich Steigerndes, das bis in die Gegenwart sowie über sie hinweg in die Zukunft wirkt.

Diese internationale Verflechtung der Reformpädagogik ist häufig übersehen worden[6]. Die Gründe für den weltweiten pädagogischen Umbruch sind vielfältiger Art. Einmal hatte die traditionelle Schule abendländischer Prägung ihre Grenzen in ihrer primären Erscheinungsform als Lernschule überall allzu deutlich offenbart. Wissensvermittlung und nicht Menschenbildung war ihre dominante Zielsetzung. Zum ande-

---

5 Darin besteht Übereinstimmung mit einer Akzentuierung, wie sie in dem folgenden Beitrag vorgenommen wird. Vgl. Bernhard Schwenk: Reformpädagogik. In: Wörterbuch der Erziehung. Hrsg. von Christoph Wulf. München, Zürich 1974, S. 487.

6 Zu den wenigen Ausnahmen gehören Peter Petersen: Die Neueuropäische Erziehungsbewegung. Weimar 1926. — Wilhelm Flitner: Die Reformpädagogik und ihre internationalen Beziehungen. In: Internationale Zeitschrift für Erziehungswissenschaft. 1. Jg. 1931/32, S. 29. — Vgl. Oskar Anweiler: Der internationale Zusammenhang der Reformpädagogik zu Beginn des 20. Jahrhunderts (Dewey, Kerschensteiner, Blonskij). In: Bildung und Erziehung. 14. Jg. 1961, S. 385. – Hermann Röhrs (Hrsg.): Die Reformpädagogik des Auslands. Stuttgart [2]1982. – Ders.: Schule und Bildung im internationalen Gespräch. Frankfurt a.M. 1966.

ren zeichnete sich ein gesellschaftlicher Wandel deutlich ab, der seinen Ausdruck in dem heraufkommenden Imperialismus und in der Industrialisierung fand. Die pädagogischen Begleiterscheinungen — soweit sie überhaupt bewußt gesehen und klar ausgesprochen wurden — waren unterschiedlich und gegensätzlich.

In Deutschland trug die Reichsgründung für breite Kreise des Volkes den Charakter des Aufbruchs. Sie wirkte sich einmal in der Stärkung des Nationalbewußtseins aus, das zuweilen die Gefahren nationalistischer Überschätzung zeigte; zum anderen ging von der machtvollen Erscheinung Bismarcks ein Impuls zur Steigerung der Aktivität und zur Wertschätzung der Handlungsbereitschaft aus.

Selbst der Sturz Bismarcks wirkte sich zunächst nicht als Schwächung aus, vielmehr suchten die Nachfolger seit Caprivi das drohende Stigma des Epigonenhaften durch das Herauskehren der weltpolitischen Machtstellung — im Gegensatz zur kontinentalen Zurückhaltung Bismarcks — nicht aufkommen zu lassen. Der „Neue Kurs", der von dem jungen Kaiser Wilhelm II. bewußt unterstützt wurde, zeigte sich nach außen als Streben nach Einfluß und Machterweiterung, nach innen in einer größeren Aufgeschlossenheit für Reformen in sozialpolitischer Hinsicht[7].

Wie stark das aufkommende nationale Bewußtsein auch die Kulturkritik mitbestimmt, zeigt die Einstellung von Lagarde und Langbehn. Daß sich aber auch das Judentum weitgehend an dem gestärkten nationalen Selbstbewußtsein orientiert, wird beispielsweise an der Haltung von Moritz Lazarus deutlich, der 1850 seine akademische Laufbahn an der Universität Berlin mit der Schrift »Die sittliche Berechtigung Preußens in Deutschland« begann. Ergänzend entfaltete er 1851 in seinem Buch »Über den Begriff und die Möglichkeit einer Völkerpsychologie« das Konzept der Völkerpsychologie, das von seinem Schwager Hajim Steinthal weiterentwickelt wurde[8]. Von beiden ist Berthold Otto sowohl hinsichtlich seines Gedankens des volksorganischen Denkens als auch in nationalpolitischer Hinsicht entscheidend beeinflußt worden.

Aufgrund der zunehmenden Ausbeutung der Arbeitskraft bis hin zum Manchestertum und zur Kinderarbeit in den auch in Deutschland aufkommenden working houses kam es zudem auch zu einer proletarischen Bildungsbewegung[9]. Die Antwort der traditionellen Schule darauf ist die Erweiterung der Lernprogramme, in die nach den Sprachen zunehmend die Naturwissenschaften aufgenommen werden.

---

7 Vgl. Werner Conze: Die Zeit Wilhelms II. 1890—1918. In: Deutsche Geschichte. Hrsg. von Peter Rassow. Stuttgart ²1962, S. 573.

8 Vgl. Th. Achelis: Moritz Lazarus. Hamburg 1900, S. 4. — Alfred Licht: Lazarus, der Begründer der Völkerpsychologie. Leipzig 1904, S. 24. — Der von Achelis verursachte Streit um die Priorität hinsichtlich der Begründung der Völkerpsychologie wird von Licht eindeutig zugunsten von Lazarus geklärt.

9 Vgl. Karl-Heinz Günther, Franz Hofmann, Gerd Hohendorf, Helmut König, Herbert Londershausen, Heinz Schuffenhauer (Redaktion): Geschichte der Erziehung. Berlin (Ost) 1960. (Darin besonders: Schulwesen und Pädagogik im imperialistischen Deutschland, S. 387.)

An allen diesen Entwicklungen entzündet sich die Kulturkritik, die in ihrer deutschen kulturphilosophischen Form zwar einmalig bleibt, aber als Kritik am bestehenden Schulwesen weltweit angelegt ist. Wenngleich die Bildungskritik ein immanentes Moment der Reformpädagogik bleibt, so ist sie in ihrer alarmierenden und appellierenden Form nur am Anfang der Bewegung aufweisbar.

Hinter der Bildungskritik steht orientierend bereits das Wissen um Lösungsmodelle, die häufig an den pädagogischen Klassikern — insbesondere Rousseau und Pestalozzi — orientiert sind. Diese Abstützung der reformpädagogischen Bewegung in ihrer ideellen Begründung und in ihrer praktisch gestaltenden Phase durch die pädagogischen Ideen und Modelle Rousseaus und Pestalozzis ist bisher ebenfalls übersehen worden. Durch das Wirksamwerden der beiden bedeutendsten pädagogischen Repräsentanten nach einer Zeit der grundsätzlichen Klärung ihrer Ideenkreise erhält die Reformpädagogik ihre pädagogische Stoßkraft und historische Exemplarität zugleich.

Soweit auf den äußeren Verlauf der Reformpädagogik geschaut wird, kommt dem Dreistadiengesetz, wie es Flitner formuliert hat, eine gewisse Orientierungsfunktion zu[10]. Demnach setzt die erste Phase um die Jahrhundertwende mit der Kritik an der alten Schule ein; sie führt zu einzelnen, vorwiegend isoliert gestalteten Reformversuchen. Etwa um 1912 beginnt eine zweite Entwicklungsperiode, in der die einzelnen Reformversuche aus ihrer Isolierung heraustreten und in der Diskussion das Gemeinsame in ihrer pädagogischen Grundeinstellung entdecken. Endlich wird seit 1924 eine Tendenz deutlich, die verschiedenen reformpädagogischen Motive theoretisch zu klären und den Ertrag für die pädagogische Breitenarbeit bereitzustellen.

Die enthusiastische Grundstimmung der ersten Phase, deren Stärke und Bedeutung gerade im Undoktrinären liegt, wird jetzt auf das Realisierbare und Methodisierbare herabgestimmt. Es entstehen die Untersuchungen Zeidlers »Die Wiederentdeckung der Grenze« und Litts »Führen oder Wachsenlassen«, die zwischen den natürlichen Extremen der Gründungszeit einen auch methodisch gesicherten Weg in die Zukunft auszumitteln suchen.

Waren die ersten Ansätze der Reformpädagogik — in gedanklicher Übereinstimmung mit der Kulturkritik von Lagarde und Langbehn — unhistorisch, gegen jedes Alexandrinertum und bloßes Tatsachenwissen gerichtet, so wurde das Phänomen in der dritten Phase selber historisch. Die ersten Deutungen erschienen, die nunmehr das zu klassifizieren und systematisieren versuchten, was in seiner ursprünglichen Intention gerade gegen System und Abschluß gerichtet war. In der dritten Phase kam es aber auch zu Vergleichen mit den Reformversuchen in anderen Ländern. Man wollte durch den Vergleich andere methodische Möglichkeiten kennenlernen, um aus der Erfahrung des anderen zu lernen.

Seit 1930 richten sich diese (auf eine stärkere soziale Fundierung des Schullebens abzielenden) Bestrebungen in einer vierten Phase auf die Gesellschaft insgesamt mit

---

10 Wilhelm Flitner: Die drei Phasen der pädagogischen Reformbewegung. In: Theorie des pädagogischen Wegs und der Methode. Weinheim 1951, S. 56.

dem Ziel, die Schule zu einem entwicklungspolitischen Meilenstein für die Gesellschaftsreform auszugestalten. Diese letzteren Bestrebungen werden am stärksten in den USA durch die Gruppe Dewey, Kilpatrick, Rugg, Counts deutlich. Symptomatisch für die Einstellung sind die Kampfschriften von George S. Counts »Dare the School Build a New Social Order?« und »A Call to the Teachers of the Nation«, in denen er die Lehrer pädagogisch für eine politische Gesellschaftsreform verantwortlich zu machen versucht. Diese Zielstellung ist aber nicht minder entschieden bei Dewey, Kilpatrick und Rugg aufweisbar[11]. Die vierte Phase kommt in Europa durch das Naziregime und die dadurch aufgeworfenen Probleme sowie durch den Ausbruch des Krieges nicht zur vollen Auswirkung. Erste Ansätze dazu werden indessen am Beispiel der Bewegung der Compagnons in Frankreich deutlich.

Während dieser vierten Phase beginnt in mehreren Ländern zugleich in verstärktem Maße die Kritik an der Reformpädagogik. In Auswirkung psychologischer und soziologischer Einsichten in die notwendige Wechselwirkung individueller und sozialer Faktoren sowie der didaktischen Aufbereitung vorgegebener Erfahrungen finden die Ansichten über die freiheitliche Entwicklung des Kindes und die Entfaltung seiner schöpferischen Kräfte eine differenziertere Auslegung. Die damit verbundene Kritik setzt in den USA, wo die reformpädagogische Bewegung zu einer von den faschistischen Ereignissen unbeeinflußteren Ausfaltung kam, erst in den 40er und verstärkt in den 50er Jahren ein. Bemerkenswert an dieser Kritik ist in jedem Falle, daß sie vorwiegend ein Zerrbild der progressiven Erziehung im Visier hat, wie es in Abirrung von der ursprünglichen Idee sicherlich aufweisbar ist; in den selteneren Fällen kommt es zu einer echten kritischen Auseinandersetzung mit dem reformpädagogischen Gedankengut in ausgewogener Form. Soweit es geschieht, erfolgt es häufig mehr formal ohne Berücksichtigung der realen Erziehungsversuche.

Insgesamt ist von den vier Phasen zu sagen, daß sie sowohl hinsichtlich ihrer zeitlichen Fixierung als auch hinsichtlich ihrer inhaltlichen Bestimmung nicht eindeutig festzulegen sind. Sie lösen einander auch nicht ab; vielmehr akzentuieren sie bereits angelegte Inhalte und Ziele schärfer, ohne daß die früheren Anliegen damit gegenstandslos werden.

Hinsichtlich der inneren Dynamik der reformpädagogischen Bewegung ist die Feststellung wichtig, daß sie sich aufgrund der lebensreformerischen Impulse zuerst und am kräftigsten im Bereich der Kunst- und freien Jugend(selbst)erziehung sowie als sozialerzieherische Reform im weitesten Sinne ausdrückt. Wo sie in die Schule gelangt, findet sie ihren Ausdruck in neuen Formen, wie in den Landerziehungsheimen

---

11 Hermann Röhrs: Die progressive Erziehungsbewegung. Verlauf und Auswirkung der Reformpädagogik in den USA. Hannover 1977, S. 36 ff. — Vgl. hierzu auch Patricia Albjerg Graham: Progressive Education. From Arcady to Academy. A History of the Progressive Education Association 1919—1955. New York 1967. — Dies.: Progressive Education Movement. In: The Encyclopedia of Education. Vol. 7. Crowell-Collier Educational Corporation 1971, S. 249.

bzw. in gemeindeoffenen Institutionen (u. a. in den Hamburger Gemeinschaftsschulen). Überall geht es bedingungslos um den ganzen Menschen, um seine Haltung und Handlungsbereitschaft als Maßstab für die Lebens- und Gestaltungskraft seiner Bildung.

Dennoch dürfen im Hinblick auf die kritische Aufarbeitung der Erträge der Reformpädagogik jene Stimmen nicht überhört werden, die an ihrer Schwelle Warnungen aussprachen, die auch gegenwärtig mitbedacht sein wollen. Aus diesem Grunde soll Windelband als ein unbequemer Sprecher, der aber der pädagogischen Fragestellung nahesteht, zu Worte kommen. Windelband billigt einerseits die Kritik an einer Schule, die einseitig den Intellekt kultiviert und das Gefühlsleben vernachlässigt. Er erblickt dagegen die Gefahren der Reformpädagogik in einer Vernachlässigung pädagogischer Arbeitstugenden. Den Grundtenor der Kritik an der Schule beschreibt er folgendermaßen: »Man sagt uns immer wieder, daß wir zu intellektualistisch gebildet werden. Aus dem Lernvolk soll ein Tatvolk werden.«[12] Diese Kritik, die von der Furcht vor einer pragmatischen Tatwelt und vor einer Leistungseinbuße der Schule bestimmt wird, hat die Reformbewegung begleitet.

12 Wilhelm Windelband: Die Philosophie im deutschen Geistesleben des 19. Jahrhunderts. Tübingen 1909, S. 106.

1. Ursprung und Ziel der Kulturkritik

Die Reformpädagogik wurde eingeleitet durch die kritische Auseinandersetzung mit der kulturellen Lebenssituation während der zweiten Hälfte des 19. Jahrhunderts. Sprecher dieser Entwicklungsphase, die allgemein als Kulturkritik in die Geistesgeschichte einging, waren Friedrich Nietzsche, Paul de Lagarde und Julius Langbehn. Aus der Einsicht heraus, daß die Kultur sich nur im Medium der Bildung erhalten und weiterentwickeln kann, umschloß die Kulturkritik zugleich eine Bildungskritik.

Die Kulturkritik als eine Infragestellung der vom Menschen zur menschlichen Gestaltung seines Lebens geschaffenen artifiziellen Umwelt hebt mit der Geschichte des Menschen als humaner Existenz an. Kultur als der Versuch des Menschen, die Natur und sich selbst zu verfeinern, hat zu vielfältiger Lebenserweiterung und -vertiefung geführt. Sie hat den Menschen über diese seine zweite Geburt erst zu sich selbst gebracht. Dieser Weg der Vervollkommnung und die Vermenschlichung des natürlich Angelegten birgt aber auch die Gefahr, daß die unmittelbaren Bezüge zur Natur versperrt werden. Gerade auf den Höhepunkten der kulturellen Entwicklung ist es immer wieder zu Renaissancen, Reformationen sowie zu revolutionären Rückgriffen auf den nur noch blaß durchschimmernden Naturgrund gekommen.

Die Feststellung Rousseaus in der ersten Preisschrift, daß unter dem Einfluß von Kunst und Wissenschaften ein Verfall der Sitten eingetreten sei, kann beispielhaft genannt werden. Insbesondere in seinem Erziehungsroman ››Emile‹‹ hat er gezeigt, daß das menschliche Leben unter dem ausschließlichen Einfluß kultureller Vervollkommnung zu kümmern beginnen kann, wenn nicht der Zusammenhang mit dem Naturgrund erhalten bleibt[1]. In ergänzender Umkehrung zu dem Bilde von der zweiten Geburt wird von Rousseau geradezu eine zweite natürliche (Wieder-)Geburt gefordert, da die erste (vermeintlich natürliche) nur eine artifizielle in den Banden und Fesseln der Kultur war.

In diesen Zusammenhang gehört auch die Kulturkritik des ausgehenden 19. Jahrhunderts. Sie ist als solche weder einmalig noch eine spezifisch deutsche Erscheinung.

---

1 Vgl. Hermann Röhrs: Jean-Jacques Rousseau. Vision und Wirklichkeit. Köln ^{3}1993.
– Ders. (Hrsg.): Jean-Jacques Rousseau. Preisschriften und Erziehungsplan. Bad Heilbrunn/Obb. ^{4}1993.

Was sie indessen einmalig macht, ist ihre bildungskritische Akzentuierung, die entscheidende Impulse für die in den 90er Jahren einsetzende Reformpädagogik auslöst. Das gilt zumindest von der Jugend- und der Kunsterziehungsbewegung, die beide in unmittelbarem Zusammenhang mit der Kulturkritik stehen. Darin kommt ein zweites Wesensmerkmal der Kulturkritik zum Ausdruck, das die Reformpädagogik entscheidend beeinflußt hat: sie drängt über die Schule hinaus auf eine Lebensreform.

Die Schwerpunkte dieser Reform zur Verwirklichung einer neuen Lebenseinstellung unterscheiden sich erheblich. So geißelt Nietzsche die Schäden, die eine historisch bestimmte Wissenskultur anrichtet; in Übereinstimmung mit Schopenhauer zeigt er das Beispiel eines spontan und frei von bürgerlichen Konventionen entworfenen philosophischen Lebensweges auf. Lagarde entfaltet in stärkerem Maße ein nationalpädagogisches Konzept, das — allerdings nicht frei von nationalistischen Überspitzungen — die Politik in den Dienst des einzelnen zu stellen versucht. Langbehn schließlich strebt eine Wiedergeburt des einzelnen und des öffentlichen Lebens durch eine in unmittelbarer Anschauung empfangene und empfundene Kunst an, für die ihm das Schaffen Rembrandts als Beispiel gilt.

Das umgreifende Ziel der Kulturkritik ist ein neuer Lebensstil, der sich in erster Linie künstlerisch versteht und seinen Ausdruck in der persönlichen Lebensgestaltung nicht minder als in der Wohnkultur sowie in der Planung der Städte und öffentlichen Bauten findet. »Kultur ist vor allem Einheit des künstlerischen Stils in allen Lebensäußerungen eines Volkes«[2], so heißt es in der ersten »Unzeitgemäßen Betrachtung« Nietzsches über »David Strauß, der Bekenner und der Schriftsteller«.

Ähnlich gehört zur kulturkritischen Auseinandersetzung im 19. Jahrhundert die spitz-polemische Entlarvung und Begrenzung des deutschen Idealismus durch Schopenhauer. Die sehr persönliche Polemik gegen Hegel und seine »Bierwirtphysiognomie« ist der Versuch, durch den Aufweis einer empfindlichen Diskrepanz zwischen Leben und Lehre neue Prioritäten zu setzen. Die Begeisterung, die Schopenhauer seit der Mitte des vorigen Jahrhunderts — nicht zuletzt durch seine Distanzierung vom deutschen Idealismus — auslöste, erfaßte auch Richard Wagner, Nietzsche[3] und einen Teil der Lehrerschaft. Das Leben selbst und seine ideengeleitete willensmäßige Gestaltung wurde zu einem neuen Ziel. Erst auf diesem Hintergrund werden die starken Strömungen der Lebensphilosophie möglich, die in Deutschland und Frankreich ihre Sprecher in Georg Simmel und Henri Bergson finden. Sie führen zu einer Neubewertung der Geschichte und Geschichtsphilosophie durch Ortega y Gasset, Nikolaj Berd-

---

2 Friedrich Nietzsche: Unzeitgemäße Betrachtungen. Erstes Stück: David Strauß, der Bekenner und der Schriftsteller. In: Friedrich Nietzsche. Bd. 1. Hrsg. von Karl Schlechta. München 1954, S. 137.

3 Vgl. hierzu die Briefe des Freiherrn Carl von Gersdorff an Friedrich Nietzsche. Hrsg. von K. Schlechta. I. und II. Teil. Weimar 1934. Beide waren seit Schulpforta einander in Freundschaft verbunden. — Vgl. hierzu auch Martin Heidegger: Nietzsche. Erster Band. Pfullingen 1961, S. 75.

jajew, Arnold J. Toynbee, Karl Jaspers, die das Leben als Zentralwert der Entwicklung anerkennt und so die Existenzphilosophie vorbereitet.

Eine (bisher zu wenig beachtete) Vermittlerrolle kommt in diesem Prozeß Wilhelm Dilthey zu, der nicht nur die kulturkritische Phase, sondern auch die Lebens- und Existenzphilosophie entscheidend vorbereitet hat. Im Gegensatz zur allgemeinen kulturkritischen Argumentationsweise seit Rousseau, die stets zu einer Abhebung der historischen Bildung führte, weil sie den Menschen an die Vergangenheit verpflichtet, kommt Dilthey zu einer Neuauslegung der Geschichte, die damit zum Fundament und nicht zum Gegenspieler des Lebens wird. »Was der Mensch sei, erfährt er erst in der Entwicklung seines Wesens durch die Jahrtausende ...«[4] Der Mensch ist und lebt seine Geschichte. Die Geschichte ist daher niemals etwas fremd Entgegenstehendes, vielmehr ist sie das, was menschliches Leben erst konstituiert. »Die Melodie unseres Lebens ist bedingt durch die begleitenden Stimmen der Vergangenheit.«[5]

Jede philosophisch-historische Deutung dieser Stimmen der Vergangenheit bleibt trotz der Bestrebungen um Objektivierung selbst ein zeitspezifischer Akt mit den Zügen desjenigen versehen, der diesen Deutungsversuch unternimmt. Die dadurch entstehende Weltanschauung ist nur eine der möglichen Antworten, allerdings die angesichts des jeweiligen Entwicklungsstandes einleuchtendste und zwingendste. »Das eine Licht der Wahrheit ist nur in verschieden gebrochenem Strahl für uns zu erblicken.«[6] Und an anderer Stelle heißt es: »Die Entwicklungsgeschichte eines Systems führt uns immer auf ein Letzt-Persönliches, auf eine Art zu leben und zu sehen, welche gerade diesem Genie eigen war, zurück ...«[7]

Daher ist der Philosophie selber als Deuterin der Lebenskräfte und ihrer historischen Zusammenhänge eigen, die Vorläufigkeit und Zeitbedingtheit ihrer Entwürfe einsichtig zu machen. »Der Variabilität der menschlichen Daseinsformen entspricht die Mannigfaltigkeit der Denkweisen, Religionssysteme, sittlichen Ideale und metaphysischen Systeme. Dies ist eine geschichtliche Tatsache. Die philosophischen Systeme wechseln wie die Sitten, die Religionen und die Verfassungen. So erweisen sie sich als geschichtlich bedingte Erzeugnisse. Was bedingt ist durch geschichtliche Verhältnisse, ist auch in seinem Wert relativ.«[8] Damit ist aber keineswegs dem Wert- und Geschichtsrelativismus das Wort gesprochen; es geht Dilthey vielmehr um den Aufweis der inneren Dynamik und Lebendigkeit des Lebens, die nie endgültig in Formeln zu fassen sind, weil sie die Existenz jeweils transzendieren.

---

4 Wilhelm Dilthey: Gesammelte Schriften. Bd. IX. Pädagogik. Stuttgart, Göttingen 1960, S. 173.

5 Wilhelm Dilthey: Gesammelte Schriften. Bd. VIII. Weltanschauungslehre. Abhandlungen zur Philosophie der Philosophie. Stuttgart, Göttingen 1960, S. 226.

6 A. a. O., S. 224.

7 A. a. O., S. 136.

8 A. a. O., S. 6.

Die Kulturkritik ist daher bereits die Kehrseite jeder Deutung oder sie muß ein ihr eigenes Verstehenselement werden, wie es Dilthey mit seiner »Philosophie der Philosophie« vorschwebt. Jede Kulturkritik, die sich geschichtsfeindlich geriert, bleibt zeitbedingte Polemik und führt – soweit sie das ihr eigene Ziel der Aufklärung erreichen will – zur Halbbildung. Erst durch den schöpferischen Einbezug der Geschichte ist Entwicklung möglich. »Von der Qual des Augenblicks und von der Flüchtigkeit jeder Freude befreit sich der Mensch nur durch die Hingabe an die großen objektiven Gewalten, welche die Geschichte erzeugt hat.«[9] Der Mensch, der kulturkritisch und kulturpessimistisch alles nur dem eigenen strebenden Herzen zuschreiben will, verliert in der menschlichen Substanz. In der Betonung der Einheit besteht der lebenskräftige Beitrag Diltheys zur Deutung der kulturkritischen Funktion: »Das mitfühlende Verstehen muß zu einer Kraft werden, das Künftige zu gestalten.«[10]

Die Kulturkritik als argumentativ urteilende Instanz über Kultur hat stets eine der Fehlformen der Lebensgestaltung – Fesselung durch das historische Gewordensein oder pragmatische Anpassung an die Normativität des Gegenwärtigen – zum primären Ausgangspunkt ihrer Reflexion. Wird einer dieser notwendigen Pole absolut gesetzt, so kann die Kultur zum Zerrbild und die (sie lebendig erhaltende) Bildung zur Pseudo- bzw. Halbbildung werden. Darauf zielt auch die kritische Analyse Adornos ab, wenn er eine sich selbst setzende Bildung als Ergebnis eines einseitigen Kulturbegriffs als Halbbildung bezeichnet[11].

Um den Aufweis der Doppeldeutigkeit der Kultur, die, soweit sie nicht in eins gesetzt wird, zur Halbbildung, dem Prototyp der Unkultur, führt, geht es auch den Kulturkritikern des ausgehenden 19. Jahrhundert – allen voran Nietzsche. Er ist insofern beispielhaft für diese Gruppe, weil er für das 19. Jahrhundert im wesentlichen die kulturkritische Rolle übernimmt, die Rousseau für das 18. Jahrhundert gespielt hat. »Er ist ein umgekehrter Rousseau«, wie es bei Löwith heißt[12]. Er kommt in diese Rolle nicht zuletzt durch das »Verfahren der Umkehrung« als des grundsätzlichen Ansatzes seines Philosophierens, wie Heidegger, der Lehrer Löwiths, deutet[13].

---

9 A. a. O., S. 226.

10 A. a. O., S. 204.

11 Vgl. Theodor W. Adorno: Theorie der Halbbildung. In: Max Horkheimer, Theodor W. Adorno: Soziologica II. Frankfurt a. M. ^{3}1973, S. 168.

12 Karl Löwith: Von Hegel zu Nietzsche. Stuttgart ^{4}1958, S. 281.

13 Martin Heidegger: Nietzsche. Erster Band. A. a. O., S. 39. – Überhaupt ist es bemerkenswert, in welch breitem Umfang Nietzsche von Heidegger und seinen Schülern ausgelegt wurde. Maßgebend für diese vielfältigen Deutungsansätze war auch die Tatsache, daß Nietzsche durch seinen kulturkritischen und lebensphilosophischen Ansatz der gegenwärtigen Philosophie den Boden bereitete. – Vgl. auch Eugen Fink: Nietzsches Philosophie. Stuttgart ^{2}1960.

2. Nietzsches Kulturkritik und seine (für die Entwicklung der Reformpädagogik relevante) Lebensphilosophie

Soweit ein umgreifendes Grundthema für das vielschichtige Werk Friedrich Nietzsches (geb. 1844 in Röcken/Sachsen, gest. 1900 in Weimar) genannt werden soll, ist es das kulturkritische Erfragen des Zusammenhangs von Denken, Kunst und Leben. Neben seiner eigenen distanzierten Lebenshaltung spielen dabei die Auseinandersetzung mit der Philosophie Schopenhauers, die bereits während des Studiums in Bonn und Leipzig einsetzt, sowie die persönliche Bekanntschaft mit Richard Wagner eine große Rolle.

Während er von Schopenhauer das Konzept der Welt als Wille und Vorstellung übernimmt, glaubt er in Richard Wagner einen kongenialen Repräsentanten des voluntaristischen Prinzips kennengelernt zu haben, der die Welt durch seine realisierte Idee des Kunstwerks verbessern möchte. Von Wagner erhielt er die Anregung einer Gestaltung des abendländischen Mythos im dionysischen Hochgefühl der Musik. So bedeutet sein Hauptwerk »Die Geburt der Tragödie aus dem Geiste der Musik« (1872) auch eine Huldigung des Musikdramas in der Auffassung Richard Wagners als Gesamtkunstwerk, das im Geiste der antiken Tragödie den gesamten Lebensumkreis in seiner Tragik und jenseitigen Verknüpfung zu deuten versucht.

Die gegensätzlichen Seiten der Lebensgestaltung und -deutung hat Nietzsche nach der antiken Tragödie als das »Apollinische« und das »Dionysische« gekennzeichnet. Während das »Apollinische« den Trieb nach dem klar Umgrenzten und Bestimmten umfaßt, beschreibt das Dionysische das dämonisch Drängende und dunkel Rauschhafte.

Die Kritik Nietzsches beginnt an der von ihm aufgewiesenen Entwicklung, daß die dem Apollinischen ursprünglich eingebundene dionysische Seite mit dem Aufkommen des Euripides und Sokrates verschattet und schließlich verdrängt wurde. Der heraufkommende Sokratismus als Prinzip des Logischen und Argumentativen versperrt den Urgrund des Lebens. »Das Gegenphänomen zur tragischen Weltsicht, zum Tiefblick in das Herz der Welt, ist der Sokratismus, die Herauskunft des ›Logischen‹, der rationalen Vernünftigkeit, die kein Auge mehr hat für das hinter allen Gestalten flutende, sie bildende und zerstörende ›Leben‹.«[14]

Daher betont Nietzsche im Rückblick auf »Die Geburt der Tragödie aus dem Geiste der Musik« und »Ecce homo« (1888) als den bedeutendsten Akzent die Freilegung des »wundervollen Phänomens des Dionysischen« als einer dem Apollinischen korrespondierenden Art des Weltverstehens und -auslegens. Vertieft wird diese neue Auffassung der griechischen Kultur durch die Abhandlung »Die Philosophie im tragischen Zeitalter der Griechen« (1873, aus dem Nachlaß). Darin wird ein Wissen um die tragische Erfahrung vermittelt, die die Grundstimmung des Lebens schlechthin ausmacht als Einsicht in die Nichtigkeit alles innerweltlich Wißbaren einerseits und die

---

14 Eugen Fink: Nietzsches Philosophie. A. a. O., S. 19.

Unausschöpfbarkeit des rational uneinsichtigen dionysischen Lebensgrundes andererseits. Die Verbindung beider – des Apollinischen und des Dionysischen – findet Nietzsche in der antiken Tragödie. »Diese ist ihm keine Kunstform, die im schönen Schein aufgeht, sich an ihn verliert, sondern – paradox formuliert – die apollinische Darstellung des Dionysischen selbst.«[15]

Damit sind die wichtigsten Kriterien für eine Kritik an der Kultur fixiert. Sie wird in den vier »Unzeitgemäßen Betrachtungen« (1873–1876) geführt, wobei mit dem Adjektiv des Unzeitgemäßen sowohl die der Zeit nicht gemäße Lösungsform, d. h. das Unzureichende und Unzulängliche als auch der über die Zeit hinausweisende echte Beitrag, der erst nach einer Reifung später zugänglich wird, gemeint sind. Die Themen werden einander so zugeordnet, daß nach der Kritik an einem Gegner (D. F. Strauß) als Repräsentanten eines dürftigen Kulturprinzips die möglichen kulturellen Lösungen beispielhaft an Gesinnungsgenossen des eigenen Vorschlags (Schopenhauer, Wagner) exemplifiziert werden. Dazwischen erfolgt in der Studie »Vom Nutzen und Nachteil der Historie für das Leben« die Besinnung auf die echten Bildungskräfte der Geschichte für eine fruchtbare Gestaltung dieses Kulturprozesses.

Die Kritik an David Strauß, dem Verfasser des vielgelesenen Buches »Der alte und der neue Glaube«, gilt sinnbildhaft dem »Bildungsphilister« schlechthin. Sie zielt am Beispiel dieses Mannes auf die deutsche Kultur, die sich nach 1870/71 allzu selbstgefällig der Welt zu präsentieren versucht. »Man lebt jedenfalls in dem Glauben, eine echte Kultur zu haben: der ungeheure Kontrast dieses zufriedenen, ja triumphierenden Glaubens und eines offenkundigen Defekts scheint nur noch den Wenigsten und den Seltensten überhaupt bemerkbar zu sein.«[16]

Der Kultur muß ein in sich stimmiger Lebensstil entsprechen, der letztlich von einem Bildungsbegriff getragen sein will. Diese Bildung ist das Ergebnis der wissend geführten Auseinandersetzung mit der Welt und ihren Inhalten. Daher findet sie ihren Ausdruck auch in einem Lebensstil, der sich in der Lebensweise nicht weniger ausprägt als in der Wohnkultur. Mit Blick auf den Deutschen und seine Stillosigkeit heißt es: »In diesem chaotischen Durcheinander aller Stile lebt aber der Deutsche unserer Tage: und es bleibt ein ernstes Problem, wie es ihm doch möglich sein kann, dies bei aller seiner Belehrtheit nicht zu merken und sich noch dazu seiner gegenwärtigen ›Bildung‹ recht von Herzen zu freuen. Alles sollte ihn doch belehren: ein jeder Blick auf seine Kleidung, seine Zimmer, sein Haus, ein jeder Gang durch die Straßen seiner Städte, eine jede Einkehr in den Magazinen der Kunstmodehändler.«[17]

Diese Stellungnahme findet sich sowohl im Rahmen der Kunsterziehungsbewegung als auch im Umkreis der Jugendbewegung wieder. Das gilt auch von der lapidaren

---

15 A. a. O., S. 26.

16 Friedrich Nietzsche: Unzeitgemäße Betrachtungen. Erstes Stück: David Strauß, der Bekenner und der Schriftsteller. A. a. O., S. 141.

17 A. a. O., S. 140.

Folgerung Nietzsches: »... bis jetzt gibt es keine deutsche originale Kultur.«[18] Eine Wende ist für Nietzsche an zwei Voraussetzungen gebunden: eine Neubewertung der Geschichte sowie eine Freilegung der lebensdeutenden und erzieherischen Funktion der Kunst.

Den ersten Schritt hat Nietzsche in der Schrift mit dem vielsagenden Titel »Vom Nutzen und Nachteil der Historie für das Leben« ausgemessen. Dieser Schritt muß darum als erster vollzogen werden, weil es fundamental wichtig ist, ob die Geschichte wie alles Wissen den Menschen belastet oder aber als Bildungsmacht ihn wissend zum Handeln bringt. Dazu heißt es bei Nietzsche: »Daß das Leben aber den Dienst der Historie brauche, muß ebenso deutlich begriffen werden als der Satz, ... daß ein Übermaß der Historie dem Lebendigen schade. In dreierlei Hinsicht gehört die Historie dem Lebendigen: sie gehört ihm als dem Tätigen und Strebenden, ihm als dem Bewahrenden und Verehrenden, ihm als dem Leidenden und der Befreiung Bedürftigen.«[19]

Dieser dreifachen Wechselwirkung entsprechend unterscheidet Nietzsche drei Arten der Geschichtsbetrachtung: die antiquarische, monumentalische und kritische. Während die antiquarische Geschichtsbetrachtung bewahrend den Menschen in den Schatten des Gestern rückt und somit keine Kräfte für das Heute entbindet, versucht die monumentalische Historie das historisch Große zu perpetuieren. Dagegen beabsichtigt die kritische Historie das Gewesene abwägend vor das Forum des Gegenwärtigen zu bringen. Sie will letztlich auf dem Hintergrund des Gewesenen den Blick auf die Zukunft richten und eine entsprechende Haltung wecken. Der Mensch muß »die Kraft haben und von Zeit zu Zeit anwenden, eine Vergangenheit zu brechen und aufzulösen, um leben zu können: dies erreicht er dadurch, daß er sie vor Gericht zieht, peinlich inquiriert und endlich verurteilt; jede Vergangenheit aber ist wert, verurteilt zu werden – denn so steht es nun einmal mit den menschlichen Dingen: Immer ist in ihnen die menschliche Gewalt und Schwäche mächtig gewesen.«[20]

Aus diesem Blickpunkt wird auch die Kritik am vorherrschenden Bildungsprinzip möglich, das auf Wissensvermittlung und auf die Kultivierung einer vagen »Innerlichkeit« gerichtet ist; ihr entspricht aber keine äußere Form: »Unsere moderne Bildung ist eben deshalb nichts Lebendiges, weil sie ohne jenen Gegensatz sich gar nicht begreifen läßt, das heißt: sie ist gar keine wirkliche Bildung, sondern nur eine Art Wissen um die Bildung, es bleibt in ihr bei dem Bildungs-Gedanken, bei dem Bildungs-Gefühl, es wird kein Bildungs-Entschluß daraus.«[21] Diese Bildung ohne Ausdrucks- und Gestaltungskraft macht die Menschen zu »wandelnden Enzyklopädien«. Diese Diskrepanz veranlaßt Nietzsche zu der Bemerkung: »... auswendig

18 A. a. O., S. 141.
19 Unzeitgemäße Betrachtungen. Zweites Stück: Vom Nutzen und Nachteil der Historie für das Leben. A. a. O., S. 219.
20 A. a. O., S. 229.
21 A. a. O., S. 232.

hat der Buchbinder so etwas darauf gedruckt wie ›Handbuch innerlicher Bildung für äußerliche Barbaren‹.«[23]

Als ein positives Beispiel stellt Nietzsche in der dritten Unzeitgemäßen Betrachtung Schopenhauer als Erzieher vor. Nietzsche empfindet als paradigmatisch an dem Philosophen Schopenhauer die weitgehende Übereinstimmung von Grundanschauung und Existenzweise, die gelebte Philosophie.

Der Titel »Schopenhauer als Erzieher« bringt bereits zum Ausdruck, welche Bedeutung Nietzsche der Erziehung bei der beabsichtigten Wende zumißt. Nicht die Vermittlung irgendwelcher Privilegien oder Berechtigungen ist das Ziel der Bildung, sondern die Hilfe zur Selbsthilfe und Selbständigkeit: »... das ist das Geheimnis aller Bildung: sie verleiht nicht künstliche Gliedmaßen, wächserne Nasen, bebrillte Augen — vielmehr ist das, was diese Gabe zu geben vermöchte, nur das Afterbild der Erziehung. Sondern Befreiung ist sie, Wegräumung alles Unkrauts, Schuttwerks, Gewürms ...«[23]

Diese befreiende Tat vollbringt Schopenhauer durch die Beispielhaftigkeit seines Lebens, das die Lehre umsetzt und durch die Lebensweise den Blick prüfend zurücklenkt auf die Lehre: »Ich mache mir aus einem Philosophen gerade so viel, als er imstand ist, ein Beispiel zu geben.«[24] Im Grunde enthält dieses Beispiel als philosophische Lebenslehre das Prinzip, ein Selbst in der Welt permanenten Wandels zu bleiben; darin ist die Aufforderung enthalten, seinen Genius zu erkennen und zu verwirklichen: »Es gibt kein öderes und widrigeres Geschöpf in der Natur als den Menschen, welcher seinem Genius ausgewichen ist und nun bald nach rechts und nach links, nach rückwärts und überall hinschielt.«[25]

Was macht nun die Beispielhaftigkeit Schopenhauers in den Augen Nietzsches aus? Es ist einmal die Tatsache, daß er ein einzelner ist, der unabhängig nach seinem Gesetz lebt: »Schopenhauer macht mit den gelehrten Kasten wenig Umstände, separiert sich, erstrebt Unabhängigkeit von Staat und Gesellschaft — dies ist sein Beispiel, sein Vorbild — um hier vom Äußerlichen auszugehen.«[26] An Schopenhauers Lehre selber weiß er drei Punkte als beispielhaft hervorzuheben. Es ist erstens die Klarheit und Schlichtheit seiner Darstellung: »... er versteht es, das Tiefsinnige einfach, das Ergreifende ohne Rhetorik, das Streng-Wissenschaftliche ohne Pedanterie zu sagen.«[27] Seine beiden weiteren exemplarischen Eigenschaften sind Ehrlichkeit und Heiterkeit. Insbesondere Heiterkeit des Geistes erscheint Nietzsche als eine nacheifernswerte Eigenschaft, die Inneres in der äußeren Erscheinungsweise sichtbar werden läßt: »Der wahre Denker erheitert und erquickt immer, ob er nun seinen Ernst oder

---

22 A. a. O., S. 233.

23 Unzeitgemäße Betrachtungen. Drittes Stück: Schopenhauer als Erzieher. A. a. O., S. 290.

24 A. a. O., S. 298.

25 A. a. O., S. 288.

26 A. a. O., S. 299.

27 A. a. O., S. 296.

seinen Scherz, seine menschliche Einsicht oder seine göttliche Nachsicht ausdrückt; ohne griesgrämige Gebärden, zitternde Hände, schwimmende Augen, sondern sicher und einfach mit Mut und Stärke, vielleicht etwas ritterlich und hart, aber jedenfalls als ein Siegender.«[28]

Die künstlerische Persönlichkeit, die im steten Wechsel zwischen innerem Empfinden und Ausdruck eingespannt ist, bleibt auch das Thema der vierten Unzeitgemäßen Betrachtung »Richard Wagner in Bayreuth«. Nietzsche schreibt über diese Wechselwirkung: »Wagner tat dies, indem er zwischen zwei Dingen, die fremd und kalt wie in getrennten Sphären zu leben schienen, ein Verhältnis fand. Zwischen *Musik* und *Leben* und ebenfalls zwischen *Musik* und *Drama.*«[29] Die Verbindung zwischen den Polen stiftet die Empfindung, aber die *»richtige Empfindung«*, wie Nietzsche gegenüber den bloßen Sensationen ausgrenzend betont: »Die *richtige Empfindung*, die Feindin aller Konvention, aller künstlichen Entfremdung und Unverständlichkeit zwischen Mensch und Mensch: diese Musik ist Rückkehr zur Natur, während sie zugleich Reinigung und Umwandlung der Natur ist; denn in der Seele der liebevollsten Menschen ist die Nötigung zu jener Rückkehr entstanden, und *in ihrer Kunst ertönt die in Liebe verwandelte Natur.*«[30] Mit der Polarität »Rückkehr zur Natur« und »Reinigung und Umwandlung der Natur« hat Nietzsche einen Grundzug des von Wagner stets intendierten Gesamtkunstwerks festgehalten.

In diesen Prozeß wird der Zuschauer als Teilhaber einbezogen. Er soll als Betroffener und damit als von Grund auf Angesprochener — nach Intervallen des Staunens, Zweifelns und Verzweifelns ob der nicht sogleich einsichtigen Zusammenhänge zwischen dem pragmatischen und ideellen Nexus des Kunstwerks — den gesamtkünstlerischen Prozeß verstehend mitvollziehen. »Es ist nicht anders möglich: der Betrachtende, vor dessen Blick eine solche Natur wie die Wagners steht, muß unwillkürlich von Zeit zu Zeit auf sich, auf seine Kleinheit und Gebrechlichkeit zurückgeworfen werden und wird sich fragen: was soll sie dir? Wozu bist du denn eigentlich da? Wahrscheinlich fehlt ihm dann die Antwort und er steht vor seinem eigenen Wesen befremdet und betroffen still. Mag es ihm dann genügen, eben dies erlebt zu haben; mag es eben darin, daß es *sich seinem Wesen entfremdet fühlt,* die Antwort auf jene Fragen hören. Denn gerade mit diesem Gefühl nimmt er teil an der gewaltigsten Lebensäußerung Wagners, dem Mittelpunkt seiner Kraft, jener dämonischen *Übertragbarkeit* und Selbstentäußerung seiner Natur, welche sich andern ebenso mitteilen kann als sie andere Wesen sich selber mitteilt und im Hingeben und Annehmen ihre Größe hat.«[31]

Der mutige Schritt des »dithyrambischen Dramatikers« Wagner, dem Nietzsche überzeugt zustimmt, ist die Lebensreform aus dem Geiste der Kunst. Die Schaubühne

---

28 A. a .O., S. 297.

29 Unzeitgemäße Betrachtungen..Viertes Stück: Richard Wagner in Bayreuth. A. a. O., S. 386.

30 A. a. O., S. 388.

31 A. a. O., S. 397.

— insbesondere die »große Oper« — soll das Forum werden, von dem im Medium künstlerisch stilisierten Lebens Impulse für die Lebensgestaltung des einzelnen und der Öffentlichkeit ausgehen. Die große Oper rückt damit in die Nähe der politisch-erzieherischen Anstalt, der eine entscheidende lebensreformerische Funktion zukommt.

Tatsächlich entstanden viele Zweifel ob der emsigen und sehr zeitgemäßen Betriebsamkeit in Bayreuth, die ihn zum vorzeitigen Verlassen der Festspiele trieben. Während des Aufenthalts in Klingenbrunn im nahen Böhmerwald entstand der Kern der Schrift: »Menschliches, Allzumenschliches«, die er Wagner später übersandte und die den endgültigen Bruch erwirkte. Damit war das elitäre Idyll mit Cosima und Richard Wagner im Landhaus Tribschen bei Luzern Episode geworden — eine lebensgeschichtlich zwar ungemein bedeutsame, aber in ihren personellen Bindungen nunmehr überwundene Zeit.

Daß sie ein tragender Baustein für alles Künftige wurde, hat er 1888 rückblickend im »Ecce Homo« dankbar zum Ausdruck gebracht: »Hier, wo ich von den Erholungen meines Lebens rede, habe ich ein Wort nötig, um meine Dankbarkeit für das auszudrücken, was mich in ihm bei weitem am tiefsten und herzlichsten erholt hat. Dies ist ohne allen Zweifel der intimere Verkehr mit Richard Wagner gewesen. Ich lasse den Rest meiner menschlichen Beziehungen billig; ich möchte um keinen Preis die Tage von Tribschen aus meinem Leben weggeben, Tage des Vertrauens, der Heiterkeit, der sublimen Zufälle — der tiefen Augenblicke . . .«[32]

Der Gedanke des elitären Bundes, der in wechselnden Gruppierungen mit Lou Salomé, Dr. Paul Rée, Peter Gast und Malwida von Meysenburg in Sorrent bis hin zu dem kleinen Kreis der Vertrauten in seinem »heldischen Idyll« in Sils Maria »6000 Fuß jenseits von Mensch und Zeit«[33] im Ansatz verwirklicht wurde, gehört zu den reformpädagogisch wirksamen Grundvorstellungen Nietzsches. Er bildet zugleich den ideellen Untergrund, auf dem die Ideen des Übermenschen und der ewigen Wiederkunft des Gleichen gereift sind. Dasselbe gilt für die sehr lebendigen Erfahrungen aus der Schulzeit in Schulpforta, jener traditionsreichen Gelehrtenschule, die Moritz von Sachsen in einem ehemaligen Zisterzienserkloster gründete[34]. Wie stark der Eindruck Schulpfortas auf Nietzsche war, zeigt ein Gedicht des 14jährigen mit dem Titel »Pforta«.

---

32 Vgl. hierzu Paul Deussen: Erinnerungen an Friedrich Nietzsche. Leipzig 1901. — Franz Overbeck und Friedrich Nietzsche. Eine Freundschaft. Nach ungedruckten Dokumenten und im Zusammenhang mit der bisherigen Forschung dargestellt von Carl Albrecht Bernoulli. II. Bd. Jena 1908.

33 Friedrich Nietzsche: Also sprach Zarathustra. In: Friedrich Nietzsche. Bd. 2. A. a. O., S. 1128.

34 Vgl. in diesem Buch S. 120.

»Es herrscht eine heilige Stille,
Und Pforta liegt nebelumwallt,
Beleuchtet vom düsteren Scheine,
In geisterhafter Gestalt.

Ich kann ihn nun nie vergessen,
Den Eindruck so wunderbar:
Es zieht mich an selbige Stätte,
Warum? das wird mir nicht klar«[35].

Diese Eindrücke im Rahmen eines bewußt erfahrenen Schullebens, das den jungen Menschen vom Schuleintritt bis zum Tode zu prägen versucht, sind bei der Deutung von Nietzsches Stellungnahmen zu Bildungsfragen mitzubedenken. Sie sind auch in die Vorträge Nietzsches »Über die Zukunft unserer Bildungsanstalten« (1872) eingegangen. Es wäre verfehlt, dieses kontrastreich entworfene Bildungskonzept als elitär zu bezeichnen. Elitär ist es lediglich in jenem Sinne, daß Bildung nicht schlechthin sozialisierend umgelegt werden kann. Ohne Zweifeln, Ringen und Fragen des einzelnen von Grund auf ist Bildung nicht zu verwirklichen.

Darin wird Nietzsches »Verfahren der Umkehrung«, wie es Heidegger nennt, deutlich: »Das Umkehren ist nur ein Verneinen, durch die Beseitigung der bisherigen Ordnung der Werte entstehen noch keine neuen«[36]. Eine Umkehrung erfolgt gegenüber Rousseaus Bildungsprinzip, das durch seine Forderung nach Gleichheit Ungleiches zusammengebracht und dadurch eine Verkleinerung des Menschen erwirkt habe. Die heraufziehende Gefahr der »Mittelmäßigkeit« versucht Nietzsche durch sein Konzept des Übermenschen – in klarer Umkehr vom Herdenmenschen – zu bannen, das seine innere Ergänzung durch den Gedanken vom »Willen zur Macht« und durch den Gedanken der »ewigen Wiederkehr des Gleichen« findet. Damit rückt die Kritik an der Philosophie, der Religion, der Moral als geistige Orientierungshilfen des Menschen für ein menschliches Leben in den Mittelpunkt.

Die bedingungslose Bejahung des Willens zur Macht, der »jenseits von gut und böse« wirkt, setzt das Gefüge der traditionellen Kultur und Moral außer Kraft. Ihm ist alles gut, was die Macht stärkt und alles schlecht, was sie schwächt. »Wenn das Seiende als Wille zur Macht begriffen ist, dann wird ein Sollen überflüssig, das zuerst über dem Seienden aufgehängt werden müßte, damit sich das Seiende an ihm messe. Wenn das Leben selbst Wille zur Macht ist, dann ist es selbst der Grund, das principium der Wertsetzung.«[37]

Der Wille zur Macht setzt allerdings das Wissen um den Tod Gottes voraus, denn erst unter dieser Voraussetzung werden Wollen und Sollen zu einem Modus des eige-

35 Friedrich Nietzsche: Jugendschriften. München 1923, S. 3.
36 Martin Heidegger: Nietzsche. Erster Band. A. a. O., S. 39.
37 A. a. O., S. 42.

nen Lebens. Der Mensch selbst wird zum Gestalter, Erhalter, aber auch Zerstörer seiner Welt. Am klarsten kommt diese neue Daseinshaltung im Künstler und in der Kunst zum Ausdruck: »Kunst als Wille zur Überwindung des Werdens als ›Verewigung‹ . . .«[38] Der Künstler ist der Prototyp des Schöpfertums nach eigenen Vorstellungen und in eigener Verantwortung. »Künstlersein ist ein Hervorbringen-können. Hervorbringen aber heißt: etwas, das noch nicht ist, ins Sein setzen.«[39] Das künstlerische Schaffen wird zu einer Weise der Lebensgestaltung, in der das Leben sich überwindend zu sich selber zurückfindet. Diese Auslegung des Künstlerischen als einem potentiellen Schöpfertum steht u. a. auch wegweisend hinter den kunsterzieherischen Bestrebungen als eine ihrer ideellen Komponenten.

In dem damit einsetzenden Prozeß der »Umwertung aller Werte« kommt dem Philosophierenden in der Rolle des Übermenschen die grundsätzliche Aufgabe der moralischen und kulturellen Neuordnung des Lebens zu. Alle Lebensprobleme werden für Nietzsche seit dem Zarathustra immer mehr zu Wertproblemen. Das Wertproblem steht wiederum im engsten Zusammenhang mit der Wahrheitsfrage, d. h. der Förderung und Stärkung des Willens zur Macht als dem allesbeherrschenden Lebensgesetz.

Diese Umwertung aller Werte hat in alle Bereiche gewirkt. Die Unklarheiten in der Deutung, die bereits im Philosophieren Nietzsches angelegt sind, aber durch die aphoristische Eleganz der Sprache überspielt werden, verhindern eine einhellige Auslegung. Gerade das Pathos des Unbestimmten, das durch die faszinierende Diktion dennoch vermeintlich Bestimmtes zur Lösung der brennenden Lebensprobleme beizutragen verspricht, hat während der anhebenden Reformpädagogik vielfältige Gefolgschaft gefunden. Man kann zwar nicht von Reformintentionen in Gefolgschaft Nietzsches sprechen, aber sein geistiges Erbe in der kritischen Aufdeckung der Schäden und dem beispielhaften Aufweis der Lösungsverfahren haben viele beeinflußt und stehen als unruhiges Fragen und Suchen hinter vielen Reformansätzen.

Einen verhängnisvollen Einfluß auf die Einschätzung des Krieges und der Gewaltausübung hat Nietzsches »aristokratischer Radikalismus« ausgeübt. Die Verwandtschaft mit seiner Sympathie für das Dionysische ist unverkennbar, so daß Ästhetizismus und Barbarei häufig ein enges Bündnis eingehen. Aus diesem Blickpunkt erfolgt die Heiligung des Krieges, der als Motiv für die Entwicklung weitaus höher erachtet wird als der Friede. »Die Wertung, mit der heute die verschiedenen Formen der Sozietät beurteilt werden, ist ganz und gar eins mit jener, welche dem Frieden einen höheren Wert zuerteilt als dem Krieg: aber dies Urteil ist antibiologisch, ist selbst eine Ausgeburt der décadence des Lebens . . . Das Leben ist eine Folge des Kriegs, die Gesellschaft selbst ein Mittel zum Krieg.«[40]

Die Gesellschaft als Mittel zum Krieg betrachtet ist in der Tat eine gefährlich fal-

---

38 Friedrich Nietzsche: Aus dem Nachlaß der Achtziger Jahre. In: Friedrich Nietzsche. Bd. 3. A. a. O., S. 896.

39 Martin Heidegger: Nietzsche. Erster Band. A. a. O., S. 82.

40 Friedrich Nietzsche: Aus dem Nachlaß der Achtziger Jahre. A. a. O., S. 786.

sche Auslegung, die herausgelöst aus der Dialektik von Nietzsches Denken verhängnisvoll radikalisierend wirken mußte. Es ist insbesondere Thomas Mann gewesen, der auf die Verbindung dieses Denkansatzes mit der Entstehung des Faschismus hingewiesen hat. In diesen Zusammenhang gehört auch seine Kritik an Nietzsches Auffassung vom Judentum als dem Keimboden christlichen Glaubens[41]. Nichts wäre indessen einseitiger, als Nietzsche als Wegbereiter der politisch-pädagogischen Entwicklung und ihrer Folgen während der ersten Hälfte des 20. Jahrhunderts verstehen zu wollen. Daher bleibt auch die Inanspruchnahme seiner Ideen für völkische, national- und machtpolitische Positionen fragwürdig, denn seine Vorbehalte gegenüber der deutschen Kultur und dem Deutschtum als solchem sind groß. Ein erheblicher Teil der Einwirkung auf die aufbrechenden pädagogischen Bestrebungen liegt in der (von Nietzsche selber zwar in Frage gestellten, aber faktisch aufweisbaren) Verwandtschaft mit dem Rousseauschen Grundgedanken einer Stärkung und Läuterung der Kultur in Annäherung an die Natur[42]. Nicht das Zurück zur Natur, vielmehr das überwindende Vereinen von Natur und Kultur ist auch für Nietzsche das Ziel.

Er ist aber auch hier ein »umgekehrter Rousseau«, der nicht die Gleichheit des von Natur aus Ungleichen anstrebt; vielmehr ist es der Übermensch, der sich von den Götterbildern abwendet und mit den Menschen spricht, weil sie seiner bedürfen und er erst »Herrschender« durch sie werden kann. »Wann werden uns alle diese Schatten Gottes nicht mehr verdunkeln? Wann werden wir die Natur ganz entgöttlicht haben! Wann werden wir anfangen dürfen, uns Menschen mit der reinen, neu gefundenen, neu erlösten Natur zu *vernatürlichen*!«[43] Durch das Wissen von der ewigen Wiederkunft wird der Weg frei zum Übermenschen; er ist erfüllt vom Willen zur Macht; er wird frei, weil er als ein Schaffender zugleich ein Schöpfer seiner eigenen Ewigkeit ist.

3. Die nationalpolitische Bildung im Sinne Paul de Lagardes

Wenn die Kulturkritik als die Motivationsbasis für die Reformpädagogik analysiert werden soll, so muß neben Nietzsche auch auf Lagarde und Langbehn hingewiesen werden. Alle drei zusammen bereiten erst die geistige Atmosphäre vor, die die Reifebedingungen für eine Bildungsreform schaffen. Kennzeichnend für die Ausgangssituation ist die Tatsache, daß alle drei die Kulturkritik aus kulturphilosophischem Aspekt

---

41 Thomas Mann: Nietzsches Philosophie im Lichte unserer Erfahrung. Frankfurt a. M. 1948, S. 33, 34, 46.

42 Vgl. Karl Löwith: Nietzsches Philosophie der ewigen Wiederkehr des Gleichen. Stuttgart 1956. — Franz Overbeck und Friedrich Nietzsche. Eine Freundschaft. A. a. O., S. 61.

43 Friedrich Nietzsche: Die fröhliche Wissenschaft. In: Friedrich Nietzsche. Bd. 2. A. a. O., S. 116. — Vgl. Karl Löwith: von Hegel zu Nietzsche. A. a. O., S. 281. — Ders.: Gott, Mensch und Welt in der Metaphysik von Descartes bis zu Nietzsche. Göttingen 1967. — Karl Japsers: Nietzsche. Einführung in das Verständnis seines Philosophierens. Berlin [3]1950.

üben, so daß die Bildungsfragen zunächst im allgemeinkulturellen Zusammenhang erörtert werden.

Paul de Lagarde (geb. 1827 in Berlin, gest. 1891 in Göttingen)[44] wurde aufgrund der mahnenden Funktion seiner »Deutschen Schriften« in der Öffentlichkeit als eine Art nationaler Prophet betrachtet. Diese Rolle des Mahners wird auch von Ulrich von Wilamowitz-Moellendorff in seiner Gedenkrede in Göttingen ausdrücklich hervorgehoben: »Als Prophet hat er seine Stimme erhoben über Staat und Kirche, Jugendbildung und Gottesdienst, Gesellschaft und Gesittung. Es hat ihn auch nicht irregemacht, wenn sie die Stimme eines Rufers in der Wüste blieb; denn er fühlte sich als Prophet. Er hatte ein Recht dazu, denn er war eine prophetische Natur«[45]. Darin zeigen sich viele Berührungspunkte Lagardes mit Fichte[46].

Der Biograph Lagardes, Ludwig Schemann, bezeichnet dessen Wirksamkeit im pädagogischen Rahmen als die erfolgreichste: »Das Gebiet, auf welches wir Lagarde jetzt zu begleiten haben, ist von allen, die er betreten, wohl das schwierigste, heikelste und umstrittenste. Und doch ist er gerade als Pädagoge verhältnismäßig am schnellsten, allgemeinsten und unbestrittensten durchgedrungen. Mindestens ist ihm hier seine Berufenheit und überlegene Sachkenntnis nicht erst so spät wie auf dem politischen Felde zuerkannt worden, wenn man sie auch in den amtlichen Kreisen lange nur in bescheidenem Maße zu nutzen gewußt hat.«[47] Die bevorzugten Themen seiner Stellungnahmen sind die stets zunehmende Stoffülle, die Bestimmung dessen, was Bildung ist, das Berechtigungs(un)wesen, die Reorganisation der Schulen, die stärkere Entfaltung der Elementar- und Fachschulen und die Individualisierung des Unterrichts.

Wie Nietzsche, der neben seiner Basler Professur Unterrichtsverpflichtungen an dem Pädagogium, einem Gymnasium in Basel, wahrzunehmen hatte, so besaß auch Paul de Lagarde aus einer Lehrtätigkeit als Gymnasiallehrer von 1854—1866 in Berlin praktische Schulerfahrungen. Das Hauptwerk Lagardes bilden die »Deutschen Schriften«. Der »prophetischen Natur« Lagardes entsprechend steht im Zentrum seiner Kulturkritik die Kritik, die er am Christentum als einer historischen Religion übt. Wie Rousseau mit seiner Staatsreligion (religion civile) einen metaphysischen Halt für das politische Wollen einerseits sowie eine irdische Verankerung für das religiöse Empfinden andererseits vermitteln wollte, so sucht Paul de Lagarde in durchaus verwandter Weise nach einer wirksamen Verbindung zwischen Religion und Politik. »Religion ist überall, wo übermenschliche, sie ist sogar schon, wo außermenschliche Mächte eine Einwirkung auf das Gemüth von Menschen haben, reale Mächte eine

---

44 Eigentlich hieß er Paul Bötticher; erst nach der Adoption durch seine Großtante Ernestine de Lagarde nahm er deren Namen an. Vgl. hierzu Fritz Stern: Kulturpessimismus als politische Gefahr. Bern, Stuttgart, Wien 1963, S. 33.

45 Ulrich von Wilamowitz-Moellendorff: Erinnerungen 1848—1914. Leipzig 1928, S. 232.

46 Hans Walter Schütte: Lagarde und Fichte. Gütersloh 1965.

47 Ludwig Schemann: Paul de Lagarde. Ein Lebens- und Erinnerungsbild. Leipzig 1920, S. 283.

reale Einwirkung, das heißt, eine Einwirkung, die den Beeinflußten zu Gedanken und Handlungen veranlaßt, welche er ohne diese Einwirkung nicht gedacht und nicht getan hätte.«[48]

Die wichtigste Funktion der Religion besteht nach Lagarde in der Begründung einer dauerhaften Welt- und Lebensanschauung. Menschliches Leben ist auf Gott zentriert, und es läßt sich daher von diesem Bezugspunkt her verstehen und gestalten. »Alles Leben auf Erden ist darum Gottesdienst, weil alles, was existiert, durch Gott existiert, Gott also die einzige endgültige Kraft des Daseins ist . . .«[49]

Die nationalpädagogische Aufgabe der Religion besteht in der Überwindung des Romanismus, der Selbstentfremdung durch die Orientierung an Rom. »Romanismus und Katholizismus werden in Deutschland nicht durch eine abstrakte Religion, sondern durch die national-deutsche Religion überwunden. Diese national-deutsche Religion entspricht dem von Gott gewollten Wesen der deutschen Nation . . .«[50]

Aus diesem Grunde muß alles unterstützt werden, was diese Entwicklung stärkt bzw. alles bekämpft werden, was sie schwächt. So erfolgt die Kritik am Judentum letztlich, weil bei den »Juden ihre Nationalität unlösbar mit der Religion verknüpft« ist. Daraus folgert Lagarde, ». . . daß die Juden als Juden in jedem europäischen Volke ein schweres Unglück sind. Es folgt für Deutschland, daß die Juden aus Deutschland entweder auswandern, oder in ihm Deutsche werden müssen. Tritt nicht die eine oder die andere dieser Alternativen ein, so verjudet Deutschland, wozu es nicht bloß auf dem Wege ist. Denn die Verwesung schreitet schneller vorwärts als das Wachsthum des Lebens, namentlich schneller als das Wachsthum eines edlen Lebens.«[51]

Wenn Lagarde den Begriff des »Verjudens« auch nicht geprägt hat, so verleiht er ihm dennoch eine verhängnisvolle Wirksamkeit[52]. Die Juden werden abgelehnt, weil sie aufgrund ihrer Religion eine Nation in der Nation darstellen und somit als Fremdkörper gefährdend wirken. Letztlich ist für Lagarde die Einstellung und Lebenshaltung als Ausdruck der religiösen Überzeugung entscheidender als das Blut. So kann er auch schreiben: »Das Deutschthum liegt nicht im Geblüte, sondern im Gemüthe.«[53] In diesem Zusammenhang erfolgt die Aufforderung: »Nur darum bitte ich Sie recht dringend: denken Sie von der politischen Bedeutung der Religion ja nicht gering.«[54]

---

48 Paul de Lagarde: Deutsche Schriften. Dritter Abdruck. Göttingen 1892, S. 67.

49 A. a. O., S. 364. – Vgl. auch Georg Dost: Paul de Lagardes nationale Religion. Leipzig 1915.

50 A. a. O., S. 97. – Vgl. auch Hubertus Kunert: Deutsche Reformpädagogik und Faschismus. A. a. O., S. 35.

51 A. a. O., S. 366.

52 Vgl. Fritz Stern: Kulturpessimismus als politische Gefahr. A. a. O., S. 890.

53 Paul de Lagarde: Deutsche Schriften. A. a. O., S. 24.

54 A. a. O., S. 22.

Zur Sicherung des Deutschtums wollen neben den inneren Faktoren auch die äußeren Gegebenheiten bedacht werden. Dazu gehört in erster Linie das Grenzproblem. »Das erste, was die Strategie für ein Land verlangt, ist eine verteidigungsfähige Grenze. Die Grenze Deutschlands ist nicht verteidigungsfähig, mindestens dann nicht, wenn der Angriff von zwei Seiten zu gleicher Zeit kommen sollte.«[55] Diese beiden Prämissen führen zu den folgenden Feststellungen: »Steht das eben Gesagte fest, so braucht man nur die Karte des deutschen Reiches anzusehen, um zu erkennen, wie wir daran sind. Ein anderes Morea ist unser Land. Eine dünne Spitze ragt von Danzig bis Memel, eine nicht stärkere von Glogau bis nächst Krakau: zwischen beiden russisch Polen, in größerem Maßstabe gegen uns dasselbe, was die Grafschaft Glatz für uns gegen Österreich ist. Von Polen aus können ohne Mühe zwei Provinzen vom Körper unseres Reiches abgeschnitten werden. Preußen, das der ruhmvollen Monarchie Deutschlands den Namen, den Vorwand der Größe und den in den Zeiten des Unglücks wie der Erhebung so segensreich wirkenden kategorischen Imperativ gegeben: Schlesien, an dem Preußen die erste Probe auf sein Exempel gemacht, das festzuhalten schon darum erforderlich ist, weil von ihm aus der Weg nach Berlin so leicht zu finden sein würde.«[56]

Wie offensiv dieses Konzept der Grenzsicherung zu verstehen ist, geht aus einer zweiten Stellungnahme Lagardes hervor: »Etwas weniger schwer als der bisher besprochene ungünstige Zug unserer östlichen Grenzen wiegt der Umstand, daß mit Belfort den Franzosen ein Einfallsthor in Deutschland geblieben ist. Zur völligen Sicherung unserer Westmarken ist bei der Unzuverlässigkeit der belgischen Neutralität — die Parteilosigkeit Luxemburgs ist vollends nur durch Deutschland selbst sicher — der Besitz Luxemburgs fast, der Belforts ganz unbedingt nöthig. Wir dürfen dem unruhigen Nachbarn den Kamm des Gebirgs nicht lassen und müssen außerdem alle Stellen in unserem Besitze haben, an welchem dieser Kamm durchbrochen ist.«[57]

Diese Betrachtung als Konzept für eine militärische Operation auslegen zu wollen, ist historisch unangemessen. Die Stellungnahme Lagardes ist vielmehr aus der Sichtweise der nationalstaatlichen Ära heraus zu deuten, deren machtpolitisches Streben expansiv auf die Sicherung der nationalen Grenzen gerichtet war. Aber selbst unter Berücksichtigung dieser Voraussetzungen muß festgestellt werden, daß Lagarde eine extrem nationalistische Position hinsichtlich der Reinhaltung des deutschen Volkstums und Sicherung der deutschen Grenzen vertritt. Jene nationalpolitische Sichtweise, die Deutschland auf den »Richterstuhl der Nationen« setzt und die Deutschen als den »Adel der Welt« (Langbehn) ansieht, ist real vorgeprägt: »Wo die Germanen hingekommen sind, haben sie die Aristokratie mit sich gebracht. Nicht weil sie als Eroberer kamen und als solche Herren über Eroberte wurden ... Sie haben aristokratisches Regiment geführt, weil sie königlich gesinnt waren ...«[58] Diese germanische Lebens-

55 A. a. O., S. 99.
56 A. a. O., S. 99.
57 A. a. O., S. 101.
58 A. a. O., S. 10.

einstellung, die bei Wahrung der Gleichheit eine natürliche Form der Aristokratie kennt, sieht er im englischen Adel, der Gentry, noch verwirklicht[59].

Aristokratisch in diesem lebensgeschichtlichen Sinne ist auch der Bildungsbegriff Lagardes. Dazu sei eine charakteristische Stellungnahme geschlossen angeführt: »Volksbildung sehe ich nur in einem germanisch, das heißt aristokratisch, gegliederten Staatswesen für möglich an. Ich verstehe freilich unter Bildung etwas anderes als den Besitz eines Konversationslexikons. Lesen, schreiben und rechnen hat jeder Mensch in irgend einer Art Schule zu lernen: alles übrige empfangen die Kinder der nicht besitzenden Klassen im Umgange mit den besitzenden, als Diener und Arbeiter im Hause (nicht genauer, aber verständlicher sage ich, in der Familie) ihrer Brotgeber. Im Leben soll das Volk lernen, von Thatsachen der Geschichte und Natur so viel lernen wie im Leben von diesen wirklich in seinen Gesichtskreis tritt: die deutschen Kaiser und die preußischen Könige und die Elemente der jetzigen Chemie der Reihe nach herschnurren nützt nichts, weil auch ein Papagei es zu lernen im Stande wäre. Ist dies richtig, so muß ein Adel und eine gentry da sein, wohlwollend und wohlhabend genug um Diener und Arbeiter dauernd in ihre Häuser aufzunehmen: so muß eine Geistlichkeit da sein, welche überwiegend aus den besten Geschlechtern hervorgeht, deren Glieder um Gottes, nicht um des Gehaltes willen Geistliche sind, eine Geistlichkeit (ein schöner Titel), welche des Volks mit ihm lebende Leiterin und Beratherin ist, noch besser, welche dem Volke vorlebt, eine Geistlichkeit, von der jeder Arbeiter jeden Augenblick weiß, daß sie ebenso über ihm wie neben ihm steht.«[60]

Diesem (nach Lagarde) idealtypischen Bildungsprozeß als Teilhabe an der »Geistlichkeit« der Aristokratie steht die realtypische Lösung einer Bildung durch Institutionen gegenüber. Dieser Gegensatz wird verstärkt durch den von Lagarde kritisierten Mißstand der zu großen Klassen und der zu großen Stoffpensen sowie der memorierenden Lernweise. Unter diesen Voraussetzungen ist die Menschenbildung nicht »auf die Ewigkeit« angelegt, vielmehr ist sie höchst »zeitgemäß« und bedarf dringend der Erneuerung. »Drei Dinge sind der Ertrag unserer Bildung: schlechte Augen, gähnender Ekel vor allem, was war und die Unfähigkeit zur Zukunft.«[61]

Eine aristokratische Reform des Bildungswesens hat zu gewährleisten, daß nur die späteren Repräsentanten der verantwortlichen Ämter die Gymnasien besuchen, wie auch die Kadettenanstalten den künftigen Offizieren vorbehalten bleiben. Neben den Gymnasien bedarf es eines breiten Umkreises praktisch ausgerichteter Unterrichtsanstalten wie der Volksschulen, Ackerschulen, Handwerksschulen, Handelsschulen, Polytechniken u. a., die unmittelbar auf das Leben und seine verschiedenen Bewährungsbereiche vorbereiten. Wer sich in diesen Lebensbereichen durch Umsicht, Urteil

---

59 Seit seinem Aufenthalt in London ist bei Lagarde eine persönliche Zuneigung zu englischer Erziehung und Lebensart nachweisbar. Vgl. Fritz Stern: Kulturpessimismus als politische Gefahr. A. a. O., S. 32.

60 Paul de Lagarde: Deutsche Schriften. A. a. O., S. 11.

61 A. a. O., S. 317.

und Tüchtigkeit auszeichnet, kann jederzeit den Zugang zum Kreise der Aristokratie finden. »Es wird nichts im Wege stehn, die aus diesen Anstalten hervorgegangenen Menschen zur Gentry zu ziehen, wo das Bedürfnis es verlangt oder wenn sie sich als Gentlemen erwiesen haben.«[62]

Gerade der prophethische Grundton, verbunden mit einem entschiedenen Nationalismus, verlieh den Schriften Lagardes die große Wirkung. Kritik an einer veräußerlichenden Modernität einerseits und an einer oberflächlichen Glaubenshaltung andererseits waren die großen Themen. Seine Vorschläge hinsichtlich einer deutschen Gläubigkeit und Frömmigkeit zielen im Grunde auf eine umgreifende Lösung: Überwindung der Kulturreligion, wie sie in den führenden Kreisen während des 19. Jahrhunderts vorherrschte und Stärkung des nationalen Bewußtseins in einem geeinten Deutschland. Aus der Furcht, daß diese Bestrebungen überfremdet werden könnten, entstehen seine antisemitischen Äußerungen. Sie schlossen nicht aus, daß selbst (national empfindende) Juden sich zu seinen Anhängern zählten[63]. Wenn beispielsweise Thomas Mann Lagarde einen Praeceptor Germaniae nennt, so vor allem wegen seines Drängens auf echte und umfassende Menschenbildung im Wilhelminischen Deutschland, das durch sein politisches Gebaren die Kulturkrise[64] verdeckte. Sein Verdienst besteht darin, daß er die Hohlheit des neuen Reiches erkannte.

Die politisch-pädagogische Wirksamkeit Lagardes wird gegenwärtig allzu leicht unterschätzt. So beeindruckte er in einem erheblichen Ausmaß einmal Richard Wagner und seinen Bayreuther Kreis einschließlich seines Schwiegersohns, Houston Stewart Chamberlain[65]. Darüber hinaus entstand unter dem Einfluß seiner Ideen eine völkisch nationale Atmosphäre, die auch die Jugendbewegung[66] beeinflußte. Dieser Einfluß verstärkte sich während der 20er Jahre, so daß von einer Lagarde-Renaissance gesprochen werden kann. »Es wäre ein unmögliches Unterfangen, die Namen all derer aufführen zu wollen, die irgendwann ausgesprochen haben oder erkennen ließen, daß sie von Lagarde beeinflußt worden sind. Nicht daß dieser Einfluß in jedem Falle von entscheidender Bedeutung gewesen wäre, aber in der gesamten mehr oder weniger ernst zu nehmenden Literatur, in der bestehende Zustände beklagt wurden, erschien er regelmäßig als Garant der Wahrheit und Prophet eines nationalen Wiederaufstiegs.«[67]

---

62 A. a. O., S. 216.

63 Vgl. Fritz Stern: Kulturpessimismus als politische Gefahr. A. a. O., S. 115.

64 Thomas Mann: Betrachtungen eines Unpolitischen. Berlin 1919, S. 262.

65 Ludwig Schemann: Paul de Lagarde. Ein Nachruf. In: Bayreuther Blätter. XV. Jg. 1892, S. 185.

66 Vgl. Ludwig Gurlitt: Der Deutsche und sein Vaterland. Politisch-pädagogische Betrachtungen eines Modernen. Berlin [8]1903. — Vgl. auch Else Frobenius: Mit uns zieht die neue Zeit. Eine Geschichte der deutschen Jugendbewegung. Berlin 1927 sowie Mario Domandi: The German Youth Movement. Dissertation des Department of History der Columbia University. New York 1960.

67 Fritz Stern: Kulturpessimismus als politische Gefahr. A. a. O. (Darin: Paul de Lagarde und seine nationale Religion, S. 116). — Stern macht darauf aufmerksam, wie stark beispielswei-

Zweifellos ging von den »Deutschen Schriften« Lagardes ein Impuls aus, der Nationalität, Humanität und Religiosität in einer »deutschen« Bildungsidee zu vereinen versuchte. Aufgenommen werden die älteren Bestrebungen des deutschen Idealismus — insbesondere bei Herder und Fichte —, die die Deutschheit zu einer dem Griechentum adäquaten Ausdrucksform des Menschlichen zu gestalten versuchen.

Diese Bildungskonzeption erhält bei Lagarde durch die scharfe Abgrenzung vom Judentum und Romanentum einen offensiven Grundcharakter. Sie hat die Entwicklung der »deutschkundlichen« Bewegung, die während der 20er Jahre ihren Höhepunkt erreichte, entscheidend beeinflußt. Ein wichtiges Ziel der deutschkundlichen Bestrebung war die »Konzentration der Bildung auf das nationale Eigenleben«[68], wie es Nohl formuliert. Fortan sollten in Sprache und Kunst, Märchen, Sage, Mythos, Religion und Philosophie die Ausdrucks- und Deutungsformen des eigenen Volkes eine stärkere Berücksichtigung finden. Die Gründung der Deutschen Oberschule im Rahmen der Reform des Höheren Bildungswesens unter Hans Richert war eine der organisatorischen Folgen. Richert beruft sich, wie später Lietz, ausdrücklich auf Fichte und Lagarde[69].

Lagarde wurde in politisch-pädagogischen Fragen die Graue Eminenz, auf die man sich berief, wenn es galt, Reformbewußtsein und nationale Verantwortung zu dokumentieren; aber nicht allen, die sich auf ihn beriefen, waren die rassistischen und imperialistischen Nebenzüge bewußt, die den »Deutschen Schriften« eigen sind. Dennoch hat gerade dieser »harte« Lagarde eine verhängnisvolle Wirkung ausgeübt, die dazu führte, daß auch der Nationalsozialismus ihn als seinen Kronzeugen betrachten durfte.

4. Die Kulturkritik als Ausgangspunkt für die Entfaltung eines künstlerischen Lebensstils durch Julius Langbehn

Eindeutiger als bei Nietzsche und Lagarde ist die Kulturkritik Langbehns (geb. 1851 in Hadersleben, gest. 1907 in Rosenheim) auf eine Bildungsreform ausgerichtet. Die Grundmotive werden wiederholt, aber eindeutiger pädagogisch akzentuiert. Das umfassende Ziel ist auch für Langbehn eine Lebensreform, die zwar durch eine Bildungsreform eingeleitet werden kann, aber in ihrer Wirksamkeit bis in die Bereiche der Alltäglichkeit reichen muß.

---

se (neben Ernst Troeltsch, Friedrich Naumann, Hermann Bahr, Richard Dehmel, Christian Morgenstern) Ernst Ludwig Curtius von Lagarde beeindruckt war (S. 367). Vgl. hierzu Ernst Ludwig Curtius: Deutsche und Antike Welt. Lebenserinnerungen. Stuttgart 1950, S. 175.

68 Herman Nohl: Zur deutschen Bildung. Göttingen 1926, S. 8.

69 Hans Richert: Die Deutsche Bildungseinheit und die höhere Schule. Ein Buch von deutscher Nationalerziehung. Tübingen 1920, S. 25. — Richtlinien für die Lehrpläne der höheren Schulen Preußens. Mit Bemerkungen und Literaturhinweisen herausgegeben von Ministerialrat Richert. 1. Teil: Grundsätzliches und Methodisches. Berlin 1925.

Der kulturkritische Gedanke Langbehns kennt drei Schritte. Sein Ausgangspunkt ist die Auseinandersetzung mit der historisch-theoretischen Kultur der Gegenwart, die nur Wissen vermittelt und keinen Lebensbezug stiftet. In kritischer Abhebung von der einseitig intellektualistischen Geisteshaltung befürwortet Langbehn einen künstlerisch bestimmten Lebensstil unter Rückgriff auf Grundtugenden wie Herzensbildung, Geistesgröße, Frohsinn, Einfalt, Natürlichkeit. Dieser künstlerische Lebensstil steht einerseits in Wechselwirkung mit der Gestaltungsfähigkeit des äußeren Lebens; andererseits ist er in religiöser Rückbindung nach innen gewandt und an den als innere Stimme wahrnehmbaren ewigen Werten orientiert.

Der Einfluß Langbehns auf die Reformbewegung ist unabschätzbar, denn sein Hauptwerk »Rembrandt als Erzieher«, das 1890 erschien, erfuhr in wenigen Jahren 40 Neuauflagen und wirkte vor allem in der Pädagogischen Provinz nachhaltig. Mit der Thematik »Rembrandt als Erzieher« ist die Zielsetzung einer Erziehung durch die Kunst und zur Kunst ausgesprochen. Der Bezug auf Rembrandt, den philosophierenden Maler, soll deutlich werden lassen, daß die Kunst ein Medium der Welterhellung und -gestaltung ist. Kunst in existentieller Auslegung ist eine bestimmte Form der Lebensgestaltung, der die Schönheit – sei es nun als artifizielles oder natürliches Gebilde – oberster Richtwert bleibt. »Nur durch das Morgentor des Schönen drangst du in der Erkenntnis Land« – so hatte der junge Schiller in den »Künstlern« die Priorität des Künstlerischen als Maxime seiner Weltauffassung formuliert; in den Grundzügen kennzeichnet sie zugleich die Position Langbehns.

Als Sohn eines Subrektors studierte Langbehn an der Universität Kiel Philologie und Naturwissenschaft. Studienreisen durch Italien sowie eine Hauslehrertätigkeit in Florenz förderten seine kunstgeschichtlichen und archäologischen Interessen, so daß er 1880 sein Studium mit einer Promotion in Archäologie an der Universität München abschließen konnte. Diese Studien fanden eine lebendige Ergänzung durch den steten Verkehr mit Künstlern – insbesondere mit Karl Haider, Wilhelm Leibl und Hans Thoma – denen er sich freundschaftlich verbunden fühlte. Von Leibl stammt ein Gemälde Langbehns, das ihn als »Philosophen mit dem Ei« zeigt.

Das Ergebnis der Kulturkritik Langbehns ist ein Programm der Lebensreform, das zwar aphoristisch vorgetragen wird und daher des systematischen Grundzugs entbehrt, aber die Akzente dessen, was anzustreben ist, dennoch erkennen läßt. Angesichts der vorherrschenden historisch-wissenschaftlichen Einstellung seiner Zeit, die weniger darauf aus ist, »Werte zu schaffen, als Werte zu registrieren« heißt es: »Gegenüber dem Niedergang der heute herrschenden wissenschaftlichen Bildung einerseits und dem Aufgang einer kommenden künstlerischen Bildung andererseits liegt es nun nahe, nach den Mitteln zu fragen, um beide Vorgänge möglichst zu fördern, zu regeln, klar abzuwickeln. Das deutsche Volk ist in seiner jetzigen Bildung überreif; aber im Grunde ist diese Überreife nur eine Unreife; denn der Bildung gegenüber ist Barbarei stets unreif; und in Deutschland ist die systematische, die wissenschaftliche, die gebildete Barbarei von jeher zu Hause gewesen.«[70]

---

70 Rembrandt als Erzieher. Von einem Deutschen. 61.–66. Auflage. Leipzig 1925, S. 45, 47, 48. – Vgl. ergänzend Hans Bürger-Prinz und Annemarie Segelke: Julius Langbehn, der Rembrandtdeutsche. Eine pathopsychologische Studie. Leipzig 1940.

Unter »Wendung einer neuen Epoche« versteht Langbehn, daß die Deutschen ihre Geisteshaltung individualisieren, konsolidieren und monumentalisieren. Darin ist die Forderung nach dem einfachen, dem eigenen Gesetz bewußt folgenden Leben ausgesprochen, das im Einklang mit dem Ganzen steht, wie es die kulturelle Überlieferung gültig und damit zugleich wegweisend manifestiert hat. Rembrandt dient lediglich als ein Exempel der lebendig gestalteten und vorgelebten Kunst. »Keines Malers, ja keines Künstlers uns erhaltene Werke sind von einem so tiefen, weltvergessenen Ernst erfüllt, wie die seinigen. Die Gestalten, welche er schuf, blicken uns aus dem Grund ihrer Seele an; man möchte sagen, daß man nicht nur die Tätigkeit des Künstlers, sondern die Erscheinung des Kunstwerks selbst über dessen Seele vergißt . . . Rembrandts Kunst ist ganz Charakter.«[71]

Alle große Kunst ist monumentalisierend in dem Sinne, daß sie nicht nur echtes Leben glaubwürdig ausdrückt, sondern es auch dem aufmerksamen Beschauer vermittelt und somit neues Leben zeugt. Insofern ist die große Kunst auch volkstümlich, weil sie aus den tradierten Kräften eines Volkes schöpft, sie schöpferisch gestaltet und erneuert. »Die Kontinuität des Volkslebens zu wahren, darauf kommt alles an. Alte Volksrechte aus der Erde zu graben, ist eine Hauptaufgabe der Gegenwart; und eines der ersten und wichtigsten Grundrechte des deutschen Volkes ist das Recht auf eine durch und durch einheimische Kunst, auf ein durch und durch einheimisches Geistesleben. Dabei hat das, was innerlich ersten Ranges ist, auch äußerlich den Ton anzugeben: das deutsche Herz!«[72]

»Das deutsche Herz« ist eine Metapher, die viel Kritik auf sich gezogen hat. Bei Langbehn steht sie für eine Bildung, die auf den ganzen Menschen in seinen natürlichen Grundstrebungen — einschließlich der einfachen Tugenden — gerichtet ist. »Bescheidenheit, Einsamkeit, Ruhe, gesunder Individualismus, volkstümlicher Aristokratismus, seelenvolle Kunst — das sind Heilmittel, welche der Deutsche auf sich anwenden muß, wenn er sich dem geistigen Elend der Gegenwart entziehen will.«[73]

Das künstlerisch gestaltete Einholen der Vergangenheit in die Gegenwart nennt Langbehn »organische Stetigkeit«. »*Auf lebendiger Stetigkeit beruht die gesunde Bildung der Menschheit.* Eine Kultur ohne Tradition gibt es nicht.«[74] Soweit diese organische Stetigkeit nicht gewahrt bleibt und die Tradition lediglich Lerngegenstand wird, kommt es zur Halbbildung. Darin beruht der Krebsschaden der modernen Kultur: »Die ganze Neuzeit ist auf Halbbildung gebaut. Halbbildung ist ärger und schädlicher als Unbildung. Durch Halbbildung gehen die Seelen verloren. Halbbildung führt nacheinander zu Hochmut, zu Unglauben, zu sinnlichen Ausschweifungen.«[75]

Bildung ist für Langbehn ein in sich geschlossenes Ganzes, das wiederum den Menschen als »Kathalon-Wesen« insgesamt betrifft. Wenn er sie als Herzensbildung kennzeichnet, so darum, weil das Herz als das leben- und sinnstiftende Prinzip menschlichen Daseins verstanden wird. Als Ganzheit steht das menschliche Leben

71 A. a. O., S. 61.

72 A. a. O., S. 317.

73 A. a. O., S. 379.

74 Der Geist des Ganzen von Julius Langbehn, dem Rembrandtdeutschen. Zum Buch geformt von Benedikt Momme Nissen. Freiburg/Br. 1930, S. 25.

75 A. a. O., S. 13.

aber auch im religiösen Bezug, der erst den eigentlichen Sinn stiftet. »Einheit – Geschlossenheit – Ganzheit ist das Wesen Gottes, seiner Kirche, jedes echten Charakters wie jeder echten Kunst. Das Wesen des ›Ganzen‹ besteht darin, daß in jedem Teil das Ganze wirkt und jeder Teil im Ganzen. Seele ist das Prinzip des Ganzen im Menschen.«[76] Daher kann Langbehn das Ziel des Lebens in dem Imperativ »Immer sei ganz, was du bist: ... Lebe im Ganzen ...«[77] zum Ausdruck bringen.

Die religiöse Bindung als konstitutives Prinzip für jede Bildung nimmt nach Langbehns Übertritt zum Katholizismus in ihrer sinnstiftenden Bedeutsamkeit zu. Seit dieser Zeit heißt es eindeutig: »Unsere Bildung hat lange mit einer Gelehrsamkeit ohne Seele gebuhlt. Die rechtmäßige Gattin der Bildung aber ist die Religion.«[78] Glaube und Liebe und nicht etwa Dampf und Elektrizität werden seither in noch stärkerem Maße als die weltbewegenden Kräfte gedeutet[79]. Der künstlerische Lebensstil als der eigentliche Richtpunkt der kulturkritischen Auseinandersetzung erhält in dieser Spätphase eine bewußt religiöse Begründung; sein Ziel ist die Entfaltung einer »künstlerischen Kultur.«[80]

Die Resonanz von seiten der offiziellen Vertreter der Wissenschaft war eher ablehnend. Dazu seien zwei Beispiele genannt. So heißt es bei Windelband: »Eine der ersten Brandraketen war jenes unbedeutende Buch, das uns ›Rembrandt als Erzieher‹ auftischte ...«[81]. Fritz Stern spricht im Rückblick auf die ausgelöste Bewegung von einer »Rhapsodie des Irrationalismus«. Er schreibt zusammenfassend: »Dieses wirre Buch ... stand am Anfang des Jahrzehnts, das mit dem begeisterten Aufschwung der deutschen Jugendbewegung zu Ende ging.«[82]

5. Die kulturkritische Perspektive und die pädagogisch begründete Bildungskritik

Eine Grenzlinie zwischen Wahrheit, Ideologie oder Illusion zu ziehen ist bei den Repräsentanten der Kulturkritik nicht eindeutig möglich. Ursächlich beteiligt ist daran die apodiktische Diktion, die weder differenziert noch argumentativ gewichtet, vielmehr vermeintliche Grundwahrheiten verkündet. Die dem Aphorismus nahekommende Aussageform beleuchtet Schattenseiten, weist Möglichkeiten auf und vermittelt prinzipielle Ausblicke, die wie Lösungen anmuten. Dennoch wäre es verfehlt, diese Aussagen wegen eines fehlenden empirischen Kriteriums als Ideologie abqualifizieren oder als ein verhängnisvolles pathologisches Syndrom stigmatisieren zu wollen. Die Einwände gegenüber Lagarde und Langbehn erhalten indessen einen weitaus grund-

76 A. a. O., S. 5.
77 A. a. O., S. 5.
78 A. a. O., S. 22.
79 A. a. O., S. 108.
80 A. a. O., S. 35.
81 Wilhelm Windelband: Die Philosophie im deutschen Geistesleben des 19. Jahrhunderts. A. a. O., S. 106.
82 Fritz Stern: Kulturpessimismus als politische Gefahr. A. a. O., S. 127.

sätzlicheren Charakter, wenn beide als Wegbereiter des Faschismus bezeichnet werden.

Diese schwere Anklage, die in neueren Darstellungen wiederholt erhoben wird, richtet sich in erster Linie auf die Vorzugsstellung, die dem Deutschtum und dem es stützenden Völkischen zugemessen wird[83]. Insbesondere die Betonung des völkischen Geistes als Exponent des Volkstums wird als ein Anzeichen für den mittelbaren und unmittelbaren Bezug zum Nationalsozialismus betrachtet. Dazu ist festzuhalten, daß weder das Völkische noch das Volkstümliche an sich verdächtige Vorstellungen sind. Fragwürdig werden sie auch noch nicht, wenn sie zur Unterscheidung von anderen Volksteilen dienen. Fragwürdig werden diese Vergleiche erst, wenn sie zur voreingenommenen Abwertung auf der einen Seite und zur Überbewertung auf der anderen Seite führen.

Unter diesem Aspekt betrachtet zeigt sich, daß Lagarde und Langbehn das Deutschtum als paradigmatische Form der Lebensgestaltung in problematisch glorifizierender Akzentuierung von anderen Volksteilen — etwa den Juden, den Romanen u. a. — abheben. Rückkehr in das »deutsche Herz« und Reinhaltung der »deutschen Seele« werden als ein Erneuerungsvorgang im übernationalen Sinne beschrieben. Wenn das nationalstaatliche Prinzip auch Argumentationsweisen erlaubt, die das Proprium des Nationalen vergleichend herausarbeitet, so bleiben die Versuche, das Deutschtum als das aristokratische Element zu deuten, wie bei Lagarde, es als den »Adel der Welt« darzustellen oder gar »Deutschland auf dem Richterstuhl der Nationen«[84] zu sehen, wie bei Langbehn, fragwürdige Überhöhungen. In dieser Sichtweise wird durch Nietzsche die Kategorie des »einzelnen«, des schöpferischen und wegweisenden Genius abgehoben von den »Viel-zu-Vielen«. Die pädagogischen Folgerungen führen zu einer Hierarchisierung des Bildungswesens, die aber relativ und nicht absolut zu sehen ist. Den echten Begabungen wird der Weg an die Spitze der Pyramide freigehalten, so daß die Aristokratie auf diese Weise eine natürliche Ergänzung findet. Langbehn spricht darum von der »Sozialaristokratie«.

Auf dem Hintergrund dieser Entwicklung wird das Volkstümliche in einer einseitig stilisierten Form zum umgreifenden Ziel der Bildung. Diese Deutung des Volkstümlichen als tragendem Untergrund des Lebens geht letztlich auf Herder und den Ideenkreis der Deutschen Bewegung zurück. Sie erfährt durch die Kulturkritik eine nationalistische Zuspitzung sowie eine verhängnisvolle antisemitische Tendenz. Darin eine Vorbereitung des Faschismus zu sehen, ist eine historisch undifferenziert angesetzte Kritik. Der Nationalsozialismus bringt nicht nur eine Radikalisierung des nationalen Prinzips, vielmehr seine Pervertierung und führt somit zur Legitimation verbrecherischer Aktionen. Langbehn in diesem Zusammenhang zu sehen, bedeutet, ihn von seiner eigenen religiös bestimmten Sittenlehre zu trennen, deren Mitte das Gebet ist:

---

83 Hubertus Kunert: Deutsche Reformpädagogik und Faschismus. A. a. O., S. 9. — Bruno Schonig: Irrationalismus als pädagogische Tradition. A. a. O., S. 13.

84 Julius Langbehn: Rembrandt als Erzieher. A. a. O., S. 223.

»Gebet ist die Achse der Welt. Beten ist nach Geist, nach Gesinnung, nach Sprache, nach seiner innersten Wesenheit ein Tätigsein des ganzen Menschen.«[85]

Wenn aus der polaren Denkweise der Kulturkritik eine Seite absolut gesetzt wird, entsteht eine Verzeichnung. Daher sollte nicht übersehen werden, daß bereits Lagarde nachdrücklich vor den Gefahren des Patriotismus warnte[86], der »Gift« für junge, unerfahrene Menschen sein kann. Ludwig Gurlitt berichtet[87] darüber, wie mäßigend diese Stellungnahme Lagardes während seiner Studienzeit in den 80er Jahren in einer patriotisch gestimmten Zeit auf ihn wirkte. Dennoch kann nicht verkannt werden, daß die Schriften Lagardes und Langbehns dazu beitrugen, eine nationale Euphorie zu wecken, deren Stärke nicht gerade der kritischen Einschätzung der nationalen Entwicklung und ihrer tragenden Kräfte diente.

Die entscheidenden Anregungen der Kulturkritik waren auf die Weckung eines künstlerischen Selbst- und Weltverständnisses sowie auf die Entfaltung eines künstlerischen Lebensstils gerichtet. In dieser Hinsicht hat die Kulturkritik – insbesondere durch Langbehn – auf die beginnende Kunsterziehungsbewegung eingewirkt. Alfred Lichtwark und sein Kreis standen unmittelbar unter dem Einfluß Langbehns und der mit ihm im Gespräch stehenden Künstler – insbesondere Thoma und Leibl.

Die Kulturkritik von Nietzsche, Lagarde und Langbehn blieb im Prinzipiellen. Sie wurde aber durch eine kritische Erörterung ergänzt, die im Rahmen der nunmehr einsetzenden reformpädagogischen Strömungen von Ellen Key, Maria Montessori, Hermann Lietz u. a. geführt wurde. Aus zwei Gründen ist diese Kritik bemerkenswert: einmal, weil sie weiterführende Lösungsansätze vermittelt und zum anderen, weil sie an pädagogischen Grundgedanken Rousseaus und Pestalozzis orientiert ist.

Wegen der nachdrücklichen Ablehnung des bestehenden Bildungswesens und des unerbittlichen Drängens auf eine Wende, die durch neue Erziehungsformen und -institutionen erwirkt werden soll, kann geradezu von einer revolutionären Phase gesprochen werden. Diese revolutionäre Pädagogik[88] ist auf die Erneuerung des Ganzen gerichtet und begnügt sich nicht mit Einzelreformen. Ellen Key kann als eine typische Repräsentantin dieser Richtung genannt werden: »Einzelreformen in der modernen Schule bedeuten nichts, solange man durch dieselben nicht bewußt die große Revolution vorbereitet, die, welche das ganze jetzige System zertrümmert und von diesem

85 A. a. O., S. 128. – Vgl. Nachträgliches zu Rembrandt als Erzieher. Die kranke deutsche Kunst. Auch von einem Deutschen. Leipzig 1911. – Martin Schian: Der Rembrandtdeutsche und sein Übertritt zum Katholizismus. Berlin 1927. – Der Rembrandtdeutsche Julius Langbehn. Von seinem Freunde Benedikt Momme Nissen. Freiburg/Br. 1937. – Hermann Hartwig: Langbehn als Vorkämpfer der deutschen Volkwerdung. Dissertation der Philosophischen Fakultät der Universität Heidelberg 1938.

86 Paul de Lagarde: Deutsche Schriften. A. a. O., S. 179.

87 Ludwig Gurlitt: Der Deutsche und seine Schule. Berlin 1905, S. 39.

88 Die Kennzeichnung der Reformpädagogik als revolutionäre Pädagogik findet sich auch bei Leonhard Ragaz: Die pädagogische Revolution. Olten. o. J. (1920) und Georg Grünwald: Die Pädagogik des zwanzigsten Jahrhunderts. Freiburg i. Br. 1927, S. 21.

nicht einen Stein auf dem anderen läßt. Ja, es müßte eine Sintflut der Pädagogik kommen, bei der die Arche nur Montaigne, Rousseau, Spencer und die neue kinderpsychologische Literatur zu enthalten brauchte!«[89]

Ellen Key (geb. 1849 in Sundsholm/Schweden, gest. 1926 auf Strand am Vättersee) hat diese zweite Phase der Kritik durch ihr Pathos entscheidend mitbestimmt. Ihr wichtigstes Buch »Das Jahrhundert des Kindes« erschien 1900; es wurde bereits 1902 ins Deutsche übersetzt und erlebte bis 1926 36 Auflagen. Neben den kinderpsychologischen Lehren von Ament, Preyer, James hat vor allem Rousseau mit seinem Konzept der negativen Erziehung auf sie gewirkt. Anklage und Wegweisung dieser »Pädagogik vom Kinde aus« lauten: »Das Kind nicht in Frieden zu lassen, das ist das größte Verbrechen der gegenwärtigen Erziehung gegen das Kind. Dahingegen wird, eine im äußeren, sowie im inneren Sinne schöne Welt zu schaffen, in der das Kind wachsen kann, es sich darin frei bewegen zu lassen, bis es an die unerschütterliche Grenze des Rechts anderer stößt, — das Ziel der zukünftigen Erziehung sein.«[90]

Die Folgerungen aus dieser Einsicht sind zweierlei Art: einmal gilt es, die Kleinkinderziehung aus den Krippen und Kindergärten in das erzieherisch zu weckende Elternhaus zurückzuverlegen; zum anderen muß die Schule zum Lebensraum des Kindes werden, in dem die Selbsttätigkeit überwiegt: »Die Schule hat nur ein großes Ziel: sich selbst entbehrlich zu machen, das Leben und das Glück — das will unter anderem sagen, die Selbsttätigkeit — an Stelle des Systems und des Schemas herrschen zu lassen.«[91] Im entscheidenden Kapitel »Die Schule der Zukunft« vermittelt sie eine Vision ihrer «geträumten Schule«, die abschließend sehr klar exemplifiziert wird an der von Cecil Reddie in Abbotsholme geschaffenen Praxis, die in Bedales durch J. H. Badley und in Ilsenburg durch Hermann Lietz eine Nachfolge erfuhr[92]. Damit wird die sich gerade abzeichnende Landerziehungsheimbewegung — etwa am Beispiel der Gründungen von Lietz — als ein verheißungsvoller Lösungsansatz betont.

Unabhängig von den wirtschaftlichen Problemen empfand Lietz die Verstädterung mit ihren Folgeerscheinungen der sozialen Anonymisierung und der Naturferne als schwerwiegende Hemmnisse für die menschliche Entwicklung. Ihnen wollte er durch die Gründung seiner Landerziehungsheime entgegenwirken, die sowohl Einflüsse der negativen Erziehung Rousseaus als auch des Schulmodells Glüphis, wie es Pestalozzi konzipierte, erkennen lassen. Davon zeugen sowohl das klar gestaltete erzieherische Verhältnis und das Familienprinzip als auch die starke Betonung der körperlichen Ertüchtigung, der stete Umgang mit der Natur sowie die unkonfessionelle Form einer »immanenten Religiosität«, die ihre Motivation im Angesichte der Natur findet und zu einer Ehrfurcht vor aller Kreatur erzieht.

---

89 Ellen Key: Das Jahrhundert des Kindes. Berlin 1905, S. 275, 276.

90 A. a. O., S. 113.

91 A. a. O., S. 276.

92 A. a. O., S. 306.

Als ein weiteres Beispiel sei Maria Montessori angeführt, die neben ihren medizinisch-naturwissenschaftlichen Lehrern Séguin, Itard, Bourneville in ihrem pädagogischen Denken ebenfalls von Rousseau und Pestalozzi beeinflußt ist. Ihr Ausgangspunkt ist durch eine sozialkritische Infragestellung des Menschseins in der modernen Gesellschaft markiert; Atomisierung des menschlichen Lebens durch Verstädterung und Spezialistentum, mangelhafte Personalisation und schwaches erzieherisches Verständnis, das zur Verwahrlosung führt, sind die Hauptthemen. Die den Rahmen bildende Historie von dem verwunschenen Kinde und seinen Leiden in einer Welt unverständiger Riesen, in der es nicht sein eigenes Maß finden und sich daher nicht aus der Lebensmitte heraus entfalten kann, erinnert in ihrem exaltierten Vokabular noch unmittelbar an Ellen Key.

An diesen Beispielen sollte aufgewiesen werden, daß die Kritik ein permanenter Vorgang der Reformpädagogik ist und daß sie im weiteren Verlauf den Grundcharakter der Bildungskritik im engeren Sinne annahm. Diese Bildungskritik weist nicht nur Mängel auf, sondern vermittelt bereits Reformvorschläge, die weitgehend unter dem Einfluß der Denkweise der pädagogischen Klassiker stehen. Die Beispiele hätten u. a. durch Berthold Otto, der ebenfalls von Rousseau und Pestalozzi beeinflußt wurde, oder durch Kerschensteiner, der durch Comenius und Pestalozzi angeregt wurde, ergänzt werden können. Worauf es ankam, ist der Aufweis der Kontinuität in der pädagogischen Entwicklung, die zugleich das historische Bezugsfeld der Reformpädagogik erhellen kann.

III. WEGBEREITUNG UND GESTALTUNG DER REFORMPÄDAGOGIK ALS INTERNATIONALE BEWEGUNG

1. Die Entfaltung und Vielfalt der Reformpädagogik

Woher die pädagogische Erleuchtung, die als Neue Erziehung für fast sechs Jahrzehnte ein weltweites Gespräch entfachte, ihren Ursprung nahm, ob aus West oder Ost, Nord oder Süd, ist keineswegs so einhellig zu beantworten, wie es im Hinblick auf eine historisch gewordene Bewegung zu erwarten wäre. Jede Antwort wird jedenfalls Einwände hervorrufen, die sich begründen lassen.

Wenn auch die bloße Zeitfrage über die tiefer liegenden Zusammenhänge leicht hinwegtäuschen kann, so seien als ein äußerer Anhaltspunkt einige Daten genannt, weil sie instruktiv wirken. Chronologisch gesehen stehen Leo Nikolajevitsch Tolstoi (1828—1910), Matthew Arnold (1822—1888), William James (1842—1910), Stanley Hall (1846—1924), John Dewey (1859—1952), Maria Montessori (1870—1952), Ovide Decroly (1871—1932), Pavel Petrowitsch Blonskij (1884—1941) an der Schwelle der Bewegung.

Da indessen die entscheidenden Impulse von den Hauptwerken ausgehen, so seien auch die vergleichbaren Daten der Pioniere der Reformpädagogik angeführt. Die pädagogischen Schriften Tolstois erschienen zuerst in russischer Sprache »Pedagogitscheskije Sveschinenija« und in deutscher Übersetzung 1902. Aber schon 1862 war der wichtige Rechenschaftsbericht »Die Schule von Jasnaja Poljana im November und Dezember des Jahres 1862« in der Zeitschrift Jasnaja Poljana abgedruckt worden. James veröffentlichte die pädagogisch wichtige Studie »The Principles of Psychology« zweibändig 1890—1893 und »Talks to Teachers« 1899, die beide ins Deutsche übersetzt wurden. Halls »Adolescence« wurde 1904 gedruckt, und im selben Jahr kam eine Auswahl seiner Abhandlungen in deutscher Sprache heraus. Dagegen ging die Wirkung Deweys in steigendem Maße von seinen Werken »The School and Society« (1899), »School of To-Morrow« (1915) und »Democracy and Education« (1916) aus, von denen das letztere erst 1930 ins Deutsche übersetzt wurde.

Gerade die Grundvorstellungen Deweys standen seit dem ersten Weltkrieg wegweisend hinter den Bestrebungen der Reformbewegung. Maria Montessoris erste bedeutende Werke »Il metodo della pedagogia scientifica applicato all'educazione infantile nelle case dei bambini« (1909) und »L'Autoeducazione nelle scuole elementari« (1916) erschienen in deutscher Übersetzung unter dem Titel »Selbsttätige Erziehung im frühen Kindesalter« (1913) und »Montessori-Erziehung für Schulkinder« (1926). Blonskijs Buch über die Arbeitsschule wurde 1919 in russischer Sprache und 1921 bzw. 1928 in deutscher Übersetzung publiziert.

Erwähnen wir noch ergänzend, daß Ellen Keys »Jahrhundert des Kindes« in Schweden 1900, das Buch von Cecil Reddie über Abbotsholme 1892 sowie Kerschensteiners »Die staatsbürgerliche Erziehung der deutschen Jugend« (1901), »Begriff der staatsbürgerlichen Erziehung« (1910) und »Begriff der Arbeitsschule« (1912) erschienen, so wird deutlich, wie dicht das Feld selbst im Hinblick auf die exemplarischen Aussagen ist und in welch unmittelbarer Folge sie veröffentlicht wurden. Dabei wird die Wirkung Tolstois in reformpädagogischer Hinsicht auf den weiteren Kreis der pädagogischen Provinz des Abendlandes nicht unterschätzt werden dürfen, während der Einfluß von Ušinskij und Wentzel ganz auf Rußland beschränkt blieb. Dagegen wurde die angelsächsische Pädagogik — insbesondere die Nordamerikas — eine der Quellen für die reformpädagogischen Strömungen. Einschränkend wird man feststellen müssen, daß hinter dem Ansatz von William James und Stanley Hall wesentlich die während ihrer Reisen und Studien in Europa empfangenen Anregungen stehen und daß Dewey in einem größeren Ausmaß von Rousseau abhängig ist, als es bisher zum Ausdruck kam.

Diese Feststellung kann indessen nicht für die gesamte Bewegung gelten, die vielmehr zahlreiche Quellgründe hat. So ist der Fragenkreis des zurückgebliebenen Kindes im romanischen Raum von Séguin, Itard und später Decroly kräftig gefördert worden, die Kleinkindererziehung erhielt eine entscheidende Klärung durch M. Montessori und Agazzi in Italien, während die Kunsterziehung und dic Jugendbewegung vorwiegend deutsche Bestrebungen blieben. Die bedeutenden Anregungen der Pädagogik Nordamerikas zielen dagegen auf eine Erneuerung der Schule als eines sozialen Mittelpunktes des Gemeindelebens. In dieser Hinsicht haben die Arbeiten von Hall, Dewey und Kilpatrick fruchtbare Resonanz gefunden — oft über den Umweg einer Opposition[1].

Die Reformpädagogik wurde zunehmend in ihrer internationalen Wechselwirkung erkannt. Wenn dafür lediglich eine Stellungnahme von Roger Gal angeführt wird, so darum, weil Gal als früherer Mitarbeiter von Paul Langevin nicht nur die französische Reformbewegung mitgestaltet hat und Sprecher der französischen Sektion des Weltbundes für Erneuerung der Erziehung war, sondern auch ein vorzüglicher Kenner der internationalen Entwicklung ist: »Die Probleme der Pädagogik sind in der Tat universell, und die Fortschritte, die die Erziehung praktisch auf alle Dimensionen der Persönlichkeit einerseits und auf die gesamte Menschheit andererseits ausgeweitet haben, sind gleichzeitig in einer großen Zahl von Ländern sichtbar geworden. Wenn man sich nur auf den Bereich der Methoden beschränkt, so sind die Namen von M. Montessori, Decroly, Claparède, Ferrière, Freinet, Cousinet, Dottrens, Dewey, Washburne, Kerschensteiner, Makarenko, Gandhi, Badley, C. Reddie ..., mit denen man sich

---

1 Vgl. Lawrence A. Cremin: The Transformation of the School. New York 1964.

wiederum nur auf die im Abendland bekannten Persönlichkeiten beschränkt, beredte Beispiele für die unterschiedlichsten Nationen und Regionen, die im Kern aber dieselben Fragestellungen aufwerfen, wie verschieden auch die Lösungswege und Zielsetzungen sein mögen.«[2]

Der Aufweis vieler Berührungspunkte und Gemeinsamkeiten darf indessen nicht darüber hinwegtäuschen, daß die Reformpädagogik ein Sammelbegriff für recht differenzierte und z. T. auch disparate Vorgänge ist. So sind die Unterschiede in den Grundanschauungen und Zielen etwa einer Elementar- oder Sekundarschule in den Vereinigten Staaten von Nordamerika, Skandinavien, Belgien, Italien oder Sowjetrußland unverkennbar. Die wesentlichen Gründe dafür liegen in dem unterschiedlichen kulturgeschichtlichen Rahmen; er wird zwar entscheidend mitgestaltet durch die Erziehung, die aber wiederum auch Exponent des jeweiligen allgemeinen kulturellen Entwicklungsstandes ist.

Dennoch sind die verwandten und umgreifenden Züge in der Reformpädagogik vorherrschend, und dafür gibt es wiederum mehrere gewichtige Gründe. Einmal wäre in diesem Zusammenhang zu sagen, daß es auch in der pädagogischen Fragestellung eine innere Bündigkeit gibt. Sie erstrebt dort, wo sie nicht durch die äußeren Verhältnisse gehemmt wird, die geistige Mündigkeit des Menschen in einem freiheitlich bestimmten gesellschaftlichen Rahmen. Das Mittel dazu ist die erzieherische Bindung, die dem jeweiligen Reifestand entsprechend in erzieherische Selbstbestimmung übergeht. Die wesentliche Ursache für das Umgreifende der Ideen in der Reformpädagogik ist darin zu erblicken, daß ihre gemeinsamen Ahnherren Rousseau, Pestalozzi und Fröbel sind. Gerade die Rezeption des Gedankengutes dieser drei Großen als eines gesamtabendländischen Vermächtnisses in weiten Teilen der Welt hat verwandte Voraussetzungen für die Reformpädagogik geschaffen. Durch diese Auseinandersetzung erfolgte eine gewisse Annäherung sowohl in der Präzision der Grundbegriffe als auch im Hinblick auf das pädagogische Verständnis. Es bildete sich ein Maßstab des pädagogisch Vertretbaren und Erstrebenswerten, der nur noch mit dem Rest eines schlechten Gewissens verletzt werden konnte.

Insbesondere der Rousseauismus in seinen verschiedenen Spielarten stand als Triebkraft hinter nahezu allen pädagogischen Aufbrüchen und Neuerungsversuchen. Es ist vornehmlich das Prinzip der negativen Erziehung, das — getragen von dem Glauben an die eingeborenen guten Kräfte — Raum gewähren will für die spontanen kindlichen Aktivitäten. Das Lernen wird dadurch zu einem Urphänomen des menschlichen Lebens: ein entwicklungsspezifisches Sinnen und Forschen angesichts der begegnenden Fragen und Aufgaben des eigenen Lebensraumes. Leben und Lernen

---

2 Roger Gal: Où en est la Pédagogie. Paris 1961, S. 10. — Vgl. auch Robert Harvet: Les Compagnons de France. Paris 1965. — Gaston Mialaret: L'Education nouvelle et monde moderne. Paris 1966. — Felix Ponteil: Histoire de l'Enseignement en France. Les grandes Etapes 1789—1964. Paris 1966.

werden wieder zwei Seiten desselben Vorgangs, wie sie es im vorschulischen Entwicklungsstand immer sind. Entscheidend ist in jedem Falle die eigene Erfahrung, die nicht abgenommen werden kann; sie muß vielmehr Schritt für Schritt in der tätigen Auseinandersetzung mit der Welt und ihren Problemen erworben werden. Das umfassendste Ziel ist eine Lebensreform, die ursprünglichere Verhältnisse im politisch-sozialen und humanitär-geselligen Bereich durch eine Erneuerung der Erziehung schaffen will.

Die Rousseauschen Ideen setzen einen neuen Maßstab. Unter diesem Blickpunkt betrachtet muß sich der traditionelle Bildungsbetrieb mit seinen an den Exempeln des Lehrbuchs intendierten Lehrzielen als unzulänglich erweisen. Da der Rousseauismus in der Fin-de-Siècle-Stimmung des vorigen Jahrhunderts ein Wesensbestandteil der pädagogischen Theorie ist, setzt eine heftige Kritik am Schul- und Bildungswesen ein. Ellen Key steht ebenso unter dem Einfluß dieser Sichtweise wie Ovide Decroly oder John Dewey. Sie haben damit lediglich teil an dem pädagogischen Weltverhältnis und -verständnis ihrer Zeit; sie als Rousseauisten bezeichnen zu wollen, wäre indessen fragwürdig.

Diese Form der Teilhabe zeigt sich sowohl in der überschwenglichen Kritik an der Alten Schule als auch in der teilweise geradezu skurrilen Befürwortung einer Pädagogik des Wachsenlassens. Ihre Argumente haben eine eigene Geschichte, die in den verschiedenen reformpädagogischen Ansätzen in national abgewandelter Form wiederkehren. Hinzu kommen entscheidende Einflüsse Fröbels, welche die Deutung der Eigengesetzlichkeit des Kindesalters und der ihm eigenen Spielhaltung vertiefen. Demgegenüber wirkt der Einfluß Pestalozzis ergänzend, indem die Bedeutung der sozialen Verhältnisse – beginnend mit der Stellung der Familie bis hin zur Arbeitssituation in der frühindustriellen Welt – in den Blick gerückt wird.

Auf diesem allgemeinen geistesgeschichtlichen Hintergrund entfaltet sich die Reformpädagogik. Initiierend wirkt zunächst überall die Entwicklungspsychologie, die den Blick schärft für die altersstufengemäße Form der Bildsamkeit, ihre unwiederbringlichen Möglichkeiten und die Gefahren der Verfrühung. Die zunächst mehr intuitiv wirkenden Postulate der pädagogischen Klassiker erhalten durch eine exakte psychologische Verifikation nunmehr einen praktikablen Charakter. Das geschieht in Deutschland ein erstes Mal bei Ament und Preyer, die Stanley Hall eingehend studiert hat, in den Vereinigten Staaten von Nordamerika bei William James, Edward Lee Thorndike und Hall, in England bei James Ward und seinen Schülern Stout und McDougall, in Frankreich bei Séguin und Itard, in Rußland bei Dobroljubov, Konstantin Dimitrijevitsch Ušinskij, D. I. Pisarev, Leo Nikolajevitsch Tolstoi.

Dabei werden die verschiedenen Erscheinungsformen in den Ländern durch die besonderen historischen, sozialen und nationaltypischen Einflüsse erwirkt. In Nordamerika sind es die Pioniersituation und die aus der relativ jungen Geschichte überkommene Notwendigkeit der weitgehenden Einschmelzung der nationalen Sonderformen, die aus praktischer Wertschätzung die sozialerzieherische Zielsetzung, die good neighbourhood und gemeindezentrierte Schule nahelegen. Die Formen der self-activity einschließlich des government by the governed und die Gestaltung der Schule als pädagogischer Gemeindemittelpunkt sind typisch nordamerikanische Ausprägungen des reformpädagogischen Grundanliegens.

Überhaupt ist die amerikanische Schule[3] in besonderem Maße der Spiegel ihrer Geschichte und ihrer reformpädagogischen Impulse gewesen. Die Grundziele der wenigen Schulgründungen während der Pionierjahre waren darauf gerichtet, an die Tradition der nationalen Bildungsformen — insbesondere englischer und holländischer Herkunft — anzuschließen; sie sollten zugleich ein neues umgreifendes amerikanisches Bewußtsein stiften, und sie wirken in dieser Mission bis heute.

Im letzten Drittel des 19. Jahrhunderts gewann die »high school« als verpflichtende Schulform für jedermann zunehmend die Oberhand gegenüber der »latin school« und der »academy«; sie sichert nach dem Leiterprinzip (ladder principle) die Fortführung der »elementary school«. Da ebenfalls die Berufsbildung in dieser Schule wahrgenommen wird, kann mit Recht von einem einheitlich gegliederten Schulsystem gesprochen werden. Als William James 1892 in Cambridge die »Talks to Teachers« hielt und John Dewey 1894 die Experimentierschule an der Universität Chicago einrichtete, hatte diese Schule ihre Grundzüge ausgeformt. Sie war dem utilitaristischen Grundprinzip entsprechend, das eine möglichst große Anzahl von Menschen durch Aufklärung lebenstüchtig und letztlich glücklich machen will, eine Lernschule, weil durch das überlieferte Wissen mit der Einsicht in die Wirkungszusammenhänge auch Macht vermittelt werden kann.

An dieser Lernschule, die in ihren Zerrbildern zur »formal school« abglitt, übten sowohl William James als auch John Dewey heftig Kritik. Entscheidend von James Peirce und seinem Pragmatismus beeinflußt, wollen beide eine Wende in der Schulentwicklung erwirken. Die Einsicht soll nicht das Ergebnis bloßer Wissensvermittlung sein, sondern sie hat sich in der Aktion, in der tätigen Auseinandersetzung mit den Sachgebieten als wahr zu erweisen. Diese pragmatische Grundhaltung bringt James in den »Talks to Teachers« folgendermaßen zum Ausdruck: »Keine Empfindung ohne Rückwirkung, kein Eindruck ohne entsprechenden Ausdruck, dies ist die bedeutende Maxime, die der Lehrer niemals vergessen sollte.«[4] Der Mensch baut sich als urteilsfähige Persönlichkeit in Wechselwirkung zwischen Eindruck und Ausdruck in kritischer Erfahrungssichtung auf. Diese Einstellung wird in ihren grundsätzlichen Punkten auch von Dewey, Kilpatrick, Parkhurst und Washburne eingenommen.

Die Ziele der progressiven Erziehungsweise sind immer wieder erneut beschrieben worden[5]. Der Grund für die schrittweise Klärung ist wohl darin zu erblicken, daß diese Ziele sich nicht mehr durch die Vermittlung eines bestimmten Bildungsinhalts

---

3 Zur grundsätzlichen Auseinandersetzung mit der reformpädagogischen Bewegung in den USA vgl. Hermann Röhrs: Die progressive Erziehungsbewegung. A. a. O.

4 William James: Talks to Teachers. Introduction by Paul Woodring. New York 1958, S. 39. — John Dewey. The Early Works 1882—1898. Ed. by Jo Ann Boydston. London, Amsterdam 1969 ff.

5 Vgl. Zwi Erich Kurzweil: Vorläufer progressiver Erziehung. Ratingen 1974.

erreichen lassen, vielmehr soll im Medium dieses oder jenes Lernprozesses das Lernen als geistiger Grundvorgang eingesehen werden, der den Menschen zu einem lernenden und denkenden Wesen macht. Dazu ist es fundamental wichtig, daß der Lernakt in der Verantwortung des Lernenden steht. Diesen Zusammenhang hat Carleton Washburne vor Augen, der wie vielleicht kein zweiter in der Reihe der genannten Progressivisten die neuen Schulen in aller Welt studiert hat, wenn er schreibt: »Kinder lernen Dinge, die eine Bedeutung für sie haben. Sie begründen ihr Lernen auf Erfahrung. Die verschiedenen Teile dessen, was sie lernen, stehen in Beziehung zueinander ... Sie wollen viel wissen — man betrachte nur die Anzahl der Fragen, die sie stellen. Aber sie wollen wissen, was sie irgendwie brauchen können, bei ihrer Arbeit oder beim Spielen oder beim Verstehen der Welt um sie herum«[6].

Die allgemeine pädagogische Folgerung lautet daher: Öffnung der Fenster und Türen der Schule, um die Begegnung mit der Welt und ihren Problemen zu ermöglichen. Gegenstandsbezogenheit des Lernens, um ein inneres Betroffensein durch die ursprüngliche Fragestellung zu sichern, ist das Ziel.

2. Einige typische länderspezifische Erscheinungsformen im internationalen Feld

Diese allgemeine reformpädagogische Zielsetzung sei in ihren länderspezifischen Ausprägungen beispielhaft aufgewiesen. So findet schon in England der Gedanke der school-community eine anders akzentuierte Umsetzung, die seit John Ruskin, Thomas Arnold, Sanderson of Oundle mehr im Dienste der Charakterbildung und des Gentleman-Ideals steht. Beide Ziele können allen Kreisen ein Orientierungspunkt sein und dadurch eine demokratische Erziehungsfunktion ausüben. Dieses Ziel schwebte schon William von Wykeham vor, als er 1394 das erste Boys College in Winchester einrichtete, das auf alle späteren Gründungen beispielhaft wirkte, und ihm den Wahlspruch verlieh: »Manners makyth Man«. Der damit angesprochene Vorrang der Menschenbildung vor der Wissensvermittlung in der spezifisch englischen Form einer Bewährung durch Spiel, Sport und Arbeit in der Alltäglichkeit ist in der weiteren Entwicklung erhalten geblieben.

Dieses Ideal einer wirklichkeitsnahen Geisteshaltung, die sich in allen Lebenslagen humorvoll-abwägend und tatkräftig bewährt, ist durch alle pädagogischen Erneuerungsversuche von Thomas Arnold bis Cecil Reddie vertieft worden. Die Schule als Lebensraum zur Vorübung der Citizenship ist ein Ziel geblieben, dem sich letztlich auch das Gentleman-Ideal einzuordnen hat. Die Kritik richtete sich in erster Linie gegen eine Verengung dieser Erziehungsbasis auf das rein Fachliche. Daher zielen die reformpädagogischen Impulse in England weniger auf eine Ab- oder Umwendung, vielmehr auf eine Ausweitung und Vertiefung des Erreichten. Die schon früh aufkom-

6 Carleton Washburne: Schools aren't what they were. Melbourne, London, Toronto 1953, S. 14, 15.

mende Forderung nach »secondary education for all« sucht bewußt, mit den größeren schulischen Möglichkeiten auch die gesicherten Formen einer liberal allseitigen Bildung auf weite Kreise auszudehnen[7].

Eine vielfältige und -stimmige Auslegung findet der reformpädagogische Grundgedankengang in Zentraleuropa und Skandinavien. Neben den vielen pädagogischen Übersetzungen der kulturkritischen Postulate, die gerade durch ihre gewollte Überschwenglichkeit heute ein wenig monoton wirken, steht eine Fülle erfindungsreicher Neuansätze. In diesem Zusammenhang müssen neben der spezifisch deutschen Kunsterziehungsbewegung, Berthold Otto, Gaudig, Kerschensteiner in erster Linie Ovide Decroly und Jan Ligthart genannt werden. Gerade die Blickrichtung auf das aus verschiedenen Ursachen in Not geratene Kind wurde durch Decroly in heilerzieherisch motivierter Form vollzogen. Diese medizinisch orientierte Pädagogik, die — von Itard, Séguin, Bourneville eingeleitet — auch Maria Montessori vertritt, hat durch die Entfaltung ganzheitlich gestalteter Unterrichtsmethoden die Erziehung des benachteiligten Kindes vielfältig befruchtet. Gleichzeitig erhalten die seit Ende des vorigen Jahrhunderts in England und Amerika einsetzenden Bemühungen um einen spezifisch pädagogisch begründeten Jugendstrafvollzug, in dem die Probation des jugendlichen Rechtsbrechers und die Progression der Haftart dem Verhalten entsprechend berücksichtigt werden, eine Nachfolge in anderen Ländern.

Die sozialpädagogisch begründete Gruppen- und Einzelarbeit, die Spiel- und Arbeitsmittel sowie die behutsame Veranschaulichung des Lernvorganges haben bei Decroly und seinem Schülerkreis Amélie Hamaïde, Alice Descoeudres, Monchamps u. a. ihren Ursprung: sie sind vorwiegend im romanischen Raum, aber auch weit darüber hinaus bis zum heutigen Tage wirksam. Dazu hat nicht zuletzt die Übertragung dieser Methoden auf die normalen Erziehungsverhältnisse und der modellhafte Schulversuch Decrolys in der »Ecole pour la vie par la vie« in Brüssel beigetragen. Die pädagogische Durchgestaltung eines gesamten Schulkomplexes — beginnend mit dem wohltuend isolierenden und dennoch anregungsreichen Gröngürtel bis hin zu den Gruppen- und Arbeitsräumen — hat dem Schulbau eine neue Dimension erschlossen und dem Gedanken der Schule als Lebensform die äußeren Voraussetzungen gesichert.

Daß die pragmatischen Bedürfnisse einer vita activa überbetont werden, ist ein Wesensmerkmal der Reformpädagogik überhaupt, das ergänzt wird durch eine altersspezifisch-meditative und philosophische Komponente beim kritischen Sichten des Materials oder beim Betrachten der selbstgefertigten Arbeitsbücher (livres de documentation). Diese Grundhaltung spiegelt sich auch in Ferrières Deutung der »Schule der Selbstbetätigung oder Tatschule«, allerdings vertieft durch die ersten Kronzeugen

7 Vgl. R. J. Selleck: The New Education 1870—1914. London 1968. — Brian Simon: Education and the Labour Movement 1870—1920. London 1965. — Klaus Hoffmann: Die Grundlegung der englischen Elementarerziehung im 19. Jahrhundert. Frankfurt a. M., Bern, Las Vegas 1978.

dieser Methode, Rousseau und Pestalozzi, sowie ihre späteren Verfechter John Dewey, Jan Ligthart u. a. So ist Ferrière, den Petersen im Vorwort zur deutschen Ausgabe des genannten Werkes den »Großsiegelbewahrer« der Reformpädagogik nennt, einer der letzten Zeugen dieser Bewegung[8], der kenntnisreich ihre wesentlichen Absichten zusammenschaut.

Eine wichtige Funktion der wissenschaftlichen Sammlung und Klärung für die Reformpädagogik im romanischen Raum nimmt das »Institut Jean-Jacques Rousseau« in Genf bis zum heutigen Tage wahr. Von diesem Institut, dem 1925 das »Bureau international d'Education« angegliedert wurde, gehen vielfältige pädagogische Impulse auf die pädagogische Entwicklung in den romanischen Ländern und darüber hinaus auf das pädagogische Leben im internationalen Umkreis aus. Das Institut wurde von Claparède begründet und in der entsprechenden Zeitspanne von 1912 bis 1944 von Bovet geleitet[9]. Allein aus der Tatsache, daß die international bedeutenden Pädagogen und Psychologen Ferrière, Bovet, Claparède, Piaget zu den Mitarbeitern des Instituts gehörten, läßt sich das Ausmaß dieses Einflusses abschätzen. Dottrens[10] gehörte als Mitarbeiter des Instituts und als Leiter einer Versuchsschule in Genf unmittelbar in diesen Kreis.

Die Dominante dieser Arbeit stellt das von Ferrière entwickelte Konzept der Ecole active dar[11], das den Gedanken der Selbsttätigkeit zum Ausgangspunkt der Schularbeit wählt. Ein steter Gedankenaustausch mit Decroly führte zu einer Vertiefung dieses Ansatzes und zu einer freundschaftlichen Verbindung zwischen diesen beiden Pädagogen, die sich vor allem im Rahmen der New Education Fellowship zu einer Kooperation zusammenfanden.

Die aktivitätspädagogische Basis ist auch im Gruppenunterricht Cousinets[12] gewahrt, der bereits Ansätze zu einer Interaktionspädagogik zeigt. Dabei betont Cousinet den sozialerzieherischen Wert der Gruppenarbeit. Die hinsichtlich der gesamten

---

8 Adolphe Ferrière: Schule der Selbstbetätigung oder Tatschule. Weimar 1927.

9 Zur Geschichte des Instituts vgl. Robert Dottrens: Un Laboratoire de Pédagogie expérimentale et des besoins auxquels il répond. Cahier de Pédagogie expérimentale et de Psychologie de l'enfant. No 10 (o. J.).

10 Robert Dottrens: Problèmes de l'inspection et l'éducation nouvelle. Neuchâtel, Paris 1931. — Ders./Emilie Margairaz: L'apprentissage de la lecture par la méthode globale. Neuchâtel, Paris 1951. — Ders.: Education et democratie. Neuchâtel, Paris 1946. — Ders.: Nos enfants à l'école. Neuchâtel, Paris 1954. — Ders.: L'amélioration des programmes scolaires et la pédagogie expérimentale. Neuchâtel, Paris 1957.

11 Adolphe Ferrière: Schule der Selbstbetätigung oder Tatschule. A. a. O.

12 Roger Cousinet: Une méthode de Travail libre par groupes. Paris 1945. — Ders.: Le Travail par équipes à l'école. Genève 1949. — Ders.: Leçons de Pédagogie. Paris 1950. — Ders.: La vie sociale des enfants. Paris ^{2}1959. — Vgl. ergänzend Edouard Claparède: L'éducation fonctionelle. Neuchâtel, Paris 1931. — Ders.: Psychologie de l'enfant et pédagogie expérimentale. Vol. 1: Le développement mental. Vol. 2: Les Méthodes. Neuchâtel 1946. — Jean Piaget: Theorien und Methoden moderner Erziehung. Wien, München, Zürich 1964.

Richtung der romanischen Pädagogik getroffene Feststellung einer Verankerung der Arbeit im breiteren internationalen Rahmen gilt insbesondere auch von Cousinet. In einer Untersuchung hat er rückblickend versucht, die Geltungsbreite der reformpädagogischen Impulse[13] auf die allgemeine Entwicklung und auf seine eigene Pädagogik speziell abzugrenzen. Eine Ergänzung findet diese pädagogische Richtung durch Bovet, der vor allem experimentelle Methoden[14] zur Klärung der pädagogischen Vorgänge in der Praxis entfaltete. Dieser experimentelle Ansatz im Rahmen der romanischen Pädagogik ist von Mialaret[15] und H. Fischer[16] — unter Berücksichtigung des reformpädagogischen Erfahrungskreises — weiterentwickelt worden und gegenwärtig noch lebendig.

Die Aktivitätspädagogik ist auf eine unmittelbare Gestaltung der pädagogischen Praxis bedacht. Daher ist es naheliegend, daß mehrere Ansätze in Modellschulen erprobt wurden. Das gilt von der Schule Ferrières in Florissant bei Genf, der »Ecole du Mail« von Dottrens in Genf, die als Versuchsschule des Bureau international d'Education galt, der Schule Freinets in Bar-sur-Loup sowie auch von der »Scuola-Città Pestalozzi« Codignolas in Florenz[17]. Codignola nimmt bewußt die reformpädagogischen Bestrebungen von Croce und Gentile auf und sucht mit der »Scuola-Città Pestalozzi« ein reformpädagogisches Exempel im Geiste der »Riforma Gentile« zu setzen. Insbesondere die Schulen Freinets und Codignolas legen auch gegenwärtig noch ein lebendiges Zeugnis von den Neuen Schulen und ihrer Kindes- und Lebensnähe ab.

Die größere Wirksamkeit hat das Schulkonzept Freinets[18] erwiesen, das den aktivitätspädagogischen Ansatz dadurch instrumentalisiert, daß es die Druckerpresse zum Mittelpunkt der Schularbeit macht. Durch die Möglichkeit des Druckens (l'imprimerie à l'école) wird ein ganzheitlicher Bezug gestiftet, der das Lernen mit dem praktischen Tun verbindet — eingebettet in eine Fülle sozialer und kommunikativer Prozesse. Durch den Austausch der auf diese Weise entstehenden Dokumente mit anderen Schulen — auch des Auslands — entsteht ein lebendiger Erfahrungsaustausch als Resultat eigener Initiativen.

---

13 Roger Cousinet: L'éducation nouvelle. Paris 1950.

14 Pierre Bovet: Ecoles nouvelles d'autrefois. Genève 1938.

15 Gaston Mialaret: Nouvelle pédagogie scientifique. Paris 1954.

16 Hardi Fischer: Die modernen pädagogischen und psychologischen Forschungsmethoden. Eine Einführung. Göttingen 1957.

17 Ernesto Codignola: Per la dignità e la libertà delle scuola. 1919. — Franz Hilker: Ernesto Codignola. In: Bildung und Erziehung. 18. Jg. 1965, S. 450.

18 Célestin Freinet: L'imprimerie à l'école. Gap 1927. — Ders.: Les méthodes naturelles dans la pédagogie moderne. Paris 1956. — Ders.: L'éducation du travail. Neuchâtel 1960. — Ders.: Pour l'école du peuple. Cannes 1969. — Über die Freinet-Methode vgl. die deutsche Übersetzung von Célestin Freinet: Die moderne französische Schule. Paderborn 1965 (Darin Hans Jörg: Célestin Freinet, die Bewegung »Moderne Schule« und das französische Schulwesen heute, S. 144).

Wiederum anders zeichnet sich die reformpädagogische Situation in Sowjetrußland ab. Dabei erhebt sich die Frage, wieweit die Sowjetpädagogik im Zusammenhang mit der Reformpädagogik erörtert werden kann. Wenn wir die Reformpädagogik als die in erster Linie pädagogisch verantwortbare und autonome Gestaltung jener Ideen von einer möglichst allseitigen Förderung der kindlichen Kräfte durch Eigentätigkeit in einem anregungsreich gruppierten erzieherischen Rahmen betrachten, wie sie sich als Ergebnis der kulturkritischen Auseinandersetzung mit der traditionellen Pädagogik als Wesensform der neuen Erziehung abzeichnet, so wird man eine pädagogische Doktrin, die von einer politischen Ideologie durchdrungen ist oder gar getrieben wird, als Sonderfall ausklammern müssen.

Daher gehört in diesen Zusammenhang lediglich die vor- und frühsowjetische Entwicklungsperiode, weil nur dort mit einem spezifisch pädagogischen Elan um die Verwirklichung der Ideen der Neuen Erziehung gerungen wurde, wie sie sich im Kreise um Tolstoi im steten Gedankenaustausch mit den Rousseauschen Postulaten und den reformpädagogischen Ansätzen des Auslands entfaltete. Kennzeichnend für die vorsowjetische Periode ist die Pädagogik Tolstois, wie sie sich unter dem ideellen Geleit Rousseaus, dem Einfluß seiner Reisen nach Frankreich, Deutschland, England und der praktischen Erfahrungen seines Schulexperiments herausbildete. Zur praktischen Gestaltung und Erhärtung dieser Grundvorstellungen bildete die 1859 eingerichtete Schule in Jasnaja Poljana eine glückliche Voraussetzung, indem auf diesem reformpädagogischen Übungsfeld Möglichkeiten und Grenzen verifiziert werden konnten. Für die eigentliche gedankliche Klärung stand mit der 1861 gegründeten Zeitschrift »Jasnaja Poljana« ein fruchtbares Forum zur Verfügung[19].

Tolstois pädagogische Bestrebungen kreisen um eine Form der freien Erziehung, die mit dem Willen zur Selbstentfaltung auch die Verantwortung für den anderen und die sozialen Verhältnisse vertieft. Die Volksbildung als Weckung geistiger Mündigkeit und humaner Verantwortung ist das umgreifende Ziel dieser Reformbestrebungen. Dazu mußte das wirksamste Instrumentarium in Gestalt einer Neuordnung der Lehrerbildung erst noch geschaffen werden, so daß sein entsprechender Plan einer »Universität in Bastschuhen« als wahrhaft revolutionär bezeichnet werden kann. Die Behinderung und Verdächtigung dieser Bestrebungen wird später ein wichtiges Unterpfand für eine Fortwirkung über die zaristische Ära hinaus sein. Daß diese Ideen Tolstois nach der Revolution in der frühsowjetischen Periode lebendig blieben, ist auch ein Verdienst der Tolstoianer und derer, die sich im weiteren Sinne seinem Geist verpflichtet fühlten. Dazu wären neben der Krupskaja vornehmlich Blonskij und Schatzki zu nennen[20].

---

19 Tolstoi. Sämtliche Werke. Hrsg. von Raphael Löwenfels. Serie 1: Sozial-ethische Schriften. Bd. 8/9: Pädagogische Schriften. Leipzig, Jena 1907. — Vgl. auch Stanislaw Teofilowitsch Schatzki: Ausgewählte pädagogische Schriften. Ausgewählt, übersetzt und kommentiert von Isabella Rüttenauer und Bernhard Schiff. Berlin 1970 (Darin: Über das pädagogische und dichterische Schaffen Tolstois, S. 348).

20 Oskar Anweiler: Geschichte der Schule und Pädagogik in Rußland vom Ende des Zarenreichs bis zum Beginn der Stalin-Ära. Berlin 1964. — Kurt W. Koeder: Das Bildungswesen in der UdSSR. München 1977.

Durch diesen Einbezug des reformpädagogischen Gedankengutes in die frühsowjetische Periode wurde eine liberale Basis in der Bildungsarbeit gewahrt, die einem breiten demokratisch gesonnenen Kreis die Mitarbeit erlaubte. Die Leitideen Blonskijs, die in dem entscheidenden Jahr 1918 als Buch über die »Trudowaja skola« erschienen, sind unmittelbar in der Auseinandersetzung mit Rousseau, Pestalozzi, Fröbel, Dewey, Maria Montessori, Scharrelmann, Gansberg sowie Tolstoi, Ušinskij, Pisarev und Marx gereift. Gleichzeitig hat aber auch seine Auslegung der Arbeitsschule als Produktionsschule vermittelnd gedient zwischen der Aktivitätspädagogik und einem pädagogisch motivierten Polytechnizismus. Von allen kritischen Betrachtern dieser frühsowjetischen Periode wird die intensive Erörterung und erziehungspraktische Gestaltung bemerkt, welche die Ideen von Dewey, Meumann, Lay, Helen Parkhurst, Maria Montessori, Kerschensteiner, Kilpatrick, Decroly, Ligthart u. a. erfuhren.

In vielen dieser Berichte erscheint die frühsowjetische Periode als das eigentliche Anwendungsfeld der reformpädagogischen Ideen in einem grandiosen volkserzieherischen Experiment, in dem Schule und Erziehung den Weg in die klassenlose Gesellschaft bahnen sollen. So schreibt beispielsweise Carleton Washburne über seine Studienreise, die er als Vertreter des Weltbundes für Erneuerung der Erziehung von Locarno aus mit dem Auto völlig frei in der Wahl der Reiseroute und der Schulen durchführen konnte, daß es im Rahmen der Reformbewegung viele Schulen gibt, die fortschrittlicher sind als die russischen. »Aber kein großes Land« – so fügt er hinzu – »hat ein geschlosseneres staatliches Schulsystem aufzuweisen, das so viele moderne Elemente enthält wie das russische.«[21] Es ist eine vom Narkompros zentral gelenkte Versuchsarbeit, in der die Ergiebigkeit der neuen Erziehung erprobt werden soll. Die Prinzipien des Dalton- und Winnetkaplans, die Aktivitätspädagogik Deweys, Kilpatricks, das Grundanliegen der Kleinkindererziehung Montessoris, die Ziele der Projektmethode finden eine experimentelle Umsetzung[22].

Die Gründe für die Verbindung zwischen der vorsowjetischen pädagogischen Linie sowie den Ergebnissen der reformpädagogischen Weltbewegung und den neuen kommunistischen Zielen sind vielfältiger Art. Sie liegen einmal darin, daß Nadeshda Konstantinowna Krupskaja und Lunačarskij als die offiziellen Vertreter der frühsowjetischen Periode bewußt die Einsichten der pädagogischen Reform der Vorrevolutionszeit als Leitlinie für die neue Bildungspolitik wählten. Erstaunlich bleibt dabei die Rolle der Krupskaja[23], die sie, die Frau Lenins, als Mittlerin zwischen den beiden Sei-

21 Carleton Washburne: Licht und Schatten in der Russischen Erziehung. In: Das Werdende Zeitalter. VI. Jg. 1927, S. 434.

22 Außerordentlich aufschlußreich sind die Gespräche, die Schatzki mit Dewey geführt hat. Vgl. Stanislaw Teofilowitsch Schatzki: Ausgewählte pädagogische Schriften. A. a. O. (Darin: Amerikanische Pädagogen bei uns zu Gast, S. 342). – Vgl. hierzu auch Hermann Röhrs: Die progressive Erziehungsbewegung. A. a. O., S. 49 ff.

23 Nadeshda Konstantinowna Krupskaja: Sozialistische Pädagogik. Eine Auswahl aus Schriften, Reden und Briefen in vier Bänden, besorgt von Karl-Heinz Günther, Leo Hartung und

ten spielte. Sie hatte von 1908 bis 1911 das Schul- und Bildungswesen in der Schweiz studiert. Darüber hinaus war sie gut vertraut mit den Werken der amerikanischen und europäischen Pädagogen, deren Werke sie weitgehend in deutscher, englischer und französischer Sprache las.

Die Unbestimmtheit der Forderung nach einer Proletarisierung der Bildung im Sinne einer sozialistischen Humanität mag ein Grund dafür gewesen sein, daß die frühsowjetische Schul- und Bildungspolitik offen blieb für die konservativen pädagogischen Tendenzen. Entscheidender für diese Offenheit war aber wohl das Fehlen einer besonderen revolutionären Pädagogik, die sich lediglich in den Vorarbeiten der Krupskaja abzeichnet. Diese Übergangssituation wird am besten in der Stellung Blonskijs augenfällig. Von Tolstoi und der westlichen Reformpädagogik beeinflußt, wird er zu einem der pädagogischen Wortführer dieser Periode, obgleich er der Partei fernsteht. Blonskijs Konzeption der Arbeitsschule, die bewußt über Handwerkskunde und Werkunterricht hinaus die soziale Arbeit in der Schulkommune und die »industriell-kollektivistische Kultur« anstrebt, hat entscheidend zum Selbstverständnis der Sowjetpädagogik beigetragen[24]. Vieles von den späteren Programmen der polytechnischen Bildung und der Kollektivpädagogik ist hier im Keim aufweisbar und bedurfte nur der ideologischen Übersetzung. Im Grunde stand dieser Linie auch Makarenko nahe, der in der Bekämpfung eines der größten Übel jener Jahre, der massenhaften Jugendverwahrlosung, seine Pädagogik des Jugendkollektivs entwickelte[25].

Diese erste Periode wurde scheinbar abrupt abgelöst durch die von V. N. Sulgin vertretene »Theorie vom Tode der Schule«. Dennoch entbehrt dieser Wechsel nicht tiefer greifender pädagogischer Ursachen, die erlauben, von einer Entwicklung und nicht bloß von einer Wachablösung zu sprechen. Es liegt im dialektischen Grundcharakter einer Übergangsphase, daß sie durch die Befolgung des eigenen Gesetzes zugleich den Gegensatz und Widerstand hervorbringt. Wenn dieses reformpädagogische Gesetz zunächst eine konsequente Verbindung von Schule und industrieller Werktätigkeit erwirkt, so ist das durchaus im Geiste der frühsowjetischen Reform angelegt, in der die moderne Fabrik wiederholt auch als der Ort der progressiven Schulgestaltung bezeichnet wurde.

Gerhard Kittler. Berlin (Ost) 1967. — Ulrich Baumann: Krupskaja zwischen Bildungstheorie und Revolution. Weinheim und Basel 1974.

24 Pawel P. Blonskij: Die Arbeitsschule. 1. und 2. Teil. Berlin 1921/1922.

25 A. S. Makarenko: Werke. Berlin (Ost) 1959. — Anton Makarenko. Gesammelte Werke. Marburger Ausgabe. Ravensburg 1976. — A. S. Makarenko und die sowjetische Pädagogik seiner Zeit. Referate des internationalen Symposiums, Marburg 1972. (Darin: Leonhard Froese: A. S. Makarenko und N. K. Krupskaja im Konzeptionspluralismus der frühsowjetischen Reformpädagogik, S. 224). — Oskar Anweiler: Geschichte der Schule und Pädagogik in Rußland vom Ende des Zarenreiches bis zum Beginn der Stalin-Ära. A. a. O. (Darin: Die pädagogische Reformbewegung, S. 42). — Ders.: Die Sowjetpädagogik in der Welt von heute. Heidelberg 1968. (Darin: A. S. Makarenko und die Pädagogik seiner Zeit, S. 33).

Ein Reformversuch benötigt eine ruhige, pädagogisch gestaltete Entfaltung und damit sehr viel Zeit — mehr Zeit jedenfalls, als dieser revolutionäre Industrialisierungsprozeß gewähren konnte. Wenn aber dieses große Wagnis des Menschenmachens und -formens dennoch gelang, so letztlich wohl auch darum, weil durch das vorauflaufende reiche Durchspielen der reformpädagogischen Möglichkeiten in der frühsowjetischen Periode pädagogische Maßstäbe und Sichtweisen der neuen Erziehung und Schule[26] bereitgestellt wurden, die auch in und hinter ganz anders strukturierten Lösungen unbewußt nachwirkten.

Was hinsichtlich der großen europäischen Staaten als reformpädagogischer Aufbruch bei steter transnationaler Wechselwirkung aufgewiesen wurde, gilt auch von den kleineren Staaten. Dieses Verhältnis soll zumindest am Beispiel Hollands angedeutet werden.

In Holland fand das bewährte Neue stets Resonanz; davon zeugen einerseits die vielen Daltonplan- und Montessorischulen[27] sowie der breite Kreis der kundigen Förderer der reformpädagogischen Ideen. Neben Gunning und Kohnstamm, die viel zur Gründung der ersten Montessori- und Dalton-Schulen in Holland beigetragen haben, sollen zwei Repräsentanten genannt werden: Jan Ligthart und Kees Boeke. Dafür gibt es mehrere Gründe: einmal haben beide durch die schulpraktische Gestaltung ihrer Ideen unverkennbar Einfluß auf die weitere Schulwirklichkeit gewonnen. Dieser Einfluß auf die pädagogische Öffentlichkeit wurde zum andern noch dadurch erhöht, daß Ligthart der Lehrer der späteren Königin Wilhelmine war und die Prinzessinnen zu den Schülerinnen des »Werkplaats« Kees Boekes gehörten. Dabei gebührt Jan Ligthart der erste Platz, weil er, an der Schwelle der Reformpädagogik stehend, das weltweite Gespräch als der bedeutendste pädagogische Vertreter seines Landes von Holland aus geführt und durch seine Auslandsreisen wechselseitig angeregt hat. Dagegen bildet Kees Boeke das vorläufig letzte Glied in dieser langen Entwicklungslinie, und sein Werkplaats zeugt in der ursprünglichen Konzeption von der Möglichkeit einer Schulgestaltung und -haltung aus dem Geiste der Reformpädagogik in unserer Zeit.

Jan Ligthart[28] gehört unmittelbar zum traditionsreichen Kreis der abendländischen Reformpädagogen. Als eine jener schlichten Erziehergestalten im Geiste Pestalozzis liegt der Schwerpunkt seiner Wirksamkeit im Umgang mit dem Kinde. Das sei-

---

26 Oskar Anweiler, Klaus Meyer: Die sowjetische Bildungspolitik seit 1917. Heidelberg 1961, S. 107. — Vgl. auch Stanislaw Teofilowitsch Schatzki: Ausgewählte pädagogische Schriften. A. a. O. (Darin: Die sowjetische Schule, ihre Theorie und Praxis, S. 358).

27 Vgl. Hermann Röhrs: Schule und Bildung im internationalen Gespräch. A. a. O. (Darin: Die Montessori- und Dalton-Plan-Schulen als Beispiele der Reformpädagogik des Auslands. S. 45).

28 Vgl. Jan Ligthart: Die Pädagogik des vollen Lebens. Deutsch v. Wilhelm Henss. Weimar 1931. – Adolf Mayer: Die Methode des holländischen Elementarlehrers Jan Ligthart. Langensalza 1917 (Manns Pädagogisches Magazin, Heft 651) sowie in: Deutsche Blätter für erziehenden Unterricht (1917), S. 241—244. — Vgl. auch Hermann Röhrs: Die Reformpädagogik des Auslands. A. a. O., S. 297.

nen Schriften eigene erzieherische Ethos ist daher keine leere pädagogische Predigt, sondern ein dem erzieherischen Alltag abgerungenes Stück Erzieherweisheit. Schon vor dem ersten Weltkrieg ersetzt er in seiner Schule in der Tüllingstraat in Den Haag den reinen Wissensdrill durch einen lebensnahen Unterricht. Sein methodisches Ziel ist ein natürlicher Unterricht, der sich durch ein Anknüpfen an den kindlichen Erfahrungs- und Erlebensbereich die echten Interessen der Kinder sichert und durch die Konzentration auf ein Sachgebiet gleichzeitig die Fächerung überwindet. Handwerk und Natur sind die großen Themen, die in dem methodischen Dreischritt von Spiel, Arbeit und Erzählung erschlossen werden. Die ganze Schularbeit bleibt auf den Tages- und Jahresrhythmus des Alltagslebens mit seinen Sorgen und Hochpunkten abgestimmt, so daß der Unterricht eine natürliche Synthese des ausgefalteten menschlichen Tuns und Denkens erwirkt.

Es ist gleichsam ein ganzheitlicher unterrichtlicher Ansatz, der alle für die geistige Reife notwendigen Elemente enthält. Übereinstimmend mit den Grundmotiven der Reformbewegung steht die selbsttätig und selbstverantwortlich durchgeführte Arbeit im Mittelpunkt dieser Schule. Die Hauptsorge Ligtharts gilt aber der sittlichen Bildung. Sie wird bei ihm getragen von dem Glauben an das in jedem Menschen angelegte Gute, das zu seiner Entfaltung nur der Liebe und des Vertrauens bedarf. Je tiefer diese guten Anlagen unter der nur äußeren Hülle der Verwahrlosung verborgen bleiben, um so größer muß das Maß der erzieherischen Liebe sein. Mit dem Titel seines Hauptwerkes »Pädagogik des vollen Lebens« ist daher zugleich seine pädagogische Grundhaltung umschrieben. Es ist eine erzieherische Liebe, die keine Grenzen kennt und gerade den sozial Gefallenen durch das uneingeschränkte Vertrauen den Glauben an sich selbst und an die menschliche Ordnung zurückgibt. Davon zeugt seine vielgenannte »Apfelsinenmethode«, mit der er in wesentlicher Übereinstimmung mit Schleiermacher die Strafe durch die schenkende Liebe zu ersetzen versucht.

Neben den Montessori- und Dalton-Schulen sind auch viele gute Anregungen von Kees Boeke und seinem »werkplaats« in Bilthoven bei Utrecht ausgegangen. »Werkplaats« ist das holländische Wort für Werkstätte und bedeutet die Durchführung einer solchen Gemeinschaftsordnung im Schulleben, wie sie etwa in einer guten Werkstatt besteht, in der nach gemeinsam gefaßten Plänen am gemeinsamen Werk gearbeitet wird[29].

Das Ziel dieses seit den zwanziger Jahren laufenden Schulversuchs ist die Gründung einer echten »Kindergemeinschaft«, in der Kinder aller Altersstufen, aller Gesellschaftskreise und Bekenntnisse zusammen leben und arbeiten. Wenn Kees Boeke seine Methode als »Soziokratie« bezeichnet, so will er damit zum Ausdruck bringen, daß die Arbeit aller — der Lehrer und der Schüler — dem Leben in den selbst gegebenen Ordnungen der Gemeinschaft dient. Es ist mehr als ein neues Wort, wenn der Lehrer »medewerker«, Mitwirker an der gemeinsamen Aufgabe, genannt wird,

---

29 Kees Boeke: Der Bilthoven Werkplaats und seine Soziokratie. In: Bildung und Erziehung 2 (1949), S. 590 sowie Wyatt Rawson: The Werkplaats Adventure. London 1956.

und es ist mehr als eine äußere Geste, wenn das »Du« in diesem partnerschaftlichen Verhältnis auch den Lehrer einbezieht.

Im Mittelpunkt der Bilthovener Arbeit stehen die regelmäßig stattfindenden Besprechungen, bei denen nach einer vorher festgelegten Tagesordnung die Angelegenheiten des Gemeinschaftslebens in voller Offenheit diskutiert und die gemeinsamen Arbeiten geplant werden. Die Kinder wissen sich so mitverantwortlich für die selber gegründete Ordnung im »werkplaats«, und gleichzeitig können sie dieses »Wissen« in der praktischen Arbeit durch die Tat erhärten.

Dieser Grundsatz der Mitverantwortung und Mitwirkung am Ganzen kommt auch in der Unterrichtsarbeit zum Ausdruck, die ihre Anregungen im Gesamtleben der »kindergemeenschap« findet. »Jedes Kind sollte aus sich selbst zu der Art von Arbeit kommen, für die es am besten geeignet ist«, schreibt Kees Boeke. Ein Gang durch die Schulgemeinde überzeugt von der erzieherischen Fruchtbarkeit dieses Grundsatzes. Sowohl in der fröhlich-ausgelassenen Stimmung im Kindergarten, der als »nieuwe kleuterschool« dem »werkplaats« eingegliedert wurde, als auch in der Einzel- und Gruppenarbeit zeigt sich dieser feine pädagogische Takt vor der kindlichen Persönlichkeit und ihren natürlichen Wünschen. In der methodischen Gestaltung des Unterrichtslebens sucht Kees Boeke den echten Interessen und Neigungen durch ein Maximum an Wahlmöglichkeiten gerecht zu werden, die neben den wissenschaftlichen Studien auch die musisch-technischen Fertigkeiten und praktischen Arbeiten einbeziehen. Nicht Anordnen und Aufgeben sind die hier vorherrschenden Prinzipien, sondern das schlichte Vorleben[30], von dem das Beispielgeben nur ein Teil ist. Nur durch dieses gemeinsame Tragen der Verantwortung ist auch das »Du« begründet und verliert im Zusammenwirken an den Aufgaben des Alltags den Charakter des Ungewöhnlichen.

Diese von Kees Boeke vorgelebte pädagogische Grundhaltung ist nach seinem Rücktritt aus der Werkplaats Kindergemeenschap Bilthoven nur bedingt erhalten geblieben — eine Entwicklung, die sich leider an vielen Reformschulen aufzeigen ließe.

Diese holländischen Versuchsschulen geben ein aufschlußreiches Beispiel dafür, daß Reformen nicht nur durch gesetzliche Maßnahmen und umgreifende organisatorische Umgliederungen zu erreichen sind, sondern auch durch die schlichte Gewährung der Freiheit zum Versuch. Die wesentliche Bedeutung dieser Schulen liegt darum weniger in der Anregung zu verwandten Gründungen als darin, daß hier in einem begrenzten Rahmen die Möglichkeit zu einer bewußten pädagogischen Stilbildung aufgewiesen ist. Damit wird Vertretern aller Schulformen und -richtungen ein praktischer Anschauungsunterricht vermittelt, der kritisch macht gegenüber dem nur durch die Tradition ausgewiesenen pädagogischen Tun. Es darf dabei nicht unerwähnt bleiben,

---

30 Von den vielen denkwürdigen Begebenheiten tritt mir in diesem Zusammenhang die kleine Szene wieder vor Augen, als Kees Boeke bei unserem Rundgang durch den »werkplaats« schlicht das herumliegende Papier aufhob und so durch die Tat eine spontane Mithilfe der Kinder auslöste.

daß die Reformarbeit im holländischen wie auch im angelsächsischen Schulwesen durch zwei Momente besonders begünstigt wird: die Kontinuität in der übernationalen Diskussion der reformpädagogischen Bestrebungen und die Durchführung der Ganztagsschule. Vornehmlich die Ganztagsschule bildet eine fruchtbare Voraussetzung für die Gestaltung eines Gemeinschaftslebens. Dieser breitere Schulrahmen bietet eine Fülle natürlicher Situationen zur Entfaltung eines geselligen Lebens. Durch die gemeinsamen Mahlzeiten und die selbstverantwortliche Teilnahme an der Ordnung und Regelung der öffentlichen Angelegenheiten des Schulalltags sowie durch die gemeinsame Planung und Gestaltung der musisch-praktischen Tätigkeiten des Nachmittags entsteht eine lebendige schulische Lebensform, die als pädagogisch umgeformtes Abbild der großen Gemeinschaft zu einer echten Vorschule des Lebens werden kann.

Die Bildungsreformen der Gegenwart werden mit ihren Grundvorstellungen und Zielen weitgehend erst auf diesem geistesgeschichtlichen Hintergrund verständlich. So waren beispielsweise die großen Reformen nach dem Zweiten Weltkrieg in England, Frankreich und Schweden in ganz entscheidendem Maße von dem Ideengut der Reformpädagogik beeinflußt.

In Frankreich sind Paul Langevin sowie seine Mitarbeiter Roger Gal und Henri Wallon bei der Gestaltung des »Langevin-Wallon-Planes« unmittelbar der Reformpädagogik verbunden, wie sie sich in Frankreich seit den Bestrebungen der Compagnons entfaltete[31]. Die Compagnons verkörpern eine vielschichtige Bewegung. Getragen von den Intellektuellen zielen ihre wichtigsten Forderungen auf eine Demokratisierung des Bildungswesens bei besonderer Förderung der sozial Schwachen und dadurch zugleich auf eine nationale Erweckung und Stärkung, die den Gedanken der internationalen Verständigung einschließt[32].

In Schweden weiß sich Torsten Husén bei der Umsetzung der Bildungsreform in vielfältiger Hinsicht dem reformpädagogischen Ideengut verpflichtet[33]. Das englische Konzept der »Secondary education for all«, das 1944 in England die Bildungsreform

31 Angela Médici: L'Education nouvelle. Paris 1941. — Christian Schneider: Neue Erziehung und Schulwesen in Frankreich. Heidelberg 1963. S. 42. — Le Plan Langevin-Wallon de Réforme de l'Enseignement. Compte rendu du Colloque organisé par le Groupe français d'Education nouvelle et la Société française de Pédagogie. Paris 1964. — Gaston Mialaret: Education nouvelle et monde moderne. Paris 1966. — John Talbott: The Politics of Educational Reform in France, 1918—1940. Princeton, New Jersey 1969. — Michel Salines: Pédagogie et éducation. Paris 1972. – Horst Hörner: Demokratisierung der Schule in Schweden. Weinheim 1970.

32 Ludovic Zoretti: L'Education, un essai d'organisation démocratique. Paris 1918. — J. M. Carré: Les Compagnons de l'université nouvelle. Paris 1920. — Robert Harvet: Les Compagnons de France. Paris 1965.

33 Torsten Husén/Gunnar Boalt: Bildungsforschung und Schulreform in Schweden. Stuttgart 1968. — Ders.: Schulkrise. Weinheim und Basel 1974.

einleitete[34], ist in seiner Thematisierung ebenfalls Ausdruck der reformpädagogischen Gedanken, wie sie in der Nachwirkung der Ideen von Matthew Arnold[35] gereift sind.

Dagegen ist in Deutschland keine umfassende Bildungsreform entstanden. Die Reformbestrebungen von Hans Richert — insbesondere der Gedanke einer deutschen Oberschule — waren zweifellos von der Reformpädagogik beeinflußt, aber sie waren weitgehend auf die Übergangsproblematik von der Volksschule auf weiterführende Schulen sowie auf die Reform des Gymnasiums ausgerichtet. Im Rahmen dieses Konzepts befürwortet er die freieren Arbeitsweisen der Reformpädagogik — insbesondere den Arbeitsunterricht[36].

Das deutschkundliche Prinzip[37] aber, das in diesem Konzept einem breiten Kreis der Jugendlichen ein tragfähiges Fundament in der weiterführenden Schule sichern soll, kann durch den engen Bezug der Bildung auf die nationale Kultur zur Verengung und Überheblichkeit führen. Dennoch darf daraus nicht grundsätzlich die Folgerung abgeleitet werden, daß es sich um ein nationalistisch zugespitztes Programm handelt. Durch diese Richtung ist seit Rudolf Hildebrand[38] der Gedanke der nationalen Bildung und der pädagogischen Konzentration stärker in den Blick getreten sowie der Bildungswert des muttersprachlichen Unterrichts entscheidend geklärt worden.

Mit der Deutung Herman Nohls lag zwar schon früh ein Ansatz vor, der geeignet war, die pädagogischen Triebkräfte der Reformbewegung unverstellt der breiteren Öffentlichkeit zu erschließen[39]. Ansätze zu einer umgreifenden Bildungsreform entstanden aber erst nach dem Zweiten Weltkrieg als Reform der Auslese und der gym-

---

34 Richard Gross (Ed.): British Secondary Education. Overview and Appraisal. London 1965. – Andreas Kazamias: Politics, Society and Secondary Education in England. Philadelphia 1966.

35 Thomas and Matthew Arnold and Their Influence on English Education by Sir Joshua Fitch. London 1897. — Matthew Arnold: The Complete Prose Works of Matthew Arnold. Edited by R. H. Super. Vol. II Democratic Education. Michigan 1962, Vol. IV Schools and Universities on the Continent. Michigan 1964. — Matthew Arnold's Essay in Criticism. First and Second Series. Introduction by G. K. Chesterton. London 1964. — Matthew Arnold on Education. Edited with an Introduction by Gillian Sutherland. London 1973.

36 Richtlinien für die Lehrpläne der Höheren Schulen Preußens. 1. Teil. Berlin 1925, S. 85.

37 Hans Richert: Die deutsche Bildungseinheit und die Höhere Schule. Ein Buch von deutscher Nationalerziehung. Tübingen 1920, S. 25. — Vgl. auch: Denkschrift des Preußischen Ministeriums für Wissenschaft, Kunst und Volksbildung. Die Neubildung des preußischen höheren Schulwesens. Berlin 1924, S. 9.

38 Rudolf Hildebrand: Vom deutschen Sprachunterricht. Bad Heilbrunn/Obb. 1867. — Dieses Werk hat eine große Wirkung auf den Sprachunterricht ausgeübt; es liegt gegenwärtig im Klinkhardt-Verlag in der 27. Auflage vor. Die letzte, von Josef Prestel mit einigen Kürzungen vorbereitete Ausgabe erschien 1962.

39 Herman Nohl: Pädagogik aus dreißig Jahren. Frankfurt a. M. 1949. (Darin: Die Einheit der Pädagogischen Bewegung (1926), S. 21). — Ders.: Die pädagogische Bewegung in Deutschland und ihre Theorie. Frankfurt a. M. ^{2}1935.

nasialen Oberstufe sowie in Gestalt der Gesamtschulbewegung[40] unter Nachwirkung des einheitlich gegliederten Schulkonzepts, das seit der Jahrhundertwende entfaltet wurde. Während der 50er und 60er Jahre wurden durch den sogenannten »Bremer Plan« und den »Rahmenplan«[41] ideelle Grundlagen für eine umfassende und in sich geschlossene Bildungsreform geschaffen, die starke Anklänge an das reformpädagogische Gedankengut zeigen[42].

Die Bewährungskontrolle reformpädagogischer Projekte ist eine offene Frage geblieben. Die ersten Versuche der Reformpädagogik, ihrer Idee und der davon inspirierten Wirklichkeit gerecht zu werden, beginnen in den USA 1934 mit der Eight-Year Study unter der Leitung von Wilford M. Aikin[43]. Die Ergebnisse dieser Studie blieben weitgehend unbekannt und wirkungslos, da sie von den Kriegsereignissen verdeckt wurden. Eine weitaus größere Wirkung und Publizität ging von den Verdammungsurteilen über die amerikanische Bildungsreform und ihre wissenschaftliche Fundierung im Zusammenhang mit der Sputnik-Affäre seit 1959 aus. Die dadurch ausgelöste jahrelange Polemik mündete in den USA erst seit den 60er Jahren in ein Stadium kritischer Revision ein[44].

3. Ansätze zu einer Welterziehungsbewegung

Reformbestrebungen und -bewegungen sind im pädagogischen Raum ideelle Aufbrüche im Dienste des Neuen und Vollkommeneren, die zwar in ihrer letztgültigen Gestal-

---

40 Caspar Kuhlmann: Schulreform und Gesellschaft in der Bundesrepublik Deutschland 1946–1966. Schulreform im gesellschaftlichen Prozeß: Bd. I. A. a. O.

41 Deutscher Ausschuß für das Erziehungs- und Bildungswesen: Rahmenplan zur Umgestaltung und Vereinheitlichung des allgemeinbildenden öffentlichen Schulwesens. Stuttgart o. J. (1959). – Arbeitsgemeinschaft Deutscher Lehrerverbände: Plan zur Neugestaltung des deutschen Schulwesens (sog. »Bremer Plan«). Frankfurt a. M. 1960. – Deutscher Bildungsrat (Hrsg.): Strukturplan für das Bildungswesen. Stuttgart 1970.

42 Hermann Röhrs: Die Schule und ihre Reform in der gegenwärtigen Gesellschaft. Heidelberg [2]1967.

43 Die umfassende Untersuchung erschien unter dem folgenden Titel: Adventure in American Education. Progressive Education. Associations Publications. – Vol. I: The Story of the Eight-Year Study by Wilford Aikin. – Vol. II: Exploring the Curriculum. The Work of the Thirty Schools from the Viewpoint of Curriculum Consultants by H. H. Giles, S. P. McCutchen, and A. N. Zechiel. – Vol. III: Appraising and Recording Student Progress. Evaluation. Records and Reports in the Thirty Schools by Eugene R. Smith, Ralph W. Tyler and the Evaluation Staff. – Vol. IV: Did They Succeed in College? The Follow-up Study of the Graduates of the Thirty Schools by Dean Chamberlin, Enid Straw Chamberlin, Neal E. Drought and William E. Scott, Preface by Max McConn. – Vol. V: Thirty Schools Tell Their Story. Each School Writes of Its Participation in the Eight-Year Study. New York and London 1942/1943.

44 Hermann Röhrs: Modelle der Schul- und Erziehungsforschung in den USA. Frankfurt a. M. 1972. – Arthur H. Moehlman: Theorien der dem. Erziehung und Bildung. Hannover 1978.

tung an nationaltypische Voraussetzungen, aber keineswegs an nationale Grenzen gebunden sind. Die politische Grenze ist den reformpädagogischen Bestrebungen gegenüber kein ernsthaftes Hindernis. Erst das Umbiegen und Verfälschen dieser Bestrebungen zu einem quasi-pädagogisch motivierten Willen zur Macht, der die Reflexion auf Namensregelung, Instruktion und Schulung einengt, führt in eine von eifersüchtig überwachten Barrieren umstellte Isolation. So geschieht es in totalitären Staaten, die daher weitgehend von diesem weltweiten Ideen- und Erfahrungsaustausch abgeschnitten sind. Darin liegt der entscheidende Grund für die Blockierung der Entwicklung in Deutschland nach der »Machtübernahme« 1933 durch die Nationalsozialisten.

Der pädagogische Reformwille hat sich dagegen stets als eine ausgesprochen übernationale Kraft erwiesen, die das pädagogische Gespräch im Hinblick auf einen möglichen Gedankenaustausch über die Grenzen hinweg nachdrücklich fördert. Die pädagogische Studienreise als eine bewußte und lebensnahe Erschließung der Erfahrungen der anderen wurde daher schon früh auf dem Hintergrund einer selbstkritischen Auseinandersetzung zu einem Mittel der Reformbestrebungen. Das gilt sowohl von der eigentlichen Pionierzeit als auch von der Phase der weiteren Ausgestaltung. Beispielhaft seien die Reisen von Victor Cousin, Horace Mann und Stanley Hall zum Studium des deutschen Schulwesens, von Kerschensteiner nach den Vereinigten Staaten, von John Dewey, Carleton Washburne und Georges Counts in die Sowjetunion erwähnt. Dadurch wird der Typus der Studienreise[45] mit festumrissenen pädagogischen Aufträgen im Hinblick auf die Neugestaltung des eigenen Schulsystems zu einer weithin entwickelten Form übernationaler pädagogischer Information.

Freier und in der Auswirkung aber dennoch reicher spielen sich die ausgesprochen personhaft zentrierten Reisen ab; sie können über den verpflichtenden Grundzug eines Schülerverhältnisses bestimmend für die spätere Tätigkeit werden. Die auf diese Weise aufgrund einer inneren Verwandtschaft gewonnenen Impulse können ein Leben entscheidend beeinflussen. So ist die Schülerschaft Maria Montessoris zu Itard und Séguin in ihren Spielmaterialien und der Gestaltung des Kinderhauses ebenso wirksam wie die montessorianischen Züge in der Methode Helen Parkhursts, ihrer ehemaligen Schülerin und Mitarbeiterin, bestimmend geblieben sind. Stille Bündnisse und fachliche Wahlverwandtschaften führen oft über Länder und Grenzen hinweg zu neuen Ansätzen.

Unter diesen Voraussetzungen offenbart ein Blick auf die Reformpädagogik ein vielfältiges Bild neuer pädagogischer Ansätze und Aufbrüche, die aber von Anbeginn in einem dichten internationalen Beziehungsgeflecht ruhen. Wir haben uns unter der Nachwirkung des von Nohl geprägten Begriffes der Reformbewegung stillschweigend zu sehr daran gewöhnt, die deutschen Reformversuche und -beiträge in ihrer Ursprünglichkeit zu überschätzen. Dagegen gilt es, darauf aufmerksam zu machen, daß die

---

45 Vgl. Hermann Röhrs: Schule und Bildung im internationalen Gespräch. A. a. O., (Darin: Vom Sinn des Reisens, S. 182).

Reformpädagogik von Anbeginn an eine Weltbewegung ist, der es um die Erneuerung des Menschen und seiner Formen der Lebensgestaltung durch das Medium der Erziehung und Bildung geht. Im Miteinander und nicht im Gegeneinander liegt letzten Endes das Ziel dieser Reformbewegung.

Es ist ein grandioses Durchspielen der pädagogischen Möglichkeiten in der Gestaltung von Schule und Gemeinde, wobei die Klärungsversuche hinsichtlich der Prioritäten um so schwieriger werden, je grundsätzlicher erörtert wird. Vieles reift in einem weitaus dichteren gedanklichen Austausch, als bisher zum Ausdruck kam. Die Ursprünge der Arbeitsschulidee z. B. sind recht komplexer Art. Neben den allgemeinen kulturkritischen Hinweisen, daß durch die zunehmende Trennung von Haus und Arbeitsplatz die meisten jungen Menschen den Geist der praktischen Arbeit nicht mehr erfahren, stehen die Argumente der sich gerade entfaltenden Entwicklungspsychologie, die die große Bedeutung einer Pflege der Motorik für die Entwicklung der sich bildenden Person betonen. Gerade diese psychologischen Argumente hinsichtlich der Spontaneität der kindlichen Natur, wie sie von Wundt, Stern und Münsterberg in Deutschland, von William James und Stanley Hall in den Vereinigten Staaten von Nordamerika wirksam vorgetragen wurden, waren geeignet, die pädagogische Konzeption einer ganzheitlichen Bildung entscheidend zu stützen. Die skandivanischen Ansätze — Unno Cygnäus, das Abrahamsonsche Slöjdsystem von Nääs, der dänische Hausfleiß von Clauson-Kaas — sind nicht Ursprünge der Arbeitsschule, sondern Modelle, hinter denen zudem neben der bäuerlichen Tradition handwerklicher Heimarbeit die Ideen Fröbels und Pestalozzis mitgestaltend stehen. Verwandtes ließe sich vom Gruppenunterricht sagen, der auf dem Hintergrund sozialerzieherischer Erwägungen neben Kerschensteiner auch von John Dewey in den Vereinigten Staaten von Nordamerika und von Cousinet in Frankreich begründet wurde. Aus diesem Blickwinkel betrachtet, ist die deutsche Reformpädagogik stets Glied einer umfassenden Reformbewegung gewesen, die beide erst aus der vielfältigen Wechselwirkung heraus ihr Eigengesetz entfalten.

Diese vielfältige Verschlungenheit zwischen den deutschen Reformbestrebungen und dem internationalen Verlauf der Reformpädagogik erlaubt schon die Prägung des Begriffs einer Welterziehungsbewegung. Sie erhält in den reise- und tagungsfreudigen zwanziger Jahren einen wesentlichen Rückhalt durch die persönliche Begegnung, wie sie auf dem 1926 von Bovet, Claparède, Ferrière gegründeten internationalen Forum des Bureau International d'Education in Genf organisierbar wird. Diese Wirkung wird ergänzt und vor allem auch in breitere Kreise der pädagogischen Provinz hineingetragen durch die New Education Fellowship (Weltbund für Erneuerung der Erziehung), die sowohl in Europa und in den Vereinigten Staaten von Nordamerika als auch in Afrika, Australien und Asien (Indien, China, Japan) selbständige Sektionen unterhält.

Die New Education Fellowship entfaltete vornehmlich in Europa eine wirkungsvolle Aktivität, die über die menschliche Begegnung zu einer weitreichenden Verständigung in pädagogischen Fragen führte. Sie reichte zuweilen bis in die Schulstube, da auch die Erzieherschaft beteiligt war. Die drei großen Sektionen des Weltbundes verfügten zur wissenschaftlichen Vertiefung des pädagogischen Grundanliegens über eigene Zeitschriften: in England »The New Era«, in Frankreich »Pour l'ère nouvelle« und in Deutschland »Das Werdende Zeitalter«, das von Elisabeth Rotten und Karl Wilker herausgegeben wurde. Im Rahmen dieses Weltbundes für Erneuerung der Erziehung, wie er seit 1927 hieß, entfaltete sich ein gutes Maß an echtem pädagogischem Idealismus, der von Persönlichkeiten wie Carleton Washburne, Adolphe Ferrière, Maria Montessori, Kees Boeke sehr real in die Wirklichkeit übersetzt wurde. Die Vor- und Nachteile einer korporativen internationalen Zusammenarbeit sind dabei unverkennbar und wurden trotz aller pädagogischen Hochstimmung auf den Konferenzen in Calais 1921, Montreux 1923, Heidelberg 1925, Locarno 1927, Helsingör 1929 und Nizza 1932 deutlich und sind als solche auch erörtert worden.

Eine wichtige Funktion im Rahmen der Neuen Erziehung und ihrer internationalen Wirksamkeit ging von der Theosophischen Gesellschaft (Theosophical Society) aus, die 1875 in New York gegründet wurde. Unter dem Eindruck der Zielsetzungen dieser Gesellschaft, die letztlich auf eine übernationale Bruderschaft (brotherhood of humanity) gerichtet war, konstituierte sich in London eine Gruppe. Ihr gehörten die folgenden Mitglieder an: Edmond Holmes, der als früherer Chief Inspector for Elementary Education durch die Bücher »What Is and What Might Be« und «In Quest of an Ideal« bekannt wurde, Miss Belle Rennie, die später eine Parkhurst-Schule in London leitete, Wyatt Rawson, Beatrice Ensor u. a., die im Rahmen der New Education Fellowship eine hervorragende Rolle spielen werden.

Aus dieser Gruppe, deren Sprecherin Beatrice Ensor war, die als erste Frau durch den Glamorgan County Council als His Majesty's Inspector of Schools ernannt wurde, entstand 1920 die New Education Fellowship; die erste Präsidentin wurde Beatrice Ensor[46]. Gerade weil die New Education Fellowship die Fragen der Bildungsreform im internationalen Rahmen wahrnahm, wurde sie zu einem breiten Forum der Neuen Erziehung, das auch von den Repräsentanten der Neuen Schulen genutzt wurde.

Die Wirksamkeit des Weltbundes während der 20er Jahre als internationales Forum wird an den folgenden beiden Beispielen deutlich. So wurde Célestin Freinet entscheidend durch die während der Teilnahme am Weltkongreß 1923 in Montreux empfangenen Eindrücke hinsichtlich seiner eigenen reformpädagogischen Aufgaben motiviert. Ähnlich wurde František Bakulé der Weltöffentlichkeit erst bekannt, nachdem er auf dem Weltkongreß 1925 in Heidelberg mit seinem Kinderchor die Teilnehmer tief beeindruckt hatte[47].

---

46 Vgl. W. A. C. Stewart: The Educational Innovators. Vol. II. London, Melbourne, Toronto, New York 1968, S. 54 ff. sowie ergänzend William Boyd and Wyatt Rawson: The Story of the New Education. London 1965. – Hermann Röhrs: Die Reform des Erziehungswesens als internationale Aufgabe. Entwicklung und Zielstellung des Weltbundes für Erneuerung der Erziehung. Rheinstetten 1977.

47 Die beiden Beispiele finden sich bei Adolphe Ferrière: Trois Pioniers de l'Education Nouvelle: Lietz, Lombardo-Radice, Bakulé. Paris 1928, S. 94, 158.

Ergänzend wirkte der Weltverband der pädagogischen Vereinigungen (World Federation of Educational Associations), der als Sammelpunkt für alle internationalen Bestrebungen 1923 in San Franzisko gegründet wurde und dieser Aufgabe während der Weltkongresse 1925 in Edinburgh und 1927 in Toronto gerecht zu werden versuchte. In erwachsenenbildnerischer Hinsicht gingen wichtige Impulse für einen internationalen Erfahrungsaustausch vom Weltbund für Erwachsenenbildung (World Association for Adult Education) aus, der 1918 von Albert Mansbridge gegründet wurde.

Klärend und vertiefend zu diesen korporativen Bestrebungen wirkten die wissenschaftlichen Zentren, die diesen Geist internationaler Verständigung und Zusammenarbeit zu ihrem Hauptanliegen erhoben. Neben dem bereits erwähnten Internationalen Erziehungsbüro in Genf hat das Teachers College der Columbia-Universität in New York, das auch maßgeblich an der Herausgabe des Educational Yearbook seit 1872 (seit 1953 zusammen mit dem University of London Institute of Education) beteiligt ist, eine bedeutende Tradition gestiftet.

Von den internationalen Vereinigungen hat sich der Weltbund für Erneuerung der Erziehung bis in die unmittelbare Gegenwart als lebenskräftig erwiesen. Diese Lebenskraft erklärt sich nicht zuletzt aus der Tatsache, daß im Weltbund weitgehend die reformpädagogischen Institutionen zusammengeschlossen sind, die bis zum heutigen Tage als Kern der pädagogischen Reform wirken. So sind im Rahmen der Deutschsprachigen Sektion (Bundesrepublik Deutschland, Österreich, Schweiz) auch gegenwärtig noch die Montessori-Schulen, Waldorf-Schulen, Jenaplan-Schulen, Werkschule Merz, Odenwaldschule sowie l'Ecole d'Humanité in Goldern (als letzte Gründung Geheebs) vereint. Diese Schulen bilden kritisch betrachtet nicht nur ein Vermächtnis, sondern darüber hinaus ein bedeutsames Unterpfand für die Gestaltung der pädagogischen Zukunft.

IV. DIE REFORMPÄDAGOGISCHEN BEWEGUNGEN

1. Die Kunsterziehung – inspirierende Mitte der reformpädagogischen Bewegung

a. Die Kulturkritik als Wegbereiterin

Die Bemühungen um eine Stärkung und Erneuerung der kunsterzieherischen Bestrebungen haben einen gewichtigen Vorläufer in Rudolf Hildebrand. Er hat bereits 1867 in seinem Buch »Vom deutschen Sprachunterricht in der Schule« die Forderung ausgesprochen, daß eine kunsterzieherische Grundeinstellung das Schulleben zu bestimmen habe und seinen Ausdruck in Bild, Wort, Schrift und Handlung finden müsse. Die arbeitserzieherischen Tendenzen finden schließlich eine erste Klärung im skandinavischen Slöjdsystem, in den working houses und Industrieschulen des 18. Jahrhunderts sowie in den Werkstätten Glüphis in Bonal; die letzteren stellt Pestalozzi in Vorwegnahme des reformpädagogischen Geistes in seinem Erziehungsroman »Lienhard und Gertrud« dar.

Als in den neunziger Jahren des vorigen Jahrhunderts die Forderung nach der Weckung und Entfaltung der schöpferischen Kräfte im Kinde laut wurde, da barg das Wort etwas von dem ursprünglichen Sinngehalt der Gottebenbildlichkeit des schöpferischen Menschen. Schöpfertum bedeutet im tiefsten Sinne des Wortes die lebensweckende Tat Gottes. Etwas von diesem Sinngehalt klingt auch in der Kunsterziehungsbewegung immer wieder mehr oder weniger deutlich an. Schon in den Titeln der grundlegenden Bücher von Hartlaub »Das Kind als Künstler« (1898) und Carl Götze »Genius im Kinde« (1922) wird dieses Grundmotiv deutlich. Besonders jene Richtung, die als »Pädagogik vom Kinde aus« von Ellen Key eingeleitet wurde, ist weitgehend von diesem Glauben erfüllt. Merkmal für das Menschsein sollte jetzt nicht mehr das Wissen, sondern die gesamte Entfaltung der Person werden.

Kunst ist nicht realistische Darstellung des Wirklichen. Die Auffassung, Kunst sei Nachbildung der Realität, war sowohl in der Schule als auch in der Öffentlichkeit oft im Anschluß an die einseitig ausgelegte Lehre des Aristoteles entstanden und hat die Entfaltung des kunsterzieherischen Gedankens gehemmt. Naturtreue der Darstellung in dem Sinne, wie sie Apelles I., dem berühmten Maler des Altertums, nachgesagt wird, ist ein Kuriosum und kein Kriterium der Kunst[1]. Die Kunsterziehungsbewegung versucht das Verhältnis zur Kunst ohne Vorbehalte und Vorurteile zu entfalten. Die weitgehend akzeptierte Zielstellung dazu lautet: »Erziehung der Kinder zur ästhetischen Genußfähigkeit« (Konrad Lange), wozu das eigene Schaffen, Gestalten und Schauen wichtige Mittel sein sollen. Deutlich wird dieser Wendepunkt bei Alfred Lichtwark, der im Zentrum der ersten Entwicklungsphase der Kunsterziehungsbewegung steht.

Nohl betrachtet es geradezu als ein geistesgeschichtliches Gesetz, daß das Neue sich zuerst im künstlerischen Rahmen offenbare[2]. Die geistigen Triebkräfte der Kunsterziehungsbewegung reifen indessen auch in der Krisenstimmung seit Mitte des vorigen Jahrhunderts, die in einem Überwiegen der intellektualistischen Konzepte begründet ist. Gegen diesen Intellektualismus entwickelte sich im Kreise der Künstler eine Protesthaltung. Nur im Künstler schien sich noch das reine Menschentum zu verkörpern. Der Künstler ist der ganze Mensch – dieses Hölderlinwort wurde zum Leitmotiv der neuen Bewegung. So waren es in den 70er Jahren die bildenden Künstler, die den neuen Geist anfachten – allen voran Marées, Leibl und Hildebrand. Dieser Geist wurde von den Vertretern der Kulturkritik übernommen, geschürt und vertieft.

Die Kulturkritik hatte die Einseitigkeiten des Bildungsideals deutlich gemacht, das noch weiterhin bestimmt war von dem positivistischen Glauben: Wissen ist Macht – Savoir pour pouvoir, pouvoir pour prévoir, prévoir pour régler. In immer neuen Formeln wurde die Abstraktheit dieses Bildungsideals umschrieben, das die Menschen zu einem bloßen Imperfektum, zu einem tönenden Passivum degradiere, wie es bei Nietzsche in der dritten »Unzeitgemäßen Betrachtung« heißt[3].

Ergänzend muß indessen auch auf ganz anders geartete Motive hingewiesen werden, die den kunsterzieherischen Bestrebungen ein wirklichkeitsnahes Gepräge vermittelten und sie vor einem Ästhetizismus bewahrten. Es sind einmal die Erneuerungsversuche einer in Vergessenheit geratenen Volkskunst, die insbesondere durch das skandinavische Slöjdsystem angestrebt wurden. In diesem Rahmen besitzen die kunst- und arbeitserzieherischen Bestrebungen ihre gemeinsame Wurzel, die im weiteren Verlauf wiederholt in den Blick gerät. Daneben sind Bemühungen um eine verstärkte Pflege des Kunsthandwerks aufweisbar, das unter dem Einfluß der Industrialisierung zu verkümmern drohte.

Diese beunruhigende Feststellung war ein Ergebnis der Weltausstellung 1851 in London. Durch die Gründung von Kunstgewerbemuseen (1852 South-Kensington-Museum in London, 1864 Oesterreichisches Museum für Kunst und Industrie in Wien, 1874 Museum für Kunst und Gewerbe in Hamburg) sollten neue Anregungen

---

1 Apelles soll Weintrauben so realistisch gemalt haben, daß Vögel sie zu fressen versuchten oder daß ein von ihm gemaltes Pferd von einem lebendigen angewiehert wurde.

2 Herman Nohl: Die pädagogische Bewegung in Deutschland und ihre Theorie. A. a. O., S. 30.

3 Friedrich Nietzsche: Unzeitgemäße Betrachtungen. Zweites Stück: Vom Nutzen und Nachteil der Historie für das Leben. Bd. 1. A. a. O., S. 233.

für eine fruchtbare Weiterentwicklung vermittelt werden. Gerade Alfred Lichtwark war durch seinen Lehrer Justus Brinkmann, den ersten Leiter des Museums für Kunst und Gewerbe in Hamburg, mit diesen Zielsetzungen vertraut; auf Anregung Brinkmanns besuchte er die genannten Museen in London und Wien[4].

Auf dem Hintergrund dieser Erfahrungen ist die Zielstellung entstanden, das Museum zu einem Bildungsraum auszugestalten; Lichtwark hat sie nie wieder aus dem Auge verloren. Wenn seine eigene Arbeit stets einen realistischen Grundzug behielt, so vor allem wegen der aus diesem persönlichen Verhältnis resultierenden Bekanntschaft mit den Bemühungen um eine Weiterentfaltung des Kunstgewerbes und der damit im Zusammenhang stehenden volkswirtschaftlichen Erwägungen; die letzteren wurden von Konrad Lange in seinem Buch »Die künstlerische Erziehung der deutschen Jugend« (1893) bedacht.

Wie unmittelbar selbst Lichtwark mit diesem Gedanken einer Stärkung der Wirtschaft durch die Kunsterziehung vertraut ist, zeigen viele Stellungnahmen. Ihm ging es entscheidend um die Produktdifferenzierung und -verfeinerung als Ergebnis der kunsterzieherischen Bemühungen. Da dieser Gesichtspunkt bisher übersehen wurde, soll dazu eine Stellungnahme Lichtwarks aus dem Vorwort zu seiner Schrift »Übungen in der Betrachtung von Kunstwerken« genannt werden: »Die Zukunft unserer Industrie wird mit davon abhängen, ob wir entschlossen und imstande sind, der nächsten Generation eine sorgfältige künstlerische Erziehung des Auges und der Empfindung angedeihen zu lassen. Bisher haben wir uns für die Ausbildung von Künstlern gesorgt. Daß wir damit allein eine erste Stelle auf dem Weltmarkt weder erringen noch behaupten können, springt uns jetzt in die Augen.«[5]

Dieser Zug zu einer umfassenden Reform ist als Auswirkung des kulturkritischen Ausgangspunkts auch für Lichtwark kennzeichnend. Wenn seine Vorschläge auch auf eine Reform des Kunstunterrichts abgestimmt zu sein schienen, so waren sie hinsichtlich des formalisierten Schulbetriebs dennoch auf umfassendere Maßnahmen gerichtet[6].

Ein ganz entscheidender Anstoß für die Reform resultierte aus der Vernachlässigung der Kunsterziehung — insbesondere auch des Zeichenunterrichts — in den Schulen. In dieser Hinsicht sind die entsprechenden Stellungnahmen von Ludwig Gurlitt aus zwei Gründen aufschlußreich. Einmal muß seinem Urteil ein besonderes Gewicht beigemessen werden, weil er durch seinen Vater Cornelius Gurlitt, einen namhaften Maler und Schriftsteller[7], mit dem Kunstschaffen vertraut wurde. Diese

---

4 Vgl. Museen als Bildungsstätten. In: Alfred Lichtwark. Eine Auswahl seiner Schriften. Besorgt von Dr. Wolf Mannhardt. II. Bd. Berlin 1917, S. 185.

5 Alfred Lichtwark: Übungen in der Betrachtung von Kunstwerken. Berlin [2]1898, S. 18.

6 Hildegard Milberg: Schulpolitik in der pluralistischen Gesellschaft. Die politischen und sozialen Aspekte der Schulreform in Hamburg 1890—1935. Hamburg 1970, S. 54.

7 Vgl. Cornelius Gurlitt: Die deutsche Kunst des Neunzehnten Jahrhunderts. Ihre Ziele und Thaten. Berlin 1899.

Erfahrung erhielt im Umgang mit vielen Repräsentanten der Künstlergeneration wie Menzel, Klinger, Böcklin, Thoma, Liebermann, Muthesius, Graef u. a. eine Vertiefung. Zum anderen ist Ludwig Gurlitt selbst ein entscheidender Förderer der Reformbewegung, dem als klassischem Philologen, aber auch als begabtem Zeichenlehrer, die Probleme des Gymnasiums von Grund auf bekannt sind. Gurlitt kritisiert vor allem das künstlerische Unverständnis der Gymnasiallehrer, wie er es als Schüler und Lehrer kennengelernt hat:

»Ich hatte ein Zeichentalent, welches von Sachverständigen als hervorragend bezeichnet wurde und wie ich es selbst später unter meinen Schülern — ich habe jahrelang Zeichenunterricht erteilt — jedenfalls nur selten gefunden habe. Diese herrliche Gottesgabe galt meinen Lehrern als gleichgültig. Sie hat mir nie irgendeinen Vorteil in der Klasse gebracht. Im Gegenteil. Als ich in der Tertia eine Federzeichnung von mir, die sorgsame Kopie von einer Radierung des bekannten Tierzeichners Klein, mit in die Klasse brachte, in der Absicht, sie meinem Klassenlehrer als Beweis meiner künstlerischen Fähigkeit zu zeigen, hielt er das für einen Spott (die Zeichnung stellte nämlich einen kampanischen Stier mit krummen Hörnern dar), und gab mir arglosem und, wie ich heute noch beschwören kann, nur freundlich zutunlichen Schüler eine derbe Ohrfeige mit den entrüsteten Worten: ›Solche Unverschämtheiten verbitte ich mir! Dergleichen gehört nicht in die Schule.‹ Die Ohrfeige soll dem sonst liebenswürdigen Herrn verziehen sein, aber vergessen habe ich sie nicht. Sie hat mir mit brennenden Zeichen ins Gesicht geschrieben, daß diesem Herrn ebenso wie der Mehrzahl seiner Kollegen die Kunst und die Bemühungen, es in der Kunst zu etwas Tüchtigem zu bringen, eine verschlossene Welt waren«[8].

Dieser Aussage Gurlitts gebührt auch darum erhöhte Aufmerksamkeit, weil er als Lehrer am Steglitzer Gymnasium die Anfänge des Wandervogels entscheidend gefördert hat. Sein Einfluß auf die einsetzenden Reformbestrebungen — insbesondere in Gestalt der Jugend- und Kunsterziehungsbewegung sowie der gedanklichen Wechselwirkung zwischen beiden — ist erheblich. Das Gewicht seiner kritischen Argumente wird auch nicht durch die warnenden Worte Friedrich Paulsens gemindert, wenn er in offensichtlicher Anspielung auf Gurlitt in seinem Aufsatz »Väter und Söhne« (1907) schreibt: »Es gibt in Deutschland zurzeit für Bücher und Zeitschriften, für Romane und Dramen kein beliebteres Thema als die Unterdrückung und Mißhandlung hochstrebender Söhne und Töchter durch eigensinnige, engherzige und unverständige Väter und Mütter, die Niederhaltung und Abmarterung hochbegabter, zur Selbständigkeit des Denkens emporstrebender Jünglinge durch verständnislose, pedantische, herrschsüchtige, blind am Alten hängende Schulmeister.«[9]

Die Einwände Paulsens sind grundsätzlich, zutreffend und von überzeitlicher Bedeutung. Dennoch berühren sie die harten Anklagen Gurlitts nicht, die sich keines-

---

8 Ludwig Gurlitt: Der Deutsche und seine Schule. Berlin 1905, S. 6.

9 Friedrich Paulsen: Gesammelte Pädagogische Abhandlungen. Stuttgart und Berlin 1912, S. 497.

wegs durch einen theatralischen Gestus auszeichnen; diese geben vielmehr teuer erkaufte Erfahrungen weiter, die letztlich auch einen Anstoß für die Entfaltung der Kunsterziehung vermitteln. »So habe ich während meiner ganzen Schulzeit, obgleich ich wenigstens bis nach Prima hin ein stets williger Schüler war und, wie ich auch heute noch aus meinen Zeugnissen belegen kann, in meinem Betragen immer als ›lobenswert‹ bezeichnet worden bin, in einem beständigen inneren Kampfe gelebt, weil ich für mein künstlerisches Bedürfnis nicht das geringste Verständnis, nicht die geringste Anregung empfing, und bei dem stark überwiegenden Sprachunterrichte in eine bureaukratisch nüchterne, philologisch pedantische und nur den Buchstaben dienende Tätigkeit gedrängt wurde, die mir Fesseln des Denkens auferlegte und meine Seele fast nie zu einem freieren Aufschwung gelangen ließ.«[10] Kurz: »Was nicht mit dem Lehrplane der Schule übereinstimmte, galt als Allotria.«[11] Die Bildungsarbeit betraf nur Teile des Menschseins, wenngleich ihre Ansprüche anders lauteten.

Es kann daher nicht überraschen, daß die Kulturkritik durch die Lebensphilosophie intensiviert wurde, die — etwa bei Bergson — die Inkommensurabilität der begrifflichen Erkenntnis gegenüber der Schöpfungskraft und dem Formenreichtum des Lebens, dem élan vital, dem cœur de la vie, betonten. Das Leben offenbart sich zwar in endlichen Formen, jedoch so, daß es diese Formen gleichzeitig transzendiert. Diese Transzendenz ist nicht etwas Hinzukommendes, sondern sie macht den eigentlichen Wesenszug des Lebens aus. Die Ewigkeit wird nicht nur zugänglich im Wissen, sondern auch in den Werten und vor allen Dingen im Gewissen.

Gerade diese lebensphilosophischen Strömungen, welche die neuere deutsche Geistesgeschichte kennzeichnen, scheinen für die — in dieser geistigen Atmosphäre — sich bildenden Kunsterziehungsbestrebungen nicht unbedeutend gewesen zu sein. In der Betonung der schöpferischen Kräfte im Kinde, wie sie in der Kunsterziehungsbewegung erfolgt, klingt diese Analogie zur Lebensphilosophie zumindest an.

Kennzeichnend für die Zeitstimmung ist die kulturkritische Grundeinstellung, die dazu führt, daß kaum eine erzieherische Unternehmung eingeleitet wird, ohne kritische Abgrenzung von der Vorgeschichte. So heißt es bei Ferdinand Avenarius, dem Neffen Richard Wagners und Gründer der Zeitschrift »Der Kunstwart« (1887), im ersten Heft: «Ob wir es zugeben oder nicht, in unserem Bewußtsein ist Wissen und Bildung einunddasselbe geworden.« Damit hat er eine Formel geprägt, die sich sinngemäß bereits bei Nietzsche findet und in vielen Varianten bei Lichtwark, Langbehn u. a. wieder aufweisbar ist.

Die Entfaltung der Kunsterziehung in ihren volkserzieherischen Bestrebungen läßt sich außerdem deutlich an der Verbreitung des »Kunstwarts« — einer Zeitschrift, die den Gedanken der künstlerischen Erziehung in breiteste Kreise der Öffentlichkeit tragen will — ablesen. So erschien der Kunstwart seit 1887 zunächst im Selbstverlag. Nach der Übernahme durch den Callwey-Verlag (München) stieg der Vertrieb wäh-

10 Ludwig Gurlitt: Der Deutsche und seine Schule. A. a. O., S. 7.
11 A. a. O., S. 6.

rend der nächsten Jahre auf 800 Exemplare. 1901 waren es 8000 und 1903 waren es schließlich 20000 Bezieher.

b. Die Entwicklungsphasen der Kunsterziehungsbewegung

Alfred Lichtwark – Initiator der ersten Phase der Kunsterziehungsbewegung

Lichtwark (1852–1914) war kein Kunstwissenschaftler und kein Kunstphilosoph, aber vielleicht gerade darum frei von jeder Überschätzung und Überspannung des kunsterzieherischen Gedankens. Geboren in Reitbrook, einem Dorf in den Hamburger Marschlanden, als Sohn eines Landwirts und Müllers, der seinen Hof verlor und nach Hamburg übersiedelte, begann er als Schulgehilfe und später als Volksschullehrer seine Berufslaufbahn. Seine Mutter war übrigens mit Johann Sebastian Bach verwandt; vermutlich stammte sie aus der Familie von dessen Oheim, Johann Christoph[12].

Bestärkt durch seinen Lehrer Justus Brinckmann, den Direktor des Museums für Kunst und Gewerbe in Hamburg, wandte er sich jedoch bald ganz der Kunstwissenschaft zu und studierte in Leipzig und Berlin. Nach kurzer Tätigkeit als Assistent am Berliner Kunstgewerbemuseum übernahm er 1886, also 34jährig, die Leitung der Hamburger Kunsthalle; er initiierte damit jene fruchtbare Ära der Kunsterziehungsbewegung, die in den Diskussionen der Kunsterziehungstage in Dresden (1901), Weimar (1903) und Hamburg (1905) ihren ersten Ausdruck fand. Diese Kunsterziehungstage waren in Zusammenarbeit mit Carl Götze, Graf Kalckreuth, Konrad Lange, Ludwig Pallat, Karl Muthesius weitgehend sein Werk. Als von Grund auf hanseatische Persönlichkeit behielt er – bei aller Hingabe an die Idee der Kunsterziehung – einen freien abwägenden Blick für das Mögliche und Durchführbare und verlieh der Bewegung damit einen realistischen Zug.

Die Notwendigkeit der Kunsterziehung wird auch von Lichtwark zunächst aus kulturkritischer Sicht begründet. So heißt es bei ihm in überraschender Übereinstimmung mit Avenarius – und diese Stelle aus seiner Rede »Die Kunst in der Schule« möge für viele gleichlautende angeführt werden: »Der Schwerpunkt unserer deutschen Bildung liegt im Wissen. Wissen und Bildung sind daher bei uns fast synonym geworden; Erziehung und Unterricht gelten in den Gedanken des Volkes als ungefähr gleichbedeutend.«[13]

»Weit hinter der wissenschaftlichen Bildung aber bleibt die formale Bildung des Deutschen zurück« – so führt Lichtwark diesen Gedanken weiter aus. Dieser Begriff

---

12 Vgl. Julius Gebhard: Alfred Lichtwark und die Kunsterziehungsbewegung in Hamburg. Hamburg 1947, S. 31.

13 Alfred Lichtwark: Die Kunst in der Schule. In: Alfred Lichtwark. Eine Auswahl seiner Schriften. Besorgt von Wolf Mannhardt. Bd. I. Berlin 1917, S. 31.

der formalen Bildung bedarf einer kurzen Umschreibung, nicht nur, weil er der in der Erziehungswissenschaft üblichen Auslegung nicht entspricht, sondern weil er auch die Weite des kunsterzieherischen Ansatzes bei Lichtwark deutlich macht. In der Erziehungswissenschaft umschreibt dieser Begriff, der etwa in der Untersuchung von Erich Lehmensieck »Die Theorie der formalen Bildung« (Göttingen 1926) geklärt erscheint, den Bildungsgehalt und die Bildungskraft geistiger Arbeit unabhängig von dem Stofflichen. Es ist eine Grundanschauung, die sich durch die damals aufkommende Kulturpädagogik Bahn brach, daß jedem Kulturgut eine geistige Kraft eingegeben sei.

Lichtwark dagegen bezeichnet mit formaler Bildung die Notwendigkeit der sozialen und sittlichen Bildung des Menschen, die dann auch in der Haltung und der Lebensform zum Ausdruck kommen muß. Er wendet sich damit gegen den bereits von Nietzsche kritisierten »Kult der Innerlichkeit«, der von der Überzeugung lebt, daß die geistige Grundhaltung und die innere Einstellung die Gestaltung des Äußeren von selbst nach sich ziehen wird. Dieser Gedanke, daß die Gesinnung aus der Innerlichkeit des Herzens heraustreten und in der äußeren Kultur sichtbar werden müsse, wird von Lichtwark immer wieder betont.

Der kunsterzieherische Gedanke ist für ihn mit dem volkserzieherischen eng verbunden. Es muß ein künstlerischer Lebensstil entstehen, der sowohl im Lebenszuschnitt des einzelnen — seiner Kleidung und Wohnung — wie demjenigen der Gemeinschaft, der Architektonik der öffentlichen Bauten sowie der Stadtplanung im allgemeinen, zum Ausdruck kommt. Aus diesem Aspekt übt Lichtwark eine harte Kritik an den Deutschen, die insbesondere im Ausland wegen ihrer wenig einfühlsamen Formen Aufsehen erregen. Er wird zum Befürworter eines neuen, einheitlichen, aristokratisch orientierten Lebensstils, den er in Analogie zum Gentleman in England auch in Deutschland entwickelt wissen möchte. Dazu wählt er drei Lebensformen — die des Professors, des Lehrers und des Offiziers — also Lebensformen der Repräsentanten des geistig-gesellschaftlichen Lebens des ausgehenden neunzehnten Jahrhunderts, die zur Einheit eines bestimmenden Lebenstyps zu fügen sind. Das soll im Medium von Beispiel, Vorleben und Erziehung bewirkt werden: »Was wir an guten Eigenschaften des Charakters, an Kräften und Fähigkeiten für den Deutschen der Zukunft erstreben, wird ihm am sichersten und schnellsten übermittelt, wenn es der Professor, der Lehrer und der Offizier durch ihr Beispiel ihm vorleben.«[14]

Das befürwortete neue Verhältnis zur Kunst, das sich auch im Leben auswirken kann, ergibt sich nicht von selbst. Die bloße Anwesenheit der Kunst im Alltag muß noch keine Änderung erwirken.

Auch Lichtwark weiß um die Grenzen der Kunsterziehung und kennt ihre Gefahren. Daher sein tiefes Mißtrauen gegenüber jedem Vertheoretisieren und Zerreden der Kunst. Nicht das Wort, sondern die Anschauung und Meditation sind ihm die der Kunst angemessene Zugangsart. Aber Lichtwark und mit ihm die ganze Kunsterzie-

---

14 Alfred Lichtwark: Der Deutsche der Zukunft. In: Alfred Lichtwark. Eine Auswahl seiner Schriften. Bd. I. A. a. O., S. 6.

hungsbewegung erkennen auch die Möglichkeit einer künstlerischen Erziehung. Sie glauben an die schöpferischen Kräfte im Kinde, denen nur der Raum zur freien Entfaltung gewährt werden muß, um selbst Kunst, Formen künstlerischen kindlichen Schaffens und Gestaltens hervorzubringen. Sie glauben auch, daß dem Kinde in diesem Stufen- und Entwicklungsgang des eigenen Schaffens der Zugang und die Andacht vor den Werken der großen Kunst erwachse. Tatsächlich lehrt die Erfahrung, daß Klassen, in denen nach den Gesichtspunkten der Kunsterziehung frei gestaltet wird, den Werken der großen Kunst — soweit sie ihrem Alter- und Entwicklungsgange angemessen sind — mit großem Verständnis und in Ehrfurcht begegnen. Durch das eigene Schaffen ist ihnen gleichsam das Sinnverständnis für das künstlerische Schaffen erschlossen worden. Darüber hinausgehend darf festgestellt werden, daß Lichtwark durch seinen originären Versuch, die Kunst breiten Kreisen der Öffentlichkeit anschaulich zu erschließen, große Resonanz bei der Mehrzahl der geistigen Repräsentanten seiner Zeit fand[15]. Damit wurde Hamburg gleichsam zum Zentrum der Kunsterziehungsbewegung[16].

Das Ziel ist nicht die kunstgeschichtliche Belehrung, sondern die Weckung der Freude am »Einfachen«, »Gediegenen« und »Sachgemäßen«. Die Kinder sollen lernen, alle Einzelheiten ehrfürchtig und mit wachen Sinnen zu betrachten. Sie sollen die Bilder ganz in sich aufnehmen und »wie ein Gedicht auswendig lernen«. »Jedes Bild, das durchbesehen ist, muß wie ein Gedicht im Gedächtnis haften, nicht nur nach seinem allgemeinen Inhalt, sondern mit jeder Einzelheit.«[17] Damit ist zum Ausdruck gebracht, daß die Kunstbetrachtung gewissermaßen zu einer Keimzelle für das geistige Wachstum werden soll und daß von ihr Impulse für das eigene Dasein auszugehen haben. Die Kunstbetrachtung darf nicht Wissensobjekt bleiben — gleichsam eine Ornamentik für die Konversation —, sondern sie soll ein unmittelbarer Baustein für die sich bildende Person werden.

Wichtig ist die Blickwende von dem Künstler, seinem Schaffensprozeß sowie dem Kunstwerk und seiner Eigengesetzlichkeit auf den Betrachter und seine erzieherische Hinführung zum Kunstwerk. In diesem Prozeß mißt Lichtwark den Museen eine entscheidende Rolle bei. Damit wird zum ersten Mal deren pädagogische Funktion in der erzieherisch begründeten Hinführung des Besuchers zum Kunstwerk, aber auch in der didaktisch bewußten Aufbereitung des Materials betont. Kunst ist nicht Selbstzweck, sondern sie bedarf der Resonanz von seiten der Öffentlichkeit. Erst durch die Wechselwirkung zwischen Kunstschaffen sowie Aufnahme und Beurteilung durch die Öffentlichkeit entsteht jene kulturelle Atmosphäre, die für das Kunstleben unerläßliche Voraussetzung ist.

---

15 Vgl. hierzu auch den Briefwechsel: Alfred Lichtwark. Briefe an Wolf Mannhardt. Hrsg. von Carl Schellenberg. Hamburg 1952.

16 Diese Feststellung treffen bereits frühere Historiker der Kunsterziehungsbewegung. Vgl. Johannes Richter: Die Entwicklung des kunsterzieherischen Gedankens. Leipzig 1909. — Ludwig Praehauser: Kunst und unerfüllte Pädagogik. Wien 1935.

17 Alfred Lichtwark: Übungen in der Betrachtung von Kunstwerken. A. a. O., S. 30.

Diesen Gedanken einer Erziehung zur Kunst hatte Lichtwark bereits in der ersten Programmrede von 1887 »Die Kunst in der Schule« erläutert, in der er die Lehrerschaft zur Mitwirkung an der künstlerischen Erziehung der Jugend aufforderte. Ziel dieser künstlerischen Erziehung ist nach Lichtwark die Durchdringung der Schule und des öffentlichen Lebens mit Kunst. Die Kunst soll gleichsam ein integrierender Bestandteil des Lebens und des Alltags werden. Darum sieht er in dem Ereignis der Alltäglichkeit, daß in Berlin an Stelle des Markartbouquets nunmehr echte Blumen verkauft werden, einen Wendepunkt in der Geschmacksbildung der Öffentlichkeit[18]. Der Weg zur künstlerischen Erziehung führt für ihn über einen »ernsten Dilettantismus«, der jeden Menschen zu einer verstehenden und anteilnehmenden Haltung bringen soll. Der Kunst entspricht nicht nur die kontemplative Haltung, sondern sie soll unmittelbar Einfluß auf das Leben des einzelnen nehmen.

In der Schrift »Dilettantismus und Volkskunst« führt Lichtwark diesen Gedanken genauer aus. Ein Kunstwerk verstehen, bedeutet, so heißt es dort, es nachgestalten[19]. Das gilt als selbstverständlich auf dem Gebiete der Musik. Das musikalische Kunstwerk bedarf der Wiedergabe durch Stimme oder Instrument. Was von der Tonkunst gilt, muß nach Lichtwark auch für die bildende Kunst fruchtbar gemacht werden. Auch das Kunstwerk der bildenden Kunst werde erst verstanden, wenn es im Gemüt des Beschauers auflebe. Deshalb setze auch der Genuß der bildenden Kunst Kongenialität und letztlich Erziehung voraus.

An dieser These Lichtwarks ist schon zu seinen Lebzeiten wiederholt Kritik geübt worden. In seiner Umgebung ist das harte Wort vom Kulturkellner gefallen, der gleichsam die geistigen Inhalte wie ein Konsumgut dem Volke serviere. Man betonte demgegenüber die autonome Funktion der Kunst. Die Kunst wirkt in einer eigengesetzlichen Sphäre. So wie das zum Schaffen führende Erleben des Künstlers sich nicht arrangieren lasse, sondern ihm in einer erfüllten Stunde eingegeben werde, so lasse sich auch die künstlerische Erziehung nicht methodisieren. Man betonte die Gefahren des Vertheoretisierens, der Verschulung und des Zerredens dessen, was sich seiner ursprünglichen Idee nach der begrifflichen Erörterung verschließe, ja, sie geradezu abzuwenden versuche.

Diese Einwände treffen das Wirken Lichtwarks allerdings nur bedingt. Er hat sich mit diesen Fragen in der Schrift »Übungen in der Betrachtung von Kunstwerken« (1897) auseinandergesetzt. Er selber sah und betonte die Gefahren der Vertheoretisierung. Nichts ist ihm daher verhaßter als die Phrase. »Nicht strenge genug können Phrasen und Allgemeinheiten vermieden werden. Beobachtung und immer wieder die elementare Beobachtung muß den Inhalt aller Kunstbetrachtung bilden, die mit Kindern angestellt wird. Nie darf aus dem Auge verloren werden, daß es sich für das Kind nicht um Begriff, Wesen und Geschichte der Kunst, sondern ausschließlich um das

---

18 Alfred Lichtwark: Markartbouquet und Blumenstrauß. München 1894.

19 Alfred Lichtwark: Dilettantismus und Volkskunst. In: Alfred Lichtwark. Eine Auswahl seiner Schriften. Bd. I. A. a. O., S. 147.

einzelne Kunstwerk, höchstens um eine einzelne, fest umrissene Künstlergestalt handelt.«[20] Stets verfährt er mit größter Vorsicht, »damit nicht« – wie es bei ihm heißt – »mit Worten, sondern mit der Anschauung gearbeitet wird«. Lieber gibt er die Antwort selbst oder er regt zukünftige Beobachtung an und gibt sich zufrieden, wenn den Kindern »eine Ahnung aufgeht, daß jenseits des mit dem Wort zu deckenden sachlichen Inhalts noch etwas anderes im Kunstwerk steckt, das man nur fühlen kann, und das eigentlich die Hauptsache ist«[21]. Er selber versuchte diese Vorstellungen dadurch zu verwirklichen, daß er junge Lehrer mit ihren Klassen in die Kunsthalle einlud, um angesichts der großen Kunst ein ehrfürchtiges Betrachten und Verstehen zu bilden – eine Einrichtung, die er bereits bei Justus Brinckmann im Kunst- und Gewerbemuseum in Hamburg kennengelernt hatte[22].

Diese Übungen wurden mit den Kindern möglichst vor den Originalen vorgenommen. Hinsichtlich des Beginns und der Altersfrage heißt es: »Etwa um das zwölfte Jahr herum.«[23] In seinen didaktischen Impulsgebungen ist Lichtwark sehr zurückhaltend. Alles zielt in geradezu phänomenologischer Grundhaltung darauf hin, das Kind mit dem Bild in ein Gespräch zu bringen. Man lese unter diesem Aspekt seine Gesprächsimpulse hinsichtlich der Bilder von Vautier »Der verlorene Sohn« oder von Runge »Kinderbildnis«. Hinweise auf den Bildtitel, die Kleidung, das Verhältnis der Menschen zueinander, den Gesichtsausdruck, die Gebärden sollen den Blick schärfen für das Wesentliche des Kunstwerks[24]. Alles ist darauf abgestellt, die Auseinandersetzung selbsttätig werden zu lassen. »Was bei der Betrachtung des Kunstwerkes an Wissen und Erkenntnis nötig wird, sollte stets entwickelt, nie mitgeteilt werden.« Es klingt fast wie eine Vorwegnahme des arbeitsunterrichtlichen Prinzips, wenn es anschließend heißt: »Das Kind muß sein Wissen selbst erarbeiten, seine Erkenntnis erleben, nur dann werden sie fruchtbar in ihm und aus ihm zur Wirkung kommen.«[25]

Der gesamte kunsterzieherische Prozeß verläuft bildorientiert. Die Deskription soll auf die wichtigsten Punkte gerichtet bleiben; ihr Ziel ist, »jede Bewegung, jede Geste auf die Bedeutung zu prüfen«[26]. Diese Prüfung muß nüchtern – nie sentimentalisierend geschehen: »Nichts wäre verkehrter als irgendwelche Sentimentalität. Was an Empfindungsvermögen vorhanden ist, wird durch die bloße Anleitung zum Beobachten hinreichend wachgerufen.«[27] Das Ziel bleibt eindeutig die Weckung und Pflege der Empfindsamkeit für die Ausdruckswerte des Kunstwerks. »Das Kind soll genießen lernen. Die Lust, zu kritisieren und Kritiken zu hören, hat in unserem Jahrhundert die

---

20 Alfred Lichtwark: Übungen in der Betrachtung von Kunstwerken. A. a. O., S. 25.
21 A. a. O., S. 22.
22 Vgl. Julius Gebhard: Alfred Lichtwark. A. a. O., S. 31.
23 Alfred Lichtwark: Übungen in der Betrachtung von Kunstwerken. A. a. O., S. 29.
24 A. a. O., S. 35, 51.
25 A. a. O., S. 28.
26 A. a. O., S. 23.
27 A. a. O., S. 26.

unmittelbare Freude an allen großen Erscheinungen der Kunst im Herzen von Millionen und aber Millionen zerstört.«[28] Eine Grundvoraussetzung für die kunsterzieherische Arbeit sind Freude und Heiterkeit in der Begegnung: »Wie bei allem Unterricht, sollte das Wesen der Einführung in die Werke der bildenden Kunst Fröhlichkeit und Heiterkeit sein. Trockene und pedantische Aufzählung und Auslegung schrecken ab.«[29]

In der Art seiner praktischen Bewährung zeigt dieses Verfahren zugleich seine Grenzen auf. Sie signalisieren das Ende der ersten Entwicklungsphase der Kunsterziehungsbewegung. Die Grenze besteht darin, daß die kunsterzieherische Arbeit sich in erster Linie in einer rezeptiven und kontemplativen Haltung erschöpft, die zwar sachbestimmt ist, aber nicht eindeutig genug in die Sphäre des Gestalterischen zurückmündet. Es geht im wesentlichen — der Formel Konrad Langes entsprechend — um die Entfaltung der »ästhetischen Genußfähigkeit.« Diese immer wieder zitierte Wendung kennzeichnet die Position Langes nur einseitig. Sie bedarf der Ergänzung durch folgende Stellungnahmen, die zugleich zeigen, daß er neben Lichtwark einen eigenen Standpunkt vertritt: »Die Kunst hat ihrem Wesen nach etwas Freies, Spielendes, Gefühlsmäßiges.« — »Beim Kunstunterricht kommt es lediglich darauf an, das künstlerische Gefühl, die künstlerische Illusionsfähigkeit auszubilden, die Hand dem Auge und der Phantasie dienstbar zu machen« — »Unsere Kinder sollen nicht über Kunst schwatzen, sondern Kunst sehen und genießen lernen.«[30]

Überhaupt ist der Ansatz der künstlerischen Erziehung bei Konrad Lange außerordentlich differenziert. Einmal ist der Gedanke der Vorbereitung des Kunstverständnisses durch kindliches Schaffen von ihm bereits ausgeführt: »Wenn man im Zeichnen die eigentliche Vorbereitung für das Verständnis der Malerei erkennen muß, so liegt die Bedeutung des Modellierens darin, daß es die Schüler zum Verständnis der Plastik vorbereitet.« Darüber hinaus befürwortet er den Wechsel zwischen Werk- und Zeichenunterricht: »So kann also die Handarbeit in eine fruchtbare Wechselwirkung zum Zeichenunterricht treten.«[31] Dennoch ist es verfehlt, hinsichtlich Langes Position von einer »Bindung an den Naturalismus«[32] sprechen zu wollen. Er selber legt seinen Standpunkt folgendermaßen aus: »Die moderne Kunst, wenigstens soweit sie gut und gesund ist, will weder eine sklavische Abschrift von der Natur, noch ein willkürliches, rein subjektives Schalten mit den Naturformen sein. Sie will vielmehr gleichzeitig auf dem festen Boden der Natur stehen und diese so darstellen, wie sie sich in dem Kopfe einer starken und temperamentvollen künstlerischen Persönlichkeit malt.«[33]

---

28 A. a. O., S. 27.

29 A. a. O., S. 28.

30 Konrad Lange: Das Wesen der künstlerischen Erziehung. Ravensburg 1902, S. 18, 19.

31 Konrad Lange: Die künstlerische Erziehung der deutschen Jugend. Darmstadt 1893, S. 194, 195.

32 Gert Weber: Kunsterziehung gestern, heute, morgen auch. Ravensburg 1964, S. 36.

33 Konrad Lange: Das Wesen der künstlerischen Erziehung. A. a. O., S. 17.

In der zweiten Entwicklungsphase geht es um einen weiteren Schritt: das künstlerische Gestalten der Laien[34]. Die Kunsterziehungstage bildeten den Brückenschlag, wenngleich sie wegen der geistigen Grundeinstellung noch zur ersten Phase zu zählen sind. Während der Kunsterziehungstage, die als Konzept zwar von Carl Götze angeregt waren, aber in der Gestaltung doch weitgehend das Verdienst Lichtwarks darstellten, wurden die Folgerungen hinsichtlich der konkreten Schularbeit und insbesondere auch der Fächer gezogen. So stand der Zeichenunterricht im Mittelpunkt des ersten Kunsterziehungstages in Dresden (1901), der wohl auch der bedeutendste war. Die Kritik galt dem vorherrschenden formalistischen Zeichenunterricht, der entweder am geometrischen Zeichnen orientiert war oder einem schiefen Maßstab der Wirklichkeitsnähe und Richtigkeit unterlag. Es kam vor allem zu einer Auseinandersetzung mit der Methode A. Stuhlmanns, Inspektor für das Zeichnen an den öffentlichen Schulen in Hamburg, die lineare Korrektheit vorschrieb. Daß das geometrische Zeichnen eine falsche Auslegung von Pestalozzis ABC der Anschauung ist, hat bereits Konrad Lange nachgewiesen[35].

Dagegen betonte Götze, daß der Zeichenunterricht die schöpferischen Kräfte im Kinde ansprechen und lösen müsse. Die Zeichnungen des Kindes sind ihm im Keime vorhandene Kunst. Damit wird die Diskussion um die spezifischen Werte der Kinderzeichnung eingeleitet. Es reift die Überzeugung, daß den dem Kinde eigenen Kräften Freiheit des Ausdrucks gewährt werden müsse; ihnen gegenüber seien Richtigkeit und Unrichtigkeit unangemessene Kategorien.

Dagegen wurde neben der Kultivierung der Erlebnisfähigkeit für Kunst die individuelle Ausdrucks- und Gestaltungsfähigkeit gefordert. »Unsere Absicht geht dahin, den bei allen Menschen im Keim vorhandenen Kunstsinn so weit zu wecken und auszubilden, wie es innerhalb der bescheidenen Grenzen des Nichtkünstlertums möglich ist«[36] — so formulierte Konrad Lange ein wichtiges Tagungsergebnis. Pflege eines bewußten Dilettantismus und seine Abhebung von einem kritiklosen Dilettantentum, das maßstabslos seine eigenen Grenzen nicht kennt, ist eine der Forderungen. Daß damit die volkserzieherische Perspektive nicht aufgegeben war, zeigt das von Lichtwark ausgesprochene Grundmotiv in seiner Rede »Der Deutsche der Zukunft«: »Die Forderung nach einer künstlerischen Erziehung tritt nicht als eine vereinzelte Erscheinung auf, sie ist von der ersten Stunde untrennbar verbunden mit dem gleichzeitig — etwa um die Mitte der achtziger Jahre — deutlicher fomulierten Ruf nach einer sittlichen Erneuerung unseres Lebens.«[37]

Der zweite Kunsterziehungstag in Weimar (1903), dessen Vorsitzender Georg Kerschensteiner war, stand unter dem Thema »Sprache und Dichtung«. Im Mittelpunkt

---

34 Vgl. hierzu Julius Gebhard: Alfred Lichtwark. A. a. O., S. 13.

35 Konrad Lange: Die künstlerische Erziehung der deutschen Jugend. A. a. O., S. 124.

36 A. a. O., S. 124.

37 Alfred Lichtwark: Das Bild des Deutschen. Kleine pädagogische Texte. Hrsg. von Elisabeth Blochmann, Herman Nohl, Erich Weniger. Berlin, Langensalza, Leipzig o. J., S. 50.

stand einmal die Kritik an der Schundliteratur, zum andern wurden die Gefahren und Grenzen einer Rationalisierung und Methodisierung bei der Darbietung von Dichtungen erörtert. Der dritte Kunsterziehungstag in Hamburg (1905) war unter dem Vorsitz Lichtwarks schließlich den Fragen der Musik und Gymnastik gewidmet[38]. Auf diese Weise haben die Kunsterziehungstage erwirkt, daß der kunsterzieherische Gedanke über die relevanten Fächer hinaus konkrete Ansatzpunkte im Rahmen der Schularbeit fand.

Die zweite Phase der Kunsterziehungsbewegung

Unter dem Einfluß der Kunsterziehungstage begann die zweite Phase der Kunsterziehungsbewegung, deren Merkmal darin zu erblicken ist, daß die künstlerischen Ideen nunmehr über die Region des Kontemplativen und Rezeptiven hinweg zur Gestaltung des Lebens kommen. Die Eigengesetzlichkeit dieser zweiten Phase wird mit der Feststellung keineswegs in Frage gestellt, daß viele der sie leitenden Ideen im Umkreis Lichtwarks reiften. Viele Anregungen kamen von den Sprechern der Hamburger Reformbewegung – Carl Götze, Otto Ernst, Heinrich Wolgast, Wilhelm Lamszus, Fritz Jöde, Martin Luserke –, die durch die von Lichtwark bereitete geistige Atmosphäre zu einer relativ geschlossenen Gruppe zusammenwuchsen. Gerade in den Versuchsschulen in Hamburg wie auch im Rahmen der stets für Reformideen aufgeschlossenen Lehrerschaft in Leipzig, Dresden, Berlin zeigte sich, daß die Wechselwirkung zwischen dem kunsterzieherischen Konzept und der arbeitsunterrichtlichen Methode einerseits sowie den Landerziehungsheimen, der Jugendbewegung und der »Pädagogik vom Kinde aus« andererseits zunahmen.

Wie relativ Grenzziehungen sind und wie stark jeder neue Schritt gedanklich vorbereitet ist, zeigt das 1905 erschienene grundlegende Werk von Wolgast: »Das Elend unserer Jugendliteratur«. Seine Grundforderung gilt der Entfaltung des kindlichen »Tätigkeitstriebes« und der Selbsttätigkeit. Es heißt bei ihm: »Die beiden Seiten der menschlichen Natur, die Empfänglichkeit (Rezeptivität) und die Selbsttätigkeit (Spontaneität), werden hinsichtlich ihrer pädagogischen Berücksichtigung im Erziehungsplan eine Verschiebung erfahren. Das durch den bisherigen Schulunterricht umgekehrte Verhältnis wird wieder zu dem natürlichen zurückgedreht werden. Die Rezeptivität, welche in der Erziehung die unbestrittene Herrschaft übte, wird in heilsamer Reaktion der Spontaneität den ihr von Natur wegen gebührenden Vorrang wieder einräumen.«[39]

Bereits die Charakteristik der »Spontaneität« verrät den Einfluß Rousseaus. Wie unmittelbar dieser Einfluß von Wolgast (1860–1920) selbst auf diesem speziellen Fel-

---

38 Die folgenden Bände dokumentieren die Kunsterziehungstage: Kunsterziehung. Ergebnisse und Anregungen. Leipzig 1902, 1903, 1905. – Ergebnisse und Anregungen der Kunsterziehungstage in Dresden, Weimar, Hamburg. Mit einer Einleitung von Ludwig Pallat. Berlin, Leipzig 1929.

39 Heinrich Wolgast: Das Elend unserer Jugendliteratur. Worms [7]1950, S. 7.

de eingeschätzt wird, bringt er wiederholt zum Ausdruck: »Es ist eine bleibende Errungenschaft der mit Rousseau einsetzenden pädagogischen Ära, daß die Notwendigkeit, die Lektüre der Jugend auszuwählen und zu überwachen, allseitig anerkannt wird, wenn auch, was die Eltern betrifft, fast ebenso allseitig diese Überwachung und Auswahl versäumt wird.«[40]

In der genannten Schrift geht es Wolgast um die Frage der literarischen Erziehung als einer Erziehung zur literarischen Genußfähigkeit, d. h. um das Verhältnis der Jugend zur Dichtung sowie um die Bereitstellung eines entsprechenden Kanons. Die zentrale Forderung Wolgasts ist: die Jugendschrift in dichterischer Form muß ein Kunstwerk sein. Mit dieser Stellungnahme wendet er sich gegen die sogenannte spezifische Jugendliteratur: »Nur unsere echten Dichter sollen unsere Jugendschriftsteller sein.«[41]

Zur Stützung dieser These beruft er sich auf die im Anhang von Theodor Storms Pole Poppenspäler stehende Formulierung: »Wenn du für die Jugend schreiben willst, so darfst du nicht für die Jugend schreiben«, die er seinem Buch als Leitwort voranstellt. Zur Begründung dieser pointierten Aussage fährt Storm fort: »Denn es ist unkünstlerisch, die Behandlung eines Stoffes so oder anders zu wenden, je nachdem du den großen Peter oder den kleinen Hans als Publikum denkst.«[42] Diese Auslegung Storms ist von der Jugendschriftenkritik vielfach so verstanden worden, als ob es für den Dichter unmöglich sei, sich in den Geist des Kindes hineinzuversenken, um aus seiner Sicht einfache Dichtung zu schaffen. Die Irrelevanz dieser Auslegung hat Storm schließlich mit seinen eigenen Dichtungen bewiesen: mit dem kleinen Häwelmann, der Regentrude und mit Pole Poppenspäler; das gleiche gilt auch für die Kinderdichtungen von Gustav Falke, Klaus Groth, Richard Dehmel und Christian Morgenstern.

Das Problem liegt also tiefer, zumal wenn man den Gedanken der Kindermundart Berthold Ottos und den Gedanken der Kindertümlichkeit Ernst Lindes berücksichtigt, den beide während dieser Zeit entwickelten. Worauf es Storm letztlich ankommt, ist die Wahrung der dichterischen Grundeinstellung sowie die Distanzierung von einem unter zweckrationalen Gesichtspunkten entstandenen Schrifttum. Das ist zugleich die Intention Wolgasts, wenn er seine Abneigung gegenüber der spezifischen Jugendschrift und vor allem der Tendenzdichtung zum Ausdruck bringt; er stellt demgegenüber fest, daß die Jugenddichtung vollwertige Dichtung sein müsse.

Unter diesem Aspekt macht er sich an die Arbeit, um aus der großen Literatur auszuwählen, was der geistigen und sittlichen Entwicklung der Jugend entspricht. »Sorgfältige Auswahl aus den Meisterwerken, darauf muß die Bemühung um die Lektüre der Jugend gerichtet sein. An Werken, die für die Auswahl in Betracht kommen könnten, ist die klassische Literatur reicher, als man auf den ersten Blick glauben sollte.«[43]

---

40 A. a. O., S. 33.
41 A. a. O., S. 26.
42 A. a. O., S. 25.
43 A. a. O., S. 250.

Kriterien für eine derartige Auswahl sind ihm einerseits die Kindes- und Jugendnähe der Dichtung sowie andererseits die Echtheit und Frische der Sprache. Als Beginn für die selbsttätige Lektüre gilt ihm das 12. Lebensjahr, das bereits Lichtwark als das geeignete Alter für den Beginn der Kunsterziehung im engeren Sinne bezeichnete.

Wolgast hat auf diese Weise eine Auswahl künstlerisch wertvoller Jugendlektüre getroffen. An die Kinderreime von Klaus Groth, Richard Dehmel und Goethe schließen sich die Grimmschen Märchen an. Es folgen die Sagen, die über die engere Heimat in den Bezirk des Vaterländischen führen und durch die Balladen ergänzt werden. Nachdem der Glaube an das Wunderbare mehr und mehr einem kindlichen Realismus gewichen ist, tritt der Robinson in seine Rechte, nach dem diese ganze Entwicklungsstufe ihren (von Charlotte Bühler geprägten) Namen trägt. Den Abschluß bilden die Erzählungen aus der Vergangenheit und Gegenwart, von denen Pole Poppenspäler, Michael Kohlhaas, Hauffs Lichtenstein, Scheffels Ekkehard sowie die Schriften von Rosegger und Stifter erwähnt seien.

Die Ergänzungsbedürftigkeit dieses Kanons ist einsichtig. Der Stufengang der literarischen Bildung ist inzwischen präziser gefaßt worden, vor allen Dingen hat unter der Nachwirkung dieser Vorschläge Wolgasts der Fragenkreis einer Darbietung von Dichtungen in der Schule eine eingehende Erörterung erfahren. Überhaupt gingen von der Schrift Wolgasts bedeutende Impulse aus[44]. Die Jugendschriftenausschüsse bildeten sich. Die Schülerbüchereien wurden von Schund gereinigt, und es wurden Kriterien für ihre Ausgestaltung formuliert. Darüber hinaus erfuhren die Lesebücher eine Prüfung hinsichtlich ihres Gehalts. Künstlerisch gestaltetes Spielzeug und anregend ausgestattete Bilderbücher entstanden und wurden unter ein kompositorisches Gesetz gestellt[45].

Wenn Wolgast sein Buch eine Streitschrift nennt, so trifft diese Kennzeichnung auch auf die 15 Jahre später aus dem Kreise der Hamburger Lehrerschaft entstehende Schrift »Unser Schulaufsatz ein verkappter Schundliterat« (1910) von Adolf Jensen und Wilhelm Lamszus zu. »Dieses schlimme Buch ist im Kampfe geworden, darum weht ein polemischer Atem hindurch«[46], schreiben die Autoren im Vorwort. Der Intention der Kunsterziehung folgend geht es ihnen um eine ursprünglich empfundene und persönlich durchdrungene Darstellung. Aus diesem Grunde wenden sie sich gegen formalisierte Lösungen, denen vorgegebene Gesichtspunkte zugrunde liegen.

Auf diese Weise kommt es weder zur Sprach- noch zur Geschmacksbildung, so daß die große Gefahr entsteht, daß die jungen Menschen einerseits selber Schund produzieren und andererseits der Schundliteratur des Büchermarktes kritiklos preisgegeben sind. Die Orientierungsmarken für eine Gegenwehr sind innere Anschauung, Erfüllt-

---

44 Wilhelm Fronemann: Das Erbe Wolgasts. Langensalza 1927.

45 Wilhelm Rein: Bildende Kunst und Schule. Langensalza 1901. – Ernst von Sallwürk: Erziehung durch die Kunst. München 1918.

46 Adolf Jensen, Wilhelm Lamszus: Unser Schulaufsatz ein verkappter Schundliterat. Hamburg 1911. – Fritz Gansberg: Der freie Aufsatz. Berlin, Bonn, München 1914.

sein von dem Mitzuteilenden und Klarheit der Sprache. Daß dieses Ziel bei einem kunsterzieherisch bewußt gestalteten Unterricht zu erreichen ist, wird durch viele beispielhafte Aufsätze belegt.

So kam es in einigen Bereichen der künstlerischen Erziehung zu praktischen Auswirkungen. Aber auch in der künstlerischen Gestaltung des Schulhauses[47] trat eine Wende ein. Die Schulhäuser legten ihre nüchternen grauen Gewänder ab und schmückten sich mit Bildern und Friesen. Darüber hinaus führten die Ideen Lichtwarks im Zeichenunterricht zu einer Wandlung der Methode. Hatte schon Lichtwark in seiner Schrift »Die Kunst in der Schule« betont, daß die ästhetische Funktion in jedem Fache gepflegt werden muß, das es zuläßt, so betont man jetzt — vor allem Wolgast und Götze —, daß die Kunst im Unterricht keine Disziplin mehr sein solle, sondern ein Prinzip. Als ein Prinzip habe sie das gesamte Schulleben zu gestalten. Carl Götze wies mit seinem Buch »Das Kind als Künstler« (1898) dazu auch die Wege.

Die dritte Phase der Kunsterziehungsbewegung

Während die erste Phase durch das Wirken Lichtwarks, die zweite durch die praktische Anwendung der kunsterzieherischen Ideen im Rahmen der Erziehungswirklichkeit gekennzeichnet war, stehen im Mittelpunkt der dritten Phase zwei einander ergänzende Vorgänge. Es handelt sich einmal um die Entfaltung der Methode von Gustaf Britsch, die einen großen Einfluß auf den Zeichenunterricht gewann und im Verlauf der weiteren Entwicklung den Zeichenunterricht zu einem gesamtunterrichtlichen Ansatz ausweitete. Zum anderen müssen jene Entwicklungstendenzen genannt werden, die — ausgelöst von den Kunsterziehungstagen — die grundlegenden Ziele in allen Regionen des Schullebens zu gestalten und sie schließlich zu einer das Schulleben zentrierenden Einheit zu binden versuchten, indem das schöpferisch Gestaltende die Fachgrenzen einebnete und sich in einem einheitlich geprägten Schulstil zusammenfand. Begonnen sei mit der Auslegung der zuletzt genannten Richtung im Rahmen der dritten Phase.

Das eigentliche Ziel der drei Kunsterziehungstage war der Aufweis, daß die kunsterzieherische Zielstellung umgreifend sein muß und sich keineswegs auf den Kunst- oder Zeichenunterricht beschränken darf. Die kunsterzieherische Idee betrifft den ganzen Menschen in allen seinen Lebenssituationen und, soweit die Schule als Projektionsfeld ins Auge gefaßt wird, das gesamte Schulleben.

Überall galt es die kindlichen Kräfte in einen freien gestalterischen Prozeß zu überführen, dessen natürliche Grenzen durch die kindliche Spontaneität und durch die Sachgerechtigkeit gesetzt werden. Das Leitmotiv für die Gestaltung dieser Gedanken lieferte William Lottig aus dem Kreise der Hamburger Lehrerschaft: »Alle Kräfte

---

47 Feodor Lindemann: Das künstlerisch gestaltete Schulhaus. Leipzig 1904. — Theodor Hilsdorf: Das moderne Schulhaus. Leipzig 1914. — Ernst Linde: Kunst und Erziehung. Gesammelte Aufsätze. Leipzig 1901.

werden gelöst, gepflegt und entwickelt.«[48] Das Ziel war die Entfaltung des individuellen »Tätigkeitstriebs« im gesamtmusischen Bereich in einer Art, die dem einzelnen und dem gemeinsamen Leben förderlich sein konnte. So wenig wie es im leibeserzieherischen Rahmen nicht um einseitige Spitzenleistungen, sondern um die Weckung eines neuen Lebensgefühls bei bewußter Pflege der Körperlichkeit ging, so hatte auch die Musikarbeit keine Ausbildung von Solisten zum Ziel, vielmehr die Pflege der menschlichen Anlagen und Begabungen, um über den musikalischen Ausdruck das Selbst-und Fremdverständnis zu vertiefen. Das gestalterische Schaffen im Rahmen der verschiedensten Medien — Zeichnen, Modellieren, Werken, Musik, Gymnastik, Wandern und Laienspiel — sollte über den freien und stilvoll geprägten Ausdruck entscheidende Anregungen vermitteln.

Aus dieser Grundeinstellung heraus entstand die rhythmische Musikerziehung von Emile Jacques-Dalcroze (geb. 1865 in Wien, gest, 1950 in Genf), die Musikalität und rhythmische Bewegung verband, um zu schöpferischem Ausdruckserleben zu führen. Von der 1911/12 in Dresden-Hellerau eröffneten Lehrerbildungsanstalt gingen starke Wirkungen aus, deren Ziel es war, die Gymnastik, Tanz und Musik zu einer geformten Einheit zu verbinden[49]. Die bei Jacques-Dalcroze noch formalisierten Ansätze, die die Bewegungsgewohnheiten regulieren sollten, wurden bei seinem Schüler Rudolf Bode in spontane Aktivitätsformen überführt.

Diese Bestrebungen fanden im Rahmen der Jugendbewegung vielfältige Resonanz. Durch das Wirken von Jöde, Hensel, Halm und Götsch fand die Musikalität in einer lebendig gestalteten Form ihren Ausdruck, die Schule, Jugendbewegung, Kunsterziehungsbewegung und Elternhaus weitgehend einte. Die Jugend erschloß sich durch Wandern, Singen, Tanzen, Laienspiel in eigener Gestaltung und Verantwortung eine neue Welt. Durch die Gründung des Musikheims 1929 in Frankfurt/Oder[50] erhielten diese Tendenzen ihren Mittelpunkt. Die Gründung ging auf die Initiative von Georg Götsch, den Gründer der »Märkischen Spielgemeinde«, zurück; er wußte seinen Ideen über ein Institut für Musische Bildung, die er wiederholt mit Fritz Jöde, Rolf Gardiner, Ernst Buske u. a. erörtert hatte, beim Preußischen Kultusminister C. H. Becker Resonanz zu verschaffen.

Es war eine echte Aufbruchssituation, die den Kunsterziehungsgedanken in neue Lebensbereiche trug — sei es durch Georg Götsch, der mit den Spielscharen, seiner »Märkischen Spielgemeinde« und seinem »Deutschen Singkreis« durch das Land

48 William Lottig: Lehrplanentwurf der Hamburgischen Schulsynode. Hamburg 1909, S. 6, 36.

49 Emile Jacques-Dalcroze: La gymnastique rhythmique. Paris 1915. — Ders.: Rhythmus, Musik und Erziehung. 1922.

50 Vgl. Erich Bitterhof: Das Musikheim Frankfurt/Oder. In: Die deutsche Jugendbewegung 1920 bis 1933. Die bündische Zeit. Quellenschriften. Hrsg. im Auftrage des »Gemeinschaftswerkes Archiv und Dokumentation der Jugendbewegung« von Werner Kindt. Bd. III. Düsseldorf, Köln 1974, S. 1439. — Herbert Just: Die Jugendmusikbewegung in der Zeit der bündischen Jugend. In: Die Deutsche Jugendbewegung 1920 bis 1933, A. a. O., S. 1624.

zog oder durch Martin Luserke, der in seiner Schulgemeinde Musik und Heimat wechselseitig zu durchdringen versuchte, oder durch Muck-Lamberty, der sich mit seiner »Neuen Schar« singend und tanzend die Thüringischen Lande erschloß, um die Menschen zu einem urwüchsigen, heimatverbundenen Leben zu führen, bis schließlich hin zu den Siedlungsversuchen der Jugendbewegung[51].

Als ein wichtiges Ergebnis der Kunsterziehungsbewegung ist somit die Heimaterziehung zu nennen. Sie verkörpert eine Bestrebung, die das In- und Miteinander von Kunsterziehung, Jugendbewegung, Landerziehungsheimen und Schullandheimen deutlich macht. So sind einerseits von den Kunsterziehungstagen wichtige Impulse zur Entfaltung der Musik, der Gymnastik und des Laienspiels ausgegangen; andererseits hat es aber im Rahmen der Jugendbewegung eigene Ansätze gegeben, die das Wandern mit dem Heimatgedanken verbanden[52]. Wandernd sich die Heimat bis in ihre Grenzbezirke erschließen und den Menschen in der Begegnung am Musizieren und Laienspiel teilhaben zu lassen, ist eine ursprüngliche Zielstellung der Jugendbewegung. Lied, Musik, Wandern, Heimat sind die natürlichen Bezugspunkte des Wandervogels geblieben. Ergänzend begann während der Jahre nach dem ersten Weltkrieg die Landschulheimbewegung, die von dem Gedanken bestimmt war, der Jugend — insbesondere aus städtischen Regionen — bewußt das Natur- und Heimaterleben zu vermitteln.

Die Grenzland- und Auslandreisen von Georg Götsch erwirkten einen ersten internationalen Erfahrungsaustausch — insbesondere mit England. Die Begegnungen mit Rolf Gardiner und seiner Cambridger Tänzergruppe »The Travelling Morrice« sowie der »English Folk Dance Society« gehörten zu den Höhepunkten dieser Entwicklung.

Der erlebnishafte Unterricht nimmt damit seinen Ausgangspunkt vom individuellen Erfahren und Erleben des Schülers und läßt sie einmünden in eine selbsttätige Auseinandersetzung. Der Erlebnisunterricht[53] — gestützt durch eine Erlebnispädagogik — nimmt zunehmend eine dominierende Stellung in der Kunsterziehung, aber auch in der Arbeitsschule ein.

---

51 Vgl. die zusammenfassenden Darstellungen im Handbuch der Heimaterziehung. Hrsg. von Walther Schoenichen. Berlin 1924, S. 39 sowie Der Natur- und der Heimatgedanke in der Erziehung. In: Hermann Röhrs: Die Pädagogik Aloys Fischers. Heidelberg ²1967, S. 206.

52 E(rnst) B(erghäuser): Muck-Lamberty und seine »Neue Schar«. In: Die deutsche Jugendbewegung 1920—1933. A. a. O., S. 15. — Martin Luserke: Jugend- und Laienbühne. Bremen 1927. — Ders.: Das Laienspiel. Heidelberg 1930. — Georg Götsch: Musische Bildung. 3 Bde. Wolfenbüttel 1953/1956.

53 Der Begriff »Erlebnisstunde« wurde von Otto Ernst geprägt. Vgl. Bericht zum zweiten Kunsterziehungstag: Kunsterziehung. Ergebnisse und Anregungen. Leipzig 1903. Die Intention wurde vornehmlich im Rahmen der Hamburger, aber auch der Bremer Lehrerschaft von Gansberg und Scharrelmann aufgenommen. Vgl. Waltraut Neubert: Das Erlebnis in der Pädagogik. Göttingen 1925. Die Zusammenhänge zwischen Erlebnis- und Arbeitspädagogik hat Aloys Fischer geklärt. Vgl. Hermann Röhrs: Die Pädagogik Aloys Fischers. A. a. O., S. 236.

Neben der aufgezeigten Linie wäre eine Fülle weiterer kunsterzieherischer Positionen seit den 20er Jahren zu nennen: Hartlaub, Pfleiderer, Krötzsch, Kolb, Natter, Praehauser, Weismantel, Betzler[54] u. a. Hinzu kommen die wichtigen Anregungen von Franz Cizek (Wien), der wiederholt Kurse und Ausstellungen in Deutschland, England und den USA veranstaltete. Zeichnen wird zu einem internationalen Verständigungsmittel — wie die kunsterzieherischen Ausstellungen, Kongresse beweisen — ein Gedanke, der bereits von Liberty Tadd ausgesprochen wurde[55].

Das gestalterische Schaffen des Kindes wird jetzt vorwiegend als Ausdruck des kindlichen Innenlebens, seiner Erfahrungen, Erlebnisse und Geschichte gedeutet. Dabei werden zunehmend die Ergebnisse der Entwicklungspsychologie (Stern, Bühler, Krueger, Volkelt, Sander, Luquet u. a.[56]) berücksichtigt. Unter diesem Aspekt wurde beispielsweise die Ausstellung in der Mannheimer Städtischen Kunsthalle 1921 veranstaltet, deren Anregungen zu dem Buch von G. F. Hartlaub »Der Genius im Kinde« führten. Trotz der romantischen Thematisierung wird am Beispiel typischer Kinderzeichnungen der Versuch unternommen, »den Eigenwert kindlichen Gestaltens ... bewußtzumachen«[57]. Allerdings ist eine Rückbindung an die Thematik der Kunsterziehungstage und das Schöpfertum im Kinde bei Hartlaub unverkennbar.

Eine Sonderstellung in dieser Entwicklung nimmt die Loheland-Schule ein, und zwar insofern, als sie sich mit ihrem Konzept der rhythmischen Bewegungserziehung einmal ausschließlich auf die Bedürfnisse der Frau einstellte und zum anderen die Erziehungsarbeit mit dem Siedlungsgedanken verband. So richteten die beiden Gründerinnen, Louise Langaard und Hedwig von Rohden, die Schule während des Krieges — nach einer vorübergehenden Unterbringung in den unbenutzten Räumen des Lietzschen Landerziehungsheimes Schloß Bieberstein — in der Siedlung Loheland auf den Vorbergen der Rhön ein. Die Eigenart der Loheland-Schule besteht

---

54 Vgl. u. a. Emil Betzler: Neue Kunsterziehung. Frankfurt a. M. 1949.

55 Liberty Tadd: Neue Wege zur künstlerischen Erziehung der Jugend. Leipzig 1900.

56 William Stern: Psychologie der frühen Kindheit. Leipzig 1914, 7. Aufl. 1952. — Clara und William Stern: Monographien über die seelische Entwicklung des Kindes. Bd. 1: Das freie Zeichnen des Kindes. Leipzig 1928. — Karl Bühler: Die geistige Entwicklung des Kindes. Jena 1918, 6. Aufl. 1930. — G. Henry Luquet: Le dessin enfantin. Paris 1927. — Charlotte Bühler: Kindheit und Jugend. Leipzig 1928, 3. Aufl. 1931. — Hans Volkelt: Neue Untersuchungen über die kindliche Auffassung und Wiedergabe von Formen. Bericht über den 4. Kongreß für Heilpädagogik, Berlin 1929. — Richard Kienzle: Das bildhafte Gestalten als Ausdruck der Persönlichkeit. Eßlingen 1933. — Ders.: Die Schülerzeichnung als Ausdruck des Charakters. 2. Aufl. Eßlingen 1951. — Wilhelm Hansen: Die Entwicklung des kindlichen Weltbildes. München 1938, 6. Aufl. 1965. — Oswald Kroh: Entwicklungspsychologie des Grundschulkindes. Langensalza 1944, Neudruck Weinheim 1958. — Günther Mühle: Entwicklungspsychologie des zeichnerischen Gestaltens. München 1955 (Bibliographie). — Friedrich Sander, Hans Volkelt: Ganzheitspsychologie. München 1972. — Felix Krueger: Zur Philosophie und Psychologie der Ganzheit. Heidelberg 1953.

57 G. F. Hartlaub: Der Genius im Kinde. Breslau 1922, S. 11.

in einer schöpferischen Einheit zwischen der gymnastischen Bewegungserziehung und der Landarbeit sowie der Gestaltung der Kleidung und Ernährung. Die Erneuerung des Lebens durch die Entfaltung einfacher selbstverantworteter Formen ist das umgreifende Ziel der Loheland-Methode. Der Zusammenhang mit der Jugendbewegung blieb gewahrt, weil Hedwig von Rohden aus dem Steglitzer Wandervogel kam und bei der Gestaltung ihrer Arbeit weitgehend unter dem Einfluß der Jugendbewegung stand.

Im Laienspiel wird die unmittelbare Wechselwirkung mit der rhythmischen Musikerziehung als in die Form eingebundene Gymnastik, gestaltete Gebärde und tänzerisch gestaltete Musikalität deutlich. In ihren Spitzen drängte die Bewegung — in Analogie zum Gesamtkunstwerk — zu einer Form des Gesamtmusischen, das das gesamte Leben als schöpferische Gestaltung verstand.

Unterstützt und ergänzt wurden diese Tendenzen durch zwei Institutionen: den Deutschen Werkbund, der 1907 in München von Künstlern, Industriellen, Lehrern und Handwerkern (u. a. H. Muthesius, F. Naumann, H. van der Velde) gegründet wurde und durch das Bauhaus, das 1919 in Dessau durch W. Gropius ins Leben gerufen wurde. Gerade weil beide Institutionen nicht unmittelbar im Rahmen der Kunsterziehung entstanden, konnten sie die Funktion der Ergänzung und Ausweitung besonders wirkungsvoll wahrnehmen. So wurde von seiten des Deutschen Werkbundes[58] angesichts der Geschmacksnivellierung als Folge der Massenproduktion der Gedanke der Sach- und Werkgerechtigkeit sowie der kunstgewerblich angemessenen Produktdifferenzierung vertreten.

Das Bauhaus wirkte insofern anregend auf die kunsterzieherischen Bestrebungen, als es in volkserzieherischer Zielsetzung die Gegensätzlichkeit zwischen der modernen Kunst und dem Volk überbrücken wollte[59]. Das sollte durch eine stärkere Pflege der handwerklichen Grundtugenden im Kunstschaffen sowie durch eine Verbindung von Form und Funktion in der Kunst geschehen. Dadurch war das Bauhaus selber zu einer kunsterzieherischen Institution mit breiten Berührungspunkten zur Kunsterziehungsbewegung geworden. Wichtig wurden die kunstpädagogischen Anregungen von J. Itten, die die Voraussetzungen für ein werkgerechtes gestaltendes Schaffen zu sichern versuchten. Gerade durch die Aufnahme der Intentionen des Jugendstils[60], der in den Bereichen des öffentlichen Lebens über das Kunstschaffen hinaus in Kleidung, Hausbau und -gestaltung seinen Ausdruck fand, ergaben sich verwandte Ziele.

Das gestalterische Schaffen in der Schule gewann durch Einbezug des Funktionsgedankens ganz neue Möglichkeiten — insbesondere im Bereich des Werkens mit ver-

---

58 Hermann Muthesius u. a.: Werkbundarbeit der Zukunft. Jena 1914.

59 Walter Gropius: Die neue Architektur und das Bauhaus. Mainz, Berlin ^{2}1967. — Herbert Bayer, Walter und Ilse Gropius: Bauhaus 1919 bis 1928. Stuttgart ^{3}1955.

60 Friedrich Ahlers-Hestermann: Stilwende. Berlin ^{2}1956. — Hermann Seling (Hrsg.): Jugendstil. Der Weg ins 20. Jahrhundert. Heidelberg, München 1959. — R. Schmutzler: Art nouveau — Jugendstil. Stuttgart 1962. — H. H. Hofstätter: Jugendstil. Baden-Baden 1968.

schiedenen Materialien (Holz, Metall, Ton; Buchbinden, Teppichwirken, Schneidern). So nimmt Ehrhardt[61] in seiner Gestaltungslehre entscheidende Anstöße aus dem Bauhaus (Itten, Kandinsky) auf. Die Gestaltungslehre leitet das Kind zu einer gestalterischen Auseinandersetzung mit allen Materialien an. Die Voraussetzung ist, daß das Material studiert und sachgerecht verarbeitet wird. Darüber hinaus wurde der Gedanke der funktionalen Gestaltung von W. Gropius und L. Mies van der Rohe auf das Bauen und insbesondere auf die Architektonik des Schulhauses übertragen — Bestrebungen, die sich wiederum mit Ansätzen im Rahmen des Deutschen Werkbundes trafen.

Das Neue Bauhaus in Ulm versucht, diese Tradition bei noch klarerer Betonung und Pflege der künstlerischen Anwendungsbereiche fortzuführen. Diese Bestrebungen sind in verstärktem Maße auch in England (Central School of Arts and Crafts in London), Italien (Instituto d'Arte per l'Arredamento Navale in Triest) und den USA (National Academy of Design in New York, Institute of Design in Chicago, das auf der Basis der Bauhaus-Erfahrungen arbeitet) festzustellen. Auf diese Weise durchdrang der kunsterzieherische Gedanke viele Wirklichkeitsbereiche und befruchtete — nicht zuletzt im Sinne der Lichtwarkschen Ideen — das Leben in der Alltäglichkeit.

Die Methode von Gustaf Britsch

Als Beginn des neuen Entwicklungsabschnitts lassen sich die Vorträge von Gustaf Britsch ansetzen, in denen er 1921 auf einer Tagung auf der Elgersburg zum ersten Mal seine Kunsttheorie einem größeren Kreis von Erziehern aus der Jugendbewegung vortrug. Seit dieser Zeit verband sich der humorig geprägte Begriff »Britschen« mit einem kunsterzieherischen Programm. Entscheidend angeregt wurde Britsch durch Konrad Fiedlers Werk »Die Beurteilung von Werken der bildenden Kunst«. In den nächsten Jahren nahmen diese Ideen in steigendem Maße Einfluß auf die Entwicklung des Zeichenunterrichts in den Schulen, so daß es notwendig ist, die Grundgedanken von Britsch in aller Kürze darzustellen.

In seiner Theorie der bildenden Kunst geht Britsch (1879—1923) von den Entfaltungsmerkmalen der frühen Kunststufen aus[62]. Seine Untersuchung führt zu der Feststellung, daß zwischen den auffallenden und immer wiederkehrenden Kennzeichen der freien Kinderzeichnung und den Merkmalen jener frühen geschichtlichen Formen eine gewisse Verwandtschaft vorhanden ist. Durch diese Einsicht erfährt die Kinderzeichnung eine neue Beleuchtung. Diese Deutungsweise ist bereits bei Lichtwark aufweisbar[63].

61 Alfred Ehrhardt: Gestaltungslehre. Weimar 1932. — Vgl. auch Gert Weber: Kunsterziehung gestern, heute, morgen auch. A. a. O., S. 86.

62 Zu den folgenden Ausführungen vgl. Gustaf Britsch: Theorie der bildenden Kunst. Hrsg. von Egon Kornmann. München ^{2}1930. — Egon Kornmann: Die Theorie von Gustaf Britsch als Grundlage der Kunsterziehung. Düsseldorf 1931. — Luise Kornmann: Leben und Wirken von Gustaf Britsch. Ratingen 1952.

63 Alfred Lichtwark: Übungen in der Betrachtung von Kunstwerken. A. a. O., S. 20.

Britsch betrachtet das Kunstwerk als eine geistige Schöpfung, eine Sinnschöpfung im Bildhaften. Hinter dem Kunstwerk ist eine geistige Haltung spürbar, die das Ergebnis einer »Gesichtssinneserkenntnis« ist. Das Kunstwerk birgt daher eine Aussage oder Formulierung, die Ausdruck eines geistigen Zusammenhanges ist. Wie Philosophie und Wissenschaft ist auch die Kunst letztlich ein Medium des Lebens- und Weltverständnisses. Dieses vom Künstler Gemeinte – das »visuell Vorgestellte« – kann nicht in Begriffen ausgedrückt werden, sondern nur in Zeichen wie Form und Farbe. Wenn nun die Formzeichen das »visuell Vorgestellte« unmittelbar aussagen sollen, dann müssen sie eine bestimmte Struktur zeigen, aus der eben jenes »visuell Vorgestellte« unmittelbar einleuchtet. Diese Struktur ist also von dem anschauenden Geist des Künstlers geprägt und kündet von ihm.

Man hat von jeher Begriffe gebildet, um den Aufbau der künstlerischen Form zu bezeichnen. So wird allgemein von Komposition gesprochen, um die inneren Aufbaugesetze in einem Bilde zu bezeichnen. Den Inhalt dieses Begriffs Komposition hat Britsch wesentlich vertieft – vor allem durch seine Formel des »A mit U«. Diese Formel besagt nach Britsch, daß bei der künstlerischen Schöpfung die Darstellung des »visuell Gemeinten« immer gebunden bleibt an ein »nicht Gemeintes«, d. h. dieses »A mit U« bezeichnet die erste grundlegende Beziehung einer gestalteten Form zu ihrer Umgebung. »A« bedeutet die anschaulich gemeinte Form, »U« ihre relativ belanglose Umgebung. Soll nun die Form des »visuell Gemeinten« zum Sprechen kommen, so ist dazu nötig, daß um sie herum eine »Stille an Form« sei, von der her die Form, die sprechen soll, sich erst abhebt; ein Bild auf einer bunten Tapete oder über einem Plakat hängend kann nur schwer zum Sprechen gebracht werden; die künstlerisch expressiven Werte des Bildes bedürfen vielmehr der Unterstützung von seiten der Umgebung. In diesem Zusammenhang spricht Britsch von der Richtungsgestaltung, der Richtungsdifferenzierung oder der Grenzgestaltung.

Ein nächster Aspekt der Theorie Britschs berührt den Stilwandel. Ganz allgemein faßt er die Gesetzlichkeit der sich entfaltenden Stilformen als Wandel von der einfachen zur zusammengesetzten Form, von der Außenform zur Innenform, vom Unbewegten zum Bewegten. Britsch hat aber zugleich auch gezeigt, wie eine frühe Entwicklungsstufe der Stilschöpfung die geistige Voraussetzung zur weiteren Entfaltung bildet und wie in Rückbildungen die Formen der frühen Lage wieder auftreten können. Er hat auf diese Weise die Eigengesetzlichkeit der kindlichen Zeichnungen zu deuten geholfen. Unter der Nachwirkung seiner Ideen unterscheidet man spezifische Gestaltungsarten, die der jeweiligen Entwicklungsstufe entsprechen: »Kritzelstufe«, »Kopffüßler«, »Röntgenbilder« und – so könnte ergänzt werden – schematische Bilder, realistische Bilder, Bilder als Ausdruck eines kindgemäßen Philosophierens. Gerade diese Einsicht in die Wandlungen von der Außenform zur Innenform macht die Theorie Britschs für die Kunsterziehung so bedeutsam. Die Einheit zwischen der geistigen Grundhaltung und der Ausdruckskraft des kindlichen Schaffens wird erkannt, und die Bemühung um eine Erschließung aller spezifischen Formenwerte dieser Schöpfungen setzt ein. Das geschieht vor allem in den Arbeiten von Ivar Sörensen, Wilhelm Daiber, Otto Wommelsdorf, Gertrud Weinrebe[64].

Bevor die Auswirkungen dieser Theorie betrachtet werden, sei zunächst einmal nach den Folgerungen für den Zeichenunterricht gefragt: 1. Der seelische und geistige Einsatz im gestaltenden Schaffen darf in seiner Einheit nicht gestört werden. Das geschieht vor allen Dingen durch die Typenzeichnungen, die ein Übernehmen fertiger Formen nahelegen und die einer strengen Ablehnung bedürfen. Daraus ergibt sich 2. die Forderung nach Berücksichtigung des Gesetzes individueller Entfaltung der kindlichen Schaffenskräfte, die wiederum unmittelbarer Ausdruck des geistigen Grundzustandes sind.

Die neue Richtung wendet sich daher gegen eine Formalisierung – insbesondere in Gestalt von Typenzeichnungen –, ja sie wendet sich überhaupt gegen jeden Eingriff des Lehrers, der nur eines tun muß, wie Daiber mit Rousseau sagt: »verhüten, daß etwas getan wird«[65]. Statt dessen bemüht sich der Lehrer um die »Bestandsaufnahme«[66], wie Daiber – diesmal nach Britsch – formuliert, d. h. er sucht die Erkenntnisstufe des Schülers aus seinem dokumentierten Schaffen abzulesen. Durch die Sammlung der abgeschlossenen Arbeiten soll ein Aufweis über die jeweilige Neigung, Eignung und Schaffensrichtung des Schülers erfolgen. Sie bilden damit die Grundlage für die weitere Betätigung und Entwicklung des Schülers. Sie sollen vor allem den Schüler vor der Einseitigkeit im Schaffen bewahren. »Er soll seine Kräfte an allen Stücken der Umgebung üben« – so heißt es weiter bei Daiber – »eine Vorübung fürs Leben, sich auch mit Dingen zu beschäftigen, die einem nicht liegen.«[67]

Diese Forderung zielt auf das freie Gestalten des Kindes, was allerdings das Moment der Führung nicht ausschließt[68]. Es ist indessen an eine pädagogisch legitimierte Führung gedacht. Diese Führung setzt einen unmittelbaren Einblick in die jeweilige Entwicklungsstufe der Kindeszeichnung voraus. Sie erfordert aber auch eine besondere Methode, die Wommelsdorf für den Zeichenunterricht auf der Grundschulstufe folgendermaßen beschreibt: »Man wird mit Grundschulkindern nicht vernünfteln; aber warum sich nicht gelegentlich humorvoll dumm stellen und eine grün angestrichene Fläche, die Wiese sein soll, die aber nur bequem hingeschmiert wurde, so

---

64 Vgl. Ivar Sörensen: Neun Jahre vorstellungsmäßiges Zeichnen an einer Kieler Volksschule. Düsseldorf o. J. (1931). – Otto Wommelsdorf: Die Gemeinschaftsarbeit einer Hamburger Grundschulklasse, dargestellt an ihrer zeichnerischen Entwicklung. Düsseldorf 1931. – Wilhelm Daiber: Das Eigengestalten des Kindes im Zeichenunterricht einer Volksschulklasse. Nach Erkenntnissen von Gustaf Britsch. Düsseldorf 1932. – Gertrud Weinrebe: Das Zeichnen des Kleinkindes. Düsseldorf o. J. (1935).

65 Wilhelm Daiber: Das Eigengestalten des Kindes im Zeichnen. Nach Erkenntnissen von Gustaf Britsch. München ²1952, S. 19.

66 A. a. O., S. 17.

67 A. a. O., S. 18.

68 An der Schwelle dieser Entwicklung steht die Untersuchung von Georg Kerschensteiner: Die Entwicklung der zeichnerischen Begabung. München 1905.

daß Einzelheiten gar nicht bedacht wurden, warum sie nicht einmal als grüne Planke lesen?«[69] Einen ähnlichen Hinweis vermittelt er an anderer Stelle im Hinblick auf einen schematisch gemalten Baum: »Mach doch deine Bäume so, daß die Indianer hineinklettern können.«[70] Durch diesen Ratschlag wird das Nachdenken über die wirkliche Struktur des Baumes angeregt.

Sowohl bei Wommelsdorf als auch bei Sörensen und Daiber wird der Versuch unternommen, den Zeichenunterricht nicht nur als Fach, sondern als methodisches Prinzip zu entwickeln. So stellt Wommelsdorf die Schularbeit vom ersten Tage an auf die Freitätigkeit ab. Das kindliche Spiel herrscht während der ersten Monate vor und wird somit Ausgangspunkt für die Schularbeit, die dadurch von vornherein eine gesamtunterrichtliche Motivation erhält. Die Entwicklung eines Arbeitsgebietes verläuft bei ihm in der Hamburger Versuchsschule Eduardstraße 30 auch im vierten Schuljahr nicht wesentlich anders als am Beginn der Schulzeit; sie ist aber reicher gegliedert.

»Zwanglos«, so deutet Wommelsdorf diese Ausgangssituation, »bilden sich um einen Jungen, der Neuartiges anfängt, dem etwas Besonderes gelingt, wechselnde Gruppen. Zuweilen spannt sich der Kreis weiter, erfaßt die ganze Klasse, bindet alle in einem regen geistigen Austausch.«[71] »Es berichtet etwa ein Junge über die Erlebnisse am Sonntag; er erzählt vom Sonntagskuchen, schon löst diese allen gegenwärtige Erzählung schulische Aktivität aus: mit der Knetmasse werden Brot und Kuchen geknetet, und es bildet sich ein Verkaufsladen mit Verkäufern und Käufern.«[72] Diese Situation vermittelt wesentliche Impulse zu einer lebendigen und unmittelbaren Auseinandersetzung mit den Elementartechniken. Damit mündet die kunsterzieherische Intention bereits in eine andere methodische Grundhaltung, nämlich in die arbeitserzieherische Aktivitätsform ein, die sich beide gut im gesamtunterrichtlichen Rahmen vereinen lassen.

c. Die Kunsterziehung als Integrationspunkt der Reform

Die Kunsterziehung steht zu Recht am Anfang der Reformpädagogik, weil sie – die fachlichen Aspekte übergreifend – den ganzen Menschen anspricht. Kunsterzieherisch wirken heißt in diesem Sinne, durch das gestaltende Schaffen Impulse für das Leben, seine Sinnerfüllung und Bewältigung freizusetzen. Die in dieser Richtung wirkende Kunsterziehung prägt den Menschen für sein ganzes weiteres Leben. Sie vermittelt über den selbsterworbenen und -bewährten Maßstab ein Anspruchsniveau, das in den verschiedenen Lebensbereichen nur mit schlechtem Gewissen verletzt werden kann.

---

69 Otto Wommelsdorf: Die Gemeinschaftsarbeit einer Hamburger Grundschulklasse, dargestellt an ihrer zeichnerischen Entwicklung. A. a. O., S. 12.

70 A. a. O., S. 11.

71 A. a. O., S. 4.

72 A. a. O., S. 6.

Angesichts der wenigen Bewährungskontrollen sei kurz auf eigene Erfahrungen eingegangen, die vor und nach dem zweiten Weltkrieg im Rahmen der kunsterzieherischen Arbeit gemacht wurden. Dabei wurden die Intentionen Lichtwarks so aufgenommen, daß ein deutendes Betrachten den Weg zum Kunstwerk erschließen sollte. Ergänzend wurden im Deutschunterricht regelmäßig Laienspiele eingeübt und auch vor den weiteren Klassen und den Eltern zur Aufführung gebracht. Einen gewissen Höhepunkt fand diese Arbeit in den Jahren 1947/48 in einer koedukativ geführten Klasse des Oberbaus (Realschule) in Hamburg. Nach gründlicher Vorbereitung betrachteten und interpretierten wir regelmäßig Kunstwerke — sei es anhand guter Drucke oder während eines Besuches in der Kunsthalle.

Die Aufführungen von »De Fischer un sin Fru« und Hauptmanns »Hanneles Himmelfahrt« fanden auf einer selber erbauten Bühne mit Kostümen statt, die die Aufführenden aus Restbeständen hergerichtet hatten. Die 16- und 17jährigen Jugendlichen waren durch die schweren Kriegsjahre innerlich geprägt worden, so daß die Aufführungen von einer seltenen Reife der Darstellung und Deutung zeugten. Durch das Theaterspielen wird nicht nur die Ausdruckskraft, sondern auch das Selbstverständnis und -vertrauen gestärkt. Eine Rolle auslegen setzt ein eingehendes Studium der geistig-seelischen Zusammenhänge voraus, was notwendigerweise zu einer größeren Selbst- und Fremdbeobachtung führt.

Dieser durch das Theaterspielen erhöhte personale Reifegrad fand unmittelbar seinen Ausdruck in einem begründeteren Urteilsvermögen sowie in der Neigung, häufiger über menschliche und insbesondere zwischenmenschliche Probleme zu sprechen. Daß das Theaterspiel vor Schule und Elternschaft stattfand, erhöhte — durch das Anschließen an das Sich-Mitteilen und Freude-Bereiten als der ursprünglichsten Wurzel der Selbstdarstellung — das allgemeine Interesse am Spiel.

Von dem Erlös dieser Aufführungen wurden zwei Klassenreisen ermöglicht: einmal fuhren wir in das Schullandheim Vogelkoje auf Sylt. Das Schullandheim Vogelkoje stand damals unter der Leitung von Knud Ahlborn, der einer der Sprecher der Jugendbewegung war[73] und deren erzieherische Impulse er nunmehr im Rahmen der Schullandheimbewegung zur Geltung zu bringen versuchte. Unweit von Kampen gelegen, gewährte die Vogelkoje selten günstige Gelegenheiten zur Entfaltung eines freien Jugendlebens in musischer und sportlicher Hinsicht. Durch die Anwesenheit von mehreren Klassen verschiedener Schulen bot sich die Möglichkeit der Kooperation und Rivalität auf diesen Gebieten.

Während des folgenden Jahres gestalteten wir auf dem Hintergrund der gewonnenen Erfahrungen einen Zeltaufenthalt am Brodtener Ufer in der Lübecker Bucht; beide Reisen wurden bewußt in den Dienst des kunsterzieherischen Gedankens gestellt. So sangen und spielten wir während der 14 Tage des Ostsee-Aufenthalts vor den Bewohnern verschiedener Heime. Lehrer der Schule in Niendorf führten uns in Fragen der Heimatkunde und -kunst ein.

---

73 Vgl. in diesem Buch S. 166

Nach nunmehr 30 Jahren ergab sich im Jahre 1978 die Möglichkeit zu einem Zusammentreffen mit den Ehemaligen in Hamburg. Die Gespräche zeigten, daß alle nunmehr an der Schwelle des fünfzigsten Lebensjahres stehenden Ehemaligen sich am stärksten von den kunsterzieherischen Bemühungen beeinflußt verstanden. Sie brachten nahezu einmütig zum Ausdruck, daß ihre gesamte Lebenseinstellung und -gestaltung ganz entscheidend von den kunsterzieherischen Erfahrungen während der Schulzeit bestimmt worden seien. Darüber hinaus betonten alle, daß sie diese Ziele wiederum ihren Kindern gegenüber zur Geltung gebracht hätten — häufig mit dem Erfolg, daß Lebenseinstellung und -neigung, Wahl des Berufs oder des Studiengangs von diesen Erwägungen beeinflußt wurden.

Ein entscheidender Einfluß war insbesondere von der Reise an die Ostsee ausgegangen, weil sie noch in einer Zeit stattfand, als die ausgegebenen Lebensmittelkarten nicht einmal die Existenzgrundlage zu sichern schienen. Dennoch gelang es, durch gemeinsame Wirtschaft aufgrund eingehender Planung ein Leben in einfachen Formen zu gestalten, das jedem einzelnen in der Gruppe mehr zukommen ließ als er zu Hause hätte je erwarten können. Nach der relativ einhelligen Bekundung aller Ehemaligen hat gerade die stete Wechselwirkung zwischen den kunsterzieherischen Bestrebungen und der Gestaltung des Alltags die tiefgreifende personale Prägung erwirkt.

Die Gestaltung eines kunsterzieherisch motivierten Lebensstils ist eines der umgreifenden Ziele der Kunsterziehungsbewegung. Ihr Verdienst ist die Schärfung des Blickes für die Ursprünglichkeit und Eigengesetzlichkeit des kindlichen Schaffens und die Deutung der spezifischen Formenwerte auf den verschiedenen Entwicklungsstufen. In ihrem größeren volkserzieherischen Zusammenhang kommt ihr darüber hinaus die Bedeutung zu, in einer Zeit der Rationalisierung und Spezialisierung wieder auf die bildende Kraft selbstloser Meditation und erfindungsreicher Gestaltung hingewiesen zu haben, die den Menschen davor bewahren sollen, die ganze Welt zu gewinnen und sich selbst zu verlieren. Die Kunsterziehung verkörpert den Versuch, den Sinn dafür zu wecken, daß der Mensch seine Vollendung nicht nur in der Leistung, sondern auch in der Deutung seiner Lebensziele zu suchen hat.

Das ist ihre wichtige Mission, die aber vielleicht schon ihre Grenze sichtbar macht, die dann darin besteht, wie Nohl[74] betont, daß sie letzten Endes immer nur Gleichnis bleibt, die schöpferischen Kräfte zwar anspricht und auch im gestaltenden Schaffen entfaltet, aber nicht in die Welt des Realen zurückführt, die immer Kampf und Arbeit bedeutet. Schon in den Jahren vor dem ersten Weltkrieg wurde daher der kunsterzieherische Gedanke immer mehr aus dem Blickfeld der Lehrerschaft verdrängt durch die Arbeitsschule, die allerdings dort, wo sie sich behauptete und weiterentwickelte, die Einsichten der Kunsterziehung in sich aufnahm.

Darüber hinaus zeigte sich die Kunsterziehung selber offen für den arbeitsunterrichtlichen Ansatz. Diese Zusammenhänge hat Ludwig Praehauser rückblickend in

---

74 Herman Nohl: Die pädagogische Bewegung in Deutschland und ihre Theorie. A. a. O., S. 38.

seinem Buch »Kunst und unerfüllte Pädagogik« unter der Fragestellung »Der Arbeitsschulgedanke in der Kunsterziehung«[75] angesprochen. Man kann die beiden Bewegungen nicht aus einem Gegeneinander, sondern nur aus einem fruchtbaren Miteinander deuten. Genauso wie der gestaltende Unterricht bei Wommelsdorf, Daiber und Sörensen in die Methode der Arbeitsschule mündet, brachte wiederum die arbeitsunterrichtliche Verfahrensweise manche Ausweitung und Vertiefung für das kunsterzieherische Prinzip.

In der Zielstellung der Kunsterziehungsbewegung ist es angelegt, die künstlerische Erziehung zur orientierenden und sinnstiftenden Mitte des Schullebens zu machen und sie nicht auf ein Fach zu begrenzen. Insofern sind die Bedenken Lichtwarks, der die Kunsterziehungstage umgreifender als Erziehungstage benennen wollte, um die fachübergreifende Bedeutung der künstlerischen Erziehung zum Ausdruck zu bringen, nicht begrifflicher Art; vielmehr betreffen sie die Zielstellung überhaupt. In dieser Hinsicht ist die Kunsterziehung bis in die unmittelbare Gegenwart nachhaltig von dem Gedanken der Lebensreform Lichtwarks geprägt. Die Umgestaltung der Schule zu einem kindlichen Lebensraum mit einer eigenen Atmosphäre[76] – bei bewußter Pflege der Erlebnis- und Anschauungskraft[77] – ist ein dauerhafter Erfolg der Kunsterziehung, der allerdings immer wieder verloren zu gehen droht angesichts der beharrlichen Tendenz der Schule, sich als Lehrinstitution zu verstehen. Unter der Nachwirkung von Lichtwark und Britsch[78] entfaltete die Kunsterziehung immer mehr eine um- und übergreifende Reformtendenz.

d. Die künstlerische Erziehung im internationalen Rahmen

Eine historische Orientierung hinsichtlich der reformerischen Bemühungen um die künstlerische Erziehung im internationalen Rahmen müßte mit Ruskin beginnen[79]. Im Jahre 1857 veröffentlichte er sein vielfältig anregendes Werk »The Elements of

75 Ludwig Praehauser: Kunst und unerfüllte Pädagogik. A. a. O., S. 18.

76 Vgl. Otto Friedrich Bollnow: Die Pädagogische Atmosphäre. Heidelberg 1964.

77 Vgl. Johannes Flügge: Die Entfaltung der Anschauungskraft. Heidelberg 1963.

78 Beide haben die Kunsterziehung bis in die unmittelbare Gegenwart beeinflußt. Dennoch werden in der wissenschaftlichen Diskussion der Gegenwart die Ideen von Gustaf Britsch wegen ihrer kunsttheoretischen Orientierung stärker – allerdings häufig auch kontrovers – diskutiert. – Vgl. hierzu Fritz Seidenfaden: Die musische Erziehung in der Gegenwart und ihre geschichtlichen Quellen und Voraussetzungen. Ratingen 1962. – Gert Weber: Kunsterziehung gestern, heute, morgen auch. Ravensburg 1964. – Gunter Otto: Kunst als Prozeß im Unterricht. Braunschweig 1964. – Wilhelm Ebert: Zum bildnerischen Verhalten des Kindes im Vor- und Grundschulalter. Ratingen 1967. – Klaus Kowalski: Praxis der Kunsterziehung. Stuttgart 1968.

79 Zur Herausgabe seiner Schriften vgl. William S. Rusk: Methods of teaching the fine arts. Chapel Hill. The University of North Carolina Press 1935.

Drawing«, das die Möglichkeiten einer Erziehung zum Kunstschaffen — letztlich des produktiven Künstlers im frühen Kindesalter — grundsätzlich erörterte[80]. In Italien wurde eine Erörterung der künstlerischen Erziehung durch das 1887 von Corrado Ricci in Bologna publizierte Werk »L'arte dei bambini« ausgelöst. Mit dem 1888 in Paris veröffentlichten Werk von Bernard Perez »L'Art et la Poésie chez l'enfant« erlangte die Diskussion eine weltweite Dimension. Gerade die Kapitel »Le sentiment de la nature« und »L'art de Plaire: politesse, babil, coquetterie«[81] sind einzigartige Beiträge zur Kunsterziehung in lebensreformerischer Intention.

Die eigentlich theoretischen Grundlagen sicherte die Untersuchung von James Sully »Studies on Childhood«. Nach einer eingehenden Darstellung der kindlichen Vorstellungswelt (The Age of Imagination) und der Deutung der Sprachentwicklung von den Lallmonologen über die Sprachimitation bis zu den logischen Sprachakten erfolgt die Interpretation der schöpferischen Aktivitäten des Kindes. Fundamental wichtig ist die Feststellung, daß die Kinder Beobachter und Träumer (observers and dreamers) zugleich sind[82]. Darin liegt für Sully eine Bestärkung jener These, daß Kunst und Spiel verwandt sind, ja daß die Kunst aus dem Spiel entstanden ist.

Das künstlerische Gestalten ist seinem Telos daher am nächsten, wenn der spielerische Grundzug des freien Verfügens und Sinngebens erhalten bleibt. Diese allgemein gültige Aussage ist auch hinsichtlich des gestalterischen Schaffens des Kindes gültig. Von größter Bedeutung für die weitere Entwicklung der künstlerischen Erziehung wurde daher die Deutung des ersten Kunstschaffens des Kindes als Ausdruck seiner ästhetischen Vorstellungen (Beginnings of Art-production) durch Sully[83] — allerdings unter Fortführung der Gedanken von Perez.

Die Deutung der Kinderzeichnung als eine gedankliche Klärung der kindlichen Vorstellungen findet sich ebenfalls in Levinsteins Darstellung: »Kinderzeichnungen« (1905). Die geistigen Zusammenhänge zwischen dem kindlichen Ausdrucksvermögen im gestalterischen Schaffen — insbesondere in den Zeichnungen — und der geistigen Grundhaltung des Kindes sind von seiten der Psychologie wiederholt aufgewiesen worden. Diese Einsichten haben auf die Gestaltung von Theorie und Praxis der Kunst-

---

80 Angeregt durch Ruskin begann der engliche Lehrer Ebenezer Cooke empirisch orientierte Untersuchungen hinsichtlich der Entwicklung der zeichnerischen Begabung. Seine beiden Berichte im »Journal of Education« sind in Auszügen bei Herbert Read: Education Through Art. London 1943, S. 169 wieder abgedruckt.

81 Bernard Perez: L'Art et la Poésie chez l'enfant. Paris 1888. — Sollte ein ähnlich kunsterzieherisch orientiertes Werk genannt werden, so sei auf die folgende Darstellung verwiesen. Georg Hirth: Wege zur Kunst. München 1902 (Vgl. die Kapitel: Das Natürliche in der Kunst. — Die Wege zur Kennerschaft. — Wie Bilder betrachtet sein wollen. — Ideen über Zeichenunterricht).

82 James Sully: Studies on Childhood. London 1903, S. 26. — Vgl. die deutsche Übersetzung von Joseph Stimpfl: Untersuchungen über die Kindheit. Leipzig 1904.

83 James Sully: Studies on Childhood. A. a. O. — Vgl. hierzu Gert Weber: Kunsterziehung gestern, heute, morgen auch. A. a. O., S. 62, 63.

erziehung zurückgewirkt. In diesen Zusammenhang gehört auch die oben angeführte Studie von James Sully. Sully verarbeitet die Ergebnisse der Untersuchungen von Barnes, Cooke, Preyer und Ricci. Er unterscheidet bereits verschiedene Gestaltungsstufen, die anregend hinter der Mehrzahl der späteren Theorien der Kinderzeichnung stehen.

Die Auffassung, daß das kindliche Kunstschaffen eine Form des Spielens ist, das in einem Gemisch von Beobachtung und Phantasie sein Lebensverhältnis ausdrückt, steht weitgehend begründend hinter der künstlerischen Erziehung – insbesondere in England. Dieser Auffassung kindlichen Spiels entspricht ein ganzheitlicher Unterricht, in dem das gestaltende Schaffen spontaner Ausdruck des kindlichen Erlebens ist[84]. So gesehen ist das künstlerische Schaffen des Kindes der Versuch, im Medium der verschiedenen Gestaltungsformen zu einer symbolhaften Deutung seiner Lebenswelt und -situation zu kommen.

Dennoch hat Sully das Verhältnis von Spiel und Kunstschaffen differenzierter gedeutet. Während das Spiel in endlosen Variationen fortgeführt werden kann und ohne abschließende Verwirklichung seinen Sinn behält, führt das künstlerische Gestalten des Kindes zu einem Abschluß, der seine Betrachter und Beurteiler findet. Unter diesem Aspekt charakterisiert Sully die unterschiedlichen Typen der Kinderzeichnung. Auf diesem Hintergrund sind die weiterführenden klassifikatorischen Ansätze von Levinstein, Krötzsch, Rouma, Burt, Luquet, Wulff, Eng u. a. zu sehen[85].

In den USA wurde die Kunsterziehung entscheidend durch den berühmten »Seventh Annual Report« (1843) von Horace Mann gefördert, der die Bedeutung der Kunsterziehung – insbesondere des Zeichenunterrichts – herausstellte. Mann wurde in diesem Punkte von seiner Frau, Mary T. Peabody, einer Schwester der berühmten Elizabeth Palmer Peabody, die beide als Zeichenlehrerinnen Pionierarbeit leisteten, beeinflußt[86]. Die Einführung der Kunsterziehung in die Elementarschule erfolgte allerdings bereits durch Amos Bronson Alcott in Boston.

Die Weltausstellung Columbian Exposition in Chicago 1883 gab einen umfassenden Einblick in das Kunstschaffen und -leben; sie vermittelte auch der Kunsterziehung

---

84 Vgl. hierzu Margaret Lowenfeld: Play in Childhood. London 1935 sowie Herbert Read: Education Through Art. A. a. O.

85 Siegfried Levinstein: Kinderzeichnungen bis zum 14. Lebensjahr. Leipzig 1905. – Georges Rouma: Le Langage graphique de l'enfant. Brüssel 1913. – Walther Krötzsch: Rhythmus und Form in der freien Kinderzeichnung. Beobachtungen und Gedanken über die Bedeutung von Rhythmus und Form als Ausdruck kindlicher Entwicklung. Leipzig 1917. – G. H. Luquet: Le Dessin enfantin. Paris 1927. – Cyril Burt: Mental and Scholastic Tests. London 1922. – Oskar Wulff: Die Kunst des Kindes. Stuttgart 1927. – Hilda Eng: The Psychology of Children's Drawing. London 1931. – Vgl. hierzu Herbert Read: Education Through Art. A. a. O., S. 118. – Wolfgang Grözinger: Kinder kritzeln, zeichnen, malen. Die Frühformen kindlichen Gestaltens. München [2]1961.

86 Vgl. William G. Whitford: An Introduction to Art Education. New York, London 1929, S. 9.

wichtige Impulse. In der weiteren Entwicklung sind zwei Entwicklungstendenzen bemerkenswert, weil sie in Wechselwirkung mit Erscheinungsformen in Europa nahezu parallel verlaufen sind. Es ist einerseits der Versuch, das Kunstschaffen unter dem Motto »Art for Art's sake« als eine singuläre Welt aus dem Alltagsgeschehen auszugrenzen und andererseits jene ganz gegensätzlichen Bestrebungen, Kunst und handwerklich-gewerbliche Produktion einander anzunähern. Das sogenannte »Arts and Crafts Movement« zeigt viele verwandte Züge mit den Bemühungen um das gestaltende Schaffen im Rahmen des Kunsthandwerks, wie sie u. a. vom Bauhaus gefördert wurden[87]. Lichtwark war ein aufmerksamer Beobachter der Weltausstellungen und der dadurch ausgelösten Entwicklungen. Die von ihm befürworteten kunsterzieherischen Methoden stehen unter einem starken Einfluß dieser internationalen Entwicklung.

Zur Bestätigung des internationalen Grundzugs des Gesprächs über die kunsterzieherische Fragestellung sei auch auf die Stellungnahmen Deweys hingewiesen. Insbesondere in dem Aufsatz »Individuality and Experience« versucht er die Grenzen von Freiheit und Erfahrung im Rahmen der Kunsterziehung zu bestimmen. Er bezieht sich dabei auf die kunsterzieherische Praxis von Franz Cizek, dessen Wiener Schulklasse er kennengelernt hat sowie auf die von Cizek befürwortete Methode des freien kindlichen Ausdrucks (Free Expression Method)[88].

Obgleich die Gewährleistung des freien kindlichen Ausdrucks auch für Dewey die pädagogische Grundtugend darstellt, versucht er dennoch Grenzen festzulegen, um diese Methode vor gefährlichen Mißverständnissen zu schützen. So will er deutlich machen, daß die schöpferischen Kräfte des Kindes erst dann angemessen zum Ausdruck kommen, wenn sie indirekt durch die Erfahrung des Lehrers gefördert und geleitet werden.

Mit seltener Deutlichkeit brandmarkt Dewey (bei ausdrücklicher Ausnahme Cizeks) jene Einstellung als eine Fehlform, die den Kindern lediglich das Arbeitsmaterial wie Papier, Farben u. a. zur Verfügung stellt und alles weitere von ihren angeborenen Kräften erwartet: »Eine derartige Methode ist wahrlich geistlos. Denn sie erwartet das Unmögliche, was immer geistlos ist, und mißversteht die Bedingungen für ein unabhängiges Denken und Schaffen.«[88]

Dieses unabhängige Denken und Schaffen ist auch für Dewey nur in einer historisch-kulturell gereiften Situation möglich. Die Sorge des Lehrers muß daher stets auf

---

87 Isaac E. Clarke: Art and industrial education. New York 1904.

88 Vgl. auch den (von Dewey zitierten) Artikel von Thomas Munro: Franz Cizek and the Free Expression Method. In: Art and Education. Published by The Barnes Foundation Press. New York 1929, S. 329 sowie Thomas Munro: Art education, its philosophy and psychology. New York 1956.

89 John Dewey: Individuality and Experience. In: Art and Education. A. a. O., S. 180. – Vgl. auch den Aufsatz von John Dewey: Experience, Nature and Art. In: Art and Education. A. a. O., S. 3.

den Ausgleich zwischen Tradition und Neubeginn gerichtet sein. Dem Kinde sollen anregende Impulse zukommen, die allerdings lösend und nicht erdrückend auf seine eigenen Kräfte zu wirken haben. Die Lösung besteht für ihn ausdrücklich in der Verbindung beider Seiten (»... the solution lies in finding a mid-point between the two extrems ...«[90]) zu einer schöpferischen Einheit; beide verkörpern in einseitiger Betonung ein im Grunde unproduktives Extrem.

Ein wichtiges Ziel der Kunsterziehung ist die Weckung und Entfaltung der schöpferischen Kräfte im Kinde — sei es durch Zeichnen, Musizieren, Werken, Theaterspielen u. a. Nicht das Medium und die in seinem Rahmen erworbenen Kenntnisse sind das primäre, vielmehr die Fähigkeit des angemessenen personalen Ausdrucks insgesamt. Diesen Gedanken greift auch Charles De Garmo, einer der Initiatoren der progressiven Erziehungsbewegung in den USA, in seiner »Aesthetic Education« auf: »Die psychologische Absicht der ästhetischen Erziehung ist daher, die reine und uneigennützige Lebensfreude zu fördern, uns in den Stand zu setzen, das Schöne zu sehen und zu schätzen wo auch immer es vorhanden ist und — soweit möglich — es dort zu gestalten, wo es nicht ist, aber sein sollte.«[91]

Daß die ästhetische Erziehung ein neues Lebensverhältnis stiften sollte, wenn sie erzieherischen Einfluß gewinnen will, hat W. T. Harris schon früher betont[92]. Seine Rede, die er über die ästhetische Erziehung vor dem National Council of Education hielt, hat die kunsterzieherischen Bestrebungen entscheidend beeinflußt. Der Gedanke, daß die Kunsterziehung ein integraler Bestandteil des Schul- und damit des Kinderlebens werden muß, ist wiederholt ausgesprochen worden[93].

Diese Einstellung schließt durchaus ein, daß im Rahmen der kunsterzieherischen Bereiche eine vollendete Arbeit angestrebt wird; aber sie steht in erster Linie im Dienste der Persönlichkeitsentfaltung und nicht der fachlichen Bildung. Aus diesem Grunde ist der kunsterzieherischen Arbeit eine integrative Wirkung eigen, indem im Sinne eines Gesamtmusischen[94] immer wieder nach dem Zusammenspiel der verschiedenen Aktivitäten gefragt wird; daneben bleibt die Bereicherung und Vertiefung des Schullebens ihr umgreifendes Ziel. In dieser Richtung wurde die Kunsterziehung in Deutschland einmal durch Lichtwark und die Kunsterziehungstage sowie zum anderen durch

---

90 A. a. O., S. 176.

91 Charles De Garmo: Aesthetic education. Syracuse 1913, S. 4. — Ders.: Laboratory exercices in art appreciation. Syracuse, New York 1907.

92 W. T. Harris: The Aesthetic Element in Education. Milwaukee 1897.

93 Vgl. Daisy D. Sawer: Everyday Art at School and Home. With a foreword by Sir Michael Sadler. Pelham, New York 1929. — Leon Loyal Winslow: The Integrated School Art Program. New York 1929. — National Society for the Study of Education. Committee on Art in American Life and Education. Washington D. C. 1941.

94 Der Begriff des Gesamtmusischen kann im Rückblick nicht ohne Analogie auf die Bestrebungen Richard Wagners hinsichtlich eines Gesamtkunstwerks benutzt werden. Der Begriff wurde geprägt von Paul Bruhn: Das Gesamtmusische. In: Bildung und Erziehung. 3. Jg. 1950, S. 256.

die Internationale Konferenz der New Education Fellowship 1926 in Heidelberg unter dem Thema: »Die Entfaltung der schöpferischen Kräfte im Kinde« gefördert.

Ohne die Bedeutung Lichtwarks in Frage stellen zu wollen, ist es dennoch notwendig, auf verwandte Bestrebungen hinzuweisen. So ist der Versuch, Kinder und Jugendliche durch die unmittelbare Begegnung mit Kunstwerken — sei es mit dem Original oder mit guten Kunstdrucken — kunsterzieherisch beeinflußen zu wollen, auch in den USA aufweisbar. In dieser Hinsicht sind vor allem die Arbeiten von Charles Caffin, M. S. Emery und Carleton Noyes zu nennen. Sie alle befürworten ein Verfahren, das auf dem Hintergrund eines biographischen und kunsttheoretischen Informationswissens die lebendeutende und wegweisende Funktion der Kunst aufschließt. Beispielhaft für dieses Verfahren sind die Titel der Werke von Caffin: »Art for Life's Sake« und (ein wenig pragmatischer thematisiert) von M. S. Emery: »How to Enjoy Pictures.« Das für alle Bücher von Caffin gültige Motto lautet: »Die Welt ist von Schönheit erfüllt, an der viele Leute vorbeieilen ..., aber sie nicht wahrnehmen.«[95] Diese Richtung hat einen großen Einfluß auf die Kunsterziehung bis in die Gegenwart genommen[96].

Seit der internationalen Konferenz in Heidelberg wurde die Aufgabenstellung einer Entfaltung der schöpferischen Kräfte (development of creative activities, développement des activitées créatrices) zu einem Leitthema im internationalen Raum. Es ist wohl mehr als ein Zufall, daß die Zielstellung in erster Linie im Rahmen der New Education Fellowship oder zumindest von Repräsentanten fixiert wurde, die ihren Aufgaben nahestanden, wie Herbert Read, Gertrude Hartmann, Ann Shumaker, Margaret Naumburg, Caroline Pratt, Harriet M. Johnson, Franz Cizek; bemerkenswert ist, daß Herbert Read, Ann Shumaker, Harriet M. Johnson und Franz Cizek an der Heidelberger Konferenz teilnahmen[97]. Daß diese Bestrebungen in den USA indessen bereits früher lebendig waren, zeigen die Gedanken Deweys und auch die Stellungnahmen von Stanwood Cobb, dem Mitbegründer der Progressive Education Association, deren erster Präsident er wurde[98]. In den USA hat vor allem die Walden Schule

95 Charles H. Caffin: How to Study Pictures. Freeport, New York 1968, S. 3.

96 Vgl. die wichtigsten Werke Charles H. Caffin: Art for Life's Sake. New York, Chicago 1896. — Ders.: A Guide to Pictures for Beginners and Students. New York 1913. — Ders.: How to Study Pictures. New York 1921. — M. S. Emery: How to Enjoy Pictures. New York 1898.

97 Als eine Publikation, die die hier charakterisierte Linie verfolgt, sei das folgende Buch genannt: Creative Expression. The Development of Children in Art, Music, Literature and Dramatics. Edited for the Progressive Education Association by Gertrude Hartmann and Ann Shumaker. Milwaukee 1939 (Erster Druck 1926). Typisch erscheinen die folgenden Beiträge: Margaret Naumburg: How children decorate their own school (S. 50). — Ellen W. Steele: Freeing the child through art (S. 51). — Ellen W. Steele: Creative music in the group life (S. 125). — Caroline Pratt: Growing up and dramatics (S. 262).

98 Vgl. Stanwood Cobb: New Horizons for the Child. Washington D. C. 1934. (Das zentrale Kapitel lautet: The Child as a Creative Being, S. 125.) Das Buch ist zwar erst später geschrieben, aber es faßt die von Cobb stets vertretenen Gedanken zusammen.

in Greenwich Village, dem Künstlerviertel New Yorks, unter der Leitung von Margaret Naumburg zur Förderung dieser Entwicklung beigetragen. In England haben die Bücher von Herbert Read mit ihrer breiten Dokumentation von Schülerarbeiten die Auffassung von der art education entscheidend beeinflußt. Vertieft wurden diese Einflußlinien durch die rege Vortragstätigkeit von Franz Cizek in den USA und England, die aber stets inspiriert war durch seine kunsterzieherische Praxis in Wien[99].

Wie stark die kunsterzieherischen Bestrebungen auf die Gestaltung des Schullebens gerichtet waren, zeigt die Tatsache, daß ihre Initiatoren wiederholt für die Verbindung beider Ziele eintraten. So bringen in eindringlicher Klarheit beispielsweise die Beiträge von Caroline Pratt und Ellen Steele in der Buchveröffentlichung »The Environment for Creative Education«, die eine Zusammenfassung von Aufsätzen aus der Zeitschrift »Progressive Education« darstellt, zum Ausdruck, daß der Schulrahmen — sowohl durch den Naturgürtel als auch die sozialen Einrichtungen — erzieherisch zu wirken vermag[100].

Die Zusammenfassung der bisherigen Arbeit und die Wegweisung für die weitere Entwicklung erfolgt zweifellos in der umfassenden Darstellung »Creative Expression«, die wiederum von Gertrude Hartmann und Ann Shumaker im Auftrag der »Progressive Education Association« herausgegeben wird[101]. Dieses Buch wurde wiederholt aufgelegt und hat die Entwicklung in einem hohen Maße mitbestimmt. Verstärkt wurde dieser Einfluß durch eine weitere Publikation, die das Ergebnis eines von der »Progressive Education Association« veranstalteten Symposiums zusammenfaßt. Entfaltung eines kreativen Schullebens durch die Lösung der schöpferischen Kräfte im Kinde lautet auch hier die alle Beiträge umgreifende Formel[102]. Diese Einflußlinie ist bis in die unmittelbare Gegenwart in einer erzieherischen Grundhaltung aufweisbar, die das gestaltende Schaffen nicht nur zu einem Medium der Persönlichkeitsentwicklung, sondern zugleich zu einem Mittel der Welt- und Lebensdeutung zu machen versucht[103], wobei gerade die letztere Komponente eine Stärkung erfahren hat.

Der wichtige Gesichtspunkt, daß die Kunst als Medium der Lebens- und Weltdeu-

---

99 Vgl. Thomas Munro: Franz Cizek and the Free Expression Method. In: Art and Education. A. a. O., S. 311. — Wilhelm Viola: Child Art and Franz Cizek. New York 1937.

100 The Environment for Creative Education. Reprinted from Progressive Education 1927. (Darin u. a.: Caroline Pratt: Making Environment Meaningful, S. 105. — Ellen W. Steele: The Teacher in a Growing Environment, S. 109). — Vgl. auch Gertrude Hartmann: Finding Wisdom. Chronicles of a School of Today. New York 1938.

101 Creative Expression. The Development of Children in Art, Music, Literature and Dramatics. A. a. O.

102 Creative Expression through Art. Ed. by Gertrude Hartmann. Published by The Progressive Education Association. Washington D. C. 1926.

103 Vgl. Archibald MacLeish: Art Education and Creative Process. New York 1954. — Helen Merrit: Guiding Free Expression in Children's Art. New York 1964. — Herbert E. Read: The Redemption of the Robot; my Encounter with Education through Art. New York 1966. — Edmund B. Feldman: Becoming Human through Art. New York 1970.

tung übernational wirkt, findet in dieser Literatur leider keine angemessene Beachtung[104]. Die Kunst als ein urmenschliches Ausdrucks-, Verständigungs- und Deutungsmittel kennt keine Grenzen; sie zielt vielmehr auf das Menschliche im Menschen — unabhängig von ethnischen und nationalen Zugehörigkeiten. Selbst dort, wo sie diese Bezüge aufgreift, stellt sie sie im Lichte des Menschlichen zugleich in Frage. Gerade im Rahmen der Kunsterziehung sollte diese Thematik eine eingehendere Berücksichtigung erfahren.

2. Die Landerziehungsheime als Modelle der Neuen Erziehung

Im Gegensatz zu der von vornherein international orientierten Kunsterziehung und zu der spezifisch deutschen Jugendbewegung liegt der Ursprung der Landerziehungsheime in England. Wenngleich die Bewegung in Deutschland durch die Gründungen von Hermann Lietz, Paul Geheeb, Gustav Wyneken, Kurt Hahn u. a. ihren Höhepunkt erreichte, so blieb der Zusammenhang mit der Pioniergründung von Cecil Reddie in Abbotsholme stets bewußt, und die Kontakte wurden gepflegt. Daß Cecil Reddie kurz nach der Eröffnung von Abbotsholme wiederum durch seinen Besuch bei Wilhelm Rein in Jena 1889 entscheidende Anregungen für die Gestaltung seiner Arbeit empfing, zeigt, wie stark die Wechselwirkung ist. Als Cecil Reddie als 64jähriger 1924 mehrere Landerziehungsheime in Deutschland besuchte, wurde er ausdrücklich als der »Großvater« der deutschen Landerziehungsheime begrüßt; diese Begrüßung wurde wiederum in allen historischen Darstellungen als wichtiger Anhaltspunkt für die innere Verbundenheit von englischer Seite bekundet[105].

a. Die englischen Gründungen

Der Anfang in Abbotsholme

Abbotsholme wurde im Oktober 1889 an der südwestlichen Grenze von Derbyshire in der Nähe des Flußes Dove von Cecil Reddie (zusammen mit Muirhead und Cassels, von denen er sich aber bald trennte) gegründet. Abbotsholme wurde weltweit zu einem Synonym für die Neue Erziehung. Die Motive Reddies (1858—1932) waren unterschiedlicher Art. Einmal vermißte er an der traditionellen Schule, die er in einer zeitgemäß durchaus vertretbaren Form kennenlernte, die eigentliche erzieherische Mitte

---

104 So ist in der 15-bändigen Encyclopedia of World Art (New York, Toronto, London [8]1945) im Band 4 ein Artikel »Education and Art Teaching« abgedruckt (S. 557). Aber der hier angesprochene Gesichtspunkt findet trotz der stimulierenden Grundthematik der Enzyklopädie keine Berücksichtigung.

105 Vgl. W. A. C. Stewart: The Educational Innovators. Vol. II: Progressive Schools 1881—1967. London, Melbourne, Toronto, New York 1968, S. 69.

sowie den Lebensbezug und den inneren Zusammenhang im Lehrprogramm. Darüber hinaus schwebte ihm eine Schule vor, die durch die Bildung des ganzen Menschen – der geistigen, körperlichen und charakterlichen Anlagen – den Nachwuchs für die verantwortlichen Ämter in der Gesellschaft sicherstellt. Insgesamt gesehen war Abbotsholme in bewußtem Gegensatz zur offiziellen Schule gegründet worden, wie die voraufgehende Artikelserie Reddies unter dem Titel »Modern Mis-education« in der Zeitschrift »To-day« in der ersten Hälfte des Jahres 1888 zum Ausdruck bringt.

Cecil Reddie studierte Chemie, Physik und Mathematik an der Universität Edinburgh und seit 1892 an der Universität Göttingen, wo er sein Studium mit der Promotion abschloß. Seither verbindet ihn mit Deutschland eine echte Zuneigung, die mehrfach zu Anfeindungen führte[106]. Reddie ist dem deutschen Bildungswesen gegenüber aufgeschlossen, aber keineswegs unkritisch.

Wenige Jahre nach der Gründung von Abbotsholme ging er 1893 nach Jena zu Wilhelm Rein, in dessen Übungsschule er auch Hermann Lietz als Oberlehrer kennenlernte. Das Studium von Reins Schriften hat sicherlich zur Entfaltung und Klärung seines eigenen pädagogischen Grundkonzepts beigetragen. Vor allem hat er den Herbartianismus, der in England unter dem Grundthema »The five steps«[107] große Resonanz fand, im Kontext einer lebendig gestalteten Schule in seiner revidierten Form kennengelernt.

Gegenüber den eigenen Schulerfahrungen, in deren Mittelpunkt die klassischen Sprachen standen, werden in Abbotsholme die neuen Sprachen, Geschichte, die Naturwissenschaften betrieben, neben denen die alten Sprachen einen begrenzten Bildungsanspruch behalten. Wichtig ist die Gliederung des Schulalltags, der am Morgen die Unterrichtsarbeit und am Nachmittag die freieren Aktivitäten vorsieht, zu denen neben Sport, Exkursionen, künstlerischen Tätigkeiten auch die verschiedenen Formen praktischer Arbeit gehören – u. a. auch in Werkstatt, Garten oder auf dem Feld. So wurde beispielsweise das Einbringen der Heuernte zu einem Höhepunkt des Schullebens.

Das eigentlich geistige Zentrum des Schultags, das die verschiedenen Tätigkeitsbereiche in einer Einheit zusammenfassen soll, ist die »Chapel«. Sie verkörpert einen meditativen Haltepunkt, der von christlicher Geistigkeit durchdrungen ist. »Wie ich oft gesagt habe, bin ich nicht der Meinung, daß das Ganze der religiösen Unterwei-

---

106 Vgl. B. M. Ward: Reddie of Abbotsholme. London 1934, S. 234. So wurde Reddie während des Weltkrieges verdächtigt, daß er durch die beleuchteten Zimmer im oberen Flur in Abbotsholme den deutschen Flugzeugen Zeichen gebe.

107 Vgl. F. H. Hayward: The Critics of Herbartianism, and other Matter Contributory to the Study of the Herbartian Question. London 1903, S. 42. – C. De Garmo: Herbart and the Herbartians. London 1904, S. 80. – De Garmo hatte bei Herbart studiert und entscheidend zur Verbreitung seiner Ideen im angelsächsischen Raum beigetragen. – Vgl. auch R. J. Selleck: The New Education 1870–1914. A. a. O., S. 242. – Hermann Röhrs: Die progressive Erziehungsbewegung. Verlauf und Auswirkung der Reformpädagogik in den USA. A. a. O., S. 9, 10, 54.

sung sich auf den Gottesdienst in der Chapel beschränkt, noch weniger, daß es auf den Teil reduziert sein soll, in dem die Predigt gehalten wird. Meiner Meinung nach kann keine Religion und keine religiöse Unterweisung von einem noch so unbedeutenden Nutzen für irgendjemanden sein, wenn sie nicht das ganze Leben berührt. Deine täglichen Aufgaben im Haus wie außerhalb sind ebenso Teil deiner Religion wie deine Anwesenheit in der Chapel.«[108] B. M. Ward, der Biograph Reddies, ergänzt diese Ausführungen in einigen wichtigen Punkten: »Überdies sah Reddie, daß, wenn Religion unser ganzes Alltagsleben durchdringen soll und nicht nur auf ein paar Stunden pro Woche, die man in der Chapel verbringt, beschränkt bleiben darf, der Dienst in der Chapel selbst sich nicht ausschließlich auf Bibel und Gebetbuch stützen sollte. So wurden zum Beispiel die drei Lesungen am Karfreitag über den Tod des Sokrates nach Platon, über den Tod des Oliver Cromwell nach Thomas Carlyle sowie die Geschichte der Kreuzigung dargeboten. In dieser Art wurden die Lesungen der Lehrer und Schüler für die Morgen- und Abendgottesdienste frei aus den Werken großer englischer Schriftsteller und Dichter entnommen.«[109] Cecil Reddie hat die Chapel während seines 25jährigen Wirkens zu einer didaktischen Kunstform gestaltet, die zunehmend offener für weitere Geisteswerke von den Upanishaden und Plato über Shakespeare, Milton bis zu Carlyle und Ruskin wurde. Reddie schwebte als eigentliches Ziel vor, die Chapel zu einem geistigen Forum zu gestalten, das über das religiös-literarische Wissen hinausgehend eine Weltsicht vermittelt, die ihren Ausdruck in einer Lebenshaltung findet.

Die Begründung seines Erziehungsziels hat Reddie literarisch in mehreren Ansätzen versucht. Einmal in der Studie über Abbotsholme (London 1900) und zum anderen in der wenig bekannten Rede »John Bull. His origin and the rise on present state of the Anglokeltic world dominion«, die er auf Einladung der British Child-Study Association 1898 hielt.

Ganz im Sinne der Child-Study Association setzt Reddie seine Kritik an dem Erziehungswesen an, die am Beispiel der Elementarschule verdeutlicht sei: »Anstatt die Grundbegriffe der (Himmel, vergib uns!) Orthographie zu pauken, sollte unseren Kindern beigebracht werden, zu leben und zu lieben, das Gute zu wollen und Verachtung für Lügen und Diebstahl zu entwickeln. Statt Herzensbildung haben wir ihnen pure technische Kennerschaft aufgezwungen, und zwar auf Gebieten, die für das Leben unwesentlich sind. Wir haben sie vom Kontakt mit den Dingen in ihrem Heim abgehalten und ihnen dafür pure Symbole der Dinge angeboten, Symbole von Dingen, die selten oder nie im Haus in Erscheinung treten oder nahezu überhaupt nichts mit ihrem Haus oder der notwendigen Arbeit und Spiel im Alltagsleben zu tun haben. Die Hauptaufgabe der Schule ist, dem Kinde seine Umwelt und das Leben zu erklären und es dazu zu bringen, die Verbesserung von beidem zu unterstützen. Das kann man

---

108 Cecil Reddie: Abbotsholme. London 1900, S. 7.
109 B. M. Ward: Reddie of Abbotsholme. A. a. O., S. 180.

durch eine Kombination von Disziplin und Liebe (discipline and love) erreichen ...«[110]

»Discipline and Love« bilden den erzieherischen Ansatz in Abbotsholme. Dennoch ist dieser scheinbar schlichte Ansatz differenziert und sozialpolitisch anspruchsvoll thematisiert. Ihm liegt letztlich eine Gesellschaftskritik zugrunde, die mit der Kulturkritik einige verwandte Züge trägt, wenngleich sie nicht so grundsätzlich entfaltet wurde. Sie wird durchgeführt in dem Büchlein »John Bull« unter der Thematik »Character of English Education«, wobei Reddie zwei Zielpunkte bewußtzumachen versucht. Einmal darf die Erziehung nicht gerichtet sein auf diesen oder jenen Beruf, Stand oder regionalen Bereich. Die Welt insgesamt ist der Lebensrahmen der zukünftigen Bürger, und sie müssen jedem Berufe – vor allem dem des Menschseins – gerecht werden. Zweitens versucht er durch eine Analyse des englischen Volkscharakters (am Beispiel John Bulls) weitere Anhaltspunkte für seine Erziehung zu ermitteln.

Unter diesem Aspekt erfolgt eine harte Kritik an der gesellschaftlichen Situation, die er durch einen Konflikt zwischen Herrschsucht und Gleichheitsneigung gekennzeichnet findet. »In Palast und Hütte, in Kirche und Staat, überall wo Briten zusammenkommen, kann man den Konflikt zwischen zwei unvereinbaren Bestrebungen beobachten – die Neigung, Herrschaft auszuüben, und den Hunger nach Gleichheit. Alle möchten herrschen, niemand dienen.«[111] Dieses aus einem Gemisch von schlechten Erfahrungen, Halbwissen und Vorurteilen bestehende Verhalten hat den Charakter des Durchschnittsengländers – auf welcher sozialen Stufe er auch stehen mag – verdorben. Niemand ruht mehr in sich selber, sondern jeder orientiert sich an den über ihm Stehenden. Selten ist diese Kritik so unmittelbar in pädagogischer Verantwortung geübt worden.

Die Analyse der ethnologischen Faktoren, ergänzt durch die sich aus der geographischen Insellage ergebenden Fragen, bestätigen Reddie, daß der Engländer in besonderem Maße lernfähig ist – immer unter der Voraussetzung, daß die sozialpolitischen Vorurteile aufgegeben werden. Wie stark Reddie wiederum der englischen Tradition verpflichtet ist, zeigt seine Folgerung für das Bildungssystem: »Im besondern müssen wir eine Führungsschicht (Directing Class) schaffen. Wir können sie durch vernünftige und gesunde Erziehung schaffen. Wir müssen jedoch auch eine im Gehorchen geübte Klasse bilden. Und dafür weiß ich kein besseres Mittel als den Pflichtmilitärdienst, oder mit anderen Worten, die nationale Nutzung des Triebes zu sportlicher Betätigung, um die ganze Bevölkerung auf Staatskosten mit körperlichem Training zu versorgen. Wir werden wohl entdecken, daß es unseren Beruf, Intellekt, unsere Verhaltensweisen und unsere Moral verbessert, den Zustand unserer Häuser und vor allem den Zustand unserer Straßen. Das würde auf einen Schlag unsere zwei nationalen Hauptübel kurieren, den Mangel an ehrenhafter Subordination wie den Mangel an uneigennützigem Patriotismus.«[112]

---

110 Cecil Reddie: John Bull: His Origin and Character. London 1901, S. 16.

111 A. a. O., S. 30.

112 A. a. O., S. 52, 53.

Bewußt schreibt Reddie »Directing Class« mit großen Anfangsbuchstaben[113]. Die regierende Klasse — im weitesten Sinne des Wortes — als Auslese der Tüchtigsten, ist — unabhängig von Klasse, Geld, sozialem Rang — durch ihre charakterliche Anlage und die selbstlose Bereitschaft, sie durch Bildung zu vertiefen, die für das Gesamtwohl des Staates verantwortliche Schicht. Da sie für jedermann zugänglich bleibt, der fähig und bereit ist, sich für diese Funktionen zu qualifizieren, haftet ihr nicht der Anschein eines elitären Kreises an. In der Auslegung dieses Verhältnisses im Sinne einer Sozialaristokratie besteht eine große (zeitspezifische) Übereinstimmung zwischen Reddie sowie Lagarde und Langbehn. Wegen der hohen Verantwortung vor der rechten Bildung dieses Kreises gilt Reddies pädagogische Sorge in erster Linie dieser Aufgabe.

Die Gründung von Bedales

John Haden Badley (1865—1967) war seit 1889 einige Jahre in Abbotsholme als Lehrer tätig, bevor er 1893 Bedales in der Nähe von Haywards Heath in Sussex gründete. Den Anstoß gab wohl die Tatsache, daß Reddie, der Junggeselle, seine Einwilligung zur Übersiedlung der Frau Badleys nicht geben wollte. Dennoch betrachtete Reddie die Gründung von Bedales als einen fragwürdigen Abfall. Badley andererseits erhielt durch die Erfahrung in Abbotsholme eine wichtige Startsicherung.

Die pragmatische Einstellung der Gründersituation ist sicherlich kennzeichnend für die geistige Grundhaltung, die hinter den meisten Schulgründungen steht. Badley beschreibt sie folgendermaßen: »Wir fühlten, daß es der beste Dienst war, den wir der Erziehung erweisen konnten, unsere Ideen lieber auszuprobieren, als über sie zu theoretisieren oder ein System zu beschreiben, das noch nicht ganz der Erprobung durch die Praxis unterzogen worden war.«[114]

Abbotsholme und Bedales haben ein Beispiel gesetzt, das vielfältige Nachfolge in England und auf dem Kontinent fand. Badley hat daher recht mit seiner lapidaren Feststellung, die er nicht ohne Stolz trifft: »Die ›Neue Schul‹-Bewegung, die sich nun in so viele Länder ausgebreitet hat, war im Ursprung englisch.«[115] Nicht als eine Revolution, vielmehr als eine Modifikation der bestehenden Schulen in wohlangemessenen und begründeten Dimensionen, begann die neue Bewegung, und darin liegen wohl auch ihr Erfolg und ihre Dauer begründet.

---

113 Professor J. Y. Findley legt in seiner Einleitung zu der Biographie »Reddie of Abbotsholme« von B. M. Ward den Begriff noch strenger und enger aus; darum sei er wiedergegeben: »Reddie was a ›public school‹-man by education and environment: very decisively he maintained the status of the Directing Class (capital D, capital C), whose sons were his special care: he adored the plutocracy and shared all the contempt of the Spartan for luxury, but he insisted that sound workmanship be paid for at a sound price« (B. M. Ward: Reddie of Abbotsholme. With an Introduction by Professor J. Y. Findley. A. a. O., S. 19).

114 J. H. Badley: Bedales. A Pioneer School. London 1923, S. XVIII.

115 A. a. O., S. 2.

Lernen des Lernens ist das neue Ziel: »Von weit größerer Wichtigkeit als die erworbene Wissensmenge sind deshalb Intelligenz und Initiative, sowohl in bezug auf das Erwerben als auch noch mehr in bezug auf das Anwenden des notwendigen Wissens.«[116] Wie in allen Neuen Schulen ist es nicht einfach, das Spezifikum mit wenigen Worten zu beschreiben. Was in Bedales von der traditionellen Linie abweicht, ist neben der starken Individualisierung der Arbeitsweise, die bewußt soziale Anforderungen von seiten der kleinen und größeren Gemeinschaft einschließt, die konsequent durchgeführte Koedukation, die Betonung der musischen Bildung sowie die Gestaltung der laboratory method.

Entscheidend ist wohl der gesamte Geist in Bedales und die besondere Auffasssung der erzieherischen Aufgaben, die Badley so auslegt: »... Erziehung darf nicht als Prozeß der Formung von außen gedacht werden, sondern als Entfalten des Lebens von innen, durch eigene Impulse, aber als Antwort auf Reize von außen, und konditioniert durch die Umwelt, sowohl materiell als auch sozial.«[117] Dieser besondere Geist wird deutlich an der Art, wie die »Ehemaligen« sich an ihre Schulzeit erinnern. Aus diesem Grunde soll Laurin Zilliacus zu Wort kommen, der von 1908 bis 1912 Schüler in Bedales war und seit 1919 als Lehrer dort wirkte. Dem Urteil von Zilliacus gebührt schon darum ein besonderes Gewicht, weil er als langjähriges Mitglied der New Education Fellowship, deren skandinavische Sektion er als Präsident leitete[118], und durch den Besuch vieler Reformschulen in der Welt ein differenziertes Urteilsvermögen erwarb: »Ich kam ohne vorgefaßte besondere Wertschätzung für die Ideale dieser Schule an; und doch wurde ich in ein bis zwei Jahren wie die meisten, die mit mir dort waren, ein nahezu fanatischer Anhänger von allem, wofür meiner Meinung nach diese Schule stand ... Kurz, um es in einem Wort zu sagen: Loyalität war die vornehmlichste und beste Sache, mit der uns Bedales erfüllte.«[119]

Bereits um die Jahrhundertwende mußte ein neuer Schulkomplex ausfindig gemacht werden. Die Gründe waren eine wachsende Schülerzahl und ein zeitlich begrenzter Mietvertrag. Ein landschaftlich günstig gelegenes Schulareal fand sich in der Nähe der Stadt Petersfield (Henderson 1978). Die umgehend erbaute Schule befindet sich bis zum heutigen Tage in dieser schönen Lage mit Blick in das offene Land der Grafschaft Hampshire.

---

116 A. a. O., S. 7.

117 A. a. O., S. 197.

118 Vgl. hierzu Hermann Röhrs: Die Reform des Erziehungswesens als internationale Aufgabe. Entwicklung und Zielstellung des Weltbundes für Erneuerung der Erziehung. A. a. O., S. 59.

119 Zitiert in: J. H. Badley: Bedales. A Pioneer School. A. a. O., S. 159 f. – James L. Henderson: Irregularly Bold. A Study of Bedales School. London 1978.

Ein wichtiger Grundzug der Neuen Schulen besteht in ihrer Freiheit, die Versuche erlaubt. Es ist daher bedeutungsvoll, wenn Cecil Reddie, der die Bewegung der Land-

Realität des Kleinen Commonwealth Homer Lanes, entfaltet Neill Summerhill zu einer Institution, in der »kindergeeignet« und nicht »schulgeeignet«[128] erzogen wurde.

Wenn das Kleine Commonwealth nicht bereits 1920 geschlossen worden wäre, hätte Neill seinen Wunsch zur Mitarbeit sicherlich verwirklicht. So übernimmt er einige der Grundgedanken Lanes und macht sie zu den pädagogischen Eckpfeilern seines eigenen Systems. Dazu gehört der Glaube an die Güte der kindlichen Natur, die nur in Freiheit und in liebevoller Begegnung zur Selbstverwirklichung geführt werden kann. Das gilt auch und gerade von jenen Fällen, die durch elterliches Fehlverhalten und aufgrund ungünstiger gesellschaftlicher Bedingungen zu schwierigen oder kriminellen »Fällen« werden. Neills Summerhill ist eigentlich der gelungenste Ansatz der progressiven Erziehungsbewegung, wobei der ursprünglich Rousseausche Einfluß stärker ist als derjenige der amerikanischen Gruppe um Dewey und Kilpatrick.

Summerhill ist eine radikale Infragestellung konventioneller Erziehungsweisen und darin gerade offen für Rousseausche Motive, wie sie seit Erscheinen des Emile diskutiert wurden. Das Rousseausche Grundpostulat hat sich Neill (zusammen mit seiner ersten Frau) daher am Anfang von Summerhill zu eigen gemacht: »... den festen Glauben, daß das Kind kein schlechtes, sondern ein gutes Wesen ist. In den fast vierzig Jahren unserer Arbeit sind wir in diesem Glauben nie wankend geworden, er ist uns vielmehr fast zur endgültigen Überzeugung geworden.«[129] Die Folgerung aus diesem pädagogischen Credo besagt hinsichtlich der Erziehung des Kindes: »Sich selbst überlassen und unbeeinflußt von Erwachsenen, entwickelt es sich entsprechend seinen Möglichkeiten.«[130] Das größte Hindernis für diese natürliche Form der Selbstentfaltung ist die offizielle Erziehung als Eltern- und Schulerziehung mit ihren konventionalisierten Moralkatalogen und ihrer falschen Disziplin.

Diese Erziehung ist äußerlich auf Anpassung angelegt, so daß Angst oder Unaufrichtigkeit das Ergebnis ist. »Das Leben eines Menschen ist die Geschichte seiner Ängste.«[131] Den Anfang setzt häufig die veräußerlichende elterliche Disziplinierung. »Das Leben von Kindern, die man einer falschen Disziplin unterworfen hat, ist eine dauernde Lüge. Sie wagen nie, sie selbst zu sein. Sie werden Sklaven eingefahrener, sinnloser Sitten und Bräuche.«[132] Ein Selbst zu werden, unverwechselbar in den eigenen Anlagen und Neigungen in Auseinandersetzung mit dem objektiv Vorgegebenen ist aber das Ziel der Erziehung. Die Eltern orientieren diesen Prozeß zu stark an ihren eigenen Grenzen und Niederlagen. Weil sie äußerlich diszipliniert, gegängelt und geschlagen wurden, wird dieser Prozeß nachträglich sanktioniert: »In der Diskussion

---

128 Alexander S. Neill: Theorie und Praxis der antiautoritären Erziehung. Das Beispiel Summerhill. Reinbek bei Hamburg [26]1976, S. 22.

129 A. a. O., S. 22.

130 A. a. O., S. 22, 23.

131 A. a. O., S. 131.

132 A. a. O., S. 163.

nach meinen Vorträgen kommt es oft vor, daß jemand erklärt: ›Ich kann es nicht bedauern, daß mich mein Vater geschlagen hat. Ich wäre nicht das, was ich heute bin, wenn ich keine Prügel bekommen hätte!‹ Ich bin nie so kühn gewesen, zurückzufragen: ›Aber was *sind* Sie denn heute?‹«[133]

Im Grunde wird die Fülle der Fehlentwicklungen durch den elterlichen Erziehungsstil — als Exponent des jeweiligen gesellschaftlichen Entwicklungsstandes — verursacht. Das hat seine Auswirkungen auf das individuelle Selbstverständnis bis hin zur Gestaltung der gesellschaftlichen Situation. So stellt Neill einerseits für den Mikrobereich fest: »Die Neurose beginnt mit der elterlichen Zucht — die genau das Gegenteil der elterlichen Liebe ist.«[134] Andererseits folgert er daraus für den Makrobereich: »Der Totalitarismus nahm seinen Anfang im Kinderzimmer und er beginnt noch immer dort.«[135] Dieser »Teufelskreis« ist nur dadurch zu durchbrechen, daß die Erziehung mit der Wahrung der Freiheit, dem höchsten menschlichen Gut, beginnt. Freiheit ist indessen keine Zügellosigkeit; sie schließt vielmehr die innere Disziplin als Verantwortung vor der Aufgabe *und* dem andern ein. Daher lautet das Grundgebot in Summerhill: »Jedes Individuum hat die Freiheit, das zu tun, was es will, solange es die *Freiheit der andern* nicht beeinträchtigt.«[136]

Unter diesen Voraussetzungen darf dem natürlichen Entwicklungs- und Geltungsstreben des Kindes vertraut werden, denn einerseits lernt das Kind *»mit der Zeit, was richtig und was falsch ist«*[137] und andererseits bemüht es sich darum, »bei seinen Mitmenschen in hohem Ansehen zu stehen«[138]. Grundlegend ist allerdings, daß dieser Prozeß organisch und *»nicht unter Druck«*[139] verläuft — eine Anschauung, die sehr viele verwandte Züge mit dem Gesetz des entwicklungsbedingten Lernens zeigt, wie es bei Berthold Otto formuliert wurde und bei Maria Montessori seine Thematisierung als »sensitive Phasen« fand[140].

Sicherlich läßt sich die Summerhill-Idee formal auf die Rousseauschen Grundpostulate zurückführen. Das geschieht beispielhaft durch Max Rafferty nach dem Raster seiner Kritik an Dewey[141], wenn es polemisierend heißt: »Rousseau hat eine aberwitzige Erziehungstheorie ausgeheckt, die, nachdem sie zwei Jahrhunderte lang in den Wehen gelegen hat, noch einmal einen Bastard zur Welt gebracht hat: Neills steinzeitliche Version jener heiligen Hallen der platonischen Akademie — Summerhill. Nach der Auffassung des konfusen Franzosen besteht Erziehung im Herumrennen, Hüpfen,

---

133 A. a. O., S. 170.
134 A. a. O., S. 163.
135 A. a. O., S. 176.
136 A. a. O., S. 158.
137 A. a. O., S. 237.
138 A. a. O., S. 239.
139 A. a. O., S. 237.
140 Vgl. in diesem Buch S. 216, 240.
141 Vgl. hierzu Hermann Röhrs: Die progressive Erziehungsbewegung. A.a.O., S. 135, 162ff.

Schreien und darin, immer das zu tun, wozu man gerade Lust hat. Was den ersten natürlichen Impulsen entspricht, das ist das einzig Wahre. Man lasse Seele und Geist des Kindes so lange wie möglich unbeschäftigt. Und dergleichen Unsinn mehr.«[142]

Eine grobschlächtigere und oberflächigere Auslegung ist kaum denkbar; dennoch besteht ein partielles Verdienst Raffertys darin, daß er die Grenzen einer enthusiastischen Neill-Nachfolge, wie sie gerade in den letzten Jahren aufkam, aufgewiesen hat. Die Wahrheit dürfte indessen in der Mitte liegen. Die pädagogische Tugend der Summerhill-Idee besteht gerade darin, daß sie aus der Praxis herausgewachsen ist, im alltäglichen Umgang mit den Kindern ihre Erziehungskraft erwiesen hat und daher rein verbal nur bedingt zu erfassen ist. Es gibt nicht nur einen vieltausendjährigen Humanisierungsprozeß durch Kultur und Geschichte, der in der Schule seine Sicherung sucht; vielmehr existiert ein nicht weniger altehrwürdiger Prozeß der Vergewaltigung des Menschen und des Menschlichen in ihrer ursprünglichen Spontaneität, Gesundheit und Mitteilsamkeit. Im Namen der Schule und Bildung wird immer dann die Gefahr einer Dehumanisierung heraufbeschworen, wenn Kultur und Geschichte zum Selbstzweck werden und nicht im Dienste der menschlichen Entfaltung stehen. Neill hat diese frühen Wunden in ihrer bestürzenden Vielfalt vor Augen, die dem Kind von einer einseitig normierenden Gesellschaft und Kultur stellvertretend von den Eltern geschlagen werden und die zu Angst, Unsicherheit, Unwahrhaftigkeit, Haß, Kriminalität, Grausamkeit führen können.

»Grausamkeit ist pervertierte Liebe«[143] – so heißt es beispielhaft gegenüber einer dieser vermeintlichen Entartungsformen. Es antwortet immer jene Schicht im Menschen, die vom Mitmenschen angesprochen wird: auf Haß – Haß, auf Liebe – Liebe. »Haß erzeugt Haß, und Liebe erzeugt Liebe. Kinder, die geliebt werden, fühlen sich anerkannt und das ist in jeder Schule sehr wichtig.«[144] Daher versuchte Neill in Summerhill, diese Grundvoraussetzung einer den Menschen liebend bejahenden Erziehung in Freiheit folgerichtig zu verwirklichen. Dazu gehört im Grunde, daß eine derartige Erziehung mit der Geburt einsetzt – oder wie Neill rückblickend fast ein wenig resignierend angesichts der offiziellen Erziehung von seiten der Eltern und Schule feststellt: »Die Selbstbestimmung sollte bei der Geburt beginnen.«[145] Später heißt es noch konsequenter: »Ich habe das jetzt auf sieben Monate vor der Geburt abgeändert.«[146]

Aber darin liegen die natürlichen Grenzen erzieherischer Experimente in dieser Erziehungswirklichkeit – auch derjenigen in Summerhill. Das Verdienst der Summerhill-Idee und der durch sie bestimmten erzieherischen Experimente besteht darin, daß

---

142 Max Rafferty. In: Summerhill: Pro und Contra. 15 Ansichten zu A. S. Neills Theorie und Praxis. Reinbek bei Hamburg ^{7}1977, S. 13.

143 Alexander S. Neill: Theorie und Praxis der antiautoritären Erziehung. Das Beispiel Summerhill. A. a. O., S. 248.

144 A. a. O., S. 26.

145 A. a. O., S. 176.

146 Alexander S. Neill: Die Befreiung des Kindes. A. a. O., S. 20.

sie schlicht die menschlichen Grundtugenden – Liebe, Achtung, Vertrauen, Freiheit und ihre natürliche Rückbindung durch Selbstdisziplin und Verantwortung vor dem anderen – zum Unterpfand nahm und dadurch zu einem Exempel der (häufig bis zur Unkenntlichkeit entstellten) progressiven Erziehung wurde.

Ob Summerhill ein wirklich ausgewogenes Experiment der progressiven Erziehung ist, muß indessen dahingestellt bleiben, weil Neills Stellungnahme hinsichtlich dieser Möglichkeiten einer antiautoritären Erziehung sicherlich noch nicht die letzte Antwort darstellt. Freiheit kindlicher Entwicklung – einschließlich der Lösung von Tabus sexueller Entwicklung – ist ein so diffiziles Thema, das erst in mehreren Zugängen der Lösung zugeführt werden kann. Die Libertinage zieht nicht weniger Verklemmungen nach sich als die vordergründige Normierung. Daß Neill in einem anmutigen Rahmen den Versuch unternommen hat, überkommene erzieherische Konventionen nicht nur in Frage zu stellen, sondern unter dem Motto einer angstfreien Erziehung auch neue Wege zu beschreiten, ist sein bleibendes Verdienst.

b. Die französischen Landerziehungsheime in ihrem Verhältnis zu Abbotsholme

Die liberale Gestaltung des Schullebens in Abbotsholme und Bedales sprach auch Edmond Demolins an, als er, von einem Kongreß in Edinburgh kommend, an dem er als französischer Soziologe teilgenommen hatte, diese Schulen besuchte. Kurz nach seinem Besuch veröffentlichte er zwei damals vielbeachtete Bücher: »A quoi tient la supériorité des Anglo-Saxons?« (Paris 1897)[147] sowie »L'Education nouvelle« – das letztere stellt die Gründung und das Programm von »L'Ecole des Roches«[148] (illustriert durch Bilder von Abbotsholme, Bedales und Ecole des Roches) dar.

Aufschlußreich für die zeitkritische Einschätzung der damaligen Schule ist die Darstellung von Demolins auch darum, weil er einen breiten Kreis von Briefzuschriften über die Schulsituation analysiert. Das Motto auf dem Wappenschild der Ecole des Roches lautet: »Bien armés pour la vie.« Diese Lebensvorbereitung soll den Jungen *und* den Mädchen zuteil werden. Darüber heißt es: »Die wirkliche Reform muß sowohl das junge Mädchen als auch den jungen Mann im Blick haben; es geht nicht nur darum, tatkräftige Männer zu schaffen, sondern auch tatkräftige Frauen, denn im Leben müssen sie sich gegenseitig unterstützen und unterhalten.«[149]

Die Bücher von Demolins erfuhren mehrere Auflagen und wurden in viele europäische Sprachen übersetzt. Sie trugen viel dazu bei, den Gedanken der Neuen Schule zu klären und in breitere Kreise hineinzutragen. In England erwirkten sie ein kritisches Überdenken der ersten Reformphase. Edmond Demolins selber gründete das bereits

---

147 Noch im selben Jahr erschien die englische Ausgabe Edmond Demolins: Anglo-Saxon Superiority. London 1898. Die Ausgabe erfuhr bereits im ersten Jahr 10 Neuauflagen, was das große Interesse der Öffentlichkeit an den Fragen der Neuen Schulen bekundet.

148 Edmond Demolins: L'Education nouvelle. Paris 1901.

149 Edmond Demolins: L'Education nouvelle. L'Ecole des Roches. Paris o. J., S. 81.

erwähnte Landerziehungsheim »Ecole des Roches« in Verneuil-sur-Avre (Eure) in der Normandie, eine Schule, die den Geist von Abbotsholme und Bedales in französischer Version fortführen sollte.

Der Einfluß von Edmond Demolins (geb. 1852 in Marseille, gest. 1907 in Caen) auf die Reform wird in der neueren Bildungsgeschichte allgemein unterschätzt. Durch die Gründung der Ecoles des Roches 1898 hat er nicht nur die Bewegung der Landerziehungsheime — Ecoles nouvelles á la campagne — in Frankreich in Gang gesetzt, sondern er hat zugleich durch sein Buch »L'Education nouvelle» die Reflexion über Ziel und Aufgabe der Neuen Schulen angeregt. Dabei hat er einerseits entscheidende Anregungen von Cecil Reddie übernommen, aber andererseits in der Bestimmung des Verhältnisses von sittlicher, körperlicher und geistiger Erziehung in einem umgreifenden Bildungsprozeß seine Eigenständigkeit in der Berücksichtigung der französischen Wesensart bewiesen. Charakterbildung durch Selbständigkeit und -verantwortung in der Gemeinschaft und für sie ist dem Soziologen Demolins der angemessene Weg, den er an Abbotsholme und Bedales schätzen gelernt hatte. Dadurch hat er in einem Schulwesen, das mehr auf das Baccalauréat als auf das Kind und das Leben gerichtet war, ganz entscheidend den Blick auf die pädagogischen Notwendigkeiten gewendet. »Das hier will nicht nur ein Buch sein; es ist vor allem eine Tat.«[150] Die sozialreformerischen Anregungen hat er übrigens durch sein Studium bei Le Play erhalten.

In der Tat verkörpert die 1898 gegründete Ecole des Roches in erster Linie ein exemplarisch gestaltetes Reformprogramm. Diese Reform beginnt mit dem neuen Selbstverständnis der dort Lehrenden, die sich nicht nur als Fachvertreter verstehen, sondern auch als Erzieher, die über die gelehrte Disziplin hinaus zugleich zu erziehen versuchen.

Die Beispielhaftigkeit dieses Unterrichts — einmal durch die Darbietung durch die Lehrerpersönlichkeit und zum anderen durch die Wahrung der fachübergreifenden Aspekte, die eine Weltsicht ermöglichen — ist dazu ein lebendiges Verfahren, das sich grundsätzlich vom Formalismus der traditionellen Schule abhebt.

Eine gewichtige Stellung wird in diesem Rahmen den Leibesübungen und der praktischen Arbeit zugemessen. Dabei kommt es weniger auf die Leistungen als auf die geübte Körperlichkeit und die in diesem Medium entfaltbare Charakterstärkung an. Demolins sowie seine Nachfolger Deschamps und Bertier sind in erster Linie darauf bedacht, die Wechselwirkung bei gegenseitiger Durchdringung von Körperlichkeit und Geistigkeit zu verwirklichen. Die Stigmatisierungen als »école de sport« oder als »école anglaise« sind daher in keiner Weise berechtigt. »Die ›Ecole des Roches‹ bildet mehr als bacheliers aus, sie erzieht Menschen«, — diese Stellungnahme Ferrières[151] legt den Sachverhalt trefflich aus.

---

150 Edmond Demolins: L'Education nouvelle. A. a. O., S. XXV. — Vgl. auch Henri Marti: Où en est la nouvelle école anglaise? L'évolution de Bedales: In: La Science sociale. IX. Jg. 1925, S. 3.

151 Adolphe Ferrière: Les écoles nouvelles á la campagne. In: L'Education. II. Jg. 1910, S. 482.

Getragen wird diese Arbeit vom Glauben an die Entwicklungsfähigkeit der kindlichen Natur im durchaus Rousseauschen Sinne[152]. Durch einen herausfordernden Bildungsgang, der dem Kind in relativ eigener Verantwortung altersgerechte Aufgaben zumutet, kommt es zu einer Ausfaltung dieser guten Anlagen, die in einem repressiven Verfahren eine Behinderung erfahren können. Daher besteht neben den freieren Arbeitsformen auch eine Form der Selbstverwaltung in Gestalt des Systems der »capitaines«, das hinsichtlich der verschiedenen Häuser der Schule (Maison du Vallon, Maison des Pins, Maison du Côteau et des Sabons) eine breite Entfaltungsmöglichkeit bietet.

Der Tagesverlauf zeigt — vom Porridge bis zu den Blockstunden, der Laboratoriumsarbeit, den Exkursionen sowie den praktischen Arbeiten in den Werkstätten und im Garten — Ähnlichkeit mit demjenigen in Abbotsholme. Dennoch offenbaren die Versuche, eine freie Form der Geselligkeit zu entfalten und die kunsterzieherischen Bestrebungen eigene Züge. So finden sich in den Klassen Wechselrahmen, die das Aufhängen von Bildern erlauben, die der Veranschaulichung und der ästhetischen Erziehung dienen — ein Verfahren, das den Einfluß der Kunsterziehungsbewegung zeigt. Wie offen die Neuen Schulen und insbesondere die Ecole des Roches für die reformpädagogischen Tendenzen sind, bestätigt die Tatsache, daß sich in Verneuil-sur-Avre die erste Pfadfindergruppe in Frankreich bildete[153].

Diese »Pédagogie rocheuse«, wie sie rückblickend gern genannt wird, hat die Gründung weiterer Ecoles nouvelles angeregt, von denen die bedeutendsten Schulen genannt seien: 1900 Ecole de l'Estérel bei Mandelieu in der Nähe von Cannes (Alpes-Maritimes), 1901 Ecole de l'Isle-de-France im Schloß der Herzöge von Rochefoucauld bei Liancourt-Ratigny zwischen Paris und Amiens, 1902 Collège de Normandie 20 km von Rouen entfernt bei Clères, 1905 Ecole de Guyenne auf der Höhe Mérignac bei Bordeaux, 1905 Ecole d'Aquitaine bei Chalais (Charente) zwischen Bordeaux und Angoulême, 1905 La Ruche bei Rambouillet (Seine-et-Oise), 1907 Ecole de Planchory bei St-Michel-sur-Loire in der Nähe von Langeais, 1910 Ecole des Chênes-verts bei Loudun (La Vienne, Poitu).

Alle diese Neuen Schulen orientieren sich in ihrem pädagogischen Konzept, wenn auch in unterschiedlichem Ausmaß, an der Ecole des Roches. Hinsichtlich der Übereinstimmung und Weiterführung der Motive seien einige Bemerkungen gemacht[154]. In allen Schulen spielen Sport (Cricket, Fußball) sowie die praktische Arbeit eine bedeu-

---

152 Edmond Demolins: L'Education nouvelle. A. a. O., S. 12. — Zur Persönlichkeit von Demolins vgl.: Edmond Demolins — qui était-ce? Textes de I. R. Maubert, E. De Sartiges, I. C. Courbin, P. Perier. Die Schrift wurde aus Anlaß des 75jährigen Bestehens der Schule 1974 herausgegeben. — Vgl. außerdem die Zeitschrift der Schule »L'Echo des Roches«.

153 Vgl. François Datin S. J.: Die Pädagogik Frankreichs. In: Handbuch der Erziehungswissenschaft. Bd. 3. Zweiter Teil. Hrsg. von Josef Schröteler. München 1934, S. 121.

154 Vgl. ergänzend M. Bäcker: Die Landerziehungsheime in Frankreich. Langensalza 1914. — Roger Cousinet: L'éducation nouvelle. Paris 1950.

tende Rolle. Stärker als in den englischen Schulen ist das Bemühen um eine Integration des Sports in das Schulleben und damit seine geistige Durchdringung spürbar. Zur Übung der Körperlichkeit gehört die Hygiene und die Bewegung im Freien ebenso wie die Enthaltsamkeit gegenüber Alkohol und Nikotin[155].

Die Lebensnähe der Unterrichtsarbeit drückt sich besonders klar in den Sprachen aus, die im kommunikativen Umgang — bei Tisch, Spiel, Geselligkeit — gelernt werden sollen. Das gilt in sinnvoller Übertragung auch vom Lateinunterricht, der insbesondere bei Demolins nach dem Vorbilde Reddies wie die neueren Fremdsprachen vermittelt werden soll. Auslandsaufenthalte sowie die Anwesenheit ausländischer Gastlehrer und Mitschüler (im Jahresbericht 1909/10 der Ecole de l'Ile-de-France stehen unter 108 Schülern 32 nichtfranzösische Schülernamen[156]; in der Ecole des Roches sind 1977 mehr als ein Drittel der Schülerschaft Ausländer[157]) ergänzen diese Bestrebung zur Gestaltung natürlicher Gesprächssituationen. Im Collège de Normandie wurde in Analogie zur Chapel in Abbotsholme außerdem eine »Réunion morale« entwickelt.

Aufschlußreich ist wiederum, daß die Ecole d'Aquitaine unter ihrem Leiter Ernest Contou, der von 1900—1905 in Ilsenburg unterrichtet hatte, einige Grundzüge von Lietz übernahm. Bereits die Unterbringung der Schule auf einem Gutshof und die Bewirtschaftung desselben durch die Schüler stimmt mit Lietz überein. Die von Contou entwickelte Arbeitsethik, die sich beim Heuen ebenso zu bewähren hat wie beim Okulieren eines Obstbaumes oder in der Werkstatt, zeigt viele Berührungspunkte mit derjenigen von Lietz[158]. Übereinstimmung herrscht auch hinsichtlich der Auffassung, daß gerade die praktische Arbeit charakterbildend sei, weil sie den ganzen Menschen fördere. »Nicht arbeiten, heißt lügen«[159] — diese Folgerung Contous ist ebenfalls mit den Grundanschauungen von Lietz verwandt.

Die Debattierabende, wie sie in der Ecole d'Aquitaine und in anderen Ecoles nouvelles gestaltet werden, sind didaktische Ausweitungen des Kapellengedankens in säkularisierter Form. Sie zeigen bei Contou außerdem Einflüsse der Gesamtunterrichtsidee von Berthold Otto. Dagegen steht die dem Geschichtsunterricht zugemessene Mittelpunktsstellung ebenso unter dem Einfluß von Lietz wie der Einsatz arbeitsunterrichtlicher Methoden. Das Ziel ist die Konzentration der Lehrfächer unter übergeordneten Gesichtspunkten, die auch eine Kooperation unter den Lehrenden ermöglichen – eine Einstellung, die in vielen Ecoles nouvelles aufweisbar ist.

Dagegen zeigt sich in La Ruche ein neues Motiv[160], das zwar in der Lietzschen

155 Ernest Contou: Ecoles nouvelles et Landerziehungsheime. Paris 1905, S. 13. — Joseph Duhamel: Le Collège de Normandie. Comment élever nos fils. Paris 1901, S. 228.

156 Vgl. M. Bäcker: Die Landerziehungsheime in Frankreich. A. a. O., S. 139.

157 Mitteilung in einem Brief des Directeur général vom 12. März 1977 an den Verfasser.

158 Vgl. in diesem Buch S. 122.

159 Zitiert nach M. Bäcker: Die Landerziehungsheime in Frankreich. A. a. O., S. 181.

160 Sébastien Faure: La Ruche. Propos d'éducateur. Rambouillet (Seine-et-Oise) 1910, S. 72 sowie M. Bäcker: Die Landerziehungsheime in Frankreich. A. a. O., S. 194.

Anstalt Veckenstedt einen Vorläufer hat, aber davon nicht beeinflußt wurde. Der Gründer der Anstalt, Sébastien Faure, hat als Verfechter sozialistischer Ideen die Schule für Waisen, Arme und Verwahrloste auf genossenschaftlicher Basis entwickelt. Die Schule umfaßt einen landwirtschaftlichen Betrieb, der nach den Grundsätzen der Produktionsschule bewirtschaftet wird. Die Kinder, die zu einem Drittel an dem Ertrag beteiligt sind (zwei Drittel fallen der Schule zu), lernen außerdem ein Handwerk. Dadurch erhalten sie nicht nur eine realistische Vorbereitung auf das Leben, sondern sie erfahren auch eine wirtschaftliche Startsicherung, wenn ihnen beim Verlassen der Schule der Betrag für ihre Arbeit ausgezahlt wird.

Auf diese Weise wird von den Ecoles nouvelles ein Kanon freier Unterrichtsmethoden zur Gestaltung eines Schullebens bereitgestellt, der die Reformbestrebungen in Frankreich empirisch abzusichern vermochte. Vieles von diesen leitenden Ideen und der durch ihre pädagogische Umsetzung geförderten Erfahrung ist in die Reform von Langevin-Wallon[161] eingegangen, die sich auf diesem Hintergrund entfaltete.

3. Die deutschen Landerziehungsheime als Transformatoren der Reform

Die Bewegung der deutschen Landerziehungsheime wurde durch die Gründungen von Hermann Lietz eingeleitet. Damit wurde der Anfang für eine pädagogische Bewegung gesetzt, die bis in die unmittelbare Gegenwart fruchtbar geblieben ist. Wenn hinsichtlich der Wirkung der Landerziehungsheime von einer transformativen Funktion gesprochen werden soll, so aus folgenden Gründen: Einmal schlossen die Landerziehungsheime an eine traditionelle Linie an, die durch Institutionen wie Schnepfental, das Dessauer Philantropin, Iferten vorgeprägt wurde. Zum anderen nahmen sie den durch Reddie in England gestifteten Gedanken der Neuen Erziehung ergänzend in das eigene Konzept auf und entwickelten ihn schrittweise bis in die unmittelbare Gegenwart weiter.

a. Hermann Lietz als Initiator der deutschen Landerziehungsheime

Wenn als umgreifende Zielsetzung der pädagogischen Bewegung die Lebensreform in der Intention der Kulturkritik verstanden wird, so gibt es zugleich keine bessere Kennzeichnung für die Landerziehungsheime und insbesondere für das Werk von Hermann Lietz. Über das Tor von Haubinda ließ er die Worte Herders schreiben: »Licht, Liebe, Leben.« Diese Worte sind recht eigentlich das Leitmotiv für sein Wirken, das man indessen nur voll verstehen kann, wenn Herkunft und Werdegang dieses Mannes ins Auge gefaßt werden.

---

161 Vgl. Hermann Röhrs: Grundmotive in der pädagogischen Provinz Frankreichs. In: Die Sammlung. 11. Jg. 1956, S. 121. — Ders.: Reformtendenzen und Reformen im Bildungswesen Frankreichs. In: Ders. (Hrsg.): Die Schulreform in den Industriestaaten. Frankfurt a. M. 1971, S. 63–77.

Hermann Lietz (1868–1919) wurde als Kind eines Landwirts in Dumgenewitz auf Rügen geboren. Die Kindheitserlebnisse auf dem elterlichen Gutshof in überschaubaren Verhältnissen sowie der unmittelbare Umgang mit den Tieren und der Natur haben ihn nachhaltig geprägt. Die Schilderung dieses Lebens in einfachen Formen gehört zu den instruktivsten Partien in den »Lebenserinnerungen«. Die Gymnasialzeit verbrachte er in Greifswald und Stralsund. Bezeichnend ist die Tatsache, daß die älteste Schwester Martha mit den fünf Geschwistern nach Greifswald übersiedelte, so daß das in der gemieteten Wohnung sich entfaltende Leben viel Ähnlichkeit mit der ländlichen Großfamilie behielt. Der Einzug der »Muttländer« in die Stadt löste dennoch nicht alle Fragen.

Zwei nachhaltige Eindrücke empfing der spätere Schulreformer während dieser Zeit. Einmal bedrückte ihn der reine Wissensdrill, der von einem überalterten Kollegium unter permanenten Disziplinschwierigkeiten ausging. »Von einer Kunst der Erziehung, von Liebe zur Jugend und Sorgsamkeit für sie war kein Hauch zu verspüren.«[162] Zum anderen lernte er bereits hier die Unsitten der Klassenkneipen und Fuchsenschleifereien kennen, die sicherlich viel zu seiner konsequenten Ablehnung von Alkohol und Nikotin beigetragen haben. Seine Schulerinnerungen schließt er mit dem resignierenden Kommentar ab: »Ruhet in Frieden.«

Dagegen öffnete sich ihm eine als befreiend empfundene geistige Welt während des Studiums der Theologie in Halle und Jena. Entscheidende Anregungen erhielt er von den Theologen Lipsius und Schmiel sowie von den Philosophen Liebmann und Eucken. Wie hoch Lietz seine Studienzeit und insbesondere den Einfluß Euckens einschätzte, geht daraus hervor, daß er ihm den Band »Die Deutsche Nationalschule. Beiträge zur Schulreform aus den Deutschen Landerziehungsheimen« (Leipzig 1911) mit den Worten widmete: »Rudolf Eucken, dem Vorkämpfer für deutschen Idealismus, meinem verehrten Lehrer.«

Während des Studiums setzte er sich auch mit Paul de Lagarde auseinander, der bis an sein Lebensende sein Vorbild[163] blieb. Jetzt erwachten in ihm auch sozialpolitische Interessen, die unter Moritz von Egidy zu sozialpraktischer Arbeit unter der Arbeiterbevölkerung im Nordosten Berlins und zur Einladung von Arbeiterkindern während der Ferien nach Dumgenewitz führten.

Auf dem Hintergrund dieser Erfahrungen reifte seine Entscheidung für den Lehrerberuf. Für die Klärung eines eigenen Schulkonzepts wird die Begegnung mit Wilhelm Rein fundamental wichtig. Als Cecil Reddie 1893 die Übungsschule Reins besuchte, wirkte Lietz dort als Oberlehrer. An der Seite Reins erlebte er die pädagogische Wirkung des »erzieherischen Unterrichts« und die Möglichkeiten des »Königlichen Amts des Erziehers«. Diese ersten pädagogischen Erfahrungen und Einsichten erfuhren während des Aufenthalts bei Reddie in Abbotsholme 1896/97 hinsichtlich eines eigenen Anfangs ihre letzte Reifung.

---

162 Hermann Lietz: Lebenserinnerungen. Weimar [5]1935, S. 18.

163 Alfred Andreesen: Hermann Lietz. München o. J. (1934), S. 68.

Alfred Andreesen kennzeichnet Leben und Wirken von Hermann Lietz, dessen Nachfolger er war, mit den Worten: »Die Kraft des Herzens war die große Macht im Wirken von Lietz.«[164] Diese Formel bietet einen wichtigen Ansatz zur Deutung des Erziehers Lietz und seines Werkes. Er ist weder ein Theoretiker noch ein originärer Didaktiker. Sein Wirken ist Ausdruck seiner Persönlichkeit und der sie formenden Lebenskräfte. Die theoretische Begründung erfolgt schrittweise in nachträglicher Besinnung. Erst nach der Gründung der drei Heime Ilsenburg im Harz (1898), Haubinda bei Hildburghausen in Thüringen (1901) und Bieberstein in der Rhön (1904) unternimmt Lietz in den Jahresberichten der »Deutschen Landerziehungsheime« den Versuch, sein Werk theoretisch zu rechtfertigen.

Auch Lietz gewinnt seinen Ausgangspunkt durch die Kritik an der bürgerlichen Gesellschaft – allerdings in der besonders bedenklichen Form des kleinstädtischen Pennälertums, wie er es während seiner Schulzeit in Greifswald und während seiner Referendarzeit in Putbus und Kötzschenbroda kennenlernte. Auf diesem Hintergrund wirkt das gelungene pädagogische Beispiel der Übungsschule von Rein in Jena sowie dasjenige von Reddie in der New School of Abbotsholme um so fruchtbarer. Darüber hinaus hat Lietz wichtige Anregungen durch die Fröbelschule in Keilhau, das Internat von Karl Volkmar Stoy in Jena sowie durch die Trüpersche Anstalt empfangen[165]. Diese wichtigen pädagogischen Erfahrungen konnten ihm zwar die Zeit des eigenen Experimentierens nicht ersparen, aber doch abkürzen und sichern helfen.

Auf diese Weise gewann er schon früh ein eigenes Urteil und einen pädagogischen Standpunkt. Bereits in seiner ersten Schrift »Emlohstobba« – dem Anagramm von Abbotsholme – wird das Bild der neuen Schule in den Umrissen deutlich, wenn auch in enthusiastischer Form gezeichnet. Er wendet sich polemisch gegen die Unterrichtsschule und entwirft ein Bildungsideal, das die Bildung des Charakters höher als die Wissensvermittlung einschätzt; die Bildung des Körpers und der staatsbürgerlichen Tugenden sowie die körperliche Tätigkeit ergänzen die wissenschaftliche Arbeit. Darüber heißt es in »Emlohstobba«: »In der Kunst der Verbindung von körperlicher und geistiger Tätigkeit, von Werkstätte bzw. von Natur und Schulstube besteht das ganze Geheimnis der Erziehung.«

Das umgreifende Ziel wird folgendermaßen beschrieben: »Verbindung der Ausbildung des Geistes mit der des Körpers, der praktischen Fertigkeiten und der Moral zum Ziel einer harmonischen Charakterstärke.«[166] Diese Charakteristik, die an Fichte und Herbart sowie an den Grundzügen von Abbotsholme orientiert ist, zeigt, wie stark sein Urteil zunächst noch von den Vorbildern geprägt bleibt.

---

164 A. a. O., S. 154.

165 Vgl. Herbert Bauer: Historisch-kritische Untersuchung der ideologischen und pädagogischen Grundlagen der deutschen Landerziehungsheime. Dissertation der Humboldt-Universität Berlin. Berlin (Ost) 1960, S. 127.

166 Hermann Lietz: Emlohstobba. Roman oder Wirklichkeit? Bilder aus dem deutschen Schulleben der Vergangenheit, Gegenwart oder Zukunft? Berlin 1897, S. 73.

Als er 1898 das erste Heim in Ilsenburg gründet, orientiert er sich am äußeren Rahmen von Abbotsholme. Vom Präfektensystem über die Chapel bis zur praktischen Arbeit weist vieles auf das englische Modell zurück. Das Leben, das so entstand, konnte und wollte den Zusammenhang mit Abbotsholme nicht leugnen, wenngleich erhebliche Wandlungen stattfanden. Es entwickelte sich ein Tagesverlauf, der in wesentlichen Zügen bis zur Gegenwart erhalten ist und der die Berührungspunkte mit dem englischen Vorbild am ehesten gewahrt hat. Nach dem Wecken um 6.30 Uhr ein Dauerlauf, der in Ilsenburg an den Wasserfall führte. Im Speisesaal sitzt jede »Familie« beisammen. Nach einem gemeinsam gesungenen Lied wird ein Leitwort aus der Bibel oder aus der Literatur vorgelesen.

Der Morgen, der mit fünf Stunden wissenschaftlichem Unterricht ausgefüllt ist, wird durch das Mittagessen und eine Freizeit unterbrochen. Der Nachmittag ist den praktischen Arbeiten im Garten, in der Werkstatt, auf dem Felde bzw. den musischen Aktivitäten gewidmet. So entstand eine relativ klare Akzentuierung des Schulalltags. Lietz charakterisiert diese Einteilung folgendermaßen: »So verlief der Tag in den Heimen im Wechsel zwischen geistiger und körperlicher Tätigkeit. Freude war die vorherrschende Stimmung vor allem der Kleinsten.«[167]

Nach dem Abendessen versammelte man sich in der Kapelle, der Lietz eine zentrale Funktion im Heimleben zumaß; darüber schreibt er in seinen Lebenserinnerungen: »Etwa eine Stunde später trifft man uns wieder unter den Zweigen einer hohen Fichte auf einer Wiese am Ilseufer, bei schlechtem Wetter im ›blauen Zimmer‹ oder in der ›Kapelle‹ oben im Haupthaus. Des Tages Arbeit ist zu Ende, der Abend hereingebrochen. Oft schon zogen Mond und Sterne oder feine Nebel auf der Wiese herauf. Alle sind am Boden gelagert. Ein Abendlied wird gesungen. Und dann wird vom Leiter des Heims etwas erzählt oder vorgelesen, das schönste von deutscher Dichtung, deutschen Märchen, Erzählungen, Lebensbeschreibungen, aus dem reichen Schatz alles dessen, in dem deutsches Herz und Gemüt und deutsches Wesen zum Ausdruck kommen, soweit es dem Alter und Verständnis der Kinder angemessen war. Es sollte der stille Abschluß des Tages, die erhebende Feierstunde nach aller Mühe und Arbeit sein. Für viele wurden diese stillen Abendstunden zu den schönsten Erlebnissen des Heimlebens, an die sie noch Jahre danach gern zurückdachten.«[168]

Die Kapelle sollte den Vorstellungen von Lietz entsprechend zu einem meditativen Mittelpunkt des Schullebens werden. Zur Sicherung eines unbedrängten Ausklingens der Stimmung folgte eine Schweigestunde. Die Kapelle vereinte die ganze Schulgemeinde zu einer säkularen Form der Andacht, der neben den Schülern und Lehrern auch die weiteren Angehörigen des Heims sowie Teile der Landbevölkerung beiwohn-

167 Hermann Lietz: Lebenserinnerungen. A. a. O., S. 93. – Vgl. ergänzend ders.: Heim der Hoffnung. Veckenstedt (Harz) o. J. (1911).

168 A. a. O., S. 92. – Ein Teil der Ansprachen während der Kapelle sind abgedruckt in Hermann Lietz: Die neue Zeit und das neue Geschlecht. Veckenstedt (Harz) 1918.

ten. Sie wurde am Kamin oder inmitten der Natur gestaltet. In Haubinda fand sie in der Gruft statt, die den Blick weit in die Haubindaner Landschaft freigab.

Die Vorbilder

Die Frage nach den Vorbildern für diese wichtige pädagogische Einrichtung wird auf Reddie, aber auch auf Schulpforta hinweisen müssen. In Schulpforta (Naumburg/Saale), einer Gründung von Herzog Moritz von Sachsen in einem 1560 aufgehobenen Zisterzienserkloster, waren Erziehung und Unterricht vom protestantischen Humanismus mit Griechisch, Latein und Hebräisch als Mittelpunkt geprägt. Anregend für die mit dem Kapellengedanken angesprochene Fragestellung ist die allgemeine Gestaltung des Schullebens. So muß der Eintretende ein Schulgelöbnis sprechen: »Ich gelobe mit Gottes Hilfe zu sein gottesfürchtig, fleißig, gehorsam und dankbar.« Dieses Gelübde läßt bereits den verpflichtenden Geist dieser Schulgemeinde erkennen, der dem Neuling vom ersten Tage an bewußt wird.

Der Schulgeist findet außerdem in dem sogenannten allgemeinen und besonderen Ecce seinen Ausdruck. Das allgemeine Ecce wird in Schulpforta am Vortage zum Totensonntag vor der Schulgemeinde zelebriert, indem Name und Lebenslauf der im vergangenen Jahr verstorbenen »Pförtner« verlesen werden. Dazu singt der Schülerchor das Lied Ecce quomodo moritur iustus, das in den Hallen und Gängen des ehemaligen Klosters seine Wirkung nicht verfehlt. Darin zeichnet sich der meditative Haltepunkt ab, der jedem Schüler deutlich macht, daß sein Leben vom Schuleintritt bis zum Tode eine Richtung und Verpflichtung durch Pforta erhalten hat. Gleichzeitig weiß er sich eingegliedert in die Reihe der Ehemaligen wie Klopstock, Fichte, Nietzsche, Karl Lamprecht, Paul Deussen, Ulrich von Wilamowitz-Moellendorff, die nicht weniger verpflichtend wirkt. Außerordentlich aufschlußreich für die entstehende Lebensprägung ist daher auch, daß der Historiker Karl Lamprecht sich seinem letzten Wunsch entsprechend auf dem Schulgrund beisetzen ließ und daß der klassische Philologe Wilamowitz-Moellendorff bei einer Befragung hinsichtlich seiner Schulerfahrungen antwortete: »Die Aufforderung, über die Erfahrungen meiner Schulzeit mich vernehmen zu lassen, kommt mir so vor, als sollte ich über mein Elternhaus ein Urteil abgeben. Dieses Gefühl der Ehrfurcht und der Pietät mag sehr unmodern sein; aber bei einem alten Zögling von Schulpforta ist es selbstverständlich. Eigentlich dürfte damit auch genug über die Schule gesagt sein.«[169] Lietz (und später Petersen) haben um diesen Schulgeist in Schulpforta gewußt; er steht daher letztlich auch anregend hinter dem Kapellengedanken bei Lietz sowie den Festen und Feiern bei Petersen. Lietz verläßt die christliche Basis und säkularisiert seine Kapelle. Wie Reddie stand auch er vortragend oder vorlesend im Mittelpunkt der Kapelle. Reddie rang ein Leben lang um die Frage der didaktischen Übersetz- und Übertragbarkeit der Texte in den

169 Alfred Graf: Schülerjahre. Erlebnisse und Urteile namhafter Zeitgenossen. Berlin-Schöneberg 1912, S. 107.

Verstehenshorizont der Knaben. »Suited to the young« ist das Schlüsselwort für diese Bemühungen. »Sein Ziel bestand darin, wie bei Sokrates, die Philosophie vom Himmel auf die Erde herabzuholen« betont Ward[170]. Dagegen war die autokratisch spontane Art von Lietz nicht gefeit vor Überforderungen. So wird davon berichtet, daß sehr zum Ärgernis von Lietz die Schüler in der Kapelle zuweilen unaufmerksam waren oder gar einnickten — sei es aufgrund thematischer Überforderung oder Übermüdung durch den Arbeitstag.

Dennoch ist von dieser Kapelle eine vielfältige erzieherische Wirkung ausgegangen. Andreesen schreibt darüber aus der Sicht des Miterlebenden: »In der Tat, unvergeßlich sind mir jene Stunden meiner ersten Ilsenburger Lehrertätigkeit, wo ich im Kreise meiner Jungen an der leichten Böschung des Mühlgrabendammes lang ausgestreckt auf dem Rücken lag. Durch das Laubwerk der hohen Eschen, das wie durchbrochenes Spitzengewebe unruhig gegen den klaren Abendhimmel stand, träumte der Blick in die Unendlichkeit; und dann mitten unter uns unter einer hohen Fichte Lietz, wie ein Hausvater unter den Seinen, irgendeine . . . Geschichte vorlesend, ein Bild, in dem die ganze feierliche Stille des schönen Abendliedes von Matthias Claudius körperliche Gestalt gewann . . .«[171] »Wie ein Hausvater unter den Seinen«, — darin findet der Lietz eigene patriarchalische Gestus seinen Ausdruck, der auch seiner Kapelle einen besonderen Charakter verleiht.

Wandlungen sind auch hinsichtlich der weiteren von Reddie übernommenen Grundzüge zu beobachten. So bewährte sich das Präfektensystem überhaupt nicht und wurde durch das Familienprinzip abgelöst, das unmittelbarere mitmenschliche Bezüge gewährleisten sollte. Die Familie sollte das erzieheriche Zentrum werden, in dem in der unmittelbaren Begegnung zwischen Erzieher und Schüler Aussprache, Rat, Wegweisung und Trost möglich wurden. Problematisch mußte das Familienprinzip allerdings solange wirken, wie das weibliche Element in den Heimen fehlte; eine grundsätzliche Änderung begann erst 1911 nach der Heirat mit Jutta von Petersenn, der Tochter von Bertha von Petersenn, der ersten Gründerin eines Landerziehungsheims für Mädchen 1900 am Stolper See bei Potsdam.

Dagegen wurde die praktische Arbeit neben dem Unterricht immer mehr zum bestimmenden Mittelpunkt für das Leben in den Heimen. Die praktische Arbeit wird nicht als bloßer Ausgleich gegenüber dem geistigen Schaffen verstanden, vielmehr in der ihr eigenen Würde als ethische Bildungsmacht. Nur der praktisch Arbeitende weiß das tägliche Brot zu genießen, weil er es der Erde abgerungen hat.

Darüber heißt es bei Lietz an einer Stelle, die den Landbewohner durchscheinen läßt. »Zu ihm (d. h. dem praktisch Arbeitenden, H. R.) redet die Saat, die in den Boden zu bringen er half, ebenso deutlich, wie das Tier, mit dem er diese Arbeit am Boden vollbracht. Diese redliche Arbeit allein bedingt wie die Gesundheit, so auch die

---

170 B. M. Ward: Reddie of Abbotsholme. A. a. O., S. 171.

171 Alfred Andreesen: Hermann Lietz. A. a. O., S. 106.

Einfachheit und Natürlichkeit des Menschen, seine Zusammengehörigkeit mit der Scholle. Ohne diese Teilnahme an der ländlichen Arbeit ist der Aufenthalt auf dem Lande etwas ebenso Unwahres und Unsolides, wie der wissenschaftliche Betrieb in den Pressen. In beiden Fällen dringt man nicht ein in das Wesen der Dinge; in beiden Fällen will man sich Früchte einfach da wegstehlen, wo man nicht gepflanzt und gesät hat ... Der sich körperlich nicht energisch Betätigende und schließlich schlaff Gewordene wird auch auf wissenschaftlichem Gebiet nichts Bedeutendes leisten.«[172]

Das eigene Konzept

Bei Lietz setzen die Bestrebungen nach einem eigenen Ansatz bei der Umgestaltung der äußeren (bei Reddie vorgefundenen) Erziehungsformen an. So wird das Präfektensystem durch das Familienprinzip abgelöst, dessen Leitmotiv lautet: »Sei den Kindern wie ein Vater!«[173]. In Ausweitung dieses Prinzips verstand sich Lietz als Leiter im guten Sinne ebenfalls in der Rolle des »Hausvaters«. Diese Stellung beleuchtet Andreesen, indem er auch die praktische Arbeit in diesen Zusammenhang rückt: »Wie der Hausvater auf dem Hof, so sollte der Leiter patriarchalisch dem Ganzen vorstehen, alle zu einer großen Familie verbindend. Das Kind erlebt die Urformen der Wirtschaft, es sieht die Güter entstehen, erarbeitet sich sein tägliches Brot, lernt im Handwerk die einfachen Vorbilder wirtschaftlichen Lebens kennen, und das alles in einer übersehbaren Gemeinschaft, wo es nicht nur das Technische an diesen Berufen, sondern vor allem die Menschen, die Träger dieser Funktionen kennen lernt und unmittelbare, persönliche, ja freundschaftliche Beziehungen zu Mensch und Tier gewinnen kann.«[174]

Es entsteht etwas Neues – wie auch Reddie 1898 bei einem Gegenbesuch mit seinen Schülern in Ilsenburg betont –, etwas Neues, das mehr dem väterlichen Gutshof als Abbotsholme gleicht. Bei Lietz wird die Arbeit zu einer notwendigen Lebenslehre, die werkgetreu unter Anleitung eines Meisters vollführt sein will: sei es in der Werkstatt, beim Pflügen oder im Garten. Das Modell des patriarchalisch geleiteten Gutshofs ist schließlich die alle weiteren Motive übergreifende Anregung für die entstehenden Heime. Es ist daher naheliegend, wenn Lietz den Erzieher mit dem Sämann vergleicht: »In vielen Stücken ist der Erzieher dem Sämann vergleichbar. Beide können wohl still ihre mühsame Arbeit verrichten, ihren Acker bestellen, ihre Saat ausstreuen. Beide müssen aber geduldig abwarten, was aus ihrer Arbeit wird.«[175]

Die Ausgewogenheit und Sinnhaftigkeit des Schulalltags in den Heimen war in der Tat das große erzieherische Geheimnis. Es führte zu einer Ursprünglichkeit in der Einstellung, die ihren Ausdruck in Lebensfreude und Gelöstheit fand. Das wird in einer Vielzahl von Stellungnahmen Ehemaliger über Lietz und das Heimleben bezeugt. Es

172 Hermann Lietz: Lebenserinnerungen. A. a. O., S. 20.

173 Alfred Andreesen: Hermann Lietz. A. a. O., S. 98.

174 A. a. O., S. 101.

175 Hermann Lietz: Lebenserinnerungen. A. a. O., S. 136.

soll hier stellvertretend Erich Meissner, der Schüler und Kollege Lietzens, zu Worte kommen: »Arbeit und Ruhe, Pflicht und Freiheit, Tätigkeit und Rezeptivität standen in einem gesunden Verhältnis zueinander. Dadurch wurde der Alltag schön und begehrenswert, gerade so wie er war. Wenn man morgens aufwachte, freute man sich. Eine der schwierigsten Aufgaben pädagogischer Praxis ist es, einen verdrossenen Alltag zu beleben.«[176]

Zu einer Lebenslehre gehören auch Weltkenntnis und Weltaufgeschlossenheit. Diesem Ziel dienen die Wanderungen und Reisen, die zwar im Ansatz auch in Abbotsholme angelegt sind, aber bei Lietz eine grundsätzlichere Bedeutung erhalten. Für Lietz sind die Wanderungen und Reisen, die er sonntags oder in den Ferien in wechselnder Gruppierung mit den Schülern unternimmt, konstitutive Teile der zu vermittelnden Lebenslehre.

Vieles geschieht in Wechselwirkung mit dem Wandervogel; mehrere seiner Lehrer in Haubinda — u. a. Wyneken, Halm, Luserke — stehen der Jugendbewegung nahe. Dennoch prägt Lietz seinen eigenen Stil, der eher autokratisch fordernd ist, als daß er sich an dem Geist der Meißnerformel oder dem Bilde des Sämanns orientierte. Trotzdem blieb auch dieses Stilelement bestimmt von einem erzieherischen Ringen um den jungen Menschen, um die Kenntnis seiner Eigenart und die Erfüllung seiner ihm aufgegebenen individuellen Aufgabe.

Der Erzieher Lietz

Lietz war ein begnadeter Erzieher. Von seinem erzieherischen Engagement kündet eine Vielzahl unterschiedlicher Szenen, die ihn inmitten seiner Jungen zeigen — sei es auf der Fahrt auf Erzschiffen nach Norwegen, radelnd durch Frankreich, bei der Erntearbeit oder in der Kapelle. Immer unterstellt er sich selber den Forderungen, die er von den Jungen erwartet. So machte er noch im fortgeschrittenen Alter einen Ausbildungskurs als Sportlehrer mit, um auch hier beispielgebend wirken zu können; der Sprung über ein quergestelltes Pferd führte zu einer schmerzhaften Rückgratverletzung, an deren Folgen er lange litt. Die erzieherische Zuneigung, die in Einzelfällen bis zu Freundschaften führte, blieb von einer natürlichen Autorität geprägt.

Es gibt wohl kein trefflicheres Dokument aus seinem Wirken, das diese Erziehergesinnung deutlicher machen könnte, als das kleine Schriftchen »Freseni«, das er unmittelbar nach dem Tode eines Schülers verfaßte. Albert Fresenius war einer seiner Lieblingsschüler, der in Haubinda an einer Nierenentzündung erkrankte und starb. Nachdem Lietz die letzten Tage und Nächte wachend und sorgend an seinem Bette zugebracht hatte, schrieb er den Nachruf. Dort heißt es: »Es galt, seine Gedanken von

---

176 Erich Meissner: Asketische Erziehung. Hermann Lietz und seine Pädagogik. Weinheim 1965, S. 48. — Vgl. hierzu die kenntnisreiche und einfühlsame Rezension von Rudolf Lennert: Hermann Lietz und seine Pädagogik, zu Erich Meissners Versuch einer kritischen Überprüfung. In: Zeitschrift für Pädagogik. 11. Jg. 1965, S. 590.

ihnen (d. h. den Schmerzen, H. R.) abzulenken. Vorlesen strengte ihn schon zu sehr an. Der Mann saß neben ihm und erzählte ihm aus seiner eigenen Jugend mit ihren Freuden und Leiden. ›Schneller, schneller bitte‹, waren seine flehentlich gesprochenen Worte. Jedes langsame Tempo quälte ihn . . . Aber die Gedanken ließen sich durch das Buch nicht bannen. Jeder Atemzug des Kranken gab ihnen eine andere Richtung. Und allmählich wurde das Atmen geräuschvoller. Es schien als wenn der Kranke nicht mehr gut Luft bekommen könnte . . . Die Ärzte konnten nicht mehr helfen. Die Mutter aber und der Freund blieben. Die beiden knieten an seinem Bette weinend . . . Er lag da, wie sonst, nur bleicher. So schön war der Blick, so von Hoheit und Reinheit zeugend der Ausdruck des Antlitzes. Seit man im Heim war, hatte wohl an diesem Morgen zum ersten Mal die Glocke nicht geläutet. Noch schliefen die Knaben. Aber sie mußten's erfahren, was unglaublich erschien. Langsam ging jemand von Zimmer zu Zimmer. Noch lagen die meisten ruhig schlummernd da. Er ermannte sich ›Steht auf, unser Freund ist tot‹. ›Tot? Tot? Nein!‹ Wohl nie so still war es im Heim gewesen, nie war man so still in die Kapelle gegangen, als es an diesem Morgen eine Stunde später geschah.«[177]

Alfred Andreesen, der als Lehrer in Haubinda diese Tage miterlebte, charakterisiert diese Situation mit dem »Brief eines Freundes«: »Als Lietz ihm das letzte Fest rüsten und den Toten in der Kapelle aufbahren hatte lassen, hielt er eine vom Augenblick eingegebene Abschiedsrede. Nie wieder hat einer von uns eine solche Rede gehört. Seine großen dunklen Augen glühten aus dem von Arbeiten und Nachtwachen ganz eingefallenen und gelben Gesicht, und seine Worte waren ein Zwiegespräch mit dem Toten, wenn sie auch an uns gerichtet waren . . . Da war keine Spur von Phrase, wie man sie von Grabreden her gewöhnt ist. Da war alles erschütternde Wahrheit.«[178]

Das ist der Erzieher Lietz, von dem Andreesen sagt, daß die »Kraft seines Herzens die große Macht in seinem Wirken« war. Zwar blieb die Grundform seiner erzieherischen Einstellung patriarchalisch, ja autokratisch von seiner starken Persönlichkeit geprägt, aber auch getragen von einer Stimmung der Offenheit und des Vertrauens. Für das Leben in der Familie ist daher die stete Bereitschaft zur Ansprache und Klärung bezeichnend. Dieses Vertrauen konnte soweit gehen, daß einzelnen Schülern das Du eingeräumt wurde. Daß es sich häufig um die Lieblingsschüler handelte, gehört zu den Kehrseiten der erzieherischen Passion.

Die Struktur der Heime

Wie machtvoll das Wirken Lietzens war, zeigt der Aufbau der Heime: 1898 Ilsenburg, 1901 Haubinda, 1904 Bieberstein ohne eigene Mittel. Das pädagogisch charakteristische an den Heimen ist wohl der Stufenaufbau, wie er im Laufe der Jahre entstand. Es

177 H(ermann) L(ietz): Freseni. Veckenstedt (Harz) o. J., S. 40, 43, 45, 46, 47.

178 Alfred Andreesen: Hermann Lietz. A. a. O.

waren zunächst durchaus praktische Erwägungen, die zu dieser Stufengliederung führten. Als Ilsenburg bei wachsender Schülerzahl zu eng wurde, zog Lietz mit den älteren Schülern 1901 nach Haubinda in das neue Heim, denn sie konnten mitarbeiten und zur Einrichtung sowie zum Aufbau des neuen Heims beitragen. Dasselbe wiederholte sich 1904 bei der Gründung von Bieberstein.

Lietz war eine der Naturen, die Entwicklungen in Gang setzen, aber sie weniger durch eingehende Klärung als durch Neuansätze zu fördern versuchen. So sieht auch Erich Meissner sein Naturell: »Lietz hat in hohem Maße die Fähigkeit besessen, gemeinschaftsbildende Kräfte zu wecken. Freilich gelang ihm dies am besten im ersten Anlauf; er war kein Meister der Konsolidierung. Der unersättliche Wille, nach wenigen Jahren wieder eine neue Schule zu gründen, erklärt sich z. T. wohl aus der Selbsterkenntnis, daß ihm der Anfang glückte, eigentlich immer, die ruhige Fortsetzung und der stille Ausbau aber schwer fiel.«[179] Diese Charakteristik stimmt auch weitgehend mit derjenigen Gustav Wynekens[180] überein, wenngleich dieser jene Züge sehr viel kritischer bis skeptischer darlegt.

Während der Gründungszeit kam es zwischen den jüdischen Schülern mit ihrem Sprecher Dr. Theodor Lessing und Lietz zum »Haubindaner Judenkrach«, der zur Trennung führte. Wenn auch Lietz sicherlich kein Anhänger des Antisemitismus war, so verhinderte seine nationalistische Einstellung eine tolerante Lösung — trotz der Berufung auf Nathan den Weisen als Kennzeichen der väterlichen wie auch seiner Grundhaltung. Das zeigt sich fortan in der Beschränkung auf Schüler »deutsch-germanischer Abstammung«[181], wie es bei ihm heißt. Es hat an verwandten Handlungen durchaus nicht gefehlt: Als Rosa Luxemburg erschossen wurde, ließ er flaggen, und bei Ausbruch des Weltkrieges meldete er sich und die Schülerschaft in einem Telegramm an Hindenburg als kampfbereit.

In den Heimen entstand die Stufeneinteilung zunächst mehr aus organisatorischen Gründen: das Heim der Kleinen in Ilsenburg (Alter der Märchen und Sagen), das Heim der Flegeljahre in Haubinda (Mittelstufe), das Heim des eigentlichen Jünglingsalters in Bieberstein (Reifezeit). Erst nachdem die Erfahrung die Richtigkeit dieser Maßnahme bestätigte, erfolgte die eigentlich pädagogische Begründung, die besagte, daß es nunmehr möglich sei, jedem Alter die ihm gemäße Entwicklungswelt zu schaffen. In Ilsenburg blieb die Naivität der Kleinen gewahrt und wurde nicht vorzeitig

---

179 Erich Meissner: Asketische Erziehung. Hermann Lietz und seine Pädagogik. S. 46.

180 Gustav Wyneken: Erinnerungen an Hermann Lietz. In: Elisabeth Kutzer (Hrsg.): Hermann Lietz. Zeugnisse seiner Zeitgenossen. Stuttgart 1968, S. 72.

181 Vgl. Hermann Lietz: Lebenserinnerungen. A. a. O., S. 115, 161. — Eine gerecht abwägende, aber auch hart urteilende Darstellung liefert Erich Meissner: Asketische Erziehung. Hermann Lietz und seine Pädagogik. A. a. O., S. 68. — Ein ausgewogenes Charakterbild Lietzens findet sich in den Beiträgen des Sammelbandes Elisabeth Kutzer (Hrsg.): Hermann Lietz: Zeugnisse seiner Zeitgenossen. A. a. O.

durch das oft negative Vorbild der Größeren und Großen aus der Bahn gewiesen. Auf jeder Stufe entstand ein relativ autonomer Schulstaat, in dem jeder Verantwortung in der Arbeit und Selbstverwaltung mittragen konnte. Der pädagogisch wichtigste Gesichtspunkt bestand für Lietz darin, daß die leitenden Funktionen nicht auf bestimmte Schüler fixiert blieben, sondern daß sich alle Kinder zweimal in einer relativ neuen Umgebung einleben und bewähren mußten[182].

Gegenüber den Vorteilen der Stufeneinteilung muß allerdings auch geltend gemacht werden, daß die ohnehin starke soziale Verdünnung des Lebens in den Heimen noch problematischer wird. Soweit eine Altersstufe isoliert wird, fallen die sozialen Bindungen zu den weiteren Altersgruppen weg, die keineswegs negativ zu sein brauchen. Auch das Vorbild und die dadurch ausgelöste Nachfolge sind echte Erziehungsfaktoren. Zu einem auch nur einigermaßen ausgewogenen Kreis der Familie gehören auch die Größeren, zumal, wenn die Mädchen fehlen. So haftet den Heimen eine gewisse Künstlichkeit als Ergebnis der sozialen Trennung von der Gesellschaft an. Dieses Gefahrenmoment kann durch die Stufeneinteilung noch verstärkt werden. Übersehen werden darf allerdings nicht, daß Lietz gerade diese Isolierung durch die Stiftung einer übersichtlichen und pädagogisch verantwortbaren Gemeinde zu relativieren versuchte.

Lietz hat letztlich allen seinen Heimen den Stempel seiner Persönlichkeit aufgedrückt. Das führte einerseits zu einem einheitlichen, geschlossenen Schulorganismus, aber auch zu einer gewissen Ausschließlichkeit, die nicht immer genügend Spielraum für andere starke Persönlichkeiten ließ. So kam es schon früh und wiederholt zu Konflikten mit Mitarbeitern. Die harten Auseinandersetzungen, in die häufig die Eltern einbezogen wurden, sind denen in Abbotsholme nicht unähnlich[183].

So wurde Lietz in einem »Pamphlet«, das »vertraulich« an den Kreis der Schule verschickt wurde, heftig angegriffen; die Eltern wurden darin aufgefordert, ihre Kinder in die Neugründung Wickersdorf zu schicken. Im Gegensatz zu den (häufig polemischen) Stellungnahmen Wynekens setzt sich Lietz sehr zurückhaltend (und ohne Nennung der Namen von Wyneken und Geheeb) mit den Vorgängen unter deren Leitung in Ilsenburg und Haubinda auseinander. Lietz schreibt dazu: »In Veröffentlichungen und zahlreichen Vorträgen wurde von jener Seite her mein Werk und meine Person Jahr für Jahr geflissentlich herabgesetzt. Was sollte ich tun? Gab's jenen gegenüber eine andere Antwort als Schweigen, gemäß dem Griechenwort: ›Des Mannes Richter ist die Zeit‹? Es mangelte mir stets an Zeit und Neigung, in jene Arena der Schmähsucht und der eitlen Selbstberäucherung hinabzusteigen.«[184]

Kraft, Wagemut, aber auch Umstellungsfähigkeit sowie sozialpolitisches Engagement von Lietz werden aus einer Schrift ersichtlich, die er 1919 der Öffentlichkeit un-

182 Hermann Lietz: Lebenserinnerungen. A. a. O., S. 119, 153 ff.

183 Vgl. hierzu B. M. Ward: Reddie of Abbotsholme. A. a. O. Die schwerste der Auseinandersetzungen wird unter der Überschrift »The Second Mutiny« (S. 101) dargestellt.

184 Hermann Lietz: Lebenserinnerungen. A. a. O., S. 144.

terbreitete. Mit dem Ende des Weltkrieges war für Lietz eine Welt zusammengebrochen — aber nicht Resignation, vielmehr der Wille zum Neubeginn war seine Antwort. In der Schrift »Des Vaterlandes Not und Hoffnung« entwickelt er auf dem Hintergrund der Erfahrungen in den Landerziehungsheimen einen »Beitrag zur deutschen Schulreform«.

Unter dem Leitmotiv »Gedanken und Vorschläge zur Sozialpolitik und Volkserziehung« begründet er dabei das Konzept einer deutschen Einheitsschule in Gestalt der »Volks-Einheits-Schule«[185]. Der bereits damals diskriminierend wirkende Name Volksschule soll zu einem Ehrentitel einer differenzierten Schule für jedermann werden. So findet Lietz schließlich auf dem Hintergrund der speziellen Erfahrungen in den Landerziehungsheimen, die bereits in ihrem Ursprung eine starke sozialpolitische Wurzel zeigten, den Weg zu einer Bildungsreform, die ergänzt wird durch eine Erneuerung der »Lebensbedingungen des neuen deutschen Volksstaats«. Das Kapitel »Zur Rassenfrage« mit den Überlegungen hinsichtlich der »Reinhaltung der Rasse« durch die richtige Einschätzung der »jüdischen Gefahr« zeigt indessen, daß der Nationalismus von Lietz ungebrochen ist und seine antijüdische Einstellung stärker wurde. Die pronazistische Haltung der Heimleitung nach 1933 unter Alfred Andreesen kann somit nicht schlechthin als ein für die Heimexistenz notwendiges Anpassungsstreben bezeichnet werden.

b. Das Landerziehungsheim als geistiger Orden

Die Landerziehungsheime Lietzscher Prägung zogen viele Lehrerpersönlichkeiten an, die sich z. T. nach einigen Jahren der Mitwirkung wieder trennten — sei es wegen entstandener Konflikte mit Lietz oder sei es, weil sie — zunächst begeistert von der Lietzschen Konzeption der Bildungsreform als Lebensreform — in dieser Hinsicht andere Vorstellungen entwickelten. Wiederholt kam es zu Sezessionen; in der größten und eingreifendsten Sezession lösten sich 1906 Wyneken, der 1900 nach Ilsenburg gekommen war, Geheeb, Luserke und Halm von Lietz, um ihren abweichenden Ideen entsprechend eine eigene Anstalt zu gründen.

Wyneken und Wickersdorf

Gustav Wyneken (geb. 1875 in Stade, gest. 1964 in Göttingen) ist wohl eine der eigenwilligsten Erzieherpersönlichkeiten der neueren Bildungsgeschichte. Obwohl er wiederholt betont, daß er weder Pädagoge noch Bildungsreformer sei, hat er die beiden zentralen Strömungen der Reformpädagogik — die Landerziehungsheime und die Jugendbewegung sowie das Verhältnis beider zueinander — entscheidend mitbestimmt.

Die Differenzen zu Lietz werden in einer Beschreibung deutlich, die Wyneken auf dem Hintergrund seiner Erfahrungen im Umgang mit Lietz gibt: „Ich und meine

185 Hermann Lietz: Des Vaterlandes Not und Hoffnung. Veckenstedt 1919, S. 59.

Freunde, wir hatten gewiß nicht die Absicht, eine geschlossene Opposition in seinem Mitarbeiterkreis zu bilden, aber von Fall zu Fall befanden wir uns freilich nicht selten in der Opposition zu ihm; die einzige Gelegenheit, abweichende Ansichten zu äußern, war die Konferenz. Was war zu machen? Eine Verständigung mit ihm herzustellen, war unmöglich, Versuche führten nur zu tieferer Entfremdung. Er vermochte sachlich und gewissensmäßig begründeten Widerspruch von Lust am Streiten und Besserwisserei nicht zu unterscheiden. Im übrigen ging er ja nicht aus sich heraus. Mit niemandem im Lehrerkollegium (außer etwa Herrn K.) hatte er noch Verbindung. Und was konnte denn erreicht werden? Seine pädagogische Autokratie, sein Alleinrecht auf die Jugend waren für ihn Lebensfragen, daran war also nicht zu rütteln. Und in Dingen des Geistes – etwa des Geschmackes, der Kunst, der Weltanschauung, der Religion – fühlte er sich uns gegenüber zu unsicher, um sich auf ernste Auseinandersetzungen einzulassen, vor allem fühlte er auch wohl die Inkonsequenz und den Kompromiß in seinen Anschauungen. Ein bißchen ahnungslos und mit dem, was er sich auf der Universität erarbeitet hatte, zufrieden war er ans Werk gegangen, nun bekam er zu spüren, daß die Dinge nicht so einfach lagen, ja daß er an den wesentlichen Entscheidungen bisher vorbeigegangen war.«[186]

»Ich und meine Freunde« – diese apodiktische Diktion zeigt eine nicht weniger ausschließliche Natur als sie Lietz war, allerdings verlieh die Wyneken eigene geistige Dialektik seinen Aussagen Gewicht und Spitze. Sein Stil war zeitweise mehr als suggestiv – häufig bereits diktatorisch oder, wie es bei Kupffer heißt, »einer Diktatur schon recht nahe«[187]. Gerade die Gegensätzlichkeit zu Lietz festigte Wyneken im Eigenen. Während Lietz, der ein Leben lang ein der Erde verbundener Landmensch blieb, die Jugend zu einer humanen Form der Pflichterfüllung führen wollte, kam es Wyneken ganz entscheidend auf die freie und verpflichtende Einführung in die Welt des Geistes an. So mußte es 1906 zur Trennung in Haubinda kommen. Unter der Initiative von Wyneken entstand die Freie Schulgemeinde Wickersdorf auf den Höhen des Thüringer Waldes, 14 km von Saalfeld entfernt. Aus politischen und persönlichen Gründen hatte Paul Geheeb die Verhandlungen in Meiningen geführt – einmal, da Schwierigkeiten für Wyneken wegen seines Kirchenaustritts entstanden und zum anderen wegen der guten Beziehungen Geheebs zum Großherzog von Sachsen-Meiningen.

Daher übernahm Geheeb auch die Leitung von Wickersdorf und erst aufgrund des ausdrücklichen Wunsches von Geheeb wurde Wyneken Mitleiter, was allerdings zu permanenten Reibungen führte. Daß solche Situationen außerordentlich problematische Seiten zum Vorschein bringen, zeigt die »Meuterei« der Lehrer in Abbotsholme

186 Gustav Wyneken: Erinnerungen an Hermann Lietz. A. a. O., S. 108.
187 Heinrich Kupffer: Gustav Wyneken. Stuttgart 1970, S. 271.

(zusammen mit den einseitig informierten Eltern) gegen Reddie während dessen Abwesenheit sowie die durchaus verwandte Entwicklung in Haubinda[188].

Der entscheidende Anlaß in Haubinda war aber die Verpachtung des Heimes an Dr. Marseille, einen Außenstehenden, während die eigentliche Arbeit bisher von Wyneken, Geheeb, Halm und Luserke getragen und vor den Eltern auch verantwortet wurde. Daher trifft die Deutung Andreesens, daß sie sich nicht »mitverpachten lassen«[189] wollten, den entscheidenden Punkt der Auseinandersetzung im Sinne der Gruppe. Daß der Konflikt nicht zu einer geistigen Auseinandersetzung führte, die Lietz wohl wegen seiner anderen Lebenshaltung und unbewußt gespürten geistigen Unterlegenheit scheute, umschreibt seinen Schuldanteil an diesem Zerwürfnis.

Die Differenzpunkte kennzeichnen bereits das Spezifikum der Pädagogik Wynekens. Sie findet ihren Ausdruck in zwei einander ergänzenden Programmpunkten — in der Forderung nach einer besonderen Jugendkultur sowie in der Gründung der Freien Schulgemeinde Wickersdorf. Das eigentliche Verdienst Wynekens besteht darin, daß er Jugend und Schule als geistige Grundphänomene zu sehen versuchte, die ihre Begründung nicht durch ihren historisch vorgegebenen sozialen Stellenwert, sondern durch ein prinzipielles Neudurchdenken erfahren. So gesehen sind ihm Jugend und Schule nicht lediglich Mittel zur Fortführung der geschichtlich-gesellschaftlichen Entwicklung, vielmehr die Möglichkeit der kulturgeschichtlichen Wende, die Chance des Neuen im Sinne Rousseaus und Nietzsches.

Wyneken, der 1895 in Greifswald mit einer Dissertation über »Hegels Kritik Kants« promoviert hat[190], findet auf diesem philosophiegeschichtlichen Hintergrund einen eigenen kulturkritischen Ansatz. »Wie die rechte Schule der geistigen Arbeit der Zeit, in die sie einzuführen hat, entsprechen muß, so muß sie andererseits auch dem Wesen der Jugend, und zwar der heutigen Jugend, gerecht werden. Der Jugend überhaupt, d. h. sie soll sich dessen bewußt bleiben, daß die Jugend ihr eigenes Recht, ihr eigenes Leben, ihre eigene Schönheit hat und nicht lediglich Vorbereitungszeit, nicht lediglich Mittel zum Zweck ist.«[191] Diese Bestimmung der Jugend, die ganz ent-

---

188 Vgl. hierzu die Stellungnahme von B. M. Ward: Reddie of Abbotsholme. A. a. O. — Ward schreibt als neutraler Beobachter über diese Lehrer, und wegen des Seltenheitswerts derartiger Positionen in vielen ähnlichen Lagen sei die Stelle genannt: »The bandits who tried to steal the school between 1904 and 1908 were adventurers pure and simple. The blackening of Reddie's character was, from their point of view, merely a necessary stage in their plots.« (S. 101). — Vgl. auch die Charakteristik von Wyneken und Geheeb durch Hermann Lietz: Lebenserinnerungen. A. a. O., S. 142, 143.

189 Alfred Andreesen: Hermann Lietz. A. a. O., S. 52.

190 Die geistige Entwicklung Wynekens und der Einfluß seiner akademischen Lehrer auf seinen Denkansatz ist nach der Untersuchung von Ulrich Panzer: Gustav Wyneken. Leben und Werk. Weinheim 1960, grundsätzlicher von Erich H. Geissler: Der Gedanke der Jugend bei Gustav Wyneken. Frankfurt a. M., Berlin, Bonn 1963 und von Heinrich Kupffer: Gustav Wyneken. Stuttgart 1970 aufgegriffen worden.

191 Gustav Wyneken: Wickersdorf. Lauenburg (Elbe) 1922, S. 136.

scheidend bis in die Diktion hinein von Rousseau beeinflußt ist, steht auch hinter dem Gedanken der Jugendkultur. Darin wird der Jugend keine kulturschöpferische Potenz zugeschrieben, wohl aber das Recht auf ein eigenes Verhältnis zur Kultur und der darin angelegten Möglichkeiten originärer Mitwirkung. Die Frage nach der zeitlichen Begrenzung der Jugendzeit beantwortet Wyneken eindeutig: »Ich bezeichne mit ›Jugend‹, im Unterschied zur Kindheit, die Zeit etwa des dritten Jahrsiebts, die Zeit vom Eintritt der Pubertät bis zur Mündigkeit«[192]. Der Jugend ist eine Zwischenstellung zwischen der Natur und dem Geiste eigen. Letztlich ist der Weg von der einen zur anderen Stufe eine Form der Selbstfindung, die als Selbstverwirklichung auch Selbsterlösung wird: »Die Menschheit ist das Erwachen der Welt«, an dem jeder einzelne — auch der junge Mensch — teilhat und mitwirkt im Sinne der »Welterlösung: ich kann für sie nichts anderes und nichts Besseres tun, als mittätig sein im Selbsterkenungsprozeß der Welt — den objektiven Geist, den Gedanken fördernd; so arbeite ich gewiß für die Erlösung und gehe ihr entgegen.«[193]

Der Gedanke der Jugendkultur

Die Jugend trägt den »Reiz des unberührt Naturhaften« und zugleich bereits »das erste Leuchten geistiger Schönheit«. Diese Zwischenstellung mit ihren besonderen erzieherischen Möglichkeiten geht verloren, wenn die ältere Generation zu früh und zu eindeutig fordernd in die Welt der Jugend eintritt und sie nach ihren Maßstäben mißt. Unter diesem Aspekt übt Wyneken Kritik an den bisherigen Erziehungs- und Schulformen, die vorwiegend auf eine »Dienstbarmachung der Jugend« für die Zwecke der älteren Generation ausgerichtet sind. Die Schwerpunkte dieses »Veralterungsprozesses«, dessen Ziel das »Alt- und Erwachsenmachen«[194] ist, werden im Verlauf der Bildungsgeschichte zwar verändert, aber die Grundtendenz bleibt erhalten.

Daher ist die »Geschichte der menschlichen Kultur« letzten Endes eine »Passionsgeschichte der Jugend«[195], die immer bestimmten Zwecken der Gesellschaft aufgeopfert und nicht in ihren eigenen Rechten und Pflichten gesehen wird. So wird die Jugend in einigen Kulturen auf ein priesterliches Ethos verpflichtet, in anderen wird das kriegerische Richtziel oder der wirtschaftliche Zweck verbindlich. Der erzieherische Leitgedanke in der Gegenwart ist die Vorbereitung der Jugend auf den wirtschaftlichen Existenzkampf, so daß selbst die geistigen Güter aus dem Bereich von Religion, Kunst und Wissenschaft als pragmatisch dosierte Kräftigungs- und Orientierungsmittel — als eine Art geistiger Marschverpflegung ohne echtes Feuer und Hingabe an eine Aufgabe — ausgegeben werden. Da dieses Wirtschaftsleben als »Tüchtigmachung für den wirtschaftlichen Daseinskampf«[196] ein rücksichtsloser Kampf aller gegen alle ist,

192 Gustav Wyneken: Der Kampf für die Jugend. Jena 1920, S. 61.
193 Gustav Wyneken: Schule und Jugendkultur. Jena 1928, S. 63.
194 A. a. O., S. 33.
195 A. a. O., S. 33. — Ders.: Die neue Jugend. München ⁴1919.
196 Gustav Wyneken: Schule und Jugendkultur. A. a. O., S. 33.

der das Heute im Dienste des Morgen herabwürdigt, wird auch die Erziehung zu ihrem Abbild – ohne geistige Perspektive und Konzept. Kurz: Die ganze Erziehung dient dem Altmachen und nicht dem Jungerhalten als dem Quell neuer Lebensimpulse.

Demgegenüber betont Wyneken die Autonomie der Jugend, ihre Eigengesetzlichkeit und Ebenbürtigkeit. Darin erblickt er zugleich die Überlegenheit der Jugend, die jederzeit auch ein Neubeginn sei und daher über das bisher Geschaffene hinauswachsen oder sich von ihm abwenden könne, was wiederum in der älteren Generation – als unbewußte Abwehr – das System der Fesselung auslöse, der unbedingten Verpflichtung auf die jeweils gültigen Werte. Die Überlegenheit der Jugend bewährt sich gerade im Bereich des Sittlichen und Geistigen. Die Jugend urteilt noch nicht ausschließlich aus dem Aspekt der vermeintlich sanktionierten Gegenwartskultur; sie tritt den Fragen noch mit einem ursprünglichen und unverbogenen Urteilsvermögen entgegen und wendet sich ab, wo sie nicht bejahen kann. Wyneken versteht die Jugendbewegung als eine derartige Abkehr von der konventionell bestimmten bürgerlichen Scheinwelt und dem gläubigen Suchen nach einer dem jugendlich-echten Empfinden entsprechenden Wirklichkeit.

Unter diesen Voraussetzungen beginnt Wyneken schon früh das Gespräch mit der Jugendbewegung. Daß er deren Ziele in der einseitigen Darstellung Blühers kennenlernte, die den Bruch mit der älteren Generation und die revolutionäre Aufbruchsituation der Jungen überzeichnete, kam zwar seinen eigenen Grundvorstellungen entgegen, belastete aber das Gespräch und führte zu vielen Mißverständnissen[197]. Seine Kritik richtet sich gegen die mangelnde innere Folgerichtigkeit in der Jugendbewegung, die zwar einerseits aus Familie und Großstadt in die Natur hinausführt und in Spiel, Tanz und Lied eigene Formen entwickelt, aber andererseits der Gefahr unterliegt, in dieser romantisierten Sphäre selbstgenügsam zu verharren, ohne die Kräfte für einen Neubeginn freizusetzen.

In diesem Zusammenhang ist es fraglos das Verdienst Wynekens, der mit der Meißner-Formel der Jugend zum Bewußtsein ihres Wollens verhalf – »aus eigener Bestimmung, vor eigener Verantwortung, mit innerer Wahrhaftigkeit ihr Leben zu gestalten« –, diesen romantischen Anfang in Frage gestellt zu haben. Er kritisierte die Wirklichkeitsflucht der Jugend, die zur Selbstverwirklichung zwar notwendig ist, aber nicht als Selbstzweck, sondern als Weg zu einer jugendgemäßen Auseinandersetzung mit den Tatsachen der Wirklichkeit. Darüber hinaus war Wyneken stets bemüht, die geistige Botschaft des Hohen Meißner wachzuhalten und weiterzuvermitteln, allerdings häufig genug als ein Missionieren für Wickersdorf und den Gedanken der Freien Jugendgemeinde, wozu ihm die von ihm begründete Jugendzeitschrift »Anfang« zusätzlich diente.

Ebenso kritisiert er die Ablehnung der Schule durch die Jugendbewegung. Seine Freie Schulgemeinde ist letzten Endes der Versuch, die Jugendbewegung mit der Schu-

197 Vgl. hierzu Ulrich Panzer: Gustav Wyneken. Leben und Werk. A. a. O., S. 91 sowie Erich H. Geissler: Der Gedanke der Jugend bei Gustav Wyneken. A. a. O., S. 25.

le zu versöhnen, allerdings mit einer ihr gemäßen Jugendschule. Die Freie Schulgemeinde – als »Synthese von Schule und Wandervogel auf höherer Stufe« – soll gleichsam zu einer Freien Jugendgemeinde ausgeweitet werden, die nicht nur die Gegensätze in der Jugendbewegung auf einem freien geistigen Forum zu einem produktiven Ausgleich bringt, sondern dessen schöpferische Wirkung gerade in der erzieherischen Impulssetzung für die gesamte Jugend begründet ist. Darüber heißt es bei Wyneken in Variation eines durchgehenden Gedankens: »Diese ganze Jugendbewegung ist von Wickersdorf in ihren kulturellen Anschauungen, in ihren Gedanken über ein neues Jugendleben und eine neue Schule aufs stärkste beeinflußt. Wickersdorf ist ihr ein Symbol ihres Glaubens an ein neues Jugendleben, ein Stück schönerer Zukunft inmitten einer noch häßlichen Wirklichkeit.«[198]

Die Jugendschule

Damit sind zugleich die pädagogischen Prinzipien für Wickersdorf als einer Schule der Jugend- und Geisteskultur umschrieben, deren Ziel der Dienst am Geist und an den unbedingten Werten in jugendgemäßer Form ist. »Der Grundzug der ganzen Schule sei das Bewußtsein, daß der Mensch letzten Endes sein Leben in den Dienst höherer Ideen zu stellen, an der Verwirklichung eines göttlichen Reiches mitzuarbeiten hat, und daß dies seinem Leben den eigentlichen Sinn gibt.«[199] Wickersdorf als Modell eines intendierten breiten Kreises Freier Schulgemeinden trägt daher den Grundzug eines »ritterlichen Jugendordens«. »Innerhalb der neuen Jugendbewegung haben sie die Aufgabe, Ruhe-, Sammel- und geistige Waffenplätze zu bilden.«[200] Diesem Ziel, eine jugendgemäße Begegnung mit der Welt des Geistes anzubahnen, dient auch die inhaltliche und äußere Gestaltung der Schule; dazu seien die wichtigsten Punkte angesprochen.

Die Freie Schulgemeinde soll ein wahrhaftes Abbild des Lebens darstellen und alle Lebensalter sowie beide Geschlechter in einer Lebensgemeinschaft umfassen. Ihren unmittelbarsten Ausdruck findet diese Gemeinschaft in der »Kameradschaft«, die den Familien der Lietzschen Heime entspricht. Wichtig ist wohl die zweifache Wahl, die im Gegensatz zu der Zuweisung zu einer Familie in den patriarchalischen Heimen von Lietz die Wahl einer Kameradschaft durch das Kind vorsieht, was die An- und Aufnahme durch die Kameradschaft als freien Akt einschließt.

Die Kameradschaft wird von einem Kameradschaftsführer geleitet, dessen Aufgaben Wyneken folgendermaßen beschreibt: »Individuelle Beobachtung, Fürsorge, Beratung in jeder Hinsicht.«[201] Zur Schulgemeinde gehört auch der Gedanke der verantwortlichen Mitwirkung der Schüler. »Wie nun jeder Lehrer das Recht hat, Mißstände und Disziplinlosigkeiten, mit denen er allein nicht fertig werden kann, vor die

---

198 Gustav Wyneken: Wickersdorf. A. a. O., S. 128.

199 A. a. O., S. 139.

200 Gustav Wyneken: Der Kampf für die Jugend. A. a. O., S. 136, 137.

201 Gustav Wyneken: Wickersdorf. A. a. O., S. 52.

Schulgemeinde zu bringen, so haben selbstverständlich auch die Schüler in Notfällen durch die Schulgemeinde immer die Möglichkeit einer Flucht in die Öffentlichkeit.«[202] Demokratisch gesichert und institutionalisiert wird die Mitwirkung durch den »Schülerausschuß«.

In der Schulgemeinschaft gilt es, ein neues Körpergefühl im Wechselverhältnis mit dem Geistesleben zu entfalten. »Dies neue Körpergefühl ... ist die Reaktion auf die Alleinherrschaft des Geistes, ausgeübt durch die Wissenschaft, sie ist Emanzipation des Lebens.«[203] Dieses »neue Körpergefühl« wird in Wickersdorf durch Sport, Spiel und Tanz entfaltet, die sich als konstitutive Teile dem musischen Leben einordnen. Neben den Ballspielen kommt den Dauerläufen wegen der durch sie geförderten asketisch-meditativen Einstellung eine besondere Bedeutung zu. Den eigentlich meditativen Mittelpunkt bildeten auch in Wickersdorf die »Morgen- und Abendsprachen« sowie die Feste und Feiern.

Dieser neue Schulstil wurde weitgehend von Luserke und Halm geprägt. Dazu soll Alfred Ehrentreich zu Wort kommen, der während dieser Jahre unter Luserke Lehrer in Wickersdorf war: »Nach dem Abendessen war der Zeitplan der Schule noch nicht abgeschlossen. Man versammelte sich im Musiksaal zur ›Abendsprache‹, die allerdings selten aus einer Ansprache bestand (diese war eher den ›Morgensprachen‹ an Sonn- und Feiertagen zugedacht), allenfalls die musikalischen Darbietungen mit einer Anleitung zum rechten Verständnis versah. Gespielt wurden vornehmlich Werke für Geige und Klavier von Mozart, Beethoven (z. B. die Kreutzer-Sonate), Trios, Halms ›Gebrauchsmusik‹ in alten Formen.«[204] Zweifellos war es ein unwiederbringlicher Glücksumstand, daß zwei musische Jugendbildner vom Formate eines Halm und Luserke einander ergänzend an der Gestaltung einer Jugendschule mitwirkten.

Wie stark das Gemeinschaftsleben, die Musikalität, jugendliche Geistigkeit und Frische sowie die Schönheit der Thüringischen Landschaft in einen Einklang gebracht wurden, mag die Beschreibung eines Festes durch Ehrentreich zeigen: »Unter den Festen nahm der 3. Mai, Luserkes Geburtstag, eine besondere Rolle ein. Der Schulleiter wurde als ›abgesetzt‹ erklärt, und die Schulgemeinde gestaltete den Tag. Schon in der allerersten Morgenfrühe, nach 3 Uhr, wurde dem Geburtstagskinde ein Flötenständchen und Chorgesang geboten. Lu erschien strahlend und besonders mild gestimmt inmitten seiner Kameradschaft. Gemeinsam begann ein Schweigemarsch durch Dunkelheit und Wald bis zu der Lichtung, wo sich der Blick zum Pippelsdorfer Tal hinunter weitet und eine schimmernde Kulisse von gestaffelten Höhenzügen freigibt. Alles lagerte still, lauschte auf Kuckucksruf und erste Vogelstimmen, Geigen setzten ein, bis um 5 Uhr die Sonne durch die Tannenwipfel hindurchglutete. In diesem Augenblick

---

202 A. a. O., S. 45.

203 Gustav Wyneken: Der Kampf für die Jugend. A. a. O., S. 154.

204 Alfred Ehrentreich: Pädagogische Odyssee. Weinheim, Ratingen 1967 (Darin: Wickersdorf, die Insel der Jugend, S. 102).

erzählte Luserke seine Indianer- und Schlangengeschichte ›Wie Tanil und Tak zum Manne wurden‹. An jedem Geburtstag enthüllte er ein neues Stück in dieser Folge, die als erster Band seiner ›Zeltgeschichten‹ erschienen (Bremen 1925). Die Schulgemeinde wartet mit größter Spannung ein Jahr lang auf die Fortsetzung. Das wärmende Licht begleitete die Rückwanderung, im Musiksaal erklang eine Toccata von Bach (die Orgelwerke wurden vierhändig übertragen, die Pedalstimme in Oktaven). Natürlich war der Speisesaal zum Frühstück mit Buchengrün, Blumen und Kerzen festlich geschmückt. Nach diesem Morgengang wurde am Vormittag Ruhe und Freizeit gewährt. Erst nachmittags um $^{1}/_{2}5$ Uhr rollte eine zweistündige Volksbelustigung mit Hahnenkampf, Wurstschnappen, ›olympischen Wagenrennen‹, sportlichen Spielen ab. Die errungenen Preise verteilte man beim Abendessen. Nach einem feierlichen Mozartquartett entzündete sich draußen auf dem Rodelande ein mächtiges Feuer, das alle mit einem Sternschnuppenregen glühender Tannennadeln überschüttete. An entscheidenden Gedenktagen hielt Luserke selbst die Ansprache. Zur Maifeier betonte er ›ohne Romantik und Überschwang‹ das Bekenntnis zur Internationale und zur Republik.«[205]

Fraglos gelang es während der ersten Jahre unter dem Einfluß von Luserke und Halm einen künstlerischen Schulstil zu entfalten, der die geistige Arbeit im Einvernehmen mit dem neuen Körpergefühl zu einem alle in ihren Bann ziehenden umgreifenden Lebensstil verband. Ein »guter Wickersdorfer« war jene Verwirklichung des Geistigen, die erst durch die Bindung von Körperlichkeit mit musischer Lebendigkeit möglich wurde. Die Frage nach den geistigen Inhalten in Wickersdorf führt zu Stefan George und Karl Spitteler. Stefan Georges Dichtungen bildeten auf allen Schulstufen eine geistige Orientierungshilfe; so konnte es durchaus vorkommen, daß bereits Quartaner Verse aus dem »Stern des Bundes« auswendig kannten. Ergänzend wurden die Dichtungen Karl Spittelers gelesen — insbesondere »Prometheus und Epimetheus« sowie der »Olympische Frühling.« Spitteler hatte aufgrund der persönlichen Bekanntschaft mit Wyneken die Schule einmal besucht und galt seitdem lange Zeit als ihr geistiger Mentor.

In einem gewissen Gegensatz zu dem Konzept einer Jugendkultur ist die Geistigkeit in Wickersdorf — trotz der Berufung auf die Entwicklungspsychologie und Jugendgemäßheit — wenig jugendnah. Sie ist nicht organisch gewachsen, sondern unter dem suggestiven Einfluß Wynekens als Kunstgebilde konstruiert worden. »Leider ist Wyneken« — so schreibt Petersen aus unmittelbarem Einblick in die Wickersdorfer Arbeit — »ein allzu dämonischer Führer, um die Jugend wirklich frei zu lassen; er zwingt sie hinein in seine Ideen und unter die Macht einer hypnotischen Wirkung ...«[206] Der »Vorwurf des geistigen Hochmuts und der Unbescheidenheit«, den

205 Alfred Ehrentreich: Pädagogische Odyssee. A. a. O., S. 104, 105.

206 Peter Petersen: Die Neueuropäische Erziehungsbewegung. Weimar 1926, S. 58.

Wyneken so weit von sich weist[207], ist nicht so unberechtigt. Die Geistigkeit in Wickersdorf wirkte häufig abstrakt und als solche nicht immer jugendgemäß.

c. Die Odenwaldschule Paul Geheebs

Der Ausgangspunkt

Wie die Mehrzahl der Gründer der deutschen Landerziehungsheime kam auch Paul Geheeb über die evangelische Theologie zur Pädagogik. Es war der weitere Weg im Sinne Platons, der ihn über die sozialpraktische Arbeit in die Nähe der Erziehung als dem Mittel der Lebensreform führte. Geheeb (geb. 1870 in Geisa/Rhön, gest. 1961 in Goldern/Schweiz) war als Sohn eines Apothekers, der ein international anerkannter Moossammler und -forscher war, von früher Kindheit so unmittelbar in die deskriptiv-exakte Betrachtungsweise hineingewachsen, daß er lange Zeit Naturwissenschaftler werden wollte. Diese Andacht vor dem Kleinsten als Ausdruck der innig empfundenen Ehrfurcht vor seiner Sinnhaftigkeit an sich und im Verhältnis zum kosmischen Ganzen als einer von Gott geschaffenen Entität ist eine auch für den Erzieher Geheeb kennzeichnende Haltung geblieben.

Diese Haltung offenbart sich in seinem Verhältnis zum Kinde und in den Andachten im Hause Geheebs im Kreise spontan zusammengekommener Kinder — häufig im Anblick der Pflanzenwelt im Garten. Insofern hat seine wissenschaftliche Abschlußarbeit bei Rudolf Eucken (nach einem Studium von 20 Semestern) über »Der Gottesbegriff Spinozas und sein Einfluß auf die Denker der klassischen Zeit« wegweisende Bedeutung. Das »Deus sive natura« Spinozas ist ein Leitmotiv für das Denken Geheebs geblieben. Geheeb könnte man als das pädagogische Pendant zu Albert Schweitzer betrachten — als einen Genius erzieherischer Liebe und ihrer feinfühligen Auslegung auf unterschiedliche Menschen und Lebenslagen.

Der Lebensweg Geheebs zeigt manchen Berührungspunkt mit Lietz, der einen ausgleichenden und festigenden Einfluß ausgeübt haben dürfte. Geheeb selber kennzeichnet das Verhältnis folgendermaßen: »Zwischen Lietz und mir entstand bald eine innige und ungemein fruchtbare Freundschaft; gemeinsam vertieften wir uns in die Philosophie Fichtes und entwickelten unsere pädagogischen Ideen. Wir hatten viel in Städten gelebt, einen Teil unserer Studienzeit in Berlin zugebracht, wo uns das soziale Elend der Großstadt mit Grauen erfüllte; und durchdrungen von der Überzeugung, daß nicht nur vor hundert Jahren die Welt mehr oder weniger verderbt gewesen sei, wurden wir in dem starken Gefühle für den Antagonismus zwischen wahrem Menschentum und den Übeln der Zivilisation begeisterte Jünger Fichtes.«[208]

---

207 Gustav Wyneken: Wickersdorf. A. a. O., S. 124.

208 Paul Geheeb: Die Odenwaldschule im Lichte der Erziehungsaufgaben der Gegenwart. (1931). In: Erziehung zur Humanität. Paul Geheeb zum 90. Geburtstag. Hrsg. von Mitarbeitern der Odenwaldschule. Heidelberg 1960, S. 137.

Kennengelernt haben sich Geheeb und Lietz während des Theologiestudiums bei Lipsius in Jena. Vorher hatte Geheeb wie Lietz im Kreise von Moritz von Egidy wichtige Impulse empfangen, die ihn ebenfalls zu einer sozialerzieherischen Arbeit mit den Arbeiterkindern in Berlin veranlaßten. Seine eigentliche sozialerzieherische Bewährungsprobe hatte er bereits in der Trüperschen Erziehungsanstalt 1893/94 in Jena sowie als Erzieher im Kinderheim Dr. Gmelin in Wyk auf Föhr erhalten. Sein sozialerzieherisches Profil war dadurch so weit geprägt, daß es jeglichen Anregungen gegenüber offenblieb, sie aber dem eigenen behutsam nachgehenden Erziehungsstil integrierte. Das gilt sowohl von der Tätigkeit unter Lietz als auch von der Begegnung mit dem Abbotsholme Reddies, die durch Vermittlung von Lietz angebahnt war. Die erzieherische Grundeinstellung Geheebs ist aber in entscheidendem Maße durch seine Tätigkeit im Erziehungsheim Sophienhöhe unter Trüper[209] geformt worden.

Die Persönlichkeit Geheebs und das personale Bezugsfeld

Stärke und Charme des Erziehers Geheeb sind in seiner eigenwilligen, gerade im Nachgehen und -geben anregenden Persönlichkeit begründet. Das Humboldtsche Motiv der Selbstbildung als Grundvoraussetzung für das Bilden anderer ist für seine eigene Lebensgestaltung gültig geblieben. Die Bildung des anderen ist in dieser Sichtweise ein wichtiges Unterpfand der Selbstgestaltung. Durch die Anwesenheit Geheebs entstand jeweils die stille Aufforderung des gemeinsamen Lernens, Reflektierens und Meditierens. Diese Form gemeinsamen Lernens trug den Charakter eines kindertümlichen Philosophierens, des Fragens nach Ursprung und Sinnhaftigkeit des jeweils innerweltlich Begegnenden. Das zwingend Einladende dieser offenen und ursprunghaften Reflexionssituationen bestand darin, daß sie spontan einsetzten und alle Anwesenden in ihren Bann versetzten, ohne daß Anfang oder Ende je bestimmt wurden.

Die Persönlichkeit Geheebs zeigt sich relativ klar im Spiegel des Kreises der Freunde und der Ehemaligen[210]. In diesem Zusammenhang muß in erster Linie Edith Cassirer genannt werden, die in selten glücklicher Weise das von ihm gesetzte erzieherische Lebensziel mitgestaltet hat. Gerade dieser stille Gleichklang in allen entscheidenden Lebensfragen war wohl eine der Grundvoraussetzungen für das bruchlose Eingehen in den erzieherischen Aufgabenkreis des Alltags. Sie stand ihm in der Odenwaldschule und nach der Emigration in Goldern ratend und helfend zur Seite.

---

209 Von Johann Trüper und seinem Erziehungsheim Sophienhöhe sind viele weiterführende Einflüsse ausgegangen. Darum seien in diesem Zusammenhang zumindest seine (weitgehend unbekannten) Werke genannt: Die Schule und die sozialen Fragen unserer Zeit. III. Die Aufgaben der öffentlichen Erziehung angesichts der sozialen Schäden der Gegenwart. Gütersloh 1890. – Das Erziehungsheim Sophienhöhe bei Jena in Thüringen. 2. Aufl. Langensalza 1898. – Zur Frage der Erziehung unserer sittlich gefährdeten Jugend. Langensalza 1900. – Zur Frage der ethischen Hygiene unter besonderer Berücksichtigung der Internate. Altenburg 1904. – Zur Frage der Behandlung unserer jugendlichen Missetäter. Langensalza 1906.

210 Vgl. Walter Schäfer: Paul Geheeb. Mensch und Erzieher. Stuttgart o. J.

Die Lebenseinstellung Geheebs offenbart sich ganz besonders in seinem Verhältnis zu Minna Cauer[211]. Seit dem Verlust der eigenen Mutter als 14jähriger Knabe hatte sich Geheeb mehr und mehr in sich zurückgezogen. Als er 1891 Minna Cauer traf, begann mit dieser mütterlichen Freundin ein Gedankenaustausch, dem sich Geheeb aber nach einigen Jahren entzog. Man traf sich später wieder. In einer ihrer letzten Tagebucheintragungen vom 24. Juni 1920 berichtet Minna Cauer über dieses Zusammensein und damit auch über Geheeb: »Immer und immer denke ich an die schönen Stunden mit Paul, an seine Sorgfalt, an sein edles Bekenntnis. Wie war es mir doch! Ich weiß es nicht recht. Nach langen Jahren der Verschlossenheit einmal ein Heraustreten aus meinem Schweigen über mein innerstes Wesen; und so auch Paul. Sein Bekenntnis über seine Natur war ergreifend ... Diese Stunden geben mir einen Reichtum, den nur der verstehen kann, der nicht vom Leben nur das Allgemeine und das Gewöhnliche wollte, sondern der das Geheimnisvolle suchte ... Dank, Paul, für diese heilige Stunde!«[212]

Schließlich müssen die Beziehungen zu Moritz von Egidy genannt werden, dem ehemaligen Offizier, der für eine Erneuerung des Christentums durch eine Lebensreform in christlichem Geist eintrat, in dessen Kreis er Minna Cauer, Hermann Lietz und Christoph Schrempf kennenlernte. Die Freundschaft zu Schrempf, dem Kierkegaard-Übersetzer und -Interpreten, war für Geheeb darum bedeutsam, weil sie über die gemeinsamen philosophischen Interessen auch die Schule als potentiellen Ort der Menschenbildung einschloß.

Überhaupt erwies sich der Egidy-Kreis als ungewöhnlich anregungsreich, weil er mit Persönlichkeiten wie Eduard von Hartmann, Wilhelm von Polenz, Fritz von Uhde, S. und B. Suttner viele Repräsentanten des geistigen Lebens umschloß. Unter den Pädagogen blieb die Freundschaft zu Adolphe Ferrière am gestaltungsfähigsten, weil sie getragen wurde durch die gemeinsamen reformpädagogischen Interessen, und weil sie sich vor allem nach 1933 während der nationalsozialistischen Zeit bewährte, in der Ferrière zu einem Berater und Helfer bei der Emigration Geheebs in die Schweiz wurde. Persönliche Ansatzpunkte für diese Freundschaft bildeten einmal die Anwesenheit von Claude, dem Sohn Ferrières, in der Odenwaldschule und zum anderen die Wirksamkeit beider im Rahmen der New Education Fellowship, die Geheeb als Forum für die internationale Kooperation außerordentlich schätzte. Aus diesem Grunde suchte er auch wiederholt das Gespräch mit Beatrice Ensor, der Präsidentin des Weltbundes.

Auf dem Hintergrund der Erfahrungen in Haubinda, Abbotsholme und Wickersdorf entstand 1910 die Odenwaldschule. In mehreren Punkten weist das Konzept Geheebs grundsätzliche Abweichungen von den bisherigen Gründungen auf. Einmal

211 Minna Cauer war Witwe des ehemaligen Historikers Cauer an der Universität Breslau und späteren Stadtschulrats in Berlin.

212 Minna Cauer. Leben und Werk. Dargestellt an Hand ihrer Tagebücher und nachgelassenen Schriften von Else Lüders. Gotha, Stuttgart 1925, S. 252, 253.

hat Geheeb gelernt, daß die »Waldkraft« als Preis der Einsamkeit ein problematischer Gewinn werden kann. Er sucht daher die soziale Isolierung zu kompensieren (1). Zum andern ist es sein Bestreben, die Ansätze zu einer Schülermitwirkung, die er bei Lietz und Wyneken kennengelernt hat, in Gestalt einer republikanischen Schulverfassung auszuweiten und als ein Organ des Schullebens zu institutionalisieren (2). Im Rahmen des Schullebens selber erscheint ihm die Erfüllung zweier Voraussetzungen für eine Aktivierung unerläßlich zu sein: die folgerichtige Gestaltung der Koedukation (3) und die Einführung des Kurssystems (4). Gerade im Kurssystem erblickt er ein Mittel der Individualisierung des Unterrichts, das stets offen bleibt für die soziale Gestaltung und für die Intensivierung des erzieherischen Bezugs. Schließlich geht es ihm um die Feiern als meditative Haltepunkte des Schullebens, die es mehr aus der Sicht der Schüler heraus und unter ihrer Mitwirkung zu gestalten gilt (5).

Die Gründungsabsicht

Es geht Geheeb also darum, die inzwischen als Gefahrenmoment erkannte Abseitsstellung der Landerziehungsheime aufzuheben. Er versucht daher mit der Gründung eines weiteren Landerziehungsheimes, eine Erhaltung der erkannten Vorzüge einer Bildung in aktiver Zurückgezogenheit mit den Vorteilen der größeren geistigen Anregung durch Teilnahme am kulturellen Geschehen der Städte zu verbinden. Die neue Schule soll die Vorzüge der landschaftlichen Schönheit mit der Stadtnähe in Einklang bringen.

Der der Gründung voraufgehende Akt der Ausmittlung des regionalen Areals als landschaftlicher Träger der Bildungsarbeit zeigt die ganze Breite des Bildungsbegriffs Geheebs. Die Entdeckung und Beschreibung jenes Distrikts unweit von Oberhambach, der ruhige Abgeschiedenheit des Odenwalds und die geradezu südländische Anmut der Bergstraße sowie den offenen Blick in die Rheinebene mit der Nähe der geistig und kulturell so lebendig, aber auch unterschiedlich gearteten Städte Heidelberg, Mannheim, Darmstadt und Frankfurt verbindet, trägt echt missionierende Züge der pädagogischen Landnahme für die Menschenbildung. Was während der nächsten Jahre in diesem landschaftlich besonders ansprechenden Weltwinkel entsteht, läßt sich treffend mit dem Begriff der »Géométrie humaine«[213] umschreiben, der humanisierenden Aufschließung der Landschaft für die Zwecke der Bildung.

Bildung heißt in diesem Rahmen Sensibilisierung des Menschen für die Wechselwirkung zwischen Natur und Gott. Der Mensch kann in dieser Betrachtungsweise die göttliche Abkünftigkeit des ihm vor Augen Stehenden — das »Deus sive natura« im Sinne Spinozas — wahrnehmen. Das Leben wird so zu einer »Betrachtung« — und als solche gleicht sie der »contemplatio Dei«, die in ein »carmen Dei« einmünden kann. Darin liegt wohl der tiefere Sinn dieser Schulgründung Geheebs, die letztlich den

213 Dieser Begriff findet sich in der Studie von Kurt Zier: Was ist geblieben? In: Erziehung zur Humanität. A. a. O., S. 82.

natürlichen und anschaulichen Rahmen für alles dem Menschen Wissenswerte in Philosophie, Theologie und Naturwissenschaft bildet.

Diese umgreifendere Gründungsabsicht hat Max Cassirer, der »Stadtrat« und Vater Edith Geheebs, erkannt, wenn er planend, gestaltend und erhaltend immer wieder entscheidend am Schicksal der Schule teilnahm. Es steht hinter diesem Akt etwas von der Entdeckung und Gestaltung des pädagogisch gelobten Landes im biblischen Sinne des Wortes. Diese tiefere Bedeutsamkeit haftet allem Wirken von »Paulus« künftig an, und sie ist von Betrachtern wie Martin Buber und Hermann Hesse durchaus in diesem Lichte gesehen worden.

Erziehen wird wieder zu einem Herausziehen aus dem Naturgrund (ohne ihn zu zerstören) und ein Heraufziehen in die Welt des Geistes, die daher der Natur als ihrem Wurzelgrund unmittelbar verbunden bleibt[214]. Nur in einer solchen Welt bleibt Emile nicht Emile, wie ein von Geheeb geschätztes Bonmot Wynekens lautet, weil er im anschaulich fragenden Umgang mit der Natur zu einem reflektierenden Wesen geworden ist.

Das Kind und die Natur, beides Wunder der Schöpfung, in ein Gespräch zu bringen, ist Geheeb die erzieherische Grundaufgabe: »Von allen Wundern der an Wundern schier unerschöpflich und im strengen Sinne unendlich reichen Schöpfung ist das größte und wunderbarste: Die Natur streut täglich eine verschwenderische Fülle von Keimen aus und nicht eins der Geschöpfe, die sich aus ihnen entwickeln, ist einem anderen gleich; von den Tausenden von Kindern, wie sie auf der Erde täglich aus dem Schoße der Mütter kommen, ist nie eins dem anderen durchaus gleich.«[215] Was aber entscheidend an dieser naturnahen Form des Erziehens bleibt, ist die Tatsache, daß die Reflexion nicht ein isolierter Akt, eine Vergewaltigung des Menschseins ist, vielmehr ein Teil des gesamten Lebensvollzugs, der Einfluß auf die menschliche Haltung und Handlung nimmt.

Ein wichtiges Unterpfand für die Gestaltung eines solchen Lebensweges ist eben die Nähe der Städte. Die gemeinsamen Besuche von Theater, Museum und sozialpolitischen Veranstaltungen waren zur Verwirklichung dieses Zieles nicht minder wichtig als die Einladung von Repräsentanten des öffentlichen Lebens und von Künstlern in die Odenwaldschule. Auf diese Weise entstand eine lebhafte Kommunikation zwi-

---

214 In diesem Sinne deutet Martin Buber den erzieherischen Ansatz Geheebs. – Vgl. Martin Bubers Grußbotschaft. In: Erziehung zur Humanität. Paul Geheeb zum 90. Geburtstag. A. a. O., S. 10. – Martin Buber wohnte von 1916 bis 1936 in Heppenheim in unmittelbarer Nähe der Odenwaldschule. Während dieser Zeit bestand ein enger geistiger Verkehr zwischen Buber und Geheeb. Beide haben an dem internationalen Treffen der New Education Fellowship 1926 in Heidelberg teilgenommen. Die von Buber dort gehaltene Rede »Über das Erzieherische« zeigt im Grundsätzlichen eine weitgehende Übereinstimmung zwischen beiden in der Erziehungsfrage.

215 Paul Geheeb: Die Odenwaldschule im Lichte der Erziehungsaufgaben der Gegenwart (1931). In: Erziehung zur Humanität. A. a. O., S. 134.

schen der Schule und dem gesellschaftlichen Leben, die den Vorzug hatte, daß durch die Fähigkeit der Wahl sowie durch die Exemplarität der Begegnung die Bildungsintention zur Geltung gebracht wurde. Das gesellschaftlich kulturelle Leben bleibt Teil des Schullebens, ohne daß die Stille des Lebens im eigenen Rhythmus gestört wurde.

Die Idee der Schulgemeinde

Nirgends ist wohl der Unterschied Geheebs zu Lietz und Wyneken deutlicher als in der Idee der Schulgemeinde. Während bei Lietz die Schülermitwirkung eine bloße Konzession darstellt, deren Grenzen durch die spontan ausschließliche Aktivität Lietzens bestimmt bleiben, ist die Schulgemeinde bei Wyneken adäquater Ausdruck der Jugendkultur und somit in erster Linie ideologisch; dagegen wird die Schulgemeinde Geheebs der politische Exponent des Schullebens. Durch die Schulgemeinde sollen die Kinder und Jugendlichen lernen, ihre Interessen zu vertreten und ihre Vorstellungen hinsichtlich der Gestaltung des Schullebens zur Geltung zu bringen. So wächst diese Form der Schulgemeinde organisch aus dem Schulalltag heraus — aus seinen Sorgen und Nöten, aber mit Blick auf die Möglichkeiten der konstruktiven und weiterführenden Lösung[216]. Insofern ist Geheeb trotz oder vielleicht gerade wegen seiner meditativen Grundhaltung immer Pragmatist mit Verständnis für das Menschsein als Mitsein gewesen.

Alle Beteiligten — die Schüler, Lehrer, Angestellten, Eltern — sind Mitglieder dieser Schulgemeinde als Entscheidungsebene des Schullebens. Einberufen und gestaltet wird sie indessen von unten — von den Schülern im Einvernehmen mit den Lehrern. Die Verhandlungspunkte werden wöchentlich rechtzeitig am Schwarzen Brett bekanntgegeben, so daß sich jeder auf die Fragen einstellen kann. Es handelt sich in erster Linie um die kleinen Probleme des Schulalltags, wie die Mitarbeit im Kurs, die Gartenarbeit, Wanderpläne, aber auch grundsätzlichere Fragen der Politik und der Völkerverständigung werden angeschnitten. Das Ziel ist die Weckung eines gemeinsamen Verantwortungsgefühls für die Fragen des Schullebens sowie der behutsam über die Interessenweckung eingeleitete Versuch, einen gewichtigen Teil dieser Verantwortung den Schülern anzuvertrauen. »Disziplin ist das Ressort der Schüler« ist die Maxime Geheebs, die er auf diese Weise zu einem pädagogischen Aktivposten für einen großen Teil des Schullebens umzugestalten versucht.

Die Koedukation als Lebensanschauung

Es ist kein Zufall, daß die Mehrzahl der Publikationen Geheebs der Koedukation gewidmet ist. So nimmt auch in dem der Hessischen Regierung zur Gründung der Odenwaldschule eingereichten Konzept die Koedukationsfrage den größten Raum

---

216 Der Ansatz der Schulgemeinde, wie er von Geheeb entwickelt und praktisch gestaltet wurde, findet seine Darstellung bei Elisabeth Huguenin: Die Odenwaldschule. Weimar 1926, S. 30.

ein[217]. Wenn er von der Koedukation als einer Lebensanschauung[218] spricht, so will er damit sagen, daß es sich hier über die Koinstruktion hinausgehend um eine Frage der inneren Lebensreform handelt.

Koedukation in diesem Sinne heißt, die Konsequenzen ziehen aus der Zweigeschlechtlichkeit, die eine Einrichtung und Gestaltung des Lebens aus dem Blickpunkt beider Geschlechter nötig macht. Bis jetzt leben wir immer noch in einer vom Mann bestimmten Gesellschaftsform, in der trotz der Reden über Gleichberechtigung das männliche Geschlecht weiterhin als stillschweigender Orientierungspunkt gilt.

Koedukation bedeutet angesichts dieser Situation ein Ernstmachen mit dem Gedanken der Gleichberechtigung von der frühesten Kindheit[219] bis ins Erwachsenenalter hinein. Sie beinhaltet daher eine Erziehung zur gegenseitigen Achtung als Unterpfand für ein Zusammenwirken in allen Lebensbereichen. Über dieses Wechselverhältnis heißt es bei Geheeb: »... daß die Knaben Selbstbeherrschung, Ritterlichkeit, die Mädchen Selbstbewahrung, Zurückhaltung und weibliche Würde entwickeln, beide Geschlechter sich praktisch in der seltenen Kunst üben, daß Menschen verschiedenen Geschlechts trotz, ja gerade in ihrer Verschiedenheit einander verstehen und würdig miteinander leben, erfüllt von dem klaren und starken, zu einem festen Bestandteile des Charakters gewordenen Bewußtsein von der besonderen Art schwerer Verantwortung, die jeder Mensch gegenüber Angehörigen des anderen Geschlechts zu tragen hat.«[220]

Die Schule bietet dafür das rechte Vorübungsfeld, auf dem die entstehende Eingewöhnung immer wieder reflektierend bewußt wird, so daß sie ein konstitutiver Bestandteil der Lebensanschauung werden kann. So gesehen ist Koedukation eine Lebensaufgabe, weil erst das in taktvoller Achtung angebahnte Verhältnis zwischen den Geschlechtern die Grundlage für die menschliche Bildung und Kultur darstellt. Gleichberechtigung im Verschiedenen hat das Verhältnis zu bestimmen, weil erst dadurch reale Voraussetzungen für die beiderseitige Achtung gestiftet werden.

Das Kurssystem

Das Kurssystem geht auf mehrere Motive zurück. Einmal soll es Konzentration in der Auseinandersetzung mit den Kulturgebieten gewährleisten. Eine Grundvoraussetzung dafür ist, daß die Vielzahl der Fächer begrenzt wird und daß mehr Zeit für die geistige

---

217 Vgl. Walter Schäfer: Paul Geheeb. Mensch und Erzieher. A. a. O., S. 52.

218 Paul Geheeb: Koeduktion als Lebensanschauung. Dieser 1913/14 erstmalig in der Zeitschrift »Die Tat« erschienene Aufsatz wurde wiederabgedruckt in: Erziehung zur Humanität. A. a. O., S. 116.

219 In diesem Punkte zeigen sich Einflüsse von Minna Cauer, die als Frauenrechtlerin die Zeitschrift »Die Frauenbewegung« herausgab. Vgl. Minna Cauer. Leben und Werk. Dargestellt an Hand ihrer Tagebücher und nachgelassenen Schriften von Else Lüders. A. a. O.

220 Paul Geheeb: Die Odenwaldschule im Lichte der Erziehungsaufgaben der Gegenwart (1931). In: Erziehung zur Humanität. A. a. O., S. 141.

Begegnung zur Verfügung steht. Aus diesem Grunde wird die Wahl einiger weniger Kurse eröffnet; es sind in der Regel zwei, manchmal drei Kurse während eines Monats. Dadurch ist eine verweilende Beschäftigung mit einem Gegenstandsgebiet möglich geworden, die verwandte Züge mit dem exemplarischen Lernen zeigt, das Martin Wagenschein später auf dem Hintergrund dieser selbsterfahrenen und mitgestalteten Praxis in der Odenwaldschule formuliert hat.

Die Wahlfreiheit der Kinder ist lediglich begrenzt durch die Interessen und die Vorkenntnisse sowie durch die Schulziele, die in der Beratung durch den Lehrer zur Geltung gebracht werden[221]. Unabhängig vom Alter und der schulischen Vorgeschichte treffen in den Kursen die Schüler verwandter Interessen zusammen, so daß ein hoher Grad der Motivation gesichert ist. Die (stark individualisierte) Arbeit in den Kursen wird von einem gewählten Kursordner geleitet, der Schüler ist. Zu Beginn einer Arbeitsperiode werden die Kurse am Schwarzen Brett bekanntgegeben. Am Ende findet die »Kursschlußschulgemeinde« statt, in der die Mitglieder unter Anleitung des Kursordners Rechenschaft über die selbständig geleistete Arbeit ablegen. Das geschieht durch Vorträge oder — soweit es sich um praktische Kurse handelt — durch Ausstellung der Arbeiten. Häufig werden aber auch die Ergebnisse der theoretischen Kursarbeit ausgestellt. An den Kursschlußschulgemeinden kann die Schulgemeinde und die weitere Öffentlichkeit teilnehmen. Sie wird dazu besonders eingeladen, so daß dieses Zusammentreffen den Charakter eines Höhepunktes des Schullebens erhält.

Geheeb berichtet, daß das längere Zusammenbleiben der Kurse die Gefahr erneuter Bildung von Klassenverbänden beschwor. Darum wurde mit den Lehrern und den reiferen Schülern der Daltonplan in seinen didaktischen Möglichkeiten diskutiert: »Als im Laufe der Entwicklung die Gefahr auftrat, daß diese Gruppen zu stabil würden, zur Erleichterung der Organisation auch auf Arbeitsgebiete angewandt würden, denen sie nicht entsprächen, und somit sich dem Charakter der Schulklassen näherten, hielten wir Erwachsenen mit den reifsten Schülern eine Reihe von Konferenzen ab, in denen wir uns sehr eingehend mit dem Daltonplan auseinandersetzten (durch Helen Parkhursts Besuch angeregt); die Folge war eine Auflockerung, zum Teil Auflösung der Gruppen zugunsten einer stärkeren Betonung der selbständigen, individuellen Arbeit.«[222]

Im Kurssystem werden somit auch die Absichten des Dalton-Plans berücksichtigt, die Geheeb, wie manche weitere Reformidee, durch die Begegnungen im Rahmen der

221 Vgl. hierzu Elisabeth Huguenin: Die Odenwaldschule. A. a. O., S. 10. — Walter Schäfer: Paul Geheeb. Mensch und Erzieher. A. a. O., S. 58.

222 Paul Geheeb: Die Odenwaldschule im Lichte der Erziehungsaufgaben der Gegenwart (1931). In: Erziehung zur Humanität. A. a. O., S. 147.

New Education Fellowship kennengelernt hat[223]. So lassen sich hinter dem aktivitätspädagogischen Grundcharakter des Lebens in der Odenwaldschule Anregungen von Ferrière vermuten, während die Werkstätten als Teil des Schullebens Erinnerungen an die Methode Decrolys wecken. Angeregt von Helen Parkhurst sind schließlich die Laboratorien im Zusammenhang mit der Übernahme einiger Grundzüge des Daltonplans. »Jedem Arbeitsgebiet ist ein Raum, mehr einem Laboratorium oder einer Werkstatt oder einer Bibliothek gleichend, gewidmet; jedes Kind sucht also, nach jeweiligem Bedürfnis, das Geschichtszimmer oder das Altsprachenzimmer oder das physikalische Laboratorium auf, wo es alle Bücher, Bildersammlungen, Apparate und sonstigen Lehrmittel des betreffenden Gebiets vorfindet; die Verantwortung für die in jedem Arbeitsraum erwünschte Ordnung trägt natürlich ein Schüler.«[224]

Der erzieherische Vorteil der Arbeit in den Kursen ist die Individualisierung der Arbeit, die trotz der sozialen Einbindung in die Gruppe ein Arbeiten aus der Stille heraus im eigenen Rhythmus erlaubt. Die Kooperation und die gegenseitige Hilfe ergänzen die Individualisierung. Während der Kursschlußschulgemeinde entsteht ein geschlossenes Bild von dem Kurs. Der dadurch gewährte Einblick in die Arbeit des anderen bildet zugleich eine natürlich wirksame Motivationsbasis.

Schließlich sichert das Kurssystem im Gegensatz zur Hektik des Schulbetriebs wieder echte Bildungsarbeit im Sinne der Klassiker, von denen neben Goethe immer wieder Pestalozzi, Fichte und Kerschensteiner von Geheeb genannt werden. Eines ganz und von Grund auf vermittelt, bedeutet ihm mehr als das unruhige Dillettieren und oberflächliche Informieren im Vielfältigen. Daneben ist ihm der Kurs — unter wiederholter Berufung auf die »Zehnte Rede an die deutsche Nation«[225] Fichtes — der rechte Ort zur Bewährung in sachlicher und menschlicher Gemeinsamkeit zwischen Mädchen und Jungen.

---

223 Wie stark sich Geheeb mit den Zielen der New Education Fellowship identifizierte, zeigt die kritische Auseinandersetzung mit Elisabeth Rotten und Karl Wilker, die in der Aufkündigung der Mitarbeit — wegen der »Unsachlichkeit« beider, wie es heißt — gipfelt. Zur Begründung dieses Schrittes leitet Geheeb mit dem Satz über: »Hiermit hätte ich im Grunde das Wesentliche gesagt, was meine Frau und mich hindert, weiterhin mit Ihnen zu gehen, obgleich die Sache der New Education Fellowship uns wohl immer die wichtigste Angelegenheit auf der Welt bleiben wird.« Vgl. Paul Geheeb-Briefe. Hrsg. von Walter Schäfer. Stuttgart 1970 (Darin: Brief an Elisabeth Rotten vom 3. 3. 1931, S. 136). — Wie stark das Vermächtnis Geehebs wirkt, die internationale Verständigung vorrangig zu pflegen und dafür die World Education Fellowship als internationales Forum zu nutzen, zeigt die Tatsache, daß sowohl die Odenwaldschule als auch die Ecole d'Humanité nach wie vor im Weltbund mitarbeiten.

224 A. a. O., S. 147.

225 A. a. O., S. 139.

Die Andachten

Der Lebensrhythmus in der Odenwaldschule verläuft zwischen der Trias: Schularbeit, insbesondere in Gestalt des Kurssystems, Schulgemeinde und Andacht. Dabei kommt der Andacht in der unterschiedlichen Ausformung als Fest, Feier und spontaner Meditation eine zentrale Bedeutung zu. Das Leben mündet gleichsam immer wieder in die Meditation, die Klarheit verschafft und personale Einordnung mit dem Ausblick auf Künftiges erlaubt. Insofern ist die Andacht ein Alltagsereignis, das erst die Erfahrungen lebenserhellend wirken läßt. Dafür sind die spontanen Andachten im Kreise der Familie oder im Hause Geheebs die typischen Erscheinungsformen, weil sie angesichts einer Frage, einer Naturerscheinung, eines Ereignisses über das Staunen, Erstaunen, Sich-Wundern die Besinnung einleiten. Diese Form der Andacht lebt von einer überkonfessionellen, dem Leben stets immanenten Religiosität; sie wird immer offenbar, wenn sie aus einem schauenden Lebensbezug heraus nachempfunden wird, wie er durch Geheeb paradigmatisch vorgelebt wurde.

Ergänzt wird diese Form der spontanen Andacht durch die institutionalisierte Feier im Geiste der »Schutzpatrone« der Schule. Zu diesem Kreis gehören neben Fichte, den Geheeb »den Stammvater der Landerziehungsheime«[226] nennt, Herder, Humboldt, Goethe, Schiller. Einzelne Häuser tragen nicht nur den Namen eines dieser geistigen Schirmherren, sondern ihre Bewohner versuchen auch deren Grundgedanken zu geistigen Orientierungshilfen in der Alltäglichkeit zu machen. In beispielhafter Weise wird dieser Prozeß an den Namenstagen als Schiller- oder Humboldt-Fest in Gang gesetzt, wobei die besondere Atmosphäre der jeweiligen Jahreszeit berücksichtigt wird; so erhält die Feier anläßlich des Namenstags von Fichte im Mai zusätzlich den Charakter eines Frühlingsfestes und von Goethe im August den eines Herbstfestes. Auf diese Weise wird die Meditation ein Teil des Lebensvollzugs.

Daß Kinder gegenüber dieser Form anschaulichen und lebensbezogenen Meditierens und Philosophierens offen sind, hat Geheeb richtig erkannt und häufig betont; am klarsten in einem Brief an seinen Freund Ferrière: »Ich bin fast täglich wieder tief ergriffen, zu sehen, welches unendlichen Idealismus und welcher heroischen Charaktergröße unsere Kinder fähig sind, wenn nur unser Glaube an sie groß und stark genug ist und unser Vertrauen und unsere Liebe sie täglich ermutigen. Mit Enthusiasmus und Jubel haben sie nach Ostern diese neue Zeit begonnen und sind immer freudiger und tapferer geworden. An jedem Dienstag abend kommen die 30 Verantwortlichen der reifsten Kameraden zu einer Konferenz zusammen, zu der sie mich einzuladen pflegen. Jeder dieser Abende hat mich von neuem beglückt: mit welchem tiefen Ernst und welcher strengen Verantwortlichkeit diese jungen Menschen alle kleinen und großen Probleme unseres Lebens behandeln, mit welchem Interesse sie auf die selbstverständ-

226 Paul Geheeb-Briefe. Hrsg. von Walter Schäfer. S. 54. (Darin: Brief vom 23. 2. 1951 an Adolphe Ferrière).

lich auftretenden Schwierigkeiten achten und allen Scharfsinn und alle moralische Energie dafür einsetzen, ihrer Herr zu werden.«[227]

Das Kind durch Ermutigung und Vertrauen zu einem vertieften Verständnis seiner Selbst und seiner Lebenswelt zu führen, zeigt einen für das Wirken Geheebs typischen Ansatz. Sicherung einer offenen Denk- und Gesprächssituation, die so an den großen Menschenfragen orientiert ist, daß jeder sie als seine eigenen empfindet, ist das eigentliche erzieherische Geheimnis Geheebs. Das schließt auch den vertrauensvoll geführten Dialog angesichts von Lebens- und Erziehungsschwierigkeiten ein[228].

Die dieser Einstellung zugehörige Kehrseite ist die personale Konsequenz, die Abkehr gebietet, wo die Grundvoraussetzungen für ein freies geistiges Leben nicht gewährleistet sind. So entschloß sich Geheeb — vor der Bekundung jeglicher Kompromißbereitschaft im Essentiellen – bereits 1933 zur Emigration. Als 64jähriger, in einem Alter, das in der Grenzsituation das resignierende Zurücktreten nahelegen könnte, begann er in der Schweiz erneut. Während der ersten Jahre weilte er als Gast in der Schule Versois in der Nähe von Genf. Daß er die Schule, die er in Goldern 1946 gründet, Menschen- oder Menschheitsschule – Ecole d'Humanité – nennt, ist eine folgerichtige Weiterentwicklung seines Bildungskonzepts, das die Menschheit im Menschen und den Menschen zur Menschheit wechselseitig zu entfalten trachtet[229]. Unabhängig von Hautfarbe, Glaubensbekenntnis und nationaler Zugehörigkeit, die als Tatsachen respektiert, aber als Unterpfand für die Bildung doch gering eingeschätzt werden, sucht Geheeb den Menschen für verständnisvolles Zusammenleben mit den Menschen über Vorurteile, Voreingenommenheiten und Grenzen hinweg[230] auf die alle verbindende große Aufgabe, den Menschen ein Mensch zu sein, vorzubereiten.

227 A. a. O., S. 101.

228 Paul Geheeb: Psychohygiene in der Odenwaldschule und in der Ecole d'Humanité. In: Geistige Hygiene. Forschung und Praxis. Hrsg. von Maria Pfister-Ammende. Basel 1955, S. 73.

229 Zur Ecole d'Humanité vgl. Edith Geheeb-Cassirer zum 90. Geburtstag. Hrsg. von Armin Lüthi. Meiringen 1975. — Vgl. auch das Heft »Was kennzeichnet die Ecole d'Humanité?« sowie die (sicherlich allzu selbstbescheidende) Feststellung von Armin Lüthi: »Nur die erste Seite erhebt Anspruch auf Vollständigkeit und ist sorgfältig formuliert. Alles übrige: Einfälle, Assoziationen, vorläufige Formulierungen, oft nicht geordnet und mehr Frage als Antworten, besonders in entscheidenden Dingen. Dies ist meine persönliche, momentane Einsicht und mein Verständnis unserere Schule. Wer ergänzt, verbessert?«

230 Die internationale Wertschätzung der Odenwaldschule geht aus einer Stellungnahme Ferrières hervor, in der er schreibt, daß die Odenwaldschule die einzige Institution sei, die den an eine Neue Schule anzulegenden Maßstäben — den definierten 30 Punkten — gerecht werde. »Et c'est alors que l'on s'aperçut que, seule au monde, *l'Odenwaldschule* appliquait les trente points de l'Ecole Nouvelle type«. Adolphe Ferrière: Le Bureau internationale des Ecoles nouvelles. In: Erziehung und Wirklichkeit. Festschrift zum 50jährigen Bestehen der Odenwaldschule. Braunschweig 1960, S. 65. — Vgl. hierzu in diesem Buch S. 330, 331.

Trotz der fortlaufenden Spezialisierung, die Bildung als einen Aufruf zur Vermittlung eines relativ geschlossenen und in sich übereinstimmenden Weltbildes zu verstehen, ist eine pädagogische Einstellung geblieben, die in den Schulen Geheebs fortwirkt. Das zweite Grundelement im pädagogischen Selbstverständnis Geheebs, durch das Weiterentwickeln das Bewahren zu sichern, ist ebenfalls bis in die Gegenwart spürbar geblieben.

In dieser pädagogischen Grundeinstellung wurde die Odenwaldschule zu einer jener Schulen, in der viele Grundzüge gegenwärtiger Bildungsrefom vorbedacht und vorgeübt worden sind. So wurden im Rahmen der Odenwaldschule die Reform der gymnasialen Oberstufe, die Werkstudienstufe, die Hauptschule mit einem beruflichen Abschluß im Zusammenhang mit den Werkstudiengängen in den angegliederten Werkstätten beispielhaft erprobt[231]. Obgleich diese stete Reformarbeit neues pädagogisches Leben weckte und entfaltete, ist die Odenwaldschule in ihrem Grundkonzept sich und Geheeb treu geblieben.

d. Die pädagogische Provinz im Geiste Kurt Hahns

Die Motive für die Gründung Salems sind den Elterninitiativen verwandt, die zur Entwicklung der Schulen Malting House in Cambridge durch Susan Isaacs und Beacon Hill in Hampshire durch Dora Russell führten[232]. In beiden Fällen war es die nachdrücklich empfundene Spannung zwischen den pädagogisch-psychologischen Einsichten und der Praxis der öffentlichen Erziehung, die zur Gründung der Privatschulen für die Kinder eines begrenzten Elternkreises führte.

Ähnlich entstand in Salem im Kreise der Familie von Prinz Max von Baden, dem letzten Kanzler des deutschen Kaiserreiches, sowie ihrer weiteren Angehörigen das Bedürfnis, eine Schule einzurichten. Wenn auch die weite Entfernung zu den weiterführenden, öffentlichen Schulen auslösend wirkte, so blieb doch das Ziel maßgebend, in eigener Verantwortung eine Schule zu gestalten. Während allerdings die Schulen von Susan Isaacs und Dora Russell kleine Privatinstitutionen blieben, entstand aus der Keimzelle Salem ein breiter Kreis weiterer Schulgründungen, der sich — was die Kurzschulen angeht — über alle Kontinente ausdehnt.

»Kurzschulen« wollen pädagogische Alternativen zu den offiziellen Schulen sein. Sie fassen eine Gruppe Jugendlicher in einem zeitlich begrenzten Kurs (allgemein 6—8 Wochen) zusammen. Um ein soziales Gefälle zu erreichen, werden neben Schülern aus der Oberstufe der Sekundarschule Studierende und auch Lehrlinge unterschiedlicher

---

231 Vgl. hierzu in der Schriftenreihe der Odenwaldschule u. a. Wilhelm Flörke: Reifeprüfung. Ein Vorschlag zu ihrer Neugestaltung. Oberhambach (Druck Odenwaldschule) o. J. (1953) — Wolfgang Edelstein (Hrsg.): Oberstufenreform in der Höheren Schule. Stuttgart o. J. — Konrad Barthel: Die Jahresarbeiten in den Landerziehungsheimen. Stuttgart 1972.

232 Vgl. in diesem Buch S. 107.

Berufsrichtungen eingeladen. Die Kurzschulen liegen außerhalb der Städte, an Meeresküsten, Seen oder im Gebirge, und haben allgemein der landschaftlichen Eigenart entsprechend soziale Hilfsdienste zu ihrem Inhalt wie beispielsweise Rettung aus Seenot, Bergwacht u. a. Ihr primäres Ziel ist die Charakterbildung im Dienste des Nächsten. Darüber hinaus versuchen sie der Struktur der jeweiligen Region entsprechend die Natur, die Menschen und ihre Lebensweise zu Beobachtungs- und Reflexionsbereichen zu machen.

Trotz der breiten Streuung der Kurzschulen, die von England und den USA bis nach Nigeria und Malaysia reicht, ist die innere Geschlossenheit und pädagogische Übereinstimmung durch die Orientierung an den Ideen Hahns unverkennbar.

Mit der Gestaltung der Schule in Salem wurde Kurt Hahn (geb. 1886 in Berlin, gest. 1974 in London) beauftragt, der damals Privatsekretär des Prinzen Max von Baden war und auch der erste Leiter der Schule wurde. Hahn, der aus einer Familie von Kaufleuten und Industriellen jüdischer Herkunft stammt, hat in Göttingen und Oxford Alt-und Neuphilologie studiert. Während seiner Studien in Oxford lernte er die englischen Public Schools schätzen. Dieser Eindruck sowie die Auseinandersetzung mit Lietzens »Emlohstobba« sowie mit Reddie und Abbotsholme selbst haben sein eigenes Schulkonzept entscheidend beeinflußt.

So entstand in Salem ein Landerziehungsheim, das frei von nationalistischen Zielsetzungen den Friedensgedanken und die internationale Verständigung zur orientierenden Mitte wählte. Kennzeichnend für die politische Haltung Hahns ist das Telegramm, das er 1932 an die Altsalemer mit der Aufforderung schickte, »ihr Treueverhältnis zu Hitler oder zu Salem zu lösen«. Nachdem er 1933 in Schutzhaft genommen war, sah er sich zur Emigration gezwungen. Sein Verhalten sowie dasjenige seines Mitarbeiters Erich Meissner, der ihm 1934 in die Emigration nach Schottland folgte und Gordonstoun mitgestaltete[233], bildet ein ehrenvolles Kapitel in der Geschichte der Landerziehungsheime während der nationalsozialistischen Zeit[234]. Ein wichtiges Merkmal des Hahnschen Bildungskonzepts besteht darin, daß es bewußt politische Verantwortung wecken will[235]. Daß dazu das Modell der platonischen Wächtererziehung gewählt wird, gewährt die im erzieherischen Rahmen notwendige Distanz zum Alltag.

Wegen der Gründung Salems im Umkreis der Familie des Prinzen und wegen der starken Betonung der Charakterbildung und der politischen Verantwortung gehörte zu

---

233 Erich Meissner: Gordonstoun und Salem. Ravensburg o. J.

234 Vgl. hierzu Werner Köppen. Die Schule Schloß Salem in ihrer geschichtlichen Entwicklung und gegenwärtigen Gestalt. Ratingen 1967, S. 42 ff.

235 Zur Klärung von Bildungsziel und -inhalt der Hahnschen Gründungen vgl. die Untersuchungen meiner Schüler Werner Köppen: Die Schule Schloß Salem in ihrer geschichtlichen Entwicklung und gegenwärtigen Gestalt. A. a. O. — Karl Schwarz: Die Kurzschulen Kurt Hahns. Ratingen 1968. Vgl. Hermann Röhrs (Hrsg.): Bildung als Wagnis und Bewährung. Eine Darstellung des Lebenswerks von Kurt Hahn. Heidelberg 1966.

den Schülern der Bildungsanstalten Hahns stets ein hoher Anteil aus Adelshäusern. So war der spätere Herzog Philipp von Edinburgh Schüler Salems und folgte Hahn 1934 in die Emigration nach Gordonstoun. Seine Söhne Charles und Andrew waren ebenfalls Schüler in Gordonstoun. Der ehemalige König Konstantin von Griechenland wurde in dem Hahnschen Landerziehungsheim Anavryta bei Athen erzogen. Sie und viele andere blieben Hahn durch ein freundschaftlich gestimmtes Verhältnis verbunden[236]. Hahn ist daher häufig der moderne Prinzenerzieher genannt worden. Richtig ist, daß er sich dieser Aufgabe nicht verschloß. Aber nicht minder wichtig ist die ergänzende Feststellung, daß er das Schulleben demokratisch zu gestalten wußte[237].

Der Friedenswille als Sorge für den anderen

Im Hinblick auf die landschaftliche Lage seiner Schulen Salem, Hermannsberg, Spetzgart, Hohenfels ist von Hahn immer wieder ausgesprochen worden, daß lockende und lohnende Aufgaben in einem anmutigen Rahmen die Lernfreude der Jugend vertiefen. Zusammen mit jener anderen Erkenntnis, daß das Übernehmen von Verantwortung die Seele des Heranwachsenden selbstlos und begeisterungsfähig mache, ist zugleich ein Wesenszug dieser Pädagogik aufgewiesen. Kennzeichnend daran ist die strenge Ausrichtung auf die Charakterbildung des heranwachsenden Menschen, die weniger im Rahmen eines pädagogischen Systems erörtert als durch einen konkreten Bildungsgang gewährleistet werden soll. Im Gegensatz zur Staatsschule wird dieser Bildungsgang zu einem in sich geschlossenen und wohl abgestimmten Bewährungsfeld für die jugendliche Unternehmungslust ausgestaltet, die im Umkreis Hahnschen Denkens einer anthropologischen Begründung nicht entbehrt.

Die Bildung in der Stille schließt bewußt die Pflege und Probe allgemeinmenschlicher und staatsbürgerlicher Tugenden ein. Die Verpflichtung gegenüber dem Nächsten und der Gemeinschaft erscheint geradezu als die Voraussetzung der Selbstbildung. Zur Begründung dieser Zielstellung führt Hahn zwei wichtige Punkte an, die in variierender Umschreibung in allen seinen Schriften zu finden sind: »1. Die Leidenschaft des Rettens entbindet die stärkste Dynamik der menschlichen Seele, nicht der Krieg, wie behauptet worden ist. 2. Der Dienst in der Not des Nächsten befriedigt den natürlichen Drang der Jungen nach männlicher Bewährung und veredelt ihn zugleich.«[238]

---

236 Darin ist es begründet, daß der Herzog von Edinburgh es sich nicht nehmen ließ, ein kurzes Vorwort zur englischen Ausgabe der folgenden Veröffentlichung über seinen Lehrer Kurt Hahn zu schreiben: Hermann Röhrs (Hrsg.): Kurt Hahn. A Life Span in Education. Preface by H. R. H. The Duke of Edinburgh. London 1970.

237 So lebte auch Prinz Charles, wie ich während eines Aufenthalts in Gordonstoun feststellen konnte, als Schüler unter seinesgleichen ohne Vergünstigungen den nicht geringen Forderungen des Schulalltags ausgesetzt.

238 Kurt Hahn: Hoffnungen und Sorgen eines Landerziehungsheims. Vortrag vor den Salemer Lehrern, November 1954, S. 6.

Dieser Nächste wird vorurteilslos als Glied eines übernationalen Rahmens gesehen, so daß das hilfreiche Eintreten für den Mitmenschen zu dem von William James geforderten und von Hahn stets gesuchten Äquivalent für den Krieg werden kann. In diesem Lösungsansatz, der die Charakterbildung im Dienste der Nächstenhilfe mit der internationalen Verständigung verbindet, liegt die fundamentale Bedeutung der Pädagogik Hahns. Die Indifferenz ist in sozialer und politischer Hinsicht für die personale Entwicklung gefährdend. Angesichts der weltpolitischen Lage kommt sie indessen einer Selbstaufgabe gleich — eine Feststellung, die Hahn in einer Rede in Swansea bestätigt hat: »Indifference in face of an explosive international situation is the negation of active citizenship.«[239] Das Ziel ist die Bildung einer Elite, die in hoher sozialpolitischer Verantwortung die personale und nationale Freiheit als Unterpfand für eine friedliche Kooperation der Völker anstrebt.

Dieser geweckte Friedenswille soll dadurch vertieft werden, daß der Jugend eine Fülle lockender und entwicklungsgemäßer Aufgaben gestellt wird, die als Nächstenhilfe auf eine humane Existenz verpflichten. Ergänzt wird diese Bildungsarbeit durch die Selbstdisziplinierung sowohl in Gestalt der zuchtvollen Lebensführung als auch in Form einer Verpflichtung gegenüber dem Ganzen: der »energischen Teilnahme« an den öffentlichen Angelegenheiten sowie der Einsatzbereitschaft in Wort und Tat. Das Reifen dieser Tugenden erwirkt den Wendepunkt in der Grundeinstellung des Heranwachsenden. Das Vorlesen des Gleichnisses vom Barmherzigen Samariter in Salem am ersten Tag jedes Trimesters ist dafür nur ein ebenso sinnhaftes Zeichen wie die praktischen Beispiele verpflichtenden Gemeinschaftsdienstes als Mitglied der Feuerwehr, des Seenotdienstes, der Bergwacht in Salem, Gordonstoun oder den Outward Bound-Schulen. Das Ergebnis ist eine dem Dasein dienende Haltung, die den Krieg als lebensfeindlich ausgrenzt.

Die pädagogische Provinz

Die pädagogische Konzeption Hahns ist von vornherein ideell breit angelegt und umgreift prägnant alle jene Elemente, die im Verlauf der weiteren Entwicklung seiner Pädagogischen Provinz in institutionalisierter Form ausgegliedert wurden. So sind sowohl die Rettungsidee als auch das Ziel einer Wirksamkeit über die nationalen Grenzen hinweg bereits im ersten pädagogischen Ansatz aufweisbar. Die politische Nötigung zur Emigration hat diesen Prozeß lediglich beschleunigt, allerdings auch in gefährdender Weise, so daß die Keimzelle in Deutschland der Pflege entbehrte, während sich in England der neue Sproß entfaltete.

Viele Jahre später (1950) nimmt Hahn in kritischem Vergleich Stellung zu der nunmehr in Gordonstoun geleisteten Arbeit: »Hat Gordonstoun sich bewährt, wo sich Salem bewährte, oder sich gar bewährt, wo Salem versagte? Meine Antwort wird Sie

---

239 Kurt Hahn: The Young and the Outcome of the War. The Lindsey Press London 1965, S. 5. — Ders.: Die nationale und internationale Aufgabe der Erziehung. SV-Schriftenreihe zur Förderung der Wissenschaft 1958/5.

überraschen. Wir haben uns bewährt, wo die Mutterschule versagte, wir haben versagt, wo Salem sich bewährte.«[240] Diese erstaunliche Kontrastharmonie ist wesentlich ein Ergebnis der getrennten Entwicklung der beiden Institutionen und der unterschiedlichen pädagogischen Voraussetzungen. Die Entwicklung von zwei Schulen, deren Grundzug die Nächstenhilfe und der Friedensdienst sein soll und die dennoch durch den Krieg getrennt sind, ist eine unsagbar schwierige pädagogische Aufgabe.

Wenn die pädagogische Kontinuität nach der Emigration über die politischen Grenzen und schließlich über die Kriegsfronten hinweg gewahrt werden konnte, dann ist es nicht zuletzt das Verdienst eines aufgeschlossenen und stets konstruktiv mitdenkenden Lehrerkreises. So haben bewährte Schulmänner mit ausgezeichneter wissenschaftlicher und schulorganisatorischer Qualifikation, hohe Militärs in Rängen, die jenseits von schulischen Ambitionen stehen, Wirtschaftsführer und Vertreter des Adels in allen Graden trotz bedeutender beruflicher Vorgeschichte in dieser Pädagogischen Provinz als Lehrer die Erfüllung ihrer geheimsten persönlichen Wünsche gefunden.

Dennoch wäre die innere Spannweite dieser Pädagogischen Provinz, die neben Salem und Gordonstoun seit 1941 auch die erste Outward Bound-Schule in Aberdovey (Wales) umfaßte, in einer normalen Zwei-Fronten-Arbeit wahrscheinlich nicht gestaltbar gewesen. Der Zwang zum Neubeginn hat trotz vieler äußerlich hindernder Momente die Entwicklung nach einer eigenen Dialektik mächtig vorangetrieben. Überhaupt erweist sich der Ideenkreis Hahns in der weiteren Entwicklung als außerordentlich zeugungskräftig, so daß in rascher Folge neben der 1949 gegründeten Internatsschule Anavryta bei Athen Kurzschulen in vielen Ländern entstanden. Damit beginnen sich die Strukturen der Pädagogischen Provinz klarer abzuzeichnen. Als zwei Jahre nach der Eröffnung der ersten Outward Bound-Schule in Aberdovey der Historiker George Trevelyan den Schoner der Schule auf den Namen »Garibaldi« taufte, wies er auf die Gefahren einer mangelhaften Charakterbildung hin: »Wenn die Jugend die Lust am Abenteuer nicht mehr besitzt, dann muß jede Zivilisation, mag sie noch so aufgeklärt sein, muß jeder Staat, mag er noch so wohlgeordnet sein, dahinwelken und verdorren.«

Die Erlebnistherapie

Die »Erlebnistherapie« ist einer jener Grundbegriffe Hahns[241], die einen unmittelbaren Zugang zu seiner Pädagogik gewähren. Die Jugend, die in der modernen Gesellschaft im Hinblick auf die komplizierten Lebensanforderungen bis ins Erwachsenenalter in der unselbständigen Lage des Lernenden festgehalten wird, bedarf der Selbstbewährung und -bestätigung zur Selbstfindung und -verwirklichung. Diese Jugend ist sozial krank, weil sie im Rahmen der modernen Gesellschaft nicht durch eine natürliche Leistungsforderung zur Ausformung der menschlichen Grundkräfte geführt

240 Kurt Hahn: Erziehung zur Verantwortung. Stuttgart o. J., S. 67.
241 Kurt Hahn: Am Scheidewege. Ein vertraulicher Brief vom 9. Januar 1965 (in zwanzig Exemplaren verbreitet), S. 18.

wird. Dazu bedarf es einer besonderen Therapie, die in der Pädagogik Hahns durch ein elastisches System an Erziehungsmitteln (die leichtathletische Pause, die Expedition, das Projekt und den Rettungsdienst) wahrgenommen wird und die sowohl einzeln als auch in kombinatorischer Form eingesetzt werden können. Voraussetzung dafür ist ein stark ethisch motiviertes erzieherisches Verhältnis, das die Freiheit sinnvoll begrenzt, wie es schon Pestalozzi angesichts des vermeintlich uneingeschränkten Freiheitsbegriffs Rousseaus forderte. Aus verwandter geistiger Grundhaltung heraus folgert Kurt Hahn noch nachdrücklicher, daß die personale Erneuerung der Jugend nur gelingen kann, wenn »die Freiwilligkeit durch Zwang unterstützt wird«[242].

Der Rettungsdienst ist im Rahmen dieser Gegenmaßnahmen das wirksamste Erziehungsmittel, weil der Jugendliche durch den Einsatz seiner eigenen Existenz für das Wohl des Nächsten ein ganz neues Lebensverhältnis gewinnt. Die wesentlichen Formen sind die Rettung aus See- und Bergnot, die gerade angesichts der machtvollen Natur mit dem Empfinden der Verlorenheit und des Verwiesenseins auf den Nächsten auch den Hilfsgedanken nachdrücklich erfahren lassen. In Salem und Gordonstoun spielt außerdem die schuleigene Feuerwehr, deren Mannschaft ausschließlich aus Schülern zusammengesetzt ist, eine bedeutende Rolle. Die Mannschaftszugehörigkeit wird aufgrund der längeren Tradition als Auszeichnung empfunden, die bei Ernstfällen in den umliegenden Ortschaften durch die Bewährung erhärtet sein will.

Alle diese Formen des Helfens und Rettens bleiben letztlich als ethische Übungsform hingerichtet auf den wirklichen Einsatz, der mit der Selbstbewährung dem weiteren Üben erst Auftrieb verleiht. Das längere Ausbleiben derartiger Bewährungsproben kann daher die innere Bereitschaft erlahmen lassen, sodaß das als Ausbruch aus dem Schulischen geplante ganz Andere wiederum in die monotone Klemme der Formalien gerät[243].

Daher ist im Hinblick auf diese exzeptionellen Rettungssituationen zu fragen, ob nicht auch die naheliegenderen Arten der Rettung aus sozialer Not in Gestalt der Alten-, Familien- und Landhilfe einzubeziehen wären. Sicherlich bedürften diese Formen des sozialen Hilfs- und Rettungsdienstes einer sehr viel stärkeren sozialerzieherischen Vorbereitung, um im Sinne einer »Erlebnistherapie« bewußt zu werden.

Gegenüber diesem Kanon der Erziehungsmittel wirkt das Projekt als spezifisch geistige Unternehmung kontrapunktisch. Wenn es auch neben den wissenschaftlichen Projekten die kunsthandwerklich, musisch und sozial orientierten Vorhaben gibt, so ist

242 Kurt Hahn: Juvenile Irresponsibility. In: Gordonstoun Record (6) 1961, S. 12, sowie ders.: Am Scheidewege. A. a. O., S. 21.

243 Als wir in Gordonstoun weilten, war die Feuerwehr nach langer Wartezeit zu einer Feuerbekämpfung nach Landsend gerufen worden. Als die Jungen zurückkehrten, waren sie erfüllt von ihrem Hilfsdienst, der zugleich gefahrvoll und erfolgreich verlief. Das gesamte Schulleben erhielt einen spürbaren Antrieb durch dieses Ereignis und die damit verbundenen Erlebnisse der Feuerwehrtruppe. Wenn der Anlaß nicht so traurig gewesen wäre, so könnte man angesichts der seelenerhebenden Wirkung geneigt sein, den Jungen öfter eine derartige Bewährungsprobe zu wünschen.

doch in jedem Falle die geistige Planung und Steuerung kennzeichnend. Das Projekt gewährt unter der Voraussetzung methodischer Urteilsfähigkeit der eigenen geistigen Initiative und Erfindungsgabe einen großen Spielraum. Übereinstimmend mit den anderen Mitteln der Erlebnistherapie muß auch hier ein hohes Maß an Selbständigkeit entfaltet werden, das sowohl Selbstverantwortung als auch Wagemut erfordert.

In folgerichtiger Fortführung der Grundabsichten in diesen Gründungsschulen werden in den deutschen Kurzschulen Wagnis und Abenteuer eindeutig in den Dienst am Nächsten gestellt. Nur im legalen Rahmen der selbstlosen Unternehmung erlangen Abenteuer und Wagnis ihre erzieherische Bedeutung, die auf die Persönlichkeitsbildung in ethischer Hinsicht ausgerichtet ist. Dagegen fordern die amerikanischen Outward Bound-Schulen eine harte Selbstbewährung, die unmittelbar an die Pioniersituation der Gründerjahre im eigenen Lande erinnert. In keinem anderen Land sind die Bewährungsproben so unerbittlich streng — sei es in den Bergen Colorados, in den Wäldern und an den Stromschnellen nahe der kanadischen Grenze oder auf der Hurricane-Insel nordwestlich von Boston an der Küste des Atlantischen Ozeans.

1962 wurde in dem großzügigen St. Donat's Castle an der Südküste von Wales das erste Atlantic College eingerichtet, das als eine internationale Oberstufenschule einen Schülerkreis aus den verschiedensten Ländern der Welt auf eine Maturität vorbereitet, die möglichst überall anerkannt werden soll. Das Ziel ist die weltbürgerlich aufgeschlossene Bildung eines ausgewählten Kreises Jugendlicher, der künftig 450 Mitglieder umfassen wird. Der internationale Rahmen regt schon im Alltag des Schullebens zur konkreten Auseinandersetzung mit den Problemen anderer Völker und zum Lernen ihrer Sprache an. Ein integrierendes Glied in dem gesamten Lehrgang bildet auch hier der Rettungsdienst, der in gefährlichem Einsatz am tückischen Bristol-Kanal von Aberthaw bis zur Mündung des Flusses Ogmore geübt wird.

Die Grundmotive der Pädagogik Hahns

Im Hinblick auf dieses weite Wirkungsfeld soll zugleich die Frage nach der Originalität und dem möglichen Ursprung dieser Pädagogik gestellt werden. Man könnte sie im Schnittpunkt der geistesgeschichtlichen Linien von Plato und den englischen Public Schools über die Kulturkritik des ausgehenden 19. Jahrhunderts einerseits sowie vom amerikanischen Pragmatismus in der Gestalt von William James bis zu den Landerziehungsheimen — insbesondere in der Lietzschen Prägung — andererseits ansiedeln. Von Plato wird gleichsam das Ziel und von James die Art der psychologischen Motivation als Orientierungshilfe übernommen. Vereinfachend könnte geradezu gesagt werden, daß die Hahnsche Pädagogik eine Synthese einiger Wesenszüge von Platon, den englischen Public Schools, Lietz und William James sei.

Der Eigencharakter formt sich erst im Umkreis des Bestehenden und Überkommenen aus; das gilt sowohl vom Menschen als auch von seinen Institutionen. So wird man auch den Gründungen Hahns nur gerecht, wenn sie auf dem Hintergrund traditioneller Vorstellungen und Einrichtungen gedeutet werden. Dabei gilt es vornehmlich, die bedeutende Entwicklungslinie der Landerziehungsheime von Cecil Reddies

Abbotsholme bis zu den hiervon angeregten deutschen Gründungen von Hermann Lietz und Paul Geheeb ins Auge zu fassen. Daß die Hahn schon lange dunkel vorschwebenden Ideen einer neuen Schule durch die Lektüre von Lietzens eigenwilliger Studie »Emlohstobba« klarere Konturen gewannen, ist von ihm wiederholt erwähnt worden.

Mehr als in den patriarchalisch nach dem Modell des Gutshofes geleiteten Heimen Lietzens versucht Hahn, von der Peripherie her anzuregen und zu führen. Daher sind die Elemente der Erlebnistherapie – die leichtathletische Pause, die Expedition, das Projekt und der Rettungsdienst – weniger auf die geistig-seelische Abhärtung als platonisch auf die Reinheit der Seelen ausgerichtet. In dieser Hinsicht steht Hahn Paul Geheeb näher als Hermann Lietz. Was bei Lietz als erzieherische Passion bezeichnet werden könnte, die zu begeistern und mitzureißen vermag, aber auch die besonders leistungsfähigen Lieblinge kennt, das muß bei Hahn erzieherische Gesinnung genannt werden, die sich stets auch um Betätigungsformen für die körperlich weniger leistungsfähigen Schüler bemüht. Während bei Lietz eine nationalistische Einstellung unverkennbar ist, die auch zur Entwicklung von Formen einer vormilitärischen Ausbildung führte, dient in Salem selbst das zeitweilig eingeführte Exerzieren in erster Linie der Selbstzucht und damit dem Frieden.

Nicht die nationale Bildung ist das Ziel, vielmehr ein »Verantwortungsgefühl gegenüber der Menschheit«. Diese zunächst etwas großartig wirkenden Worte des Prinzen Max vom Dezember 1917, die Hahn zum Leitmotiv für seine Arbeit wählt, werden glaubhaft durch die schicksalhafte Stunde, in der sie gesprochen wurden und im pädagogischen Zusammenhang durch den schlichten Einsatz des einzelnen für den Nächsten.

Die Eigenständigkeit dieser Pädagogik wird noch gestärkt durch den unmittelbaren Ausgang von den so häufig beklagten Zeitkrankheiten der zivilisatorischen Seelenstumpfheit und Bewegungsarmut, die nur ein Leben in vielfältig unbewußter Abhängigkeit erlauben. Das Leben im Rahmen der Zivilisation kann jene vermeintliche Freiheit in der Verfügbarkeit der technischen Mittel in eine bedrückende Unfreiheit im Eigentlich-Menschlichen umschlagen lassen. Die Pädagogik Kurt Hahns ist eine direkte Antwort auf diese schicksalhaft gegebene Lebenssituation, die weder überspielt noch ausgeklammert wird.

In diesem Grundcharakter der Antwort, die nicht gelehrt erklärt oder gefühlig bedauert, sondern konkret angemessene Lösungsmöglichkeiten aufweist, ist der eigenständige Kern dieser Pädagogik begründet. Dieser konstruktive Wesenszug kommt schon in dem 1910 erschienenen schöngeistigen Roman »Frau Elses Verheißung« zum Ausdruck, in dem die harte Kulturkritik an Schule und Erziehung aufgehoben wird in einem tragfähigen erzieherischen Prinzip, das hier in der Gestalt der Mutter verkörpert wird.

Die Antwort in entfalteter Form besteht bei Hahn in der Erlebnistherapie, d. h. in einer ursprünglichen Form jugendlichen Erlebens, die wieder das Wundern und Staunen und damit auch den meditativen Auf- und Ausblick möglich macht. Das soll gewährleistet werden durch die pädagogisch begründete Hereinnahme der urmenschlichen Erfahrungsbereiche in den Bildungsraum wie Gefahr, Not und Abenteuer sowie die Entfaltung entsprechender Lösungsmöglichkeiten wie Gemeinsinn, Wachsamkeit, Tapferkeit und Nächstenhilfe.

Die Seelenumwendung: Krieg dem Krieg

Die Mitte dieser Pädagogik ist daher der Hilfs- und Rettungsgedanke, der unmittelbar auf den Nächsten verweist. Das Erlebnis hat in diesem Zusammenhang nur noch eine dienende Funktion, nämlich die Freilegung der menschlichen Tiefenschichten, die in unserem Alltag allzuoft unter zivilisatorischen Konventionen verdeckt liegen. Die pädagogische Weckung der stumpfen Seelen und ihre Formung nach der dem Menschen aufgegebenen Idee ist das platonische Leitbild für diesen Vorgang. So vermögen, beispielhaft beschrieben, der durchgestandene Wettkampf, der Rettungsdienst in den Bergen oder zur See, die vollbrachte Leistung, das Abenteuer im Kreise der Gruppe den heranwachsenden Menschen in ein neues Verhältnis zu den Grundmächten des Lebens zu bringen; sie können ihn dadurch in einem ursprünglichen Sinne zur Natur, zum Nächsten und auch zu sich selbst zurückführen.

Das platonische Bild einer Umwendung der Seelen von dem Reich der Schatten in das klare Licht scheint durchaus angebracht zu sein. Insofern ist diese Form der Erlebnistherapie als zentrales Anliegen das bindende Glied zwischen den Landerziehungsheimen wie Salem, Gordonstoun, Atlantic College, Anavryta sowie der Kurzschulbewegung. Soweit in dieser Pädagogischen Provinz der Elite-Begriff überhaupt berechtigt ist, so nur im Hinblick auf diesen neuen »Seelenadel«, der nicht an ständische Voraussetzungen gebunden ist. Schon in der Gründungsabsicht Salems ist es beschlossen, eine Schule für alle Kinder des Salemer Tals einzurichten, weil zur vollen menschlichen Entfaltung die Kinder des Adels und der bürgerlichen Kreise zusammen sein müssen. Darum ist es eine Fehlinterpretation, daraus schließen zu wollen, daß die Kinder des Volkes nur Ferment zur Anreicherung des erzieherischen Klimas seien, das ausschließlich für die Auserwählten zubereitet sei. Darin liegt eine Verkennung der Grundhaltung Hahns und auch des Prinzen, die beide in Bildungsfragen demokratisch und nicht patriarchalisch dachten.

Das Ziel bleibt, die »Tatkraft zu üben«, die in der Demokratie das lebensnotwendige Korrelat zur sittlichen Gesinnung bilden muß. Dazu sind nach der »Salemer Regel«, die die pädagogische Grundeinstellung in der weiteren Pädagogischen Provinz beeinflußt hat, folgende Voraussetzungen zu erfüllen: »die Fähigkeit, das als Recht Anerkannte durchzusetzen, gegen Strapazen, gegen Gefahren, gegen innere Skepsis, gegen Langeweile, gegen Hohn der Umwelt, gegen die Wallungen des Augenblicks«[244]. Der Mut wird — aus diesem Blickwinkel betrachtet — zu einer allgemein-

244 Kurt Hahn: Erziehung und die Krise der Demokratie. Rede anläßlich der Verleihung des Freiherr-vom-Stein-Preises 1962, S. 30.

menschlichen Fähigkeit, »die Furcht zu überwinden«[245]. Dieser Mut erfährt seine höchste Bewährung im Einsatz für den Mitmenschen.

So bleibt auch hier die »Ausbildung der energischen Teilnahme«, wie sie in der platonischen Paideia vorgebildet ist, die Aufgabe des Bildungsganges; ihre Erfüllung findet sie in der Rettungsidee. Der eigentlich krönende Schlußgedanke in diesem Bildungssystem ist indessen die Überwindung des Krieges durch die Bindung aller Kräfte im ehrenvollen Dienst für den Frieden. Dieses Suchen nach dem »Äquivalent für den Krieg«, wie es James genannt hat, zeigt sich in allen späteren Schriften Hahns. Es bleibt stets verbunden mit einem Streben nach internationaler Verständigung – auch und gerade in der nationalistisch zugespitzten Grundstimmung während des Krieges.

Davon legen die Schriften und Reden während der Kriegsjahre ein beredtes Zeugnis ab. Als ein Beispiel sei auf die Rede »Über das Mitleid« hingewiesen – eine Laienpredigt, die im Jahre 1943 in der anglikanischen Kathedrale von Liverpool gehalten wurde[246]. Der Titel dieser ergreifenden Predigt, die der Engländer Hahn seinen neuen Landsleuten vorträgt, könnte ebenso gut lauten: »Über die Nächstenliebe im Krieg.« Angesichts von Massenhysterie, fanatisiertem Mißtrauen und grauenhafter Kriegspraxis in allen Lagern wird der Krieg aus Ehrfurcht vor jedem Leben als zutiefst widersinnig gedeutet. Der Dienst am Menschen, an seinem leiblichen und seelischen Heil, wird hier wie später in schlicht beispielhafter Art als die einzig angemessene Lebenshaltung ausgelegt.

Krieg dem Krieg ist daher ein zentrales Grundanliegen dieser lebensreformerischen Pädagogik. Daß Hahn das Heilmittel im passioniert getriebenen Friedensdienst in der konkreten Form des Helfens und Rettens findet, hängt nicht nur mit seiner persönlichen Überzeugung zusammen, sondern ist wesentlich in der ebenfalls von James beeinflußten psychologischen Anschauung begründet, die die Haltungen, Interessen und Strebungen der Menschen zu motivieren und zu leiten versucht. Hier gilt es, alle Kräfte verpflichtend für den Dienst am Nächsten zu üben. Die Leidenschaft des Rettens soll gleichsam die Seele des Heranwachsenden so ausfüllen, daß jeglicher aggressive oder kriegerische Instinkt verdeckt oder abgelenkt wird.

4. Die Jugendbewegung – ein Ringen um Eigenverantwortung

Noch stärker als die Kunsterziehungsbewegung ist die Jugendbewegung eine spezifisch deutsche Erscheinung. Eine »Selbsthilfe der Jugend«[247] hat Gustav Wyneken sie genannt – eine Selbsthilfe zur Wahrung des eigenen Entwicklungsgesetzes. Die Jugend ist die »Chance des Neuen« (Nietzsche), die ihr Eigengesetz aus der Erschlie-

---

245 Kurt Hahn: Erziehung zur Verantwortung. A. a. O., S. 60.

246 Kurt Hahn: Über das Mitleid. In: Erziehung zur Verantwortung. A. a. O., S. 50.

247 Gustav Wyneken: Schule und Jugendkultur. Jena 1928, S. 37.

ßung und Erprobung neuer Lebensentwürfe herleitet. So trägt die Jugend immer einen Eigencharakter, der um so stärker vom Oppositionellen und Revolutionären geprägt ist, je starrer und gefolgschaftserheischender die zeitgemäßen Lebensformen sind.

a. Die kultur- und bildungskritische Ausgangssituation

Die Lebenssituation während der Jahrzehnte des ausgehenden 19. Jahrhunderts wird in ihren Grundbestrebungen im Spiegel der Kulturkritik der Nietzsche, Lagarde und Langbehn deutlich. Trotz aller Überhöhungen, Verzeichnungen und Verzerrungen in diesen kritischen Stellungnahmen zeigen sich drei zeitspezifische Grunderscheinungen, die für die Jugend den Charakter der Herausforderung tragen. Es handelt sich einmal um die Zivilisation, die den Menschen zunehmend — insbesondere von der Natur — isoliert; zweitens um die Formalisierung und Intellektualisierung der Schularbeit, die — auf Spezialisierung abgestimmt — die für die Entwicklung des Jugendlichen so fundamental notwendige Selbstbestimmung im Medium selbsttätiger Auseinandersetzung nur in Grenzfällen gewährt; und schließlich um die konventionalisierten Lebensformen des Jugendlichen in den Gymnasien, die als Pennälertum weitgehend vom studentischen Kneipenbetrieb mit seinen üblen Trinksitten und Fuchsenschleifereien bestimmt waren; so schildert noch Hermann Lietz beispielhaft die eigene Gymnasialzeit seit 1877 in Greifswald sowie seine ersten Erfahrungen als Referendar in Putbus und Kötzschenbroda.

Diese Erfahrungen von Lietz sind durchaus kein Einzelfall des in der ländlichen Idylle Aufgewachsenen; sie sind vielmehr symptomatisch für die Zeit und die Einstel lung in den Schulen. In diesem Zusammenhang sei daher auch auf Ludwig Gurlitt hingewiesen. Was er über die Homerstudien schreibt, gilt von breiten Teilen des Schulalltags: »Das war alles so dunkel, so trocken, nüchtern und ledern, das wurde alles so geist- und herzlos betrieben, daß uns selbst aus Homers heiterer Welt kein Sonnenschein und kein frohes Aufjauchzen, keine Begeisterung, kein Heldentum entgegenlachte. Ein Wald von Dickicht, Disteln und Dornen, durch den wir uns hindurchwinden mußten. Ein asketisch düsterer Geist, der nie von edler, freier Menschlichkeit durchleuchtet war, kurz, der ödeste Pennalismus hat mir während jener Stunden wie ein Alp auf der Seele gelastet. Angst ist die einzige Empfindung, deren ich mich dabei lebhaft erinnere.«[248] Es ist daher mehr als ein Zufall, daß Ludwig Gurlitt zu einem der Berater der Wandervögel wurde, die die Jugendbewegung vom Gymnasium in Berlin-Steglitz aus einleiteten.

Erst in diesem Zusammenhang zeigen zwei wichtige Fakten ihre Bedeutung. Das gilt einmal von dem durch Hermann Hoffmann, der sich seit 1921 Hoffmann-Fölkersamb (nach dem Namen seiner Mutter) nannte[249], gesetzten Anfang in

248 Ludwig Gurlitt: Der Deutsche und seine Schule. Berlin 1905, S. 7, 8.

249 Vgl. Siegfried Copalle, Heinrich Ahrens: Chronik der Freien deutschen Jugendbewegung. Bd. I. Bad Godesberg 1954, S. 9.

Berlin-Steglitz. Hoffmann-Fölkersamb, Student der Berliner Universität, gründete 1896 am Steglitzer Gymnasium einen »Arbeitskurs für Kurzschrift«, mit dem er Ausflüge unternahm. Aus diesen akzidentiellen und bis zu einem gewissen Grade provinziellen Unternehmungen, die zunehmend Resonanz fanden, entstand die Jugendbewegung; sie wurde eine ursprüngliche Antwort auf die Notsituation mit dem Aufweis eines eigenen Lebensrahmens und -gesetzes. Die Lösung entfaltete sich indessen schrittweise während der nächsten drei Jahrzehnte in einer eigenen Dialektik. Das zweite bemerkenswerte Faktum besteht darin, daß die Jugendbewegung als Gymnasialphänomen entstanden ist und in diesem Problemhorizont ihre Gestaltung als Aufgabe der mittelständischen Jugend erfuhr. Zwar erfolgte die weitere Ausbreitung nicht geschlossen über einzelne Gymnasien, wie in Steglitz, aber es blieben vorwiegend Gymnasiasten und junge Studierende, die den weiteren Verlauf mitbestimmten.

Als Hoffmann-Fölkersamb seine Arbeit begann, war er 21jährig und voller Ideale. Mit der zunehmenden Attraktivität der Fahrten, die 1897 zwei Wochen in den Harz, 1898 an den Rhein und 1899 vier Wochen durch den Böhmerwald führten, wuchs auch die Anhängerschaft. Ob Hoffmann-Fölkersamb die Gründung einer umfassenden lebensreformerischen Bewegung vorschwebte, erscheint zweifelhaft. Dazu ist die Kopplung mit dem Stenographiekurs zu pragmatisch und das frühe Ausscheiden Hoffmanns zu wenig erklärlich. Als er 1899 Berlin den Rücken kehrte, um sein Studium zu beenden, konnte von einer Bewegung noch nicht gesprochen werden. Bevor er allerdings 1900 Deutschland mit dem Ziel Konstantinopel verließ, hatte er eine schicksalsschwere Unterredung — die Fichteberg-Abrede — mit Karl Fischer, der im Vorjahr als »Häuptling« unter dem »Oberhäuptling« Hoffmann-Fölkersamb die Fahrt durch den Böhmerwald mitgemacht hatte. Während dieses Gesprächs[250] hat er Fischer für die Weiterentwicklung der Idee des Jugendwanderns zu gewinnen versucht.

Mit Karl Fischer fiel die Wahl auf einen jungen Mann, der manche Voraussetzungen erfüllte. Passioniert von der Idee des Wanderns und der Jugendführung, war er jedoch keine kommunikative Natur, die die Lösung der persönlichen Spannung im Dialog suchte. Als Führernatur neigte er zu Setzungen, die alsdann zu Wendemarken in der Entfaltung des Wandervogels und der Jugendbewegung wurden. Ob die sich nunmehr abklärende Idee des Wandervogels eine Tat Fischers ist oder ob sie noch auf die Böhmerwald-Fahrt Hoffmanns zurückgeht, ist eine letztlich kaum beantwortbare Frage. In jedem Falle sind einige sinnstiftende Kriterien des Wandervogels — das Wandern in der Gruppe, die Erschließung und Erfahrung des Landes unter kundiger Führung, die Bewährung in der Gemeinschaft — bereits während der Fahrt durch den

250 Vgl. hinsichtlich dieser ersten Zeugnisse der Jugendbewegung Walther Gerber: Zur Entstehungsgeschichte der deutschen Wandervogelbewegung. Bielefeld 1957 (Vgl. darin einen Brief von Hoffmann an Ahrens von 1952 mit einer Auslegung des erwähnten Gesprächs, S. 38). Hoffmann selbst wurde Konsul und später Generalkonsul in der Türkei. Vgl. hierzu auch Walter Z. Laqueur: Die Deutsche Jugendbewegung. Köln 1962, S. 26.

Böhmerwald im Keim aufweisbar. Zudem bestätigen die vielen Rückblicke während der kommenden Jahre auf diese erlebnisträchtige Unternehmung[251], daß hier so etwas wie ein paradigmatisches Ereignis geschaffen wurde.

Karl Fischer brauchte im Grunde nur zu entfalten, was bereits im Keim angelegt war. So schuf er (in Analogie zur mittelalterlichen Überlieferung der fahrenden Scholaren) die für den Wandervogel kennzeichnend gebliebene Hierarchie der Scholaren, Burschen und Bachanten. Das Durchschreiten der Rangordnung hing mit der Bewährung während der Fahrten zusammen. Fischer war Oberbachant, und später ernannte er sich selber zum Großbachanten. Damit begann die häufig kritisierte Großbachanten-Autokratie. Als am 4. November 1901 im Steglitzer Ratskeller die Gründung des Vereins „Wandervogel, Ausschuß für Schülerfahrten" beschlossen und der Schriftsteller Heinrich Sohnrey zum Vorsitzenden gewählt wurde, war ein erster offizieller Schritt getan. Als eine kluge Maßnahme für die weitere Entwicklung erwies sich die Gründung eines „Eufrat" (des Eltern- und Freundesrats), der viel zur Festigung des Ansehens des Wandervogels bei den Eltern, Schulen und Behörden beitrug. Was aber auch diese Einrichtung nicht verhindern konnte, war die sich verschärfende Konfliktsituation unter den Verantwortlichen; Sprecher der Gegenseite waren Siegfried Copalle, Bruno Thiede und Richard Weber. Fischer wird als ein junger Mann mit ausgeprägten »Machtgelüsten«[252] beschrieben; er fühlte sich zur missionierenden Ausbreitung der gerade konzipierten Idee aufgerufen — ein einzelner mit dem Anspruch des Führers, der in seinem Grundstreben für die meisten nicht durchschaubar erschien.

Die Kritik richtete sich gegen den Ausschließlichkeitsanspruch Fischers und gegen die mangelhafte geistig-kulturelle Begründung der Jugendarbeit. So kam es im Juni 1904 zur Gründung einer neuen Gruppierung »Wandervogel. Eingetragener Verein zu Steglitz«. Unterstützt wurde diese Sezession auch durch Ludwig Gurlitt, der — am Gymnasium Steglitz wirkend — 1902 auch als erster »Oberlehrer«, wie die Kennzeichnung aus der Sicht der Jungen distanzierend lautete, dem Wandervogel beitrat.

Neben Wyneken ist Ludwig Gurlitt einer der wirklich verdienstvollen Gesprächspartner, die Sorge für eine ausgewogene Entwicklung des Wandervogels trugen. Besonders wichtig ist die Tatsache, daß Gurlitt diesen Einfluß bereits während der Frühphase ausüben konnte. Er selber schreibt darüber: »Der Wandervogel entstand im Steglitzer Gymnasium und wuchs aus den Klassen hervor, an denen ich unterrichtet habe — Hoffmann, Karl Fischer, Breuer, Copalle, Thiede, Blüher, alle Gründer des W.-V. waren meine Schüler — und konnte da entstehen, weil ich den Schülern das Rückgrat steifte und sie auf sich selbst verwies.«[253]

---

251 Vgl. Hans Wolf: Fahrt in den Böhmerwald — Sommer 1911. In: Jahrbuch des Archivs der Deutschen Jugendbewegung. 8. Bd. Burg Ludwigstein 1976, S. 114.

252 Vgl. Georg Korth: Wandervogel 1896—1906. Frankfurt a. M. 1967, S. 126.

253 Ludwig Gurlitt: Jugendbewegung. In: Weserzeitung vom 11. Juni 1918. Zitiert nach Heinz S. Rosenbusch: Die deutsche Jugendbewegung in ihren pädagogischen Formen und Wirkungen. Frankfurt a. M. 1973, S. 23.

Während die Neugründung auf Berlin begrenzt blieb, bildete Fischer mit dem kleiner gewordenen Kreis seiner Anhänger den Alt-Wandervogel, der zunehmend sich im gesamten Reich ausbreitete. Nachdem Fischer ausgeschieden war – er ging ohne Beendigung des Studiums nach China und kam erst 1921 zurück – wurde die Führung von Hans Lissner und Hans Breuer übernommen. Hans Breuer war noch Mitglied der Gruppe Fischers gewesen; er hat durch die Herausgabe des »Zupfgeigenhansl«, des Liederbuchs der Jugendbewegung, die gesamte weitere Entwicklung mitbestimmt.

Wenn von der Jugendbewegung gesprochen wird, so sind darunter in erster Linie die drei großen Jugendbünde zu verstehen, die sich durch die große »Bündigung« seit 1922 bildeten: Wandervogel, Freideutsche Jugend und Pfadfinder; als weitere Gründung muß noch die Freischar genannt werden, die 1926 durch die Vereinigung des Altwandervogels mit den Neupfadfindern entstand. Die Freischar wurde als jüngster Bund verheißungsvoll von Ernst Buske angeführt; ihr gehörten Hans Freyer, Eugen Rosenstock-Huessy, Arnold Bergsträsser, Hans Dehmel, Helmut Kittel, Georg Götsch u. a. an.

Der Verlauf der Jugendbewegung zeitigte eine verwirrende Mannigfaltigkeit der Erscheinungsformen, die sich allerdings bei einer kritischen Sichtung der verbindlichen Zielstellung als Variation des von Anbeginn gestellten Grundthemas erweisen. Nohl spricht hinsichtlich dieser Entwicklung von einer »neue(n) Stufe der Bewegung«: der »zweiten Jugendbewegung«[254]. So entstanden bis zum Beginn des ersten Weltkriegs viele neue Vereinigungen, wie Wandervogel Deutscher Bund (WVDB), Magdeburger Wanderriegen, Jungwandervogel (JWV). Die stärkste Ausbreitung fand der »Altwandervogel« (AWV), der 1912 15000 eingeschriebene Mitglieder und 5000 »Eufratmitglieder« umfaßte.

Ergänzt wurden diese Formationen durch drei Akademische Vereinigungen: die »Deutsche Akademische Freischar Göttingen«, die 1907 von Knud Ahlborn gegründet wurde, die »Akademische Vereinigung Marburg«, gegründet von Wolfgang Kroug, und der »Sera-Kreis« in Jena, der sich um den Verleger Eugen Diederichs gruppierte und dem auch Wilhelm Flitner angehörte.

Als Ergänzung zu den häufig mit Ordnungsexerzitien operierenden Bünden sollen die Formen des Serakreises genannt werden. Die hier geübte Formenstrenge wird deutlich an dem feierlichen Schreittanz und dem Kehrreim: »Hier kommen die stolzen Nonnen her, Herr Domine, auf dem grünen Anger. Sera, Sera, Sancti nostri Domine.«[255] So hat auch die Anthroposophie Rudolf Steiners Anhänger im Rahmen der Jugendbewegung gefunden. Nachdem Alfred Heidenreich 1922 die ideelle Wechselbe-

254 Herman Nohl: Die pädagogische Bewegung in Deutschland und ihre Theorie. Frankfurt a M. ³1949, S. 16.

255 Vgl. Martha Hörmann: Der Sera-Kreis sowie Wilhelm Flitner: Freideutsche Studenten in Jena 1909–1914. In: Die Wandervogelzeit. Dokumentation der Jugendbewegung. Bd. II. Hrsg. von Werner Kindt. Düsseldorf, Köln 1968, S. 469 bzw. 477.

ziehung zwischen der Jugendbewegung und der Anthroposophie darstellte[256], traten viele Angehörige der Jugendbewegung der Anthroposophie näher.

Erwähnt werden müssen im weiteren Umkreis der Jugendbewegung der »Deutsche Bund abstinenter Studenten«, die »Burschenschaft Vandalia Jena«, die beide lebensreformerisch eingestellt waren, das »Landschulheim am Solling«, die »Freie Schulgemeinde Wickersdorf« und der »Bund für Freie Schulgemeinden« als Vereinigung schulischer Institutionen unter dem Einfluß der Jugendbewegung, der »Vortruppbund«, der »Volkserzieher« (beide stark völkisch gebunden) sowie der »Österreichische Wandervogel«.

Nach dem ersten Weltkrieg kamen (unter dem Einfluß von Karl Bittel, Alfred Kurella, Karl-August Wittfogel u. a.) die politisch extrem orientierten Bünde hinzu, wie »Die Freischar Schill« bzw. der »Jungdeutsche Bund«, der unter dem Einfluß einer Germanenideologie die Expansion im Osten befürwortete. Auf dem Hintergrund dieser Bünde bildete sich gleichsam als Dachverband die »Freideutsche Jugend«; sie sollte die älter gewordenen Mitglieder des Wandervogels, die zunehmend ein Problem für die Jugendarbeit wurden, unabhängig von der Zugehörigkeit zu einem bestimmten Bund zusammenfassen. Viele Vertreter des öffentlichen Lebens – Gerhart Hauptmann, Gertrud Bäumer, Ferdinand Avenarius, Friedrich Naumann – traten für die Ziele der »Freideutschen Jugend« ein; das geschah allerdings bereits unter dem Eindruck des Treffens auf dem Hohen Meißner.

Trotz der zahlenmäßigen Begrenzung der Mitglieder auf maximal 60000 ist die Breitenwirkung darin begründet, daß die Mehrzahl der geistigen Repräsentanten der jüngeren Generation während des Zeitraums von 1890 bis 1930 mehr oder weniger Kontakt mit der Jugendbewegung hatten. Dazu zählen Männer wie Buber, Guardini, Heisenberg, Stählin, Carlo Schmid sowie der breite Kreis der Pädagogen Natorp, Wyneken, Nohl, Jöde, Flitner, Weniger, Mitgau, Kittel, Bohnenkamp, Bollnow, Borinski, Seidelmann, Wilker, Wilhelm, die diesen Gedanken in breite Bereiche der pädagogischen Provinz trugen: in Lehrerbildung, Landerziehungsheime und Schulen sowie in die soziale Praxis und in die Erwachsenenbildung.

Die Namen zeigen, daß der größere Teil in pädagogische Berufe ging. Die Gründe dafür liegen wohl in der starken pädagogischen Motivationskraft der Jugendbewegung. Vor allem über die Lehrerbildung wurde das Ideengut pädagogisch wirksam. Als nach dem Zweiten Weltkrieg die Lehrerbildung wieder aufgebaut wurde, gingen wichtige Impulse von dem genannten Kreis von Pädagogen aus, der dadurch die erzieherische Praxis und Theorie bis in die unmittelbare Gegenwart in entscheidendem Maße prägte.

256 Alfred Heidenreich: Jugendbewegung und Anthroposophie. Stuttgart 1922.

b. Die Fahrten als Erlebnisform

Die Frage nach den Bildungsinhalten der deutschen Jugendbewegung muß ein breites Antwortspektrum zur Folge haben. Neben dem Recht und Bedürfnis der Jugend auf Selbstbestimmung muß auf das Defizit an altersgemäßer Lebensgestaltung in der modernen Welt und auf die entwicklungsnotwendige Distanz der Jugend gegenüber der Generation der Älteren hingewiesen werden. Die alle einbeziehende Motivationsbasis ist das Erleben Gleichgesinnter in der Gruppe sowie mit und durch sie das Erfahren der eigenen Jugendhaftigkeit im Rahmen der Natur. Das Wandern war dazu das rechte Mittel, das zudem als Möglichkeit der Selbstbewährung und der Erschließung neuer Lebensräume durchaus den Charakter des Selbstzwecks erlangen konnte.

In einer ursprünglichen Lebenssituation galt es den Anforderungen des natürlichen Lebens und den nicht voraussagbaren Lagen des Gemeinschaftslebens einfallsreich und wirkungsvoll entgegenzutreten. Diese Form der Fahrten, des wandernden Erschließens neuer Landschaften, ihrer Bewohner und deren Sitten, entfaltete eine eigene Romantik, deren unwiderstehbare Wirkung darin bestand, daß sie eigenverantwortlich gestaltet war. Zu den verbindenden Kräften gehörten sowohl das Sehen und Schauen, die Bereicherung durch mitgeteiltes Erleben des andern als auch die gemeinsam ertragenen Strapazen der zünftigen Fahrt. Auf diese Weise entstanden einfache Formen der Daseinsgestaltung, die der Kritik am zivilisatorischen Lebensrahmen innere Berechtigung und Wahrhaftigkeit verliehen, weil sie existenziell aufgewogen waren. In diesem Sinne lautete der »Epilog eines Wandervogelführers«: »Wandern ist ein Nieverweilen, ein traumhaftes Schweifen durch die Weite der Welt, — aber das verstehen die nicht, die vorbeilaufen. Denn im Wandern und Schweifen sollst du den Raum tragen und fühlen, der dich umschließt, und sollst ihm atmend danken.«[257] Diese Stellungnahme mag stellvertretend für viele verwandt lautende stehen, weil sie das Lebensgefühl dieser Jugend trefflich wiedergibt. Überhaupt wird der Diltheysche Begriff des »Lebensgefühls« zu einer ausgesprochenen Modevokabel.

Die Fahrten der Jugendbewegung sind, insoweit sie sich um eine bewußte Deutung bemühen, eingebettet in die Philosophie des Wanderns, wie sie sich als Teil der Geistesgeschichte seit Montaigne und Rousseau gebildet hat. Das Wandern hat philosophisch gesehen keinen Anfang und kein Ende; es ist vielmehr die große Lebensreise, die erst in dem Maß gelingt, wie sie immer wieder abseits der gebahnten Straßen eigene Wege ins Leben erschließt, die zu erfahren erst Erleben in originärer Weise weckt und entfaltet[258]. Das Wandern bleibt — so gesehen — ein Wagnis, ein Leichtnehmen der eigenen Sache.

---

257 Vgl.: Wandern ein Traum. Epilog eines Wandervogelführers. In: Grundschriften der Deutschen Jugendbewegung. Dokumentation der Jugendbewegung. Bd. I. Hrsg. von Werner Kindt. Düsseldorf, Köln 1963, S. 83.

258 Vgl. Hermann Röhrs: Vom Sinn des Reisens. In: Ders.: Schule und Bildung im internationalen Gespräch. Frankfurt a. M. 1966, S. 182.

Aus dem Blickpunkt der etablierten Gesellschaft muß der zünftig Wandernde nicht nur als der »Aushäusige«, sondern auch als »der Ver-rückte«, der den konventionell gesicherten Platz ohne Not verläßt, erscheinen. Insofern kann es nicht erstaunen, daß die von ihrer Wochenwanderung zurückgekehrten Wandervögel von Steglitzer Bürgern als »verrückt« bezeichnet wurden: »Wenn Breuer kam, wurde es gewöhnlich ein Stück gemütlicher, denn er war ein urgesunder Bursch. Dann ging es los und man sang:

›Trinkt, vornehme Sünder,
Aus Gold Euern Wein.
Wir freun uns nicht minder
Beim Bierkrug von Stein!
Juvivalleralleralleralleral
Beim Bierkrug von Stein.‹

Hatte man die Höhe des Fichteberges überwunden, so lag es zu den Füßen weit und neblig ausgebreitet: das Dörfchen Dahlem und seine klappernde Mühle und in der Ferne des Grunewaldes blaugrüner Streifen. Kriegsspiel gab es und germanische Thinge, in der Havel wurde gebadet oder gerudert, und dann gings in strammem Marsche zurück, wenn Mittag vorbei war. Man sprach von Ferienplänen, man wollte wieder einmal in den Böhmerwald und oben auf dem Osser ein großes Feuer anstecken die ganze Nacht hindurch. Die jungen Fuchsen staunten über der Burschen Unternehmungsgeist, und jeder prüfte sich in seinem Herzen, ob er dergleichen wohl gewachsen wäre. An Mut fehlte es nicht, aber die Angst der Mutter schob einen Riegel vor und das entschlossene Urteil des Vaters, daß derartige große Touren sich für ein so junges Alter eben nicht gehörten; er habe als Junge so etwas auch nicht gehabt und die Jugend müsse sich daran gewöhnen, zu entbehren.

Man kehrte heim; es war jedesmal ein tüchtiger Marsch, der in die Knochen ging. In Steglitz war nun alles lebendig geworden. Die sauberen Knaben der wohlgenährten Bürger gingen in neuen Anzügen auf der Albrechtstraße spazieren, kleinen Mädchen folgend. Die Fichteberg-Aristokratie und der Halbadel hatten eben die Kirche hinter sich, und man stolzierte mit verglasten gottnahen Augen nach Hause. Wenn ihre Söhne die bunten Schülermützen zogen, so faßten sie den Schirm stets nur mit zwei Fingern an, denn die drei andern mußten das schmucke Handschuhpaar halten. Man grüßte und ehrte viel. — Und dazwischen nun diese wildfrohen Gestalten, dieses bunte Gemengsel toller Pennäler! Sie traten mit ihren klobigen Stiefeln auf das zarte Pflaster; der eine von ihnen hielt sich hinterwärts fest, denn Wolf hatte ihn den sandigen Abhang des Havelberges hinuntergeworfen, und da waren ihm die Hosen klaftertief geplatzt. Man sah sich um und lachte, und wenn man nicht lachte, so sollte das eben nur heißen, daß man nicht albern genug sei, um über so etwas zu lachen. — ›Der verrückte Fischer!‹ sagte man nur und ging weiter.«[259]

259 Hans Blüher: Geschichte des Wandervogels. In: Grundschriften der Deutschen Jugendbewegung. Dokumentation der Jugendbewegung. Bd. I. Hrsg. von Werner Kindt. A. a. O., S. 36.

Das Wandern als ein Hintersichlassen der einengenden Zivilisation und als ein Erproben der vielen Möglichkeiten ursprünglicher Lebensgestaltung im Umkreis naturnaher Situationen ist ein Spezifikum der Jugendbewegung. Wie die Jugend selber ein freies Durchspielen beispielhafter Lebensmöglichkeiten darstellt, so ist das Jugendwandern ein spielerisches Bahnen des Weges in die weite Welt[260]. Wandern ist in diesem Sinne nicht primär an einem Zielpunkt orientiert; es ist vielmehr ein erlebendes Eingehen in die Fahrt; dazu gehören dann als konstitutive Teile auch das Zubereiten der Mahlzeit, das Singen am Lagerfeuer und das Schlafen im Zelt oder auf dem Heuboden.

Jede Fahrt zeigte eine eigene Struktur dieser sinnstiftenden Akzidentien. Der bewußte Verzicht auf äußere Hilfen konnte Züge der Askese annehmen. So vermochte aber auch der Gedanke der Selbsterprobung und -bewährung so stark zu werden, daß durch kraftzehrende Auf- und Einlagen selbstquälerische Formen auftraten. Von Fischer wird berichtet, daß er hinsichtlich einer Wunde auf dem Arm befragt folgenden Dialog auslöste: » ›Du hast wohl die Bourbonenpest‹? sagte einer und die anderen sahen hin. ›Nein‹, antwortete er gelassen, ›ich wollte bloß mal sehen, ob ich's noch aushalten kann; es ist von einer Zigarre.‹ ›Rauchst du mit dem Ellenbogen?‹ ›Nein, ich habe sie mir bloß ins Fleisch gebrannt, wollte mal sehen, wie's mit meinen Nerven steht. — Es geht noch.‹ «[261]

Diese Einstellung — als ein Grundzug der frühen Phase des Wandervogels — konnte sich verstärken, bis hin zu masochistischen Tendenzen. Die »Klotzmärsche« waren zuweilen nicht frei von diesen Zügen. Diese fordernde und stark auf Bewährung dringende Haltung war typisch an dem Fischer-Bild, wie es von Hans Blüher gezeichnet ist. Daß es sich um »eine sehr persönliche Schau, die nicht frei von Ressentiments ist«[262], handelte, wurde besonders nach den späten Aufzeichnungen von Hoffmann-Fölkersamb deutlich. Seither fand die schon länger geäußerte Vermutung ihre Bestätigung, daß Blüher zugunsten seines Helden manche Tatsachen verzerrt dargestellt hat. So wird die Böhmerwaldfahrt von ihm beispielsweise auf das Jahr 1897 angesetzt — obgleich sie 1899 stattfand. Dadurch wurde der Einfluß Hoffmanns in diesen wichtigen Anfangsjahren begrenzt, und außerdem wurde der Name Hoffmanns als des eigentlichen Initiators verschwiegen. Aus den erst spät erfolgten Aufzeichnungen von Hoffmann-Fölkersamb geht hervor, daß er bereits während seiner Schülerzeit in Magdeburg[263] seit 1890 Schülerfahrten unternommen hatte. »Die Ver-

---

260 Vgl. Frank Fischer: Wandern und Schauen. Hartenstein 1921. — Werner Helwig: Die blaue Blume des Wandervogels. Gütersloh 1960.

261 Hans Blüher: Geschichte einer Jugendbewegung. 1. Teil. Heimat und Aufgang. Prien (Chiemsee) [5]1920, S. 101.

262 Walther Gerber: Zur Entstehungsgeschichte der deutschen Wandervogelbewegung. Bielefeld 1957, S. 10.

263 Hermann Hoffmann-Fölkersamb: Aus der Frühzeit des Wandervogels. Ms. vom Frühjahr 1952, vom Verfasser dem Ludwigstein-Archiv übergeben. In: Die Wandervogelzeit. Dokumentation der Jugendbewegung. Bd. II. Hrsg. von Werner Kindt. A. a. O., S. 37.

drehung Blühers ist symptomatisch für den Mythos, der später um die Gestalt Fischers gewoben wurde.«[264]

Zu den sich entwickelnden neuen Formen eigenverantwortlicher Lebensgestaltung gehörten Lied, Tanz und Reigen ebenso wie die einheitliche Tracht sowie der die Gemeinsamkeit symbolhaft repräsentierende Wimpel. Gerade der Reigen als tänzerisch rhythmische Gestaltung des Volksliedes gewann in der Jugendbewegung eine eigene Ausdruckskraft. Das Gemeinschaftserleben war gleichsam die transformierende Kraft, die aus dem einzelnen den Fahrenden werden ließ, der nicht nur der Stadt entronnen war, sondern sich im Erleben von Natur und Heimat im Dienste einer Lebens- und Volksgesundung wähnen durfte. Diese Einbettung des Fahrens und seiner Erlebensweisen in einen volkstümlichen Kontext war eine Zielstellung, die von Anbeginn deutlich angelegt war. Dazu gehörte der Gedanke der Volksgemeinschaft (in zunächst dunkler, aber stets emotionaler Tönung) nicht weniger als das Volk, das es zu erfahren und in der Vielfalt seiner Formen zu erschließen galt — insbesondere auch durch die Grenzlandfahrten. So war die Erlebnisweise im Wandervogel zugleich individualistisch natürlich-gemeinschaftsbezogen sowie volkstümlich.

Es kommt allerdings noch eins hinzu: die romantische Grundeinstellung, die sich zwar immer real im Alltagsgeschehen manifestiert, aber dennoch weltfremd bleibt. Das Suchen nach der blauen Blume, dem romantischen Sinnbild glückhafter Lebenserfüllung wurde im weiteren Verlauf mehr und mehr zum Grundmotiv. Gerade in einer rationalisierten Welt behält dieses Suchen seinen tieferen Sinn, denn jedes menschliche Leben glaubt ein Anrecht auf Glück zu haben oder doch zumindest auf die Sehnsucht danach, die häufig und letztlich das Realste ist.

Das menschliche Glück der Wandervögel ist ohnehin ein Kapitel für sich und nicht das Uninteressanteste, weil es das Suchen und Nichtfinden beispielhaft erläutert[265]. Seit 1904 wurden Stefan George und Rainer Maria Rilke zunehmend zu dichterischen Kronzeugen[266]. Bei Langemarck haben viele der zahlreich beteiligten Wandervögel

264 Walther Gerber: Zur Entstehungsgeschichte der deutschen Wandervogelbewegung. A. a. O., S. 45.

265 Laqueur berichtet auf Grund seiner eingehenden Sichtung des Archivmaterials und eines breiten Briefwechsels über viele dieser Lebenswege (Die Deutsche Jugendbewegung. A. a. O.), und bei Pross finden sich im Anhang einige wichtige Hinweise (Jugend, Eros, Politik. A. a. O., S. 490). Die wichtigsten Informationen bieten die drei folgenden Bände: Grundschriften der deutschen Jugendbewegung. Dokumentation der Jugendbewegung. Bd. I. A. a. O. — Die Wandervogelzeit. Dokumentation der Jugendbewegung. Bd. II. A. a. O. — Die deutsche Jugendbewegung, 1920 bis 1933. Die bündische Zeit. Dokumentation der Jugendbewegung Bd. III. Düsseldorf, Köln 1974. — Alle 3 Bände sind herausgegeben im Auftrage des Gemeinschaftswerkes »Archiv und Dokumentation der Jugendbewegung« von Werner Kindt.

266 Vgl. Gerhard Ziemer: Zum Verhältnis Jugendbewegung und Stefan George. In: Jahrbuch der Deutschen Jugendbewegung. 3. Bd. 1971, S. 8.

die große Sturmfahrt, die als Lebensprobe gedacht war, aber zum Todesmarsch wurde, in der geistigen Grundhaltung der beiden Dichter angetreten — insbesondere unter dem Eindruck des »Stern des Bundes« und der »Weise von Liebe und Tod des Cornets Christoph Rilke«.

Die Vielzahl der Motive zentrierten sich in einigen Aktivitätsformen in besonderem Maße: vor dem Lagerfeuer, im gemeinsam gesungenen Lied während der Fahrt oder beim Essen des einfach bereiteten Mahls aus dem »Hordenpott«[267]. Dem Lagerfeuer wohnte die doppelte Sinnkraft des Wärmens und Beschützens am Abend vor den Unbilden der Natur wie auch die lebendig empfundene Macht des Bezwingens und Zähmens einer Urgewalt inne.

So jugendnah diese Zielstellung in ihren einzelnen Punkten auch wirken mag, in ihrer Summation als Haltung und Einstellung einer Bewegung großer Teile einer Jugend ist sie wiederum einmalig in der Welt und so auch vom Ausland stets gesehen worden. Die relativ einheitliche Grundeinstellung dieser Jugend stellt hinsichtlich einer Epoche von über drei Jahrzehnten ein einmaliges Phänomen dar. Ob allerdings die Haltung dieser Jugend präfaschistisch und die Jugendbewegung somit insgesamt ein Vorläufer des Nationalsozialismus gewesen sei, wie gegenwärtig wiederholt behauptet wurde, ist eine Frage, die es ins Auge zu fassen gilt.

c. Die Selbstbestimmung auf dem Hohen Meißner

Einen der Höhepunkte in der Entwicklung der Jugendbewegung bildete das Fest auf dem Hohen Meißner. Feste als ein spontan beispielhaftes Vergegenwärtigen des eigenen Wollens sind für die Jugendbewegung nicht minder wichtige Ausdrucksformen als die Fahrten oder die Zusammenkünfte in den Jugendheimen. Ein Merkmal der Feste war ihre Abhebung von den offiziellen Feiern der Gesellschaft. Daher wurde auch das Fest auf dem Hohen Meißner zunächst von den Vertretern des »Vortrupp-Bundes« als Gegenveranstaltung zum hundertsten Jahrestag der Völkerschlacht bei Leipzig vorgeschlagen.

Von seiten des »Vortrupps« wurde eine Kundgebung angesagt, an der alle Jugendverbände teilnehmen sollten, die gegen den Alkoholismus eintraten[268]. Der ursprüng-

267 Hinsichtlich des Stellenwerts, der diesen einfachen Lebensformen beigemessen wurde, hat sich Siegfried Copalle beispielhaft über den Kochtopf — den Hordenpott — humorvoll ausgelassen: »Ehre, wem Ehre gebührt: es lebe der Kochtopf! Er unterscheidet uns von allem anderen wandernden Volke, er hat uns großgemacht, er ist unser Palladium, er ist das Zeichen, in dem wir siegen.« Vgl. Siegfried Copalle: Unser Kochtopf. In: Nachrichtenblatt des Steglitzer E. V. Nr. 1 vom September 1904. Wiederabgedruckt in: Die Wandervogelzeit. Dokumentation der Jugendbewegung. Bd. II. A. a. O., S. 67.

268 Die Zeitschrift »Der Vortrupp« wurde seit 1912 von Hermann Popert, dem Verfasser des Romans »Helmut Harringa« herausgegeben. Im September 1912 gründeten Leser dieser Zeitschrift den »Vortrupp-Bund«, der bereits im folgenden Jahr auf ca. 4000 Mitglieder wuchs.

liche Vorschlag der Vortrupp-Vertreter hinsichtlich einer Gegenveranstaltung zur Jahrhundertfeier der Leipziger Völkerschlacht wurde aber während einer Vorbesprechung zu Pfingsten 1913 in Jena zugunsten der Idee eines Festes aufgegeben, auf dem die Jugend im Mittelpunkt stehen und ihre Eigenart sowie Lebenseinstellung darstellen sollte.

Im Gegensatz zum nationalen Pathos derartiger Gedenktage war das Fest auf dem Hohen Meißner als eine Selbstdarstellung der Jugendbewegung im Spiegel ihrer wichtigsten Bünde beabsichtigt. Das Fest wurde von dreizehn Verbänden in Jena geplant und durch einen Programmausschuß auf dem Hanstein, einer Anhöhe in der Nähe des Hohen Meißners, am 11. Oktober 1913 vorbereitet. Ein umgreifendes Ziel für das Fest sollte die Vergegenwärtigung des Gemeinsamen »aller Glieder der gesamten deutschen Jugendbewegung« sein.

In diesem Rahmen wurde die Meißner-Formel konzipiert und trotz vieler aufkommender Gegensätze auf dem nächtlichen Wege vom Hanstein zum Hohen Meißner ausformuliert. Sie stammt von drei Mitgliedern der Akademischen Freischar (Dr. med. Gustav Francke, Dr. med. Erwin von Hattingberg, Dr. med Knud Ahlborn) und hat folgenden Wortlaut: »Die Freideutsche Jugend will nach eigener Bestimmung vor eigener Verantwortung mit innerer Wahrhaftigkeit ihr Leben gestalten. Für diese innere Freiheit tritt sie unter allen Umständen geschlossen ein.« Als eine Voraussetzung für gemeinsame Veranstaltungen gab es den zusätzlichen Hinweis: »Alle gemeinschaftlichen Veranstaltungen der Freideutschen Jugend sind alkohol- und nikotinfrei.«

Knud Ahlborn schreibt im Rückblick auf die damit verbundenen Ziele: »Es sollte eine klare Absage an die Ansprüche aller von außen sich aufdrängenden Mächte geben. ›Freunde‹ und ›Gegner‹ der Jugend sollten spüren: Hier wächst etwas Neues, ganz von innen heraus, aus der Jugend selbst. Man forderte und setzte innere Freiheit: Freiheit von äußerer Autorität, Freiheit zu eigener Gestaltung des Lebens und zwar nach dem eigenen Gesetze, dem persönlichen Gewissen. Daß diese Formel nur eine formale Umschreibung für das Wollen der neuen Jugend ist, erkannte man damals nicht. Zunächst suchte auch niemand nach einer Formel für die inhaltliche Übereinstimmung. Diese erlebte man auf dem Meißner.«[269]

Dieses Erleben auf dem Hohen Meißner ist so entscheidend für die Jugendbewegung, daß es hinsichtlich der wichtigsten Erfahrungen befragt werden muß. Dazu sollen die folgenden drei Punkte dienen: 1. Die Offenheit der Meißner-Formel und die daraus resultierende Gefahr einer willkürlichen Auslegung dessen, was unter Selbstbestimmung und Freiheit verstanden wird. 2. Die Grundstimmung auf dem Hohen Meißner als ein Indikator für die zeitspezifische Geisteshaltung. 3. Die trotz vieler Vorsätze auf dem Hohen Meißner nicht geklärten Probleme als ernsthafte Gefahren für die weitere Entwicklung. Die fraglichen Punkte sollen vor allem die Aufmerksam-

---

269 Knud Ahlborn: Das Meißnerfest der Freideutschen Jugend 1913. In: Grundschriften der Deutschen Jugendbewegung. Dokumentation der Jugendbewegung. Bd. I. A. a. O., S. 109.

keit auf die Auswirkungen richten, denn der Hohe Meißner ist nicht nur eine Selbstdarstellung des bisherigen Verlaufs der Jugendbewegung im festlichen Rahmen, sondern auch eine schicksalhafte Wegmarke in die Zukunft.

1. Die Offenheit der Formel umschloß Möglichkeiten und Gefahren zugleich. Die Möglichkeiten bestanden darin, daß die formalistische Aussage für jede Richtung die gemäße Auslegung erlaubte. Darin zeigen sich aber auch die Gefahren, daß das durch die »Einigungsformel« beschriebene Gemeinsame nicht weit tragen konnte, weil jeder ihm einen anderen Inhalt unterlegte. Die Grenzen waren nicht weniger evident – trotz der Überbrückungsversuche Gustav Wynekens in seiner großen Festrede am 13. Oktober. Wyneken unternimmt dazu – unter Rückgriff auf sein (in Wickersdorf für ihn exemplarisch verwirklichtes) Konzept der Jugendschule – den Versuch der Grundlegung einer besonderen »Jugendkultur«.

Die Zusammenführung der Freien Schulgemeinde und der Jugendbewegung unter der sie verbindenden Thematik der Jugendkultur ist die alte und immer wieder emphatisch vorgetragene Einigungsformel Wynekens. Die Gestaltung eines geistigen Forums, in Form einer »Akademie im platonischen Sinne«[270], ist das Fernziel dieser Bestrebungen. Ihre wichtige Funktion ist die Sicherung der geistigen Grundlagen für die Jugendbewegung, so daß über alle Gegensätze hinweg das gemeinsame Ziel für alle einsichtig und zwingend gedeutet werden kann. Diesen Wächterdienst gegenüber der Jugendbewegung hat Wyneken stets als seine besondere Aufgabe postuliert; sie war zugleich fortlaufend Ansatzpunkt zu den Auseinandersetzungen und Zerwürfnissen beider Seiten.

2. Die Grundstimmung, die trotz der vielen (auch durch die Einigungsformel nicht zu verdeckenden) Streitpunkte vorherrschte, hat Knud Ahlborn beschrieben. »Als die Sonne verglühend hinter einer dunklen Wolkenbank versank, sammelte sich alles Volk an der höchsten Stelle der Berghalde. Ein mächtiger Chor erklang: ›Freude, schöner Götterfunke‹, ›Seid umschlungen, Millionen‹ jauchzte es zum Abendhimmel empor. Nun trat Gottfried Traub in den Kreis und riß mit tiefempfundenen, zum Herzen dringenden Worten die Geister mit sich fort. Mit Arndts Freiheitsgruß grüßte er:

›Von Freiheit will ich klingen,
Das ist der höchste Klang,
Von Freiheit will ich singen
All, all mein Leben lang;
Daß mächtig ihr Geläute
Die kühlen Herzen weckt,
Und für die schönste Beute
Der Jugend Seelen streckt.‹

270 Gustav Wyneken: Die Jugendburg. In: Tätiger Geist. 1917, S. 360. – Vgl. ergänzend ders.: Was ist »Jugendkultur?« In: Grundschriften der deutschen Jugendbewegung. Dokumentation der Jugendbewegung. Bd. I. A. a. O., S. 116. – Heinrich Kupffer: Gustav Wyneken. Stuttgart 1970, S. 270.

Im Sinne von Fichte solle dies Fest gefeiert sein, nicht mit Fanfarenklängen und Hurrarufen, sondern voll heißen stillen Dankes für das, was geschah, und ernster Selbstbesinnung auf das, was not tut. An Lützows, Schills und Körners Grab legte er Kränze nieder und ehrte voll Ehrfurcht den Meister jener Tage, den Freiherrn vom Stein.«[271]

Man schied vom Hohen Meißner mit dem Gelöbnis der Verwirklichung der durch die festliche Besinnung bestärkten Ziele, wie jeder Bund sie auf seine Weise verstand. Die Gefahr der Verführung durch markige politische Parolen und auch der Selbstverführung bzw. -verwirrung in einem emotional konzipierten, nur vage ausgelegten Postulat der Freiheit auf Selbstbestimmung war gerade in der Aufbruchstimmung zumindest angelegt. Die Unausgewogenheit des Konzepts wurde vor allem in der Diskrepanz zwischen der stark betonten welthistorischen Mission der Jugend und ihrer Bewegung einerseits sowie der wenig bestimmten Inhalte dieser Sendung erkennbar.

3. Politische Aussagen hatten Seltenheitswert und, soweit sie dennoch thematisiert wurden, blieben sie unbestimmt. Hans Paasche hatte beispielsweise durch seinen Hinweis, daß es im deutschen Haus brenne und daß die Jugend die Feuerwehr sei, breite Zustimmung gefunden. In vielen weiteren Reden wurde diese allgemeine Anspielung aufgenommen. Wyneken erkannte die Gefahren der nationalen Verengung, die dieses Bild – insbesondere im Rahmen einer bereits deutlich sich abzeichnenden rassisch-völkischen Ideologie – erwirken konnte, wenn er unter Bezug auf die Parabel betont: »Und viel Größeres fühlt und will die Jugend, und viel Größeres kann sie der Welt leisten, als jetzt nur irgendwo ein Feuer löschen. Nein, es gilt, der Welt auf die Dauer zu helfen.«[272] Die Gegensätze zu Wyneken waren indessen zu groß, als daß seine Worte eine tiefere Besinnung ausgelöst hätten.

Denkformen und geistige Grundstimmungen sind zeitspezifisch strukturiert. Nichts wäre verhängnisvoller, als sie aus einer ganz anders gearteten geistigen Situation heraus als einseitig völkisch-nationalistisch bzw. euphorisch-individualistisch kritisieren zu wollen. Das politische Selbstverständnis in der nationalstaatlichen Epoche ist an der Entfaltung der Nationalstaaten orientiert. Aber selbst bei eingehender Würdigung dieser zeitspezifischen Daten muß zweierlei die Aufmerksamkeit erregen. Es ist einmal die ungewöhnlich eigenwillig postulierte Form der Selbstbestimmung der Jugend in Freiheit.

---

271 Knud Ahlborn: Das Meißnerfest der Freideutschen Jugend 1913. In: Grundschriften der deutschen Jugendbewegung. Dokumentation der Jugendbewegung. Bd. I. A. a. O., S. 110, 111.

272 Gustav Wynekens Rede auf dem »Hohen Meißner« am Morgen des 12. Oktober. In: Die Wandervogelzeit. Dokumentation der Jugendbewegung. Bd. II. A. a. O., S. 501. – Vgl. ders.: Der Kampf für die Jugend. Jena 1919, S. 267. – Ders.: Der weltgeschichtliche Sinn der Jugendbewegung. In: Grundschriften der Deutschen Jugendbewegung. Dokumentation der Jugendbewegung. Bd. I. A. a. O., S. 148.

Jugend ist keine selbstzweckliche Entwicklungsphase; sie steht notwendig in Kommunikation mit dem kulturellen Umfeld und der Erwachsenenwelt als dessen derzeitigem Wahrer. Selbstbestimmung und Freiheit sind zweitens nur mit der Erwachsenenwelt — nicht in Abwehr gegen sie zu verwirklichen. Die einseitig ausgelegte Autonomie der Jugendzeit hat den Blick für das reale Generationsverhältnis getrübt und hat in dieser verhängnisvoll überspitzten Form weiter gewirkt in der Geschichte der deutschen Jugend bis in die unmittelbare Gegenwart.

Stärker als Wyneken betonte Paul Natorp in seiner »Grußbotschaft« die Gefahren. Er sah sie einmal in der inhaltlichen Unbestimmtheit, der »Gefahr eines dumpfen Hindämmerns und Hinträumens, das am bloßen wohligen Gefühl des Augenblicks sich genug sein läßt«[273] und zum andern im überspitzten Nationalismus mit den Kehrseiten der »Rassenhygiene« und des »Antisemitismus«[274]. In der Tat waren die völkisch-antisemitischen Einstellungen deutlich angelegt und nicht überwunden worden. Es war insbesondere der »Bund der Volkserzieher«, der unter Hinweis auf das Bundesbuch »Unterm Hakenkreuz« die Parole vertrat: »Für uns ist Deutschland das Heilige und Gelobte Land, nicht Palästina«[275]

d. Die Jugend und Langemarck

Als zum Aufbruch vom Hohen Meißner das Landsknechtlied »Ich habe Lust im weiten Feld zu streiten mit dem Feind«[276] von vielen hundert Stimmen gesungen erklang, blieb im Kontext der Allgemeinheit der Erörterungen der tiefere Sinn dieser Worte offen. Streiter im Heere des Lichts für die bündisch-völkischen Ziele oder für die nationale Sache? — das blieb eine Frage, die jeder für sich zu beantworten hatte. Selbst jene scheinbar übergreifende Mission als Streiter im Heere des Lichts erhielt im Kontext des Ungewissen ihre eigene Kontrapunktik zu den Mächten des Dunkels.

Mit dieser Frage zogen die Trupps singend unter bunten Fahnen zurück in die deutschen Lande. Bereits im kommenden Jahr wurde von jedem einzelnen die Antwort gefordert, aber nicht auf dem nächsten Fest der Freideutschen Jugend, wie es Avena-

---

273 Paul Natorp: Hoffnungen und Gefahren unserer Jugendbewegung. In: Grundschriften der Deutschen Jugendbewegung. Dokumentation der Jugendbewegung. Bd. I. A. a. O., S. 135.

274 A. a. O., S. 140, 141.

275 Vgl. hierzu Walter Z. Laqueur: Die Deutsche Jugendbewegung. A. a. O., S. 46. — In Übereinstimmung mit Laqueur muß darauf hingewiesen werden, daß das Hakenkreuz als Symbol des sonnenhaften Feuerrades häufig in Anspruch genommen wurde. Zum Symbol für die antisemitische Einstellung wurde es erst ab 1918 und zunehmend seit Gründung der NSDAP 1923.

276 Vgl. Knud Ahlborn: Das Meißnerfest der Freideutschen Jugend 1913. In: Grundschriften der Deutschen Jugendbewegung. Dokumentation der Jugendbewegung. Bd. I. A. a. O., S. 114.

rius in der Aufbruchsituation angekündigt hatte, vielmehr durch den unvermutet ausgebrochenen Krieg.

Der Flecken Langemarck in Westflandern wurde 1914 von deutschen Kriegsfreiwilligen gestürmt, die vorwiegend Studierende und Gymnasiasten waren; sie brachten in diese Anfangssituation des Krieges vieles von ihren Fahrterlebnissen im Rahmen der Jugendbewegung mit, die hier in harter Konfrontation mit der Kriegswirklichkeit ihre tödlichen Erschütterungen fanden. Langemarck wurde damit zu einem weiteren Meilenstein der Jugendbewegung, zu einem freilich fragwürdigen und erschütternden Sinnbild des Gedankens der Selbstbewährung. In verwandter Weise deutet Laqueur: »Langemarck wurde in der Bewegung zu einem Symbol wie der Meißner. Das Opfer des jungen Lebens war das größte, denn es enthielt den Verzicht auf den Triumph aller Jugend, die Erwachsenen zu überleben, sie in die Zeit hinter sich zu lassen.«[277]

Langemarck war zu einem Sinnbild für eine Generation geworden, die, »den Gesang eines brausenden Liedes auf den Lippen«, den Tod fand. So hat jedenfalls Rudolf G. Binding[278] die Einstellung gedeutet. Langemarck ist aber auch zu einem Symbol der inneren Einkehr und Umkehr geworden. »Der Sturm bei Langemarck soll uns ein Weiser sein, wie unser Weg fürderhin nicht weitergehen darf« – so hat Friedrich Kreppel in seiner Rede bei der Langemarck-Feier der Bündischen Jugend 1923 auf dem Heidelstein (Rhön) gefolgert. »... hüten wir uns, Kult zu treiben mit diesem Sturm und Fallen der Brüder. Langemarck, wie es war, darf nie wieder sein. Langemarck war gestern. Darum gedenken wir heute seiner; hüten wir uns, daß aus dem Gedächtnis des Gestern morgen abermals komme. Die Forderung Langemarcks an die Lebendigen ist: Abbau des Herzens!«[279] Diese Worte sind ein Kennzeichen für Ernüchterung und Skepsis gegenüber dem Kriege und seiner Dämonie, die nicht zuletzt wegen der dargebrachten Opfer hätten dauerhaft und widerstandsfähig sein müssen.

Wenn nach den geistigen Impulsen für die Einstellung der Jugend gefragt werden soll, so müssen auch einige Romane genannt werden, die bei der jungen Generation eine ungewöhnliche Resonanz fanden. Es handelt sich in erster Linie um die Romane »Wiltfeber« von Hermann Burte, »Helmut Harringa« von Hermann Popert und »Lukanga Mukara« von Hans Paasche. Im Mittelpunkt der drei Romane stehen zeitspezifische Fragestellungen, die einer Antwort bedurften. So geht es Hermann Popert um die Reinerhaltung des modernen Großstadtlebens von den zivilisatorischen Lastern Alkohol, Nikotin und Geschlechtskrankheiten. Die einzelnen Geschichten sind dem Großstadtleben abgelauscht; sie zeigen in lebendig anschaulicher Form, wie der Verfall an eines dieser Laster ein Abhängigkeitsverhältnis stiftet, dem nur schwer wieder zu entkommen ist und das daher weitere Hörigkeit nach sich zieht.

277 Vgl. Harry Pross: Jugend, Eros, Politik. A. a. O., S. 177.

278 Rudolf G. Binding: Deutsche Jugend vor den Toten des Krieges. In: Grundschriften der deutschen Jugendbewegung. Bd. I. A. a. O., S. 431.

279 Friedrich Kreppel: Nie wieder Langemarck! In: Grundschriften der deutschen Jugendbewegung. Bd. I. A. a. O., S. 436, 437.

Martin Wiltfeber als zentrale Figur in Burtes Roman (1912) hat 9 Jahre im Ausland zugebracht und sehnsüchtig den Tag der Rückkehr in die Heimat herbeigewünscht. Diese Sehnsucht wird durch die Rückkehr in eine morbide, dem inneren Verfall preisgegebene Welt zu einer bitteren Enttäuschung.

Dieses Motiv des Wanderers zwischen den Welten steht auch bestimmend im Mittelpunkt von Hans Paasches Roman »Lukanga Mukara«. Es handelt sich um einen Besucher aus Afrika, der seine Eindrücke während eines Besuches in Deutschland wiedergibt. So sieht sich Lukanga Mukara in der Erwartung, ein Kulturland zu finden, angesichts der zivilisatorischen Dschungelsituation bitter enttäuscht. Der Vergleich der vorgefundenen und beredsam aufgewiesenen Zustände mit der übersichtlichen und überschaubar gegründeten Situation im eigenen Lande fällt nicht zugunsten der vielgepriesenen Zivilisation aus.

Alle drei Romane erfuhren ungewöhnlich hohe Auflagen und wirkten in breiten Kreisen der Jugend und insbesondere der Jugendbewegung. Sie fanden darüber hinaus weitgehend als politisch-moralisches Aufklärungsschrifttum Eingang in die Schulen. Ihre wichtigste Funktion bestand wohl in der Schärfung des Blicks für die nationalen Werte sowie für die Entfaltung einer nationalen Blickweise und -richtung, die bereits seit der Kulturkritik festzustellen war. Dadurch wurde eine Einstellung geweckt und eine Erwartungsbereitschaft verschärft, die trotz mancher Wandlungen als eine der Konstanten die weitere Entwicklung mitbestimmten.

e. Die politische Grundeinstellung der Jugend

Von einer Bewegung, die repräsentativ für die Jugend eines Landes sein will und die in ihrer Ideologie die Bedeutung des Volkstümlichen und der Volksgemeinschaft betont, sollte erwartet werden, daß sie ganz darauf ausgerichtet ist, die gesamte Jugend einzubeziehen. Dagegen ist festzustellen, daß die Jugendbewegung ein Gymnasialphänomen geblieben ist.

So wurde beispielsweise die Arbeiterjugend durch eigene Organisationen erfaßt, die erst später Teile der Bewegung wurden. Das gilt sowohl von der Gründung des »Vereins der Lehrlinge und jugendlichen Arbeiter«, der nach einem Lehrlingsselbstmord aufgrund einer Mißhandlung durch den Arbeitgeber 1904 in Berlin spontan gegründet wurde, von dem 1906 in Süddeutschland gegründeten »Verein der jungen Arbeiter in Deutschland« mit einer eigenen Zeitschrift »Junge Garde«, als auch für die beide umgreifende sozialistische Arbeiterjugendbewegung, die aus den Jugendabteilungen der Arbeiterbildungsvereine entstand[280]. 1908 wurde eine »Zentralstelle für die arbeitende Jugend Deutschlands« gegründet, deren Sekretariat Friedrich Ebert leitete.

---

280 Vgl. Die Wandervogelzeit. Dokumentation der Jugendbewegung. Bd. II. A. a. O., S. 770 und Bd. III, S. 1010, 1036.

Einen Höhepunkt in dieser Entwicklung bildete der erste Reichsjugendtag der sozialistischen Jugendverbände 1920 in Weimar. Dieses Fest wurde von 1200 Teilnehmern während dreier Tage im August durch Lieder, Volkstänze und Laienspiele zu einer denkwürdigen Begegnung gestaltet. Das begeistert aufgenommene Lied der Hamburger Gruppe »Wann wir schreiten Seit' an Seit'« machte allen die Einigkeit in der Zielsetzung deutlich. Der Arbeiterdichter Karl Bröger sprach über »Jugend und Kultur«. Das unterscheidende Merkmal zur bürgerlichen Jugend betonte er mit den Worten: »Die deutsche Arbeiterjugend hat stets und vor allem zu sein: *Arbeiter*jugend«. Dadurch war die Zweiteilung der Jugendbewegung demonstrativ betont — soweit dies überhaupt noch notwendig war. Denn in der Arbeiterjugendbewegung spielten die politischen Fragen — insbesondere die Arbeits- und Lebensprobleme — eine vordringliche Rolle, und selbst die kulturelle Auseinandersetzung wurde in diesem Zusammenhang gesucht.

Als 1923 die »Sozialistische Arbeiterjugend Deutschlands« unter Einbezug des »Verbandes der Arbeiterjugendvereine« die Jugendarbeit repräsentierte, begann ein viel stärkerer sozialistischer Kurs, der sich auch bewußt politisch zu begründen versuchte. Diese Wendung wurde durch mehrere Faktoren erwirkt: Einmal durch zunehmende wirtschaftliche Schwierigkeiten (verbunden mit hohen Arbeitslosenzahlen), die seit 1929 in eine Weltwirtschaftskrise trieben; zum andern durch die verstärkten rechtsradikalen Tendenzen von seiten des Stahlhelms und der formierten nationalsozialistischen Gruppierungen. Nicht selten geriet die »Junge Front« der Sozialistischen Jugendbewegung in harte Konfrontation mit der zahlenmäßig zunehmenden und an Einfluß gewinnenden HJ und SA — eine Auseinandersetzung, in die die bürgerliche Jugendbewegung in voller Breite erst nach 1933 hineingeriet.

Mit der Judenfrage ist ein weiteres problematisches Verhältnis der Jugendbewegung angesprochen. Die Warnungen Natorps vor einem Antisemitismus in seiner »Grußbotschaft« zum Treffen auf dem Hohen Meißner hatten schon damals reale Hintergründe. In Zittau war nämlich 1912 ein jüdisches Mädchen, das alle Prüfungen eines »Anwärters« bestand, mit der Begründung nicht aufgenommen worden, daß für Juden kein Platz sei; der Vorfall führte zu einer jahrelangen Diskussion. Die Haltung der Bundesleitung des Wandervogels war keineswegs eindeutig. Es wurde den Ortsgruppen die Aufnahme jüdischer Anwärter anheimgestellt, aber auch nichts gegen jene unternommen, die sich anders verhielten[281].

Die Jahre während und nach dem ersten Weltkrieg brachten viele bedenkliche Beispiele einer judenfeindlichen Haltung. Die antijüdische Kampagne reichte von dem Versuch, mit dem »Wandervogel, Vaterländischer Bund für Jugendwandern« einen Bund mit antijüdischer Ausrichtung zu gründen über die Einführung des Arierparagraphen im österreichischen Wandervogel bis zur Sondernummer der »Wandervogel-Führerzeitung«, die von Friedrich Wilhelm Fulda herausgegeben[282] wurde. Unter

281 Wandervogel. Jg. 1914, S. 20.

282 Vgl. die Entgegnung »Rassenfragen« von Walter Köhler sowie »Können wir uns unter ›Deutsch‹ noch etwas denken« von Martin Deckart. In: Die Pachantei. Hrsg. von Kurt

dem Eindruck einer fortdauernden antisemitischen Hetze wurde der eigenständige zionistische Bund »Blau-Weiß« gegründet. Durch die Einrichtung des Palästina-Referats 1918 wurden nicht nur die Fragen der Übersiedlung geregelt, sondern auch gewichtige Einflüsse der Jugendarbeit im Bund Blau-Weiß auf die Kibbuzim-Bewegung gesichert. In Deutschland wurde die Arbeit 1933 völlig zerstört. Der verzweifelte Versuch von Hans Joachim Schoeps, noch im Jahre 1933 im Rahmen des »Deutschen Vortrupp, Gefolgschaft deutscher Juden« einen Kreis »deutsch bewußter Juden« zu sammeln, der vom NS-Regime toleriert werden würde, scheiterte jämmerlich[283].

Mit der Judenfrage ist zugleich die Frage gestellt, ob die Jugendbewegung präfaschistische Elemente zeitigte und wieweit sie dadurch dem Nationalsozialismus direkt und (oder) indirekt Wegbereiterdienste geleistet habe. Die Stellungnahme, daß diese Frage weder klar zu bejahen noch zu verneinen sei, führt im Grunde noch tiefer an die Problematik heran. Diese besteht einmal in der Vielzahl der Bünde und ihrem unterschiedlichen Verhältnis zum Politischen. Trotz gemeinsamer oder doch verwandter Zielsetzungen sind wohl keine größeren Gegensätze zu denken als zwischen den »Geusen«, die sehr früh ins nationalsozialistische Lager überwechselten, und den »Köngenern«, die politisch konservativ blieben, oder zwischen den völkisch orientierten »Adlern und Falken« und dem (humanistisch bestimmten) »Sera-Kreis«. Die Problematik ist zum andern wohl darin zu suchen, daß es einen stark rechtsorientierten Flügel in der Jugendbewegung gab, der die in sich so unterschiedlichen Vereinigungen wie den »Jungdeutschen Bund«, die »Freischar Schill«, den »Jungnationalen Bund«, die »Jungenschaft«, die »Artamanen« u. a. in der Grundeinstellung zusammenhielt.

Die gefährliche Offenheit für nationalistische Überspitzungen wird bereits 1914 in einer Stellungnahme von Carl Boesch deutlich, die für viele weitere stellvertretend genannt sei: »Es handelt sich in den großen Kulturfragen und unserer Zukunft um genau dasselbe: Sein oder Nichtsein. Werden wir die erwachende Renaissance des Deutschtums, den auf der Erkenntnis der Rasse aufbauenden nationalen Gedanken als Volk ergreifen und durchführen, im Kampfe mit den internationalen und undeutschen Mächten, dann werden wir leben, sonst nicht. Und die Lösung der Judenfrage ist weiter nichts als ein Teil dieser nationalen Frage, vielleicht ihr wichtigster ... *Das letzte Urteil über den Wert Eurer Wandervogel-Bewegung wird davon abhängen,*

Schulz. Leipzig, Heft 1934. Neudruck. In: Die Wandervogelzeit. Dokumentation der Jugendbewegung. Bd. II. A. a. O., S. 273, 275 sowie 296, 297, 299, 301, 370, 591, 592, 594, 973. — Vgl. Sondernummer der Wandervogel-Führerzeitung. Heft 11, 1913. — Vgl. auch Walter Z. Laqueur: Die Deutsche Jugendbewegung. A. a. O., S. 91.

283 Vgl. Dr. Chaim Schatzker: Die jüdische Jugendbewegung in Deutschland. In: Die bündische Zeit. Dokumentation der Jugendbewegung. Bd. 3. A. a. O., S. 772. — Chanoch Rinott: Jüdische Jugendbewegung in Deutschland. Entstehung, Entwicklung und Ende (1912—1942). In: Neue Sammlung. 17. Jg. 1977, S. 75.

ob sie den nationalen Gedanken erfaßt oder nicht; ob sie also die Zukunft in sich birgt oder als schöne Seifenblase zerplatzt.«[284]

Unter dem Eindruck dieser Worte, die 1933 nicht weniger treffend gewirkt hätten, ist es in der Tat schwer, jenes »letzte Urteil« über das politische Selbstverständnis der Wandervogel-Bewegung zu sprechen — soweit differenziert und nicht pragmatisch aus der ex-eventu-Perspektive betrachtet werden soll. Wie verhängnisvoll es allerdings wäre, aus dem nationalsozialistischen Mißbrauch zu folgern, daß dort, wo Führer, Befehl, Gehorsam u. a. gültig waren, bereits das »Dritte Reich« vorbereitet wurde, soll mit einigen Stellungnahmen Romano Guardinis gezeigt werden. In seinem Büchlein »Aus einem Jugendreich«, das seine Arbeit im Bunde »Juventus« beschreibt, preist Guardini den Führergeist und den Führer der Fahrt sowie die gehorsame Gefolgschaft, die man ihm schulde: »Auf der Fahrt erwacht der Führergeist, und auf der Fahrt lernt man den freigeleisteten, vertrauenden Gehorsam. Das sind die beiden Mächte, die zu allem Großen führen, zu allem Befreiendem.«[285] Darin sind — in der Sicht Guardinis — grundlegende Tugenden beschrieben, die zu den einfachen sittlichen Formen des Menschseins gehören. Wo diese einfachen Formen indessen in einseitiger Profilierung angelegt sind und nicht eingebettet werden in einen breiten Tugendkanon der Mitmenschlichkeit, selbstloser Hilfe, Liebe und Friedensbereitschaft, dort kann es zu gefährlich einseitigen Einstellungen kommen, die anfällig sind für Extremismus und totalitäre Lösungen.

So ist auch der Gedanke des Arbeitslagers im Rahmen der Jugendbewegung gereift, ohne daß von einer Wegbereitung gesprochen werden könnte. Als soziale Einrichtung sollte dadurch die Entfaltung der in den 20er Jahren viel diskutierten Volksgemeinschaft gefördert werden. Körperliche Arbeit, freie Geselligkeit, Bildungsarbeit — zuweilen verbunden mit dem Gedanken der Siedlung und der Grenzlandhilfe — wurden als Dreiklang angestrebt. Eugen Rosenstock-Huessy, der Mitbegründer der Arbeitslager für Arbeiter, Bauern und Studenten, gehörte der Freideutschen Jugend an. Insbesondere die von ihm betreute Heimvolkshochschule Boberhaus in Schlesien wurde als Arbeitslager für Arbeiter, Bauern und Studenten bekannt. Zumindest erwähnt werden muß die Artamanenbewegung der 20er Jahre, deren Ziel die Gestaltung harter Landarbeit im Rahmen der sozialen Gruppierung war[286].

---

284 Wandervogel-Führerzeitung, II. Jg. 1914, S. 73. Zitiert nach Heinrich Ahrens: Die deutsche Wandervogelbewegung von den Anfängen bis zum Weltkrieg. Hamburg 1939, S. 194. Diese außerordentlich gründlich abwägende Dissertation der Universität Hamburg — zudem betreut von zwei politisch kritischen Professoren (Fritz Blättner und Wilhelm Flitner) zeigt dennoch die Mehrdeutigkeit und gefährliche Nähe der Wandervogel-Ideologie zu den nationalsozialistischen Grundpostulaten und — was nicht weniger aufschlußreich ist — den durchgehenden Versuch von Ahrens, diese politische Vorlauffunktion interpretierend herauszuheben.

285 Romano Guardini: Aus einem Jugendreich. Mainz 1920, S. 30. — Ders.: Quickborn. Tatsachen und Grundsätze. Burg Rothenfels ^{2}1922, S. 14.

286 Vgl. Eugen Rosenstock und Carl Dietrich Trotha (Hrsg.): Das Arbeitslager. Berichte aus

Neben dem Führertum ist die Volkstumsarbeit ein Kapitel, das in diesem Zusammenhang kritisch bedacht sein will. Die Volkstumsarbeit bestimmte von der Zeit vor dem ersten Weltkrieg bis in die Weimarer Republik weitgehend den außenpolitischen Kurs eines breiten Kreises der Bünde. Fahrten zum Besuch der Grenz- und Auslandsdeutschen spielten in diesem Rahmen eine bedeutende Rolle. Dabei kam es — trotz des betonten unpolitischen Charakters dieser Einstellung — zu scharfen Protesten gegenüber der Besetzung Oberschlesiens sowie der Beschäftigung polnischer Landarbeiter in den deutschen Ostgebieten.

Die Fahrten gingen vorwiegend in den Ostraum, und sie standen zunehmend unter dem Einfluß einer großdeutschen Reichsideologie. Gerade bei den stark rechts orientierten Bünden, wie den »Jungnationalen« sowie den »Adlern und Falken« stand der Gedanke eines großdeutschen Nationalstaates im Mittelpunkt[287]. Wenn auch diese Bekundungen als zeitspezifische Haltung junger Deutscher durchaus verständlich sind, so kommt doch der kritischen Stellungnahme der politischen Historikerin Dorota Jablonska, die sie übrigens in weitgehender Übereinstimmung mit Walter Z. Laqueur, Jakob Müller, Peter Nasarski gibt, ein in tieferem Sinn aufdeckender Charakter zu. Sie schreibt: »Die sowohl in der inneren als auch in der äußeren Tätigkeit verkündete apolitische Stellung dieses Teils der deutschen Jugend schuf Bedingungen, sich gerade dieser Jugend zu ausgesprochen politischen Zielen zu bedienen, die später, nach 1933, der deutsche Faschismus exponierte.«[288]

Es ist sicherlich nicht möglich, die Jugendbewegung als Vorläufer oder Vorstufe des Nationalsozialismus zu bezeichnen. Das würde Männer wie Adolf Reichwein, Martin Buber, Carlo Schmid, Romano Guardini, Werner Heisenberg, die wegen ihres politischen Verantwortungsbewußtseins und Freiheitssinnes stellvertretend für viele andere genannt seien, in gefährlich globale Plazierungen bringen. Nicht minder berechtigt ist jene andere Feststellung, daß in vielen — insbesondere in den rechts- und volkstümlich orientierten — Bünden eine geistige Grundeinstellung entstand, die bei Verschärfung und Zuspitzung der ideologischen Voraussetzungen während der weiteren Entwicklung extremen und radikalisierenden Haltungen Vorschub leisten konnte.

Die rivalisierenden bzw. feindlichen Verhältnisse zwischen der Jugendbewegung und der Hitler-Jugend seit den 20er Jahren sind ebenso bekannt wie das schnelle politi-

---

Schlesien von Arbeitern, Bauern und Studenten. Jena 1931. — Georg Keil: Vormarsch der Arbeitslagerbewegung. Berlin 1932. — Walter Z. Laqueur: Die Deutsche Jugendbewegung. A. a. O., S. 162 sowie Harry Pross: Jugend, Eros, Politik. A. a. O., S. 305. — Hans Raupach: Die Arbeitslagerbewegung. In: Die bündische Zeit. Dokumentation der Jugendbewegung. Bd. III. A. a. O., S. 1521. — Bernhard Just: Die Artamanenbewegung. In: Die bündische Zeit. Dokumentation der Jugendbewegung. Bd. III. A. a. O., S. 909.

287 Alice Gräfin Wallwitz: Zur Bedeutung des Volkstumsprinzips in der bündischen Auslandsbegegnung. In: Jahrbuch des Archivs der deutschen Jugendbewegung. 8. Bd. 1976, S. 42.

288 Dorota Jablonska: Der Einfluß der deutschen Jugendbewegung auf die Jugend der europäischen Länder. In: Jahrbuch des Archivs der deutschen Jugendbewegung. 6. Bd. Burg Ludwigstein 1974, S. 30.

sche Einschwenken von Gruppen der Jugendbewegung nach 1933. Unverkennbar ist aber auch der Zusammenhang vieler Widerstandskämpfer mit der Jugendbewegung.

Arno Klönne beleuchtet in seinem Buch »Gegen den Strom. Berichte über den Jugendwiderstand im Dritten Reich« (1960) diese Wechselwirkung. So beziehen die Geschwister Scholl ihre Maßstäbe zur Kritik und ihre Kraft zum Widerstand aus den Erfahrungen in der bündischen Arbeit, wie auch bei einigen Mitgliedern des Kreisauer Kreises die Wurzeln des Entschlusses im Freiheitserleben in der Jugendbewegung[289] zu suchen sind. Es wird daher bei kritischer Sichtung des ex-eventu-Aspekts auch jene andere Lehre gezogen werden müssen, daß geschichtliche Sammlungsbewegungen und Aufbrüche zukünftig die innere Ausgewogenheit ihres ideologischen Profils außerordentlich gründlich prüfen müssen, um einseitig angelegten Tendenzen wehren zu können.

f. Die Entwicklung im außerdeutschen Raum

Soweit verwandte Bestrebungen der Jugendbewegung im außerdeutschen Raum genannt werden sollen, muß einmal auf die Boy-Scouts (1) hingewiesen werden; zum andern gilt es aber auch, die Auswirkung der Jugendbewegung in anderen Lebensräumen in den Blick zu rücken (2).

(1) Hinsichtlich der außerdeutschen Jugendarbeit bilden die Boy-Scouts einen eigenständigen Ansatz. Bereits die kurze Entstehungsgeschichte weist eine grundsätzlich andere Lebenseinstellung auf. Der britische Oberst Baden-Powell, der später Lord of Gilwell wurde, hatte während des Burenkrieges Jugendliche der Kolonie zu Kundschafterdiensten herangebildet. Dabei machte er die Beobachtung, daß Abenteuerlust und Naturnähe die Jungen für diese fragwürdigen Dienste befähigten und daß diese Eigenschaften noch eine Schärfung erfuhren.

Diese Erfahrungen veranlaßten Baden-Powell nach dem Kriege zur Entfaltung eines entsprechenden Lehrgangs als eines Friedensdienstes. Darin sollten die ursprünglichen Eigenschaften des Menschen wieder angesprochen werden, die ihn im Rahmen der Natur und angesichts von Gefahren selbständig machen. Dazu gehört die Orientierung unter Berücksichtigung der Sonne, der Sterne oder der Baumbemoosung ebenso wie das Finden von Spuren und Quellen, das Anzünden eines Feuers oder der Bau einer Hütte.

Baden-Powell wendet sich an die Abenteuerlust des Knaben, aber auch an seinen Betätigungs- und Entdeckungsdrang, die, richtig angesprochen, auch Hilfsbereitschaft und Liebe zu den einfachen Lebensformen in der Natur wecken. Als reale Erfahrungs-

289 Ger von Roon: Wirkungen der Jugendbewegung im deutschen Widerstand. In: Jahrbuch des Archivs der deutschen Jugendbewegung, 6. Bd., A. a. O., S. 36.

kreise sind hinter diesem Konzept die Pioniersituation des Grenzerlebens, aber auch die Existenzweise der Naturvölker spürbar. Baden-Powell hat diese Form des Jugendlebens in seinem Buch »Scouting for Boys« beschrieben (1908), das auch ins Deutsche übersetzt wurde. Ergänzend erschien eine Darstellung unter dem Titel »Das Pfadfinderbuch« (1909), in dem Dr. Alexander Lion im Zusammenhang mit seinen Erlebnissen als Militärarzt in Deutsch-Südwestafrika die Welt der Pfadfinder deutet; im Grunde ist es eine freie Umschreibung des Konzepts von Baden-Powell.

Von der Wirksamkeit des Buches von Baden-Powell »Scouting for Boys« zeugt die Tatsache, daß es 1974 in 35. Auflage erschienen ist. Es findet in England noch heute viele Leser und vor allem Nachfolger, denn der scoutism ist eine anziehende Bewegung für junge Menschen geblieben. Gerade die jugendnahe Sprache, die vielen Hinweise zur praktischen Lebensgestaltung und Motivation für das Gute haben die Darstellung Baden-Powells zu einem Jugendbuch werden lassen. Die einzelnen Kapitel – wie Woodcraft, The Code of the Knights, When to Salute, Scout meet Scout, North by the Sun, Observations of ›Sign‹, Keep yourself clean – sind zwar pragmatisch, aber doch lebendig in der Ansprache der Altersstufe. Sie sind geeignet, Aktivitäten in Gang zu setzen und über die Handlungsbereitschaft eine Haltung zu formen.

Das dadurch in Deutschland ausgelöste Interesse führte zur Gründung vieler Pfadfindergruppen, die sich 1911 zum »Deutschen Pfadfinder-Bund« zusammenschlossen. Während sich der Scoutismus weitgehend von seinem militärischen Ursprung gelöst hatte, indem das Wagnis in ursprünglichen Situationen zur Pflege der menschlichen Tugenden – der Geistesgegenwart, des Mutes, der Selbständigkeit, aber auch der Nächstenfürsorge – in Gestalt der guten Taten gepflegt wurde, kamen in den deutschen Pfadfindergruppen die soldatischen Grundtugenden zunächst stärker zur Geltung. So blieb auch der im internationalen Scoutismus zentrale Gedanke der »Weltbruderschaft« im deutschen Pfadfindertum allenfalls peripher, zumal der zweite Weltkrieg eine Isolierung zur Folge hatte.

Ein weiteres Unterscheidungsmerkmal zur Jugendbewegung besteht darin, daß die Pfadfindergruppen von Erwachsenen gegründet und auch geführt werden. Dadurch ergaben sich während der ersten Entwicklungsphase bis zum Ausbruch des ersten Weltkrieges wenig Berührungspunkte zwischen den nahezu soldatisch organisierten Pfadfindergruppen und der Jugendbewegung. Erst seit 1918 bahnte sich bei den Pfadfindern eine inhaltliche Wandlung an, die eine Annäherung an die Jugendbewegung zum Ziel hatte und schließlich zum Anschluß an die bündische Jugend führte.

Hinsichtlich der Gruppenarbeit bei den Pfadfindern wird häufig der erzieherische Effekt betont. So hat auch Maria Montessori die erzieherische Funktion der Pfadfindergruppe wiederholt dargelegt. Stellvertretend sei eine Stellungnahme aus ihrem Buch »Von der Kindheit zur Jugend« genannt: »Wenn die Pfadfindergruppe so erfolgreich war, so liegt es daran, daß sie moralische Grundsätze in eine Vereinigung von Kindern hineingetragen hat. Sie betonte unter anderem das, was man tun muß, und auch das, was man nicht tun darf. Und die Kinder in diesen Gruppen tun gewöhnlich nichts, was ihnen von der Pfadfinderschaft aus verboten ist. Darin liegt eine Anziehungskraft, die ein Ausgangspunkt ist: das Entstehen der Würde (naissance de la dignité).«[290]

Was Montessori als erzieherisch besonders wichtig heraushebt, ist das Finden der »Lebensregel«, die im Gehorsam erst Selbstbestimmung möglich macht sowie die Bewährung während der Wanderungen in freiwilliger Einordnung in die Gruppe unter Leitung eines gewählten Führers. Freiheit, Selbstbewährung und Disziplin gehören für Montessori zusammen. In den Pfadfindern erblickt sie einen Jugendkreis, der diese für die Selbstbestimmung fundamental wichtige Trias lebendig und überzeugend verwirklichen kann.

(2) Die Auswirkungen der Jugendbewegung sind am intensivsten in den Grenzlandbezirken — insbesondere im Südosten — aber auch in Österreich und der Schweiz spürbar geworden. Die unmittelbarsten Beziehungen bestanden wohl zu Österreich. Im Gegensatz zu der Entwicklung in Deutschland, wo die Akademischen Vereinigungen — so die »Deutsche Akademische Freischar« 1906/1907 in Göttingen — aus dem Rahmen der bereits entfalteten Jugendbewegung entstanden, bildeten die Studentenbünde in Österreich den Anfang. So ist auch der Österreichische Wandervogel von Studenten ins Leben gerufen worden, die vorher in Wien und Prag in Akademischen Vereinigungen tätig waren. Bereits 1908 wurde zum einen in Wien eine Gruppe des »Alt-Wandervogels« begründet, und zum anderen richtete Hans Mantschka, der Student in Prag war und mit Hans Breuer eine Fahrt durch Süddeutschland gemacht hatte, Wandervogelgruppen in Deutschböhmen ein. In den Jahren 1918/1919 konstituierte sich eine Mittelschülervereinigung, an der viele Wandervögel beteiligt waren. Aus dieser Vereinigung gingen drei Bünde hervor, die engere Beziehungen zur Jugendbewegung pflegten: Der Deutsche Mittelschülerbund, der christlich-deutsche Studentenbund und die Vereinigung sozialistischer Mittelschüler, in deren Rahmen Siegfried Bernfeld mitwirkte, der bereits an der Meißner-Tagung teilgenommen hatte und dem »Anfang«-Kreis um Wyneken nahestand[291].

Eine verwandte Entwicklung ist in der Schweiz abgelaufen. Auch hier ist der Wandervogel als Betätigungsfeld aus den studentischen Vereinigungen »Helvetia« und »Libertas« herausgewachsen. Mit der Gründung eigener Gruppen 1908 begann die Herauslösung des Wandervogels. Im Rahmen des Schweizer Wandervogels waren die Lehrlinge, Arbeiter, Angestellten neben den Mittelschülern (wie in Österreich und der Schweiz die Bezeichnung anfänglich für die Gymnasiasten lautete) und Studenten vertreten. Trotz einer raschen Entwicklung, die bis 1913 bereits etwa 1500 Mitglieder umfaßte, ist der Wandervogel in der Schweiz — wie auch in Österreich — hinsichtlich Ausbreitung und Wirkungsgrad nicht annähernd mit dem Verlauf in Deutschland zu

---

290 Maria Montessori: Von der Kindheit zur Jugend. Hrsg. von Paul Oswald. Freiburg, Basel, Wien 1966, S. 33.

291 Gerhard Seewann: Österreichische Jugendbewegung 1900—1938. Frankfurt a. M. 1971. —Karl Thums, Anni Gamerith: Österreichischer Wandervogel. In: Die bündische Zeit. Dokumentation der Jugendbewegung. Bd. III. A. a. O., S. 1262, 1265 ff.

vergleichen; die Entwicklung seit 1913 zeigte viele Auseinandersetzungen — u. a. über die Abstinenzfrage, über die Gründung reiner Bubenbünde bei Trennung von den Mädchen u. a. —, aber keine wesentliche Ausweitung der Ansätze[292].

Die Gründe sind wohl darin zu suchen, daß die Jugendbewegung in Inhalt und Zielsetzung eine spezifisch deutsche Bewegung war und geblieben ist. Ein Teil der Gründe wird in der Kritik von Rolf Gardiner deutlich, die er aus guter Kenntnis der bündischen Jugend übte: »Ich bekam die Zersplitterung und Zerrissenheit der Bünde bereits bei meinen ersten Reisen (damals noch als Kibbo-Kift-Vertreter) durch Nordeuropa lebhaft zu spüren. Nach Gesprächen mit Wyneken, Fritz Klatt, Anna Helms-Blasche, Reichwein und Vorwerk traf ich den Jungnationalen Bund, durch den ich Einsichten in die Haltung eines konservativen, von Patriotismus brausenden Teils der deutschen Jugend bekam und der mir und John Hargrave viel zu denken gab.«[293]

Dieser »von Patriotismus brausende Teil der deutschen Jugend« war sicherlich ein gewichtiger Grund für den Aufbau von Barrieren bei der Ausbreitung der Idee über die Grenzen hinaus und bei der sich anbahnenden internationalen Kommunikation. Rolf Gardiner, zunächst noch Student in Cambridge, war viele Jahre — zusammen mit Georg Götsch — um die deutsch-englische und darüber hinaus um die Weltverständigung der Jugend bemüht. Im Mittelpunkt vieler Veranstaltungen in Deutschland seit 1922 stand die Cambridger Tänzergruppe »The Travelling Morrice« sowie die »English Dancers and Players«, während in den Begegnungen in England häufig die Märkische Spielgemeinde von Georg Götsch auftrat. Der dadurch geleistete Beitrag zur internationalen Verständigung ist bedeutend.

Dennoch waren die Bemühungen einiger deutscher Bünde um Anschluß an das »Internationale Büro« der Pfadfinderbewegung in London vergeblich. Ausschlaggebend waren einmal die patriotischen Bekundungen im Zusammenhang mit der Grenzlandarbeit, zum anderen aber auch die Verbindungen der Neupfadfinder zur »Kibbo-Kift«, der »Woodcraft Kindred«-Gruppe von John Hargrave. Die Schriften von Hargrave über das Lager- und Waldläuferleben als Ausdrucksformen des Waldpfadfindertums sowie eine indianisch orientierte Stammeserziehung entwickelten eine inhaltliche Variante zu den »Boy-Scouts«, die in Deutschland eine große Resonanz fand[294].

---

292 Vgl. Karl Matter: Vom schweizerischen Wandervogel und seinen Zielen. Aarau 1914. — Fritz Baumann: Der Wandervogel in der Schweiz. In: Die Wandervogelzeit. Dokumentation der Jugendbewegung. Bd. II. A. a. O., S. 349.

293 Rolf Gardiner: Zwischen Boberhaus und Springhead. In: Peter Nasarski (Hrsg.): Deutsche Jugendbewegung in Europa. Köln 1967, S. 286.

294 Vgl. Karl Seidelmann: Weltpfadfinderbewegung und deutsche Pfadfinderei zwischen 1919 und 1933. In: Die bündische Zeit. Dokumentation der Jugendbewegung. Bd. III. A. a. O., S. 1559. — Alice Gräfin Hardenberg: Bündische Jugend und Ausland. Dissertation der Universität München 1966. — Erich Bitterhof: Die Jugendbewegung und der nordwesteuropäische Raum. In: Jahrbuch des Archivs der deutschen Jugendbewegung. 8. Bd. 1976, S. 64.

Diese auf eine internationale Verständigung und (auf dem Hintergrund der Schrecknisse des Krieges) auf Aussöhnung abgestimmten Ansätze wurden im deutsch-französischen Verhältnis weitgehend vom Sohlberg-Kreis gefördert. Getragen wurde der Sohlberg-Kreis von der »Arbeitsgemeinschaft Karlsruher Jugendbünde«, die unter Leitung von Otto Abetz[295] 1929 beschloß, wegen der Nähe Karlsruhes zur Grenze die Kontakte mit der französischen Jugend zu pflegen. Seither sind auf dem Sohlberg im Schwarzwald viele Begegnungen zwischen Jugendgruppen beider Länder gestaltet worden; ergänzend wurde die Zeitschrift »Sohlberg-Kreis« herausgegeben. Die Arbeit wurde von deutscher Seite neben Abetz von Friedrich Bentmann und von französischer Seite von Jean Luchaire geleistet; sie kam 1933 zum Erliegen.

Ergänzt wurde diese Arbeit durch die Weltjugendliga und durch die internationalen Begegnungen der sozialistischen deutschen Jugendorganisationen. Im Gegensatz zu den politisch unterschiedlich gelagerten Bünden zeigten die internationalen Begegnungen der sozialistischen Jugendorganisationen eine relativ einheitliche politische Grundauffassung, die die Verständigung erleichterte[296]. Dagegen versuchte die Weltjugendliga, die von den aus dem ersten Weltkrieg zurückgekehrten Jugendlichen als Friedensvereinigung gegründet wurde, trotz starker politischer Aktivität sich parteipolitisch neutral zu verhalten. Einen Höhepunkt in der Entwicklung bildete das Weltjugendtreffen auf der Treusburg 1927 mit der Grundsatzrede von Fritz von Unruh vor 350 Teilnehmern.

Dieser abschließende Blick auf die Entwicklung im außerdeutschen Raum erweist, daß die Jugendbewegung in ihrem Kern ein universelles Phänomen ist: die Jugend verkörpert schlechthin den Aufbruch, das Sich-Erproben und den Übergang. Daher ist die Jugendbewegung weder als Entwicklungsperiode noch als historische Erscheinung etwas Einmaliges; sie verkörpert vielmehr in ihren generellen Intentionen ein Grundphänomen menschlicher Entfaltung, das zwar seine Formen wechselt, aber sich überall dort zeigt, wo die Jugend den Weg ins Leben antritt. Die Jugend findet ihre Bewährung gerade in jenen Bereichen, die eine freie Entfaltung fordern und fördern: im Wandern, Spiel, Geselligkeit, Gemeinschaft, aber auch in Verantwortung und Arbeit, soweit sie pädagogisch bedacht wurden.

---

295 Vgl. Otto Abetz: Das offene Problem. Köln 1951. — Karl Epting: Die Jugendbewegung in Frankreich. In: Peter Nasarski (Hrsg.): Deutsche Jugendbewegung in Europa. A. a. O., S. 296. — Ders.: Das Schicksal der briandistischen Generation — der Sohlbergkreis und seine Freunde. In: Jahrbuch des Archivs der deutschen Jugendbewegung. 8. Bd. 1976, S. 12.

296 Peter Nasarski: Internationale Begegnungen der sozialistischen deutschen Jugendorganisationen. In: Ders.: (Hrsg.): Deutsche Jugendbewegung in Europa. A. a. O., S. 304.

5. Die Arbeitsschulidee – ein umgreifendes Gestaltungsprinzip der Neuen Schule

a. Ansätze des Arbeitsschulgedankens

Die Arbeitsschule als Handfertigkeitsunterricht

Bereits die erste Konzeption der Arbeitsschulidee[297] zeigt eine folgenschwere Mehrdeutigkeit. Sie ist bedingt durch die Bedeutungsvielfalt dessen, was als Arbeit verstanden werden kann. So gibt es neben dem ökonomischen auch einen physikalischen, politischen, sozialen und pädagogischen Begriff der Arbeit, wobei der pädagogische Aspekt relativ spät in den Blick kam. Erst seit dem 18. Jahrhundert kann von der Arbeit als pädagogischer Einheit gesprochen werden.

In historischer Orientierung zeigen sich drei Hauptrichtungen, die erst im Verlauf der Entwicklung zur Arbeitsschulbewegung zusammenwuchsen. Die erste Fassung des Arbeitsschulgedankens weist bis ins 18. Jahrhundert zurück; sie umspannt sowohl den wirtschaftlichen Sinn der Arbeit, wie er in dem damals aufkommenden Ideal der Arbeitsamkeit zum Ausdruck kam, das im bewußten Gegensatz zur humanistisch gelehrten Haltung geprägt wurde, als auch den pädagogischen Sinn der Arbeit, wie ihn Pestalozzi und Fröbel entwickelten. Pestalozzi verstand in einer bildungsgeschichtlich frühen Stunde auf dem Neuhof beide Formen zu vereinen. Während des Spinnens und Werkens wurden die Elementartechniken im arbeitspraktischen Zusammenhang gelernt und ausgeübt, so daß das Lernen ein klärender Teil der Lebensgestaltung blieb. Lernen und Leben, Erziehen und Arbeiten waren zwei Seiten eines umgreifenden Lebensvorgangs.

Die Entfaltung dieser ältesten Idee einer Arbeitsschule wurde durch drei weitere Faktoren begünstigt. Es sind dies erstens der gerade einsetzende Industrialisierungsprozeß und die damit zusammenhängende Entwicklung der Großstädte. Die durch die neue Wirtschaftsform notwendig gewordene Teilung von Heim und Arbeitsstätte löste tiefgreifende Wandlungen in der Familienerziehung aus. Während bis zum Beginn der Industrialisierung der größte Teil der Kinder zunächst zuschauend und miterlebend in die allgemeine Atmosphäre der Arbeit hineinwuchs, um mithelfend an der Arbeit teilzuhaben, ist gegenwärtig diese natürliche Form der Arbeitserziehung auf wenige Fälle begrenzt. Daher erfolgt aus diesem Blickwinkel die Forderung nach einem Einbezug der Arbeit als entscheidendem Faktor der Erziehung in der Schule.

Gleichsam seine psychologische Begründung erhielt dieser älteste Arbeitsschulbegriff zweitens durch die Entwicklungspsychologie, die (wie bereits im Rahmen der Kunsterziehungsbewegung betont wurde) die Bedeutung des Tätigkeitstriebes für die geistig und körperlich ausgewogene Entwicklung des Kindes erkannte. Besonders die voluntaristische Psychologie, wie sie Wilhelm Wundt entwickelte, auf den sich die

297 Vgl. hierzu Hermann Röhrs: Die Pädagogik Aloys Fischers, Heidelberg ^{2}1967. Die folgende Darstellung schließt an das Kapitel »Die Arbeitsschule« (S. 216) in diesem Buche an.

ersten Repräsentanten der Arbeitsschulidee häufig berufen, betonte die unersetzliche Bedeutung, die der Motorik für den Aufbau der kindlichen Vorstellungswelt zukommt. Wundt unterschied zwischen dem visuellen, auditiven und motorischen Typ[297a]; er zeigte aber auch, daß es sich um Wesensseiten des Menschseins handelt, die der Pflege bedürfen. Das gilt vom motorischen Naturell nicht weniger als von den geistigen Eigenschaften.

Die Gleichwertigkeit von Körper und Geist war eine sich daraus ergebende Einsicht. Darüber hinaus wurde betont, daß es eine spezifische Begabung der Hand gibt, die im Sinne einer ausgewogenen Bildung nicht verkümmern darf. Dazu stellt Aloys Fischer in seiner »Psychologie der Handarbeit« fest, daß »jedes Organ und jeder Muskel nicht nur eine spezifische Leistung, sondern auch eine eigene Schönheit hat, daß es nicht Bildung ist, wenn der Intellekt auf Kosten der Gesundheit, wenn geistiges Leben überhaupt auf Kosten leiblicher Entfaltung hypertrophieren, daß jede Organminderwertigkeit sich in schweren Hemmungen des Selbstbewußtseins rächt oder in komplizierten, den Charakter gefährdenden Umbildungen Kompensation und Ausgleich sucht.«[298]

Die Entwicklung einer ersten Fassung der Arbeitsschulidee wurde zudem durch Einflüsse aus dem Ausland unterstützt. Es handelt sich gleichermaßen um finnische, dänische und schwedische Vorbilder — insbesondere um Unno Cygnäus, das Abrahamsonsche »Slöjdsystem« von Nääs und den dänischen »Hausfleiß« von Clauson-Kaas[299]. Zur Wirksamkeit kamen diese Ideen vor allem, seitdem der dänische Rittmeister Clauson-Kaas sie während seiner Vorträge in Deutschland gepriesen hatte und der Reichstagsabgeordnete von Schenckendorff sich ihrer annahm. Ein gemeinsames Ziel dieser Ansätze war die Förderung des Handwerks und des Hausfleißes durch eine Erweiterung und Vertiefung der Werkzeug- und Materialkenntnis. Diese Anregungen führten 1881 durch Schenckendorff zur Gründung des »Zentralkomitees für Handfertigkeit und Hausfleiß«, das 1886 in den »Deutschen Verein für Knabenhandwerk« überging. Auf dem Hintergrund der skizzierten Entwicklung entstand eine Philosophie der Hand und ihrer spezifischen Ausdruckswerte, die Seinig aus dem Geiste der Arbeitsschulidee in dem Buch »Die redende Hand«[300] zusammenfassend thematisiert.

297[a] Wilhelm Wundt: Grundriß der Psychologie. Leipzig 1896 ([8]1907).

298 Aloys Fischer: Psychologie der Handarbeit. In: Die Arbeitsschule. 28. Jg. 1914, S. 258. — Vgl. auch Heinrich Scherer: Arbeitsschule und Werkunterricht. Band I und II. Leipzig 1912/1913. — Franz Weigl: Wesen und Gestaltung der Arbeitsschule. Paderborn 1922. — Walter Stuhlfath: Vom Werden der Arbeitsschule. Osterwieck am Harz 1922. — Johannes Kühnel: Schularbeit und Arbeitsschule. Dresden 1922. — Eduard Burger: Arbeitspädagogik. Geschichte — Kritik — Wegweisung. Leipzig [2]1923.

299 A. Clauson-Kaas: Die Einführung des Handfertigkeitsunterrichts an landwirtschaftlichen Schulen. Dresden 1883. — Zum Slöjdsystem und Clauson-Kaas vgl. auch Adolphe Ferrière: Schule der Selbstbetätigung oder Tatschule. Weimar 1927, S. 71 ff.

300 Otto Seinig: Die redende Hand. Leipzig [7]1921.

Allerdings geht es Seinig weitgehend um den Werkunterricht, wie bereits der Untertitel des Buches deutlich zum Ausdruck bringt: »Wegweiser zur Einführung des Werkunterrichts und der Klassenzimmertechniken in Volksschule und Lehrerbildungsstätte sowie andere höhere Lehranstalten für Knaben und Mädchen.«

Eine Theorie der »redenden Hand« hat zur gleichen Zeit, aber unter unterschiedlichen Voraussetzungen, Maria Montessori entwickelt. Montessori deutet aus anthropologischer Sicht, welche sinnstiftende Funktion der Hand im Prozeß der Selbsttätigkeit zur individuellen Selbstgestaltung zukommt[301]. Das Er- und Umgreifen der Dinge durch die Hand ermöglicht über die Veranschaulichung das jeweils partielle Begreifen. Erst durch das »Be-handeln« wird ein unmittelbares Verhältnis gestiftet, das Verständnis und Einsicht anbahnt.

Aus einer verwandten Einstellung nennt Ferrière die Hand das »Urwerkzeug des Menschen«, das den Menschen »enthüllt« und in besonderem Maße der Charaktererziehung dient[302].

Die schulorganisatorische Folgerung dieser ersten Phase der Arbeitsschulbewegung ist damit bereits angedeutet. Diese Entwicklung — als deren Exponenten die englischen und deutschen working houses, Biedermann, Robert Seidel, Clauson-Kaas, Alwin Pabst und der jüngere Kerschensteiner zu betrachten sind — zeigt, daß noch kein neues methodisches Prinzip entwickelt ist, das den Geist der Fächerung zu überwinden vermag[303]. Dieser Geist wird vielmehr durch die Einführung des Faches Handfertigkeitsunterricht bejaht und noch verstärkt.

Die politisch-ökonomische Arbeitsschulidee

Ein zweiter wichtiger Anstoß zur Entfaltung der Arbeitsschulidee erfolgt aus mehreren Richtungen. Einmal müssen in diesem Zusammenhang die Ansätze Pestalozzis in Glüphis Schulkonzept in Bonal und die dahinter stehenden Erfahrungen in Stans und Iferten sowie diejenigen im Institut Fellenbergs in Hofwyl genannt werden. Die hier angestrebte Verbindung von praktischer Arbeit mit Bildung wies neue Möglichkeiten der Schulgestaltung unter aktivem Einbezug aller Beteiligten auf. Diese ersten Erfahrungen nahm Robert Owen bewußt zum Unterpfand für seine Gründungen in New Lanark und New Harmony[304]. Damit wurde die Schule im Rahmen eines Gemeinwe-

301 Vgl. Maria Montessori: Das kreative Kind. Freiburg, Basel, Wien 1972. (Darin: Die Intelligenz und die Hand, S. 134).

302 Adolphe Ferrière: Schule der Selbstbetätigung oder Tatschule. A. a. O., S. 171.

303 Vgl. Aloys Fischer: Arbeitsschulidee und Lehrplan. In: Die Arbeitsschule. 37 Jg. 1923, S. 58.

304 Vgl. hierzu W. A. C. Stewart and W. P. McCann: The Educational Innovators 1750—1880. London, Melbourne, Toronto, New York 1967, S. 53. — Vgl. auch Gernot Koneffke: Menschenbildung und Kinderarbeit bei Pestalozzi und Owen. Dissertation der Universität Heidelberg 1961. — Klaus Hoffmann: Die Grundlegung der englischen Elementarerziehung im 19. Jahrhundert. Frankfurt a. M., Bern, Las Vegas 1978.

sens auf ihre ursprünglichen Funktionen der Bildung der jungen Generation in politischer Verantwortung vor den gegenwärtigen Aufgaben in einem durchaus produktiven Sinne zurückgeführt.

Der kräftigste Anstoß zur Entfaltung der politisch-ökonomischen Arbeitsschulidee erfolgte durch die von Karl Marx entworfene Schul-Resolution auf dem ersten Kongreß der internationalen Arbeiterassoziation 1866 in Genf. Damals wurde das Konzept einer Schule formuliert, »das die körperliche Arbeit als Grundlage der Erziehung« — auch der geistigen und sittlichen Reife — fordert. Die schulpolitische Konsequenz der sozialistischen Bildungsidee ist die Verbindung von Kinderarbeit und Erziehung mit dem Ziel, politische Verantwortung in einer realen Situation zu wecken und zu fördern[305].

Die politisch-ökonomische Arbeitsschulidee wurde am klarsten von der Gruppe der Entschiedenen Schulreformer — Oestreich, Kawerau, Blonskij — vertreten[306]. In Gestalt der Produktionsschule zeigten sich die Konturen einer Neuen Schule, in der durch die Schüler nicht nur marktgerecht Waren erstellt wurden, sondern dieser Prozeß auch in politischer Verantwortung mitgetragen und zugleich zum Konkretionsfeld der Bildung erhoben wurde. Dadurch kann die Bildung auf ihre lebensdienende und -erhellende Funktion zurückgeführt werden; dabei ist allerdings das Gefahrenmoment unter Kontrolle zu halten, daß das Arbeiten nicht zum bestimmenden Faktor für das Schulleben wird.

Auf jeden Fall wird mit der politisch-ökonomischen Arbeitsschulidee ein Schulmodell sichtbar, das das Lernen in eine allgemeinmenschliche Ursprungssituation zurückführt. Dadurch bleibt das Lernen nicht auf eine ungewisse Zukunft gerichtet, deren reale Anwendungsfälle ungewiß und deren Motivationskraft gering bleiben; vielmehr gewährleistet die politisch-ökonomische Arbeitsschulidee in jedem Augenblick ihres Vollzugs Einblick in die Lebenszusammenhänge, zu deren Klärung und Gestaltung das Lernen real beiträgt.

---

305 Vgl. Denkschrift der deutschen Abtheilung (Genf) der Internationalen Arbeiterassociation. In: Der Vorbote. Organ der Internationalen Arbeiter-Association. Monatsschrift redigirt von Joh. Ph. Becker. Nr. 10 (Okt. 1866), S. 149—151. — Obwohl im »Vorboten« kein Hinweis auf Karl Marx zu finden ist, fiel ihm die Abfassung der Statuten der Internationalen Arbeiterassoziation zu: »Als sich herausstellte, daß die Denkschrift der Sektionsgruppe deutscher Sprache dem von Marx verfaßten Resolutionsentwurf des Generalrats der Internationalen Arbeiterassoziation widersprach, verzichteten Becker und die von ihm geleitete Delegation auf dem Genfer Kongreß 1866 auf die Verteidigung ihrer Vorlage und bewiesen damit, daß sie die theoretisch-politische Überlegenheit von Marx anzuerkennen vermochten«. Vgl. hierzu Ernst Engelberg: Fragen der Demokratie und des Sozialismus in der 1. Internationale. Einführung zur originalgetreuen Reproduktion des »Vorboten«. Berlin, Zürich 1963, S. 27, 59. — Bogdan Suchodolski: Grundlagen der marxistischen Erziehungstheorie. Berlin, Warszawa 1961, S. 98, 99. — Marx/Engels über Erziehung und Bildung. Berlin 1960, S. 162. — Horst E. Wittig: Die Marxsche Bildungskonzeption und die Sowjetpädagogik. Bad Harzburg 1964.

306 Paul Oestreich (Hrsg.): Entschiedene Schulreform. Berlin 1920.

Die Arbeitsschulidee als methodisches Prinzip und der Gedanke der Selbsttätigkeit

Die Entfaltung der Arbeitsschulidee zu einem methodischen Prinzip der Schulgestaltung führt immer mehr zur Selbsttätigkeit als pädagogischem Orientierungspunkt der Schularbeit. Nicht Gaudig oder Kerschensteiner haben den Arbeitsschulbegriff als umgreifendes methodisches Prinzip entfaltet; vielmehr ist er das Ergebnis einer geistigen Auseinandersetzung. Die Mitte dieser Auffassung der Arbeitsschule ist der Wille zum geplanten Tun: die Selbsttätigkeit. Wenn auch Wort und Aufgabe der Arbeitsschule in der Reformpädagogik nicht originär sind, vielmehr auf Pestalozzi, Kindermann und Georgens zurückweisen, so eröffnet doch der Gedanke der Selbsttätigkeit neue Perspektiven.

In seinen psychologisch-anthropologischen Belangen wurde der Gedanke durch die Arbeiten von Wilhelm Wundt und William Stern begründet, die in engem Zusammenhang mit der pädagogischen Reformbewegung wirkten. So machte Wilhelm Wundt im Rahmen der Begründung seiner Psychologie des Voluntarismus die Einseitigkeit des Intellektualismus und auch der weiteren Begabungsstrukturen einsichtig[307]; ergänzend betonte William Stern in seinem Werk »Die menschliche Persönlichkeit« die Bedeutung der spontanen Handlungen für die Entfaltung der Persönlichkeit. »Spontan« nennt Stern einen Akt der Person, »der seinen Ausgang in der Person selbst nimmt und von innen nach außen verläuft«[308].

Die spontanen Akte sind welt- und selbstgestaltend zugleich. Darin wird eine anthropologische Begründungsmöglichkeit der Arbeitsschule sichtbar, die auch bei ihren Repräsentanten Berücksichtigung findet. Arbeitsschule in dieser Sicht ist nicht lediglich eine Aktivierung des Schullebens; vielmehr wird durch die Orientierung an den persönlichkeitsbildenden Akten der Spontaneität erst Bildung möglich.

Selbsttätigkeit wird als eine Form des Tuns verstanden, die nicht nur ihren motivationalen Ursprung im Selbst findet, sondern auch nach kongenialem Ausdruck des Selbst drängt, um schließlich durch die Form des Ausdrucks weg- und wertweisend auf das Selbst zurückzuwirken, oder wie Aloys Fischer es nach einer Analyse dieses Sachverhalts ausdrückt: »Selbsttätigkeit ist Tun des Selbst aus ihm und für es...«[309].

Unabhängig von dem Gegenstandsgebiet erweist sich die Arbeitsschule im Sinne der Selbsttätigkeit als ein umgreifendes Prinzip, nach dem das gesamte Schulleben gestaltet werden kann. Die Selbsttätigkeit als didaktischer Kern der Arbeitsschule zeigt eine innere Verwandtschaft mit den Formalstufen Herbarts, die im Verlauf der

---

307 Wilhelm Wundt: Grundriß der Psychologie. A. a. O., S. 16.

308 William Stern: Die menschliche Persönlichkeit. Leipzig ³1923 (1. Aufl. 1917), S. 136.

309 Aloys Fischer: Psychologie der Arbeit. In: Die Arbeitsschule. 39. Jg. 1925, S. 13. Neudruck in Aloys Fischer. Leben und Werk. Bd. 2. Hrsg. von Karl Kreitmair. München o. J. (1950), S. 192.

Arbeitsschulbewegung immer klarer herausgehoben wurden. Dabei zeichnen sich fünf Stufen ab — Problembewußtsein, Arbeitsplan, Arbeitsausführung, Lösung der Arbeitsaufgabe, Selbstprüfung —, die in der Auslegung durch mehrere Autoren im Grundsätzlichen übereinstimmen. Da die Arbeitsschulidee gerade als methodisches Prinzip ihre Gestaltungsfähigkeit erweist, seien die einzelnen Stufen unter Berücksichtigung der Stellungnahmen von Kerschensteiner, Ferrière, Petersen, Scheibner und Fischer dargelegt.

Das Problembewußtsein: Die Arbeitsschule als methodisches Prinzip muß die Fragestellung des Lebens in sich aufnehmen und — an die Formen des natürlichen Lernens und freien Bildungserwerbs anschließend — dieselbe klären und durchdenken lehren. Die Bildungsarbeit wird zu einer Notwendigkeit im etymologischen Sinne des Wortes, zur Abwendung einer inneren Not, zur Meisterung einer Lebensschwierigkeit. Sie vermag damit den Anschein der selbstzwecklichen Isolierung von sich abzuwenden, um sich wieder an dem Ursinn alles Lehrens und Lernens zu orientieren, der leben lehren bedeutet.

Der Arbeitsplan: Das im Schüler geweckte Problembewußtsein löst notwendig einen Gestaltungstrieb aus und drängt auf Lösung und Verwirklichung. Der Schüler wird Mittel und Wege prüfen und unter unaufdringlicher Führung des Lehrers als dem Wissenden einen Arbeitsplan aufstellen. Dem Lehrer kommt, wie schon auf der ersten Stufe, eine zentrale Bedeutung zu, da allein er Möglichkeiten und Grenzen für die Gestaltung des Planes zu überblicken vermag. Dem Lehrer fällt die schwierige Aufgabe zu, sich selber von der Unterrichtsführung lösend die Kinder zur Selbsttätigkeit anzuleiten und doch der Logik der Sache zu ihrem Recht zu verhelfen.

Für den Geist des arbeitsunterrichtlichen Verfahrens auf dieser zweiten Stufe ist es entscheidend, daß der Lehrer zum »schöpferischen Versuch« anreizt und nicht sein Wissen um die Techniken und Formen des Arbeitens als Resultat übermittelt. Suchend und versuchend müssen die Schüler unter seiner kritischen Teilnahme den rechten Weg und die ihm eigenen Ordnungen finden. Die Entfaltung des Arbeitsplans stellt den situationsgebundenen Versuch dar, durch die gemeinsame Reflexion über die gewählten Mittel den jeweils rechten Plan für die Gestaltung zu entwickeln, oder wie Ferrière diese Stufe umschreibt: »Auch das Tasten ist lehrreich. Selbst die besten psychologischen Prinzipien sind nur Orientierungspläne, Direktiven, sind dynamischer Natur, ihre Anwendung ist das Ergebnis von tausend Einzelbedingungen . . .«[310]

Der Lehrer verkörpert in diesem Prozeß den Geist der Sachgerechtigkeit und -gesetzlichkeit. Der Gegensatz zwischen der alten und der neuen Schule liegt keineswegs darin, daß die erstere die Methode überspannt, während die letztere keine besitzt. Gerade die Arbeitsschule verfährt bewußt methodisch. Der Unterschied besteht vielmehr in dem Einsatz der Methode. Während sie in der alten Schule ein für den Schüler undurchsichtiges Universalverfahren des Lehrers darstellt, weiht die neue Schule den Lernenden bewußt in die Lehr- und Lernweise ein. Der Lehrer entwickelt gleichsam

310 Adolphe Ferrière: Schule der Selbstbetätigung oder Tatschule. A. a. O., S. 207.

eine methodische »Elementargrammatik«, wie es bei Peter Petersen heißt[311]; er führt den Lernenden auf diese Weise in die Arbeitstechniken und die zu bearbeitenden Materialien ein. Damit legt er die Methode vertrauensvoll in die Hand des Schülers und bleibt selber wesentlich stiller Beobachter und Ratgeber der eingeleiteten Selbsttätigkeit.

Die Arbeitsausführung: Der mit der Planung eingeleitete Prozeß der Aktivierung des Unterrichts vom Kinde aus findet auf der dritten Stufe in der selbstverantwortlichen Durchführung einen Abschluß. Der Lehrer tritt beobachtend zurück und sieht sich erst durch die Verletzung der Sachlogik oder der Arbeitstechnik zum Eingreifen genötigt.

Gegen die Arbeitsschule ist häufig der Vorwurf erhoben worden, daß sie die »leichte Verfügbarkeit eines Gedächtnisstoffes« und die »Geläufigkeit in elementaren Denktechniken« nicht immer gewähre. Gegen die neuen Schulen aller Reformer — Ovide Decroly, Jan Ligthart, Peter Petersen, Berthold Otto, Helen Parkhurst — ist dieses Argument in immer neuen Begründungen vorgebracht worden. Um diesen Argumenten begegnen zu können, die u. a. den Vorwurf der »Spielerei« gegenüber der Arbeitsschule und damit eigentlich gegenüber allen neuen Schulen erheben, ist von den Repräsentanten der Arbeitsschulidee wiederholt der Versuch gemacht worden, den hier einsetzenden Lernprozeß in seiner Eigenart zu beschreiben.

Es geht um eine neue Form der Wissensaneignung, die als immanentes Lernen auch neue Wege der Wissenssicherung und Wiederholung kennt. Das situativ erkennende Lernen unter Nutzung selbst erarbeiteter Merkhefte, Quellenbücher, Notizblocks erweist sich als die angemessene Form. Das sind Vorschläge, die unabhängig voneinander zur gleichen Zeit (1926) von Ferrière, Kretschmann und Fischer gemacht werden.

Anregend wirken in dieser Hinsicht die Arbeiten von Otto und Decroly, die in ihren Ansätzen weitgehend übereinstimmen. Bei Kretschmann sind es — in unmittelbarer Anknüpfung an die Ideen B. Ottos — das »Schülerprotokoll«, der »Schreibmodenkatalog«, die »Lotterie« und das »Lexikon«, die zur Festigung und Vertiefung des Wissens beitragen sollen. Ergänzend entwickelt er Lernspiele, die im Gegensatz zu Maria Montessori und Ovide Decroly nicht als Erkenntnisquellen, sondern zur Sicherung der erarbeiteten Kenntnisse dienen, um »Wissen vorweisbar zu machen ...«[312]

Adolphe Ferrière schlägt zur Lösung des Problems der Fixierung und Aneignung des Erkannten die »Dokumentensammlungen« vor, die den Niederschlag von Exkursionen, Besichtigungen, Untersuchungen enthalten und die im Laufe der Zeit »rubriziert«, »logisch geordnet« und »illustriert« werden. Die Sammlung erweitert sich schließlich zum »Lebensbuch«, das sowohl bei der Bewältigung und Deutung des neuen Stoffgebietes als auch zur ungewollten und darum um so wirkungsvolleren

311 Peter Petersen: Führungslehre des Unterrichts. Braunschweig ⁴1953, S. 103.

312 Johannes Kretschmann: Natürlicher Unterricht. Wolfenbüttel, Hannover 1948, S. 46 ff.

Festigung der Wissenstatsachen dient, oder, wie Ferrière diesen Prozeß der immanenten Wiederholung beschreibt: »Ich brauche nicht zu sagen, mit welchem Stolz jeder Schüler an seinem ›Lebensbuch‹ arbeitet, mit welcher Freude er es seinen Freunden, Verwandten und Bekannten zeigt, wie oft er es selbst durchliest und ansieht — eine gründliche Wiederholung, die ebensoviel wert ist wie alle Examensvorbereitungen der Welt.«[313]

Lösung der Arbeitsaufgabe und Selbstprüfung: Die beiden letzten Stufen führen zur Lösung der Arbeitsaufgabe und leiten den Prozeß der Selbstprüfung ein. Es sind die Stufen, auf denen sich der Schüler seinem Werk kritisch gegenüberstellen kann und ihm durch »Stoffgewissenhaftigkeit« und »Stoffgerechtigkeit« einsichtig wird, in welchem Maße die Arbeitsausführung der ursprünglichen Planung entspricht. Die dargestellten Formalstufen kennzeichnen den Verlauf des arbeitsunterrichtlichen Verfahrens und damit den methodischen Arbeitsschulbegriff schlechthin.

Es ist aufschlußreich, die mehrstufige Struktur im Verlauf des pädagogischen Arbeitsbegriffs sowohl bei Kerschensteiner als auch bei Scheibner bestätigt zu finden. Auch Kerschensteiner unterscheidet zwischen »Planung«, »Durchführung« und »Selbstprüfung«, wobei das Problembewußtsein als Ausgangspunkt bei ihm schon in der Planung enthalten ist, »da der Prozeß des Schaffens häufig genug wieder den Plan des Schaffens von neuem aufgreift, ihn umstößt oder ergänzt . . .«[314], wie Kerschensteiner gegenüber der ausdrücklichen Herausstellung des Problembewußtseins als Ausgangspunkt bei Fischer[315] argumentiert.

Am sinnfälligsten wird diese Übereinstimmung in der Deutung der vierten Stufe, dem eigentlichen Zielpunkt. Ihren Sinn findet Kerschensteiner in der »inneren Nötigung zur Selbstprüfung«, die den Grad der Sachlichkeit offenbar werden läßt und damit über den stofflichen Wissenserwerb hinaus zu einem sittlichen Bildungsertrag führt: »Letzten Endes ist alle Sachlichkeit auch Sittlichkeit«[316]. Angesichts der Wirkung, die von dieser Formel ausging, erscheint eine kritische Durchleuchtung wichtig. Die Gleichsetzung von Sachlichkeit und Sittlichkeit hat dazu beigetragen, daß ein Arbeitsethos eigenen Gepräges entstand. Mehr noch als bei der innerweltlichen Askese handelt es sich um ein Ein- und Aufgehen im Arbeitsvorgang, der als selbstzwecklich betrachtet wird. Wer sachlich so arbeitet, daß alle gestellten Aufgaben gelöst werden und die Selbstprüfung die innere Bündigkeit des Werkes zeigt, der findet seine Selbstrechtfertigung in der objektivierten Leistung. Dieser Arbeitswille wurde bereits von den Arbeitsschulvertretern[317] als eine problematisch heroische Einstellung kriti-

---

313 Adolphe Ferrière: Schule der Selbstbetätigung oder Tatschule. A. a. O., S. 199.

314 Georg Kerschensteiner: Begriff der Arbeitsschulen. München 1911 (1. Auflage). — 13. Auflage München, Düsseldorf 1959, S. 30—45.

315 Aloys Fischer: Psychologie der Arbeit. A. a. O., S. 130. Neudruck: Aloys Fischer. Leben und Werk. A. a. O., Bd. 2, S. 242.

316 Georg Kerschensteiner: Begriff der Arbeitsschule. A. a. O., S. 47.

317 Vgl. Aloys Fischer: Die Krisis der Arbeitsschulbewegung. In: Die Arbeitsschule. 38. Jg. 1924, S. 120.

siert, die die Fortführung der Arbeit als Funktion der vollbrachten Teilleistung in sich trägt. Diese Arbeitshaltung vermag sich in den verschiedensten Bereichen zu bewähren — auch in jenen, in denen zwar Planung, Durchführung, Vollendung, Selbstprüfung möglich sind, aber in denen die erreichte Versittlichung dennoch fragwürdig bleibt, weil bereits die Aufgabenstellung verbrecherisch ist. So birgt die glatte Formel von der Sachlichkeit, die vermeintlich immer schon zur Sittlichkeit führt, die Gefahr, zu Mißverständnissen zu führen, die fatale Folgen nach sich ziehen können.

In grundsätzlicher Übereinstimmung mit Fischer werden von Scheibner vier Phasen zur Charakteristik des arbeitsunterrichtlichen Verfahrens angeführt: die Phasen der »Arbeitsmotivierung», der »Arbeitsbereitschaft«, des »Arbeitsvollzugs« und der »Ablösung von der Arbeit«. Dabei wird der erzieherische Ertrag der letzten Phase ebenfalls in der Fixierung des Arbeitsergebnisses und seiner Kritik gesehen, die wieder Anlaß zu neuer Aufgabenbildung werden kann. Diese letzte Phase macht dem Schüler auch bewußt — und das ist ihr eigentlicher sittlicher Ertrag — »was der pädagogische Sinn seines Schaffens am schulmäßigen Arbeitsstoff sein sollte: das Wachsen der werdenden Persönlichkeit«[318]. Damit ist noch einmal in der Sprache Kerschensteiners und Scheibners — in gedanklicher Übereinstimmung mit Fischer — das Spezifikum des methodischen Arbeitsschulbegriffs umschrieben.

Die Arbeitsschule als Lebensschule

Der methodische Arbeitsbegriff ist an kein besonderes Stoffgebiet gebunden. Die Arbeitsschule wird in dieser dritten Fassung zur Lebensschule, weil der Stoff nicht als solcher, sondern erst die Art des Erarbeitens und Auseinandersetzens seinen Bildungswert aktualisiert. Wie Kerschensteiner den pädagogischen Wert der Arbeit sowohl an einem moralischen Beispiel als auch an einer technischen und wissenschaftlichen Aufgabe (Feueralarm im Dorf, Bau eines Starenhauses, Übersetzung einer Ode des Horaz)[319] nachweist, so findet auch Fischer das Merkmal für den methodischen Arbeitsbegriff nicht in bestimmten Fächern, sondern in der Stimmung und Gesinnung des Arbeitens.

Der methodische Arbeitsbegriff ist daher nicht statisch, sondern wesentlich dynamischer Struktur. In ihm und durch ihn gibt es keine absolute Vollendung mehr, sondern jeder Abschluß wird dadurch relativiert, daß er zum Anreiz und Anlaß für neue Aufgabenstellungen wird. Fischer spricht darum bewußt von der Aufgabenlösung und nicht von der Vollendung, wie Kerschensteiner noch im Anschluß an Heinrich Rickert formuliert. Er will damit den Vorläufigkeitscharakter zum Ausdruck bringen, der zu einem Kennzeichen der erzieherischen Bemühungen der Arbeitsschulbewegung wurde und der letzten Endes nur den Geist unseres technischen Zeitalters widerspiegelt. Wie in der Öffentlichkeit, so beginnt auch in der Erziehung die Arbeit aus einem Mittel zu

318 Otto Scheibner: Zwanzig Jahre Arbeitsschule. Leipzig 1928, S. 157.
319 Vgl. Georg Kerschensteiner: Begriff der Arbeitsschule. A. a. O., S. 31—42.

einem Selbstzweck, zum »substantiellen Lebensinhalt« des Menschen in unserer Zeit zu werden. Darum erreicht die Arbeitsschulbewegung mit ihrem Höhepunkt zugleich auch ihr kritisches Stadium.

b. Die Wandlung des Arbeitsschulbegriffs bei Kerschensteiner

Die Wandlung des Arbeitsbegriffs wird besonders deutlich in der Auffassung Kerschensteiners (geb. 1854 in München, gest. 1932 in München). Er hat zuerst in seinem bekannten Vortrag am 12. Januar 1908 zum 162. Geburtstag Pestalozzis in der Peterskirche in Zürich den Begriff sinngemäß im Umkreis seines Bedeutungsursprungs angewandt. Nicht uninteressant ist die Tatsache, daß dieser Vortrag unter der Fragestellung »Die Schule der Zukunft im Geiste Pestalozzis« gehalten wurde; er wurde in der Schrift »Grundfragen der Schulorganisation« schließlich unter dem Titel »Die Schule der Zukunft — eine Arbeitsschule« abgedruckt.

Darin kommt zweierlei für den Pestalozzi-Verehrer Kerschensteiner, aber auch für die Entwicklung der Arbeitsschulidee zum Ausdruck: ihre Abkunft von Pestalozzi sowie ihre Zukunftsbedeutung für jegliche Schulgestaltung, insbesondere der Volksschule. Im Grunde liegt hier der häufig verlorene Leitfaden einer vertretbaren zukünftigen Bildungsrefom, denn der pädagogische Sinn des Arbeitens schließt über die Schule hinausgehend die gesamte Bildungswirklichkeit ein.

Seither wurde »Arbeitsschule« zu einer vielgebrauchten pädagogischen Vokabel — zu einem gefährlichen Modewort, das recht unterschiedliche Vorstellungen weckte. Um so wichtiger erscheint die begriffliche Rückbindung auf den historischen Hintergrund bei Kerschensteiner. Aufschlußreich ist, daß er die pädagogische Bedeutung der Arbeit durchaus in der Pflege der Hand- und Anstellungsfähigkeit erblickt, aber als ein Medium für alle Kinder und letztlich als eine Form der Weckung geistiger Interessen im praktischen Tun. In dieser Auslegung der Arbeitsschule bestehen erhebliche Unterschiede zu der Auffassung Gaudigs.

Die (vorläufige) Position Kerschensteiners sei durch drei Passagen aus der Pestalozzi-Rede wiedergegeben, die in dieser Hinsicht eine grundlegende Bedeutung haben: »90 Prozent aller Knaben und Mädchen ziehen trotz unserer Bucherziehung jede praktische Tätigkeit bei weitem dem stillen abstrakten Denken und Reflektieren vor . . . In Werkstätte und Küche, im Garten und auf dem Felde, im Stall und am Fischerboote sind sie stets zur Arbeit bereit.«[320] — »Wie dem kleinen Kinde der Spielraum des Hauses die Werkstätte seines Geistes ist, wo die tausend Eindrücke und Anregungen zu einer Welt verarbeitet werden, so muß dem größeren Kinde der Arbeitsraum der Schule die Zentralwerkstätte seiner Aktivität sein.«[321] — »Der Fundamentalsatz

---

320 Georg Kerschensteiner: Grundfragen der Schulorganisation. Leipzig, Berlin ^{4}1921, S. 1.
321 A. a. O., S. 94.

aller geistigen Entwicklung ist, daß sie immer vom praktischen Interesse zum theoretischen fortschreitet; wir müssen unsere Erziehung also nach den Interessen der Jugend einrichten.« Alle drei Aspekte werden in der lapidaren Schlußfolgerung und -forderung zusammengefaßt: *»Aus unserer Buchschule muß eine Arbeitsschule werden, die sich an die Spielschule der ersten Kindheit anschließt.«*[322]

Auf dem Kongreß des »Bundes für Schulreform« 1911 in Dresden, der dem Fragenkreis der Arbeitsschule gewidmet war, kam es zu einer scharfen Auseinandersetzung zwischen Kerschensteiner und Gaudig hinsichtlich des pädagogischen Sinns der Arbeit. Gaudig resümierte spitz, daß Kerschensteiner den Geist aus der Schule »herausgehandwerkert« habe; er stellt der vermeintlich einseitig auf den Handfertigkeitsunterricht abzielenden These Kerschensteiners, daß aus der Buchschule eine Arbeitsschule werden müsse, den Gedanken der »freien geistigen Schularbeit« entgegen. Dieser Gedanke freitätiger Geistesarbeit, wie ihn Gaudig auch nennt, begreift alles Tun in der Schule unter dem Gesetz des selbstverantwortlichen Schaffens. Der Gegensatz ist für Gaudig weniger die Buchschule als die Lehrerschule, die dem Prinzip der Selbsttätigkeit keinen Spielraum lasse. Er entwickelt eine Arbeitstechnik – eine Methode des geistigen Bildungserwerbs, die die Selbsttätigkeit immer mehr zum Orientierungspunkt der Schularbeit erhebt.

Nach dieser Begegnung mit Gaudig und unter dem Einfluß der Wertphilosophie sowie der Gedanken Sprangers vollzieht auch Kerschensteiner eine Wendung. Die Arbeitsschule wird ihm nunmehr zur Schule der selbständigen und selbsttätigen Erarbeitung der Bildungsgüter. Die ursprüngliche Bedeutung des handwerklich Praktischen wird als ein Teil pädagogischen Arbeitens in das Prinzip des selbständigen Wirkens hineingenommen. Allerdings muß deutlich zum Ausdruck gebracht werden, daß die Arbeitsschulidee Kerschensteiners – trotz der allgemeinen Wertschätzung der praktischen Arbeit – nie ausschließlich darauf fixiert war, so daß es sich lediglich um eine neue Akzentuierung, nicht aber um eine Revision handelt. Kerschensteiner ist daher weder je der einseitige »Apologet des Praktischen« gewesen, noch hat er später eine einseitige »Spiritualisierung der Arbeit«[323] befürwortet. Dazu war er ein zu gediegener Kenner der echten Bedürfnisse der Praxis, die immer praktischer *und* theoretischer Art sind.

Nach der Auseinandersetzung mit Gaudig und der Kulturphilosophie Sprangers wird Kerschensteiner zum entscheidenden Vertreter des methodischen Arbeitsschulgedankens. Trotzdem betont er daneben ausdrücklich die Notwendigkeit des reinen Handfertigkeitsunterrichts – zumindest für die Volksschulen. Die Begründung dieses Gedankenganges erfolgt mit folgenden Argumenten: In der ganzen Entwicklung des

---

322 A. a. O., S. 94.

323 Vgl. Theodor Wilhelm: Die Pädagogik Kerschensteiners. Stuttgart 1957. – Felix von Cube: Allgemeinbildung oder produktive Einseitigkeit? Stuttgart 1960 sowie Gerhard Wehle: Praxis und Theorie im Lebenswerke Georg Kerschensteiners. Weinheim ^{2}1964.

Kindes gehen die körperliche und manuelle Neigung der geistigen voran. Daher ist eine öffentliche Schule schlecht organisiert, wenn sie nicht auf manuelle und geistige Tätigkeiten vorbereitet, zumal die Mehrzahl der Volksschüler später manuelle Berufe ergreifen wird[324].

Diesen Gedanken stellt Gaudig durch den Hinweis in Frage, daß gerade die Berufe, die von einer systematischen Pflege der manuellen Geschicklichkeit Nutzen ziehen könnten, »sich auch ohne eine so weitgehende Vorarbeit der Schule helfen können«[325]. Er verkennt damit aber den besonderen pädagogischen Sinn, den Kerschensteiner der manuellen Arbeit beimißt, wenn er zum Beispiel darauf hinweist, daß die Handarbeit die Wahrhaftigkeit entwickle und in der konkreten Arbeit die Lüge nicht möglich sei, da es hier nichts zu verbergen gebe. Das Wesentlichste sind ihm daher auch nicht die rein technischen Fähigkeiten und Fertigkeiten im Sinne einer Berufsvorlehre, sondern die Gewöhnung an ehrliche Arbeitsmethoden, an immer größere Sorgfalt, Gründlichkeit und Umsicht und die Erweckung der rechten Arbeitsfreude.

Die sittliche Erziehung durch die Sachlichkeit der Arbeit ist Kerschensteiner das eigentliche Ziel des Arbeitsunterrichts[326]. Diese in einseitiger Auslegung anfechtbare Aussage muß im Rahmen der fünf Arbeitsschritte des pädagogischen Arbeitsbegriffs Kerschensteiners verstanden werden. Erst durch die Bindung an die dem Sachbereich immanente Logik und die ihn bestimmende Zielsetzung kann von einer Sachlichkeit des Bildungsprozesses gesprochen werden, der Sittlichkeit zu erwirken vermag.

Die richtig betriebene Handarbeit entwickelt auch eine logische Denkfähigkeit, die bei jeder weiteren Betätigung wieder anwendbar ist und noch vertieft werden kann. »Ja« – und das ist die besondere Anschauung Kerschensteiners – »die Übertragung dieser in einer manuellen Arbeitserziehung erwachsenen Qualitäten auf manuelle Arbeiten anderer Gebiete ist sehr viel gesicherter als die Übertragung erworbener Qualitäten auf geistigen Gebieten, wo nicht selten Vorurteile, Parteimeinungen, religiöse Bindungen usw. verhindern, die auf einem Gebiete sich auswirkende Kraft der Wahrheitsliebe und des logischen Denkens in gleicher Rückhaltlosigkeit auf anderen Gebieten schaffen zu lassen.«[327] Unter dem Einfluß dieser Argumente fand die praktische Tätigkeit in Form der Papp-, Holz- oder Metallarbeit Eingang in die Schulen. Wesentlich war dabei, daß diese Arbeit gepaart wurde mit einer Elementartechnik, die eine Werkzeug- und Materialkunde im Zusammenhang mit einer ästhetischen Erziehung vermittelte.

Die manuelle Arbeit im Sinne Kerschensteiners bleibt ohne eine geistige Vorarbeit mechanisch, ja »Arbeit im pädagogischen Sinn kann sie erst werden, wenn sie Ausfluß einer geistigen Vorarbeit ist, die ... im Fortgang der Ausführung immer von neu-

324 Georg Kerschensteiner: Begriff der Arbeitsschule. A. a. O., S. 19.

325 Hugo Gaudig: Die Schule im Dienste der werdenden Persönlichkeit. Erster Band. Leipzig ²1922, S. 78.

326 Georg Kerschensteiner: Begriff der Arbeitsschule. A. a. O., S. 47.

327 A. a. O., S. 24.

em aufgegriffen wird . . .«. Diese methodische Grundvorstellung läßt sich am einfachsten am Beispiel des Starenkasten exemplifizieren. Die entscheidenden Merkmale der Arbeit im pädagogischen Sinne sind die geistige Planung, die Vollendungstendenz und die Möglichkeit der Selbstprüfung, wobei Planung und Selbstprüfung die pädagogisch ergiebigsten Motive sind. »Jeder Zögling muß imstande sein und sich innerlich dazu genötigt fühlen, seine Arbeit, mag sie theoretischer oder praktischer Natur sein, bei jedem Schritt ihrer Durchführung auf ihre Übereinstimmung mit den Forderungen zu überprüfen.«[328] Die Selbstprüfung im Hinblick auf die eigene Arbeitsweise sowie die materiale und methodische Bündigkeit ist also der eigentliche Orientierungspunkt des arbeitsunterrichtlichen Verfahrens Kerschensteiners.

Diese Art der selbsttätigen Arbeit ist aber erst durchführbar, wenn der Schüler mit der Gesetzlichkeit des jeweiligen Gegenstandsgebietes vertraut ist. »Erst wenn der Zögling« — so formuliert Kerschensteiner diesen zweiten Fundamentalsatz für die Gestaltung des Arbeitsschulprinzips — »eine genügende Sicherheit im Gebrauch der Ausdrucksmittel erworben hat, soll der Erzieher der eigenen Initiative des Zöglings immer freieren Spielraum gewähren.«[329]

Hier zeigt sich nochmals das wesentliche Merkmal des Kerschensteinerschen Arbeitsschulbegriffs: er ist sachlich orientiert. Es geht vor allem um den werkgerechten Unterricht, um die Sachgerechtigkeit, weil eben alle Sachlichkeit schon Sittlichkeit ist und in der Selbstprüfung ihren Wert aktualisiert. Der enge Zusammenhang dieser Auslegung mit der Kerschensteinerschen Auffassung des Bildungs- und Kulturbegriffs wird deutlich. Diese Zusammenhänge seien hier lediglich angedeutet.

Das bloße Wissen hat für Kerschensteiner keinen großen Bildungswert, weil es nicht die Tiefenschicht der Person berührt. Bildung dagegen ist jenes personale Zentrum, so heißt es in seiner »Theorie der Bildung«, das bestehen bleibt, wenn alles bloß Gelernte und Gemerkte vergessen ist. Bildung wird dann zu einer formatio animi. *»Bildung* ist ein durch die Kulturgüter geweckter, individuell organisierter Wertsinn von individuell möglicher Weite und Tiefe.«[330]

Aus diesem Blickpunkt ist die Fähigkeit des Wissenserwerbs sehr viel bedeutsamer als das Wissen selber, weil sie den Menschen selbständig macht, was der schönste Ertrag aller Bildungsarbeit ist. Soweit eine Ode des Horaz — um bei dem Beispiel Kerschensteiners zu bleiben — nur angehört oder auswendig gelernt wird, kann ihr Sinngehalt wieder verloren gehen. Wenn sie aber in selbständiger Arbeit grammatikalisch eingesehen, übersetzt und unter Ausschöpfung aller Hilfsmittel interpretiert wird, so kann sie zu einem Teil der sich entwickelnden Person werden. Jedem Kulturgut ist ein geistiger Wert eigen. Der den Kulturgütern eingewobene Wert ist gleichsam eine potentielle Energie, die der Mensch für sich gewinnt, wenn er sich selbsttätig um die

328 A. a. O., S. 55.

329 A. a. O., S. 92.

330 Georg Kerschensteiner: Theorie der Bildung. Leipzig, Berlin 1926, S. 15. — Ders.: Begriff der Arbeitsschule. A. a. O., S. 45.

Erschließung dieses Kulturgutes bemüht. Der Prozeß der Selbstprüfung – am Beispiel der Ode etwa der Vergleich mit einer guten Übersetzung – zeigt[331], in welchem Maße der Geist dieses Gegenstandsgebietes erschlossen wurde und wie groß der Grad der Sachgesetzlichkeit war.

Es bleibt erstaunlich, daß es in der angelsächsischen Pädagogik keinen analogen Begriff für die Arbeitsschule gibt. Alle geläufigen Begriffe wie industrial education, work study program oder activity program zeigen allenfalls Berührungspunkte. So sucht man in den Handbüchern wie der Encyclopedia of Educational Research (Ed.: Robert L. Ebel) vergeblich nach einem entsprechenden Artikel. In dem älteren Werk Encyclopedia of Modern Education (Ed.: Harry N. Rivlin) findet sich ein Artikel über Child Labor, dem Zerrbild der Arbeitsschule und der Bedrohung der Erziehung: aber kein Artikel über Werkarbeit. In dem Artikel »Activity Program« geht es zwar um die Formen freier Schulgestaltung in einem breiten Sinne, aber keineswegs unter Wahrung der Prinzipien, die der Arbeitsschulbewegung eigen sind.

Es sind recht unterschiedliche Aktivitäten, die dieses Programm ausmachen; als negative Attribute werden die folgenden beschrieben: »loose discipline«, »absence of organized content«, »child domination«, »artificial and unrelated ›projects‹ «, und »failure to transmit the ›cultural heritage of the race‹!« Den eigentlichen Haltepunkt des Programms bildet das erfahrungsorientierte Lernen (»experimental learning«), das Berührungspunkte mit dem arbeitsunterrichtlichen Verfahren in einem sehr allgemeinen Sinne hat. Als Kronzeuge wird Comenius genannt; Blonskij und Kerschensteiner bleiben unerwähnt. Diese Tatsache ist um so erstaunlicher, als gerade Kerschensteiner sich stark an den Schulverhältnissen in den USA orientierte.

Weder career advice oder career education noch practical bzw. manuel work oder handwork entsprechen dem reformpädagogischen Ansatz der Arbeitsschule. Das Slöjdsystem ist zwar in England bekannt; es hat aber wie die Arbeitsschule keine entsprechenden Bestrebungen im Ausmaß einer Bewegung geweckt.

Das Hauptwerk Kerschensteiners »Der Begriff der Arbeitsschule« ist nicht ins Englische übersetzt. Es ist aber eine Studie über sein Werk von Diane Simons: »Georg Kerschensteiner. His thought and its relevance today« entstanden.

Die beiden der Arbeitsschulidee gewidmeten Kapitel lauten »The Activity School« und »The Educative Value of Practical Work«. Die entscheidende Begriffsbestimmung der Arbeitsschule nimmt die Grundintention Kerschensteiners und der Arbeitsschule in seinem Sinne folgendermaßen auf: »Zunächst muß jedoch deutlich herausgestellt werden, was Kerschensteiner tatsächlich mit dem Begriff ›Handarbeit‹ (handwork) meinte. Er verstand darunter nicht manuelle Arbeit als eine mechanische Beschäftigung, sondern statt dessen ein schöpferisches Tätigsein, das untrennbar mit geistiger Anstrengung verbunden war. Nur dann, wenn diese enge Verbindung von geistiger und manueller Tätigkeit besteht, besitzt diese praktische Arbeit einen wirklich erzieherischen Wert. Handarbeit, Handfertigkeit, praktische Arbeit – man kann es

331 Georg Kerschensteiner: Begriff der Arbeitsschule. A. a. O., S. 39 ff.

nennen wie man will — hat eine überragende Bedeutung in Kerschensteiners Einschätzung aufgrund des Wertes, der darin liegt, zur Entwicklung jener Tugenden und Fähigkeiten beizutragen, derer der Schüler sein Leben lang bedarf . . .[332]

Ergänzend muß das work-study program genannt werden, soweit das Grundanliegen der Arbeitsschule annähernd im angelsächsischen Raum umschrieben werden soll. Da es hier um ein möglichst selbsttätiges Arbeiten geht, das im unmittelbaren Lebensbezug stehen soll, kommt das work-study program, das in vielfältigen Formen für die Altersstufen existiert, der Arbeitsschulidee am nächsten[333]. Dennoch sind die Unterschiede unverkennbar.

Bei der Übersetzung der grundlegenden Werke über die Arbeitsschule entstehen nicht geringe Schwierigkeiten, soweit eine eindeutige Verständigung über das Problem und nicht die Umschreibung das Ziel sein soll. So wird das Buch Ferrières »L'école active« als »The Activity School« übersetzt. Weder die Übersetzung von Kerschensteiners »Begriff der Arbeitsschule« noch von Ferrières »Tatschule« haben eine der Arbeitsschule analoge Bewegung anregen können. Es ist auch interessant zu sehen, wie die Übersetzer Ferrières zur Kennzeichnung des historischen Ortes der »Aktivitätsschule« die Bestrebungen der New Education Fellowship sowie die von den Weltkonferenzen ausgehenden Einflüsse referieren[334]. In dem von ihnen als vergleichbare Publikation genannten Buch von Washburne »New Schools in the Old World« werden mit Bedales, der Schule Deweys, der kooperativen Methode Cousinets, der Hamburger Versuchsschulen, der Arbeit Bakulés in der Tschechoslowakei u. a. vorwiegend aktivitätspädagogische Beispiele der Reformpädagogik in Europa[335] genannt.

c. Gaudigs Konzept der freien geistigen Schularbeit

Im Mittelpunkt der pädagogischen Bestrebungen Gaudigs (geb. 1860 in Stöckey/Harz, gest. 1923 in Leipzig), die eine freie geistige Schülerarbeit zum Ziel haben, steht die Idee der Selbsttätigkeit. Gaudig erblickt in der Lehrerfrage — wie es in den »Didaktischen Ketzereien« heißt — das fragwürdigste pädagogische Mittel, das den Schüler in eine bestimmte Denkrichtung zwingt und ihm die Freiheit der geistigen Bewegung nimmt. Die Lehrerfrage ist Gaudig ein zu starker Denkanstoß, der gegen

332 Diane Simons: Georg Kerschensteiner. His thought and its relevance today. London 1966, S. 49.

333 Vgl. den Artikel Work-study programs. In: The Encyclopedia of Education. Ed. by Lee C. Deighton. Vol. 9. The Macmillan Company 1971, S. 585.

334 Adolphe Ferrière: The Activity School. Translated by F. Dean Moore, F. C. Wooton. New York 1928, S. IX.

335 Carleton Washburne: The New Schools in the Old World. New York 1926. — Ders.: Better Schools. New York 1928. — Ders.: Adjusting the School to the Child. New York 1932.

die Denkanreize, die im Stoff selber liegen, leicht abstumpft. Außerdem ist die Lehrerfrage, die an den Schüler als den Nichtwissenden und Lernenden gestellt wird, im Grund eine Scheinfrage, weil sie die anthropologischen Voraussetzungen umkehrt. Ja, die Lehrerfrage erstickt geradezu den natürlichen Fragewillen des Kindes, der eigentlich den wertvollsten Trieb im jugendlichen Geiste darstellt[336]. Es gilt daher nach Gaudig, dem Schüler nach und nach zu einer Methode des Fragens zu verhelfen und so die Frage — die echte Schülerfrage — zu einem wertvollen Mittel der Bildung und zwar der Selbstbildung zu machen.

Die echte Schülerfrage im Sinne Gaudigs kann an den Lehrer, an die Mitschüler oder an den Gegenstand selbst gerichtet werden. In allen drei Formen ist sie pädagogisch wertvoll. Indem nun die Fragenden alsbald Antwortende und die Antwortenden alsbald Fragende werden, erhält die Klasse den Charakter einer geistigen Arbeitsgemeinschaft. Von größter Wichtigkeit ist es Gaudig jedoch, daß die Schüler auf diese Weise lernen, sich Aufgaben zu stellen und sie selbständig durchzuführen. »Die Veredlung des Fragetriebs zum Fragewillen ist eine wichtige Aufgabe der Erziehung.«[337] Damit wird deutlich, daß für Gaudig das Problembewußtsein und die Beherrschung der methodischen Grundprinzipien das Wesentliche in der Schularbeit ist. Die höchste Stufe der selbsttätigen Arbeit erblickt er darin, daß nicht alle Schüler an einem Objekt gemeinsam arbeiten, sondern an verschiedenen Objekten, zwischen denen nur ein ideeller Zusammenhang besteht.

Praktisch bedeutet das, daß ein Hauptthema in eine Vielzahl sinnvoller Unterthemen gegliedert wird, die nun von einzelnen oder einer Gruppe Gleichgesinnter bearbeitet werden. Aufgrund einer ausgiebigen Quellenlektüre durch den einzelnen kann dann ein reich gegliedertes Bild von allen Gegenstandsbereichen — besonders natürlich im Rahmen der Geschichte, Erdkunde, Sozialkunde, aber auch in den naturkundlichen Fächern — erreicht werden. Die Vereinigung der einzelnen Unterthemen erfolgt durch Vortrag und Diskussion der Gruppe vor der gesamten Arbeitsgemeinschaft. Gaudig entwickelte so eine besondere Arbeitstechnik, die sehr viel Verwandtschaft mit der Arbeit im geisteswissenschaftlichen Universitätsseminar zeigt. Die Freiheit der Arbeit besteht eigentlich in der selbständigen Anwendung der jeweiligen Arbeitstechnik durch den Schüler. Gaudig erprobte diese Methode besonders an der höheren Schule und im Lehrerinnen-Seminar der Franckeschen Stiftungen zu Halle, an die er 1896 als Direktor berufen wurde.

Daß auch der Lehrer bei dieser Methode Gaudigs nicht so weit zurücktritt, daß seine Tätigkeit »im idealen Falle gleich Null«[338] gesetzt werden könnte, zeigt eine Fülle von Unterrichtsbeispielen, die Gaudig in den »Didaktischen Ketzereien« und den »Didaktischen Präludien« mitteilt. Sie bekunden aber noch ein anderes Charakteristi-

---

336 Hugo Gaudig: Die Schule im Dienste der werdenden Persönlichkeit. Erster Band. Leipzig 1922, S. 116. — Ders.: Didaktische Präludien. Leipzig und Berlin 1923, S. 14 ff.

337 A. a. O., S. 114.

338 A. a. O., S. 110.

kum der Methode. Gaudig läßt das Thema der einzelnen Stunde in eine Reihe von Unterthemen zerlegen, die oft nach formalen, logischen Gesichtspunkten aufeinander folgen, z. B. »nach dem Prinzip des Gegensatzes oder der Ähnlichkeit, ... nach den Kategorien der Qualität, der Quantität, der Relation oder der Modalität«[339].

Nehmen wir ein Beispiel aus der Praxis des Lehrerinnen-Seminars: Allgemein spielen bei Gaudig, dem Theologen, die religiösen Probleme im Unterricht eine große Rolle. Ein bekanntes Beispiel ist die selbsttätige Erarbeitung der Lebensgeschichte des Paulus in Teilaufgaben auf der Oberstufe. »Meist finden übrigens die Schülerinnen die Teilaufgaben selbst. Teilaufgaben dieser Art sind die folgenden, übrigens ineinander übergreifenden und in bunter Abfolge gegebenen Themen: der Apostel als Psycholog, der Apostel als Psychagog, seine Meisterschaft in der Seelenpflege, Paulus im Leiden, der Apostel als Wollender, die Aktivität St. Pauli, des Apostels Gefühlsleben, in Christo und doch Person, Paulus sich selbst durchsichtig, Paulus im eigenen Urteil, Paulus als Beter, Paulus auf dem Wege zur Vollkommenheit, Paulus ein Mann der Hoffnung, Paulus' Lebensklugheit usw.«[340]

Dieses Beispiel zeigt eine starke Differenzierung des Themas in eine Fülle von Unterthemen. Die Aktivierung des Unterrichts um jeden Preis und die Überbetonung der methodischen Prinzipien wird als ein Charakteristikum der Gaudigschen Methode deutlich: Aufstellung des Arbeitsziels, Ausbreitung des Materials und seine Bearbeitung nach den formulierten methodischen Prinzipien. Ganz im Gegensatz zu der vorwiegend sachlich orientierten Arbeitsweise kann man bei Gaudig von einem Vorherrschen der Methode sprechen. Methode haben und methodisch disponieren sind die wesentlichen Ziele bei Gaudig.

Besucher seiner Schule berichten fast einmütig, daß die methodische Aufgliederung des Stoffgebietes durch die Schüler zur Erarbeitung der selbsttätigen Projekte eindeutig vorherrscht und daß demgegenüber die eigentliche Zusammenfassung sowie die Vertiefung zurücktritt. Einer der kritischsten unter diesen Besuchern war wohl Fritz Karsen. Sein Bericht steht in seinem Buch »Deutsche Versuchsschulen der Gegenwart und ihre Probleme«. Auch Karsen vermißte die eigentliche Vertiefung und Zusammenfassung; er wurde von Gaudig in einem Gespräch darüber belehrt, daß dieser Unterricht nicht zu Lösungen führen solle; vielmehr habe er »den Schülerinnen, die später Lehrerinnen werden sollten, Arbeitsmethoden an die Hand zu geben, die sie befähigen könnten, selbst zu Lösungen von sich aus zu kommen«[341].

Damit wird noch einmal aus dem Aspekt dieses Gespräches der Grundzug geisteswissenschaftlicher Seminararbeit als Erziehung zu methodischem Bewußtsein deutlich. Karsen hat nach seinen Unterrichtsbesuchen bei Gaudig mit dessen Zustimmung

339 Fritz Karsen: Deutsche Versuchsschulen der Gegenwart und ihre Probleme. Leipzig 1923, S. 35. — Hugo Gaudig: Didaktische Ketzereien. Leipzig, Berlin 1904, S. 48 ff.

340 Hugo Gaudig: Didaktische Präludien. A. a. O., S. 61, 62.

341 Fritz Karsen: Deutsche Versuchsschulen der Gegenwart und ihre Probleme. A. a. O., S. 32. — Vgl. auch Franz Hilker (Hrsg.): Deutsche Schulversuche. Berlin 1924.

mit den Schülerinnen gesprochen. »Mein Eindruck war der, daß sie bei aller Verehrung für ihren Lehrer doch mehr oder weniger stark das Gefühl hatten, daß die tiefsten Kräfte in ihnen bei dieser Unterrichtsmethode nicht in Wirksamkeit treten könnten. Bezeichnend war es, daß ein Teil der Schülerinnen eine vollkommene Trennung zwischen der Schule und ihrem persönlichen Leben betonte und daß der die gegenwärtige Pädagogik beherrschende Gedanke, daß die Schule, der sie den größten Teil ihres Lebens widmeten, doch gerade der Ausdruck ihres Lebens sein müßte, ihnen neu und fremdartig war«[342]. Die Schule als Lebensraum des Kindes und damit auch Ausdruck seiner Lebensvorstellung ist das umfassende Ziel der Reformpädagogik und eine auch heute nicht weniger berechtigte Perspektive für die Schulgestaltung als in den 20er Jahren.

Zur Erfüllung dieses Programms gehört aber mehr, als Gaudig in seinem Ansatz zunächst verwirklichen konnte — sicherlich vor allem auch das gestaltende Schaffen als ein das ganze Schulleben gestaltender Arbeitsstil. Angesichts der Gesamtperspektive für eine umgreifende Erneuerung der Schule zeigt sich, wie sehr die meisten Ansätze — trotz ihrer grundsätzlichen Bedeutung — letztlich orientiert sind an der Persönlichkeit eines genialen Lehrers, deren kongenialer Ausdruck sie bleiben.

Dennoch ist der kritische Hinweis von Karsen ernst zu nehmen, daß dieses Verfahren der Gefahr unterliegt, lediglich »an die Stelle der Autorität des Lehrers die ›Autorität der formalen Logik‹ treten zu lassen.«[343] Die Beherrschung logischer Formen des Infragestellens und Disputierens ist sicherlich ein Weg, um Kinder zur Selbsttätigkeit zu führen. Der Einwand Karsens will indessen auf das Gefahrenmoment einer bloß äußeren Liberalisierung hinweisen, die die Fähigkeit des Disputierens ohne politische Dimensionierung zeitigt.

Ergänzend sei erwähnt, daß ich anläßlich zahlreicher Hospitationen mit Studierenden während der letzten drei Jahrzehnte wiederholt Lehrer im Unterricht kennenlernte, die sich noch als Gaudig-Schüler bezeichnen konnten. Diese Stunden gehörten zu den gehaltvollsten Erfahrungen, die ich in Schulen gemacht habe. Es handelte sich vorwiegend um lebendige Unterrichtsgespräche, in denen sich die gesamte Klasse als Denkgemeinschaft um die Lösung einer Fragestellung bemühte. Nicht Formalisierung im Sinne einer kunstvoll gelenkten und daher im Grunde oberflächlichen Lebendigkeit, vielmehr ein geistiges Ringen in jugendgemäßer, aber überraschend reifer Form offenbarten diese Stunden.

Zweifellos steht die besondere Art der Aktivierung des Unterrichtslebens in engem Zusammenhang mit dem Persönlichkeitsbegriff, den Gaudig unter dem Einfluß Fichtes und Euckens entwickelte. Sein pädagogisches Hauptwerk heißt daher auch: »Die Schule im Dienste der werdenden Persönlichkeit«. Die Begriffsbestimmung findet sich vor allen Dingen in den Studien »Persönlichkeit« und in den »Didaktischen Präludien«; in der ersteren heißt es: »Persönlichkeit trägt hinaus über den Egoismus, denn

---

342 A. a. O., S. 33.
343 A. a. O., S. 36.

das Ideal des Ichs, nicht das Glück des gegebenen Ichs ist das Ziel alles persönlichen Handelns.«[344]

In der zweiten Studie wird diese Begriffsbestimmung hinsichtlich des pädagogischen Ansatzes näher umschrieben: »Persönlichkeit ist Aktivität; will die Schule den Geist werdender Persönlichkeiten bilden, so muß sie ihre Schüler zum freien Denkenwollen erziehen und es dahin bringen, daß das Denken ohne Gängelei in frei gewählten Bahnen zum Denkziel zu gelangen vermag. Je weiter die Bildung der Persönlichkeit des Schülers fortschreitet, um so mehr ist ihm auch das Ziel seiner Bildung klarzumachen, damit er als ein Wissender und Wollender an der Gestaltung seines geistigen Menschen mitarbeitet.«[345] Die Selbstbildung wird hier als das eigentliche Bildungsziel Gaudigs deutlich.

Diese Bildung des geistigen Menschen gelingt nach Gaudig aber nicht durch die Übernahme fertiger Urteile und Lösungen, sondern nur durch das eigene Mühen und Ringen um die Fragestellungen. Das Primäre ist ihm daher die Beherrschung der Methode des selbsttätigen geistigen Arbeitens sowie die Fähigkeit und der Mut zur eigenen Meinungs- und Urteilsbildung. In »Die Schule im Dienste der werdenden Persönlichkeit« heißt es in diesem Sinne: »Alle Klassengenossen müssen sich zur eigenen Meinung berechtigt und verpflichtet fühlen; . . . Also: wenn es gilt, ein Arbeitsziel zu stecken, dann werde jeder Klassengenosse sich seines Rechts und seiner Pflicht bewußt, Vorschläge zu machen und der Klasse die Aufgabe zu stellen.«[346]

d. Das Unterrichtsgespräch im Rahmen des arbeitsunterrichtlichen Verfahrens

Vermittelnd zwischen Kerschensteiner und Gaudig wirkte Otto Scheibner (geb. 1877 in Borna/Sachsen, gest. 1961 in Leipzig), der langjährige Mitarbeiter Gaudigs in Leipzig. Entscheidend für diese Vermittlungsarbeit ist wohl die Tatsache, daß Scheibner ursprünglich von der Volksschule kommt — während Gaudig seine Methode in der Oberstufe des Gymnasiums und am Lehrerinnen-Seminar entwickelte, an Institutionen also, an denen man nach der Einweisung in die Arbeitstechnik die eigentliche Vertiefung weitgehend der Selbsttätigkeit der Schüler überlassen kann. Bei Otto Scheibner lassen sich zwei Schwerpunkte seiner Arbeit feststellen: einmal hat er das arbeitsunterrichtliche Verfahren Gaudigs fortgeführt, und zum anderen hat er das Unterrichtsgespräch, das in der geisteswissenschaftlichen Methodik Gaudigs bereits angelegt ist, zur vollen Entfaltung gebracht.

Ebenso wie in der selbsttätigen Arbeit nach dem arbeitsunterrichtlichen Verfahren eine Einübung erforderlich ist, so muß diese auch beim Unterrichtsgespräch erfolgen.

---

344 Hugo Gaudig: Persönlichkeit. Leipzig 1923, S. 53.
345 Hugo Gaudig: Didaktische Präludien. A. a. O., S. 106.
346 Hugo Gaudig: Die Schule im Dienste der werdenden Persönlichkeit. A. a. O., S. 153.

Es lassen sich besondere Ausbildungsformen unterscheiden. In der Grundschule wird es das freie Fragespiel zur Einübung der Fragekunst sein, durch die »ein Gegenstand befragt und umfragt wird«[347]. Dazu ist es methodisch-didaktisch notwendig, daß dieser Gegenstand in der Nähe ist und die Fragen des Kindes gleichsam herauslockt. Es folgen die Plauderstunde, die ernstere Unterhaltung oder die gehaltvolle Aussprache. Wesentlich ist es auch hier, daß die Aussprache sich an ein Erlebnis oder an eine (gemeinsam gemachte) Erfahrung anschließt, wobei die Offenheit der Aussage pädagogisch erstrebenswert bleibt.

Die eigentliche Krönung bildet auf der Oberstufe die »gemeinsam entwickelnde Denkarbeit«, bei der — wie es bei Scheibner heißt — »in straffem Gedankenzuge auf ein Denkziel hin Schritt für Schritt die Klasse sich fortbewegt — bei der Gewinnung einer grammatischen Regel, bei dem Herausspinnen eines Begriffes oder einer Fragestellung, bei dem Erarbeiten eines mathematischen Gesetzes«[348]. Hier bildet die Klasse dann eine »wahrhafte Denkgemeinschaft«, wie Scheibner in Übereinstimmung mit Berthold Otto formuliert, die durch sachgerechtes und folgerichtiges Argumentieren Schritt für Schritt einen Problembereich erarbeitet. Dabei sind jenes Geöffnet-Sein des Kindes, jenes innere Gespannt-Sein auf die Lösung des Fragenkreises gewährleistet, die das Lernen zu einem Erleben werden lassen. Es können die folgenden Formen unterschieden werden: Das entwickelnde, klärende und freie Unterrichtsgespräch sowie als seine pädagogischen Nebenformen das seelsorgerische und erzieherische Gespräch.

Dennoch wäre es verfehlt, die möglichen Unzulänglichkeiten des Unterrichtsgesprächs nicht zu sehen. Die Grenzen liegen vor allem in der schablonenhaften Durchführung, bei der die Schüler so eingespielt sind, daß der angesprochene Problembereich sofort formelhafte Fragen und stereotype Redewendungen auslöst. Es entsteht dann das »Gerede« als der eigentliche Feind des Gespräches. Das Gespräch sinkt in die Anonymität des »man« ab, in der es kein eigentliches Urteil und keinen wesentlichen Begründungszusammenhang mehr gibt. Beim Lesen mancher Protokolle Gaudigs drängt sich zuweilen der Eindruck des Eingespielt-Seins, des virtuosen Vertraut-Seins mit der Fragetechnik auf.

Dann führt das Fragen jedoch nicht zu einer inneren Bereitschaft, zu einer Beteiligung der Tiefenschichten der Person, sondern zu einer intellektuellen Kaltschnäuzigkeit, der durch die virtuose Beherrschung der Frage nichts mehr fraglich wird, wenigstens nicht im existentiellen Sinne. Bei einer vordergründigen Anwendung des Unterrichtsgesprächs besteht auch die Gefahr, daß oft die sich selbst auslegenden Erscheinungen der Alltäglichkeit erörtert werden und daß neben echten Einsichten »viel Spreu aufgewirbelt« wird. Unterrichtlich ist die damit angedeutete Situation bekannt: es wird gesprochen, ohne daß das Gespräch substantiell Neues zeitigt.

---

347 Otto Scheibner: Arbeitsschule in Idee und Gestaltung. Heidelberg [5]1962, S. 137.

348 A. a .O., S. 137.

Im Hinblick auf diesen gefährlichen Leerlauf führt Scheibner folgendes aus: »Ein verhängnisvoller Irrtum, wenn man meinte, daß sich die Schüler und die Klasse eben nur aus sich heraus, nach einem ihnen eingeborenen Entwicklungsgesetze zu wertvollem Bewußtseinsleben emporarbeiten könnten!«[349]

Auch das Unterrichtsgespräch bedarf einer Lenkung, die, wenn auch taktvoll und feinfühlig abwägend, über Schwierigkeiten hinweghilft und auch über das Recht der Sache wacht. Es ist die Aufgabe des Lehrers, als des reiferen Gesprächspartners, der Substantialität des Gespräches zu dienen.

Damit ist schon die Rolle des Lehrers angedeutet, die im wesentlichen auf zwei Aufgaben begrenzt wird: Er ist einmal Gesprächspartner wie alle und nicht Leiter. Im Hinblick auf diese Aufgabe muß er die professorale Würde des Lehrenden ablegen, denn das Gespräch ist nur partnerschaftlich denkbar. Aber eben als Gesprächspartner wird er auch Beiträge einfließen lassen, die auf die Mehrschichtigkeit des Fragenkreises hinweisen und das Gespräch wieder in Gang bringen, wenn es zu erlahmen droht. Zwar behutsam, aber doch voraussehend und planend wird er den Gesprächsablauf kritisch zu überwachen haben. Damit ist die eigentliche Schwierigkeit des Gesprächs angedeutet; sie besteht darin, daß eine eigentliche Vorbereitung nur bedingt möglich ist.

Voraussetzung für diese echte Form des Gesprächs ist die Gruppierung der Gemeinschaft im Kreis, die Kreissituation, wie es Petersen nennt; sie macht erst ein echtes Miteinander-Diskutieren möglich, da man sich nunmehr anschauen kann. Daß die idealste Voraussetzung hierfür bewegliches Gestühl ist, dürfte selbstverständlich sein. Dennoch bleibt das Unterrichtsgespräch auch im alten schulischen Rahmen durchführbar. Eine Voraussetzung elementarster Art ist allerdings, daß eine Klasse nicht mehr als fünfundzwanzig Kinder umfaßt.

Primär ist für Scheibner das »Sozialethische« — die »Erziehung zur Gemeinschaft«. Der einzelne lernt, sich der gemeinsam als verbindlich erkannten Arbeitsweise und der Zielstellung des Ganzen unterzuordnen. Er muß sich verpflichtet fühlen, »der anderen Gedanken zu ergänzen, zu widerlegen, anzuerkennen, fortzuführen«[350]. Noch wichtiger ist es wohl, daß er es lernt, sich frei gegenüber der Gruppe zu geben, d. h. seine Gedanken logisch geordnet vorzutragen und zu vertreten, sich in gleichem Maße aber auch den Gegenargumenten offenzuhalten.

Diese Fähigkeit, ein Gespräch vom anderen her mitzuführen, hat geradezu Seltenheitswert. Um so wichtiger ist die Einübung der Gesprächstechnik als elementare Voraussetzung der Gesprächsgestaltung. Darin liegt schließlich der schönste Ertrag der Erziehung überhaupt, der, wenn er auch nicht immer unmittelbar positives Wissen zeitigt, doch zur Festigung der sich bildenden Person führt. Das Gespräch ist in dieser Sichtweise ein Wachsen und Reifen an der Erfahrung der anderen. Dann muß dieses Gespräch aber auch von einer entsprechenden Gesinnung getragen werden.

---

349 A. a. O., S. 138.
350 A. a. O., S. 139.

Das so ausgelegte Unterrichtsgespräch läßt sich nicht arrangieren. Es bleibt vornehmlich an den erfüllten Augenblick, an die besondere Situation gebunden, in der aus der Bündigkeit der sachlichen Arbeit oder der Fülle des Erlebens die Frage aufbricht und in eine geistige Wechselwirkung einmündet. Die besonderen Situationen stellen sich aber auch in der Schule nicht stündlich ein; sie wollen abgewartet werden; allerdings läßt sich der Rahmen bereiten.

Wie wirkkräftig diese didaktischen Impulse umgesetzt werden können, davon zeugt neben Otto Scheibner die Arbeit von Lotte Müller[351], die lange als Oberlehrerin der Gaudigschule in Leipzig tätig war. Lotte Müller hat die Ideen vor allem im Rahmen des »elastischen Unterrichts« erprobt und damit gezeigt, daß diese Arbeit heute nicht weniger aktuell ist als während der 20er Jahre.

Das Unterrichtsgespräch im Sinne Gaudigs und Scheibners hat zusammen mit dem arbeitsunterrichtlichen Verfahren zur Differenzierung des Unterrichtsprozesses beigetragen[352]. Eine erzieherisch und didaktisch aufgeschlossene Bildungsarbeit ist ohne diese Reformbeiträge nicht zu denken. Dennoch ist die neuere Entwicklung unter dem Einfluß der Sozialwissenschaft sehr viel stärker einem formalisierten Interaktionsmodell gefolgt, das soziale Interdependenz an die Stelle des erzieherischen Verhältnisses setzt, das das erzieherische Gespräch zu tragen hat. Der Interaktionismus unterliegt daher im erzieherischen Raum der Gefahr, lediglich eine Kommunikationstechnik zu unterstützen, soweit es nicht gelingt, die menschlichen und sachlichen Grundtugenden des Unterrichtsgesprächs wieder zu entfalten. Richtpunkt für diese Entwicklung wird ein Kommunikationsmodell, das in Anlehnung an das Schema der »black box« die Analyse kommunikativer Prozesse ermöglicht und durch ihre erhöhte Bewußtheit und Klarheit eine Intensivierung des kommunikativen Geschehens erlaubt[353]. Eine eigentliche Gesprächskultur als Humanisierungskriterium, wie es das Leitmotiv für das Unterrichtsgespräch bildet, bleibt weitgehend ausgeklammert[354].

---

351 Vgl. Lotte Müller: Von freier Schülerarbeit. Leipzig 1926. — Dies.: Umstellung auf freie geistige Schularbeit. 4. Auflage der »Einstellung auf Freitätigkeit«. Berlin, Bad Heilbrunn 1951.

352 Vgl. ergänzend Ludwig Joost (Hrsg.): Das Unterrichtsgespräch. Braunschweig ^{3}1954. — Heinz Fischer: Das Freie Unterrichtsgespräch. Berlin 1955. — Otto Friedrich Bollnow (Hrsg.): Sprache und Erziehung. In: Zeitschrift für Pädagogik. 7. Beiheft. Weinheim 1968. — Herbert Lattke: Das helfende Gespräch. Freiburg/Br. 1969. — Rudolf Padberg, Franz Pöggeler, W. Leirman: Bildung als Dialog. Osnabrück 1965.

353 Paul Watzlawick u. a.: Menschliche Kommunikation. Bern, Stuttgart, Wien ^{2}1971. — Bernhard Badura, Klaus Gloy (Hrsg.): Soziologie der Kommunikation. Stuttgart 1972. — Carl-Friedrich Graumann: Kommunikation und Interaktion. In: Handbuch der Psychologie. Bd. 7. Halbband 2. Göttingen 1972, S. 1109. — Karl Hermann Schäfer, Klaus Schaller: Kritische Erziehungswissenschaft und kommunikative Didaktik. Heidelberg ^{2}1973. Gerd-Bodo Reinert, Joachim Thiele: Pädagogische Kommunikation. Saarbrücken, Kastellaun 1976. - Dieter Baacke: Kommunikation und Kompetenz. ^{2}1975.

354 Um den hier angesprochenen Unterschied beispielhaft zu vergegenwärtigen, sei auf die sehr verwandte Gesprächsgestaltung bei Alfred Lichtwark und Charles H. Caffin bei der

Unter dem Gesetz der Spezialisierung tritt die notwendige Wechselwirkung zwischen arbeitsunterrichtlichem Verfahren, Lehrerverhalten und Gesprächsführung immer mehr in den Hintergrund.

Eine der Ursachen für diese Entwicklung besteht wohl darin, daß das arbeitsunterrichtliche Verfahren wie auch das unterrichtliche Gespräch weitgehend durch die Projektmethode abgelöst wurden. Die Gründe sind unterschiedlicher Art. Dadurch wurde das arbeitsunterrichtliche Verfahren als methodisches Prinzip trotz seiner angesprochenen Applikationsfähigkeit Bildungsgeschichte. Darüber hinaus hat die sehr verwandte Projektmethode[355], die bereits in den 20er Jahren dieses Jahrhunderts eine beachtliche Anwendungsbreite erlangt hatte, nach dem Kriege aufgrund der starken angelsächsischen Orientierung der deutschen Pädagogik das arbeitsunterrichtliche Verfahren in seiner Entwicklung nicht nur gehemmt, sondern durch seine ähnliche methodische Struktur des Planens, selbsttätigen Gestaltens, Lösens und Prüfens weitgehend in sich aufgesogen. In der Praxis entwickelte sich ein Verfahren, in dem die Anteile von arbeits- und gruppenunterrichtlichen Verfahren sowie der Projektmethode nur schwer auszumachen sind.

e. Die Arbeitsschule Blonskijs als ein Weg zur industriellen Kultur

Pavel Petrowitsch Blonskij (geb. 14. 5. 1884, gest. 15. 2. 1941) ist ein vorzüglicher Kenner der Reformpädagogik und bekennt sich bewußt zu dem Ansatz Deweys. Mit diesem Verhältnis zu Dewey ist schon Wesentliches über seine Stellung im Rahmen der Reformpädagogik ausgesagt: er war Mittler in der wichtigen Übergangsphase von der vor- zur frühsowjetrussischen Pädagogik. Diese Mittlerrolle übernahm er zwischen der reformpädagogischen Linie der Tolstoianer und wesentlichen Teilen der westlichen Reformpädagogik auf der einen Seite und der Revolutionspädagogik nach 1917 auf der anderen Seite. Wenn in diesen Jahren Sowjetrußland Partner in diesem weltweiten reformpädagogischen Gespräch blieb und nicht wenige der westlichen Sprecher dort ein mutiges Experimentierfeld für die Grundgedanken der Neuen Erziehung wähnten, so ist es weitgehend sein Verdienst. Dazu gehört vor allem auch die Tatsache, daß er mit der Begründung der Produktionsschule ein wahrhaft revolutionierendes Modell bereitstellte, das in pädagogisch ausgewogener Form das Vorhaben der polytechnischen Bildung ein erstes Mal ausspricht, wenn nicht gar vorwegnimmt.

Deutung von Kunstwerken mit Kindern (Vgl. in diesem Buch S. 75 und S. 99) im Rahmen der freitätigen Unterrichtsarbeit bei Gaudig und Scheibner (Vgl. in diesem Buch S. 196 und S. 199) sowie im Gesamtunterricht bei Otto und im gruppenunterrichtlichen Verfahren bei Petersen (Vgl. in diesem Buch S. 216 und S. 254) verwiesen.

355 Vgl. Hermann Röhrs: Die Progressive Erziehungsbewegung. A. a. O. (Darin: Kilpatrick – der Lehrer des pädagogischen Progressivismus, S. 52, sowie Die Projekt-Methode, S. 108).

Die Fortschrittsgläubigkeit, die ihren Rückhalt in der technisch-industriellen Entwicklung findet und ein entsprechendes sozialerzieherisches Korrelat zu entwickeln sucht, ist kennzeichnend für diesen Ansatz. Er zeichnet sich schon deutlich im Vorwort zu seiner »Arbeits-Schule« ab, wenn als das »Ziel« das »Morgenrot der herannahenden Volksaufklärung« genannt wird, die die »Nacht der Unwissenheit« ablösen soll. Als die treibenden Kräfte für diese Entwicklung, die das klassengebundene, statische Erziehungssystem der kapitalistischen Gesellschaftsordnung abzulösen hat, gilt das klassische Gedankengut von Fröbel, Pestalozzi und vor allem Rousseau einerseits sowie von Dewey, Montessori, Decroly andererseits. Blonskij hat die ganze hintergründige Dialektik und Schwere eines derartigen Mittleramtes in einer Zeit des totalen Auf- und Umbruchs nachhaltig zu spüren bekommen. So spannungsreich wie der Ansatz seiner Pädagogik war auch die Geschichte seiner Ideen in Sowjetrußland, und beides ist unmittelbar miteinander verknüpft[356].

Die Arbeitsschule ist für Blonskij weder ein Fach noch ein methodisches Prinzip, vielmehr der pädagogische Lebensnerv der Schule überhaupt. Dabei versucht er trotz seiner radikalen Folgerungen aus der gesellschaftlichen Situation, die unmittelbar an Marx erinnern, den Boden der eigentlich pädagogischen Argumentation nicht entscheidend zu verlassen. Nach der Art der soziologischen Pädagogik findet er den Maßstab zwar in der Gesellschaft, aber hinter den Forderungen für Schule und Erziehung bleibt das Bestreben spürbar, die »anthropologische Norm« zu berücksichtigen.

Weder eine Ergänzung des Fächerkanons noch ein Methodenwechsel kann die eigentliche Reform erwirken, sondern einzig und allein die zentrale Stellung der Arbeit in ihrer progressiven industriellen Form in der neuen Arbeitsschule. Dazu können die »Handwerks-Arbeitsschule« oder die »Arbeitsschule als Illustrierschule« kaum Anregungen vermitteln. Blonskij lehnt daher sowohl die Handwerks-Arbeitsschule, als deren Ideologen er Kerschensteiner betrachtet, als auch die Illustrierschule, die durch das Dogma des Machens und Herstellens oft nur eine fragwürdige methodische Duplizität erwirkt, grundsätzlich ab. Diese Konsequenz in der Durchführung des Arbeitsschulprinzips macht seine eigentliche Bedeutung aus. »Das Zentralproblem der Pädagogik der Arbeitsschule besteht darin, wie man, von den angeborenen Eigenschaften des Kindes ausgehend, es in die Beherrschung der modernen industriellen Kultur einführen könne.«[357]

Diese »Einführung des Kindes in die Beherrschung der modernen industriellen Kultur«, die Blonskij als das Ziel seiner Arbeits-Schule beschreibt, muß das alles umgreifende Anliegen werden, das schon im frühen Kindesalter die Erziehung bestimmt. Daher gliedert er seiner Arbeitsschule einen Kindergarten ein, der für die Kinder im

356 Vgl. Stanislaw Teofilowitsch Schatzki: Ausgewählte pädagogische Schriften. Ausgewählt, übersetzt und kommentiert von Isabella Rüttenauer und Bernhard Schiff. Berlin 1970 (Darin: Auf dem Wege zur Arbeitsschule, S. 249).

357 Pavel Petrowitsch Blonskij: Die Arbeits-Schule. I. und II. Teil. Berlin 1921, S. 19. — Vollständige Neuausgabe von Horst Wittig. Paderborn 1973.

Alter von 6–8 Jahren gedacht ist und verwandte Züge mit der »Infant-School« und der »Section enfantine« der englischen bzw. der französischen Schule zeigt. Dieser Versuch, den Kindergarten als Glied der Schule arbeitserzieherisch zu orientieren, ist oft als pädagogisch unangemessen ausgeklammert und kaum ernsthaft erörtert worden. Dennoch erfordert die innere Logik sowohl der Blonskijschen Arbeitsschule als auch die polytechnische Bildung, wie die Beispiele von Ogorodnikow und Schimbirjew zeigen[358], den möglichst frühen Beginn.

Die Arbeitsschule verkörpert hier kein methodisches Grundverfahren, sondern eine Lebensform, die schon möglichst früh eingeübt sein will. Außerdem ist der Name Kindergarten nicht ganz zutreffend, denn es handelt sich um die Entwicklungsstufe bis zum achten Lebensjahr, also eher um eine Kinderschule. Es ist im Grunde ein überaus interessanter Versuch, die Grundgedanken Fröbels und Montessoris im Dienste einer frühkindlichen Industriebildung zu vereinen. Das eigentlich Problematische an diesem Unterfangen ist mit dem Begriff einer kindertümlichen Industriebildung angedeutet, die Verfrühung und Mühsal anstelle von kindlicher Anmut und spielendem Lernen vermuten läßt. Dennoch darf nicht verkannt werden, daß Blonskij die Grundhaltung dieser Jahre in Gestalt der Spiele als Nachahmungs- und Bewegungsspiele sowie die »Neigung des Kindes zu Symbolen«[359] zu berücksichtigen sucht.

Das Spiel als »die erhabene Lehrerin des Kindes« muß daher in der gesamten vorschulischen Erziehungsphase die vorherrschende Betätigungsform sein. Das soll durch den Anschluß an die Gedanken Fröbels gewährleistet werden, der eingehend beschreibt, wie schon das Kleinkind zuschauend und teilhabend hineinwächst in den Aufgabenkreis in Haus, Werkstatt und Feld und im spielerischen Nachvollzug das Erlebte vertieft. So gestaltet auch Blonskij einen Betätigungszyklus, in dem das Spiel, das immer ein freier und phantasievoller Entwurf des Geschauten ist, im Mittelpunkt steht. »Das Kind möge frei spielen. Wenn seine Beobachtungen der Beschäftigungen der Erwachsenen lebendig und mannigfaltig sind, so wird es ihm niemals an Material für seine selbständigen Nachahmungsspiele fehlen.«[360]

Die natürlichen Spielwünsche werden in der industriellen Gesellschaft weitgehend den vorherrschenden technischen Aktivitätsformen in der Erwachsenenwelt entsprechen: den landwirtschaftlichen Geräten, den technischen Arbeitswerkzeugen und -maschinen. Abgesehen von den einfachen Geräten wie Schaufel, Hammer und Schubkarren werden Lokomotive, Auto, Dampfer, Kran, Stellwerk, Lager- und Maschinenhaus als durchschaubare Vergegenständlichungen des technisch-industriellen Prinzips eine zunehmende Bedeutung erlangen.

Dabei kommt es darauf an, daß aus dem spielerischen Bewegen und Tun heraus der Grundvorgang – soweit er zum Gelingen des Spiels notwendig ist – einsichtig wird. Das Ergebnis soll ein zunehmendes Verständnis der industriellen Wirklichkeit sein:

---

358 I. T. Ogorodnikow, P. N. Schimbirjew: Lehrbuch der Pädagogik. Berlin 1954.

359 Pavel Petrowitsch Blonskij: Die Arbeits-Schule. A. a. O., S. 21.

360 A. a. O., S. 28.

»Das Kind lebt in den Werkzeugen, Motoren und Maschinen. Bau und Bewegung der Maschine nehmen Phantasie, Schöpfertum, Gefühl und Verstand des Kindes gefangen. Ich möchte nochmals betonen, daß es sich nicht um ein Erkennen handelt, das noch viel zu verfrüht wäre. Es handelt sich um das Interesse für die Maschine, ich könnte auch sagen: um die Liebe zu ihr, um das Erleben derselben, da sie für das Kind packend, verständlich und naheliegend ist.«[361] Dabei fehlt es wiederum im Sinne Fröbels nicht an einem erzieherischen Geleit, das auf Anmut der Formen und Vertiefung des Sinnverständnisses dringt.

Die das Spiel begleitenden kleinen Dialoge und Sprüche, wie »fahre, fahre, fahre« oder »kleines Glöckchen kling-ling-ling«, oder »mahle, mahle Mühle« sind zweifellos von den Fröbelschen Gedanken der Spielpflege angeregt worden. Das Ziel ist in keinem Falle »irgend eine Art theoretischer Maschinenkunde«[362], vielmehr die Entwicklung kindertümlicher Lebenskategorien, wie sie schon Fröbel vorschwebten. Davon zeugen auch die Beispiele mit den Fröbelschen Spielgaben, die unter Berücksichtigung des vorgeschriebenen pädagogischen Rituals gestaltet werden.

Das Zurechtfinden im kindlichen Lebensraum — angefangen in Zimmer und Haus, bis hin zu Dorf und Stadt — ist hier das Ziel, wobei die begleitenden Gespräche und Gesänge durchaus auf Vertiefung und Ausweitung bedacht sind und nicht nur den pragmatischen Nexus berühren. Behutsam soll dabei die eigentliche Grenze für dieses Geleit beachtet werden, damit nicht eine pädagogisch verkappte Form der Fesselung entsteht. »Ein Kind spielen lehren, bedeutet in vielen Fällen, es zum Verlernen des Spielens zu bringen. Ein Kind ewig zu beschäftigen, bedeutet, ein Kind zu erziehen, das unfähig sein wird, sich zu beschäftigen.«[363]

Die werktätige Arbeit im Garten, das Betreuen der Hauspflanzen und -tiere sowie die kleinen Hilfsdienste bei der Arbeit der Erwachsenen müssen in einem natürlichen Rhythmus abwechseln mit den Mußestunden, der Pflege der Umgangsformen als Gespräch, Erzählen der Erwachsenen und dem Bildbetrachten. So erweist sich dieser frühkindliche Lehrgang — trotz einiger fragwürdiger einseitiger Züge — in seinem Grundanliegen doch als kindgemäßer, als er bisher eingeschätzt wurde. Recht besehen, ist er sogar ein sehr ernst zu nehmender erster Ansatz einer Übertragung sozialistischer — Blonskij sagt: proletarischer — Erziehungsprinzipien auf die frühkindliche Erziehungsphase. Er ist außerdem so unmittelbar mit der Arbeitsschule der ersten Stufe verbunden, daß ein Ausklammern im Hinblick auf das umgreifende Verständnis nicht möglich ist.

Zur Gestaltung des eigentlichen schulischen Lehrgangs hat ihm Maria Montessori entscheidende Anregungen geliefert mit ihrer Methode des spontanen Lesens und Schreibens. Die Lehrmittel Montessoris, die ausdrücklich herangezogen werden, geben Anregungen für das gestaltende Schaffen älterer Gruppen, die diese Dinge für

---

361 A. a. O., S. 30.
362 A. a. O., S. 29.
363 A. a. O., S. 38.

ihre jüngeren Mitschüler anfertigen — ein Grundzug, der im Jenaplan wiederkehrt. Aufschlußreich ist dabei, daß selbst die drei Phasen des Lesenlernens, die Maria Montessori von Séguin übernommen hatte, weil sie mit dem Gehör, Getast und Gesicht ein Maximum an Sinnesfunktionen ins Spiel bringen, von Blonskij wortgetreu übernommen werden.

Das zeigt — ebenso wie die »Robinsonade« als Kernstück seiner Arbeitsschule —, wie tief und vielfältig er trotz der revolutionären Grundzüge seiner Pädagogik der reformpädagogischen Tradition verpflichtet ist. Da die Robinsonade das Verbindungsglied zwischen dem Kindergarten und der Arbeitsschule im engeren Sinne ausmacht, bietet sie einen glücklichen Anknüpfungspunkt zur Erläuterung der Wesenszüge der eigentlichen Schulstufe. Dabei bedarf es wohl kaum eines Hinweises, daß sich Blonskij in der Konzeption dieser Robinsonade als natürlicher Lernsituation Rousseau vollauf verpflichtet fühlt. Ganz in seinem Geiste und der Vielzahl seiner Epigonen bekämpft er das »Scheinsystem« der Schule und ihre »papierne Unterrichtsmethode« mit der mechanischen Einteilung in Fächer und Klassen grundsätzlich.

Wie die meisten Reformpädagogen lehnt er den systematischen Lehrgang in der Schule zugunsten natürlicher Lebenssituationen ab, wie sie sich aus der Lebenswelt des Kindes als Fragen und Aufgaben ergeben können. »So betrachtet, soll eine Arbeitsschule im Moment ihres Entstehens nicht eine prächtig eingerichtete Schule, sondern ein leerer Platz sein, und die Schüler nicht Gäste, die in ein hergerichtetes Haus kommen, sondern kleine Robinsone.«[364] Man wird unmittelbar an die Pioniersituation in den Lietzschen Heimen erinnert, in denen die Jugendlichen ebenfalls ihre Welt — angefangen mit der Einrichtung des eigenen Zimmers bis hin zu den Werkstätten — verantwortlich mitgestalten mußten.

Was schon in den Aktivitäten des Kindergartens anklingt, wird in den Robinsonaden — etwa in der Sommerrobinsonade — vollends deutlich: die Naturnähe des gesamten Lehrgangs. Wenn auch das Leben »wie die Wilden«, die das Feuer erfinden, die Werkzeuge konstruieren, die Saat bestellen und das Haus bauen, im Dienste einer »an der Praxis erläuterten Kulturgeschichte«[365] und damit letztlich einer »Geschichte und Philosophie der Arbeitsgeräte des Menschen«[366] steht, so ist es darum eine nicht weniger erstaunlich mutige Form natur- und lebensnaher Schulgestaltung.

Die Sommerrobinsonade — ein von den Kindern geplantes Projekt, das nach Abschluß des Schuljahres ganz rousseauistisch durch die gemeinsame Lektüre von Campes »Robinson der Jüngere« angeregt wird — ist ein in der pädagogischen Literatur seltenes Beispiel für die Zurückführung der Schule in die Formen ursprünglicher Lebensgestaltung; sie nimmt eigentlich die »Theorie vom Tode der Schule« konsequent vorweg. Aufschlußreich ist an diesen Formen eines ursprünglichen Lernens und

---

364 A. a .O., S. 52.
365 A. a. O., S. 56.
366 A. a. O., S. 109.

Lehrens die enge Verwandtschaft mit den Interessenzentren (Centres d'intérêts) Decrolys, die ebenfalls an den Urbedürfnissen der Menschheit orientiert sind und in einen biogenetisch motivierten Lehrgang einmünden. Es ist ein weiteres Anzeichen für die innere Bündigkeit dieser Ideen seit der Jahrhundertwende und auch wohl dafür, daß unmittelbare Einflüsse Decrolys vorliegen, was die hieraus erwachsene spätere Komplexmethode der frühsowjetischen Periode bestätigt.

Die größte Gefahr freierer Erziehungsformen geht von ihrer Dogmatisierung aus, wie es im Verlauf der an inneren Widersprüchen so reichen Reformpädagogik wiederholt geschehen ist. Bemerkenswert ist daher die undogmatische Art, in der Blonskij sich als Vertreter der »empirischforschenden Pädagogik« selbst von dem Kurs der offiziellen »Neuen Erziehung« freihält. »Ein moderner guter Pädagoge ist ein suchender Empiriker. Darum ist eine gute Schule eine suchende Schule. Es besteht eine Reihe von Möglichkeiten, eine Elementar-Arbeitsschule zu organisieren. Wir müssen die verschiedenen Möglichkeiten ausprobieren und durch das Experiment kontrollieren.«[367] In methodischer Hinsicht kann er sogar mutig raten: »In der Praxis muß man verstehen, vom Plan abzuweichen.«[368]

Daher ist die Sommerrobinsonade als methodisch-didaktisches Modell ebenso exemplarisch zu verstehen wie die aufmerksame Teilhabe am sozialen und werktätigen Leben der Umgebung: am Genossenschaftswesen, an der Fabrik sowie der Großindustrie, ihren technischen und ökonomischen Tendenzen, an kulturellen Veranstaltungen des Hauslebens, dem Aufräumen der Schule im Herbst für das Winterhalbjahr u. a. m. Besonders dieses letztere Projekt zeigt wiederum eine Fülle erfindungsreicher Arbeiten der Reparatur, Ausgestaltung und Ausschmückung, die eigenständig von den Schülern wahrgenommen werden. Getragen sind diese Formen freien Arbeitens von einer Selbstregierung, die dem Schüler eine echte Mitverantwortung und nicht nur Teilaufgaben im Auftrag des Lehrers zumißt.

So gesehen sind die wiederholt erhobenen Einwände gegen die Arbeitsschule – sei sie im Sinne Kerschensteiners oder Blonskijs konzipiert – »durch Erziehung zu ›rastloser Tätigkeit‹ von der Beschäftigung mit politischen Fragen abzuhalten«[369] in dieser generellen Form keineswegs berechtigt. Die Arbeitsschule in den genannten Spielformen ist aufgrund der mitverantwortlichen Mitwirkung immer auch schon politische Bildung.

Das eigentlich organisierende Element in der Arbeitsschule ist die Arbeit und die für sie von seiten der Schüler und Lehrer lebendig empfundene Verantwortung. Auch der Lehrer ist kein »Tintenwesen«, sondern wesentlich ein anregender, beratender und schließlich auch mitwirkender Organisator der Arbeit. Daher ist die Arbeitsschule als

---

367 A. a. O., S. 58.

368 A. a. O., S. 68.

369 Geschichte der Erziehung. Redaktion Karl-Heinz Günther, Franz Hofmann, Gerd Hohendorf, Helmut König, Heinz Schuffenhauer. Berlin (Ost) [11]1973, S. 434.

der Ort sinnvoll empfundener und entwicklungsgemäß gestalteter Erprobung und Bewährung an der Arbeit eine ausgesprochen sozialhumanistische Schule.

Der Ansatz Blonskijs offenbart sich als ein gewichtiger reformpädagogischer Aufbruch, der weitgehend mitgetragen wird von wesentlichen Ergebnissen der globalen Reformbewegung. Sie werden aber hineingenommen in eine neue Konzeption der Arbeitsschule, die das Kind tätig einzuführen hat in die moderne industrielle Kultur. Diese Blonskijsche Auslegung des Arbeitsschulgedankens hat sich als zukunftsträchtig im Verlauf der sowjetpädagogischen Entwicklung erwiesen, was die Wiederkehr der beiden leitenden Prinzipien seiner Pädagogik – nämlich das »Prinzip der Schulkooperation« und das »Prinzip der Polytechnischen Bildung« – in der Gesamtentwicklung bestätigt. Darüber hinaus muß die Pädagogik Blonskijs künftig bei jeder Auseinandersetzung mit den pädagogischen Problemen der industriellen Arbeitswelt sehr ernsthaft befragt werden.

V. DIE WISSENSCHAFTLICH GELEITETE BILDUNGSREFORM

1. Die anthropologisch-geisteswissenschaftlich orientierte Richtung

a. Die anthropologisch-psychologisch bestimmte Reform bei Berthold Otto

Die ursprüngliche Fragerichtung

Berthold Otto war kein Pädagoge im engeren Sinne und hat daher ein unkonventionelles Verhältnis zur Bildungsproblematik. Die dadurch mögliche Infragestellung konventioneller Verfahren ist aber zugleich der große Vorzug dieser Position. Die Pädagogik Berthold Ottos resultiert aus zwei Erfahrungskreisen: aus den Kindheits- und Jugenderlebnissen sowie aus der Erziehung der eigenen fünf Kinder. Nichts findet sich im breiten Ansatz seiner Pädagogik, was nicht dort vorgeübt und vorbedacht worden wäre. Ihre theoretische Vertiefung gewinnen diese Erfahrungskreise durch die Studien in Berlin bei Moritz Lazarus, Hajim Steinthal und Friedrich Paulsen.

Berthold Otto (geb. 1859 in Bienowitz/Schlesien, gest. 1933 in Berlin) kam als Sohn eines Gutsbesitzers zur Welt, der als Reserveoffizier an den Kriegen 1864, 1866, 1871 teilnahm und daher die Bewirtschaftung des eigenen Betriebes vernachlässigen mußte. Aufgabe des Gutshofes und Eintritt in die aktive Offizierslaufbahn waren die notwendigen Folgen.

Aufgrund der Versetzung des Vaters in die Garnisonen in Rendsburg und Schleswig gewann Berthold Otto grundverschiedene Schulerfahrungen, die sein späteres Verhältnis zur Schule entscheidend mitbestimmt haben[1]. So zeitigte das in Rendsburg durch eine mehrjährige Krankheit erzwungene Verlassen der Schule die pädagogisch aufschlußreiche Erfahrung, daß Bildung durch Selbstunterricht auch außerhalb der Schule möglich ist. Ergänzend gewann er während des Schulbesuchs in Schleswig durch die Begegnung mit zwei verständnisvollen Lehrern — Gidionsen und Ostendorf — wichtige Anregungen für den eigenen Lebensweg.

---

1 Vgl. die vielen biographischen Hinweise in dem sechsbändigen Werk von Paul Baumann: Berthold Otto, der Mann — die Zeit — das Werk — das Vermächtnis. Berlin 1958, 1959, 1962.

Bereits während dieser Zeit studierte er die von Lazarus und Steinthal herausgegebene »Zeitschrift für Völkerpsychologie«, die die Wahl der Sprachwissenschaft zum Studienschwerpunkt mitbestimmte. Nach zweisemestrigem Studium der klassischen Sprachen, des Hebräischen und Arabischen in Kiel, befolgte er den Rat seines Lehrers Gidionsen, der ihn bereits während der Gymnasialzeit auf Lazarus und Steinthal hingewiesen hatte, und wechselte an die Universität Berlin, um dort das Studium fortzusetzen. Die vielfältigen Anregungen in sprachwissenschaftlicher, völkerpsychologischer und ethnologischer Hinsicht, die er von Lazarus und Steinthal empfing, wurden ergänzt durch die Auseinandersetzung mit den pädagogischen Gedanken Friedrich Paulsens sowie mit volkswirtschaftlichen und staatsrechtlichen Problemen, wie er sie in den Vorlesungen von Adolf Wagner, Gustav Schmoller und Rudolf von Gneist kennenlernte.

Erst auf diesem Hintergrund wird der universelle Ansatz der Pädagogik Ottos verständlich. Er erhält seine erste Bewährung und Erhärtung in Tätigkeiten als Hauslehrer, als Nachtredakteur des »Hamburgischen Korrespondenten« sowie seit 1890 für zwölf volle Jahre als Redakteur des Brockhauslexikons in Leipzig. Daß nicht erfüllte geistige Wünsche fortwirken, bestätigt sich auch am Beispiel Ottos. So wurde sein nimmermüder Fragewille aufgrund eines von Friedrich Paulsen nicht geförderten Dissertationsplans über den »Liberalismus als Volkstheorie« und die dadurch entstandene Enttäuschung noch zusätzlich genährt[2].

Bereits in dieser Fragestellung geht es Otto entscheidend um die Aufhellung der produktiven Wechselwirkung zwischen der Entstehung der Volksmeinung in den verschiedensten Kreisen und der Theoriebildung. Otto zielt von Anbeginn entscheidend auf die Klärung dieser vorliterarischen Bereiche lebendigen Geisteslebens, die noch unverkürzt die Vielfältigkeit und Ursprünglichkeit einer Weltdeutung zeigen.

Kennzeichnend für die Differenzen mit Paulsen und letztlich auch für die pädagogische Auffassung Ottos ist die Tatsache, daß er in erster Linie durch Gespräche die leitenden Auffassungen klären wollte, während Paulsen auf die Analyse gedruckter Dokumente drang. Die bereits entfaltete Kritik am Geschriebenen, das Schule und Hochschule stets überschätzten, sowie das stete Studium des volksorganischen Denkens erfuhren dadurch einen entscheidenden Anstoß. Die bereits im Dissertationsvorhaben anklingende Intention läuft auf eine Neubegründung der (immer schon durch Gedrucktes sowie Kanonisiertes) fest- und ausgelegten Geisteswissenschaft durch ein unmittelbares Befragen des Geistes und seiner mannigfaltigen Objektivationen hinaus.

Die anthropologisch-geisteswissenschaftliche Grundlegung

Im Rahmen einer Neubegründung der Geisteswissenschaft findet auch die wissenschaftliche Grundlegung der Pädagogik ihren Ort. In beiden (wechselseitig verlaufenden) Prozessen kommt der Psychologie als der Instanz der wissenschaftlichen Leitung

---

2 Vgl. dazu Berthold Otto: Volksorganisches Denken. Erster Teil. Berlin-Lichterfelde 1925, S. 112.

und Gestaltung der Selbst- und Fremdbeobachtung eine besondere Rolle zu. In diesem Konzept wird die Psychologie — als Geistes-, Sprach- und Völkerpsychologie — zur zentralen Wissenschaft vom Menschen, die als »Geisteswissenschaft« immer auch philosophisch-anthropologisch und sprachwissenschaftlich orientiert sein muß.

In dieser (letztlich von der Politeia Platons entscheidend beeinflußten) Sichtweise gehören die Reform des Staatswesens sowie der Schule und der Menschenbildung eng zusammen. Zu dieser (bei Platon vorgeprägten) Parallelität äußert sich Otto wiederholt: »Die seelenkundliche Vergleichung des Staatslebens mit dem Einzelleben ist bei Plato auf das Sorgfältigste durchgeführt. Ich kenne keine andere Schrift, die grade hierauf, also grade auf das, worauf es mir hauptsächlich ankommt, eine solche Sorgfalt verwendet.«[3] Erst eine Politik nach anthropologischen Maßstäben gewährleistet den rechten Bedingungsrahmen für die Menschenbildung. Darum gehören die bereits in den 90er Jahren erscheinenden ersten politischen und die pädagogischen Schriften — »Der Zukunftsstaat« und das »Volksorganische Denken« — unmittelbar zusammen.

Die erste aus diesem Gedankenkreis hervorgehende pädagogische Reformschrift ist der Vortrag von 1897 »Die Schulreform im 20. Jahrhundert«. Sie läßt die pädagogische Öffentlichkeit aufhorchen und veranlaßt Friedrich Althoff, Ministerialdirektor im Preußischen Kultusministerium, Berthold Otto unter Sicherung seines Lebensstandes in Höhe der Brockhaus-Bezüge ohne besondere Verpflichtungen nach Berlin zu berufen, um ihm die Gelegenheit zu einem Ausreifen seiner programmatisch geäußerten Reformgedanken zu gewähren. Diese »Staatspension« im Dienste von »Junkertum« und »Großbourgeoisie« ist ihm vor allem von der Marxistischen Pädagogik kritisch angemerkt worden[4].

In Berlin begann eine Versuchs- und Denkarbeit von größter Fruchtbarkeit. Nach der Herausgabe der Wochenschrift »Der Hauslehrer« (1901) gründete er 1906 die Hauslehrerschule (später Berthold-Otto-Schule) in Lichterfelde. Kennzeichnend für die Breite des entstehenden Gedanken- und Lebenskreises ist die durch Ludwig Gurlitt angeregte Mitwirkung im Charon-Kreis — insbesondere das freundschaftliche Verhältnis zu Otto zur Linde und Rudolf Pannwitz, den beiden Begründern des »Charon«, der als »Monatsheft für Dichtung und Philosophie« zu den führenden Publikationsorganen der Zeit nach der Jahrhundertwende zählt. Nach der Erweiterung seiner (ursprünglich für die eigenen Kinder bestimmten) Familienschule zur Hauslehrerschu-

3 A. a. O., S. 121.

4 Vgl. Rosemarie Wothge: Die Beziehungen zwischen den gesellschaftlichen, psychologischen und pädagogischen Anschauungen Berthold Ottos, ein Beitrag zur Pädagogik des deutschen Imperialismus. Pädagogische Habilitationsschrift, Halle 1955 (Schreibmaschinenschrift). — Karl-Heinz Günther: Bemerkungen über unser Verhältnis zur Reformpädagogik. In: Pädagogik. 11. Jg. 1956, S. 201.

le unterrichteten dort seit 1906 auch Otto zur Linde und Rudolf Pannwitz; der letztere heiratete Ottos älteste Tochter Helene[5].

Im Zusammenhang mit dem Gedanken des volksorganischen Denkens finden die Vorschläge Ottos hinsichtlich der Kunst des Kindes und der Altersmundart eine lebhafte Diskussion und praktische Erprobung. Der Versuch Ottos, die großen Volksdichtungen Faust, Ilias, Odyssee in »Kindesmundart« (»mit lehrhafter Beimischung«, wie es bei Otto heißt) umzuformen, ist von dem Bestreben getragen, Kinder bereits frühzeitig an Lebensweisheiten und -fügungen teilhaben zu lassen. Nach Ottos Auffassungen verkörpern sie Dichtungen, die für jedermann einsichtig sind, weil sie für alle vorgelebt wurden.

Die Theorie des volksorganischen Denkens besagt, daß alle Gedanken und Erkenntnisse organisch aus dem Volke herauswachsen und in dem Erkennenden eine individuell geprägte Form der Klarheit und Bewußtheit erlangen, die aber nur denkbar wird auf dem Hintergrund der Mitdenkenden. Klarheit durch diesen vielfältig verwobenen Denkprozeß zu erlangen, der aufgrund des natürlichen Erkenntnis- und Wahrheitstriebes zur Bewußtheit drängt, setzt die wechselseitige Reflexion über den eigenen Erkenntnisprozeß und die sie tragende Lebenshaltung voraus; auf diese Weise ergeben sich auch Anhaltspunkte für die Deutung der anderen: »Die bisherige Geisteswissenschaft übt die Auslegung der an anderen Persönlichkeiten gemachten Beobachtungen durch die Selbstbeobachtung in einer gänzlich unmethodischen, in keiner Weise wissenschaftlich zugänglich gemachten Art und Weise. Das ist der Grundfehler, der überall gemacht wird, ganz besonders bei geschichtlicher Darstellung, aber auch bei allem was über Politik, Pädagogik, Juristerei, Ethik und dergl. als wissenschaftlich vorgetragen wird. Nichts Derartiges wird vor der Kritik der Zukunft standhalten.«[6]

Berthold Otto hat in steter Beobachtungspraxis ein Verfahren des »Verstehens durch Näherung« entwickelt, das alles über den Menschen und seine Lebenssituation zu ermitteln versucht. Dieser Versuch wird von der Überzeugung getragen, daß das Volk insgesamt eine Denkgemeinschaft bildet, die aufgrund des jedem einzelnen (in unterschiedlicher Stärke und Bewußtheit) einwohnenden Erkenntnistriebes den einer Zeit möglichen Erkenntnisstand erreicht. Eine entscheidend vermittelnde Funktion klärender und bewußtmachender Art übt in diesem Prozeß die Sprache aus.

Wie bereits bei seinen Lehrern Moritz Lazarus und Hajim Steinthal steht im Mittelpunkt der Ottoschen Theorie des volksorganischen Denkens eine Sprachtheorie, die — ergänzt durch die seelenkundliche Analyse — die Wechselwirkung von Sprechen und Denken erst einsichtig werden läßt, denn die »Sprache ist der Spiegel des Gei-

---

5 Vgl. Paul Baumann: Berthold Otto. Der Mann — die Zeit — das Werk — das Vermächtnis. Bd. VI. Berlin 1962, S. 8.

6 Berthold Otto: Volksorganisches Denken. Vierter Teil. Berlin-Lichterfelde 1926, S. 11.

stes«, wie es bei Lazarus heißt[7]. Wie bewußt die pädagogische Fragestellung von Lazarus während seiner gesamten Wirksamkeit entfaltet wurde, zeigen beispielsweise seine Dissertation »De educatione aestetica«, seine Pädagogischen Briefe u. a.[8]

Nach Lazarus trägt alles aus dem Geiste heraus Konzipierte die Intention der Fortwirkung im anderen in sich. Insofern leben wir in einer geistig-seelisch vielfältig vorgeprägten Welt unter einem Imperativ, den Lazarus so formuliert: »Von allem was menschlich ist, eine Kenntnis und insbesondere ein Verständnis haben, was wiederum die Bedingung einer Teilnahme überhaupt ist, so daß weder dem Geiste noch dem Gemüthe eines Jeden irgend ein Gebiet der menschheitlichen Entfaltung, des geistigen und des historischen Daseins fremd bleibe.«[9] Dieser Gedankengang ist auch bei Steinthal lebendig. Daraus hat Steinthal als Herbartianer in seiner »Einleitung in die Psychologie und Sprachwissenschaft« (Berlin 1871) stärker didaktische Folgerungen gezogen.

Der Mensch ist nicht nur seine Geschichte, sondern er macht auch seine Geschichte in steter Auseinandersetzung mit der Welt. In dem entstehenden Wechselverhältnis von Eindruck und Ausdruck entsteht die Personalisation — ein Prozeß, der in der Deutung von Lazarus eine große Verwandtschaft mit dem zeigt, was Wilhelm Dilthey den »erworbenen geistig-seelischen Zusammenhang« und Montessori den »absorbierenden Geist« nennen.

Eine Schlüsselrolle hat das Verstehen inne: »Im Verstehen also nimmt der Geist nicht bloß die Dinge, sondern das innere Leben, die Gedanken eines andern Geistes wahr; und diese sind das höchste und seiner Natur am meisten angemessen, weil gleiche, Objekt für seine Thätigkeit. Um aber zu verstehen, mußte der Mensch hören, denn wie denken und sehen, so sind hören und verstehen einander entsprechende Prozesse; um aber zu hören, mußte er schweigen. Der Redende denkt, der Schweigende versteht.«[10] Damit sind die wichtigsten Auffassungen gekennzeichnet, die bei einer Neubegründung der Pädagogik in anthropologisch-geisteswissenschaftlicher Sicht im Sinne Ottos zu berücksichtigen sind.

Wissenschaft entsteht auf dem Hintergrund des volksorganischen Denkens im Gespräch der »Wissenden«, das aber offen bleiben muß für den breiten Einzugsbereich des vorwissenschaftlich Gewußten. Daher äußert Otto immer wieder Kritik an

---

7 Moritz Lazarus: Das Leben der Seele. Zweiter Band. Berlin 1857, S. 5. — Vgl. auch Hajim Steinthal: Allgemeine Ethik. Berlin 1885. — Ders.: Geschichte der Sprachwissenschaft. Erster und zweiter Teil. Berlin 1890/91.

8 Vgl. Alfred Leicht: Lazarus, der Begründer der Völkerpsychologie. Leipzig 1904, S. 86, 96.

9 Moritz Lazarus: Das Leben der Seele. Erster Band. Berlin 1856, S. 59.

10 Moritz Lazarus: Das Leben der Seele. Zweiter Band. A. a. O., S. 114. — Ders.: Die Ethik des Judentums. Frankfurt a. M. 1898 (Vgl. besonders Abschnitt II: Das Ziel der Sittlichkeit: Heiligung des Lebens. — Heiligung ist Versittlichung sowie Kapitel V dieses Abschnittes: Versittlichung ist Gesetzlichkeit). Diese Gedanken haben sowohl Ottos ethische Grundvorstellungen als auch sein Konzept des volksorganischen Denkens beeinflußt.

der philologischen Methode der Textauslegung, weil sie nur eine Seite geistiger Auseinandersetzung ins Auge faßt. Erfassung und Deutung des Lebens sind nicht ausschließlich über Geschriebenes möglich. Aus diesem Grunde erfolgt der Hinweis Ottos auf die lebendigen Lebensäußerungen: »... wir wünschen eine wirkliche Geisteswissenschaft herzustellen, die sich gründet auf Beobachtung lebendiger Geister.«[11]

Der dadurch eingeleitete Prozeß wissenschaftlicher Erkenntnis wird daher auch von den Laien und Kindern mitgetragen — und zwar nicht nur teilhabend, vielmehr durchaus auch gestaltend. Das bevorzugte Mittel zur Beteiligung aller Kreise an diesem Erkenntnisprozeß ist der Gesamtunterricht nach dem Modell des Tischgesprächs in der Familie, wie es überall gestaltet werden kann: »Eben damit legen wir den Grund zu einer Geisteswissenschaft, die wirklich den Namen Wissenschaft zu führen berechtigt ist. Wir können das aber nur deswegen, weil wir auf diese Weise dem Geist des Kindes lediglich den Weg bahnen, auf den es sich durch die Entwicklung des deutschen Volksgeistes ebenso stark wie durch sein eigenstes innerstes Sehnen hingedrängt fühlt.«[12] Es gibt eine Form des ursprünglichen In-der-Wahrheit-Stehens, die den Laien und insbesondere den Kindern eigen ist und die ein notwendiges und wichtiges Korrektiv für die rationale Wahrheitsfindung bleibt.

Die Reform der Schule

Dem Konzept des volksorganischen Denkens entsprechend, das Wissenssicherung und Erkenntniserweiterung als einen wechselseitigen Prozeß versteht, hat Otto stets größte Vorbehalte gegenüber der traditionellen Schule gezeigt. Bereits in seinem Vortrag »Die Schulreform des 20. Jahrhunderts« fragt er: *»Muß es überhaupt so etwas wie Schule geben?«* Nach einer Analyse der (von ihm so genannten) *»Zwangsanstalt«* gibt er die verneinende Antwort: »Ich glaube, daß die Schule *in diesem Sinne* wirklich das Ende des zwanzigsten Jahrhunderts nicht erleben wird ...«[13]

Otto selber weist zur Neugestaltung der Schule in seinen Werken »Der Lehrgang der Zukunftsschule« (1900), »Die Zukunftsschule« (2 Bde. 1901—1914) und »Die Reformation der Schule« (1912) ein breites Spektrum an Möglichkeiten auf, die alle an den in der Hauslehrerschule gewonnenen praktischen Einsichten orientiert sind. Ungemein wichtig erscheint Otto, daß ausschließlich praktische Erfahrung ihn zu seinen Erneuerungsvorschlägen führte. In konsequenter Verfolgung dieser Linie wird »in Zukunft die Schulstube das Laboratorium des Psychologen sein müssen«[14]. Unter Aufnahme der Intentionen von Paulsen, Steinthal und Lazarus ist für Otto zunächst der Psychologe der wissenschaftliche Repräsentant der Erziehungswirklichkeit.

---

11 Berthold Otto: Der Lehrgang der Zukunftsschule. Berlin-Lichterfelde ^{3}1928, S. 146. — Vgl. hierzu auch ders.: Beiträge zur Psychologie des Unterrichts. Leipzig 1903, S. 104.

12 Lehrgang der Zukunftsschule. A. a. O., S. 146.

13 Die Schulreform im 20. Jahrhundert. Leipzig ^{2}1901, S. 15.

14 Volksorganisches Denken. Erster Teil. A. a. O., S. 140.

Für die Neugestaltung der Schule kennt Otto zwei umgreifende Gesichtspunkte: Einmal Ersetzung der Fächerung durch den Gesamtunterricht und zum anderen Ablösung der Jahrgangsklasse durch Kurse (Unter-, Mittel-, Oberkurs), die jeweils mehrere Jahrgänge umfassen und daher eine organische Lebenseinheit bilden. Jeder Kurs hat seinen eigenen alters- und interessenbedingten Lebens- und Arbeitsstil. Während im Unterkurs — in Orientierung an Familienleben und an der »Mutterschule« — das Spiel vorherrscht, wird im Mittelkurs die selbsttätige Arbeit dominieren, die im Oberkurs in eigenständiges Studieren übergeht.

Überall kommt es darauf an, die »Grundformen menschlichen Denkens« am konkreten Fall zum Bewußtsein zu bringen und die Kategorien des Denkens zu entwickeln. Kennzeichnend für diese Schule ist ihre Offenheit, die ihren Ausdruck in drei Merkmalen findet: in der Teilnahme der Eltern und Freunde am Unterricht, im unmittelbaren Lehrer-Schüler-Verhältnis und in der vorbehaltlosen Ehrlichkeit: »Die hervorstehenste Eigenschaft der Schule, die ich geschaffen habe, ist die, daß ein Schüler einen Lehrer niemals absichtlich betrügt.«[15]

Der Gesamtunterricht als zweite umgreifende Neuerung hebt die Spezialisierung auf, die in der Schule im Fächersystem ihren Ausdruck findet. Gegen diese Fächerung wendet sich Otto: »Es ist im Seelenleben genauso, wie in der ganzen Natur. Die Scheidewände bringen wir erst in die Natur hinein. Die ganze Natur ordnet sich nicht etwa in ›Fächer‹. Da hinein wird sie erst vom betrachtenden Menschen eingeordnet, der dieses Ordnen als eines der Hilfsmittel benutzt, mit denen er die Natur begreifen will. Es ist ein unvollkommenes, aber bis zu einem gewissen Grade sehr nützliches Hilfsmittel; unnütz und schädlich wird es nur dann, wenn man diese Trennungen für wichtiger hält als die allgemeine große Einheit.«[16] Otto geht es um die »allgemeine große Einheit«, um die im Gesamtunterricht in Konfrontation mit den großen Weltfragen gerungen wird.

In der Hauslehrerschule wurde der Gesamtunterricht im Rahmen aller Altersgruppen in Anwesenheit der Lehrer und der Gäste veranstaltet. Otto hatte den Vorsitz inne und nahm die Fragen entgegen, die von allen Anwesenden gestellt werden konnten. Die Beiträge zur Lösung begannen mit den Kleinsten und gingen von den Älteren über die Gäste und Lehrer zu Berthold Otto über, der abschließend Stellung nahm. Auf diese Weise entstand ein vielschichtiges Bild von dem Fragenkreis, wobei zur Veranschaulichung unterschiedliche Erfahrungsbereiche dienten. Die »Philosophische Denkgemeinschaft« vermittelt einerseits durch die unterschiedlichen kindlichen Beiträge vielfältige Anregungen, oder sie läßt andererseits auch die Grenzen der Einzelbeiträge bewußt werden, die erst in einem Gespräch über die gemeinsamen Erfahrungen zu einem Ganzen ausreifen. Nicht bewältigte Probleme werden nach eingehender

---

15 Die Reformation der Schule. Leipzig 1912, S. 14.

16 Volksorganisches Denken. Erster Teil. A. a. O., S. 30. — Vgl. auch Gertrud Ferber: Berthold Ottos Pädagogisches Wollen und Wirken. Langensalza 1925.

Vorbereitung zum Anlaß erneuter Diskussion oder aber sie erfahren in einem Sonderkurs für interessierte Teilnehmer eine grundsätzlichere Klärung.

Die Protokolle des Gesamtunterrichts zeigen, daß die großen Weltprobleme in zeitspezifischer Spiegelung in diesem Unterricht auftauchen. Neben technologischen Fragen werden regelmäßig politische, historische, philosophische und ethische Probleme genannt. Otto glaubt daher, aus der Analyse der Protokolle die Parallelität zwischen dem Interessenkreis der großen Gemeinschaft des Volkes und der Schulgemeinde ableiten zu können.

Wenngleich es Ottos Ziel war, den konventionellen Unterricht durch den Gesamtunterricht abzulösen, fand derselbe bis 1907 jeweils nur während einer Wochenstunde statt. Daneben werden Latein, Griechisch, Französisch, Mathematik u. a.[17] in besonderen Stunden erteilt.

Die didaktischen Grundsätze Ottos sind: 1. Zwangfreies Wachstum, 2. Isolierung der Schwierigkeiten, 3. Berücksichtigung der Leistungsgrenze. Insofern ist Otto ein typischer Vertreter einer »Pädagogik vom Kinde aus«, — allerdings mit einem weitaus differenzierteren Lösungsansatz, als er bei Ellen Key unter dieser Zielsetzung anzutreffen ist. So ist bei B. Otto — insbesondere im Rahmen des Sprachunterrichts — das Streben nach begrifflicher Klarheit stark ausgeprägt. Durch die Unterscheidung der Ding-, Teil-, Merkmal- und Artstufe werden dafür kategoriale Gesichtspunkte vermittelt[18]. Einteilungs- und Definitionsübungen vertiefen diese Intention. Ob der »Angriff auf die geistige Position« oder das »Ausgleitenlassen« pädagogisch legitime Mittel sind, darf ebenso infrage gestellt werden wie das sportmäßige Lernen — etwa das Aufsagen des Horaz nach der Stoppuhr. Nicht jede äußere Lebendigkeit ist bereits ein Zeugnis lebendigen geistigen Lebens.

Die Zukunftsschule

Seine Vorstellungen von der Zukunftsschule hat Otto immer wieder erläutert. Sie zeigen alle eine Institution, die des schulischen Zwangscharakters entkleidet ist und die sich so einladend und anregend ausgestaltet, wie Kinder sie zu besuchen wünschen. Eine frühe Schilderung dieser Institution als Mischung zwischen Museum und Laboratorium vermittelt Otto bereits in der Studie »Die Schulreform im 20. Jahrhundert«. Dort wird unter Aktivierung der Vorstellungskraft der Leser folgendes ausgeführt: »Erschaffen Sie, bitte, in Ihrer *Phantasie* die folgende *Einrichtung*. In einem weiten Komplex von Gärten, Rasen- und Sandplätzen liegt eine Anzahl von Gebäuden, in denen Sammlungen aller Art enthalten sind. Den ersten Hauptbestandteil bilden Spielsachen aller Art, wie sie überhaupt nur zu haben sind; aber physikalische Kabinette, chemische Laboratorien fehlen ebensowenig wie Abbildungen und Nachbildungen von antiken und mittelalterlichen Waffen, Geräten und Gebäuden; Herbarien und Samm-

---

17 Geistiger Verkehr mit Schülern im Gesamtunterricht. Leipzig 1907, S. 35.

18 Der Lehrgang der Zukunftsschule. A. a. O., S. 30 ff.

lungen von Gerippen und ausgestopften Tieren werden ergänzt durch einen botanischen Garten und durch eine Anzahl lebendiger Tiere. Zu allen diesen Dingen denken Sie sich Leute, die nicht nur von diesen Dingen etwas verstehen, sondern auch von der Psychologie des Kindeslebens und des Unterrichts; Leute, die keine andere Aufgabe haben, als einmal die Sammlungen in Ordnung und Vollständigkeit zu erhalten und zweitens den Kindern auf Verlangen jedes Stück zu zeigen und auf ihre Frage so zu antworten, wie es der Sache einerseits und dem Alter und der Ausbildung des Fragenden andererseits entspricht; denken wir uns dazu je einen Vertreter jeder fremden Sprache, deren Erlernung für die Kinder erwünscht ist, und auch dieser streng verpflichtet, den Kindern niemals etwas aufzuzwingen, sondern nur freundlich ihre Fragen zu beantworten und sie so viel zu lehren, als die Kinder Lust haben. Denken wir uns nun noch, daß kein Kind gezwungen werde, diese Anstalt zu besuchen, daß jedes nach Belieben jeden Tag wegbleiben oder kommen kann, so haben wir doch wohl ziemlich genau das Gegenteil dessen hergestellt, was jetzt Schule genannt wird.«[19]

Für das Verständnis der Grundgedanken Ottos ist es wichtig, daß das Konzept der Zukunftsschule in seiner grundlegenden Funktion erfaßt wird. Dazu ist es notwendig, die Begriffsbestimmung der Zukunftsschule zu kennen, die Otto unter Abhebung von der »Vergangenheitsschule« in seinem Buch »Die Reformation der Schule« vermittelt hat. Es geht Otto nicht um ein utopisches Schulgebilde, vielmehr um eine zukunftsorientierte Schulgestaltung, die notwendig ist, weil alle Jugend mit bzw. in der Zukunft leben muß. Dazu schreibt er: »Wenn ich die neugestaltete Schule überall eine Zukunftschule nenne, so hat das nicht lediglich die Bedeutung, daß wir diese Schule erst in Zukunft haben werden. Es bedeutet mehr. Ich will damit sagen, daß alle bisherigen Schulen in meinem Sinne *Vergangenheitsschulen* sind, das heißt, daß diese ihre Richtlinien und ihr Erziehungsideal aus der Vergangenheit nehmen, während das Erziehungsideal der Zukunftsschule immer in der Zukunft liegt und die Richtlinien immer dorthin führen. Und damit ist nicht die Zukunft im Gegensatz zu der Zeit, in der dieses geschrieben wird, gemeint, sondern die Zukunft von jedem Tag aus, an dem unterrichtet wird. Man hat doch in den Kindern immer die *Zukunftskulturträger*, die *lebendige Nachwelt* vor sich. Die Zeit, in der diese Kinder an der Weiterentwicklung der Kultur mitarbeiten, liegt von der Unterrichtszeit aus ein bis drei Jahrzehnte in der Zukunft. Für die dann gestellten Aufgaben müssen sie geistig geeignet sein, nicht für die Aufgaben, die gerade in der Zeit gelöst werden, in denen der Unterricht erteilt wird; denn diese Dinge gehören dann, wenn die Schüler mitwirken, längst der Vergangenheit an.«[20]

Daher ist es das Ziel Ottos, eine Schule zu gestalten, in der im Heute der Zukunft Gerechtigkeit widerfährt, weil das Bildungsziel auf die Zukunft ausgerichtet ist. In der Schrift »Die Zukunftsschule« wird der Aufgabenkreis differenzierter dargestellt. Otto zeichnet unter Abhebung der Funktionen das Bild der Dorfschule, der Kreisschule

---

19 Die Schulreform im 20. Jahrhundert. A. a. O., S. 15, 16.

20 Die Reformation der Schule. A. a. O., S. 6, 7.

und der Großstadtschule. Entsprechend der Theorie des volksorganischen Denkens sollen ihre Aufgaben nicht auf das Tradieren des Wißbaren begrenzt bleiben; vielmehr gehört dazu auch die Feststellung und Erforschung des Lebenskreises der Kinder. Der Dorfschule, die von Otto schwerpunkthaft bedacht wird, kommt eine Mittelpunktstellung im geistig-sozialen Leben des Dorfes zu. Auch der Dorfschullehrer nimmt mit seiner Schülerschaft an der Forschungsarbeit teil — insbesondere der Erforschung der botanischen, zoologischen, geologischen und meteorologischen Gegebenheiten des Dorfes.

Unter Anleitung des Lehrers werden von den Schülern planmäßig und kontrolliert Beobachtungen vorgenommen sowie Sammlungen angelegt. Weitere Aufgaben erblickt Otto in der Erforschung der örtlichen Dialekte, der Sagen, der Orts- und Familiengeschichte. Auch hinsichtlich dieser Aufgabenkreise kommt es auf Sicherung und Auswertung der Fakten unter Mitwirkung der Schüler an. Dabei können die Eltern von Fall zu Fall als sachverständige Berater hinzugezogen werden.

Ein Wanderlehrer mit spezieller wissenschaftlicher Vorbildung wird die Dorfschulen alternierend aufsuchen und während seiner jeweils mehrwöchigen Anwesenheit bei der Auswertung des Materials mitwirken sowie für die Weiterarbeit Anregungen vermitteln.

Die ergänzende und vermittelnde Funktion des »Wanderlehrers« wird zu einem planmäßigen Bestandteil des Lebens in der Dorfschule. Wanderungen und Reisen mit den Kindern in andere landschaftliche Bereiche sollen zu Vergleichen anregen und der Weltbildung der Dorfkinder dienen. Analoge Aufgaben sind für die Kreis- und Großstadtschule vorgesehen.

Das eigentliche Zukunftsweisende an dieser Schule ist ihre zentrale Stellung und ihr wissenschaftliches Aufgabenfeld als Dorf-, Kreis- und Großstadtschule. Ihre Aufgabe ist »nicht gedächtnismäßige Übermittlung des fertigen Wissens, sondern Nachwachsenlassen neuen Wissens«[21] und damit Erneuerung des gesellschaftlichen Lebens. Die Schule ist »Erkenntnisorgan des Volkes«[22]. Überhaupt ist es ein faszinierendes Konzept, mit dem Otto den »pädagogischen Schlendrian« durch eine Schule der Zukunft zu überwinden versucht, die auch heute noch Orientierungskraft für die Schulerneuerung birgt.

Zur inneren Ausgestaltung der Schule hat Otto nicht weniger konkrete Vorschläge gemacht. Sie sind alle darauf gerichtet, die äußere Reglementierung — mag es sich um Examina oder Schulaufsicht als Formen der Disziplinierung handeln — durch freiere Formen des Arbeitens und durch das Mitwirken der Schüler am Schulleben zu ersetzen. So sind Examina für Otto eine administrativ verordnete Kontrolle, die der Lehrer sinnvoller in eigener Verantwortung wahrnehmen kann. »Das Examen ist eigentlich ein Mißtrauensvotum des Staates gegen die pädagogische Kunst der Lehrer.«[23]

---

21 Volksorganische Einrichtungen der Zukunftsschule. Berlin-Lichterfelde 1914, S. 73.

22 A. a. O., S. 74.

23 Die Reformation der Schule. A. a. O., S. 29.

Das eigentliche Ziel ist daher die Abschaffung der Examina. Solange das nicht möglich ist, sollten sie pädagogisch begründet gestaltet werden. Hinsichtlich des Abiturs schlägt Otto Teilprüfungen vor, die im Sinne der späteren Oberstufenreform bereits einen Teil der Fächer früher abzuschließen erlauben. Gegenüber dem möglichen Hinweis auf das Ideal der Allgemeinbildung, das die Präsenz des Wissensstoffes zur Abschlußprüfung erfordere, weist Otto darauf hin, daß sich dann auch der Mathematikprofessor der Prüfung in Geschichte zu stellen habe. »In wenigstens 7 unter 10 Fällen wird man da wahrscheinlich noch geringere Kenntnisse der griechischen Geschichte finden als der Examinand sie hat. Und wenn man dann den Mathematik-Professor nicht für einen ungebildeten Menschen erklären will, so wird man dem Abiturienten dieselbe Schmach auch nicht antun dürfen.«[24]

Verwandte Folgerungen zieht Otto auch hinsichtlich der administrativen Aufsicht der Schulen durch behördliche Instanzen. Wie der Landarzt in freier Verantwortung ausschließlich durch sein wissenschaftliches Gewissen geleitet seine praktische Tätigkeit ausübt, so sollte es auch im Schulleben durch den Lehrer geschehen. Die Aufsicht lähmt die Initiative und die Verantwortung.

Diese Auslegung bleibt für Otto auch bindend für die Arbeit der Schüler. Daher befürwortet er neben dem Gesamtunterricht ausdrücklich den Arbeitsunterricht, wie er ihn bei Kerschensteiner und Lietz kennengelernt hat. Dieser freieren Form des Arbeitens muß auch eine neue, innere Form der Disziplin entsprechen. Der Schüler wird auch hinsichtlich seines Verhaltens freigesetzt, aber ausdrücklich der Selbstverantwortung unterstellt. Ergänzt wird dieses Verfahren durch ein Schülergericht, dessen Repräsentanten — ein Oberrichter, zwei Richter, drei Ersatzmänner — von den Schülern gewählt werden.

Wie ernst das koedukative Prinzip genommen wird, zeigt sich auch darin, daß von diesen sechs Personen drei Jungen und drei Mädchen sein müssen[25]. Der als Zeuge geladene Lehrer kommt angesichts der recht harten Urteile häufig in die Lage, zugunsten der Angeklagten sprechen zu müssen — eine erstaunliche Wandlung in der Lehrerrolle gegenüber der traditionellen Schule. Ähnlich befremdend mögen die ausgesprochenen Strafen anmuten, die u. a. das Betreten des Gartens oder den Ausschluß vom Unterricht in zeitlicher Begrenzung anordnen[26]. Darin zeigt sich zugleich, wieviel Anziehungskraft dieses Schulleben ausübt und wieviel Freude es vermittelt.

Gelingen kann diese Arbeit indessen nur, soweit die angestrebte Individualisierung der Arbeit aus eingehender Kenntnis der Schülerpersönlichkeit heraus geschieht. Zur Sicherung dieser wichtigen Aufgabe sind zwei Maßnahmen vorgesehen. Einmal schlägt Otto vor, daß die vom Jugendlichen selber geschriebene Lebensgeschichte, »nicht auf zehn oder zwölf Seiten, sondern in einem ganzen Buche dargelegt«[27], die

---

24 A. a. O., S. 35.
25 A. a. O., S. 115, 116.
26 A. a. O., S. 118.
27 A. a. O., S. 40.

Grundlage für seine Beurteilung abgeben sollte. Dazu heißt es: »Diese Lebensgeschichten, scheint mir, sollten in der Bibliothek sorgfältig aufbewahrt werden und den späteren Lehrern zum Studium dienen. Ihr erster Gebrauch aber könnte auch wohl der sein, daß sie die Unterlage abgeben zu einem wirklich verständnisvollen Urteil über den Entwicklungsgang dieses jungen Menschen.«[28]

Zum anderen sollen die Eltern weitgehend mitverantwortlich in das Schulleben einbezogen werden — sei es als »Vertrauensperson«, als »Elternrat« oder im »direkten Verkehr zwischen Eltern und Lehrern«[29]. Diese Formen vielfältiger Kooperation sind fundamental wichtig, denn Otto betont wiederholt, »daß die Schulreform im Hause anfangen muß, und daß die ganze Art des Verkehrs mit den Schülern, wie ich sie anstrebe, zunächst einmal von den Eltern mit ihren Kindern begonnen werden muß«[30]. Die Hauslehrerschule ist in diesem Sinne nicht nur an den mitmenschlichen Formen eines erzieherisch aufgeschlossenen Elternhauses orientiert, vielmehr will sie in steter Wechselbeziehung auch anregend auf das Elternhaus einwirken.

Dieser Vorschlag wird ergänzt durch den Gedanken des »natürlichen Unterrichts« und »des geselligen Verkehrs«, die beide einander ergänzen. Der natürliche Unterricht ist durch Comenius und Rousseau angeregt, von Otto aber original durchgebildet: »Das Kind sucht sich durch sein natürliches theoretisches Interesse in der umgebenden Welt zurechtzufinden.«[31] So ist das Kind stets zum Fragen, Untersuchen, Erkunden bereit, soweit dieses Fragen nicht durch formalisierende Lehrpläne gelähmt wird.

Daher die harte Kritik Ottos an dem offiziellen Lehrbetrieb und besonders an dem zu frühen Leselehrgang, die das ursprüngliche kindliche Fragen unberücksichtigt lassen. Otto ist der Überzeugung, daß das Kind in einer pädagogisch aufgeschlossenen Umwelt sich weitgehend fragend und experimentierend seinen Weg in die Geisteswelt selbst bahnen würde. Der natürliche Unterricht kennt weder alters- noch fachbedingte Grenzen — Voraussetzung ist lediglich das Verschränktsein von Fragen und Gegenstandsgebiet. Aus diesem Grunde gehören alle Gegenstandsgebiete dazu — auch der Lateinunterricht und die Sprachlehre[32].

Ein Vorzug des natürlichen Unterrichts besteht darin, daß die innere Aufgeschlossenheit, die altersbedingten Interessenschwerpunkte am Anfang stehen. »Man wird sagen müssen, daß der Vorzug der natürlichen Methode darin besteht, daß jede einzelne Erkenntnis in dem für sie günstigsten Augenblicke entsteht.«[33] Diese Berücksichtigung der Interessenschwerpunkte erlaubt ein intensiveres Lernen als die weitgehend vom Stoff her bestimmten Lehrpläne. Diese innere Aufgeschlossen- und Gerichtetheit zeigt sehr viel Verwandtschaft mit den »Empfänglichkeitsperioden«, den »sensitiven

28 A. a. O., S. 40.

29 A. a. O., S. 110.

30 A. a. O., S. 111.

31 Volksorganische Einrichtungen der Zukunftsschule. A. a. O., S. 55.

32 Vgl. Der Lehrgang der Zukunftsschule. A. a. O., S. 80 ff. — Die Reformation der Schule. A. a. O., S. 54 ff.

33 Der Lehrgang der Zukunftsschule. A. a. O., S. 4.

Phasen« Montessoris[34] oder den Interessenschwerpunkten (centres d'intérêts) Decrolys. Überraschend an dem Konzept Ottos ist dabei, daß er bereits bewußt die Parallelität zwischen geistigen und körperlichen Vorgängen berücksichtigt, die den beiden Medizinern allgemein als Entdeckung zugesprochen wird.

Ergänzt wird der natürliche Unterricht durch die geselligen Formen des geistigen Verkehrs. Im Grunde sind diese Formen ein grundlegender Bestandteil des natürlichen Unterrichts: die geistige Aufgeschlossenheit, die Bereitschaft, die Frage vom andern her zu durchdenken, die Fähigkeit, ein Gespräch zu gestalten. Das Modell der geselligen Formen bildet das Familienleben — insbesondere der Umgang der Mutter mit den Kindern.

Ein Blick auf das Gesamtkonzept Berthold Ottos zeigt — über den Ansatz einer Neubegründung der Geisteswissenschaft und damit auch der Pädagogik hinausgehend — den Versuch, die Schule nach Art eines Laboratoriums zu gestalten und zu kontrollieren. Über die Absichtserklärung hinaus ist es bei Otto allerdings zu keiner eigentlich wissenschaftlich artikulierten Grundlegung gekommen. Mit dem Aufweis möglicher wissenschaftlicher Aufgaben hat Otto indessen die Schule grundsätzlich von dem Stigma der Repetieranstalt befreit und sie zu einem Forschungsinstitut im Sinne des volksorganischen Denkens erhoben. Wieweit diese Zukunftsschule Utopie bleibt oder aber als Orientierungshilfe zu einer produktiven Gestaltung der entscheidenden Jahre in jedem Menschenleben beitragen kann, hat die bisherige Entwicklung noch nicht schlüssig beantwortet.

Die Grundgedanken Berthold Ottos sind bis in die unmittelbare Gegenwart lebendig geblieben. Neben der Hauslehrerschule in Berlin-Lichterfelde wurde die 1922 von Fritz Rauch gegründete Schule in Magdeburg zu einem praktischen Bewährungsfeld der pädagogischen Ideen Ottos. Eine entscheidende Förderung fand die Schule durch die beiden Pädagogen Richard Hanewald und Franz Hedicke. Bereits die erste Überprüfung durch den damaligen Oberschulrat Adolf Grimme, der später Preußischer Kultusminister wurde, erbrachte eine Anerkennung; 1930 wurde der Anstalt der Name Berthold-Otto-Schule verliehen.

Nachdem die ersten Reifeprüfungen 1933 ausgezeichnet ausgefallen waren, wurde die Schule als Vollanstalt anerkannt; doch noch im selben Jahr schlossen die Nationalsozialisten die Schule, weil »Berthold Otto ein Vertreter liberalistischen und individualistischen Geistes ist«[35]. Die Ausweitung der pädagogischen Arbeit in Magdeburg wurde vor allem von Helmut Alberts vorgenommen, der als junger Lehrer an der Bertholt-Otto-Schule wirkte und eine instruktive Analyse der Gesamtunterrichtsprotokolle in seinem Werk[36] vorgenommen hat.

34 Vgl. in diesem Buch S. 240.

35 Vgl. hierzu Paul Baumann: Berthold Otto, der Mann — die Zeit — das Werk — das Vermächtnis. Bd. VI, A. a. O., S. 48 ff. Übrigens werden in dem sechsbändigen Werk Baumanns in selten eingehender und aufschlußreicher Weise die Geistesgeschichte Ottos, seines Freundeskreises und die Bezüge beider zur Situation der Zeit dargestellt.

36 Helmut Alberts: Aus dem Leben der Berthold-Otto-Schule. Berlin o. J. (1925).

b. Idee und Realität der Dorfschule bei Johannes Kretschmann

Die Dorfschule als Mittelpunkt der Gemeinde

Während die Magdeburger Schule die Ideen Ottos im Rahmen eines Gymnasiums verwirklichte, nahm Johannes Kretschmann (geb. 1859, gest. 1944) deren Übertragung auf die Dorfschule vor[37]. Nicht der »Satzbaukasten«, als dessen Konstrukteur Kretschmann in der jüngeren Generation allenfalls noch bekannt ist, macht diesen Mann zu einem bedeutenden Pädagogen; vielmehr besteht sein eigentlich wegweisender Beitrag in der Gestaltung einer dorfeigenen Schule. Was dieser pädagogisch erfindungsreiche Lehrer seit 1921 in seiner einklassigen Dorfschule in Holbeck bei Luckenwalde entfaltete, ist bahnbrechend für eine wirkungsvolle Gestaltung einer Institution, der für die Volksbildung eine fundamental wichtige Aufgabe zukommt.

In der Dorfschule in Holbeck versucht Kretschmann unter den gegebenen realen Voraussetzungen zu zeigen, wieweit die Dorfschule sich als kritische Beobachtungsinstanz für das Dorfleben ausgestalten läßt. Die Ausgangsbasis bildet die Umsetzung des Ottoschen Gedankens, daß der Unterricht erst produktiv wird, wenn er an die von der eigenen kindlichen Natur verlangte begriffliche Klärung seiner Erfahrungen anschließt.

Daher wird der Unterricht auf seine beiden natürlichen Elemente — Gesamtunterricht und spielendes Lernen — zurückgeführt, allerdings mit dem Ziel, den Gesamtunterricht zur umgreifenden Form ausreifen zu lassen. Dazu wird eine Atmosphäre für spontane Kinderfragen geschaffen, in der die Probleme (möglichst in Konfrontation mit den Gegenständen) eine Klärung erfahren. Auf diese Weise entsteht im Sinne Ottos eine »Denkgemeinschaft der Welt als Gesamtheit«[38], die den Kindern — über die übliche Lernrolle hinausgehend — die Würde des Denkenden im Angesicht der ursprünglich empfundenen Weltfragen verleiht. Das Ziel ist »das natürliche Sichhineinfragen der Kinder in Dinge und Menschen der Umwelt«[39].

Aus den Protokollen wird ersichtlich, daß diese Kinderfragen den Gesamtunterricht keineswegs dem Zufall preisgeben, sondern an das kindliche Problembewußtsein heranführen. Dadurch wird nicht nur die Berührung des Unterrichts mit dem Leben gesichert, sondern auch die Regsamkeit und Bewußtheit der Auseinandersetzung gesteigert. Nach siebenjährigen Vorversuchen wird es das Ziel, jeglichen Unterricht auf den Gesamtunterricht zurückzuführen. Dazu muß der didaktische Erfindungsreichtum Kretschmanns bedacht werden — seine Fähigkeit, modellhaft durch didaktische Hilfsmittel zu veranschaulichen und Impulse zu vermitteln.

---

37 Johannes Kretschmann: Was an öffentlichen Schulen von Berthold Ottos Pädagogik verwirklicht ist oder in näherer Zeit verwirklicht werden kann. In: Deutscher Volksgeist. Zeitschrift zur Verständigung zwischen allen Schichten des Volkes. 28. Jg. 1928, S. 101.

38 Johannes Kretschmann: Natürlicher Unterricht. Wolfenbüttel, Hannover 1948, S. 13.

39 A. a. O., S. 14. — Vgl. ergänzend ders.: Freier Gesamtunterricht in der Dorfschule. Berlin 1925.

Den Ausgangspunkt bildet der täglich von 9—11 Uhr stattfindende Gesamtunterricht, dessen Vorbild das Tischgespräch und nicht die Konversation ist. Das Grundmotiv besteht in einem Verweilen bei den außerschulischen Erfahrungen sowie Gesprächs- und Leseeindrücken der Kinder, die häufig unbeachtet bleiben. Dabei stellt Kretschmann, ähnlich wie Otto, eine Folgerichtigkeit in der Themenbildung fest, die vornehmlich den heimatlich-naturwissenschaftlichen Fragenkreis berücksichtigt. Daneben zeigt sich ein stetes Interesse am Weltgeschehen, an politischen Ereignissen, technischen Problemen sowie Rechts- und Wertfragen. Auch bei Otto bildet die Berücksichtigung der kindlichen Interessen und ihre möglichst vielseitige Entfaltung ein Grundziel; Kretschmann betont in diesem Sinne: »Während des ganzen Gesprächs aber frage ich mich im stillen immer und immer wieder: ›Ist das nun auch das, was diese Kinder jetzt gerade wissen wollen? Geschieht in dieser Stunde nach Möglichkeit nichts gegen die geistigen Bedürfnisse der Schüler?‹ «[40]

Der pädagogische Imperativ für eine sinnvolle Gestaltung des Gesamtunterrichts lautet nach Kretschmann: »Erstens: Situation hinsichtlich der Gewichtigkeit und Tragfähigkeit der kindlichen Fragen richtig beurteilen; zweitens: Belehren und belehren lassen; drittens: sorgfältige Nachbereitung als Vorbereitung.« Das sich daraus ergebende oberste Grundgesetz nennt er: *»Redet um Sachen!«*[41]

Die Dorfschule als wissenschaftlich orientierte Beobachtungsinstanz

Unter dem Aspekt des spielenden Lernens werden die weiteren Lernsituationen als gesellschaftliche Formen entfaltet. So werden gemeinsam die Lotterie, das Lexikon, das Jahrbuch, die Kinderzeitung, Geburtstagssitten, Erzählstunden u. a. entwickelt. Dabei haben die Lernspiele den Zweck, Wissen zu vertiefen und vorweisbar zu machen und nicht, wie bei Montessori und Decroly, Erkenntnisse zu ermöglichen[42]. So dient die Lotterie (später »Geistessparbüchse« genannt) der Fixierung der Ergebnisse des Gesamtunterrichts. Es werden die einzelnen Probleme auf Papptäfelchen geschrieben und nach Sachgebieten geordnet. Von Zeit zu Zeit kann die Sparbüchse geöffnet und der Sparschatz nachgezählt werden. Es kommen Begriffe wie Komödie, Scharnhorst, Dreifuß, Lymphe, Prosa, James Watt zum Vorschein. Derjenige, der die Karte zieht, muß erklärend Stellung nehmen. Dadurch wird Wissen spielerisch geprüft und aktiviert.

Eine andere Möglichkeit, die Ergebnisse des Gesamtunterrichts für die weitere Arbeit fruchtbar werden zu lassen, ist die Anlage eines Lexikons. Die einzelnen Beiträge werden von den Schülern rubriziert und kommentiert. Leere Blätter gewährleisten Nachträge. So kann in Holbeck der Gesamtunterricht durch ein dreibändiges Lexikon, an dem mehrere Schülergenerationen mitgearbeitet haben, gesichert werden.

40 A. a. O., S. 17, 18.
41 A. a. O., S. 19.
42 Vgl. A. a. O., S. 93.

Eine der wichtigsten Einrichtungen des Schullebens ist das Jahrbuch. Das Ziel besteht darin, eine Chronik des gesamten Schul- und Gemeindelebens entstehen zu lassen. Es besteht für die Schüler kein Zwang zur Mitwirkung, aber sie kennen den Zweck und fühlen sich herausgefordert. Die Beiträge betreffen die Geschichte des Dorfes, die Sprache, den heimatlichen Sternenhimmel, heimatliche Sitten, den Aberglauben u. a. Auf diese Weise entsteht ein Grundbuch des Dorfes mit vielen originellen Beiträgen, die signiert werden, ihre Ergänzung finden und von den nachfolgenden Schülergenerationen gelesen werden. Das Jahrbuch kommt der Intention Ottos, die Dorfschule zu einer wissenschaftlich orientierten Beobachtungsanstalt für das Dorf zu machen, am nächsten.

Mit dem Hinweis auf die Kinderzeitung, auf die Geburtstagssitten und Erzählstunden sowie auf das Klassengesetz, das von den Schülern formuliert und aktiviert wird und das durch das Schülergericht Ottos angeregt wurde, ist das didaktische Inventarium der Schule umschrieben. Diese Institution zählt zu den beredsamsten Zeugnissen über die Gestaltungsmöglichkeit der Dorfschule zu einer lebendigen Bildungsanstalt. Außerdem erweisen die didaktischen Formen, daß der geläufige Einwand gegen den Gesamtunterricht, er diene weder dem Wissenserwerb noch der Wissensvertiefung, unberechtigt ist. Wie die Berthold-Otto-Schule in Magdeburg kann auch Kretschmann eindringlich zeigen, daß der natürliche Unterricht im Sinne Ottos über das positive Wissen hinaus zu Einsichten und Erkenntnissen führt, die einen bedeutsamen Bildungsertrag darstellen.

Als guter Otto-Schüler hat Kretschmann dessen pädagogische Prinzipien soweit gefördert, daß sie geradezu in die Nähe einer sozialwissenschaftlichen Arbeitsweise gerückt werden. Wie bereits Otto ließ er den Wirklichkeitsbereich durch die Schüler nicht nur erkunden, sondern experimentell erschließen, wobei die Schüler sowohl am Prozeß der Planung als auch der Auswertung beteiligt waren. Beide (Lehrer und Schüler), möglichst in Kooperation mit dem »fachwissenschaftlichen Wanderlehrer«, bilden im besten Sinne des Wortes eine Forschungsgemeinschaft. Hier liegt trotz mancher Eigenwilligkeit in der Diktion ein Schulmodell vor, das zukunftsträchtig ist und das, auf seine Grundzüge hin betrachtet, manches von Petersens Jenaplan vorwegnimmt — oder wohl besser gesagt — Petersen zu seinem eigenen Konzept angeregt hat.

2. Der anthropologisch-naturwissenschaftlich orientierte Ansatz

a. Das pädagogische Konzept Maria Montessoris

Die permanente Diskussion

Nur wenige Positionen im Rahmen der Reformpädagogik sind in ihrem Ansatz so universell und in ihrer Wirkung so weltweit wie diejenige Maria Montessoris. Die Universalität ihres Konzepts ist um so erstaunlicher, als sie das Kleinkind zum Ausgangspunkt ihrer Forschungen erhebt und erst später das Jugendalter und die Familie einbezieht. Da aber das Kindsein als der Wurzelgrund des Menschseins verstanden wird, in dem alle spätere Entfaltung vorgeprägt ist, erhalten die Aussagen über den Anfang grundsätzliche Bedeutung. Hinzu kommt die unmittelbare Verschränkung von Theorie und Praxis mit dem Anspruch, die Praxis in Gestalt der Kinderhaus-Bewegung sowie der Didaktischen Materialien wissenschaftlich zu erhellen. Kein zweiter Vertreter der Reformpädagogik hat seine Theorie an einer selbst initiierten und international so weitverzweigten Praxis zu exemplifizieren versucht wie Maria Montessori.

Das eigentliche Phänomen besteht wohl darin, daß die Diskussion ihrer Grundfragen gegenwärtig nicht weniger lebendig und kontrovers ist als zur Zeit der Veröffentlichung ihrer ersten Ergebnisse. Nachdem Maria Montessori 1909 auf Anregung ihrer engsten Vertrauten — Anna Maccheroni und Alice Franchetti — publizistisch an die Öffentlichkeit getreten war, begann während der nächsten Jahre ein ungewöhnlich dynamischer Prozeß der Übersetzung ihrer Werke in alle Weltsprachen. Diese Form der Ausbreitung der Montessori-Pädagogik wurde zudem durch geistvolle und anmutig anregende Vorträge auf allen Kontinenten vertieft.

Auch gegenwärtig ist dieser Prozeß noch in vollem Gange. Wie sehr erst heute das Phänomen Montessori in seiner Wechselwirkung von Theorie und Praxis, Person und Werk, Vermächtnis und Eigenständigkeit einer Klärung zugeführt wurde, davon zeugen die Veröffentlichungen der letzten Jahre[43]. Erst die kritische Neuausgabe der Schriften hat die Voraussetzung für eine umfassendere Deutung geschaffen[44]. Darüber hinaus wurde einsichtig, daß die ältere Montessori-Diskussion im deutschsprachigen Raum auf einer bedenklich schmalen Quellen-Basis[45] beruhte. Insofern darf mit Recht gesagt werden, daß die Entwicklung keineswegs abgeschlossen ist, sondern auch künftig lebhaft bleiben wird.

---

43 Winfried Böhm: Maria Montessori. Hintergrund und Prinzipien ihres pädagogischen Denkens. Bad Heilbrunn/Obb. [3]1985. – R. C. Orem: Montessori heute. Ravensburg 1971. – Paul Oswald, Günter Schulz-Benesch (Hrsg.): Montessori für Eltern. Ravensburg 1974. — Mario M. Montessori: Erziehung zum Menschen. München 1977. — Hildegard Holtstiege: Modell Montessori. Freiburg, Basel, Wien 1977. — Theodor Hellbrügge: Unser Montessori-Modell. München 1977. — Paul Scheid, Herbert Weidlich (Hrsg.): Beiträge zur Montessori-Pädagogik 1977. Stuttgart 1977. — Rita Kramer: Maria Montessori. Leben und Werk einer großen Frau. München 1977. — Theodor Hellbrügge (Hrsg.): Die Montessori-Pädagogik und das behinderte Kind. Referate und Ergebnisse des 18. Internationalen Montessori-Kongresses (München 4.—8. Juli 1977) München 1977.

44 Vgl. hierzu die im Herder-Verlag erschienenen Werke: Kinder, die in der Kirche leben. Herausgegeben und übersetzt von Helene Helmig (1964). — Von der Kindheit zur Jugend. Herausgegeben und eingeleitet von Paul Oswald (1966). — Alle weiteren Werke sind herausgegeben und eingeleitet von Paul Oswald und Günter Schulz-Benesch: Die Entdeckung des Kindes (1969). — Das kreative Kind (1972). — Schule des Kindes (1976).

45 Vgl. hierzu Günter Schulz-Benesch: Über Reden und Schriften Montessoris. In: Paul Scheid, Herbert Weidlich (Hrsg.): Beiträge zur Montessori-Pädagogik 1977, A. a. O., S. 39.

Die Ursachen für dieses fortlaufende Diskussionsbedürfnis sind keineswegs in einer pietätvollen Traditionspflege zu erblicken; es wird vielmehr von einem echten Fragewillen vorangetrieben und hat mehrere Gründe. Diese sind einmal bedingt durch die anziehende Persönlichkeit Montessoris, die in und mit dem Werk fortwirkt und den Ideen eine besondere Faszination verleiht. Sie sind zweitens aber auch mit dem Anspruch dieses Werkes verbunden, der Kindererziehung ein wissenschaftliches Fundament zu sichern und es durch die fortlaufende Kontrolle durch die Praxis zu überprüfen.

Das Schlüsselerlebnis

Maria Montessori (geb. 1870 in Chiaravalle bei Ancona/Italien, gest. 1952 in Nordwijk/Holland) hat als erste Frau in Italien 1896 ein Medizinstudium mit einer neuropathologischen Arbeit abgeschlossen; sie wirkte während der nächsten Jahre als Assistentin an der Psychiatrischen Klinik der Universität Rom. Zu ihren Aufgaben gehörte die Betreuung geisteskranker Kinder. Der Umgang mit diesen Kindern und die Erfahrung ihres ungebrochenen Spieltriebs ließen in ihr die Frage nach den Erziehungsmöglichkeiten dieser Kinder entstehen. Sie entdeckte die Werke der französischen Ärzte Bourneville, Itard, Séguin und des in Paris lebenden Spaniers Pereira, der dort Gesprächspartner von Rousseau und Diderot war. Insbesondere von Itard, der den in den Wäldern von Aveyron gefundenen wilden Jungen durch Anregung und Schärfung seiner Sinnesfunktionen zu zivilisieren versuchte sowie von dem Schüler Itards, Edouard Séguin, hat Montessori entscheidende Anregungen empfangen. Während sie allgemein wenig Einblick in ihre Quellen gewährt, beschreibt sie eingehend ihr Bemühen um die Beschaffung der Werke Séguins, insbesondere der nach seiner Emigration in die USA erschienenen zweiten Darlegung seiner Methode: »Idiocy: and its treatment by the physiological method.«[46]

Ausgelöst durch das Schlüsselerlebnis mit den Anstaltskindern, die in Ermangelung eines besonderen Beschäftigungsmaterials mit Brotbrocken auf dem Boden spielten, und angeregt durch die von Séguin entwickelten Übungen für die Sinnesfunktionen, wendet sich Maria Montessori dieser Erziehungsaufgabe zu. Sie hat von 1900 bis 1901 eine Stellung an der »Scuola Magistrale Ortofrenica«, an der Sonderschullehrer ausgebildet werden; nach einem ergänzenden Studium der Pädagogik übernimmt sie schließlich im Rahmen der baulichen Sanierung eines Elendsviertels in Rom die erzieherische Betreuung der Kinder der in San Lorenzo wohnenden Eltern. Die Antwort auf diese Notsituation war die Gründung des Kinderhauses (casa dei bambini), in dem die Kinder zur Entdeckung ihrer Welt und zu selbständiger Gestaltung ihres Lebens gebracht werden sollten.

---

46 Maria Montessori: Die Entdeckung des Kindes. Freiburg, Basel, Wien 1969, S. 29. – Das Schülerverhältnis zu Séguin wird eingehend gedeutet bei Rita Kramer: Maria Montessori. Leben und Werk einer großen Frau. A. a. O., S. 58 sowie Theodor Hellbrügge: Unser Montessori-Modell. A. a. O., S. 68.

Von San Lorenzo ging so etwas wie eine Erweckungsbewegung aus, die den Glauben an die Erneuerung der Menschheit durch die richtige Erziehung der Kinder nährte. Obgleich Maria Montessori die Wissenschaft zur Richtschnur für ihre Arbeit gewählt hatte, glaubte sie dennoch an das Kindsein als Fortführung des Schöpfungsaktes. Diese Bipolarität des Denkansatzes Montessoris, der einerseits nüchterne Beobachtung im Geiste der Experimentalwissenschaften übt, aber andererseits Glaube, Hoffnung und Vertrauen als die wirksamsten Triebkräfte für den Prozeß kindlicher Selbstgestaltung befürwortet, macht die eigentliche Faszination dieser Pädagogik aus. Die während der nächsten Jahre entstehenden Kinderhäuser wurden zuweilen zu pädagogischen Wallfahrtsorten — stets aber zu pädagogischen Wegmarken für die Lösung der Erziehungsfragen.

Neben der Reflexion erhielt die Meditation in Montessoris Leben und in ihrem Erziehungsprogramm volle Berücksichtigung. Ohne sich mit anderen Positionen auseinanderzusetzen und dadurch eine Relativierung zu erfahren, wußte Montessori ihren Alleinvertretungsanspruch für die Kindheit klug, klar und bestimmt zu vertreten. Ihre Erscheinung weckte trotz der Klarheit ihrer Diktion in breiten Kreisen die Vorstellung einer Hohen Priesterin für das Recht der Kindheit in einer kinderfremden und -feindlichen Welt. Sicherlich hat zu dem Geheimnishaften, das die Mission Montessoris umgab, auch ihr persönliches Schicksal — die außereheliche Geburt des Sohnes — beigetragen; dennoch verstand sie, durch ihre Arbeit alles beispielhaft zu gestalten[47].

Der Kreis um Montessori — vor allem Anna Maccheroni und zeitweise auch Helen Parkhurst — war völlig eingestimmt auf die zu erfüllende Aufgabe. Daß selbst Sohn und Enkel Mario Montessori sich wiederum in den Dienst dieser Pädagogik stellen, hat wenig mit der Stiftung einer Familientradition zu schaffen; vielmehr geht es hier um die Erfüllung eines vielfältig verpflichtenden Vermächtnisses der »Erziehung zum Menschen, Montessori-Pädagogik heute« (München 1977), wie Mario Montessori sein Buch nennt.

Montessori und die Reformpädagogik

Die von Maria Montessori in San Lorenzo begonnene Arbeit erwies sich als ein besonders fruchtbarer pädagogischer Ansatz. Von Talamo, dem Direktor der Baugesellschaft berufen, um durch die Einrichtung des Kinderhauses die Kinder der erwerbstätigen Eltern von der Straße zu bringen, schuf sie das »Wunder der neuen Kinder«, das durch deren erwecktes Kindsein verwandelnd auf die Eltern zurückwirkte. Das »wahre Kind« offenbart die geradezu schöpferische Funktion der Wiedergeburt und Erneuerung des nicht abreißenden Schöpfungsprozesses: wer bereit ist, ihn zu Ende zu denken, entdeckt seinen tiefreligiösen Gehalt.

Maria Montessori ist eine echte Vertreterin der Reformpädagogik als Weltbewegung. Reform ist ihr kein technologischer Vorgang — kein Ersetzen aller Methoden

47 Vgl. hierzu Rita Kramer: Maria Montessori. Leben und Werk einer großen Frau. A. a. O., S. 88.

durch vermeintlich bessere; sie schließt vielmehr an den Ursinn dessen an, was »reformatio« heißen kann: Lebenserneuerung durch Lebensumkehr.

Montessoris Stellung im Rahmen der Reformpädagogik ist nicht leicht auszumitteln. Im Gegensatz zu den meisten Stellungnahmen muß der Einfluß Rousseaus als erheblich angesehen werden. Abgesehen davon, daß viele Passagen ihrer Bücher wie Variationen Rousseauscher Grundgedanken anmuten, zeigt die Form ihrer Kritik an der Welt der Erwachsenen, die nirgends auf das Kind eingerichtet ist, Rousseausche Züge. Ihre Klagen über die Ammendienste, die Riemen, Laufgestelle, Schutzhelme und Laufkörbe, die das Gehenlernen kunstvoll beschleunigen sollen, sind von Rousseau nicht weniger inspiriert als die daraus resultierende Folgerung: »Man muß die Natur so frei wie möglich gewähren lassen; und je *freier* das Kind in seiner Entwicklung ist, desto schneller und vollkommener wird es seine höheren Formen und Funktionen erreichen.«[48]

Sicherlich ist keine planmäßige Lektüre oder gar Auseinandersetzung mit Rousseau vorangegangen. Aber wenn Maria Montessori auch vieles aus der kulturkritischen Diskussion des Tages in ihre Überlegungen miteinbezogen hat, so dürfte sie doch Teile des Emile — insbesondere das erste Buch — gelesen haben. Ähnlich unbestimmt ist das Verhältnis zu den Repräsentanten der Reformpädagogik Dewey, Kilpatrick, Decroly, Ferrière. Obgleich sie viele während ihrer Mitwirkung im Rahmen der New Education Fellowship kennengelernt hat, kommt es zu keiner entscheidenden Annäherung. Selbst die harte Kritik Kilpatricks nach seinem Besuch in Rom in: »The Montessori System Examined« (New York 1914)[49] übergeht sie mit Schweigen. Lediglich Washburne und Percy Nunn werden erwähnt — der letztere vor allem im Zusammenhang mit der Entwicklung ihres Konzepts des »absorbent mind«.

Percy Nunn, der damals Präsident der englischen Sektion der New Education Fellowship war, begegnete ihr während ihrer Vorträge in London. Durch sein Buch »Education. Its Data and First Principles« (London 1920) und der darin entwickelten Idee der »Mneme« sowie der »Hormic Theory«[50] wurde sie angeregt zu ihrer Auffassung von der konstitutiven Funktion des werdenden menschlichen Geistes, der in Auseinandersetzung mit der Umwelt das menschliche Leben bildet und bildend selber seine Gestalt gewinnt.

Darüber hinaus hat sie wichtige Anregungen von Ovide Decroly erhalten. Bereits der Entwicklungsgang weist ungewöhnlich viele Berührungspunkte auf. Beide sind etwa gleichaltrig (Montessori 1870, Decroly 1871 geboren), beide studieren Medizin, und beide gründen 1907 ihre Erziehungsinstitutionen als »casa dei bambini« in Rom und als »Ecole pour la vie par la vie« in Brüssel. Da beide auch zu den aktiven Mit-

48 Maria Montessori: Schule des Kindes. A. a. O., S. 12—14. — Vgl. hierzu auch Hermann Röhrs: Jean-Jacques Rousseau. A. a. O., S. 256.

49 Vgl. Hermann Röhrs: Die progressive Erziehungsbewegung. A. a. O. (Darin: Maria Montessori — ein Prüfstein, S. 143).

50 Vgl. Maria Montessori: Das kreative Kind. A. a. O., S. 57.

gliedern der New Education Fellowship gehörten, kam es zu Begegnungen und Verständigungen[51]. Allerdings waren die Konzepte vorher bereits relativ ausgereift, so daß sich die große Verwandtschaft der Lösungsansätze aus der gemeinsamen Schülerschaft zu Itard und Séguin erklärt.

Die Gestaltung der kindlichen Umwelt zu einer bildenden Lebenswelt war — nicht zuletzt als Auswirkung der Anregungen ihrer Lehrer — der Grundgedanke der Pädagogik Montessoris. Aus ihm resultieren sowohl die Gestaltung des Kinderhauses als auch die Lebensübungen und didaktischen Materialien. Die Verbindung dieser drei tragenden Teile zu einem ausgewogenen Ganzen macht letztlich die Wirksamkeit der »neuen Pädagogik« aus.

Wichtig daran ist, daß die innere und die äußere Bildung so entwickelt werden, daß sie einander ergänzen. Schon die Tatsache, daß der Aspekt der äußeren Bildung Berücksichtigung findet, der in der idealistischen Philosophie und Pädagogik bloße Auswirkung des Gelingens der inneren Bildung ist, zeigt den naturwissenschaftlichen Ausgangspunkt. Allerdings wirkt entscheidend der Einfluß Séguins und wohl auch derjenige Pereiras mit, der als Zeitgenosse Rousseaus und Diderots die lebensweckende und -aufbauende Funktion der Sinne herausgestellt hat. Jener pygmalionhafte Gedanke, der Mensch sei über die Gestaltung und Formung der Sinneseindrücke von Grund auf zu machen und zu ändern, der bei Diderot in seinen »Lettres sur les Aveugles« sowie in den »Lettres sur les Muets« seinen Ausdruck gefunden hat und Rousseau zu seinem Lehrgang zur Schulung der Sinnesfunktion führte, hat ebenfalls ganz entscheidend den Ansatz Montessoris mitgeprägt. Sicherlich ist sie nicht »Naturalistin im Sinne Rousseaus«[52], wie es in vielen Abgrenzungsversuchen heißt; das wäre schon darum nicht möglich, weil Rousseau selber niemals ein Naturalist war. Aber beeinflußt ist Montessori in jedem Falle von jenem Rousseauschen Streben, die ursprünglichen göttlichen Möglichkeiten in einem durchaus religiös gestimmten erzieherischen Schöpfungsakt zu entwickeln (unter weitgehender Zurückstellung deformierender zivilisatorischer Einflüsse).

Die Originalität des Ansatzes von Montessori läßt sich nur klären, wenn man ihn von der Agazzi-Methode abhebt. Die Methode der beiden Schwestern Rosa und Carolina Agazzi gehört zu den bemerkenswertesten Lösungsbeiträgen der Kleinkindererziehung, die darum bedeutsam sind, weil sie unmittelbar im Lebensumkreis von Montessori entwickelt wurden. Bereits 1882 übernahm Rosa Aggazi zusammen mit ihrer Schwester das Asyl (il nuovo asilo) in Mompiano (Brescia), das als das erste »Kinderhaus« Italiens bezeichnet wird[53]. Wie später Montessori, so versucht bereits

---

51 Eine — immer noch ausstehende — Sichtung und Veröffentlichung des Briefwechsels würde diese Annahme vermutlich bestätigen.

52 Vgl. beispielhaft für andere verwandte Stellungnahmen Paul Oswald: Das Kind im Werke Maria Montessoris. Mülheim (Ruhr) 1958, S. 21.

53 P. Pasquali: Il nuovo asilo. Brescia 1903.

Rosa Agazzi durch eine pädagogisch gestaltete Umwelt den Erziehungsprozeß in der frühen Kindheit zu verdichten und zu kontrollieren[54].

Während Montessori den Entwicklungsprozeß durch die genormten didaktischen Materialien einleitet, müssen bei Rosa Agazzi die von den Kindern gesammelten Gegenstände selber diese Funktion übernehmen. Dadurch wird die Anschauung vertieft und die Abstraktion erst unter der Voraussetzung eingehender Anschauung eingeleitet. Der Unterschied besteht allerdings nicht darin, daß die Schwestern Agazzi veranschaulichen wollen und Montessori abstrahieren läßt. Auch bei Montessori spielt die Anschauung eine fundamentale Rolle; von diesem Fundament ausgehend, kommt es ihr aber entscheidend darauf an, den für die geistige Entwicklung bedeutsamen Prozeß des Vergleichens und abstrahierenden Beschreibens didaktisch bewußt und begründet in Gang zu setzen, um ihn nicht unkontrolliert dem Zufall überlassen zu müssen.

Montessori wußte, in weitgehender Übereinstimmung mit den Repräsentanten der Reformpädagogik, daß man von den kindlichen Neigungen und Interessen ausgehen muß, wenn die Erziehung relativ konfliktfrei bleiben soll. Sie weiß aber auch, daß diese Neigungen und Interessen durch Übungen vertieft werden müssen und daß dazu auch die kindliche Verantwortung geweckt und genutzt werden muß. Die Verbindung von Neigung und Interesse, die in vielen reformpädagogischen Richtungen zum ausschließlichen Eckpfeiler der Neuen Erziehung wurde, mit der kindlichen Verantwortung und Disziplin, ist der eigene originäre Ansatz Montessoris.

Das Kinderhaus

Das Kinderhaus ist die dem Kind angemessene »vorbereitete« Umwelt, in der es in eigener Verantwortung sein Leben gestalten kann. In dieser kindgerechten Welt ist alles Zuhandene — Schränke, Tische, Stühle, aber auch Farbe, Ton, Architektur — in Gestaltung und Anmutung auf die Lebenseinstellung des Kindes eingestimmt. Das Kind hat diesen Raum verantwortlich auszufüllen, um über die Aufgaben des Ordnunghaltens und -gestaltens wie über eine »Leiter« den Weg zur Selbstverwirklichung zu finden. Die dazu notwendige Freiheit bleibt gebunden an die Verantwortbarkeit und die Selbstdisziplin.

Freiheit und Disziplin stehen in unmittelbarer Wechselwirkung, und das eine ist ohne das andere nicht zu verwirklichen. Disziplin ist daher nicht etwas von außen Auferlegtes, vielmehr der überall erfahrbare Anruf, für die Wahrung der Freiheit frei zu werden. Das ist die Funktion der »aktiven Disziplin« — im Gegensatz zur »passiven«, die nur reglementiert und daher unfrei macht. Darüber heißt es: »Wir nennen einen Menschen diszipliniert, wenn er Herr seiner selbst ist und folglich über sich selbst gebieten kann, wo es gilt, eine Lebensregel zu beachten.«[55]

---

54 Rosa Agazzi: Guida per le educatrici dell'infanzia. Brescia 1932.

55 Die Entdeckung des Kindes. A. a. O., S. 57.

Der für die Selbstbestimmung entscheidende Gedanke, daß erst unter dem selbstgefundenen und -bestimmten Gesetz Freiheit möglich ist, den Rousseau in seinem »Allgemeinwillen« (volontée générale) thematisierte und der über Kant und Pestalozzi so sehr auf die Pädagogik der Gegenwart gewirkt hat und den Montessori bei Benedetto Croce hätte erfahren können, wird von ihr nicht ausdrücklich formuliert. Um die Jahrhundertwende herrschten in der italienischen Philosophie zwar die positivistischen Richtungen vor; aber daneben waren der Idealismus und der Neukantianismus durch Alessandro Chiapelli, Bernardino Varisco und Benedetto Croce vertreten. Es ist nicht wahrscheinlich, daß sich Montessori entschieden mit ihnen auseinandergesetzt hat. Dennoch läßt sie die Kinder aktiv an der Gestaltung ihres Lebensrahmens, seiner Ordnung und Gesetzlichkeit, mitwirken, so daß der Gedanke der sittlichen Autonomie durchaus gewahrt ist.

Aber einen anderen erzieherisch wichtigen Gesichtspunkt, der in der Pädagogik häufig zu kurz kommt, berücksichtigt sie um so stärker: das lebenspraktische Einüben dieser Einstellung. Dem dienen die »Übungen des täglichen Lebens« — »exercices de la vie pratique«, wie sie in der Diktion der zuerst in Frankreich gehaltenen Vorträge heißen[56]. Dazu gehören einerseits die »Gedulds«-, »Genauigkeits«- und »Wiederholungsübungen«, die alle als Formen der Konzentration auf Sammlung und Zielgerichtetheit abgestimmt sind. Wichtig ist, daß es sich täglich um eine wirkliche »Arbeit« handelt und nicht nur um Beschäftigungen oder Spielereien. Ergänzt werden die Übungen durch Formen des Stilleseins und des Meditierens, die zugleich den Übergang von der äußeren zur inneren Bildung markieren.

Wie sehr es Montessori auf die Erwirkung einer Haltung und weniger auf den Erwerb von Fertigkeiten ankommt, bringt sie wiederholt zum Ausdruck; so schreibt sie, daß die »große Arbeit« über die Kontemplation in eine Haltung einmünde: »das disziplinierte Verhalten wird zur Haltung«[57].

Darin erblickt sie wiederum die eigentliche Aufgabe des Kinderhauses: »Angelpunkt, Mitte dieses Aufbaus der Persönlichkeit war die freie Arbeit, die den natürlichen Bedürfnissen des inneren Lebens entspricht. Daher zeigt sich die freie *intellektuelle* Arbeit als Basis für die innere Disziplin. Die Haupterrungenschaft der ›Kinderhäuser‹ besteht darin, die Disziplin der Kinder zu erreichen.«[58] Diese Feststellung wird aus der Sicht der religiösen Erziehung ausdrücklich bekräftigt: »Das erinnert an die Ratschläge, die die katholische Kirche gibt, um die Kraft des geistigen Lebens zu erhalten: d. h., einer Zeit ›innerer Konzentration‹ folgt die Möglichkeit, über ›moralische Kräfte‹ zu verfügen. Die moralische Persönlichkeit muß aus der methodischen ›Meditation‹ ihre festigenden Kräfte nehmen, ohne die der *innere Mensch* zersplittert

56 Schule des Kindes. A. a. O., S. 105.
57 A. a. O., S. 105.
58 A. a. O., S. 107.

und unausgeglichen ist, nicht Herr seiner selbst sein und nicht für edle Zwecke über sich selbst verfügen kann.«[59]

In diesem Zusammenhang stellt sich wie bei Rousseau die »Hilfe für Schwache, Alte und Kranke« als wichtige Aufgabe während der Entwicklungsphase, in der die »moralischen Beziehungen«[60] die zweite, die sittliche Geburt des Menschen, bezeichnen. Sie wird von Montessori in die Adoleszenz gelegt, aber bereits im Kinderhaus vielfältig vorbereitet. Daher kommt dem ersten kindlichen Tun in physischer und moralischer Hinsicht schicksalhafte Bedeutung für die gesamte weitere Entwicklung zu.

Die in der Entwicklungsphase der frühen Kindheit enthaltene sensitive Phase muß als einmalige und unwiederbringliche Entwicklungschance genutzt werden. Dazu gehört für Montessori auch die soziale Erziehung, denn die Selbstbestimmung muß ihr Maß am anderen finden, wenn sie den einzelnen als soziales Wesen vervollkommnen soll. Unter der Überschrift »Die Disziplin im Kinderhaus« beschreibt Montessori im Schlußkapitel des Buches »Die Entdeckung des Kindes« diesen Vorgang: »Niemanden bedrückt das Gut des anderen, vielmehr ist der Triumph des einen die Verwundung und die Freude der anderen; oft schafft er Nachahmer voll guten Willens. Alle scheinen glücklich und zufrieden, zu tun, ›was sie können‹, ohne daß das *Tun* der anderen zu Neid und peinlichem Wetteifer führt, ohne daß es eitlen Stolz erweckt. Der Dreijährige arbeitet friedlich neben dem Siebenjährigen, genau wie der Kleine damit zufrieden ist, nicht so groß zu sein, und den Älteren nicht darum beneidet. Alles wächst in tiefstem Frieden.«[61]

Diesem Wachsen in tiefstem Frieden zu höchster Verantwortung sollen letztlich auch die didaktischen Materialien dienen. Als konstitutiver Teil der »vorbereiteten Umwelt« sind sie ebenfalls methodisch vorgeformt, so daß das frei wählende Kind in eine geistig präformierte Situation gerät, deren Intention es aufnehmen muß. Am deutlichsten wird dieser Sachverhalt an den Einsatzzylindern, die sich nach Größe und Breite unterscheiden, so daß nur ein Beschäftigungsablauf möglich ist und ein Abgleiten davon durch das Nichtpassen dem Kinde einsichtig wird.

Die didaktischen Materialien

Die Form methodisch gelenkter kindlicher Aktivität, die sich in der Selbstkontrolle den Grad der Bündigkeit des Tuns vergegenwärtigen kann, ist ein Grundprinzip der Materialien. Bei den Schreitübungen auf den großflächigen und variantenreich angeordneten Kreisen bekommt das Kind ein voll gefülltes Schälchen mit blauer oder roter Tinte in die Hand, das durch Überlaufen anzeigt, daß der Bewegungsablauf nicht koordiniert war und das Schrittmaß nicht graziös genug erfolgte. So werden alle körperlichen Fähigkeiten bewußt geübt.

59 A. a. O., S. 104.
60 Von der Kindheit zur Jugend. A. a. O., S. 33.
61 Die Entdeckung des Kindes. A. a. O., S. 333.

Jeder Sinnesfunktion entspricht ein besonderes Übungsmaterial, das in seiner Wirkung wiederum durch Ausschaltung einzelner Sinne verstärkt werden kann, so daß etwa das Tasten verschieden gemaserter Hölzer oder unterschiedlich gewebter Stoffe mit verbundenen Augen vorgenommen wird.

Die Einbindung dieser Aktivitäten in den Rahmen der Gruppe sowie die Beschreibung des jeweiligen Tuns erhöht ihre sozialerzieherische Relevanz. So wird es zu einer Wechselwirkung der Aktivitäten des Kindes kommen oder wie Montessori formuliert: es »müssen sich das praktische und soziale Leben tief mit seiner Bildung verbinden«[62].

Was von Helen Parkhurst gilt, hat für Montessori als deren Lehrerin eine noch größere Gültigkeit: Die Wahrung der sozialerzieherischen Möglichkeit — allerdings in anderer Akzentuierung als in soziologistisch orientierten Erziehungskonzepten, die ihre eigene Problematik haben. Dieser Hinweis sollte als Richtigstellung[63] gegenüber jenen Deutungen gesehen werden, die die Pädagogik von Helen Parkhurst und Maria Montessori einseitig als individualistisch abtun.

Das didaktische Material soll »wie eine Leiter« wirken, wie Maria Montessori mehrfach formuliert, die dem Kinde die eigenständigen Schritte zur Selbstverwirklichung erlaubt. Diesem Material ist gleichsam der Geist eigen, durch den das Kind geprägt werden soll.

»Unter diesem Gesichtspunkt ist das Sinnesmaterial sicherlich als ›materialisierte Abstraktion‹ zu betrachten.« Und über den Prozeß der Auseinandersetzung heißt es »Hat das kleine Kind das Material vor sich, dann stellt es sich mit jener konzentrierten, ernsthaften Arbeit darauf ein, die aus seinem Bewußtsein den besten Teil herauszuziehen scheint. Es sieht wirklich so aus, als seien die Kleinen dabei, die höchste Eroberung zu machen, zu der ihr Geist in der Lage ist: das Material erschließt ihrem Verstand Wege, die ihnen sonst im kindlichen Leben unzugänglich wären.«[64]

Die Erzieherin kann daher aus dem Zentrum des erzieherischen Prozesses an die Peripherie zurücktreten. Ihre wichtige Aufgabe ist die Beobachtung im Geiste der Naturwissenschaften — gepaart mit dem intuitiven Gespür für Entwicklungsmöglichkeiten und -notwendigkeiten. Diese Entwicklung muß in wissenschaftlicher Verantwortung gefördert werden.

---

62 Von der Kindheit zur Jugend. A. a. O., S. 38. — Dies.: Das kreative Kind. A. a. O. (Darin: Soziale Entwicklung, S. 199).

63 Die Richtigstellung hinsichtlich Montessori und Parkhurst erfolgte bereits in meinen früheren Darstellungen: Schule und Bildung im internationalen Gespräch. Frankfurt a. M. 1966, S. 57. — Die progressive Erziehungsbewegung. A. a. O., S. 143. Eine grundsätzliche Erörterung dieses Fragenkreises erfolgt bei Paul Oswald: Das Kind im Werke Maria Montessoris. A. a. O. — Winfried Böhm: Maria Montessori. A. a. O., S. 86.

64 Die Entdeckung des Kindes. A. a. O. S. 197, 198.

Hier setzen zugleich die Begründungsversuche einer wissenschaftlichen Pädagogik ein. Sie bestehen für Montessori wesentlich in einer sinnvollen Übertragung der Experimentalwissenschaften auf den erzieherischen Rahmen oder, wie sie angesichts der besonderen Struktur des Feldes formuliert: der »Beobachtungswissenschaften«[65]. Die Erfüllung dieser Aufgabe schließt einmal eine entsprechende Ausbildung der Erzieher (innen) und Lehrer(innen) ein und zum andern eine derartige Ausgestaltung des erzieherischen Rahmens, daß er wissenschaftlich zu kontrollieren ist. »Die Möglichkeit, die Entwicklung des psychischen Lebens des Kindes wie Naturphänomene und wie Versuchsreaktionen zu beobachten, verwandelt *die Schule selbst* in Tätigkeit, in eine Art wissenschaftlichen Raum zum psychogenetischen Studium des Menschen.«[66]

Die Grundtugend des genauen Beobachtens, die bereits Rousseau als wichtigste Qualifikation des Erziehers beschrieb, setzt neben der genauen Kenntnis der Natur des Kindes Exaktheit in der Wahrnehmung und Beschreibung voraus. Darin erblickt Montessori einen »neuen Typ der Lehrerin«: »Statt des Redens muß sie das Schweigen lernen; statt zu unterrichten muß sie beobachten; statt der stolzen Würde dessen, der unfehlbar erscheinen will, muß sie das Kleid der Demut anlegen.«[67] Diese distanziert engagierte Form des Beobachtens ist keine Naturgabe; sie will vielmehr eingeübt werden; »... und darin liegt die wahre Einführung in die Wissenschaft. Denn wenn die Vorgänge nicht *gesehen* werden, ist es, als ob sie nicht bestünden. Die *Seele des Wissenschaftlers* hingegen ist ganz erfüllt von einem leidenschaftlichen Interesse für das, was er sieht. Wer gelernt hat zu sehen, beginnt sich zu interessieren. Und dieses Interesse ist die Antriebskraft, die den wissenschaftlichen Geist erzeugt.«[68]

Montessori schwebt ein Verfahren vor, das in gegenwärtiger Diktion als hermeneutisch-empirisch zu bezeichnen wäre. Selbst ist sie indessen wohl keinem dieser Ziele ganz nahegekommen. Die experimentelle Anlage ihrer Arbeit ist weder in ihren wissenschaftstheoretischen Voraussetzungen noch in der Auswertung so vorgenommen worden, daß sie intersubjektiv nachprüfbar wäre. Ihre Beschreibungen sind nicht frei von subjektiven Tönungen und ihre Folgerungen häufig affirmativ oder gar apodiktisch.

Dennoch war sie eine vorzügliche Gestalterin erzieherischer Situationen — häufig sicherlich mehr als Ausdruck ihrer anregenden Persönlichkeit als ihrer methodisch-didaktischen Reflexion. Ihre Beobachtungsgabe war sicher geleitet und geläutert durch den Katalog naturwissenschaftlicher Objektivierungsmaßnahmen — in ihrem Kern aber eine persönlich gefaßte und gepflegte Naturgabe des Heraus- und Zu-Ende-Schauens der erzieherischen Vorgänge.

---

65 Schule des Kindes. A. a. O., S. 125

66 A. a. O., S. 120.

67 A. a. O., S. 123.

68 A. a. O., S. 125, 126.

So sind auch die von ihr beschriebenen erzieherischen Phänomene und die daraus gezogenen Folgerungen zu verstehen. Das kleine Mädchen, das 44mal mit dem Einsatzzylinder hantiert und schließlich beglückt aufhört, wird weder in seinen geistig-sozialen Vorbedingungen noch in seiner weiteren Entwicklung beschrieben. Ähnlich verfährt Montessori mit den früheren und weiteren Phänomenen, Erweckungen und »Explosionen«. Gemessen an ihren eigenen wissenschaftstheoretischen Prämissen — so allgemein sie auch sein mögen — kann Montessori kaum bestehen. Der Erfolg ihrer Arbeit beruht vielmehr auf anderen Tugenden: neben der Demut und Geduld auch auf der (von ihr wiederholt beschriebenen) Ergriffenheit durch das Wunder des Lebens.

Diese sich vom genau Beobachteten abhebende Imagination ist im Grunde eine philosophische Lebenshaltung. Trotz aller Kritik Montessoris an der Philosophie und der philosophischen Pädagogik übernimmt sie selber diese Einstellung. Von der Notwendigkeit einer künftigen Ausbildung der Lehrer im Rahmen eines Praktikums ausgehend, heißt es von der Praxis der Biologie- und Medizinstudenten und der Rolle des Mikroskops: »Dabei fühlten sie während der Beobachtung am Mikroskop jene Ergriffenheit durch das Wunder in sich aufsteigen, die das Bewußtsein erweckt und mit leidenschaftlicher Begeisterung auf die Mysterien des Lebens lenkt.«[69]

Diese Sensibilisierung für die »Mysterien des Lebens« ist die andere wichtige Seite der wissenschaftlichen Grundhaltung Montessoris. Wer seine Deutung auf nur eine dieser Seiten festlegt, kommt aus den ärgerlichen Widersprüchen nicht heraus und wird den Streit[70] fortsetzen, an dem es in der Montessoriauslegung nicht mangelt und der sich selbst unter Einschätzung der beiden scheinbar kontradiktorischen Seiten nicht vermeiden lassen wird.

Manche Aussagen und Folgerungen von Maria Montessori erinnern eher an den philosophierenden Pestalozzi als an die zurückhaltende Deskription einer Medizinerin. Aber gerade diese Doppelseitigkeit, die ihren Aussagen häufig seherische Kraft, aber zuweilen auch Doppelsinnigkeit verleiht, hat viel zu ihrer weltweiten Wirkung beigetragen, die in Indien nicht geringer ist als in Europa. Bezeichnenderweise war dieser Einfluß dort am unmittelbarsten, wo er durch die Kraft ihrer Persönlichkeit in Gestalt von Vorträgen und Kursen eingeleitet wurde und über eine gewonnene und sich selbsterneuernde Jüngerschaft fortsetzt.

Die Doppelsinnigkeit des Anschauungsprinzips

Maria Montessori spricht nicht nur von einem ABC der Anschauung, sondern sie entwickelt auch einen Anschauungsbegriff, der manche verwandte Züge mit demjenigen Pestalozzis trägt. So mahnt sie hinsichtlich der didaktischen Materialien, daß die

---

69 A. a. O., S. 133.

70 Vgl. hierzu Günter Schulz: Der Streit um Montessori. Freiburg i. Br. 1961 sowie die Wiederaufnahme dieser Thematik bei Winfried Böhm: Maria Montessori. A. a. O., S. 15. — Vgl. dazu auch Karl Gerhards: Zur Beurteilung der Montessori-Pädagogik. In: Die Erziehung. 2. Jg. 1927, S. 293 ff., 360 ff.

»Aufmerksamkeit des Kindes nicht an die Gegenstände gefesselt werden« darf, »wenn der delikate Vorgang der Abstraktion beginnt«[71]. Die didaktischen Materialien sollen vielmehr so konstruiert werden, daß sie über die situative Erfahrung hinausgehend Anregungen zur Abstraktion vermitteln. Soweit diese Materialien den Blick auf das Generelle nicht freigeben, können sie das Kind wie »mit ›Fallstricken‹ an die Erde« binden. Das Kind ist dann »ein Gefangener im Kreise unnützer Dinge«[72].

In ähnlicher Absicht hatte bereits Pestalozzi in »Wie Gertrud ihre Kinder lehrt« u. a. das Beispiel gegeben, man brauche nicht in den Wald zu gehen, um den Baum zu erklären. Der Baum kann als solcher und als Bestandteil eines Lebensraums nur exemplarisch erfaßt bzw. vermittelt werden. In durchaus verwandter Sichtweise heißt es bei Montessori: »In ihrem Gesamt wiederholt die Welt mehr oder weniger immer dieselben Grundbegriffe. Wenn man z. B. das Leben der Pflanzen oder der Insekten in der Natur studiert, hat man mehr oder weniger eine Vorstellung vom Leben der Pflanzen und der Insekten in der ganzen Welt. Niemand kennt *alle* Pflanzen. Es genügt, eine Kiefer zu sehen, um sich vorzustellen, wie alle anderen Kiefern leben.«[73]

Diesen Gedanken fortführend heißt es an anderer Stelle: »Ist es nötig, wenn man auf einen Fluß oder einen See stößt, alle Flüsse und Seen der Welt zu sehen, um zu wissen, was das ist?« Sowohl der Gedanke als auch seine sprachliche Gestaltung stimmen überraschend mit Pestalozzi überein. So warnt Montessori auch ganz im Sinne Pestalozzis vor einer Vernachlässigung der Anschauung. »Keine Beschreibung, kein Bild, kein Buch kann das wirkliche Leben der Bäume mit dem ganzen Leben, das sich um sie herum in einem Wald abspielt, ersetzen.«[74]

Ihre Folgerung aus der Analyse des Anschauungsprozesses klingt ebenfalls durchaus pestalozzisch: »Das Zuviel schwächt und verzögert den Fortschritt.«[75] Der Gegenstand muß vielmehr die »Aufmerksamkeit« so lenken, daß sie sich abstrahierend von ihm abheben kann »wie Flugzeuge nach ihrem kurzen Lauf auf der Erde«[76].

Dazu ist es wiederum fundamental wichtig, »die Zustimmung der inneren Aufmerksamkeit« zu erwirken. Aus diesem Grunde gilt es, die Motivationsbasis des didaktischen Materials so zu strukturieren, daß sie das Bewußtseinsfeld und den Erwartungshorizont des Kindes erreicht. Bezeichnenderweise erläutert Montessori diesen Prozeß an dem verwandten, aber auf einer anderen Ebene ablaufenden Glaubensakt: »Es reicht . . . nicht, zu *sehen, um zu glauben; man muß glauben, um zu sehen.*« Und an anderer Stelle heißt es: »Man erklärt oder *zeigt* vergebens eine Tatsache und sei es auch eine außerordentliche, wenn der *Glaube* nicht vorhanden ist: Nicht die Evidenz, sondern der Glaube läßt die Wahrheit eindringen.«[77]

71 Maria Montessori: Schule des Kindes. A. a. O., S. 80.
72 A. a. O., S. 80.
73 A. a. O., S. 80.
74 Von der Kindheit zur Jugend. A. a. O., S. 44, 45.
75 Schule des Kindes. A. a. O., S. 80.
76 A. a. O., S. 79.
77 A. a. O., S. 216, 217.

Dabei kann kein Zweifel darüber bestehen, daß sie diese Form des Glaubens als ein inneres Wissen und ein Besser-Sehen in seinem Lichte durchaus mit ihrem Wissenschaftsbegriff vereint. Dieser Ansatz war im Keim immer angelegt[78]; er wird bewußter ausgefaltet nach der Auseinandersetzung mit der Theosophie, die sie im Rahmen der Theosophischen Gesellschaft in England kennenlernte, die Beatrice Ensor zum Ausgangsplateau für die Gründung der New Education Fellowship wählte sowie durch die Theosophische Gesellschaft in Indien, die Montessori 1939 zu Vorträgen nach Adyar (Madras) einlud; durch den Ausbruch des Krieges wurde daraus ein Aufenthalt von nahezu sieben Jahren. Die seit 1907 ausdrücklich geführte Auseinandersetzung mit dem Katholizismus und den Formen der Liturgie hatte die Pläne einer pädagogischen Ordensgründung und die religionspädagogischen Studien zur Folge.

Selbstentfaltung durch Selbsttätigkeit

Einer der Schlüsselbegriffe der Montessori-Pädagogik ist die »Selbsttätigkeit«. »Der Mensch ist das, was er ist, nicht wegen der Lehrer, die er hatte, sondern durch das, was er selbst bewirkt hat.« In anderem Zusammenhang gebraucht sie sogar das Bild von der »Selbsterschaffung«. Diese Selbstentfaltung durch Selbsttätigkeit gilt sowohl von den Sinnesfunktionen und den geistig-seelischen Funktionen als auch von der Koordination aller Wesensseiten des Menschseins in der Personalisation.

Dieser Prozeß kann nur in Freiheit gelingen — Freiheit allerdings verstanden in ihrem Wechselverhältnis von Disziplin und Verantwortbarkeit. Kinder besitzen noch ein unmittelbares Gespür für die Form der Selbstverwirklichung durch Selbsttätigkeit. »Die Kinder scheinen ihr inneres Wachstum zu ›empfinden‹, sich der Errungenschaften, die sie selbst größer werden lassen, bewußt zu sein. Sie beweisen äußerlich durch die Zunahme von Freude, daß in ihnen etwas Höheres vorzugehen begonnen hat.«[79] In der Mehrzahl der von Montessori angeführten Beispiele wird der hohe Grad der Selbstbefriedigung in der selbsttätigen Selbstverwirklichung beschrieben. Sie kann daher geradezu sagen: »Dieses Sich-Bewußtwerden erzeugt eine Mündigkeit. Gebt dem Kinde das Gefühl für seine eigene Würde und es wird sich frei fühlen und seine Arbeit wird es nicht mehr belasten.«[80]

Freiheit bleibt so ein Aufgegebenes, das schrittweise erworben sein will und im Grade der Selbstverwirklichung wächst. Alle sind aufeinander angewiesen und vermögen sich daher auch nur interdependent zu verwirklichen. Dieser Prozeß läuft in der vollen Helle des Bewußtseins ab und bedarf der Mitwirkung aller menschlichen Qualifikationen, die dabei zugleich eine Potenzierung erfahren. Diese Selbstentfaltung mündet ein in die Selbsterziehung — »Autoeducatione« — als eigentliches Ziel des Prozesses. Darauf beruht zugleich die stille Sammlung und meditative Konzentration, das

---

78 Vgl. hierzu Günter Schulz: Der Streit um Montessori. A. a. O., S. 110 sowie Winfried Böhm: Maria Montessori. A. a. O., S. 134.

79 Schule des Kindes. A. a. O., S. 92, 93.

80 Von der Kindheit zur Jugend. A. a. O., S. 40.

versonnene Verweilen und zugleich Angespanntsein bei der Lösung des jeweiligen Problems.

Damit ist bereits das angesprochen, was Montessori mit dem Begriff des »absorbierenden Geistes« meint, der zusammen mit dem Begriff der »Normalisation« zu den Schlüsselbegriffen ihres Systems gehört. In ihrer an der Medizin orientierten Sprache bezeichnet sie das Kind als einen »geistigen Embryo«. Damit bringt sie einmal die Stufung des Entwicklungsgangs und zum anderen die Parallelität von geistiger und körperlicher Entwicklung zum Ausdruck. Das Kind ist von Anbeginn ein geistig-seelisches Wesen. Dennoch dominiert nach der Geburt zunächst die Körperlichkeit in ihren Grundbedürfnissen, die nur richtig gestillt werden können, wenn das sie hervorbringende geistig-seelische Wesen gesehen und angenommen wird. »Das Kind muß also von der Geburt an umsorgt werden, vor allem indem es als ein Wesen mit einem psychischen Leben betrachtet wird.«[81]

Diese innere Ausgewogenheit des erzieherischen Ansatzes ist um so wichtiger, als sich sonst durch die erste Prägung in ihrer schicksalhaften Fortwirkung ein einseitiger oder schiefer Erwartungs-, Verstehens- und Handlungshorizont entwickeln kann. Die ersten Eindrücke sind nicht nur bleibend, vielmehr bilden sich Entwicklungsstrukturen, mit denen jede künftige Erfahrung verarbeitet und eingeordnet wird.

Das Kind ist von Anbeginn auch das weltoffene Wesen. Daher ist es auch das zutiefst gefährdete Wesen, das von dieser Linie abfallen kann im Gegensatz zum Tier, das durch das Eingeklinktsein in sein Instinktinstrumentarium gesichert bleibt, aber auch keine Freiheit hat, die erworben sein will. *»Der Mensch hat im Gegensatz zum Tier keine festkoordinierten Bewegungen. Er muß alles aus sich selbst aufbauen: Er hat nicht Ziele, sondern er muß sie suchen.«*[82] In dieser Auffassung gibt es manche Verwandtschaft Montessoris mit der modernen Anthropologie, die sie von ihren Anfangsgründen bei Franz Boas und Ruth Benedict sehr bewußt zur Kenntnis genommen und auch verarbeitet hat. Davon zeugt bereits ihr erstes dieser Frage gewidmetes Werk »Antropologia Pedagogica« (Milano 1910), das die anthropologische Orientierung ihres Denkens markiert.

In diesem Kontext bedeutet das Sprechen vom »psycho-embryonalen Leben«, daß in Analogie zum »physischen Embryo« auch die geistig-seelische Welt im Umsatz von Eindruck, Erlebnis und Erfahrung schrittweise aufgebaut sein will. Dabei kommt der Umwelt und ihrer erzieherischen Strukturierung eine nicht minder große Bedeutung zu wie der Nahrungsaufnahme während der pränatalen Phase. »Die Erziehung hat als erstes die Aufgabe, dem Kind eine Umgebung zu schaffen, in der es die Möglichkeit hat, die ihm von der Natur zugeteilten Funktionen zu entwickeln. Das bedeutet nicht nur, das Kind zu befriedigen und ihm zu erlauben, das zu tun, was ihm gefällt, sondern wir müssen bereit sein, mit einem Befehl der Natur zusammenzuarbei-

---

81 Das kreative Kind. A. a. O., S. 61.
82 A. a. O., S. 67.

ten, mit einem ihrer Gesetze, das vorschreibt, daß sich die Entwicklung durch die Erfahrungen in der Umwelt entwickelt.«[83]

Der »absorbierende Geist« ist Bildungsfähigkeit, -empfänglichkeit und -trächtigkeit zugleich. Er bedeutet ein Gerichtet- und Eingestimmtsein auf die Vorgänge der Lebenswelt, so daß das, was aus ihrer Vielfalt erziehungswirksam wird, durchaus von der Erziehungs- und Personalgeschichte abhängt: »... in allem bahnt die psychische Entwicklung die Abenteuer des Lebens an.«[84] Wichtig bleibt, daß Eindruck und psychisches Geöffnetsein sich ergänzen, so daß Erziehungsanmutung und sensitive Grundrichtung der Phase übereinstimmen.

In den Umkreis dieser anthropologischen Fragen gehört daher auch das Konzept der sensitiven Phasen. Montessori hat es im Anschluß an die Entdeckung der »Empfänglichkeitsperioden« für Lernvorgänge bei Tieren durch den holländischen Biologen De Vries formuliert[85]. Die sensitiven Phasen umschreiben derartige Empfänglichkeitsperioden für Lernvorgänge in der Begegnung mit der Umwelt. Es handelt sich um ein entwicklungsspezifisches inneres Gerichtetsein auf die Umwelt zur Bewältigung immanent gesetzter Aufgaben, deren Lösung erst Reifung ermöglicht. So gibt es die sensiblen Phasen für die Erlernung der Sprache, der Soziabilität u. a., die in zeitgerechter Nutzung intensive Lernprozesse freisetzen. Soweit sie verpaßt werden, sind unwiederbringliche Lebensmöglichkeiten vertan.

Die Erfüllung des in und mit der sensitiven Phase für den »geistigen Embryo« Aufgegebenen zieht ein »Wonnegefühl« nach sich — während das Verpassen zu »Launen« und »inneren Konflikten«[86] führt. Montessori vergleicht die Empfänglichkeitsperiode in ihrer bildhaften Sprache, die zugleich medizinisch-naturwissenschaftlich und anthropologisch-theologisch zu veranschaulichen versucht, mit einem »göttlichen Anhauch«, »der die tote Materie durch den Geist belebt«[87]. »Auf Grund dieser Empfänglichkeit vermag das Kind einen außerordentlich intensiven Zusammenhang zwischen sich und der Außenwelt herzustellen und von diesem Augenblick an wird ihm alles leicht, begeisternd, lebendig. Jede Anstrengung verwandelt sich in einen Machtzuwachs. Erst wenn während einer solchen Empfänglichkeitsperiode die entsprechende Fähigkeit errungen worden ist, senkt sich ein Schleier der Gleichgültigkeit und Müdigkeit über die Seele des Kindes.«[88]

---

83 A. a. O., S. 82, 83.

84 A. a. O., S. 69.

85 Kinder sind anders. Stuttgart 1952, S. 61.

86 A. a. O., S. 65, 68.

87 A. a. O., S. 68.

88 A. a. O., S. 64. — Diese »Empfänglichkeitsperioden« sind unabhängig von Montessori in der anthropologischen Literatur wiederholt aufgewiesen worden — insbesondere bei Konrad Lorenz: Über tierisches und menschliches Verhalten. Aus dem Werdegang der Verhaltenslehre. Gesammelte Abhandlungen Bd. II. München 1965, S. 142. — Bernhard Hassenstein: Das spezifisch Menschliche nach den Resultaten der Verhaltensforschung. In: Neue Anthropologie. Hrsg. von Hans-Georg Gadamer, Paul Vogler. Bd. 2. Biologische Anthro-

Soweit die Konsistenz dieses Prozesses gestört ist, kommt es zu Deviationen – Mißstimmungen, Störungen, Fehlverhalten. Die in innerer und äußerer Übereinstimmung verlaufende Entfaltung kann aber auch zu stetig wachsender Unabhängigkeit führen: »Dort, wo keine Merkmale von Regression auftreten, zeigt das Kind Neigungen, die klar und energisch auf die funktionelle Unabhängigkeit ausgerichtet sind ... Im Individuum ist eine vitale Kraft tätig, die es zu seiner Entfaltung führt. Diese Kraft wurde von Percy Nunn als *Horme* bezeichnet.«[89]

»Horme« als das vitale Grundstreben nach Selbstverwirklichung und Selbstbetätigung vergleicht Montessori auch mit der »Libido« Freuds und dem »élan vital« Bergsons. Sie versteht es als den Lebenswillen, der das Kind einerseits über die Selbsttätigkeit zur Selbsterziehung führt und andererseits dadurch die Entwicklung der Menschheit vorantreibt, »wie der Pfeil, der vom Bogen abgeschossen wird und sich gerade, sicher und voller Kraft vorwärtsbewegt«[90].

Daraus resultiert zugleich die große Erwartung Montessoris hinsichtlich einer Erneuerung der Erziehung im Sinne ihrer Ideen. Das Kind ist ihr Verheißung und Unterpfand zugleich für die Erziehung des »neuen Menschen«. Diese hohe Erwartung kommt einer Heilsbotschaft gleich. Daran knüpft sich die Hoffnung der Erneuerung und Vollendung: »Wenn Hilfe und Rettung kommen können, werden sie nur vom Kind ausgehen, denn das Kind ist der Erbauer des Menschen. Dem Kinde sind unbekannte Kräfte mitgegeben, die in eine bessere Zukunft führen können. Wenn wirklich eine Erneuerung angestrebt werden soll, muß die Entwicklung der Potenzen, die im Menschen liegen, Aufgabe der Erziehung sein.«[91]

Dieser Glaube an die dem Menschen eigenen Potenzen, die durch den »absorbierenden Geist« in erzieherisch richtiger Entfaltung eine Steigerung erfahren, ist einer der Grundpfeiler der Pädagogik Montessoris. Die zweite tragende Größe ist der Versuch, diesen Prozeß in wissenschaftlicher Verantwortung zu gestalten, seine Weichen- und Umsatzstellen zu erkunden, um ihn indirekt um so besser steuern zu können. Dieser Prozeß wird nicht geradlinig gedacht, vielmehr dynamisch, explosiv von Erwekkungen, Erleuchtungen, Mutationen und schöpferischen Synthesen unvorhergesehen auf ein neues Entwicklungsplateau gehoben. So schreibt Montessori: »Die Entwicklung ist eine Aufeinanderfolge von Geburten.«[92]

In diesem Sinne ist ihr eigenes Leben und die Entfaltung ihrer Lehre von Begegnungen, Erleuchtungen und Wiedergeburten abhängig gewesen; oft waren die Begegnun-

---

pologie. Zweiter Teil. Stuttgart 1972, S. 63. – Irenäus Eibl-Eibesfeldt: Stammesgeschichtliche Anpassungen im Verhalten der Menschen. In: Neue Anthropologie. A. a. O., S. 51. – Vgl. hierzu Rudolf Lassahn: Montessori-Pädagogik im Lichte neuer Forschung. In: Pädagogische Rundschau. 32. Jg. 1978, S. 480.

89 Kinder sind anders. A. a. O., S. 77.

90 A. a. O., S. 77.

91 A. a. O., S. 52.

92 A. a. O., S. 16.

gen mit Wesensverwandten weitaus bedeutsamer als die Auseinandersetzung mit der fixierten Lehre. Die Fruchtbarkeit ihres eigenen Werks beruht letztlich ebenfalls auf der Wirkung des hormischen Prinzips in Leben und Lehre. Das kontrollierte Hineinwirken in die Welt in der Wechselwirkung zwischen einer Theorie, die ihre Selbstbestätigung in der Praxis sucht sowie einer Praxis, die in wissenschaftlichem Geleit gestaltbar wird und ihre Vervollkommnung findet, ist der Grund für die Wirksamkeit des pädagogischen Konzepts Maria Montessoris.

b. Der Gedanke einer Lebenspädagogik bei Ovide Decroly

Die medizinische Orientierung

Die Richtung einer medizinisch orientierten Pädagogik wird auch von Ovide Decroly (geb. 1871 in Renaix, gest. 1932 in Brüssel) vertreten[93]. Dabei ist es bezeichnend, daß er wie Maria Montessori Arzt ist und seine entscheidenden Anregungen von Itard und Séguin empfangen hat. Noch in seinem Schülerkreis — insbesondere bei Alice Descœudres — ist der Versuch lebendig, die Lernspiele Itards zu adaptieren und den Lernprozeß über die Übung der Sinnesfunktionen einzuleiten[94].

Decroly und Montessori haben sich während der Konferenzen der New Education Fellowship kennengelernt — allerdings erst in den 20er Jahren nach Abschluß ihrer wichtigsten Arbeiten. Wie Montessori versucht auch Decroly eine wissenschaftliche Begründung der Pädagogik in Analogie zu den Experimentalwissenschaften. In diesen Begründungsversuch bezieht Decroly die Psychologie ein. Er beginnt mit einer Kritik an den Einteilungskriterien für die psychologischen Typen, insbesondere an der Klassifizierung der Anormalen in Debile, Imbezile und Idioten. Da hier nur das intellektuell Irreguläre in Gestalt einer verbalen Intelligenz zugrunde gelegt wird, sucht Decroly nach einem weiterführenden Ansatz.

Als vorzüglicher Kenner der pädiatrischen Problematik und der frühkindlichen Erfassungsmethoden ergänzt er den Binet-Test durch einen nichtverbalen Test (Les tests non verbaux), der stärker die praktische Begabung, Um- und Einstellungsfähigkeit sowie die Intelligenz der Hand berücksichtigt[95]. Der Mensch als Lebewesen und seine Erziehung im Umkreis seiner Lebenswelt ist das Forschungsfeld einer Pädagogik, die sich an einem anthropologisch-psychologischen Konzept zu orientieren hat.

---

93 Vgl. Amélie Hamaïde: Die Methode Decroly. A. a. O.

94 Vgl. Alice Descœudres: L'éducation des enfants arriérés. Neuchâtel et Paris [4]1948. (Darin das Kapitel: Jeux pour l'éducation des sens, S. 52).

95 Vgl. Ovide Decroly: Classifications des enfants anormaux. Rapport présenté au Congrès des Instituteurs. Liège 1905. — Ders.: Les frontières anthropométriques des anormaux, d'après M. Binet, appliquées à des enfants arriérés de Bruxelles. In: Ann. Sov. royale des Sciences nat. et méd. de Bruxelles. Tome XIV, 1905.

Die Lebensschule

Verständnisvolle Einführung in das Leben und seine Erscheinungsformen ist auch das umgreifende Ziel der Pädagogik Ovide Decrolys, was schon in der Namensgebung seiner 1907 in Brüssel gegründeten Schule zum Ausdruck kommt: Ecole pour la vie par la vie. Die Erziehung durch das Leben für das Leben soll gewährleistet werden durch die kritische Teilhabe an typischen Lebenserscheinungen im allgemeinen Erfahrungsbereich. Dazu wird in Ergänzung des außerschulischen Erlebnisbereiches die Schule zu einem pädagogisch geformten Lebensraum gestaltet. Der Naturrahmen der Schule Decrolys zieht am entschiedensten die Folgerungen aus der reformpädagogischen Absicht, das pädagogisch gelenkte Leben als Lehrer einzusetzen. Das Ziel ist eine Lebenslehre, die in der Teilhabe am pädagogisch vorgeformten Erfahrungsbereich bewußt wird.

Diese allgemeine Zielsetzung wiederholt sich auch in Inhalt und Gliederung des gesamten Lehrgangs. Ausgehend von den vier Urbedürfnissen der Menschheit (nach Nahrung, nach Schutz vor den Witterungsunbilden, nach Verteidigung gegenüber verschiedenen Gefahren und Feinden, nach Tätigkeit), die den Rahmen für die Interessenzentren abgrenzen, verläuft das Unterrichtsleben nach dem methodischen Dreischritt, der bei jedem Projekt möglichst ganz vollführt werden soll: Beobachtung, Assoziation, Ausdruck. Die Beobachtungen — seien sie nun zufällig oder gelenkt — finden im Schulrahmen vielschichtige Anregung, um ein inniges Verhältnis zu Leben und Natur anzubahnen oder um sie fragend und experimentierend zum Antworten zu bringen.

Dabei zeigt besonders die Stufe der Assoziation die fächerübergreifende Struktur dieser Projekte, die sowohl die aktuell-gelebte Umwelt (le présent), andere Länder mit ihren Erfahrungen, Sitten und Bräuchen (le lointain dans l'espace), als auch vergangene Zeiten bis zu den Anfängen der Menschheitsgeschichte (le lointain dans le temps) einschließen. Dieser heimatkundlich-geographische und historisch-ethnologische Aspekt birgt in seiner Bindung an den kindlichen Erfahrungsraum viele sozialerzieherische Möglichkeiten in der gemeinsamen Materialbeschaffung, der Arbeit und gegenseitigen Hilfe. Schließlich gewährt der Ausdruck eine reiche methodische Artikulation durch die abstrakte Form (Lektüre, Konversation, Auszüge, Niederschrift) und die konkrete Form (Sammlung von Dokumentationen, Herstellen durch Zeichnen, Modellieren, Bauen). Ihren lebendigen Niederschlag finden diese Arbeiten in den Belegheften (cahiers de documentation et d'association), die Ferrière später trefflich als Lebensbücher bezeichnet hat.

Der pädagogische Stellenwert

Viele Querverbindungen bestehen zu der Projektmethode — insbesondere zu ihrer Frühform bei Stephenson und Hotchkiss — und zum gruppenunterrichtlichen Verfahren. Diese Verwandtschaft hat Decroly selbst auf der sechsten Weltkonferenz der New Education Fellowship 1932 in Nizza in seinem Referat über »Les changements de la vie sociale et l'éducation« betont. Dort fordert er in seinen acht vielbeachteten Punkten über die Schule und ihren Beitrag zur Bildung einer Elite, daß sie als Einheitsschule arbeitsunterrichtlich nach der Konzeption von Dewey, Ferrière, Geheeb und anderen orientiert sein müsse und daß die Pflege der Selbsttätigkeit und Individualität darüber hinaus gewährleistet werden sollte durch Berücksichtigung der Grundgedanken des Dalton- und Winnetka-Plans[96]. Darin offenbart sich am deutlichsten der synthetische oder pluralistische Zug der Reformpädagogik, der in allen Konzeptionen dieser Zeit aufweisbar ist — in Deutschland am eindrucksvollsten wohl im Jenaplan Peter Petersens. Aber auch in den bestehenden Reformplänen macht sich zu dieser Zeit das Bedürfnis nach dem Vergleich und der Ergänzung bemerkbar, die im Grunde auch eine Begrenzung der eigenen Konzeption bedeuten, wie die Ausführungen Decrolys zeigen. Decrolys einmalige Sichtweise kommt indessen auch in diesem wichtigen Vortrag zum Ausdruck, der in seinem Grundtenor »L'école unique et la préparation d'élite« für ihn zunächst ungewöhnlich anmutet, wenn er für diese Elite eine gründliche Bildung zur sozialen Verantwortung betont.

Der Unterschied zu allen verwandten Verfahrensweisen besteht bei Decroly in der inneren Geschlossenheit des Lehrgangs, der systematisch die menschlichen Grundfunktionen anspricht. Dabei ist die naturwissenschaftliche Sichtweise unverkennbar, die sicherlich auch zu einer Unterbewertung der ästhetischen Dimension geführt hat. Durch das Anschließen an die elementaren Urbedürfnisse des Menschen wird der positivistische Aspekt des »savoir pour prévoir« stark betont, wobei die Brauchbarkeit und der Lebenserfolg wesentliche Merkmale eines pragmatischen Weltverhältnisses abgeben. Dennoch sollten darüber nicht die innigeren Züge der Andacht vor der Natur und eine Form immanenter Religiosität übersehen werden, wie sie für viele Richtungen der Reformpädagogik kennzeichnend sind. Entscheidend für den Ansatz Decrolys bleibt der Versuch — in Analogie zum naturwissenschaftlichen Schema — auch in der Pädagogik eine strenge Systematik durchzuführen. Gerade dieser systematische Ansatz, der den pädagogischen Raum exakt anordnend und beobachtend zum Experimentierfeld erhebt, hat ihm bis in unsere Tage eine breite Nachfolge im sonst reformpädagogisch sehr zurückhaltenden romanischen Bereich gesichert. Wenn diese Nachfolge oft epigonenhaft buntscheckig ist, so liegt das wesentlich am Fehlen des kodifizierenden pädagogischen Hauptwerks, das auch nicht ersetzt werden konnte durch die bewahrende und ausbreitende Aktivität seines Schülerkreises — vornehmlich aber von Amélie Hamaïde, seiner Biographin und ersten Wahrerin der Schultradition in der »Rue de l'Ermitage«.

Wie stark die menschliche und erzieherische Ausstrahlung dieser positivistisch orientierten Pädagogik ist, davon zeugt der Schüler Decrolys, Gaston Mialaret, der in seiner Rede während der »Journée d'Hommage au Docteur Decroly« im Rahmen der World Education Fellowship 1971 sein Verhältnis so umschrieben hat: »Anhänger Decrolys zu sein, bedeutet, des Nachdenkens fähig zu sein, in der Lage sein, sich Problemen zu stellen, fähig sein zu denken, fähig sein, fortlaufend seine eigenen Ideen in

---

96 Les changements de la vie sociale et l'éducation. In: Sixth World Conference of the New Education Fellowship: Full Report. London 1933, S. 32.

Frage zu stellen, im Zusammenhang mit der Erfahrung und im Hinblick auf die Resultate ... Anhänger Decrolys zu sein, bedeutet lieben zu können.«[97]

Diese Verbindung der wissenschaftlichen Grundhaltung mit der erzieherischen Liebe wird jedem Besucher der Schule in der Rue de l'Ermitage auch gegenwärtig noch unter der Leitung von Mme. Dubreucq-Choprix offenbar. Diese erzieherische Liebe ist aber immer durch eine sachliche Orientierung zur Deckung gebracht. Wie unmittelbar sie selbst Pflanze und Tier gegenüber sein kann, zeigt das »Bonjour, l'arbre« — das Begrüßen der Pflanzen beim morgendlichen Rundgang durch den Garten und die behutsame Pflege der Tiere.

c. Versuch einer Grundlegung der Pädagogik durch F. E. Otto Schultze

Der pädagogische Anschauungsunterricht

Wenn im Zusammenhang mit den medizinisch orientierten Modellen einer Bildungsreform auf F. E. Otto Schultze eingegangen wird, so aus folgenden Gründen: Einmal ist Friedrich Emil Otto Schultze (geb. 1872 in Merseburg, gest. 1950 in Frankfurt a. M.) von Haus aus Mediziner; er wurde erst später Pädagoge und vertrat das Fach von 1922—1934 an der Universität Königsberg und seit 1945 als Lehrbeauftragter an der Universität Frankfurt a. M. Was aber wichtiger erscheint, ist zweitens die Tatsache, daß er bewußt unter Rückgriff auf naturwissenschaftliche Verfahren die Pädagogik als »diagnostisch-therapeutische Wertwissenschaft« zu begründen versucht. In bewußter Analogie zum diagnostisch-therapeutischen Vorgehen des Arztes, der zunächst eingehend beobachtet und durch die Beobachtung relativ exakte Anhaltspunkte und Daten für die Diagnose und Therapie zu gewinnen versucht, will Schultze ein empirisch-phänomenologisches Verfahren für die Pädagogik entwickeln. Dieses Verfahren hat letztlich sowohl für die didaktische Gestaltung der Praxis als auch für ihre wissenschaftliche Erfassung und Auswertung Gültigkeit.

Angesichts der (von Schultze beklagten) Tatsache, daß die Pädagogik bisher lediglich als Geschichte, aber nicht als Wissenschaft aufweisbar ist, gebührt der Lehrerbildung insofern eine Schlüsselstellung in dem Prozeß einer wissenschaftlichen Grundlegung der Pädagogik, als erst über die Ausbildung einer jungen Generation die wissenschaftlich verantwortlich Praxis gestaltet und ausgewertet, die neue Disziplin entstehen kann; daher legt auch Schultze sein Hauptaugenmerk auf diesen Aufgabenkreis. Er betont, daß die »*Arbeit des Lehrers der Pädagogik in der Hauptsache den gleichen Weg wie die Forschung zu gehen hat*«[98].

97 Journée d'Hommage au Docteur Decroly (1871—1932). World Education Fellowship. Brüssel 1971, S. 10.

98 F. E. Otto Schultze: Grundlegung der Pädagogik als einer diagnostisch-therapeutischen Wertwissenschaft, dargestellt in Form eines Pädagogischen Anschauungsunterrichts. Teil I. Empirische Phänomenologie des Unterrichts. Langensalza 1926, S. X.

Eine entscheidende Funktion fällt in diesem Prozeß der wissenschaftlichen Grundlegung, dem Pädagogischen Anschauungsunterricht zu. In der Gestaltung des Anschauungsunterrichts weiß Schultze sich Aloys Fischer[99] verpflichtet. Er will das abstrakte und unverbindliche Diskutieren über Erziehungsprobleme durch die Hinführung zu den erzieherischen Tatbeständen überwinden. Das Ziel seiner empirischen Phänomenologie ist daher *»Beobachtung und Klarlegung des Tatbestandes«*. Dazu dient das folgende Verfahren: »Es wird beobachtet, die Beobachtungen werden fixiert und das Beobachtete so vorurteilslos und sorgfältig wie möglich ausgedeutet.«[100]

Damit ist die induktive Methode der Naturwissenschaften befürwortet: der Ausgang von den Tatsachen und ihre möglichst distanziert objektive Erfassung. In dieser Einstellung sollen die Studenten dem unterrichtlichen Geschehen entgegentreten: unbeeinflußt von Vorurteilen, Meinungen und Theorien ganz den Verlaufsphasen und -strukturen hingegeben, um sie möglichst pragmatisch zu erfassen. Dazu dient ein Protokoll, das objektiv den realen Verlauf wiedergibt. Die Besprechung im Kreise der Studierenden setzt an Hand des Protokolls ein. Dazu heißt es bei Schultze: »Entsprechend den Methoden der modernen Pädagogik, die wir als induktive, angewandte Wertwissenschaft auffassen, gehen wir von der Beobachtung bzw. von dem Protokoll aus. Wir sprechen Punkt für Punkt durch und fragen zunächst: um welches pädagogische Problem handelt es sich hier? Was fällt uns an den Einzelheiten im Sinn unserer Prüfung, Würdigung oder Kritik auf? Wo sind in den Lehrerleistungen Fehler, wo sind Vorzüge? Die Namen der pädagogischen Probleme, um die es sich handelt, werde ich dabei jedesmal an die Tafel schreiben. In diesem Sinne wollen wir das Protokoll ... durcharbeiten.«[101]

Die hier — hinsichtlich des Protokolls — gegebenen Hinweise auf einzelne pädagogische Tatsachen sollen der Strukturierung der einsetzenden Analyse dienen. Die Studierenden teilen ihre eigenen Eindrücke mit, aber in Zweifelsfällen wird wiederum auf das Protokoll zurückgegangen. Dadurch bleibt die Reflexion anschaulich auf die Tatsächlichkeit gegründet. Schultze geht es aber nicht nur um eine Grundlegung und Erfassung des Unterrichts in der Schule, sondern auch um eine didaktische Fundierung des Unterrichts in der Hochschule[102] — insbesondere in der Pädagogik.

---

99 Aloys Fischer: Zur Frage eines einführenden pädagogischen Anschauungsunterrichts in der akademischen Lehrerbildung. In: Zeitschrift für pädagogische Psychologie und experimentelle Pädagogik. Jg. 1924, S. 401. — Neudruck: Aloys Fischer. Leben und Werk. Gesammelte Abhandlungen zur Pädagogischen Psychologie und Schulreform. Hrsg. von Karl Kreitmair. München 1957, S. 383.

100 F. E. Otto Schultze: Empirische Phänomenologie des Unterrichts. A. a. O., S. X.

101 F. E. Otto Schultze: Vorbereitung und Kritik des Unterrichts. Berlin 1927, S. 100.

102 Systematische und kritische Selbständigkeit als Ziel von Studium und Unterricht. Leipzig 1914.

Ähnlich wie Maria Montessori betont Schultze die Notwendigkeit einer Schulung der Beobachtung, wenn sie wirklich zu einem Instrumentarium der Forschung werden soll. Die Beobachtung muß durch »Gesichtspunkte« geleitet werden, die fortlaufend der Präzision bedürfen. Auf diese Weise bildet sich die Theorie im Schauen und Beobachten sowie in der Analyse der leitenden Gesichtspunkte und ihrer Ergebnisse.

Schultze warnt allerdings ausdrücklich vor einer »Überschätzung des Wissenschaftsbetriebes im Bereich der Erziehung« und vor der »scheinwissenschaftlichen Arbeit«, die ob vermeintlicher begrifflicher Klarheit die Erziehungswirklichkeit aus den Augen verliert. Die selbstzweckliche Wissenschaft dient weder der Forschung noch der erzieherischen Wirklichkeit: »Wissenschaft ist keine Geistesakrobatik, kein Kunsttanz in spanischen Logikstiefelchen, sondern *gesunde, solide* Geistesarbeit: sie ist natürlicher fester Gedankenschritt und aufrechter Gang auf der Erde der Tatsachen; sie hat aber ihren Blick nicht starr auf den Boden geheftet, sondern blickt klar und frei um sich und — aufwärts! In solcher Gesundung werden wir ohne Mühe eine organische Beziehung zwischen Praxis und Theorie herausfinden.«[103]

Diese kritischen Einwände haben nichts von ihrer Bedeutung verloren. Es gibt eine Geschäftigkeit des Wissenschaftsbetriebs, die fortlaufend metatheoretische Prämissen und Begriffsanalysen zwischen sich und die Wirklichkeit klemmt, so daß Zeit, Kraft und Gespür für die realen Nöte der Praxis immer mehr schwinden. Schultze spricht in diesem Zusammenhang von »hochbegabte(n) Egoisten«[104], die vom Geltungsdenken getrieben werden, aber nicht aus Verantwortung vor der Erziehungswirklichkeit ihre Wissenschaft betreiben. Daß Schultze wegen seines Drängens auf Praxisnähe durch Beobachtung und Anschauung weder zu den Behavioristen noch zu den Pragmatikern gehört, kommt in vielen Stellungnahmen zum Ausdruck — am klarsten wohl in dem Hinweis auf eine »eigentümliche Zwitterstellung«, die der Pädagoge innehat.

Neben »aller Präzision seiner intellektuellen Arbeit« will Schultze damit auf die »außerintellektuellen Momente« aufmerksam machen, die als Inspiration, Begeisterung und Einfühlsamkeit für die Erziehung nicht minder wichtig sind als für deren wissenschaftliche Deutung; diese »außerintellektuellen Momente« sind häufig von den verfügbaren Kategorien nicht mehr faßbar. »Es ist dies einmal die Wärme, das Feuer, die Begeisterung, der hinreißende Schwung oder, wie der Grieche sagt, der Eros, ohne den echtes Erziehen und Unterrichten unmöglich ist und dann die Intuition, die zur Erziehungsarbeit und zur Forschung unentbehrlich sind. Den Eros bewußt zu machen, seine Bedeutung zu erkennen und ihn zu entzünden, ist eine der schönsten Aufgaben des akademischen Lehrers.«[105]

---

103 Empirische Phänomenologie des Unterrichts. A. a. O., S. 6.

104 A. a. O., S. 5. — Vgl. auch F. E. Otto Schultze: Grundlegung der Pädagogik. Teil II: Grundbegriffe der Allgemeinen Pädagogik. Langensalza 1929, S. 53.

105 Empirische Phänomenologie des Unterrichts. A. a. O., S. 4.

Schultze ist sich darüber klar, daß die Dualität zwischen der theoretischen Distanz des Verstandesmenschen und dem gefühlsbetonten Engagement der wissenschaftlichen Arbeit ebenso förderlich wie gefährlich werden kann. Dennoch bejaht er beide Seiten, die erst zusammen das Menschliche ausmachen, um das es in der Erziehung und letztlich auch in der ihr übergeordneten erziehungswissenschaftlichen Instanz geht. Damit ist der Anspruch wissenschaftlicher Distanz und objektiver Gemessenheit als Ziel wissenschaftlicher Arbeit keineswegs aufgegeben; es ist vielmehr nicht ein für allemal gesichert, sondern will in einem fortlaufenden selbstkritischen Verfahren immer wieder als Leitlinie der Forschung gesichert werden.

3. Die anthropologisch-sozialwissenschaftlich geleitete Reform bei Peter Petersen

a. Der Jenaplan als schöpferische Synthese

Der Jenaplan und die ihn begründende Erziehungswissenschaft Peter Petersens gehören zu den Höhepunkten der Reformpädagogik als internationaler Bewegung. Es gibt im deutschen Raum nur wenige Vertreter der Pädagogik, die in ihren Arbeiten so bewußt die Impulse der globalen pädagogischen Diskussion aufgenommen haben wie Peter Petersen. Davon zeugt einmal die von ihm im Auftrag des »Zentralinstituts für Erziehung und Unterricht« herausgegebene Schriftenreihe zur »Pädagogik des Auslands«. In dieser Reihe erschienen u. a. so bedeutsame Arbeiten wie »Die Schule der Selbstbetätigung oder Tatschule« von Adolphe Ferrière, »Die Methode Decroly« von Amélie Hamaïde, »Pädagogik des vollen Lebens« von Jan Ligthart, »Education on the Dalton Plan« von Helen Parkhurst, »Der Projektplan« von Dewey und Kilpatrick, die bewußt den Blick auf die reformpädagogischen Ansätze im außerdeutschen Raum lenken sollten. Diesem Ziel dienten aber auch seine eigenen Untersuchungen »Innere Schulreform und Neue Erziehung« (1925), »Die Neueuropäische Erziehungsbewegung« (1926) und »Die Pädagogik der Gegenwart« (^{2}1937), in denen nicht nur auf dem geistesgeschichtlichen Hintergrunde der »Methode der alten Schule« das »Profil der neuen Schule« abgehoben, sondern auch nach den erziehungswissenschaftlichen Grundlagen dieser »neuen Erziehung« gefragt wurde. Durch diese kritische Besinnung trug Petersen wesentlich zu einer Klärung der Grundmotive in den verschiedenen reformpädagogischen Ansätzen bei.

Als Petersen 1923 von Hamburg, wo er als Leiter der Lichtwarkschule und als Privatdozent an der Universität tätig war, einem Ruf nach Jena folgte, übernahm er mit der Professur für Pädagogik zugleich die Leitung der Jenaer Universitätsschule. Diese enge Verbindung von pädagogischer Forschung und erzieherischer Praxis entsprach der Grundeinstellung Petersens und sollte für sein pädagogisches Gesamtwerk besonders fruchtbar werden. Die Jenaer Universitätsschule verkörperte aber schon ein gutes

Stück pädagogischer Geschichte. Von dem Herbartianer Carl Volkmar Stoy 1844 gegründet und von Wilhelm Rein weitergeführt, erlebte hier Ende des vorigen Jahrhunderts der junge Lehramtskandidat Hermann Lietz seine Erweckung für das Amt eines wahren Erziehers. Durch die Vermittlung Reins kam er zu Cecil Reddie nach Abbotsholme und fand dort die äußeren Formen, die ihm bei der Gründung der Landerziehungsheime eine Startsicherheit gewährten und eine gefährliche Zeit des Experimentierens ersparten. Den Geist echten Erziehertums hatte er jedoch in Jena erfahren.

Diesem guten Geist der Schule fühlte sich auch Petersen bei der Durchführung seines eigenen Schulversuchs — des Jenaplans — verpflichtet. Äußerlich kommt das schon darin zum Ausdruck, daß der 9. Dezember, der Schulgründungstag durch Stoy, als der festliche Mittelpunkt für das Schulleben erhalten blieb. Bei der Gestaltung seines Schulversuchs ging Petersen jedoch eigene Wege. Diese Tatsache läßt sich auch nicht durch den Hinweis einschränken, daß er bewußt die Summe aus den bisherigen Erfahrungen der Reformbewegung zog; Züge einer tieferen Geistesverwandtschaft kommen zum Ausdruck, wenn er sich selber neben den Hamburger Lebensgemeinschaftsschulen ausdrücklich auf das Vorbild der Lietzschen Landerziehungsheime beruft. Eine genauere Analyse des Planes macht daneben Anregungen von Berthold Otto, Ovide Decroly, Kilpatrick, Dewey, Ferrière, Washburne und Montessori deutlich. Das Verhältnis zu Helen Parkhurst bestimmt er selber, indem er sein eigenes Konzept einen »Widerpart des Daltonplans«[106] nennt.

Zu diesem Konzept haben die folgenden Gedanken Pate gestanden: der Schulrahmen und die Lernspiele von Decroly; der Lehrgang, die Sonderkurse, der Gesamtunterricht von Berthold Otto; der Kapellengedanke, die Stufeneinteilung von Lietz; die Schulgemeinde, die Pädagogische Rückschau, das Kurssystem von Paul Geheeb; die Projektmethode von Kilpatrick sowie das arbeitsunterrichtliche Verfahren von Georg Kerschensteiner und Adolphe Ferrière hinsichtlich des gruppenunterrichtlichen Verfahrens.

Die Bedeutsamkeit und Originalität des Jenaplans besteht aber darin, daß er diese z. T. einseitigen Lösungsversuche auszugleichen versteht und in seiner praktischen Gestaltung eine organische Ausgewogenheit erreicht. Das ist aber weniger das Ergebnis eines pädagogischen Ingeniums als des Versuchs einer exakten wissenschaftlichen Grundlegung des Plans. Die kritische Erörterung der leitenden methodischen Prinzipien in den vorliegenden Reformversuchen war dazu mehr als eine Vorarbeit.

Von wenigen Arbeiten abgesehen — »Geschichte der Aristotelischen Philosophie im protestantischen Deutschland« (1921), »Wilhelm Wundt und seine Zeit« (1925) — steht die Diskussion der Grundgedanken der »neuen Erziehung« im Mittelpunkt des Gesamtwerkes von Petersen. Zwei Seiten heben sich dabei deutlich ab: einmal die fortlaufende wissenschaftliche Beobachtung und Begründung des Jenaplans durch

106 Peter Petersen: Die Stufen des Gruppenunterrichts. In: Die Praxis der Schulen nach dem Jena-Plan. Hrsg. von Peter Petersen. Weimar 1934, S. 81.

eine vielfältige »Tatsachenforschung«, die ihren Niederschlag fand in den vier Bänden »Schulleben und Unterricht einer freien allgemeinen Volksschule nach den Grundsätzen Neuer Erziehung« (1930), »Das gestaltende Schaffen im Schulversuch der Jenaer Universitätsschule« (hrsg. mit A. Förtsch, 1930), »Die Praxis der Schulen nach dem Jenaplan« (1934) und »Eine Grundschule nach den Grundsätzen der Arbeits- und Lebensgemeinschaftsschule« (hrsg. mit H. Wolff, 1935). Hierzu gehören schließlich auch »Der Kleine Jenaplan« ([17]1949) und die »Führungslehre des Unterrichts« ([3]1951).

Der neben Friedrich Winnefeld und Döpp-Vorwald bedeutendste Schüler und Nachfolger Petersens in Jena, Hans Mieskes, betont hinsichtlich der Gefahr einer Stigmatisierung Petersens als eines Eklektikers, daß der Jenaplan »keine bloße ›Kombination‹ einer Vielzahl von pädagogischen Elementen«[107] sei. Dieser berechtigten Warnung muß eine positive Auslegung hinzugefügt werden: der Jenaplan verkörpert vielmehr als schöpferische Synthese etwas ausgewogen Neues.

Der Vorteil besteht geradezu darin, daß nicht ein weiteres Konzept in falscher Originalitätssucht neben die bereits vorliegenden gestellt wird, sondern die echten Einsichten und bewährten Grundzüge des jahrzehntelangen internationalen Gesprächs kritisch sondierend und konstruktiv weiterdenkend zu Bestandteilen eines eigenen Konzepts gemacht werden. Wie große Teile der Reformpädagogik allgemein, so stellt der Jenaplan und die ihn tragende Tatsachenforschung insbesondere ein relativ gesichertes pädagogisches Plateau dar, auf dem sich jede pädagogische Diskussion, der es um die Gestaltung der Erziehungswirklichkeit in wissenschaftlicher Verantwortung geht, entfalten kann; die Jenaplan-Schulen verkörpern ein Modell, das an pädagogischer Ausgewogenheit und wissenschaftlicher Konsistenz gegenüber den Spitzen gegenwärtiger Entwicklungen keineswegs zurücksteht.

Dagegen muß man die Auffassung Mieskes', daß »der Name ›Jenaplan‹ ein rein zufälliger ist, zugeteilt gleichsam als technische Ordnungsformel für die von Petersen vorgetragenen Grundsätze einer neuen Schulwelt gelegentlich einer internationalen Tagung«[108], nicht unbedingt teilen. Richtig ist, daß das Konzept anläßlich des Vortrags im Rahmen des Weltkongresses der New Education Fellowship 1927 in Locarno von den Hörern als Jenaplan gekennzeichnet wurde. Diese Klassifizierung erfolgte aber spontan aus der Einsicht heraus, daß hier neben dem Daltonplan, dem Winnetkaplan u. a. ein weiterer verwandter Lösungsansatz präsentiert wurde, dem ein Stellenwert in der internationalen Entwicklung gebührt. Gerade die Klassifikation im internationalen Rahmen hat Petersen als eine Chance koordinierten Vorgehens erkannt, wie es der New Education Fellowship stets vorschwebte, deren Zielsetzungen sich Petersen verpflichtet fühlte.

---

107 Hans Mieskes: Jenaplan und Schulreform. Oberursel i. Taunus 1966, S. 17.

108 A. a. O., S. 17. – Vgl. auch Heinrich Döpp-Vorwald: Die Erziehungslehre Peter Petersens. Ratingen 1962.

b. Die Formen des Gemeinschaftslebens

Da es Petersen um ein natürliches spontanes Lernen geht, ist ihm das Gemeinschaftsleben im Jenaplan das Primäre. Das Gemeinschaftsleben im außer- und innerschulischen Rahmen ist in Gestalt des tagtäglichen Erfahrens und Erlebens immer schon vorgegeben; ihm gliedert sich der Unterricht als eine sekundäre Erscheinung ein. Daher ist die pädagogische Sorge Petersens darauf gerichtet, diesen Lebensrahmen sozial und real anzureichern. Als ein Proprium des Jenaplans gegenüber den verwandten Versuchen bei Dewey und Montessori muß betont werden, daß es hier in erster Linie um eine soziale Grundlegung geht.

Diesem Bestreben dient das Auflösen der Jahrgangsklasse als ein mechanisches Einteilungskriterium und die Bildung der Stammgruppen als eine jeweils drei Jahrgänge umfassende Einheit, die dadurch sozial differenzierter und anregungsreicher wird. Die auf diese Weise entstehenden Unter- (1.—3. Schuljahr), Mittel- (4.—6. Schuljahr), Ober- (7.—9. Schuljahr) und Jugendlichengruppen (10.—13. Schuljahr) zeigen ein soziales Gefälle, das vielfältige Möglichkeiten zum gemeinsamen Lernen in sozialer, emotionaler und kognitiver Hinsicht in wechselnder Gruppierung bietet.

Die Stammgruppe ist von Petersen bewußt in Analogie zu Pestalozzis »Wohnstube« gestaltet, in der neben der vertrauensvollen Atmosphäre ein Maximum an anregungsreichen sozialen Beziehungen gesichert ist. Der Vorteil der Stammgruppe gegenüber der Klasse besteht in der sozialen Kontinuität einerseits, die von den Kindern zweier Jahrgänge gewährleistet wird. Andererseits müssen sich die Kinder alle drei Jahre sozial bewähren durch den Eintritt in eine relativ neue soziale Einheit, wobei der Übergang durch die soziale Fürsorge der jeweils bereits anwesenden beiden Jahrgänge als Träger der besonderen Sitte und Tradition erleichtert wird.

Auf diesem Wege entsteht mit der Stammgruppe die organisch konsistente kleinste soziale Einheit als tragfähiges Glied der Schulgemeinde, dem sozial umgreifenden Gebilde. Die soziale Trag- und Haltefähigkeit zwischen diesen beiden polaren Sozialformen wird durch vielfältig wechselnde soziale Gruppierungen gestiftet. Dabei handelt es sich einmal um die Patenschaften, um die Kreissituationen sowie um die Feste und Feiern. Bereits die Patenschaften zeigen, wie soziale Phantasie und Intelligenz in der Schule als Organisationsform ein kindgemäßes soziales Leben zu stiften vermag.

Dazu gibt es im Jenaplan zwei voneinander klar abhebbare didaktische Ansätze. Einmal bereiten die beiden älteren Jahrgänge der Untergruppe bei der Einschulung der neuen Kinder den Rahmen vor, indem sie für jene kleine Geschenke herstellen und sich ihrer annehmen, um das Einleben zu erleichtern. Verstärkt wird dieser Prozeß zweitens durch die Möglichkeit, daß die neu eingeschulten Kinder sich ein Patenkind aus den älteren Gruppen wählen können, das zusätzliche Betreuungsaufgaben wahrzunehmen hat. Daß diese spontan eingeleitete sozialerzieherische Sicherung der Prüfung und Bestätigung durch Gruppe und Lehrer bedarf, ist in der klaren sozialen Struktur des Plans angelegt. Wichtig ist, daß auf diese Weise über die sozial komplex gestalteten Stammgruppen hinweg soziale Querverbindungen geschaffen werden, die den Gedanken der Schulgemeinde und der damit ausgesprochenen Verantwortung aller partiell einzulösen vermögen.

Die »Kreissituationen« gewährleisten ein den jeweiligen Anforderungen, Vorfällen, Aufgaben entsprechendes Umgruppieren, um eine für alle einsichtige Klärung zu erwirken. So kann bei besonderen Anlässen eine entsprechende Gruppierung erfolgen — sei es im Rahmen der Stammgruppe oder während der Pause —, die bewußt als erzieherische Situation[109] konzipiert ist.

Wie stark die Sorge um die Übergänge ausgeprägt ist, vermag die Aufnahme der Schulneulinge in die Schulgemeinde beispielhaft zu zeigen. Sie erfolgt nach einer mehrmonatlichen Zeit des Einlebens. In Anwesenheit der Paten, Eltern, Schulfreunde haben die Schulneulinge auf dem Höhepunkt der Feier das Gelöbnis zu sprechen, das sie zu ordentlichen Mitgliedern der Schulgemeinde macht. Die Problematik des Bestrebens nach starker sozialer Fundierung wird in den Fragen des Gelöbnisses deutlich: »1. Wollt ihr allen hier in der Schule treue gute Kameraden sein? 2. Wollt ihr auch außerhalb der Schule nie etwas tun, das eurer Schule Schaden bringt und uns alle traurig macht? 3. Wollt ihr in der Schule stets fleißig, mit allen euren Kräften so arbeiten, daß ihr einmal tüchtige deutsche Männer und Frauen werdet, eine rechte Freude für Eltern, Gott und alle Menschen?«[110]

Die Analogie zum »Ecce« in Schulpforta, das Petersen kannte und in seinen Schriften analysiert hat[111], ist offensichtlich. Da es sich hier indessen um sechsjährige Kinder handelt, ist die Frage nach der Stützung des Verständnishorizonts wichtig. Das Verstehen wird hier, wie auch in anderen Bereichen des Jenaplans, in der Kreissituation, in den Gesprächen mit den Paten und nicht zuletzt durch das glaubwürdige Vorleben der Inhalte im Schulalltag vorbereitet. Außerdem nimmt jedes Kind fortlaufend an dieser Schulfeier teil, so daß das Verständnis jeweils von unterschiedlichen Standpunkten vertieft wird und etwa in der Rolle des Paten gegenüber den Neulingen zu einem verbindlich vorgelebten Teil der werdenden Persönlichkeit geworden ist.

Damit ist bereits die wichtige Funktion der Feste und Feiern angesprochen: Entfalten, Klären sowie beispielhaftes Ein- und Darleben von Sitte, Ordnung und Tradition im Schulalltag. Darüber hinaus ist die Entstehung einer Atmosphäre, die aus der Lehr-

---

109 Peter Petersen und Hans Wolff: Eine Grundschule nach den Grundsätzen der Arbeits- und Lebensgemeinschaftsschule. Weimar 1925, S. 13. — Vgl. ergänzend die Beiträge in der Festschrift zur 80. Wiederkehr des Geburtstages Peter Petersens. Hans Mieskes (Hrsg.): Jenaplan. Anruf und Antwort. Oberursel i. Taunus 1965.

110 Peter Petersen: Schulleben und Unterricht einer freien allgemeinen Volksschule nach den Grundsätzen Neuer Erziehung (Jena-Plan). Erster Band. Weimar 1930, S. 64. — Hanna Apelt-Döpp-Vorwald: Feiern und Feste an der Universitätsschule sowie Fritz Behrend: Feste und Feiern in der Schule. Beide in: Die Praxis der Schulen nach dem Jena-Plan. Hrsg. von Peter Petersen. A. a. O., S. 129 und S. 319. — Ilse Opitz: Schulneulinge in der Kreis-Situation des Jena-Plans. Inaugural-Dissertation der Universität Jena. Weimar 1935.

111 Vgl. Peter Petersen: Die Neueuropäische Erziehungsbewegung. Weimar 1926.

institution einen Lebensraum werden läßt und Kinder auf natürliche Weise anspricht, eine Aufgabe der Feste und Feiern. Insofern findet im Rahmen des Gemeinschaftslebens immer schon ein Lernen in seinen vielfältigen Formen — sozial, emotional, kognitiv — statt. Auf jeden Fall wird hier die Voraussetzung für das Unterrichtsleben gesichert.

c. Das Unterrichtsleben

Das sozialwissenschaftlich orientierte Konzept verstärkend, spricht Petersen vom Unterrichtsleben[112] und nicht bloß vom Unterricht. Er will dadurch die soziale Fundierung des Lernens zum Ausdruck bringen, das sich vor den offenen Fragen des Schullebens zu bewähren hat. Daher ist es wichtig, eine Atmosphäre des Fragens, Suchens, Infragestellens zu schaffen, so daß — wie es bei Petersen heißt — eine »Welt problemhaltiger, Kinder und Jugendliche auf natürliche Weise zum Lernen anreizender Situationen« entsteht; den Begriff der Situation legt er im Sinne Decrolys fast positivistisch aus: »die Gesamtheit der Reizfaktoren, welche ein Wesen nötigen, als eine Gesamtheit zu reagieren«. Auch aus diesem Blickpunkt bestätigt sich, daß die sozialen Formen des Gemeinschaftslebens durchaus das Primäre sind, dem sich das Lernen als soziales Begleitphänomen als sekundär eingliedert.

Wie das Gemeinschaftsleben, so wird auch das Unterrichtsleben zu den Festen und Feiern in Beziehung gesetzt. Auf diese Weise entsteht eine natürliche Rhythmik von Außen- und Innenschau, von An- und Ausspannung. Als ein Beispiel dafür seien der Wochenanfangs- und der Wochenschlußkreis genannt, die den jeweiligen situativen Anlässen entsprechend im Rahmen der Stammgruppe oder der Schulgemeinde stattfinden können.

Der Gedanke, sich am Montagmorgen vom Wochenende auf die Arbeitsperiode umorientieren zu müssen, erscheint gerade in unserer dynamischen Welt, in der das meditative Gegengewicht überall vernachlässigt wird, ebenso wichtig wie das Ausklingenlassen der Arbeitsperiode am Sonnabend mit einem kritisch musternden Rückblick. Sittliche Erziehung wird erst in einem Rahmen möglich, in dem Vorsatz und Rechenschaft einander bedingen, aber weitgehend durch Selbsttätigkeit und Mitverantwortung gestützt werden.

Das Ziel des Unterrichtslebens ist die selbsttätige Arbeitsweise. Sie wird alters- und entwicklungsspezifisch angebahnt, so daß die Unterstufe mit der spielenden Beschäftigung beginnt[113]. Als »Vermittlungsschule« im Sinne Fröbels wird schrittweise die spielerische Einstellung auf die sachlichere Aufgabenhaltung und -lösung übergeführt.

---

112 Führungslehre des Unterrichts. A. a. O., S. 129.

113 Peter Petersen: Pädagogische Grundfragen des Jena-Plans. In: Die Praxis der Schulen nach dem Jena-Plan. Hrsg. von Peter Petersen. A. a. O., S. 18.

In diesem Prozeß spielen Arbeitsmittel[114], wie Leselottos, Namenkästen, Farbtafeln, die sich vor allem bei Decroly, Descœudres, Montessori finden, eine bedeutende Rolle. Elisabeth Apelt[115], Hermann Bühnemann[116] u. a. haben diese Verfahren zum Teil unter unmittelbarem Einfluß Petersens für das allgemeine Schulwesen weiterentwikkelt.

Die Mittelstufe bildet in Fortführung der eingeleiteten erzieherischen Intention die »Stufe der Arbeit« im engeren Sinne. Es erfolgt nunmehr eine »Grundlegung der schuleigenen Techniken«, deren Beherrschung erst Selbsttätigkeit möglich macht. Die Entwicklung einer besonderen »Elementar- und Werkgrammatik«[117] zur didaktischen Einschulung in die Fachbereiche, ihre Anforderungen und besonderen methodischen Voraussetzungen zur angemessenen Bewältigung sichert das freie Arbeiten in einer für alle Beteiligten einsichtigen und kontrollierbaren Art.

Nach dieser Vorbereitung und Grundlegung kann die Obergruppe zu einer »Stufe der freien Entfaltung» werden. Der Jugendlichengruppe kommt bereits der Charakter der Vorlehrzeit zu — sei es hinsichtlich des Berufslebens oder hinsichtlich des Studiums — denn als »eine freie allgemeine Volksschule nach den Grundsätzen Neuer Erziehung«, wie es bei Petersen heißt, bereitet die Jenaplanschule auf beide Ziele vor.

d. Das gruppenunterrichtliche Verfahren

Im Mittelpunkt des Unterrichtslebens steht das »gruppenunterrichtliche Verfahren«[118], das Petersen in folgerichtiger Weiterentwicklung des arbeitsunterrichtlichen Verfahrens geschaffen hat. Das Arbeitsgebiet kann Ausdruck der vielfältigen sozialen Verflechtungen sein; es kann aber auch von einem Gruppenmitglied oder dem Gruppenleiter vorgeschlagen werden. Die so entstandenen Arbeitsaufgaben werden im Gruppengespräch in Rahmenthemen untergliedert. Diese enthalten konkrete Arbeitsmöglichkeiten, die von den Schülern gewählt werden. Es entstehen Arbeitsgruppen, die wiederum die Voraussetzungen für das gruppenunterrichtliche Verfahren sichern.

---

114 Peter Petersen: Führungslehre des Unterrichts. A. a. O. (Darin: Pädagogik der Arbeitsmittel, S. 182.) — Wilhelm Krick: Arbeitsmittel im Jenaplan. In: Jenaplan. Anruf und Antwort. Hrsg. von Hans Mieskes. A. a. O., S. 137.

115 Elisabeth Apelt: Arbeitsmittel und ihre Verwendung in der neuzeitlichen Erziehung. München 1951.

116 Hermann Bühnemann: Die Selbstbildungsmittel der neuen Schule. Lübeck 1949.

117 Peter Petersen: Führungslehre des Unterrichts. A. a. O., S. 103.

118 Hildegard Borkenhagen: Das gruppenunterrichtliche Verfahren. In: Die Praxis der Schulen nach dem Jena-Plan. Hrsg. von Peter Petersen. A. a. O., S. 67. — Heinrich Deiters: Kritische bemerkungen zum gruppenunterrichtlichen verfahren nach dem Jenaplan. In: Pädagogik. 2. Jg. 1947, S. 157.

Das gruppenunterrichtliche Verfahren verläuft nach Petersen, ähnlich wie das arbeitsunterrichtliche Verfahren, in fünf Schritten, ist aber stärker sozial fundiert: 1. Bestimmung der Arbeitsaufgabe; 2. Bereitstellung der Quellen- und Arbeitsmittel; 3. Ausarbeitung; 4. Darbietung; 5. Zusammenfassung und Vertiefung der Gesamtthematik.

1. Bestimmung der Arbeitsaufgabe: Wie bereits dargelegt, wird sich die Arbeitsaufgabe häufig spontan aus der Erfahrungsbasis des Gemeinschaftslebens ergeben. Es entstehen Projekte aus unterschiedlichen Anlässen: die oberitalienischen Seen und die Saaleburgen als Ergebnis von Exkursionen; Südamerika dagegen aufgrund eines Briefwechsels und deutsche Berge auf dem Hintergrund eines Reiseberichts von Elisabeth Apelt. Diese Einheiten wirken als thematische Umgrenzungen, die das Verlieren ins Vielerlei vermeiden helfen, das beim Arbeiten im Umkreis der eigenen Interessen stets naheliegt. Bei der Formulierung der Unterthemen ist es wichtig, daß die Schülerbeiträge nicht zu weit streuen; vielmehr muß das thematisch Verbindende stark genug sein, damit die Berichte über die Gruppenarbeiten verstanden werden können. Als oberste thematische Sichtungsprinzipien nennt Petersen die »Heimat- und Vaterlandskunde« sowie die »Welt- und Menschenkunde«, gleichsam als »oberste Ordnungszeichen«[119].

Hinsichtlich der didaktischen Aufbereitung ergeben sich für Petersen die folgenden vier Gesichtspunkte: 1. Lebensnähe des Gegenstandsgebiets (entwicklungspsychologisches Merkmal); 2. Bezug auf das individuelle Bildungsbedürfnis (Bildungsmerkmal); 3. Bezug auf die kulturelle und politische Situation (Kulturmerkmal); 4. das Gegenstandsgebiet sollte möglichst nicht nur aus dem Gemeinschaftsleben resultieren, sondern auch motivierend auf es zurückwirken (Gemeinschaftsmerkmal). Diese Gesichtspunkte sind nicht in der Erwartung einer didaktischen Summierung formuliert; vielmehr sollte möglichst einem entsprochen und keinem widersprochen werden.

Die gesamte erste Stufe ist von entscheidender Bedeutung für die Einleitung der Arbeit. Wichtig ist, daß der Lehrer die Planung als den wichtigsten Teil der Arbeit nicht bereits vorwegnimmt, denn gerade diese Stufe besitzt eine große Motivationskraft. Entwicklungspsychologisch entscheidend bleibt es, Kinder »wollen« zu machen, so daß es »ihr« Arbeitsziel wird. Dazu formuliert Petersen: Die Kinder »sollen beileibe nicht tun, was sie wollen, aber wir möchten, daß *sie wollen, was sie tun*«[120].

2. Die Quellen und Arbeitsmittel sowie der Arbeitsplan: Von ganz entscheidender Bedeutung ist nach der Arbeitsbereitschaft die Verfügbarkeit entsprechender Arbeitsmittel, die der Lehrer vorausschauend beschaffen muß, damit nicht langes Suchen das

119 Peter Petersen: Die Stufen des Gruppenunterrichts. In: Die Praxis der Schulen nach dem Jena-Plan. A. a. O., S. 77.

120 Die Praxis der Schulen nach dem Jena-Plan. A. a. O., S. 81. — Vgl. auch Vladimir J. Spasitsch: Die Lehrerfrage in der Neuen Schule. Weimar 1927.

Interesse erlahmen läßt. Petersen unterscheidet zwischen Quellen ersten und zweiten Grades. Die Quellen ersten Grades betreffen die eigenen Beobachtungen in Natur und Menschenleben, gleichsam ein »Wissen um« die Dinge, ihre Struktur und die Zusammenhänge des Lebens aufgrund von Erfahrungen und Erlebnissen. Diese Primärerfahrungen sind von ganz entscheidender Bedeutung für die Lebendigkeit der Fragestellung und der Aufgabengestaltung. Der Rahmen für diese Primärerfahrungen kann in der Schule verdichtet werden durch Anlage von Ateliers, Gärten, Stallungen u. a. m. Wichtig ist es, die Kinder so bewußt zum Beobachten zu erziehen, daß sie auch im außerschulischen Rahmen Erfahrungen relativ gesichert gewinnen. Erst anschließend läßt Petersen die Quellen zweiten Grades — im wesentlichen gedruckte Quellen-Bücher, Zeitschriften, Lexika u. a. — gelten.

3. *Ausarbeitung (Arbeitsausführung):* Während der dritten Stufe herrscht die selbsttätige Arbeit an den jeweiligen Unterthemen im Rahmen der Untergruppe vor. Den überwiegenden Schülertypen entsprechend, die Petersen von Elsa Köhler übernimmt, die in Jena mitwirkte, unterscheidet er den Schaffens-, den Arbeits- und den ungeordneten Typ[121]. Die Gruppen müssen so gebildet werden, daß die Anregungen von einem Schaffenstyp gegeben werden, der Arbeitstypen zur Gestaltung gewinnt und den ungeordneten Typen begrenzte und kontrollierbare Arbeitsaufgaben zuerteilt. Während dieses Prozesses der Arbeitsausführung rückt der Lehrer aus dem Zentrum an die Peripherie des unterrichtlichen Geschehens. Er ist nicht mehr der informierende Lehrer, sondern er kann sich jenen Schülern zuwenden, die an eine Schwierigkeitsschwelle geraten sind[122].

4. *Lösung und Darbietung der Arbeitsaufgabe sowie Selbstprüfung:* Nach der selbsttätigen Ausarbeitung wird der Bericht für die Gesamtgruppe vorbereitet; er soll möglichst frei nach Stichworten gehalten und durch Skizzen, Zeichnungen, Anschauungsbilder ergänzt werden. Im Berichtskreis wird durch die Teilreferate und die ausgelösten Diskussionen die thematische Geschlossenheit gesichert. Anschließend erfolgt gemeinsam die Formulierung des Mindestlernstoffs.

5. *Zusammenfassung und Vertiefung:* Schließlich gilt es, das Gegenstandsgebiet auf dem Hintergrund der speziellen Referate zusammenzufassen und zu vertiefen. Bei der Lösung dieser Aufgabe wird der Lehrer, der vorher an den Rand des unterrichtlichen Geschehens getreten war, stofflich und gedanklich vermittelnd mitwirken. Bei der Gestaltung des gesamten Prozesses spielen die Notizen, ihre Verarbeitung in den »Arbeits-«, »Merk-« und »Ferienheften« eine große Rolle.

Die gewährte Selbsttätigkeit im Unterrichtsleben erfordert permanent eine Rechenschaftsablage, die allerdings so gestaltet sein muß, daß sie wiederum motivationale

121 Peter Petersen: Pädagogische Grundfragen des Jena-Plans. In: Die Praxis der Schulen nach dem Jena-Plan. A. a. O., S. 16.

122 Peter Petersen: Führungslehre des Unterrichts. A. a. O., S. 16, 17. — Ders.: Das gruppenunterrichtliche Verfahren. In: Die Praxis der Schulen nach dem Jena-Plan. A. a. O., S. 87, 88.

Kräfte für alle Beteiligten weckt. Neben dem Berichtskreis dient diesem Ziel vornehmlich die »Pädagogische Rückschau«[123], die in ihrem Konzept weitgehend der Kursschlußschulgemeinde der Odenwaldschule entspricht. Sie findet zweimal im Jahr im Rahmen der Schulgemeinde statt; dort werden die abgeschlossenen Arbeiten der interessierten Öffentlichkeit durch die Schüler selbst gezeigt.

Die Frage nach den möglichen Vorteilen des gruppenunterrichtlichen Verfahrens gegenüber dem konventionellen Unterricht beantwortet Petersen mit dem Aufweis von fünf Punkten[124]:

1. Im Gruppenunterricht widerfährt dem einzelnen durch die dem individuellen Vermögen entsprechende Verteilung der Aufgaben weitgehend eine Förderung, die gegenüber der bloßen Individualisierung des Unterrichts den Vorteil hat, daß sie in einem sozialen Verband geschieht.

2. Es handelt sich um ein »schweigendes Denken«. Dieses Konzept einer »Schule des Schweigens«, wie sie von Petersen auch genannt wird, die erlaubt, »aus der Stille heraus« zu schaffen, schließt das Sprechen ein. Alle Gespräche im Rahmen des gruppenunterrichtlichen Verfahrens treten aber in den Dienst der sachlichen Lösung.

3. Durch die sachliche Orientierung wird ein innigeres Verhältnis zur Fragestellung ermöglicht. Da jeder an *seiner* Aufgabe arbeitet, ist die Hingabebereitschaft erhöht.

4. Durch die projektorientierte Arbeit wird das »Zwischenlernen« oder »nebenhergehende Lernen« (concomitant learning) gefördert, wie Petersen diesen Vorgang mit dem Begriff Kilpatricks umschreibt. Um der speziellen Fragestellung gerecht zu werden, erhält der Schüler beim Studium der Quellen ersten und zweiten Grades eine Fülle zusätzlicher Informationen, die trotz der Spezialisierung einen breiten Wissensstand gewährleisten.

5. Schließlich aktiviert die Arbeit im Rahmen der Gruppe die zwischenmenschlichen Beziehungen[125]. Das von allen formulierte und daher auch akzeptierte »Gesetz

---

123 Peter Petersen: Schulleben und Unterricht einer freien allgemeinen Volksschule nach den Grundsätzen Neuer Erziehung (Jena-Plan). Erster Band. A. a. O., S. 84.

124 Die Stufen des Gruppenunterrichts. In: Die Praxis der Schulen nach dem Jena-Plan. A. a. O., S. 91.

125 Das gruppenunterrichtliche Verfahren verkörpert einen auch heute noch außerordentlich bedeutsamen Beitrag zur inneren Schulreform. Zweifellos hat es einen großen Einfluß auf die Gruppenpädagogik ausgeübt. Dennoch wird es gegenwärtig in unterschiedlichem Maße genutzt. Während die primär pädagogisch motivierte Diskussion des gruppenpädagogischen Fragenkreises den Ansatz Petersens berücksichtigt, geschieht das von seiten der soziologisch orientierten Literatur weniger, obgleich gerade das gruppenunterrichtliche Verfahren empirisch fundiert ist. — Vgl. hierzu beispielsweise Ernst Meyer (Hrsg.): Die Gruppe im Lehr- und Lernprozeß. Frankfurt a.M. [3]1974. – Ders.: Gruppenunterricht: Grundlagen und Beispiele. Oberursel [8]1983. – Dieter Ulich: Gruppendynamik in der Schulklasse. München 1971. – Georg E. Becker: Optimierung schulischer Gruppenprozesse durch situatives Lehrtraining. Heidelberg 1973. – Shlomo und Iael Scharon: Gruppenorientierter Unterricht. Stuttgart 1976.

der Gruppe«[126] erlaubt alles im Gruppenraum, was der sachlichen Lösung dient und die anderen bei ihrer Arbeit nicht stört. So gewährt das »Gesetz der Gruppe« als von allen getragene Regelung Freiheit in der Gestaltung des Unterrichtslebens.

Ein individuell und sozial weitgehend selbstgestalteter und -verantworteter Lernprozeß erfordert auch eine neue Form der Leistungsbewertung. Aus diesem Grunde wurden von Petersen die objektiven und subjektiven Berichte entwickelt[127]. Während der objektive Bericht für die Eltern bestimmt ist und den realen Leistungsstand spiegelt, richtet sich der subjektive Bericht unter pädagogischem Aspekt an den Schüler, um seine weitere Entfaltung zu sichern.

Insgesamt gesehen bildet der Jenaplan einen in sich geschlossenen Versuch zu einer Neugründung des Schullebens in stark sozialerzieherischer Orientierung. Alle kritischen Fragen werden sich an diesen Punkt heften. So ist hinsichtlich der starken sozialen Fundierung im Rahmen der Stammgruppe und des gruppenunterrichtlichen Verfahrens der kritische Hinweis auf die Gefahren eines »pädagogischen Soziologismus«[128] notwendig, wie Petersen sich selbstkritisch fragt, also einer Überschätzung des Gruppenlebens. Im Bestreben einer Abhebung vom vermeintlich ausschließlich individualisierenden Verfahren des Daltonplans entsteht nunmehr die gegenpolige Lösung. Wie allerdings die Einwände gegenüber der daltonisierten Schule und ihrem vermeintlichen Individualismus nicht zutreffen[129], so müssen auch die hinsichtlich des Jenaplans beschworenen Gefahren eines Soziologismus mit dem Hinweis relativiert werden, daß dem einzelnen und seinen individuellen Bedürfnissen auch im gruppenunterrichtlichen Verfahren entsprochen werden kann.

Ein weiterer Einwand ist hinsichtlich der relativ früh einsetzenden Selbsttätigkeit berechtigt. Angesichts der Frage, ob die sachlichen Inhalte nicht zu früh dem Urteil und Eingriff des Kindes preisgegeben werden, ist auf die breite »Einschulung« in die schuleigene Methode während der Unterstufe sowie auf die Vermittlung einer »Elementargrammatik« hinzuweisen. Außerdem erlauben die »Pädagogischen Situationen« durch ihre Anpassungsfähigkeit an die unterschiedlichen Lagen des Schullebens und der ihnen eigenen Probleme eine unmittelbare Klärung. Ergänzend begleiten die Einschulungs-, Übungs- und Niveaukurse das gesamte Schulleben[130].

---

126 Peter Petersen: Führungslehre des Unterrichts. A. a. O., S. 71.

127 Vgl. Arno Förtsch: Unsere objektiven und subjektiven Berichte. In: Das gestaltende Schaffen im Schulversuch der Jenaer Universitätsschule 1925—1930. Hrsg. von Peter Petersen und Arno Förtsch. Weimar 1930, S. 101.

128 Peter Petersen: Die Stufen des Gruppenunterrichts. In: Die Praxis der Schulen nach dem Jena-Plan. A. a. O., S. 91.

129 Vgl. hierzu Hermann Röhrs: Die progressive Erziehungsbewegung. A. a. O. (Darin: Der Daltonplan oder die Individualisierung des Schullebens, S. 93).

130 Vgl. Herbert Ruppert: Sinn und Funktion der Kurse im Jenaplan. In: Jenaplan. Anruf und Antwort. Hrsg. von Hans Mieskes. A. a. O., S. 118.

Notwendig ist auch der kritische Hinweis auf die Gefahren einer Primitivierung und Nivellierung des Unterrichtsertrags durch die permanente Gruppenarbeit. Diesen Gefahren begegnet der Jenaplan durch seine undoktrinäre Grundstruktur, die Arbeiten im individuellen Rhythmus freigibt und die Strukturierung in der Gruppe — weitgehend dem Konzept Elsa Köhlers folgend (Schaffens-, Arbeits-, ungeordneter Typ) — unter Berücksichtigung individueller Gesichtspunkte vornimmt.

Schließlich bleibt noch der denkbare Einwand gegenüber den Festen und Feiern, daß sie in ihrer Planmäßigkeit die Gefahr einer Ermüdung und Abstumpfung des Gefühlslebens heraufbeschwören[131]. Sicher ist, daß der emotionalen Bildung nichts so schädlich ist wie die Systematisierung. Das Erlebnis läßt sich nicht arrangieren, wenn Erlebnisermüdung und -erstarrung vermieden werden sollen. Hinzu kommt das Gefahrenmoment des Erlebniskollektivs, das gerade im Rahmen der Schulgemeinde gegeben ist. Diese Gefahren sind pädagogisch überaus ernst zu nehmen. Petersen hat sie nicht übersehen und einzelne didaktische Gegenmaßnahmen entwickelt, die helfen sollen, sie zu begrenzen, wie das Nachbereiten der Feste und Feiern im Rahmen der Stammgruppen, so daß eine Transposition in die Altersmundart und Denkweise erfolgen kann.

Die Fortwirkung der Reformschulen ist ein Kapitel, das der gesonderten Darstellung bedarf. Während der Kreis der Jenaplan-Schulen in der Bundesrepublik im Rahmen des Weltbundes für Erneuerung der Erziehung (neben der Odenwaldschule, den Montessori- und Waldorfschulen) weiterarbeitet, ist diese Entwicklung in der DDR abgebrochen. Wer gegenwärtig nach Jena kommt, findet keine Jenaplan-Schule mehr vor, denn in dem früheren Gebäudekomplex sind eine Hilfsschule, die nach dem früheren Außenminister der DDR »Winzer-Schule« heißt, und eine Erziehungsberatungsstelle untergebracht.

Eingeleitet wurde dieser Prozeß durch den Fortgang von Peter und Else Petersen während der 50er Jahre; Hans Mieskes, der Nachfolger, verließ Jena einige Jahre später. Über Petersen heißt es in der »Geschichte der Erziehung« lapidar: »Peter Petersen hat unwiderleglich den Faschismus unterstützt[132]. Eine eingehende Auseinandersetzung mit dem gesamten Vorgang findet sich bei Mieskes. Er erblickt die Gründe für das Scheitern in der Struktur der DDR-Pädagogik, die er folgendermaßen charakterisiert: »Die eigentliche causa movens der sowjetzonalen Pädagogik ist nicht die zwingende Logik ihres eigenständigen Fachdenkens, vielmehr die Politik und mit ihr die allmächtige, allgegenwärtige und allweise Ideologie. Eliminieren wir alle propagandisti-

---

131 Vgl. hierzu Felix Krueger: Die Tiefendimension und die Gegensätzlichkeit des Gefühlslebens. München ³1931. — Ders.: Zur Philosophie und Psychologie der Ganzheit. Berlin, Göttingen, Heidelberg 1953, S. 117.

132 Geschichte der Erziehung. Redaktion: Karl-Heinz Günther, Franz Hofmann, Gerd Hohendorf, Helmut König, Heinz Schuffenhauer. A. a. O., S. 571. — Zur Charakteristik dieses Werkes vgl. auch Hans Mieskes: Die Pädagogik der DDR in Theorie, Forschung und Praxis. Bd. 2. Oberursel i. Taunus 1971, S. 163.

schen und als-ob-Behauptungen und halten wir uns nur an die Ergebnisse einer kritischen Analyse, so muß gesagt werden: Die Pädagogik der DDR ist weder Wissenschaft im Sinne einer eigenständigen Theorie noch ist sie marxistische Wissenschaft. Sie ist aber um so mehr ideologische Apologetik und politische Praxis.«[133]

Bewußt wurde die gesamte Gegensätzlichkeit gekennzeichnet. Die Kontroverse — soweit sie Petersen betrifft — ist indessen von vielen zeitspezifischen Zügen durchsetzt, so daß sicherlich noch nicht das letzte Wort gesprochen ist.

e. Die pädagogische Tatsachenforschung

Sicherung und Kontrolle der aufgewiesenen Gefahrenmomente sowie die wissenschaftlich begründete Weiterentwicklung ist die Aufgabe der Pädagogischen Tatsachenforschung[134], die Petersen unter Mitwirkung seiner Frau Else Müller-Petersen und Elsa Köhlers geschaffen hat. Beeinflußt von Wilhelm Wundt und geprägt durch die Zusammenarbeit mit dessen Schüler Ernst Meumann an der Universität Hamburg sowie schließlich ausgerüstet mit einer reichen praktischen Erfahrung als Leiter der Lichtwark-Schule in Hamburg, ist seine pädagogische Fragerichtung der Erziehungswirklichkeit und ihren leitenden Strukturen zugewandt.

Die einzelnen Schulmotive (Stammgruppe, Patenschaften, Pausenordnung, Pädagogische Rückschau, Kreissituation, Gruppenarbeit usw.) vermögen ihre Abkunft von Decroly, Montessori, Washburne, Ferrière, den Landerziehungsheimen, dem arbeitsunterrichtlichen Verfahren u. a. m. zu erweisen, und dennoch sind sie als Teile durch eine schöpferische, pädagogische Synthese in ein ausgewogenes Ganzes von neuem Grundgepräge eingegangen. Durch diese rein wissenschaftliche Grundlegung ist zum erstenmal in der Schulgeschichte überhaupt ein Schulversuch entstanden, der wegen seiner wissenschaftlich durchsichtigen Struktur ohne Substanzverlust übertragbar ist, weil er nicht in erster Linie von den persönlichen Kräften des Gründers lebt.

Ein wissenschaftlich konzipierter Schulversuch bedarf — wie im Grunde die gesamte Erziehungswirklichkeit — der wissenschaftlichen Beobachtung und Kontrolle. Aus dieser allgemeinen Fragestellung, die bei Petersen schon während seiner Wirksamkeit in Hamburg lebendig war, ist die Pädagogische Tatsachenforschung herausgewachsen. Neben dieser Funktion der kontrollierenden Beobachtung des eigenen Schulversuchs hat sie im Verlaufe der Zeit die weiteren Aufgaben der Lehrerbildung (im Rahmen der Universitätsübungsschule) und der Forschung im Hinblick auf die Schulwirklichkeit erhalten. Im Rahmen dieser dreifachen Aufgabenstellung lag der Schwerpunkt eindeutig auf der Erforschung der Schulwirklichkeit am Beispiel der Jenaer Übungs-

133 Hans Mieskes: Die Pädagogik der DDR in Theorie, Forschung und Praxis. Bd. 1. A. a. O., S. 29.

134 Hermann Röhrs: Forschungsmethoden in der Erziehungswissenschaft. Stuttgart ^{2}1971. (Darin: Die Pädagogische Tatsachenforschung, S. 124).

schule, so daß Else Müller-Petersen zu Recht sagen kann, daß in Jena nicht in erster Linie eine Versuchsschule, sondern eine Beobachtungsschule, eine Forschungsschule betrieben wurde. Pädagogische Tatsachenforschung ist also bei Petersen Schulforschung. Daß die Begrenzung auf die Schule erfolgte und nicht die gesamte Erziehungswirklichkeit berücksichtigt wurde, deren Wirkungsbreite und Intensität von Petersen in den einleitenden Kapiteln zur Pädagogischen Tatsachenforschung auch dargestellt wird, muß bei einem Manne erstaunen, der die Erziehung als eine Urfunktion des Menschenlebens überhaupt deutete und daher neben der intentionalen Erziehung bewußt die Formen der funktionalen Erziehung von Anbeginn in seine Untersuchungen einbezog.

Diese Beschränkung auf die Schule ist bei Petersen in den ersten Entwicklungsphasen der Tatsachenforschung nur aus dem Bestreben heraus zu erklären, durch ein übersichtliches Forschungsfeld die methodische Sauberkeit zu gewährleisten. Petersen spricht mit dem Blick auf dieses relativ überschau- und kontrollierbare Schulfeld vom »pädagogische(n) Laboratorium«. Daß später eine Ausweitung des Forschungsfeldes vorgenommen werden sollte, ist schon aus der Zielstellung der Pädagogischen Tatsachenforschung ersichtlich. Ihre eigentliche Aufgabe ist, nach der Lösung von der Philosophie den wissenschaftlichen Grundcharakter der Pädagogik durch die Bereitstellung eines »empirischen Unterbaus« (in der Fortführung der Bestrebungen Meumanns) zu sichern. Lösung von der Philosophie heißt: fachliche Verselbständigung durch methodische Gliederung und Erhellung des eigenen Forschungsbereiches, wobei auf dem gesicherten Fundament geklärter Tatsächlichkeit die erziehungsphilosophische Frageweise ihre vertiefte Berechtigung zurückerhält.

Wissenschaftliches Leben vollzieht sich nach Petersen immer als ein »Leben und Schaffen vor der Grenze«[135], wobei das Wissen um diese Grenze wesentlich für das Gelingen ist. Daraus ergeben sich Gesichtspunkte für die immer wieder zur Entscheidung drängende Frage nach dem Verhältnis von Wissenschaft und Leben, nach dem Dienst und der Verantwortung der Wissenschaft für die Gestaltung der Praxis. Der Wissenschaftler als der um die tieferen Zusammenhänge und Bedingtheiten der Wirklichkeit Wissende wird sich dieser Aufgabe nicht entziehen können. Gerecht wird er ihr jedoch nur dann, wenn er sich der Grenze aller rationalen Planung vor der tiefen Irrationalität des Lebens bewußt bleibt. »Er steht hier also vor einer *sittlichen* Aufgabe höchster Verpflichtung, vor einer Aufgabe der Selbsterziehung, und zwar der Selbsterziehung zur rechten Ehrfurcht vor dem Geheimnis der krafterfüllten Natur in ihm und um ihn.«[136] Das wesentliche Ergebnis dieser »Selbsterziehung« ist die »Gesinnung«, die sich verantwortlich weiß vor dem »Ewigen« und dadurch auch eine »letzte Sinnerschließung« für die wissenschaftliche Arbeit gewinnt.

Die bloße Rationalität führt zu Werken, die sich allzu bald gegen ihren Schöpfer wenden. Im Bereich der technischen Welt ist das Verhängnisvolle dieser Haltung in

---

135 Peter Petersen: Der Mensch in der Erziehungswirklichkeit. Mülheim/Ruhr 1954, S. 22.
136 A. a. O., S. 37.

den letzten Jahren wiederholt gedeutet worden. Petersen dehnt diese Sichtweise auf die Erziehung aus und weist auf, daß eine vorwiegend rationale Einstellung auch hier mit der zunehmenden Loslösung von dem tieferen Untergrund des Lebens zu einer Schrumpfung im Allgemein-Menschlichen führen muß. Alle bewußte Erziehung wird daher die im Leben immer schon vorhandenen erzieherischen Grundkräfte in ihren Ansatz aufnehmen. Der »magische Kreis der Erziehung« besteht darin, daß die bewußte Erziehung fein in dieses hinter- und untergründige Geflecht der unbewußten Erziehung hineingewirkt wird. Das ist das Spezifikum der Erziehungslehre Petersens. Sie vermag in dieser Form die erzieherischen Grundabsichten des »Jenaplans«, der der »Irrationalität der Erziehungswirklichkeit« einen breiten Raum gewährt und alle intentionale Erziehung fest an die funktionale anschließt, noch einmal zu beleuchten.

4. Das dialogische Prinzip Martin Bubers — eine vermittelnd-klärende Position

Es mag verwundern, Martin Buber schwerpunkthaft in den Rahmen der Pädagogik einzuordnen[137]. Darum seien sogleich die Voraussetzungen für diese Zuordnung genannt. Drei Gesichtspunkte werden zu berücksichtigen sein:

(1) Martin Buber ist Philosoph und als solcher in erster Linie der Glaubenswelt des Judentums zugewandt. Dieser Glaube ist das Resultat der Erfahrungen während seiner Kindheit und Jugend sowie seiner darin gründenden Auseinandersetzung mit dem Chassidismus.

Denken und Handeln, Wissen und Glauben, Reflektieren und Agieren bedingen einander in dieser Sichtweise. Daher mündet bei Buber die religiöse Problematik immer wieder in die ethische und von dort in die umgreifendere pädagogische Fragestellung ein. Buber ist somit in einem eminenten Sinne ein pädagogischer Denker, der die Bildung des Menschen von Anbeginn ins Auge faßt, weil alles echte Philosophieren auf die Entfaltung des Menschlichen zielt.

(2) Darum ist auch das dialogische Prinzip letztlich pädagogisch *und* religiös begründet: »Zum Anderen ausgehen«, um im Grade der Erschließung des Anderen das eigene Selbst- und Gottverständnis zu vertiefen. Mit der Kontaktstiftung steht ein pädagogisches Datum am Anfang dieses Prozesses. In allen Schriften ist das Erzieherische daher mehr als ein Begleitphänomen.

(3) Zentral hat sich Buber hinsichtlich seiner pädagogischen Grundvorstellungen in seinen Schriften »Worte an die Jugend« und »Dialogisches Leben«[138] geäußert. Die

137 Dieses Kapitel ist in erweiterter Form als Buch erschienen: Hermann Röhrs, Ernst Meyer: Die pädagogischen Ideen Martin Bubers. Frankfurt a. M. 1979.

138 Martin Buber: Worte an die Jugend: Berlin 1938. — Ders.: Dialogisches Leben. Gesamte Philosophie und Pädagogische Schriften. Zürich 1947. — Obgleich nach beiden Schriften noch häufig gearbeitet wird, soll künftig nach der Gesamtausgabe (Martin Buber. Werke in drei Bänden. München und Heidelberg 1962, 1963, 1964) einheitlich zitiert werden — soweit die Schriften darin Aufnahme fanden.

natürliche Mitte bildet für beide Bücher die Rede »Über das Erzieherische«, die Buber 1925 als das Grundsatzreferat auf dem dritten Internationalen Kongreß der New Education Fellowship in Heidelberg gehalten hat. Allein die Tatsache, daß Buber 1925 — auf dem Höhepunkt der Reformpädagogik — das Grundsatzreferat auf einer internationalen Tagung hielt, auf die die ganze pädagogische Welt erwartungsvoll blickte, zeigt die pädagogische Bedeutung Bubers. Das Tagungsthema »Die Entfaltung der schöpferischen Kräfte im Kinde«, das auf dem Hintergrund der kulminierenden Kunsterziehungs- und Arbeitsschulbewegung formuliert wurde, ist bestimmt von dem Glauben an die Entwicklungsmöglichkeit der dem Kinde eingeborenen Kräfte.

In dieser bildungsgeschichtlich entscheidenden Situation war es ungemein bedeutsam, daß mit Buber ein Denker das Erzieherische analysierte, der im Zusammenhang mit der zeitgeschichtlichen Krisenlage nach dessen anthropologischer und religiöser Verankerung fragte. Von dieser Rede Bubers ist ein breiter und nachhaltiger Einfluß ausgegangen, der bewirkte, daß der pragmatische Entwicklungsglaube der Reformpädagogik in Frage gestellt wurde. Im Aufweis der zutiefst religiösen Motivation jedes Erziehungsaktes — soweit er »Erschließung« des Menschlichen sein will — besteht die wegweisende Bedeutung Bubers für die Reformpädagogik, die durch diese anthropologische und religiöse Infragestellung zugleich ihre Gegenwartsbedeutung gewinnt.

a. Die religiösen Grundvorstellungen Bubers im Zusammenhang mit seinem Erfahrungskreis

Martin Buber (geb. 1878 in Wien, gest. 1965 in Jerusalem) wuchs nach der Trennung seiner Eltern seit dem vierten Lebensjahr auf dem Gut seines Großvaters, Salomon Buber, in der Nähe von Lemberg auf. Der Großvater war nicht nur ein Kenner der hebräischen Sprache, sondern auch ein bekannter Midraschforscher. Buber nennt ihn stolz — im ursprünglichen Wortsinne — einen Philologen, das heißt für ihn ausdrücklich einen Liebhaber der Schrift. Dieses liebhaberhaft distanzierte Auslegen der ursprünglichen Bedeutung ist auch dem Forschen Bubers eigen geblieben — bis in sein Ringen um die ursprüngliche Intention des Erzieherischen hinein.

Nach der Wiederheirat des Vaters lebt er seit dem 14. Lebensjahre auf dessen Gut in Galizien. Aus dieser Zeit in Polen rühren auch erste Erfahrungen aus der Begegnung mit chassidischen Gläubigen[139]. Das hebräische Wort »Chassid« bedeutet ein Frommer, dessen Frömmigkeit sich im Alltag bewährt. So lernte der junge Buber während seines Aufenthalts in der Bukowina zusammen mit dem Vater im nahen

139 Martin Buber: Begegnung. Autobiographische Fragmente. Heidelberg ³1978. — Hans Kohn: Martin Buber. Sein Werk und seine Zeit. Hellerau 1930 (Neuausgabe Köln 1961). — Gerhard Wehr: Der deutsche Jude Martin Buber. München 1977.

Städtchen Sadagora die Wirkungsweise der chassidischen Lehre auf die breite Masse kennen[140].

Der Chassidismus als Volksbewegung ist bestimmt von der jüdischen Mystik und vom Glauben an die messianische Sendung des jüdischen Volkes. Sie reifte nach den wiederholten Ausweisungen, Unterdrückungen und Verfolgungen, vor allem in der Diaspora als ein Auf-sich-und-das-Gespräch-mit-seinem-Gott-Verwiesensein.

Darum sucht Buber das Verhältnis zur Geschichte des eigenen Volkes lebendig zu erhalten, weil sie der geistige Born ist, aus dem in der Verwiesenheit Wegweisung und -stärkung geschöpft werden kann. »Wir Juden sind eine Erinnerungsgemeinschaft. Zusammenge- und -erhalten sind wir worden durch das gemeinsame Erinnern«[141], so mahnt er in seinen »Worten an die Jugend«.

Der Zaddik (Prediger) einerseits und der Schatz der Legenden andererseits inspirieren diesen Erinnerungsprozeß. Gegenstand der Legenden ist häufig das Verhältnis zwischen dem Lehrenden und Lernenden, so daß sie schon darin ihren »eminent pädagogischen Charakter«[142] zeigen, wie Simon bei der Analyse der erzieherischen Ideen Bubers bezeugt.

Die Lehre, die weitgehend in der literarischen Form der Legende vorgetragen wird, faßt Buber folgendermaßen zusammen: »Gott ist in jedem Ding zu schauen und durch jede reine Tat zu erreichen. Diese Einsicht ist aber keineswegs, wie man vermeint hat, der pantheistischen Weltanschauung gleichzusetzen. Für die chassidische Lehre ist die ganze Welt nur ein Wort aus Gottes Mund.«[143] Die »Anredbarkeit dieses Gottes als Wirklichkeit«, das »Du-sagen zu ihm«, das »Mit-ihm-Angesicht-in-Angesicht-stehen« macht die Unmittelbarkeit dieser Gottesvorstellung aus.

Das religiöse Leben wird dadurch als ein permanentes »Angesprochenwerden und Antworten, Ansprechen und Antwortempfangen«[144] ausgelegt. Die chassidische Lehre ist diejenige vom »anredbaren Gott«[145]. Dadurch wird das Leben zu einer religiösen Dialogik, zu einer steten Zwiesprache mit Gott. Die Folge ist eine »Zuheilung der Dinge durch den Menschen, als seines Dienstes an der Schöpfung«[146] — ein Gedanke, der bereits der Mystik von Meister Eckart und Jakob Böhme vertraut gewesen ist, auf die sich Buber wiederholt beruft[147].

---

140 Mein Weg zum Chassidismus. In: Werke. Dritter Band. Schriften zum Chassidismus. München, Heidelberg 1963, S. 962, 963.

141 Martin Buber: Warum soll man lernen? In: Worte an die Jugend. Berlin 1938, S. 64.

142 Ernst Simon: Martin Buber, der Erzieher: In: Martin Buber. Hrsg. von Paul Arthur Schilpp und Maurice Friedman. A. a. O., S. 487. — Vgl. auch Ernst Simon: Martin Bubers lebendiges Erbe. Heidelberg 1979.

143 Mein Weg zum Chassidismus. A. a. O., S. 962.

144 Die chassidische Botschaft. In: Werke. Dritter Band. A. a. O., S. 742.

145 A. a. O., S. 743.

146 A. a. O., S. 747.

147 Bereits 1901 hat Buber einen Aufsatz über Jakob Böhme verfaßt, der sein »poesieumwobenes Verhältnis zur Mystik offenbart«. Vgl. hierzu Grete Schaeder: Martin Buber.

Die chassidische Botschaft verkündet den »All-Tag der Erlösung«[148] und billigt dem Menschen eine »mitwirkende Kraft« in diesem Prozeß zu. »Das bedeutet nicht ein mystisches Zeitlos-werden des Nu, sondern dessen Zeitvoll-werden.«[149] Diese Deutung hat über die theologischen Belange hinaus unmittelbare Bedeutung für das pädagogische Wirken. Wenn Buber in seinen pädagogischen Schriften von der erzieherischen »Erschließung«[150] spricht und im Menschen den »Möglichkeitscharakter«[151] betont, den man in erster Linie im Tätigsein und nicht in der Ekstase verwirklicht, dann ist entscheidend der religiöse Bedingungszusammenhang zu sehen. Der wiederholte Hinweis, daß das spezifisch Menschliche erst dann zu realisieren sei, wenn den Menschen gelehrt werde, »zu leben, zu schauen und zu schaffen«[152], dringt nicht auf ein Tatmenschentum, sondern auf die religiöse »Rückbiegung«[153] alles Geschehens auf Gott.

Durch diese Deutungsweise wird der Lehrende zum Mitwirkenden inmitten des Schöpfungs- und Erlösungsprozesses. Wichtig ist aber das Wissen um diese zutiefst religiöse Funktion des erzieherischen Wirkens. Unter dieser Voraussetzung genügt die erzieherische Präsenz, denn »... nur absichtsloses Handeln kann ein Handeln um Gottes willen sein«[154]. Unter diesem Aspekt betrachtet, erweist sich das Gottesverhältnis als eine Grundbedingung für die Gestaltung des erzieherischen Verhältnisses. Die erzieherische Existenz wiederum erhält geradezu messianische Grundzüge, die durch die ihnen einwohnende »erlöserische Kraft« den jenseitigen Erlösungsprozeß unmittelbar im Diesseits alltäglich anheben lassen.

Dazu bedarf es keiner Formeln und Gebärden, sondern bereits durch das verantwortungsvolle Handeln geschieht das »Gottzutragen des gewohnten Lebens«[155]. Diesen im Grunde dialogischen Prozeß kann der Erzieher nur unbewußt beeinflussen »durch sein Dasein und Sosein«, durch »indirekte Leitung« und »Auslese der wirkenden Welt«[156]. Die Grundbedingung ist der »Kontakt«. Soweit dieses »Grundwort der Erziehung«[157] gesichert ist, kann Buber sagen: »Der gute Lehrer erzieht ... durch sein bloßes Dasein.«[158]

Ein biographischer Abriß. In: Martin Buber. Briefwechsel aus sieben Jahrzehnten. Band 1. Hrsg. von Grete Schaeder in Beratung mit Ernst Simon und unter Mitwirkung von Rafael Buber, Margot Cohn und Gabriel Stern. Heidelberg 1972, S. 35.

148 Die chassidische Botschaft. A. a. O., S. 753.

149 A. a. O., S. 753.

150 Nachlese. Heidelberg 1965, S. 91.

151 Die Frage an den Einzelnen. In: Martin Buber. Werke. Erster Band. Schriften zur Philosophie. München und Heidelberg 1962, S. 259.

152 Was ist zu tun? In: Worte an die Jugend. A. a. O., S. 6.

153 Die chassidische Botschaft. A. a. O., S. 756.

154 A. a. O., S. 756.

155 A. a. O., S. 754.

156 Über das Erzieherische. In: Martin Buber. Werke. Erster Band. A. a. O., S. 794.

157 Nachlese. A. a. O., S. 93.

158 A. a. O., S. 93.

b. Das dialogische Prinzip und das ihm eigene Bildungsdenken

Die Mitte des Buberschen Philosophierens bildet das dialogische Prinzip, das von Anbeginn seinen Denkansatz kennzeichnet. Wenn Buber feststellt: »... ich weiß, daß mein Interpretieren, wie jedes, bedingt ist durch mein Sein«[159], so gilt das in einem existentiellen Sinne vom dialogischen Prinzip. Wie er später in seinen Reflexionen über »Gut und Böse« als den ethischen Grundfragen, dem Bösen den Grundcharakter der Herausforderung und Bewährung des Guten zumißt, so setzt auch die Reflexion über die Dialogik mit der frühen Erfahrung der Trennung ein. In mehreren seiner Schriften findet sich der autobiographische Exkurs über die Trennung der Eltern, die der Vierjährige erfahren mußte, und der lapidare Kommentar eines kleinen Mädchens zum Fortgehen der Mutter: »Nein, sie kommt niemals zurück.«[160]

Das Kind ohne Mutter begann schon früh über die menschlichen Beziehungen nachzudenken. Das von ihm geprägte Wort »Vergegnung«, als »Verfehlen einer wirklichen Begegnung«[161] bildet als Negativmodell den Ausgangspunkt für die schon früh einsetzende Gestaltung des Lebens als Begegnung und das damit verbundene menschliche Zueinander. Sollte noch ein weiterer persönlicher Orientierungspunkt aufgewiesen werden, so ist es die Begegnung während der Studienzeit 1899 in Zürich mit Paula Winkler, seiner späteren Frau und Mutter seiner Kinder[162]. Bereits 1901 erschienen von Paula Winkler, die sich später unter dem Pseudonym Georg Munk als Romanschriftstellerin einen Namen erwarb, die »Betrachtungen einer Philozionistin« in der Zeitschrift »Welt«[163]. Wie diese Frau aus einer katholischen Familie die Welt des Judentums sich und ihrem Mann in einem wechselseitigen Prozeß kongenial erschloß, ist das existentiell erhärtete dialogische Prinzip unter der Maxime »wahr ist, was bewährt ist«[164], die Buber sich selber schrittweise erschloß.

Auf diesem persönlichen Hintergrund will das dialogische Prinzip verstanden sein[165]. Der »Möglichkeitscharakter« des Menschen ist gebunden an den andern, der erst die Ich-Findung und -Werdung freigibt. Buber beschreibt diesen Vorgang als »Beziehung« oder »Zwiesprache« — soweit ein Verhältnis sich begründet — und als »Zwischen« oder »Ich-Du-Es« — solange lediglich die bestehenden Relationen ohne persönliche Aktivierung gemeint sind.

---

159 Bildung und Weltanschauung. In: Martin Buber. Werke. Erster Band. A. a. O., S. 811.

160 Begegnung. Autobiographische Fragmente. Stuttgart 1960, S. 6.

161 A. a. O., S. 6 sowie Autobiographische Fragmente. In: Martin Buber. Hrsg. von Paul Arthur Schilpp und Maurice Friedman. A. a. O., S. 2.

162 Vgl. Martin Buber. Briefwechsel aus sieben Jahrzehnten. Band 1. A. a. O., S. 34. — Gerhard Wehr: Der Deutsche Jude Martin Buber. A. a. O., S. 48.

163 Briefwechsel aus sieben Jahrzehnten. Band 1. A. a. O., S. 36.

164 Bildung und Weltanschauung. A. a. O., S. 814.

165 Vgl. dazu auch Martin Buber: Zwiesprache. Traktat vom dialogischen Leben. Heidelberg ^{3}1978.

Die Dialogik ist als Begegnungsproblematik ein grundlegender Vorgang des menschlichen Lebens. Das Menschsein gewinnt erst in der Gestaltung des Zwischenmenschlichen seine Sinnhaftigkeit. Die Besonderheit dieses Buberschen Ansatzes ist – im Unterschied zu Ebner, Grisebach, Rosenzweig und Guardini[166] – darin beschlossen, daß die individuelle Entwicklung erst vollendet wird durch die Zuwendung zum Du. Erst in dem Maße wie das Ich zur Verwirklichung des Du beiträgt, gelingt die Selbstverwirklichung[167]. Buber hat mit dieser Deutungsweise die existenzphilosophische und -pädagogische Richtung[168] entscheidend angeregt.

Als existentielles Prinzip steht das Dialogische von vornherein in dem Spannungsgefüge von Ich–Du–Es. »Es gibt kein Ich an sich, sondern nur das Ich des Grundworts Ich–Du und das Ich des Grundworts Ich–Es. Wenn der Mensch Ich spricht, meint er eins von beiden.«[169] Der Mensch kann sich weder von dem Du noch von dem Es freimachen oder -kaufen, wenn er die Selbstverwirklichung im Ich sucht. Wenn auch das dialogische Prinzip in erster Linie das Du-Verhältnis zu klären versucht, so bleibt nicht der geringste Zweifel, daß die Es-Beziehung dafür von fundamentaler Bedeutung ist. Ein wichtiges Zeichen für eine ernsthafte und dauerhafte Zeitkrise erblickt Buber in der Entfremdung des Menschen vom Es, der Welt der technischen, wirtschaftlichen und gesellschaftlichen Anforderungen in ihrer anonymen Form. »Der Mensch in der Krise, das ist der Mensch, der seine Sache nicht mehr dem Gespräch anvertraut«[170], so formuliert Buber diesen Sachverhalt. Das Nicht-mehr-Angesprochenwerden und das Nicht-Antworten-Können sind die tiefste Form der Krise, weil sie den für menschliches Leben notwendigen Dialog unterbrechen.

Daher bestimmt Buber das dialogische Prinzip im umgreifenderen Sinne: »Das Dialogische ist nicht auf den Verkehr der Menschen miteinander beschränkt: es ist, so hat es sich uns gezeigt, ein Verhalten der Menschen zueinander, das sich in ihrem Verkehr nur eben darstellt.«[171] Das Dialogische versteht sich als ein Empfinden und Den-

166 Ferdinand Ebner: Das Wort und die geistigen Realitäten. Innsbruck 1921. – Eberhard Grisebach: Die Grenzen des Erziehers und seine Verantwortung. Halle 1924. – Franz Rosenzweig: Der Stern der Erlösung. Heidelberg [3]1954. – Romano Guardini: Grundlegung der Bildungslehre. Würzburg 1953. – Vgl. ergänzend Personale Erziehung. Beiträge zur Pädagogik der Gegenwart. Hrsg. von Berthold Gerner. Darmstadt 1965. – Begegnung. Ein anthropologisch-pädagogisches Grundereignis. Hrsg. von Berthold Gerner. Darmstadt 1969. – Martin Buber: Pädagogische Interpretationen zu seinem Werk. Hrsg. von Berthold Gerner. München 1974.

167 Vgl. Hermann Röhrs: Allgemeine Erziehungswissenschaft. In: Gesammelte Schriften, Bd. 1, Weinheim 1993. (Darin: Das erzieherische Verhältnis, S. 195).

168 Karl Löwith: Das Individuum in der Rolle des Mitmenschen. München 1928. – Otto Friedrich Bollnow: Existenzphilosophie. Stuttgart [4]1955.

169 Ich und Du. In: Martin Buber. Werke. Erster Band. A. a. O., S. 79.

170 Nachlese. A. a. O., S. 226.

171 Zwiesprache. In: Martin Buber. Werke. Erster Band. A. a. O., S. 180.

ken vom anderen her. Ich-Findung und -Verwirklichung sind gleichsam gebunden an Einsatz und Ausmaß der Selbstverwirklichung des Du. Die elementare Voraussetzung dafür ist allerdings, zum Anderen auszugehen: »leben heißt angeredet werden.«[172] »Jeder von uns steckt in einem Panzer«[173], der nicht nur geöffnet, sondern auch erkundet sein will hinsichtlich der so bedingten Lebensart und ihrer realen Möglichkeiten.

Die Stiftung des Du-Verhältnisses ist Grundbestimmung menschlichen Seins, weil es erst in dieser Begegnung seine Erfüllung findet; aber dennoch haftet der Begegnung etwas Schicksalhaftes an. »Das Du begegnet mir von Gnaden – durch Suchen wird es nicht gefunden. Aber daß ich zu ihm das Grundwort spreche, ist Tat meines Wesens, meine Wesenstat.«[174] Diese »Wesenstat« ist von existentieller Bedeutung, weil sie zugleich die Beziehung zu Gott stiftet und stärkt. Dieser Gedanke schließt unmittelbar an das »Gotteinwohnen« und »Gottzubringen« der chassidischen Schriften an. Liebe und Glaube bleiben an die Existenz des Menschen gebunden, an seine Verantwortung bei der Gestaltung der ihm eigenen Aufgaben. In der Art, wie diese Verantwortung getragen wird, ist bereits die Fähigkeit und Bereitschaft des Fragens und Antwortens überhaupt angelegt. Wer sich aus der Verantwortung herausbegibt, der verliert mit der urmenschlichen Fähigkeit des Fragens und Antwortens auch die elementaren Voraussetzungen der Beziehung und Begegnung. Diese Fehlform, die bereits im »Möglichkeitscharakter« des Menschen, der aber auch »urgewaltige Potentia«[175] ist, angelegt ist, weckt zugleich (nicht primär) die Frage nach dem Erzieherischen.

c. Das Erzieherische als reformpädagogisches Konzept

Die Aufgabe des Erzieherischen[176] ist die Weckung und Entfaltung der Dialogbereitschaft und -fähigkeit des Menschen, um ihn für Begegnungen und Beziehungen zu

---

172 A. a. O., S. 183.

173 A. a. O., S. 183.

174 Ich und Du. A. a. O., S. 85.

175 Über das Erzieherische. In: Martin Buber. Werke. Erster Band. A. a. O., S. 787.

176 Zur Darstellung des pädagogischen Gedankenkreises Bubers vgl. auch Bernhard Linke: Eros und Liebe und das Wesen der Erziehung unter besonderer Berücksichtigung der Werke von Max Scheler und Martin Buber. Phil. Diss. München 1954. – Alfons Otto Schorb: Erzogenes Ich – erziehendes Du. Stuttgart 1958. – Gerhard Huber: Menschenbild und Erziehung bei Martin Buber. Eidgenössische Technische Hochschule. Kultur- und Sozialwissenschaftliche Schriften. Zürich 1960. – Ernst Simon: Martin Buber, der Erzieher. In: Ders.: Brücken. Heidelberg 1965. – Werner Faber: Das Dialogische Prinzip Martin Bubers und das erzieherische Verhältnis. Ratingen ^{2}1967. – Dieter Höltershinken: Anthropologische Grundlagen personalistischer Erziehungslehren. M. Buber, R. Guardini, P. Petersen. Eine vergleichende Untersuchung. Weinheim 1971.

erschließen. »Menschentum und Menschheit werden in echten Begegnungen.«[177] Erst durch die Erfüllung des dialogischen Prinzips als Existenzweise wird menschliches Leben und Lieben möglich.

Diese fundamental wichtige Funktion des Erzieherischen deutet Buber vor allem in seiner Rede »Über das Erzieherische«, aber auch in den Vorträgen, die er als Leiter der »Mittelstelle für jüdische Erwachsenenbildung« und an dem von Franz Rosenzweig 1920 begründeten und von Buber 1933 neueröffneten »Jüdischen Lehrhaus« in Frankfurt a. M. gehalten hat[178].

Als eine Vorarbeit für die Studie »Über das Erzieherische« betrachtet Buber auch sein Referat über die Volkshochschule 1919 in Heppenheim auf der Tagung für »Erneuerung des Bildungswesens«, die ihm »besonders denkwürdig durch Paul Natorps Referat über die Einheitsschule«[179] in Erinnerung ist. Darüber hinaus ziehen sich die Reflexionen über das Erzieherische durch nahezu alle Werke bis zu den Kapiteln über Erziehung in der »Nachlese«. Um den pädagogischen Ideenkreis Bubers übersichtlich zu erschließen, soll er nach den folgenden leitenden Gesichtspunkten dargelegt werden: das Erzieherische, das erzieherische Verhältnis als konstitutiver Teil des dialogischen Prinzips, die Umfassung.

Die bleibende Bedeutung Bubers, die zugleich seinen klärenden Beitrag zur Reformpädagogik umschreibt, besteht darin, daß er das Erzieherische in seiner anthropologischen und religiösen Interdependenz aus philosophischem Aspekt deutet. Angesichts der beginnenden Vereinseitigung dessen, was als Neue Erziehung seit den 90er Jahren des vorigen Jahrhunderts entdeckt wurde, setzte seit Mitte der 20er Jahre in der dritten Phase der reformpädagogischen Bewegung der Versuch der methodischen Gliederung ein, der zuweilen den gerade überwundenen Herbartianischen Formalstufen gefährlich nahe kam.

In dieser Situation war es außerordentlich bedeutsam, daß Buber als ein damals bereits international anerkannter Philosoph auf einem internationalen Forum den anthropologisch-religiösen Wurzelgrund des Erzieherischen erhellte. Diese Rede ist auf dem Hintergrund seiner kritischen Auseinandersetzung mit der Philosophie der Gegenwart – insbesondere Kierkegaard, Nietzsche, Heidegger, Scheler, Simmel – einerseits und seinem besonderen Verhältnis zur chassidischen Botschaft andererseits zu verstehen. Gerade die chassidischen Ideen der »erlöserischen und mitwirkenden Kraft« des Menschen, der innerweltlichen Bewährung als eines Weges zu Gott, des

177 Martin Buber: Urdistanz und Beziehung. Heidelberg [4]1978, S. 37.

178 Ernst Simon: Aufbau im Untergang. Jüdische Erwachsenenbildung im nationalsozialistischen Deutschland als geistiger Widerstand. Tübingen 1959, S. 9.

179 Martin Buber. Werke. Erster Band. A. a. O., S. 785. – Vgl. Rita van de Sandt: Martin Bubers bildnerische Tätigkeit zwischen den beiden Weltkriegen. Stuttgart 1977. – Michael Bühler: Erziehung zur Tradition – Erziehung zum Widerstand. Ernst Simon und die jüdische Erwachsenenbildung in Deutschland. Berlin 1986.

»Gottzutragens des gewohnten Lebens« sind hinter der Deutung des Erzieherischen zu sehen. Dadurch wird jene pragmatische Grundhaltung der Reformpädagogik, die in dem Lehrer bloß den begabten Anreger, Vermittler und Weichensteller sieht, in Frage gestellt. Zusammen mit der Erörterung der Einwände Bubers soll zugleich sein eigener, weiterführender Beitrag aufgewiesen werden.

Das Erzieherische ist für Buber mehr als ein kluges didaktisches Arrangement unter Berücksichtigung der entwicklungspsychologischen und sachlogischen Daten. Hinter dem Indikativ Erziehung legt Buber, in der Sprache Simmels[180] gedeutet, seines Lehrers und Freundes[181], den Komparativ »Mehr als Erziehung« in Gestalt des Erzieherischen frei. Dieses Erzieherische schließt zwar die Kraft zur Ordnung des innerweltlich Zuhandenen ein; seine eigentliche Sinnintention gewinnt es indessen erst oberhalb der Sphäre des »Besorgens«, »Fürsorgens« und »Sorgens«. Das Erzieherische ist die »mitwirkende und aufbauende Kraft« am »Schöpfungsbegebnis«[182], wie es sich im Kinde stets erneut ereignet.

In dieser Sichtweise ist das Erzieherische — soweit die »Sonderessenz dieses Namens« darunter verstanden und verwirklicht wird — das Einfallstor der göttlichen Gnade in die Welt. Dazu bedarf es von seiten des Erziehers neben der »hohe(n) Askese« und der »spezifische(n) Demut« einer erzieherischen Verantwortung vor dem werdenden Menschen. Buber betont diesen Gesichtspunkt ausdrücklich: »Erziehen kann nur, wer in der ewigen Präsenz steht«[183], d. h. derjenige, der die Mittlerrolle in voller Verantwortung wahrzunehmen vermag. Ergänzend sagt er: ». . . ein Ganzes ist die Erziehung nur, wenn sie als Ganzes religiös ist.«[184] Entscheidend hat er diesen Gedanken bereits in seinen Vorlesungen ausgesprochen, die er 1922 in Frankfurt a. M. hielt[185].

Das Kind ist für Buber im Sinne Nietzsches, der ihn trotz oder gerade wegen seiner ganz anderen Position seit der frühen Zarathustra-Lektüre[186] entscheidend beeinflußt

---

180 Vgl. Georg Simmel: Lebensanschauung. Vier metaphysische Kapitel. München und Leipzig 1922.

181 Vgl. hierzu Grete Schaeder: Martin Buber. Ein biographischer Abriß. In: Martin Buber. Briefwechsel aus sieben Jahrzehnten. Band 1. A. a. O., S. 43.

182 Über das Erzieherische. A. a. O., S. 787.

183 Die Aufgabe. In: Nachlese. A. a. O., S. 92.

184 A. a. O., S. 92.

185 Rivka Horwitz: Buber's Way to »I and Thou«. An Historical Analysis and the First Publication of Martin Buber's Lectures »Religion als Gegenwart«. Heidelberg 1978. (Erstpublikation von Bubers Lehrhaus-Vorlesung von 1922, der Vorstufe von »Ich und Du«). — Vgl. auch Jochanan Bloch: Die Aporie des Du. Probleme der Dialogik Martin Bubers. Heidelberg 1977, S. 199 ff.

186 Begegnung. Autobiographische Fragmente. A. a. O., S. 18. Buber schreibt: »Dieses Buch, vom Verfasser als das größte Geschenk bezeichnet, das der Menschheit bisher gemacht worden sei, hat auf mich nicht in der Weise einer Gabe, sondern in der Weise des Überfalls und der Freiheitsberaubung gewirkt, und es hat lang gedauert, bis ich mich loszumachen vermocht habe.«

hat, die »Chance des Neuen«. Allerdings gibt er in Anwendung von Nietzsches Prinzip der »Umkehr« – es allerdings gegen diesen selber wendend – dem Gedanken ein religiöses Vorzeichen: Gott lebt. »Das Menschengeschlecht fängt in jeder Stunde an.«[187] Jedes Kind ist »aufgetauchte Neuerung, urgewaltige Potentia«[188] und als »Einzigkeit« Spiegelung der göttlichen Gnade; es ist das »Erscheinen der Einzigkeit, dieses, das mehr ist als nur Zeugung und Geburt, diese Gnade des Wieder-, des Immer-wieder-, des Noch-immer-anfangen-Dürfens.«[189] Durch dieses Erscheinen des Neulings Kind sind Dauer und Entwicklung, aber auch revolutionierende Ein- und Umbrüche möglich, die das »graue Gesicht der Menschenerde licht machen« oder aber es »verfinstern«[190].

Buber hebt mit der Deutung des kindlichen »Urhebertriebs« aber noch einen zweiten wichtigen Fragenkreis klärend heraus. In der Arbeitsschul- und der Kunsterziehungsbewegung hat es Bestrebungen gegeben, die in erster Linie den »Beschäftigungs- und Tätigkeitstrieb« des Kindes zu fördern suchten – nicht zuletzt in Fortführung der Zielsetzungen des Slöjdsystems, das die Tugenden des handwerklichen Gestaltens und des Hausfleißes zu vertiefen trachtete. Ohne diese Ansätze in Frage stellen zu wollen, weist Buber die tieferen Zusammenhänge des Urhebertriebs als Gestalten- und Schaffen-Wollen »in seiner Selbständigkeit und Unableitbarkeit«[191] auf. Sobald dieses originäre Schaffen zu einem hantierenden Beschäftigen wird, entstehen »Seelenverarmungs-Doktrinen«, denen gegenüber Buber auf die »ursprüngliche Polyphonie der menschlichen Innerlichkeit«[192] hinweist.

Zur Verdeutlichung dessen, was die »urheberische Kraft« des Kindes gestaltend erwirken kann, weist er auf den Prager Kinderchor Bakulés hin, der die Heidelberger Konferenz eröffnet hatte. Der Eindruck Bubers über diesen Chor körperlich benachteiligter Kinder sei wiedergegeben, weil er ein gutes Beispiel kunsterzieherischen Wirkens der 20er Jahre vergegenwärtigt: »Wie unter seiner (Bakulés) Führung aus verkrüppelten, scheinbar zu lebenslanger Brache verdammten Geschöpfen frei bewegte, werkfreudige Menschen sich gelöst haben, bildsam und bildnerisch, die Geschautes und Ersonnenes in vielfältigem Stoff auszuformen, aber auch die eigene, auferstandene Seele wild und herrlich auszusingen verstehen; mehr noch – wie aus dumpfen, ummauerten Einsamkeiten sich eine in Zu- und Gegenblick bekundete Werkgemeinde fügte: das scheint uns unanzweifelbar zu erweisen, welche Fruchtbarkeit nicht allein, welche in den ganzen Bestand des Menschen hin strahlende Kraft das urheberische Leben hat.«[193]

---

187 Über das Erzieherische. A. a. O., S. 787.
188 A. a. O., S. 787.
189 A. a. O., S. 787.
190 A. a. O., S. 788.
191 A. a. O., S. 789.
192 A. a. O., S. 790.
193 A. a. O., S. 790, 791.

Wie Buber waren alle Teilnehmer — unter ihnen Adolphe Ferrière, Célestin Freinet[194], Marietta Johnson, Margaret Naumann, Ann Shumaker, Harold Rugg[195], Carleton Washburne, Herbert Read[196], Paul Geheeb, Georg Kerschensteiner, Paul Oesterreich, Franz Cizek[197] — von diesem Kinderchor Bakulés tief beeindruckt. Buber, der gerade in seinem erzieherischen Ansatz des persönlich orientierten Bezugs- und Begegnungsfeldes bedarf, bezieht sich in seiner Rede »Über das Erzieherische« daher bewußt auf diesen Prager Chor. Auch seine spätere Auseinandersetzung mit dem Charakterbegriff Kerschensteiners und Deweys[198] hat hier ihren persönlichen Wurzelgrund. Überhaupt erwies sich die Heidelberger Konferenz aus mehreren Gründen, die später noch zu nennen sind, für Buber (*und* für die Reformpädagogik) als ein zentrales Ereignis. Buber begegnete hier einem großen Teil der berufenen Sprecher, die er durch seine erwachsenenbildnerische Arbeit, durch Siegfried Bernfeld, der 1920 sein Sekretär wurde[199], sowie durch sein freundschaftliches Verhältnis zu Ellen Key[200] bereits lange im Blick hatte.

---

194 Vgl. Adolphe Ferrière: Trois Pioniers de l'Education nouvelle: Lietz, Lombardo-Radice, Bakulé. Paris 1928, S. 94, 158.

195 Harold Rugg, der in zweiter Ehe mit Ann Shumaker verheiratet war, hat in ganz entscheidendem Maße die Fragen der Ästhetik und ästhetischen Erziehung gefördert. (Vgl. Hermann Röhrs: Rugg und die kindzentrierte Schule. In: Ders.: Die progressive Erziehungsbewegung. A. a. O., S. 68.) Dagegen gehört Ann Shumaker zu den entscheidenden Schlüsselfiguren der Kunsterziehung in den USA. Vgl. in diesem Buch S. 99. — Ders.: Die Reform des Erziehungswesens als internationale Aufgabe. Entwicklung und Zielstellung des Weltbundes für Erneuerung der Erziehung. A. a. O., S. 14.

196 Wie stark die Einflüsse der Heidelberger Konferenz auf Read sind, betont er selber. Vgl. Herbert Read: Education through Art. London 1943 (Darin: Martin Buber on the Concept of Creativity, S. 249).

197 Zu Cizek sowie zur Kunsterziehungsbewegung in ihrer internationalen Verzweigung vgl. S. 100.

198 Vgl. hierzu Martin Buber: Über Charaktererziehung. In: Martin Buber. Werke. Erster Band. A. a. O., S. 821, 825.

199 Vgl. Martin Buber. Briefwechsel aus sieben Jahrzehnten. Band 1. A. a. O., S. 571.

200 Auf Veranlassung Martin Bubers hat Ellen Key im Rahmen der von ihm herausgegebenen Reihe »Gesellschaft« das Buch »Die Frauenbewegung« veröffentlicht. Das Buch erschien 1909 als Band 28/29 der Reihe. Aus diesem Anlaß ergab sich ein Briefwechsel, der zeigt, wie offen die sachlichen Anlässe bei Buber (*und* bei Ellen Key) für die zwischen- und mitmenschliche Fragestellung waren. Weil diese Stellungnahmen so ausdruckskräftig für den unmittelbaren und praktischen Bezug des dialogischen Prinzips und seiner erzieherischen Grundstimmung sind, seien Auszüge aus diesem Briefwechsel wiedergegeben: *Ellen Key an Martin Buber (23. 9. 1908):* »Lieber Mensch — seitdem ich *Baalschem* gelesen habe, sind Sie mir *nur* Mensch, gar kein Doktor; und auch *sehr lieb!* Dieses Buch war mir eine Offenbarung von nicht geahnten Tiefen — ja, doch, wohl *geahnt,* aber eine Bestätigung zu meiner Ahnung! Wie wunderbar ist alles dieses — wie schön haben Sie dieses Alles nachgedichtet!« — *Martin Buber an Ellen Key (27. 9. 1908):* »Liebe und verehrte Freundin! Vielen Dank für Ihre lieben, guten Worte. Sie haben mir damit eine große Freude gemacht.

Von allen genannten Personen dürfte Buber am nachhaltigsten durch Siegfried Bernfeld für die reformpädagogische Fragestellung motiviert worden sein. Paula Winkler bemerkt in ihren Briefen zwar kritisch, daß Siegfried Bernfeld aufgrund seiner häufigen Krankheit keine dauerhafte Entlastung ihres Mannes bedeute[201]; Anregungen hat Buber indessen vielfältiger Art von Bernfeld empfangen, der 1919 das »Kinderheim Baumgarten« als jüdische Schulgemeinde gegründet hat. Gerade der Versuch Bernfelds, in seinem erzieherischen Projekt, in dem in Kindergarten, Schule und Heim 300 proletarische Kinder untergebracht waren, die erzieherischen Ideen von Maria Montessori, Berthold Otto und Gustav Wyneken zu einer »lebendigen Synthese«[202] zu verbinden, mußte den immer auf Vermittlung bedachten Buber beeindrucken und sein Augenmerk ganz entschieden auf die Reformpädagogik in einem differenzierten Sinne richten.

Die eigentliche erzieherische Tat erblickt Buber in dem Befreien aus »dumpfen, ummauerten Einsamkeiten« durch die Entfaltung des jedem Menschen einwohnenden Urhebertriebs. Dieser Urhebertrieb des Kindes ist die eigentlich pädagogische Triebfeder, weil er »nie zur Begierde wird« und sich nicht auf ein bloßes »Haben«[203] oder Wollen reduzieren läßt. Das Wirken aus dem Urhebertrieb heraus ist ähnlich selbstlos wie das Spiel. Während der ersten Zeit ist es im Grunde eine Fortführung der Spielhaltung, die sich nun allerdings erprobt an Aufgabenstellungen, die Anfang und Ende kennen. Allerdings zeichnet das Tätigsein im Sinne des Urhebertriebs eine kreative Grundeinstellung aus, die freud- und erwartungsvoll und keineswegs zweckrational eingestellt ist.

Um diese Einstellung erzieherisch zu verwirklichen, bedarf es des »Lehrers der freien Schule«, wie ihn Buber in der – seinem Hause in Heppenheim nahen – Odenwaldschule bei seinem Freunde Paul Geheeb kennen- und schätzengelernt hat. Diesen »Lehrer der freien Schule« hebt er ab von dem »Lehrer der Zwangsschule« – etwa am Beispiel des Zeichenunterrichts[204]. Während der letztere mit »Vorschriften« und »gültigen Vorbildern« beginnt, weil er sich als »Tradent«, bloß als »Abgesandter der Geschichte«[205], versteht, ebnet der erstere den Weg, um dem Urhebertrieb die eigenständige Entfaltung zu ermöglichen.

Verständnis ist einem, der es wie ich nicht gewohnt ist, immer überraschend und schön; kommt es aber gar wie das Ihre, so stark, warm und fessellos, so greift es einem ans Herz, es tut Schlösser und Riegel auf und rührt das Geheimnis an. In diesem Buch ist zu viel von mir, als daß ich für ein Wort wie das Ihre nicht mit meiner Seele empfänglich sein müßte.« – Vgl. Martin Buber: Briefwechsel aus sieben Jahrzehnten. Band 1. A. a. O., S. 265, 266.

201 Martin Buber. Briefwechsel aus sieben Jahrzehnten. Band 2. A. a. O., S. 69.

202 Siegfried Bernfeld: Kinderheim Baumgarten. Bericht über einen ernsthaften Versuch mit Neuer Erziehung. Berlin 1921, S. 7.

203 Über das Erzieherische. A. a. O., S. 790.

204 A. a. O., S. 792.

205 A. a. O., S. 798.

Aber auch hier — wie überall — sucht Buber die Grenze des Vertretbaren zu sichern. Es geht ihm — und das ist ein dritter wichtiger Schritt der Wegbereinigung und -klärung der von der Reformpädagogik bisher zurückgelegten und der noch zu bewältigenden Strecke — um eine Besinnung über das Freiheitsprinzip in der Erziehung. »Von einer Bindung frei werden ist ein Schicksal; das trägt man wie ein Kreuz, nicht wie eine Kokarde.«[206]

Gegenüber einem einseitigen Freiheitspathos aus einem schlecht verstandenen Rousseauismus, der den schöpferischen Kräften des Kindes lediglich den Rahmen bereiten will, sucht er die überall notwendige Bindung und Erziehung wieder in den Blick zu bringen. Denn die Bindung ist — soweit sie erzieherisch begründet bleibt und sich am Urhebertrieb des Kindes orientiert — eine bereichernde Wegsicherung und keine bloße Fessel. »Leben aus der Freiheit ist personhafte Verantwortung oder es ist eine pathetische Posse.«[207]

Das bloße »Da-sein« des Lehrenden und Erziehenden ist dazu häufig wichtiger als die bloße Institution Schule, der gegenüber Buber wiederholt seine Skepsis geäußert hat. Lange vor der gegenwärtigen Entschulungsbewegung, die in ihren Forderungen nach einer Auslagerung der schulischen Funktion in den gesellschaftlichen Rahmen unrealistisch wurde, hat Buber in wohlausgewogener Form seine Vorschläge hinsichtlich einer Wechselwirkung zwischen den erzieherischen Kräften der Schule und der Gesellschaft unterbreitet; dies ist ein vierter wichtiger Schritt zur Klärung des reformpädagogischen Konzepts.

»Die Erziehung als Absicht ist unausweichlich berufen; wir können so wenig hinter die Wirklichkeit der Schule zurück, wie wir etwa hinter die Wirklichkeit der Technik zurückkönnen; wir können aber und sollen in das Ganzwerden ihrer Wirklichkeit, in die vollkommene Durchmenschlichung ihrer Wirklichkeit hinein.«[208] Die »Durchmenschlichung« der Schule einerseits und die erzieherische Aktivierung der Wirklichkeitsbereiche andererseits sind die in Wechselwirkung zu bewältigenden Aufgaben.

Das Erzieherische ist immer und überall dem Leben eingegeben, so daß es lediglich der beispielhaften Vergegenwärtigung vor dem Kinde bedarf. »Die Elemente erziehen es, Luft, Licht, das Leben in Pflanze und Tier; und die Verhältnisse erziehen es. Der wahre Erzieher vertritt beide; aber dasein muß er vor dem Kind wie eins der Elemente«[209]. Erziehung als Beruf hat darum ihre eigene Problematik; sie darf die vorgegebenen wirksamen erzieherischen Formen nicht verdrängen oder sie entlastend zu einem Versagen bringen; vielmehr muß sie — damit die ihr »eigentümliche Paradoxie« teilweise wieder aufhebend — mit den bereits aufweisbaren erzieherischen Verhältnissen und Beziehungen kooperieren[210].

---

206 A. a. O., S. 796.
207 A. a. O., S. 796.
208 A. a. O., S. 269.
209 A. a. O., S. 795.
210 Buber schreibt im Brief zum 90. Geburtstag Paul Geheebs: »Beziehung erzieht, vorausgesetzt, daß sie eine echte erzieherische Beziehung ist.« Nachlese. A. a. O., S. 89.

In diesem breiteren Rahmen wirkend, fallen dem Erzieher zwei gewichtige Aufgaben zu; einmal muß er eine »Auslese der wirkenden Welt«[211] vornehmen und zum anderen soll er sein erzieherisches Tun vom Zögling her erfahren. Dieser im dialogischen Prinzip vorgeprägte Gedanke besagt, daß der Erzieher seine Maßnahmen von der Situation des Zöglings her planen und einschätzen soll. »Der Mensch, dessen Beruf es ist, auf das Sein bestimmbarer Wesen einzuwirken, muß immer wieder eben dieses sein Tun (und wenn es noch so sehr die Gestalt des Nichttuns angenommen hat) von der Gegenseite erfahren. Er muß, ohne daß die Handlung seiner Seele irgend geschwächt würde, zugleich drüben sein, an der Fläche jener anderen Seele, die sie empfängt; und nicht etwa einer begrifflichen, konstruierten Seele, sondern je und je der ganz konkreten dieses einzelnen und einzigen Wesens, das ihm gegenüber lebt, das zusammen mit ihm in der gemeinsamen Situation, des ›Erziehens‹ und ›Erzogenwerdens‹, die ja *eine* ist, nur eben an deren anderem Ende steht.«[212] Damit geht die Erziehung aber in den größeren Wirkungskreis der »Umfassung« auf, dessen konstitutiver Teil die Erziehung darstellt.

Das erzieherische Verhältnis ist ein spezieller Fall der »Umfassung«; sie meint den ganzen Menschen — sei es als Partner oder Liebender. Die Umfassung ist doppelseitig, so daß das entstehende Verhältnis wissend von der »Erfahrung der Gegenseite«[213] her zu gestalten ist. Kontakt und Gespräch werden erst dauerhaft und echt im »Element der Umfassung«, die die »Anerkennung« des »So-Seins«[214] des Partners zur Voraussetzung hat.

Die Umfassung ist das Korrelat zu dem »Geworfensein« Heideggers als dem ontologischen Grundtitel des Daseins in dieser Welt — eine Fragestellung, mit der sich Buber grundsätzlich auseinandergesetzt hat[215]. Buber grenzt sich kritisch aus, wenn er schreibt: »Umfassung ist das Gegenteil: Erweiterung der eigenen Konkretheit, Erfüllung der gelebten Situation, vollkommene Präsenz der Wirklichkeit, an der man teilhat.«[216] Die Umfassung hebt jenes schicksalhafte »Hineingehaltensein ins Nichts« durch das bergende Annehmen des Andern auf. Dadurch distanziert er sich zugleich von der Ein- und Einsfühlung als einem (auf dem Hintergrund der Introspektion) verstehend Sich-Hineinversetzen, das Buber bei seinem Lehrer Dilthey kennenlernte und von dem er dennoch hierin so wenig beeinflußt ist.

---

211 Über das Erzieherische. A. a. O., S. 794.

212 A. a. O., S. 805.

213 A. a. O., S. 801.

214 A. a. O., S. 802.

215 Das Problem des Menschen. In: Martin Buber. Werke. Erster Band. A. a. O., S. 307.

216 Über das Erzieherische. A. a. O., S. 802. — Vgl. Werner Faber: Das Dialogische Prinzip Martin Bubers und das erzieherische Verhältnis. A. a. O., S. 141. Dort heißt es: »In einem ontologischen Sinn bedingen sich Erziehen und Umfassen, und wer als Erzieher die Umfassung nicht verwirklicht, beeinflußt wohl, aber er erzieht nicht.«

Das erzieherische Verhältnis als eine besondere Form der Umfassung entsteht dann, wenn es gilt, für den »Zögling« als den noch nicht mündigen Anderen zu planen und zu wählen. Im erzieherischen Verhältnis erfahren der dem Menschen eigene Machtwille und Eros eine »Läuterung« angesichts der erzieherischen Verantwortung, die eine »Kontrapunktik von Hingabe und Zurückhaltung, Vertrautheit und Distanz«[217] erfordert. »Die Umkehr des Machtwillens und die des Eros bedeutet die Dialogisierung der von ihnen bestimmten Verhältnisse; eben deshalb bedeutet sie den Eingang des Triebs in die Verbundenheit mit dem Mitmenschen und in die Verantwortung für ihn als für einen zugeteilten und anvertrauten Lebensbereich.«[218]

Dem Erzieherischen ist eine »hohe Askese« und eine »spezifische Demut« eigen, die die Liebe nicht aufhebt, aber doch als erzieherische Zuneigung in den Dienst der Entfaltung stellt. Es ist die erzieherische, emporhebende Liebe, die das »Erzogenwerden des Zöglings« kritisch miterfährt und der jeweiligen Entwicklungsstufe entsprechend eine *»Auslese der wirkenden Welt«*[219] trifft. Das Fundament für dieses Werk ist das Vertrauen. »Vertrauen, Vertrauen zur Welt, weil es diesen Menschen gibt — das ist das innerlichste Werk des erzieherischen Verhältnisses.«[220]

Sollte rückblickend die pädagogische Grundhaltung Bubers umgreifend gekennzeichnet werden, so läge es nahe, von einem erzieherischen Humanismus zu sprechen. Daß Bubers Selbstverständnis in diese Richtung weist, zeigt sein Bericht aus dem Jahre 1913 über die Beratung in einem kleinen Kreis pädagogisch Interessierter; dabei ging es um die Planung eines jüdischen Landerziehungsheimes mit dem Ziel, einen hebräischen Humanismus zu vermitteln[221]. Diesen Bericht stellt Buber seinem grundsätzlichen Beitrag über den biblischen Humanismus voran und bekundet damit zugleich sein dauerhaftes Interesse an der reformpädagogischen Bewegung *und* ihrer humanistischen Durchdringung. »Die Bezeichnung eines Humanismus habe ich für unsere pädagogische Provinz gewählt, weil auch hier den Tiefen der Sprache der Baustoff für die Struktur der Person abgenommen werden soll.«[222]

Die »Tiefen der Sprache« ausloten, bedeutet für Buber auch hier zweierlei: Einmal »Rückkehr zum menschlichen Urgrund und zwar nicht in spekulativem Denken, sondern in einer *konkreten Umgestaltung* des gesamten inneren Lebens«, wie es Buber mit einer Begriffsbestimmung Konrad Burdachs[223], mit der er sinngemäß schon früher

---

217 Über das Erzieherische. A. a. O., S. 800.

218 A. a. O., S. 802, 803.

219 A. a. O., S. 794.

220 A. a. O., S. 803.

221 Biblischer Humanismus. In: Martin Buber. Werke. Zweiter Band. A. a. O., S. 1087. — Vgl.: Gläubiger Humanismus. In: Nachlese. A. a. O., S. 113.

222 Biblischer Humanismus. A. a. O., S. 1090.

223 Vgl. Konrad Burdach: Über den Ursprung des Humanismus. In: Reformation, Renaissance, Humanismus. Berlin 1918.

operiert hat, zum Ausdruck bringt[224]. Die konkrete Umgestaltung ist letztlich die pädagogische Vergegenwärtigung der der Sprache einwohnenden geistigen Kraft und Wegweisung im Rahmen des Bildungsprozesses. Sprache bedeutet aber immer zugleich ein Mit- und Zueinander, ein Zu- und Hinneigen zum Andern — und das ist für Buber der Kern des Humanismus schlechthin — sei es im Gespräch oder in der Zwiesprache ohne Worte.

Buber stellt den Menschen in einem ganz ursprünglichen Sinne zwischen Schöpfung und Erlösung. Durch die ihm eigene mitwirkende Kraft ist er aber aktiv in dieses Geschehen gestellt, so daß jeder einzelne im Ringen um den andern Selbsterhaltung erlangt und zugleich den allgemeinmenschlichen Entwicklungsprozeß voranbringt.

Das Amt des Erziehers besteht darin, in diesem Prozeß Antworten zu geben und durch das umgreifende Verständnis des anderen die Dialogfähigkeit zu entfalten. So gesehen ist es zutiefst ein humanistisches Amt, das über die didaktischen und organisatorischen Fragen hinaus den Umgang des Menschen mit dem Menschen als »Urkategorie« pädagogischen Gestaltens wieder freilegte und damit der Reformpädagogik neue anthropologische und ethische Impulse vermittelte.

Wie trag- und entwicklungsfähig dieses reformpädagogische Gedankengut ist, lebte Buber nach seiner Rückkehr 1938 nach Israel vor. Dem dialogischen Prinzip entsprechend, versuchte er, den offenen Umgang mit allen Volksteilen — vor allem mit den Arabern — zu gestalten. Seine Hauptsorge galt der Erhaltung und Festigung des Friedens durch das permanente Gespräch, das den anderen — in welcher nationalen Gestalt er auch entgegentritt — in die Rolle des Partners hineinhebt. Für die Siedlung des eigenen Volkes befürwortete er schon früh die offene Form des Zusammenlebens, wie sie in Palästina-Israel als Kibbutz-Bewegung entstanden war. In der Kibbutz-Gesellschaft erkennt er eine ursprüngliche Form des Sozialismus, gleichsam »das Werden einer communitas communitatum«, von der er eine „Restrukturierung der Gesellschaft als Bund der Bünde und Reduktion des Staates auf die Einheitsfunktion«[225] erwartet. Wie hoch Buber das »Experiment« des Kibbutz sowie seine sozialisierende und politisierende Wirkung einschätzt, hat er deutlich ausgesprochen: »Eine echte Gemeinschaft braucht nicht aus Menschen zu bestehen, die dauernd miteinander umgehen; sie muß aus Menschen bestehen, die, eben als Genossen, füreinander aufgeschlossen und bereit sind. Eine echte Gemeinschaft ist die, die an jedem Punkt ihrer Existenz potentiell den Charakter der Gemeinschaft hat.«[226]

---

224 Biblischer Humanismus. A. a. O., S. 1088. — Bildung und Weltanschauung. Martin Buber. Werke. Erster Band. A. a. O., S. 811. Dort heißt es: »Zu ihr, zu meinem Ursprung, zu seinen bildnerischen Kräften will die Bildungsarbeit den — verlorenen oder geminderten — vollen Zugang wieder eröffnen, oder seinen Kräften den Zugang zu mir.«

225 Martin Buber: Pfade in Utopia. In: Martin Buber. Werke. Erster Band, S. 991, 992. — Vgl. auch Ludwig Liegle: Kollektiverziehung im Kibbutz. München 1971, S. 10.

226 A. a. O., S. 987.

VI. DIE SOZIALPÄDAGOGISCHEN IMPULSE DER REFORMPÄDAGOGIK

1. Entwicklungstendenzen im internationalen Rahmen

a. Die Reformpädagogik und außerschulische Reformen

Gegen die Reformpädagogik ist wiederholt geltend gemacht worden, daß sie eine Angelegenheit der Schule geblieben sei und die wirksameren Bereiche der Erziehungswirklichkeit, die gerade reif für eine pädagogische Reform waren und in denen noch eine echte Pionierleistung zu vollbringen gewesen wäre, gar nicht in den Blick bekommen habe. Da dieser Einwand um so mehr den Lebensnerv der Reformpädagogik berührt, als ihr gleichzeitig von dieser Seite im Bereich der Schule ein Versagen bescheinigt wird, so soll er zum Anlaß genommen werden, um die sozialerzieherischen Impulse der Reformpädagogik darzustellen.

Die Reformpädagogik ist zwar in ihrem Kern auf die Schule gerichtet, aber bei ihren typischen Vertretern Dewey, Kilpatrick, Key, Blonskij durchaus mit dem Anspruch einer Lebensreform durch eine bewußte Vertiefung der demokratischen Grundeinstellung aufgetreten. Die eigentliche Originalität liegt in einem konsequenten Durchspielen der methodisch-didaktischen Möglichkeiten der Schule, die bewußt als produktives Glied der Gemeinde konzipiert wird. Darüber hinaus hat die Reformpädagogik breite Bereiche der gesellschaftlichen Wirklichkeit fruchtbar erschlossen, die bisher kaum im pädagogischen Zusammenhang gesehen und gewürdigt wurden.

Dazu gehören im weitesten Umkreis die Ziele einer Gestaltung des öffentlichen Lebens nach pädagogischen Maßstäben. Sowohl die Gestaltung der Arbeitswelt, die Familie als auch die Städteplanung von der Anlage der Häuser, Plätze und Grünanlagen bis hin zur Einrichtung des Kinderspielplatzes erweisen sich nunmehr als pädagogische Aufgaben, die in eigener Verantwortung gesehen und durchdacht sein wollen. Die Reformpädagogik hat die erzieherische Dimension so ausgeweitet, daß ein erstes Mal die Möglichkeiten und Gefahren einer Pädagogisierung des öffentlichen Lebens sich abzeichnen. Diese sozialerzieherischen Bestrebungen zeigen sich in der Schule wiederum darin, daß zu ihrer Ausgestaltung bewußt der Gemeindecharakter gewählt wird. Dabei wird eine enge Wechselwirkung zwischen Schule und Öffentlichkeit angestrebt, in der die erstere durchaus produktive Aufgaben für die letztere zu lösen hat – sei es in Gestalt der Forschung, der Güterproduktion oder der Anregung zur weiteren Ausgestaltung.

In spezieller Hinsicht gehören in diesen sozialerzieherischen Aufgabenkreis vornehmlich die Bemühungen um das erziehungsschwierige Kind in jener weiteren Auslegung, die als Ursache sowohl die Begabungsschwäche und die Verwahrlosung als auch die Sinnesschwäche oder den Sinnesausfall umgreift. In der Nachfolge von Itard, Séguin und Bourneville haben hier Maria Montessori und Ovide Decroly echte Pionierarbeit geleistet, die vornehmlich in der Gestaltung der »jeux éducatifs« als einer anschaulich-entwicklungsgemäßen Grundlage zur Einleitung des Erziehungs- und Lernprozesses[1] besteht.

Aber auch die Erwachsenenbildung muß in diesem Zusammenhang zumindest erwähnt werden, wenngleich es erstaunlich bleibt, daß die eigentlichen reformpädagogischen Impulse nur selten erwachsenenbildnerisch übersetzt wurden. Im Grunde sind es zwei durchaus verwandte pädagogische Aufbrüche, deren Verbindung aber nur sehr locker blieb. Das dürfte daran liegen, daß die Erwachsenenbildung der älteren Wurzel der Sozialkritik und der Emanzipationsbestrebungen der Arbeiterbewegung entsprang, deren Ziele mehr politischer Art waren. Dennoch hat nach dem ersten Weltkrieg manche Wechselwirkung stattgefunden, die die Gruppenarbeit, die Forumsdiskussion, die Formen der Exkursion beidseitig befruchtet hat. Diese Bestrebungen scheinen als adult education typisch für die angelsächsische Pädagogik zu sein. Sie fanden dort als Ausdruck einer vielfältigen Praxis auch ihren literarischen Niederschlag, so daß das Bekenntnis Grundtvigs zu den in England empfangenen Anregungen geradezu folgerichtig anmutet.

---

1 Emile Jacques-Dalcroze: Rhythmus als Erziehungsmittel. 1907. – Ders.: Rhythmus, Musik und Erziehung. Basel 1921. – Hans Gudden: Die Behandlung der jugendlichen Verbrecher in den Vereinigten Staaten von Nordamerika. Nürnberg 1910. – Elsa von Liszt: Soziale Fürsorgetätigkeit in den Vereinigten Staaten. Berlin 1910. – Ovide Decroly und Mlle. Monchamps: L'initiation à l'activité intellectuelle et motrice par les jeux éducatifs. Neuchâtel 1914. – Charles E. B. Russell: The Problem of Juvenile Crime. New York 1917. – Alfred Binet, Théophile Simon: Les enfants anormaux dans les classes de perfectionnement. Paris 1918. – Ovide Decroly: Organisation de l'enseignement des anormaux. Bulletin de la Ligue de l'Enseignement (Supplément) Nr. 37, Juli 1920. – Ders.: Distage et examen des enfants exceptionnels. Bulletin International de la protection de l'enfance. Bruxelles, Office de Publicité 1926. – Alice Descœudres: Die Erziehung der anormalen Kinder (L'éducation des enfants arriérés). Übertr. v. H. Graf. Zürich 1921. – Jeanne Deschamps: L'auto-éducation à l'école. 1924. – Cyril L. Burt: Young Delinquent. New York 1925. – M. Liepmann: Amerikanische Gefängnisse und Erziehungsanstalten. Ein Reisebericht. Mannheim 1927. – H. Lefeuvre, Marcel Henry: La préorientation professionnelle à l'école primaire. Paris 1928. – Margaret McMillan: The Nursery School. London 1930. – Satyablushan Barman: The English Borstal System. A Study in the Treatment of Young Offenders. London 1934. – Ders.: Education of Backward Children and Juvenile Delinquency in England and Wales. London 1936. – Giovanni Bosco: Il metodo preventivo, con testimonianze e altri scritti educativi inediti. Introd. e note di Maria Casotti. Brescia 1949.

b. Die Reform des Jugendstrafvollzugs

Bedeutsame Beiträge hat die Reformpädagogik zur Verwahrlostenpädagogik und hier insbesondere zum Strafproblem sowie zur Frage des Jugendstrafvollzugs geleistet. Das Land, in dem in einem grandios traurigen Massenexperiment der Verwahrlosung die Pädagogik in actu sich in voller Breite zu bewähren hatte, ist Rußland. Die Geschichte der hier entwickelten Methoden, Einsichten und Fehlgriffe ist uns noch nicht erschlossen worden, obgleich gerade sie angesichts größter menschlicher Not das pädagogisch Mögliche tief zu deuten vermöchte[2]. Die didaktisch gegensätzlichen Lösungsversuche in dieser sozialerzieherischen Arbeit, die zunächst bewußt als ein revolutionäres Modell der familienlosen Erziehung verstanden wurde, sind ein Zeugnis für das Ausmaß der Schwierigkeiten, aber auch für den experimentierenden Grundzug. In diesen Rahmen gehören zunächst die Versuche Schatzkis mit dem »Settlement« sowie seine »Versuchsstation für Kindererziehung«, die auch Dewey 1928 besucht hat. Hier wird in einem gegenüber der offiziellen Sowjetpädagogik eigenständigen Ansatz, der auch nicht durch den 1926 erfolgten Beitritt zur Partei in Frage gestellt wird, nach der Art der Produktionsschule die Arbeit als ein erzieherisches Mittel für die individuelle Lebensgestaltung entfaltet. Der eigentliche Repräsentant dieser Arbeit ist Makarenko mit seinem Jugendkollektiv, das durch eine jugendnahe Form der inneren Disziplin und der Zielstellung der Sozialpädagogik ganz neue Wege gewiesen hat.

Die entscheidende Pionierleistung in sozialerzieherischer Hinsicht liegt indessen in der Reform des Jugendstrafvollzuges. Wenn diese Gedanken auch schon von Beccaria in seinem Werk »Dei delitti e delle pene« und von Pestalozzi in »Arners Gutachten über Kriminalgesetzgebung« ausgesprochen wurden, so zeigt die rechtliche Übersetzung dieser Ideen in die Erziehungswirklichkeit durch die Reformpädagogik dennoch ein eigenes Verständnis und eine feinfühlige Hilfsbereitschaft für die Jugend an den unteren Rändern des Daseins. Die Idee ist zuerst in Amerika in Gestalt der Jugendgerichte (der erste juvenile court wurde 1899 in Chicago gegründet) verwirklicht worden[3]. Getragen werden diese Bestrebungen von einer breiter gelagerten sozialen Bewegung, die seit der Mitte des vorigen Jahrhunderts zu vielerlei Einrichtungen für hilfsbedürftige Kinder führte — vor allem auch der children's aid societies, deren erste 1853 in New York gegründet wurde.

Nur vor der Verderbnis des Gesetzes konnten diese Gesellschaften, die seit der Jahrhundertwende in allen größeren Städten bestanden, die Jugend nicht schützen. Diese Jugend unterstand mit dem vollendeten 7. Lebensjahr dem Strafvollzug und in seiner Verbüßung allen geistig-seelischen Vergewaltigungen durch die straffälligen Erwachsenen. Daher war der juvenile court eine wahrhaft reformerische Tat: einmal,

2 Vgl. Sergius Hessen und Nicholas Hans: Fünfzehn Jahre Sowjetschulwesen. Langensalza 1933, S. 109.

3 Vgl. Max Lederer: Amerikanische Jugendgerichte. Wien 1908.

weil die spezifische Jugendgerichtsbarkeit bis zum 17. Lebensjahr erhöht wurde und zum andern, weil die Erziehung das Leitmotiv für den Vollzug wurde. Nicht die Tat, sondern ihre Ursachen und die zukünftige Bewährung des Täters wird das entscheidende Anliegen. Daher erhält der probation officer eine Schlüsselstellung im neuen Jugendgerichtswesen. Daß in diesem Jugendstrafvollzug der Gedanke der inneren und äußeren Progression verwirklicht wird, ist im Grunde schon in seiner erzieherischen Konzeption angelegt. Allerdings zeigt das Markensystem des progressiven Strafvollzugs in den »reformatories« als Kehrseite eine gewisse kommerzielle Veräußerlichung dessen, was als echte Wandlung zunächst einzig und allein durch die Wiedergewinnung der sittlichen Freiheit den Kern der Person betrifft.

Dieser Reformgedanke des Jugendstrafvollzugs, der als Progression der Haftart und -dauer eine dynamisch hoffnungsfrohe Komponente in das Gefangenendasein trägt und vor allem das Ziel der Resozialisierung der jugendlichen Rechtsbrecher ernst nimmt, findet auch in Europa Verwirklichung. In diesem Zusammenhang muß vornehmlich die Children Act von 1908 in England[4] genannt werden, die beispielhaft im Borstal-System durchgeführt wird. Der Heranwachsende wird auch hier als juvenile adult im Rahmen des Jugendgerichtsgesetzes behandelt, und er kann den Strafvollzug durch die Art seines Verhaltens mitgestalten. Schließlich muß auch das irische Crofton-System erwähnt werden, das im Rahmen des progressiven Strafvollzuges eine Stufenfolge von Einzelhaft, gemeinsamer Haft, Zwischenhaftanstalt (intermediate prison) und vorläufige Entlassung unterscheidet.

Wie in allen Formen des progressiven Strafvollzuges ist das eigentliche Problem darin beschlossen, wieweit dem besseren Verhalten des Jugendlichen ein wirklicher Gesinnungswandel entspricht. Eine bloße Anpassung an den bald durchschaubaren Organisationsmechanismus wird gerade das nicht erwirken, was hier ansteht: den aktiven Aufbau der Person für ein Leben in Freiheit. Das gesamte Jugendgerichtsgesetz und der progressive Strafvollzug erweisen sich daher in hohem Maße als eine erzieherische Aufgabe, die erst gelingen kann, wenn auch der letzte Jugendgerichtsbeamte von ihrem Geiste in konkret ausgelegter Weise durchdrungen ist.

Auf diesem Hintergrund entstand das deutsche Jugendgerichtsgesetz von 1923, das seine sinnvolle praktische Gestaltung durch Walter Herrmann und Curt Bondy auf Hahnöfersand[5] fand. Hahnöfersand ist eine Insel in der Nähe Hamburgs in der Elbe

---

4 Vgl. A. Atherly Jones: The Law of Children and Young Prisoners. London 1909. — Stephen Schafer, Richard D. Knudten: Juvenile Delinquency. New York 1970. — Barron Mays (Ed.): Juvenile Delinquency and the Social Group. Bristol ²1972. — Earl Rubington, Martin S. Weinberg: Deviance. New York ²1973.

5 Curt Bondy: Pädagogische Probleme im Jugend-Strafvollzug. Mannheim, Berlin, Leipzig 1925. — Walter Herrmann: Das Hamburgische Jugendgefängnis Hahnöfersand. Mannheim, Berlin, Leipzig ²1926. — Pongratz, Schäfer, Weiße, Jürgensen: Kinderdelinquenz. Daten, Hintergründe und Entwicklungen. München 1975. — Günther Kaiser: Jugendkriminalität. Weinheim und Basel 1977.

gelegen, die von ihrer geographischen Struktur her besonders als Erziehungsstaat für einen in sich geschlossenen Jugendstrafvollzug geeignet ist. Das Konzept wurde in Orientierung an den angelsächsischen Modellen des progressiven Strafvollzugs im Juristischen Seminar von Moritz Liepmann geboren, zu dessen Teilnehmern Curt Bondy und Walter Herrmann zählten[6]. Es sind im wesentlichen drei Punkte, die den pädagogischen Fortschritt dieses Strafvollzugs markieren. Einmal muß die Progression der Haftart und -bedingung genannt werden, die abhängig wird vom Verhalten des jungen Menschen. Um diese innere Wandlung einzuleiten, kommt dem Erzieher und dem von ihm angeregten erzieherischen Gespräch eine erhöhte Bedeutung zu. Das große Problem bleibt auch hier die bloße zweckrationale Anpassung, die häufig nur das Ergebnis eines klugen Funktionierens im vorgegebenen (und daher durchschaubaren) Rahmen und weniger Ausdruck einer inneren Wandlung bleibt.

Zur Einleitung und Festigung dieses Prozesses wird der Arbeit im progressiven Strafvollzug eine fundamentale Bedeutung zugemessen, weil sie zum Selbstverständnis der Persönlichkeit und zur Resozialisierung beitragen kann. Die charakterbildende Funktion ist zwar wiederholt im Rahmen der Reformpädagogik betont worden, dennoch versucht der Jugendstrafvollzug hier zu differenzieren und zu individualisieren, weil nur die von dem einzelnen bejahte Arbeit auch eine bildende Funktion ausüben kann. Neben der bisher überwiegend befürworteten Landarbeit wird daher die Arbeit in Werkstätten eröffnet, die eine Berufslehre einzuleiten oder abzuschließen erlaubt. Schließlich wird in Hahnöfersand die Selbstbestimmung als Krönung jedes Erziehungsprozesses auch institutionell dadurch ermöglicht, daß das sogenannte »Dorf« von jenen Jugendlichen, die sich in ihrer Führung und Mitwirkung bewährt haben, ohne Wärter und Wächter in relativer Freiheit bewohnt wird[7].

c. Der Erziehungsstaat als sozialerzieherisches Modell

Der Gedanke der zunehmenden Selbstbestimmung als Ergebnis der Bewährung kennzeichnet weitgehend die Reformbestrebungen im sozialerzieherischen Rahmen. Dabei bleibt das überall gesehene Grundproblem, ein vertieftes erzieherisches Verhältnis zu jenen Menschen zu stiften, die aufgrund ihrer existentiellen Grenzsituation sich dem fürsorgenden andern verschließen. Unmittelbar mit dieser Aufgabe verbunden bleiben jene anderen, nicht minder schwierigen Versuche, die Selbstbestimmung so an das Gespür für Disziplin, Zucht und Ordnung zu binden, daß sie sich stets wechselseitig fördern. Daher sind alle sozialerzieherischen Projekte dieser Jahre darauf abgestimmt, auf einer Basis des Vertrauens und der Verantwortung den Glauben an sich und den

6 Vgl. Gertrud Herrmann: Die Sozialpädagogische Bewegung der zwanziger Jahre. Weinheim, Berlin 1956, S. 17.

7 Curt Bondy: Pädagogische Probleme im Jugendstrafvollzug. A. a. O., S. 44.

anderen in jenen Menschen zu stärken, die diesen Glauben nie entfaltet oder schon lange verloren haben.

Diese Charakteristik gilt im Wesentlichen von den Erziehungsversuchen von Janusz Korczak in Warschau, Father Flanagan in Boys Town, Homer Lane im Little Commonwealth, Karl Wilker auf dem Lindenhof, Siegfried Bernfeld im Kinderheim Baumgarten, A. S. Makarenko in der Gorkij-Kolonie, die in ihrer weltanschaulichen Einstellung unterschiedlich sind, aber in ihrer sozialerzieherischen Haltung und Zielstellung weitgehend übereinstimmen. Am Anfang dieser sozialerzieherischen Bewegung stehen Homer Lane und Father Flanagan; der letztere ist katholischer Priester, der in seiner sozialerzieherischen Einstellung in der Jungenstadt (Boys Town) bei Omaha (Nebraska) bei aller erzieherischen Aufgeschlossenheit konfessionell bestimmt ist. Die von Flanagan gesetzten Impulse der Freiheit durch Selbstbestimmung und Selbstdisziplin haben weltweit gewirkt und wirken auch gegenwärtig noch, zumal er nach dem Zweiten Weltkrieg 1947 als sozialpädagogischer Berater von der amerikanischen Regierung in Japan, Österreich und Westdeutschland tätig war[8].

Der ältere und wohl auch originärere Ansatz wurde von Homer Lane in der Ford Republic in den USA als Erziehungsstaat mit eigener Verwaltung und Rechtsprechung durch die Jungen entwickelt. Als dieser 1913 endete, lud George Montagu, der spätere Lord Sandwich, Lane nach England ein. Noch im Jahre 1913 kam es zur Gründung der Flowers Farm in Dorsetshire zwischen Evershot und Sherborne. Wie bereits in den USA wurde dieser Erziehungsstaat (farm community) mit seinen ca. 65 Einwohnern am Prinzip der Selbstbestimmung, das ein Jugendgericht einschloß, orientiert.

Die Einteilung in Familien erwies sich darum als gestaltungsfähig, weil neben den vier bis fünf Erwachsenen sich ein Kreis von acht bis neun kleineren Kindern im Alter von neun Monaten bis zu neun Jahren sowie etwa sechzehn ältere Mädchen und Jungen von fünfzehn und sechzehn Jahren gruppierten; diese Gruppe der Jugendlichen ermöglichte durch ihre praktische Arbeit die Bewirtschaftung der Werkstätten und der Ländereien.

Die dadurch in Gang gesetzte »Erziehung von der Seite« durch Beispiel und Vorbild erwies sich als wirkkräftig für die Gestaltung eines echten Kinderlebens in den beiden Häusern Bracken und Heather. Die Amtsträger (officers) wurden zweimal im Jahr gewählt. Das Grundgesetz dieses Lebens war aber die Liebe – »the law of love«[9] –, wie es Miss Bazeley, die Mitarbeiterin Lanes, überzeugend darstellt. Diese Liebe bewährt sich im schlichten Mitsein: »Er wirkte nicht als Autorität, sondern als einer von ihnen.«[10]

---

8 Fulton und Will Oursler: Pater Flanagan von Boys Town. Zürich 1951. – Wolfgang Brezinka: Erziehung als Lebenshilfe. Stuttgart [8]1971, S. 213.

9 E. T. Bazeley: Homer Lane and the little Commonwealth. London [2]1965, S. 13.

10 A. a. O., S. 56.

Dieses pädagogische Verfahren stimmt in einigen prinzipiellen Punkten überraschend mit den Grundgedanken A. S. Makarenkos überein, die er während der nachrevolutionären Jahre als Kollektivpädagogik in Sowjetrußland entwickelt hat. Dennoch dürfen sie nicht darüber hinwegtäuschen, daß die sozialistische Persönlichkeit als Zielpunkt dieser Erziehung sowie das sie tragende System der Kommandeure dem Gedanken der Selbstverwaltung und Selbstdisziplin eine autoritäre Note verleiht.

Als Makarenko 1920 sein Erziehungskollektiv für straffällige Jugendliche in der Gorkij-Kolonie und von 1928 bis 1935 in der Arbeitskommune Feliks Dzerzynskij gründet, versucht er die Prinzipien der Selbstbestimmung und der Selbstdisziplinierung im Rahmen einer herausfordernden Pädagogik zu verwirklichen. Die erzieherische »Perspektive« dient als Verbindungsglied zwischen beiden, indem sie den Jugendlichen stets die mittel- und langfristigen Zielpunkte des Bildungsprozesses lebendig erfahren läßt. Soweit in diesem Entwicklungsgang die personale Einsicht und Reife als Motor der »bewußten Disziplin« sich nicht oder verspätet einstellen, behalten Fremddisziplin und Strafe ihre Bedeutung — eine Einstellung, die in der sozialpädagogischen Bewegung weitgehend überwunden wurde und bei Makarenko nur durch die militärischen Grundformen gerechtfertigt wird.

In weitgehender Übereinstimmung mit Homer Lane steht dagegen das Konzept, das Karl Wilker als Reformmodell der Fürsorgeerziehung im »Lindenhof« von 1917—1920 verwirklicht hat. Wie Homer Lane, der die Reichweite der Erziehung von der sie tragenden Liebe abhängig macht[11], erblickt auch Wilker in dem Glauben an die Güte der menschlichen Natur sowie in der bedingungslosen und vertrauensvollen Hinwendung zum »wahren Menschen«, der in jeder Individuation als der gute Kern schlummert, das Ziel der Fürsorgeerziehung.

Die Vergehen des jungen Menschen sind ihm, gleich welcher Art Ab- und Ausweichungen, äußere Anzeichen für die soziale und gesellschaftliche Desorientierung, die sich in der individuellen Existenz symbolhaft spiegelt[12]. Aus diesem Grunde ließ er die Fenstergitter im Lindenhof entfernen; um die Mitverantwortung zu stärken, richtete er ein Jungengericht ein. Seine Gespräche mit den jungen Menschen zeigten ein außerordentliches Gespür für Rechtsfragen, ihre soziale Verschränkung sowie Sicherung durch Ordnung und Disziplin[13]. Wenn Wilker seine Arbeit 1920 dennoch aufgeben mußte, so in erster Linie — das darf nüchtern festgestellt werden — wegen der Diskrepanz zwischen den realen Verhältnissen und dem erzieherischen Konzept. Dieses Konzept ist und bleibt in sich konsistent, aber es fehlten die Voraussetzungen zu seiner Umsetzung.

Ähnlich wie Pestalozzi nach dem gescheiterten Projekt in Stans seinen Stanser Brief schreibt, so verfaßt Wilker die kleine Schrift »Fürsorgeerziehung als Lebensschulung

---

11 E. T. Bazeley schreibt: »Lane genuinely believed that you can care whatever you can love . . .«. (A. a. O., S. 13).

12 Karl Wilker: Der Lindenhof. Werden und Wollen. Heilbronn 1921, S. 74.

13 Ders.: Fürsorgeerziehung als Lebensschulung. Ein Aufruf zur Tat. Berlin 1921, S. 20.

— Ein Aufruf zur Tat« nicht ohne Analogien zum Stanser Brief. Darin erhebt er einige erhebliche Anklagen gegen die gesellschaftlichen Verhältnisse, die jeden Reformversuch blockieren. Auf die wichtigsten Punkte zusammengedrängt, sind es die folgenden: 1. Das »Volksganze« sah und sieht immer noch die »Fürsorge-Erziehung« als eine »Strafmaßnahme«. 2. Aus diesem Aspekt wird die Fürsorgeanstalt, gleich welchen Gepräges, zu einer »Verbrecherhochschule«[14]. 3. Diese Sichtweise würdigt den delinquenten Menschen — wenn nicht den Erziehungsbedürftigen überhaupt — zum »Menschenmaterial« herab[15]. 4. Die Beamtenschaft ist zu sehr auf organisatorische Fragen und zu wenig auf erzieherische Aufgaben — insbesondere unter sondererzieherischen Bedingungen — eingestellt.

So schreibt Wilker das harte Wort, das sicherlich einen Hauptgrund für das Scheitern des Lindenhofs trifft: »Ich sah — und sehe auch heute noch in der Beamtenschaft den natürlichen Feind der Jugend: sie ist nicht für die Jugend da, will ihr nicht dienen, sondern will bedient werden, will höher bewertet werden.«[16] Das letzte und schwächste Glied in dieser Beamtenhierarchie ist der Erzieher. Schlecht ausgebildet und gekettet an ein Bündel administrativer Richtlinien ist er am wenigsten darauf vorbereitet, was im Grunde mit ihm beginnen muß: zu vertrauen, zu glauben, zu lieben, um ein gestaltungsfähiges Verhältnis zu stiften. Da dieser Akt, wenn er nicht Herausforderung zum Unterlaufen werden soll, modulationsfähig in kritischer Rückbindung entfaltet sein will, läuft vieles auf die Erziehung der Erzieher hinaus.

Sollte abschließend das Spezifikum des Wilkerschen Ansatzes gekennzeichnet werden, so muß darauf hingewiesen werden, daß er einen Brennpunkt der reformpädagogischen Bestrebungen darstellt. Einmal kommt Karl Wilker aus der Jugendbewegung. Er war Mitglied des Jungdeutschen Pfadfindertums und sucht bewußt die Grundtugenden dieser Bewegung, wie viele mit ihm, in die Fürsorgeerziehung hineinzutragen: Achtung vor dem anderen, Kameradschaft, Eigenverantwortung[17].

Zum anderen versucht Wilker bewußt die kunst- und arbeitserzieherischen Bestrebungen für eine Reform der Fürsorgeerziehung zu nutzen. Das gestaltende Schaffen einerseits, der Besuch von Museen und das Betrachten großer Kunst andererseits sollten eine neue Form des Selbstverständnisses wecken[18].

Schließlich weiß sich Karl Wilker, der zusammen mit Elisabeth Rotten zu den Vorsitzenden der deutschen Sektion des »Weltbundes für Erneuerung der Erziehung« und zum Mitherausgeber von dessen deutschem Publikationsorgan »Das Werdende Zeitalter« gehörte, der internationalen Entwicklung und Verständigung vielfältig verpflichtet. Sein »Heim der Zukunft« ist auf internationale Verständigung und Kooperation

---

14 A. a. O., S. 8, 9.

15 A. a. O., S. 11.

16 A. a. O., S. 18.

17 Vgl. Jungdeutsches Pfadfindertum. Ein Rundbrief. Im Lenz 1920. Der letzte Beitrag in diesem Heft »Totentanzspiel im Lindenhof« (S. 15) dürfte von Wilker angeregt worden sein.

18 Karl Wilker: Fürsorgeerziehung als Lebensschulung. Ein Aufruf zur Tat. A. a. O., S. 22.

in einem Bereich eingestellt, der bisher nur äußere Disziplinierung des »Materials« kannte. »Der alte Mensch lebt im Wahne des Völkerhasses, der junge will Völkerversöhnung. Er sieht sie ermöglicht, wenn unsere Kinder schon einander kennen und verstehen und lieben lernen. Und er weist den Weg dazu, indem er sagt: Wir wollen in unser Heim der Zukunft Kinder anderer Staaten aufnehmen, wir wollen unsere Kinder jeweils auf ein oder zwei Monate dahin schicken, wir wollen also einen internationalen Kinderaustausch – sogar unter Fürsorgezöglingen.«[19]

Die Vision eines Heimes der Zukunft als »Fürsorgedorf« oder »Fürsorgesiedlung« hat hinsichtlich der Belegung durch reifere Jugendliche, die verantwortliche Aufgaben im Heimleben sowie gegenüber den Jüngeren übernehmen, reale Berührungspunkte zu der von Homer Lane in »Flowers Farm« geschaffenen Wirklichkeit. Das betrifft auch die Prinzipien für die erzieherische Gestaltung in »All-Liebe«[20] und »Straflosigkeit«[21] entsprechend dem »Geiste sozialen Dienens und Helfens«. Die umgreifende Zielstellung für dieses »Heim der Zukunft« als »Lebensschulung« aber lautet in Übereinstimmung mit Lane: »Liebe gebiert Liebe! Und da wir in der Liebe das Leben sehen, da Leben Lieben heißt und Lieben Leben, so ist unser Weg die eigentliche Lebensschule.«[22]

d. Die Konstituierung der Sozialpädagogik in Deutschland

Auf dem Hintergrund der nur beispielhaft angedeuteten Sozialpraxis und ihrer Theorie kommt es in Deutschland zur Entfaltung der Sozialpädagogik, die im Gegensatz zur Entwicklung in Ost und West sich als spezielle Disziplin der Erziehungswissenschaft konstituiert[23]. Zu ihrer Grundlegung haben die Arbeiten von Herman Nohl und Gertrud Bäumer im entscheidenden Maße beigetragen[24]. Wie stark die sozialpädagogischen Impulse Nohls waren und wie breit sie das Spektrum sozialpädagogischer Fragen umgreifen und durch eine Theorie zu bündeln versuchen, zeigt der Kreis seiner Schüler, die an entscheidender Stelle in der sozialerzieherischen Theorie und Praxis tätig waren. Neben Erich Weniger gehören zu diesem Kreis so bedeutende Vertreter wie Jürgen Brake, Walter Gerson, Otto Flug, Elisabeth Heimpel-Michel, Olga von Hippel, Wilhelm Patzschke, Elisabeth Siegel, Frieda Sopp, Franz Zeugner.

---

19 A. a. O., S. 28, 29. – Hans Thiersch: Die Erfahrung der Wirklichkeit. Weinheim 1986.

20 A. a. O., S. 20.

21 A. a. O., S. 24.

22 A. a. O., S. 31. – Wolfgang Müller: Wie Helfen zum Beruf wurde. Weinheim ²1988.

23 Vgl. Hermann Röhrs (Hrsg.): Die Sozialpädagogik und ihre Theorie. Frankfurt a. M. 1968. – Ders.: Allgemeine Erziehungswissenschaft. In: Gesammelte Schriften, Bd. 1, Weinheim 1993, S. 360.

24 Vgl. Gertrud Herrmann: Die Sozialpädagogische Bewegung der zwanziger Jahre. A. a. O.

Gertrud Bäumer erblickt die Grundaufgabe der Sozialpädagogik in sozialerzieherisch motivierten Hilfsmaßnahmen, die überall dort ansetzen, wo das Leben von sich aus nicht die entwicklungsgemäßen und -notwendigen Kräfte entfaltet. Die Sozialpädagogik wird zur »Erziehungsfürsorge«, die als sozialerzieherische Hilfe die im gesellschaftlichen Umbruch geschwächten erzieherischen Naturformen im außerschulischen Raum unterstützt. »Sozialpädagogik bedeutet hier den Inbegriff der gesellschaftlichen und staatlichen Erziehungsfürsorge, sofern sie außerhalb der Schule liegt«[25], heißt es in diesem Sinne bei Gertrud Bäumer. Dieses Konzept ist als grundsätzliche Einstellung hinter den entscheidenden Punkten des Reichsjugendwohlfahrtgesetzes (RJWG) spürbar und hat daher eine ganze sozialpädagogische Epoche bestimmt. Seither findet die Sozialpädagogik ihre vornehmste Bewährung in der »Erziehungsfürsorge« und der »Jugendwohlfahrtsarbeit«, wie es noch in den Schriften Herman Nohls[26] zum Ausdruck kommt. Daher hat diese Form der Sozialpädagogik ihr Anwendungsfeld in der öffentlichen Erziehungsfürsorge mit ihren Aktionsformen der vorbeugenden und der geschlossenen Fürsorge, wobei die Schutzaufsicht das Verbindungsglied zwischen beiden darstellt.

Das besondere Aufgabenfeld der Sozialpädagogik ist der in eine Notsituation geratene junge Mensch; schwerpunkthaft wendet sie sich dem außerschulischen Bereich zu. Ihre umgreifende Aufgabe ist die theoretisch begründete Gestaltung der sozialerzieherischen Praxis sowie die sozialpädagogische Erhellung des gesamten sozialerzieherischen Feldes. Dazu präzisiert Nohl die diese Praxis umgrenzende begriffliche Trias der Verwahrlosung, der Strafe und des pädagogischen Bezugs[27].

Die Einwände gegen diese »Notstandspädagogik«, wie sie häufig abwertend genannt wird[28], sind nur bedingt berechtigt. Die Deutung der Sozialpädagogik als theoretischer Klärungsinstanz existentieller Notsituationen und ihrer sozialerzieherischen Sicherung bietet einen auch gegenwärtig noch tragfähigen Ansatz. Notwendig ist indessen eine Ausweitung ihres Aufgabenfeldes vom außerschulischen Lebensbereich des Jugendlichen auf das gesamte menschliche Leben und der Einbezug der vorbeugenden sozialerzieherischen Maßnahmen.

---

25 Gertrud Bäumer: Die historischen und sozialen Voraussetzungen der Sozialpädagogik und die Entwicklung ihrer Theorie. In: Handbuch der Pädagogik. Hrsg. von Herman Nohl und Ludwig Pallat. Bd. V. Langensalza 1929, S. 3.

26 Vgl. die sozialpädagogischen Aufsätze Herman Nohls — insbesondere: Die geistigen Energien der Jugendwohlfahrtsarbeit. In: Pädagogik aus dreißig Jahren. Frankfurt a. M. 1949, S. 133.

27 Herman Nohl: Jugendwohlfahrt. Leipzig 1927. — Ders.: Pädagogik aus 30 Jahren. Frankfurt a. M. 1949, S. 151, 161, 173. — Ders.: Die pädagogische Bewegung in Deutschland und ihre Theorie. A. a. O., S. 130.

28 Zur weiteren Diskussion dieser Frage vgl. Klaus Mollenhauer: Die Ursprünge der Sozialpädagogik in der industriellen Gesellschaft. Weinheim, Berlin 1959, S. 11.

2. Die Liberalisierung durch Volksbildung und die Frauenbildung im Umkreis der Reformpädagogik

a. Die Anfänge der Volksbildungsbewegung

Die Volksbildungsarbeit, die seit den 70er Jahren des vorigen Jahrhunderts einen großen Aufschwung erlebte, ist von mehreren Motiven getragen. Im beginnenden Zeitalter der industriellen Gesellschaft erweisen sich Wissenschaft und Technologie als ein Instrumentarium, das Entwicklung um so wirksamer in Gang setzt, je größer der Trägerkreis ist. Es sind vor allem die frisch aufkommenden Arbeiterbildungsvereine, die diese Absichten neben den Zielen der Aufklärung vertreten, um breite Kreise verantwortlich und daher auch mitbestimmend an der gesellschaftlichen Entwicklung teilhaben zu lassen. Mit der Industrialisierung und der schrittweisen Überwindung der Armut gingen Bevölkerungswachstum, die Verstädterung und die Entpersönlichung der Verhältnisse Hand in Hand.

In dieser Situation mußte eine Volksbildung der breiten Massen von fundamentaler Bedeutung für eine Volkwerdung in geistiger und politischer Mündigkeit sein. Die Bildung des Staatsbürgers, der seine öffentlichen Pflichten und Rechte zusammen mit seinem Wahlrecht verantwortungsbewußt wahrnimmt, wäre ein Bildungsziel gewesen, das den Tendenzen der Vermassung und Anonymisierung tatkräftig hätte entgegenwirken können.

Der Volksbildungsarbeit hafteten noch stark die Züge der geistigen Fürsorge als Teil der Wohlfahrtspflege an, die sie in die Nähe der Sozialpädagogik rückte. Das bringt auch Robert von Erdberg zum Ausdruck, der 1896 in die »Zentralstelle für Arbeiterwohlfahrtseinrichtungen« (die spätere »Zentralstelle für Volkswohlfahrt«) eintrat und der diese Phase noch überschaut und die weitere Entwicklung entscheidend mitgestaltet hat: »Mag die Bewegung in ihren Anfängen auch ihren fürsorglichen Charakter, der ihr als ein Erbteil anhaftete, noch nicht verleugnet haben, mag sie auch zeitgebunden gewesen sein wie nur je eine geistige Bewegung, wir dürfen ihr den Idealismus, von dem sie getragen wurde, die Opfer, die in ihrem Dienste gebracht wurden, die treue, unermüdliche Kleinarbeit nicht vergessen. Vor allem aber dürfen wir nicht vergessen, daß hier zum ersten Mal ein Gedanke bewußt zur Verwirklichung drängte, der einmal berufen sein wird, zeitbewegend zu sein wie kein anderer, der Gedanke der Volksbildung, der bewußten geistigen Formung des Volkes.«[29]

Dennoch blieb die Volksbildungsarbeit weitgehend einer vordergründigen Aufklärungsideologie verhaftet, die primär an der Ausbreitung der Bildungsgüter und weniger an der Klärung des einzuleitenden Bildungsprozesses interessiert war.

---

29 Robert von Erdberg: Freies Volksbildungswesen. In: Handbuch der Pädagogik. Hrsg. von Herman Nohl und Ludwig Pallat. Band IV. Langensalza 1928, S. 384.

Entscheidende Motive zur Entfaltung dieser Volksbildungsbewegung kamen von England und Dänemark. Einmal haben die englische Workers' Educational Association, ergänzt durch das University Extension Movement, demonstriert, in welch intensiver Form wissenschaftliche, technologische und kulturelle Bildungsgüter von den bestehenden Bildungsinstitutionen in breite Volkskreise getragen werden können, wenn dieser Prozeß geistig einsichtig thematisiert und organisiert wird. Es ist insbesondere Albert Mansbridge gewesen, der Universität und Arbeiterschaft in ein dauerhaftes und fruchtbares Gespräch brachte. In dieser Kooperation wurden die Tutorial Classes entwickelt, die der hier zu erstrebenden Form der Bildungsarbeit in besonderem Maße entsprachen[30]. Viele der in der deutschen Volksbildung verantwortlich Tätigen haben dieses Modell studiert und sich in ihrem eigenen Wirken daran orientiert.

Zum anderen muß der Einfluß Grundtvigs und der von ihm angeregten Heimvolkshochschule genannt werden. Die Grundtvigsche »Folkshoyskole« ist als »Schule zum Leben« im bewußten Gegensatz zu den bestehenden Jugendschulen konzipiert, die er abwertend »Schulen zum Tode« nennt. Hinter dieser Dualität steht die Gegensätzlichkeit »falscher« Aufklärung, die sich in der Vermittlung von Wissen erschöpft und einer »wirklichen« Aufklärung, die sich erfahrungsorientiert an den einzelnen Menschen und seine Existenzweise wendet und die für das Leben bilden will[31]. Menschenbildung als Aufklärung in diesem Sinne ist die Ermächtigung des Menschen für das Leben, wie Grundtvig es von seinem Vetter Heinrich Steffens gelernt hat, der 1803 als Geistesverwandter von Goethe, Schelling, Tieck, Novalis, den Brüdern Schlegel in Kopenhagen Vorlesungen gehalten hat[32]. Es handelt sich im Grunde um den bereits von der Romantik freigelegten dritten Weg eines ursprünglichen In-der-Wahrheit-Stehens aufgrund steter Reflexion über die Lebenserfahrung, wie sie jedem Menschen — auch ohne gelehrte Bildung — unter einfachen, aber bewußt gestalteten Existenzbedingungen möglich ist.

b. Die »ausbreitende« Volksbildung

Die aus dem Geiste Grundtvigs entstandenen Heimvolkshochschulen, die in Dänemark zu einer geistigen Mündigkeit und praktischen Fertigkeit der bäuerlichen Bevölkerung entscheidend beitrugen, sind über das ganze Land verteilt. Nach der Jahrhundertwende haben sie zunehmend, im Norden beginnend, auch die deutschen Volkshochschulen beeinflußt.

30 Werner Picht: Das Schicksal der Volksbildung in Deutschland. Braunschweig 1950, S. 122.

31 N. F. S. Grundtvig: Schriften zur Volkserziehung und Volkheit. Hrsg. von Johannes Tiedje. Bd. I. Jena 1927, S. 75.

32 N. F. S. Grundtvig: Schriften zur Volkserziehung und Volkheit. Bd. I. A. a. O., S. 349. — Vgl. ergänzend Werner Picht: Das Schicksal der Volksbildung in Deutschland. A. a. O., S. 118.

Stärker als in England (adult education), Frankreich (loisirs ouvriers), Skandinavien (Folkshoyskole) war in Deutschland das Bemühen um eine theoretische Durchdringung und konzeptionelle Grundlegung der Volksbildungsarbeit spürbar. So regte sich die Kritik gegenüber der bisherigen ausbreitenden Richtung, die sich auf die Darbietung der Kulturgüter begrenzte, ohne eine Problematisierung des Vermittlungsprozesses und des dadurch eingeleiteten Bildungsvorgangs. Die Bildungsgläubigkeit dieser Zeit kommt auch darin zum Ausdruck, daß der »Gesellschaft für Verbreitung von Volksbildung« (später hieß sie »Gesellschaft für Volksbildung«) seit der Übernahme des Generalsekretariats durch Johannes Tews 1891 über 7000 Vereine angeschlossen waren. Im Zeitraum von 1892–1908 wurden mehr als 4000 Volksbibliotheken und etwa 1200 Wanderbibliotheken eingerichtet[33].

Gegenüber der bloß extensiven Arbeit entstand die Frage, ob im Rahmen der Volksbildung nicht ein Bildungsprozeß eigenen Gepräges entfaltet werden müsse, der sehr viel stärker die Lebensumstände und Berufserfahrung dieser Gruppe zu berücksichtigen habe. In kritischer Abhebung von dem in Analogie zum Universitätsbetrieb übernommenen Vortrag und der Lektüre wurde nunmehr die Arbeitsgemeinschaft[34] gepflegt, die die persönliche Hinwendung im Gespräch erlaubt.

Die eigentliche Gefahr der ausbreitenden Volksbildung besteht in einer oberflächlichen Intellektualisierung, in einer Halbbildung, die dem eigenen Lebenskreis entfremdet, ohne einen begründeten Zugang in die geistige Welt zu gewähren. Im Grunde erweist die Kritik an der ausbreitenden Volksbildung, wie sie von Robert von Erdberg, Walter Hofmann[35], Hermann Herrigel, Werner Picht, Wilhelm Flitner geführt wurde, die Notwendigkeit eines Überdenkens des Bildungsbegriffs überhaupt. Bildung als primär wissenschaftlich-esoterischer Vorgang schließt die Gefahr einer Zweiteilung des Volkes ein, die darum nicht überwunden werden kann, weil bisher kein gemeinsinniges tragfähiges Plateau gewonnen wurde. Letztlich gilt diese Kritik der bürgerlichen Kultur schlechthin, die auf dem Hintergrund des Humanitätsideals das Gebildetsein zu einem exklusiven Zustand werden ließ. Durch die organisatorische Eingliederung der Volksbildung in die Wohlfahrtspflege konnte dieser Eindruck nur noch verstärkt werden.

Ein gewichtiger Wendepunkt wird durch mehrere Ereignisse markiert. Einmal gründet Robert von Erdberg 1909 die Zeitschrift »Volksbildungsarchiv«, die sich im Untertitel »Beiträge zur wissenschaftlichen Vertiefung der Volksbildungsbestrebungen« nennt. Damit entsteht ein wissenschaftliches Forum, das entscheidend zur Klärung der theoretischen Grundlagen beigetragen hat. Über die organisatorisch-admini-

---

33 Johannes Tews: Fünfzig Jahre deutsche Volksbildungsarbeit. Berlin 1921. – Werner Picht: Das Schicksal der Volksbildung in Deutschland. A. a. O., S. 44.

34 Werner Picht: Das Schicksal der Volksbildung in Deutschland. A. a. O., S. 124. – Vgl. auch Jürgen Henningsen: Zur Theorie der Volksbildung. Berlin, Köln o. J. (1959), S. 71.

35 Walter Hofmann: Gestaltende Volksbildung. In: Jürgen Henningsen: Die Neue Richtung der Weimarer Republik. Dokumente und Texte. Stuttgart 1960, S. 103.

strativen Aufgaben hinausgehend, die weitgehend im Mittelpunkt der »naiven« Volksbildung standen, erfolgt nunmehr eine stärkere Hinwendung zum Menschen.[36]. Darin bestehen zugleich die eigentlichen Berührungspunkte zur Reformpädagogik, deren Ziel ebenfalls der Mensch und seine wirksamere Bildung durch Reform der Bildungsvorgänge ist. In diesem Rahmen wird auch erstmalig das »Neutralitätsprinzip«, das politische und religiöse Fragen wegen ihres trennenden Charakters auszuklammern versucht, grundsätzlich in Frage gestellt.

c. Die »neue Richtung«

Die »neue Richtung«, wie sie recht allgemein genannt wird, versteht sich selber als »intensiv« und »gestaltend« in kritischer Abgrenzung von der »extensiven« und »ausbreitenden« Volksbildung. Sie wird durch mehrere Impulse eingeleitet. Der kräftigste Einfluß ging von Walter Hofmann aus, der im Rahmen des Büchereiwesens einen individualisierenden Ansatz entfaltete[37]. Bezeichnend ist wohl die Tatsache, daß der Aufbruch im Rahmen der Bücherei erfolgte. Das Buch als typischste Objektivation des Kulturgutes verkörpert zugleich die Gefahren einer pädagogisch unverbindlichen Form der Erwachsenenbildung, die die Auseinandersetzung dem Leser selber überläßt. Angeregt durch das Open Shelf-System sowie durch das Prinzip des Individual Study im angelsächsischen Raum entwickelt Hofmann eine »Beratungs- und Ausleihpädagogik«[38], die sich sehr stark am Lebensumkreis des Lesers und seiner vorherrschenden Interessen orientiert. Sie erweist sich allerdings als fragwürdig offen für die Übernahme des nationalsozialistischen Gedankenguts.

Ziel der »Neuen Richtung« ist die »Gestaltwerdung« des Menschen in unmittelbarer Wechselwirkung mit seiner Lebenssituation und seinem Berufsweg. Bildung ist in diesem Sinne erst echt, wenn sie über Kenntnis und Urteilsvermögen hinweg zu einer bewußten Gestaltung der gesamten Existenz führt. Dazu gehört das religiöse und politische Kräftespiel, das geistig durchdrungen sein will, damit es seine bildende Prägekraft entfaltet und nicht auf der Überzeugungsebene verharrt. Die Überzeugung, die in diesem Bereich sicherlich notwendig ist, muß Ausdruck einer allseitigen Einsicht in die Lebenszusammenhänge sein; sie ist daher rational *und* emotional begründbar.

Zur Klärung dieser Position hat die Studie von Wilhelm Flitner »Laienbildung«, die 1920 erschien, entscheidend beigetragen[39]. Daß mit dem pädagogischen Schlüsselwort »Laienbildung« die entscheidende Fragestellung nach einem Bildungsweg sui

---

36 Paul Natorp: Volkskultur und Persönlichkeitskultur. Leipzig 1911.

37 Walter Hofmann: Die Organisation des Ausleihdienstes in der modernen Bildungsbibliothek. In: Volksbildungsarchiv I (1909), S. 56. – Ders.: Die deutsche Volksbücherei. Bayreuth 1934, S. 3.

38 Walter Hofmann: Die deutsche Volksbücherei. A. a. O., S. 27.

39 Wilhelm Flitner: Laienbildung. In: Gesammelte Schriften, Bd. 1, Paderborn 1982, S. 29–80. Hrsg. v. K. Erlinghagen, A. Flitner, U. Herrmann.

generis aufgegriffen wurde, zeigt die breite Diskussion, die das Buch auslöste. An der äußerst kritischen Diskussion beteiligten sich nahezu alle Repräsentanten der Volksbildung[40].

Der Gedanke der »Laienbildung« versteht die beiden gegensätzlichen Positionen der priesterlichen Bildung und der wissenschaftlich-theoretischen Bildung in einem beide übergreifenden Wahrheitsbegriff zu vereinen, der ein ursprüngliches In-der-Wahrheit-Stehen aufgrund der kritisch gesichteten Lebens- und Berufserfahrung erlaubt. Die Laienbildung will in ihrer Grundintention — darin Kirsten Kold und Grundtvig nicht unverwandt — die Gegensätzlichkeit in der modernen geistigen Welt überwinden. Für die wissenschaftliche Bildung bedeutet sie ein ursprünglich-ganzheitliches Erfahren — hingerichtet auf das reale Leben — und für die Kreise des breiten Volkes ein bewußtes Verarbeiten der naiv empfundenen Erfahrung zu einer begründeten Weltsicht[41].

Soweit die Volksbildung im Rahmen der Reformpädagogik gesehen wird, wie es hier geschieht, bleibt es erstaunlich, daß das arbeitsunterrichtliche und kunsterzieherische Verfahren wenig Resonanz fand. Gerade bei der Klärung der »Arbeitsgemeinschaft« hätte das arbeitsunterrichtliche Verfahren und die darin geübte Gruppenarbeit realistische Anhaltspunkte liefern können. Darüber hinaus wäre es naheliegend gewesen, den Gedanken der freitätigen Arbeit von Hugo Gaudig, das gesamtunterrichtliche Verfahren von Berthold Otto oder die Kreissituation von Peter Petersen zu übertragen, zumal sie weitgehend für die Jugendlichengruppe entwickelt waren, also die Grenze zur Erwachsenenwelt bereits berührten.

Stärker indessen als Kunsterziehung, Arbeitsschule und Gesamtunterricht haben die Inhalte der Jugendbewegung gewirkt. Flitner, Herrigel und Rosenstock kommen aus der Jugendbewegung, so daß die Gruppenaktivitäten in deren Kreisen, eingerahmt durch musisches und gestaltendes Schaffen, nachgewirkt haben. Gerade der »Heimatgedanke« und seine didaktische Umsetzung im Forschen, Wandern und Singen, wie sie beispielhaft in dem von Rosenstock-Huessy geleiteten Arbeitslager »Bobertag« geleistet wurde, ist von diesen Ideen geprägt. Auf diese Weise erhielten viele der Volkshochschulen — insbesondere in Dreißigacker bei Meiningen und in Jena — ein eigenes Gepräge, das ganz entscheidend geformt war von den Leitmotiven der gestaltenden Volksbildungsarbeit.

Von Eugen Rosenstock ist mit der Arbeits- und Betriebspädagogik im Rahmen der Erwachsenenbildung ein originärer Ansatz entwickelt worden, der bisher weder gesehen noch gewürdigt wurde. Mit seiner Studie »Lebensarbeit in der Industrie« hat er, ein erstes Mal mit der biographischen Methode arbeitend, Lebensläufe von Industriearbeitern hinsichtlich ihres Bildungsganges sowie ihrer beruflichen und politischen Motivation analysiert[42]. Die Entwicklung des »Bosch-Zünders« zeigt zudem neue

40 Vgl. Jürgen Henningsen: Die Neue Richtung in der Weimarer Zeit. A. a. O.

41 Wilhelm Flitner: Laienbildung. A. a. O., S. 8.

42 Eugen Rosenstock: Lebensarbeit in der Industrie und Aufgaben einer europäischen Arbeitsfront. Berlin 1926.

Wege der Information und Orientierung im Betrieb durch eine erwachsenenbildnerisch begründete Betriebszeitung. Überall wird bei Rosenstock deutlich, daß die Erwachsenenbildung — sie ist nunmehr der angemessene Begriff, weil es nicht nur um den Arbeiter, sondern um den arbeitenden Menschen, unabhängig von seinem betrieblichen Stellenwert, geht — eine praktische Ebene der Gestaltung *und* eine wissenschaftliche Erhellung des praktischen erwachsenenbildnerischen Prozesses darstellt[43]. Die Erwachsenenbildung als reflexive Instanz ist trotz der frühen Gründung der »Jahrbücher für Volksbildung« durch Robert von Erdberg als wissenschaftliches Forum nicht immer entsprechend zur Geltung gebracht worden. Der arbeits- und betriebswissenschaftliche Ansatz von Rosenstock, der in den 20er Jahren durch Hugo Münsterberg und Götz Briefs entscheidend ergänzt wurde, gehört zu den fruchtbarsten und wirkungsvollsten Ansätzen. Durch die Emigration beider wurde dieser Ansatz in den USA fortgeführt und machte erst die Untersuchungen von Elton Majo und seiner Gruppe möglich; Deutschland fiel aber fortan in den Status eines betriebswissenschaftlichen und -pädagogischen Entwicklungslandes zurück.

Wie schnell von der prinzipiell erhärteten Linie der Neuen Richtung dennoch abgewichen werden konnte, zeigt die Tagung 1931 über »Grundfragen der Abendvolkshochschule« in Prerow. Im Gegensatz zu der auf die Bildungsarbeit festgelegten bisherigen Programmatik wurden während der Diskussion mehr pragmatisch die Ausbildungsfragen im Zusammenhang mit der Berufserfahrung hervorgehoben. Die »Prerower Formel«[44], wie sie genannt wird, markiert zwar noch keinen grundsätzlichen Wendepunkt der Neuen Richtung, aber doch die bedenkliche Möglichkeit einer relativ schnellen Wandlung des bisher prinzipiell begründeten Kurses.

Letztlich ist die »Prerower Formel« ein Kompromißversuch, auf dem Hintergrund der permanent gemachten Erfahrung, daß die Volksbildungsarbeit nur begrenzt den Arbeiter, ihren potentiell wichtigsten Teilnehmer, mit ihren Bildungsbestrebungen erreicht. Verstärkt wird diese Erfahrung durch die Gegensätzlichkeit von Bildungsidee und Gesellschaftswirklichkeit, die gerade in der Erwachsenenbildung der steten Korrespondenz bedürfen.

Die Entwicklungsphase der sogenannten »neuen Richtung« ist in besonderem Maße von dem Hohenrodter Bund geformt, einem Kreis von Repräsentanten der freien Volksbildungsarbeit, zu dem Robert von Erdberg, Wilhelm Flitner, Werner Picht, Hermann Herrigel, Martin Buber, Theodor Bäuerle, Erich Weniger u. a. zählen. Der Hohenrodter Bund hat eine breite Vorgeschichte[45]; er konstituiert sich im engeren Sinne als das Gesprächsforum eines repräsentativen Kreises der Erwachsenenbildung

---

43 Ders.: Industrievolk. Frankfurt a. M. ^{2}1924. — Ders.: Werkstattaussiedlung. Untersuchungen über den Lebensraum des Industriearbeiters. Berlin 1922. — Ders.: Zerfall und Ordnung des Industrievolks. Frankfurt a. M. 1923.

44 Vgl. Jürgen Henningsen: Die Neue Richtung in der Weimarer Zeit. A. a. O., S. 147.

45 Hohenrodter Bund. Tagungsberichte. 2 Bde. Stuttgart 1928/29. — Jürgen Henningsen: Der Hohenrodter Bund. Heidelberg 1958, S. 13.

und nennt sich nach dem Tagungsort im Schwarzwald. Als ein Aktionsorgan des Hohenrodter Bundes entstand (einem von Wilhelm Flitner konzipierten Plan entsprechend)[46] die »Deutsche Schule für Volksforschung und Erwachsenenbildung«, die den Rahmen für Konferenzen und Ausbildungsaufgaben sicherte. So wurde der Hohenrodter Bund zumindest für den Zeitraum von 1923 bis 1930 durch seine jährlich stattfindenden Veranstaltungen zu einem gewichtigen Gremium zur Erhellung der Erwachsenenbildung. Neben den Fragen der wissenschaftlichen Grundlegung, der Zielbestimmung und der »Lebensnähe«[47] der Erwachsenenbildung, gehörte auch die wichtige Aufgabe einer Ausbildung der Ausbilder zu den Zielstellungen des Bundes. Gerade durch die Inangriffnahme dieser konkreten und grundlegenden Aufgaben haben der Hohenrodter Bund speziell und die Bestrebungen um eine Reform der Volksbildung allgemein der gegenwärtigen Entwicklung entscheidend vorgearbeitet.

d. Die Frauenbewegung und die Reformpädagogik

Die Frauenbewegung hat ihre eigene Geschichte, die breiter ist als diejenige der Reformpädagogik. Dennoch haben beide Bewegungen einen historischen Kronzeugen gemeinsam, der sie in unterschiedlichem Maße beeinflußte: Rousseau. Während er der Reformpädagogik allgemein durch das Prinzip der negativen Erziehung die Entfaltung der Selbsttätigkeit als Mitte des erzieherischen Geschehens nahelegte, wirkte sein Modell der Mädchenbildung im Emile auf die Frauenbewegung eher retardierend.

Der Gedanke der Ebenbürtigkeit im Verschiedenen als Grundlage der Mädchenbildung weist der Frau im Sinne Rousseaus eine Sonderrolle zu; sie wird noch verschärft durch die Deutung der wechselseitigen Bezogenheit der Geschlechter, die der Frau eine dienende Funktion zuschreibt, der von seiten des Mannes als geschlechtsspezifisches Äquivalent Ritterlichkeit und Achtung entsprechen sollen.

Dieses Konzept des Dienens in der Wechselseitigkeit, das ganz auf die Ausbildung der spezifisch fraulichen Eigenschaften und Tugenden abgestellt ist, fand schon früh im Rahmen der Frauenbewegung eine ausgesprochene Gegnerschaft. Dabei wurde das Spezifikum des Rousseauschen Ansatzes, der die »ehrbare Frau«[48] — »une fem-

---

46 Wilhelm Flitner: Plan einer Deutschen Schule für Volksforschung und Erwachsenenbildung. In: Die Erziehung. 3. Jg. 1927/28, S. 632, sowie Jürgen Henningsen: Die Neue Richtung in der Weimarer Zeit. A. a. O., S. 114.

47 »Lebensnähe« — ein Schlüsselbegriff der Reformpädagogik — wird im Rahmen der Erwachsenenbildung immer wieder als Maßstab für die Arbeit angewandt. Vgl. Rudi Joerden: Die Volksbücherei. In: Handbuch der Pädagogik. A. a. O., S. 414, 416. — Werner Picht: Das Schicksal der Erwachsenenbildung in Deutschland. A. a. O., S. 95. — Über »Sinn und Grenzen des Prinzips der Lebensnähe« vgl. Hermann Röhrs: Die Schule und ihre Reform in der gegenwärtigen Gesellschaft. Heidelberg ²1967, S. 164 ff.

48 Jean-Jacques Rousseau: Emil oder Über die Erziehung. Paderborn ⁹1989, S. 422.

me de bien« — unter Pflege der ihr angemessenen Anmut zum Ziel hat, häufig genug übersehen. Der Hauptangriffspunkt blieb allerdings die Orientierung des Bildungsganges an den fraulichen Pflichten: dem Manne Frau und den Kindern Mutter zu sein[49].

Diese Zielstellung für die Frauenbildung wurde aus dem Kreise der sich zunehmend konstituierenden Frauenbewegung in Frage gestellt. So polemisiert die Mehrzahl der Pioniere für eine eigenständige Frauenbildung gegen Rousseau; das gilt sowohl von Olympe de Gouges[50] als auch von Mary Wollstonecraft[51].

Besonders stark gewirkt hat Mary Wollstonecraft in Deutschland — nicht zuletzt durch die von Christian Gotthilf Salzmann herausgegebene deutsche Übersetzung ihres Werks. Auch sie polemisiert, wie in allen ähnlichen Werken, gegen Rousseau, weil er das Weib zur *»Sklavin der Liebe«*[52] erniedrigt habe. »Doch Friede sey mit seiner Asche«[53]. Im Gegensatz zum Konzept Rousseaus befürwortet Mary Wollstonecraft Selbständigkeit, die Geist und Gefühl bestimmen muß. »Laßt uns nicht unsre ganze Denkkraft auf die kleinlichen Vorfälle des Tages, noch unsre Wissenschaft auf die Kenntnis des Herzens eines Geliebten oder Gatten beschränken — nein, die Übung jeder unsrer Pflichten bleibe stets der höchsten von allen untergeordnet, der Pflicht, unsern Geist zu veredeln und unser Herz für einen erhabnern Zustand vorzubereiten.«[54]

Dennoch blieb die Vorstellung von der Frau als der dienenden Gefährtin, deren Wirkstätte das Haus darstellt, das Leitbild der Mädchenbildung. Zu welchen verstiegenen Vorstellungen dieses Bild der Frau führen kann, mag eine Stellungnahme von Johannes Tews zeigen, der sich im Rahmen der Reformpädagogik — insbesondere der Volkshochschulbewegung — als ein durchaus realistischer Pädagoge erwiesen hat: »Die Stätte des weiblichen Lebens und Wirkens ist das Haus. Hier soll sie Priesterin und Schaffnerin, Königin und Dienerin, kurz, wenn nicht alles, so doch vieles sein.«[55]

---

49 A. a. O., S. 423.

50 Olympe de Gouges: Erklärung der Frauen- und Bürgerinnenrechte. 1791.

51 Mary Wollstonecraft: Rettung der Rechte des Weibes mit Bemerkungen über politische und moralische Gegenstände. Mit einigen Anmerkungen und einer Vorrede von Christian Gotthilf Salzmann. Zwei Bände. Schnepfenthal, im Verlag der Erziehungsanstalt 1793/94. — Die Aktualität dieser Thematik geht allein daraus hervor, daß später nochmals eine Übersetzung des Werkes erschien. Vgl. Mary Wollstonecraft: Eine Verteidigung der Rechte der Frauen mit kritischen Bemerkungen über politische und moralische Gegenstände. Aus dem Englischen von P. Berthold. Dresden 1899. (Engl.: A vindication of the rights of women. London 1792). — Vgl. hierzu ergänzend Dorothy Gardiner: English Girlhood at School. A Study of Women's Education through twelve centuries. London 1929.

52 A. a. O., S. 333 (zitiert nach der Schnepfenthaler Übersetzung).

53 A. a. O., S. 333.

54 A. a. O., S. 334.

55 Johannes Tews: Moderne Mädchenerziehung. Langensalza 1897, S. 5.

Der Kampf gegen diese Position begann seit der Gründung des »Allgemeinen Deutschen Frauenvereins« 1865 durch Louise Otto und Auguste Schmidt in immer breiteren Kreisen in verstärktem Maße. Der Zusammenhang mit den Zielen der Reformpädagogik wurde indessen erst gesehen, seitdem Helene Lange und Gertrud Bäumer Sprecherinnen der Deutschen Frauenbewegung wurden. Noch stärker als bisher orientierte sich die Frauenbewegung nunmehr an den Bildungsproblemen. Dabei geht es weniger um die Eigenständigkeit als um die Gleichberechtigung der Frau in Schule, Beruf und Öffentlichkeit. Zur Überwindung vieler Vorurteile hat sicherlich auch die Jugendbewegung beigetragen, in der die Mädchen sich zunehmend in der Mitwirkung bewährten. Dadurch wurden gerade in der jungen Generation die Gegensätze zwischen den Geschlechtern abgebaut, so daß das Mädchen mehr die Position der Partnerin oder Kameradin erhielt. Gertrud Bäumer warnt daher wiederholt vor einer weiblichen Sonderbildung: »Noch einmal: Weiblichkeit darf keine Bildungsidee werden. Sie kann eine höchste Form des Seins, aber nicht ein Ideal des Sollens sein.«[56] Allerdings wurde von seiten der Frauenbewegung weniger das Egalitätsprinzip vertreten als der Gesichtspunkt, daß durch die Mitwirkung der Frau eine entscheidende Bereicherung für alle gesichert wird, weil sie in allen Problemzusammenhängen stärker die mitmenschlichen Belange zur Geltung bringt. Es ist insbesondere Helene Lange gewesen, die diesen Gesichtspunkt wiederholt betont hat: »*Darauf* kommt es an, daß die Frau aus der Welt des Mannes eine Welt schafft, die das Gepräge *beider* Geschlechter trägt. Die Frau will nicht nur äußerlich die gleichen Möglichkeiten haben, zu wirken, am Leben teilzunehmen, sondern sie will in dieses Leben ihre eigenen Werte tragen, sie will dadurch eine soziale und sittliche Gesamtanschauung schaffen, in der *ihre* Maßstäbe dieselbe Geltung haben wie die des Mannes — so habe ich früher einmal (1904) das Endziel der Frauenbewegung zusammenzufassen versucht«.[57]

Damit ist weder von Gertrud Bäumer noch von Helene Lange, die in ihren Grundgedanken ganz aufeinander abgestimmt sind, ein Verzicht auf die Wahrung und Pflege der weiblichen Eigenart ausgesprochen — wohl aber die Warnung, sie vor der Verwirklichung der Gleichberechtigung zu stark zu betonen. Im Grunde wird von beiden als wichtigste Aufgabe der Frauenbewegung die Klärung und Entfaltung der »weiblichen Sonderkultur«[58] betrachtet. Das Wirkenlassen dieser Sonderkultur im gesamten öffentlichen Leben, das bisher einseitig nach männlichen Maßstäben gestaltet wurde, ist das eigentliche Ziel, wie es Helene Lange in völliger Übereinstimmung mit Gertrud Bäumer formuliert: »Das Stück weibliche Sonderkultur, das, gering wie es noch ist, doch schon das Frauenberufsleben und die soziale Frauentätigkeit färbt, das, und das

---

56 Gertrud Bäumer: Die Frau und das geistige Leben. Leipzig 1911, S. 353. Zitiert nach Erich Danzenroth (Hrsg.): Frauenbewegung und Frauenbildung. Bad Heilbrunn/Obb. 1964. S. 72. – Marie L. Bach: Gertrud Bäumer. Weinheim 1989.

57 Helene Lange: Kampfzeiten. Zweiter Band. Aufsätze und Reden aus vier Jahrzehnten. Berlin 1928, S. 256.

58 A. a. O., S. 256.

allein, ist eigentlich in *unserem* Sinne Frauenbewegung, d. h. eine Bewegung der Frauen zu dem Ziel hin, den sittlichen Gesetzen ihrer eigenen Persönlichkeit innerhalb der Kulturwelt neben denen Geltung zu verschaffen, nach denen der Mann sie bisher einseitig aufgebaut hat.«[59]

Das umgreifende Ziel der Frauenbewegung besteht darin, den eigenen Beitrag zur Gesellschaftsreform zu leisten. Da diese Gesellschaft weitgehend nach maskulinen Gesichtspunkten gestaltet wurde, tritt die Frauenbewegung mit ihren Forderungen in einen gewissen ergänzenden Gegensatz zur dominierenden Manneskultur. Diesem umgreifenden Ziel hatten sich die Forderungen nach weiterführender Bildung — einschließlich des Hochschulstudiums — als Teilziele unterzuordnen. Der entscheidende Orientierungspunkt für alle Zielsetzungen bleibt indessen die politische Frage, wie es auch bei Helene Lange heißt: »Eine Frauenbewegung ohne Richtung auf das Stimmrecht ist ein Widerspruch in sich.«[60]

Neben dem Wahlrecht, das seit 1918 verwirklicht wurde, geht es in erster Linie um die politische Gleichberechtigung in allen Lebensbereichen. Selbstverwirklichung der Frau in einer Gesellschaft, die gerade durch deren selbstverantwortliche Mitwirkung ihre Erneuerung in sozialer und sittlicher Hinsicht erfährt, ist das umgreifende Ziel der Frauenbewegung, das sie zugleich mit der Reformpädagogik verbindet. Dennoch kann kein Zweifel darüber bestehen, daß die Wechselwirkung hinsichtlich der leitenden Ideen begrenzt ist.

---

59 A. a. O., S. 256.

60 Helene Lange: Kampfzeiten. Zweiter Band. A. a. O., S. 253.

VII. DER ERTRAG DER REFORMPÄDAGOGIK

1. Die Grundanschauungen der Reformpädagogik

Der Versuch, die Frage nach den Grundanschauungen der Reformpädagogik als internationale Bewegung zu beantworten, kann angesichts so vielfältiger Erscheinungsformen in Ost und West, in Süd und Nord leicht zur Versuchung werden, die Antwort monographisch im Hinblick auf die eigentlichen Wortführer zu geben. Schwieriger und auch problematischer ist es, die generellen Ziele herauszuheben, die als raumzeitliche Abwandlung des Gleichen überall wiederkehren. Dabei gilt es, die verschiedenen pädagogisch relevanten Aspekte der Gesamtbewegung — in kulturkritischer, soziologischer, psychologischer, pädagogischer und anthropologischer Hinsicht — zu berücksichtigen.

An der Schwelle der Reformpädagogik steht überall die kulturkritische Auseinandersetzung mit den überkommenen Formen der Erziehung — insbesondere in Gestalt der Alten Schule. Gegenüber dem formalen Unterrichtsbetrieb, der den Lehrgang und den Stoff absolut setzt, wird das Lernen angesichts der offenen Lebensfragen betont. Die Kulturkritik lebt von dem pädagogischen Ungenügen — sei es in Form einer pädagogisch sterilen Gestaltung oder aber einer bloßen Pädagogisierung der gesellschaftlichen Wirklichkeit. Ihr Ruf nach der Pädagogik gilt daher in jedem Falle einer lebenszugewandten flexiblen Spielart: einer Art pädagogischer Lebenshilfe.

Eine wichtige ergänzende Funktion erfüllt allgemein die Soziologie — insbesondere als soziologisch artikulierte Kritik des Bildungswesens. Ihrer spezifischen Blick- und Wirkweise als »Wünschelrutengängerin« für soziale Mißstände und Fehlentwicklungen entsprechend hat sie ein ausgeprägtes Empfinden für das Auseinandertriften von erzieherischen Zielsetzungen und gesellschaftlichen Notwendigkeiten. Die soziologische Analyse weckt daher einen Reformwillen, der auf eine größere Annäherung zwischen den Unterrichtsformen und Lebensbedürfnissen, zwischen Schule und gesellschaftlicher Wirklichkeit gerichtet ist. Dabei geht es in der konstruktiven soziologischen Kritik nicht um eine Perpetuierung der gesellschaftlichen Zustände, vielmehr um ihre menschenwürdige Fortentwicklung. Die Vorstellung von An- und Einpassung des Menschen in die sich wandelnden gesellschaftlichen Formen ist ein antiquiertes soziologisches Modell, wenn nicht gleichzeitig das menschliche Selbstverständnis und Urteilsvermögen für den Durchgangscharakter eines jeden sozialen Status geweckt wird.

Damit ist der Beitrag der Psychologie zur Reformpädagogik angesprochen. Die Psychologie hat während ihrer Wissenschaftsgeschichte der Pädagogik diesen Tribut auf ihre Weise stets bereitwillig gezollt. Genauer besehen ist es die Psychologie gewesen, die die ersten Wegmarken der Reform unter dem Motto der Kind- und Entwicklungsgemäßheit, der Eigengesetzlichkeit des Kindes- und Jugendalters, der Einmaligkeit des erzieherischen Verhältnisses mit seinen Rückwirkungen auf die Art der jugendlichen Entwicklung gesetzt hat. Dabei liegt es im Wesen der Psychologie, daß sie durch eine wechselseitige Selbst- und Fremdbeobachtung eher Unsicherheit als Zielgerichtetheit vermittelt. Das Wissen um die letztpersönlichen Wurzeln unseres Handelns muß oft aufgewogen werden durch die im Grunde lähmende Einsicht in die innere Dialektik unseres Tuns, das den guten Willen durch böse Taten zu strafen vermag.

Dieser Beitrag kann dennoch durchaus hilfreich sein. Damit hat die Psychologie das pädagogische Credo, das in den Reformen zuweilen als hochgestimmte säkulare Erwartungsbereitschaft mitschwingt, durch den Aufweis der realen leib-seelischen Möglichkeiten in seine wissenschaftlich angemessenen Grenzen zurückgewiesen. Die überschwenglichen Forderungen nach dem Wachsenlassen, die als Korrelat ein Zurücktreten des Lehrenden aus dem Zentrum des Bildungsprozesses nach sich zogen, wurden auf das vertretbare Maß begrenzt. Dieser Maßstab kann sich einzig aus den anthropologischen Voraussetzungen ergeben und nicht etwa aus einem Glaubenssatz.

Eine Fülle neuer Erziehungsverfahren ging aus diesem Prozeß soziologisch und psychologisch gerichteter Kritik geläutert und begründet hervor. Sie können in ihrer umfassenden Zielstellung als freiere Gestaltungsformen des erzieherischen Verhältnisses und des Unterrichts bezeichnet werden: das Unterrichtsgespräch, der Gruppenunterricht, die verschiedenen Formen der Vorhaben, der Einsatz von Arbeitsmitteln, die Selbsttätigkeit u. a. m. Ein wesentlicher Erfolg dieser Auseinandersetzung ist die Pluralität der Lehrformen, die als »Erziehung von der Seite« — z. B. durch den Mitschüler, in der und durch die Gruppe — eine Wendung in der Aktivitätsrichtung bewirkt haben. Lernen durch Lehren brachte durch die Dezentralisierung des Unterrichts eine erhebliche Steigerung der Eigentätigkeit und -verantwortung, die pädagogisch begründet war — soweit sie sich an die altersstufengerechten Möglichkeiten hielt.

Hinter allen diesen Bestrebungen wird das pädagogische Ziel deutlich, den planmäßigen Erziehungs- und Unterrichtsprozeß, wie er sich als gesellschaftliche Kunstform im Verlauf der Bildungsgeschichte herausgebildet hat, wieder an den organisch gewachsenen erzieherischen Naturformen der Familie, Werkstatt, Lebensgemeinschaft u. a. zu orientieren. Daß indessen auch dem Familien-, Arbeitsgemeinschafts- oder Gruppenprinzip durch die Übertragung auf die pädagogische Provinz eine Künstlichkeit des Kooperierens anhaftet, ließ ein neues Spannungsfeld entstehen, das den pädagogischen Optimismus dämpfte. Die kritische Erörterung erwies, daß das Familien-, Gruppen- und Arbeitsgemeinschaftsprinzip im Rahmen der Pädagogik nur als eine eigene Kategorie vertretbar ist, die sich wohl an die Naturformen sinnvoll anlehnen, aber nicht an deren Struktur gemessen werden kann.

Ebenso einseitig sind jene Formen einer Vorverlegung oder gar Auflösung von Schule und Bildung in die Lebens- und Arbeitswirklichkeit. Was pädagogisch möglich und vertretbar bleibt, ist die bewußte Gestaltung der Erziehungswirklichkeit sowie die Hereinnahme von Lebensbereichen in die Schule — soweit es unter dem Gesichtspunkt ihrer zu entfaltenden Bildungskraft geschieht. Insofern ist das in der Reformpädagogik wiederholt angesprochene Thema: Schule und Gesellschaft, Unterricht und industrielle Arbeitswelt ein fundamentales Anliegen, das viele Lösungen offenhält. Die einzige Voraussetzung besteht darin, daß das pädagogische Gesetz und das Wohl der Jugend bestimmend bleiben und nicht die reine Wirtschaftlichkeit. Unter diesem Gesichtswinkel betrachtet, bleibt auch die polytechnische Bildung eine sehr ernsthaft zu prüfende Lösungsmöglichkeit, die als ein extremes Modell am konsequentesten die Folgerungen aus einer gemeindezentrierten Schularbeit zieht.

Die pädagogische Aktivierung und soziale Motivierung erweisen sich als die umgreifenden Ziele der Reformpädagogik. Sie sind nicht Selbstzweck, vielmehr pädagogisches Mittel zur Bildung eines geistig aufgeschlossenen und urteilsfähigen Menschen, der soziale und politische Verantwortung mit dem Willen zur Fortbildung verbindet, dem eigentlichen Merkmal des Gebildetseins in unserer Zeit. Die Bildung liegt daher nicht jenseits der Ausbildung und der Arbeitswelt — sie beginnt vielmehr in der allgemeinmenschlichen und fachlichen Bewährung in dieser zentralen Lebenssituation, der heute niemand ausweichen kann.

Der wesentliche Ertrag der Reformpädagogik besteht wohl darin, daß die Bildung aus einem sozialen Privileg, das an bestimmte gesellschaftliche Voraussetzungen gebunden ist, zu einem Instrumentarium der Lebensgestaltung und -erfüllung für jedermann wird. Bildung bleibt kein stationäres Geschehen in einigen besonderen Institutionen, vielmehr ein dynamisches Ereignis — in sinnvoller Folge alle Lebensalter durchziehend. Bildung ist keine vorgegebene Größe, vielmehr reift sie in der tätigen, geistig wachen und sozial verantwortbaren Auseinandersetzung mit den Anforderungen dieser Welt.

Der gewandelte Bildungsansatz als Ausdruck eines neuen Menschenbildes der Reformpädagogik ist immer wieder als biologistisch, pragmatisch oder positivistisch beschrieben worden — als der Bildungsweg des homo faber, der als perfekter Konstrukteur von Maschinen, Werkhallen und Raketen das einzig Wesentliche auf dieser Welt vergißt: das geistig-seelische Ich als Kern seiner Monade. Dieser Einwand muß auf die wichtige Frage nach den leitenden anthropologischen Grundanschauungen der Reformpädagogik führen. Diese Frage, bisher selten gestellt, wurde kaum jemals ernsthaft beantwortet — es sei denn mit dem Hinweis auf die erwähnten Modewörter. Dabei bleibt immer noch die Frage offen, was denn unabhängig von den historischen Erscheinungsformen hier unter Biologismus, Positivismus oder Pragmatismus zu verstehen sei. Es gibt derer viele Spielarten — nicht nur den Willen zur Selbstdurchsetzung, die philiströse Genügsamkeit hinsichtlich der Effizienz einer technisch ausgeklügelten Welt, die Begrenzung des Wissens- und Erkennenswürdigen auf die Relationen einer hantier- und manipulierbaren Wirklichkeit.

Sicherlich hat die Reformpädagogik ein neues Verhältnis zur Leiblichkeit angebahnt, die nunmehr der alles tragende Lebensgrund wird und nicht der Widersacher der geistig-seelischen Existenz. Dieses gewandelte Lebensgefühl als letzte Frucht einer freieren Form der Schule und Erziehung mußte notwendig ein neues Weltverhältnis nach sich ziehen. Seit der Renaissance hat es nicht ein zweites Mal ein so diesseitig orientiertes Selbstverständnis gegeben, das dennoch eines inneren Spannungsmomentes nicht entbehrt.

Die reformpädagogische Diesseitigkeit ist daher mehr als das Vertrauen auf den »Homme machine« oder auf die weltregelnde Kraft der rationalen Planung und vielschichtiger als der Glaube an die Dämonie der Umwelt — sie ist auch Freude an der Fähigkeit der ingeniösen Mitgestaltung dieser Welt. Sie ist als eine Art pädagogischer Kontingenzlehre ein verständnisvolles Annehmen der technisch-industriellen Welt, die von pädagogischer Seite allzu lange als der böse Maschinenmoloch betrachtet wurde. Das war ein pädagogisch notwendiger Schritt, denn die Technik ist seit den letzten Jahrzehnten des vorigen Jahrhunderts ein unlösbarer Bestandteil unseres Lebens und nicht mehr das unheimliche ganz Andere. Daher bedurfte es dringend der geistigen Bewußtmachung und Einordnung.

Das Verdienst der Reformpädagogik ist es nun, daß das notwendige Verständnis für den technisch-industriellen Bereich vertieft wurde. Das geschah auf verschiedenen Wegen; am konsequentesten sicherlich durch die Projektmethode und Produktionsschule bei Dewey, Kilpatrick und Blonskij, aber in pädagogisch distanzierter Form auch bei Decroly, Freinet und in der école active Ferrières. Wenn dabei zuweilen ein gewisser Stolz auf die Erfindungskraft des menschlichen Geistes anklingt, so wohl auch darum, weil der homo inventor seit dem Robinson Crusoe eines der reizvollsten Themen des Jugendalters ist und weil dieser Aspekt in der vorwiegend historisch orientierten Arbeitsweise in unseren Schulen zu kurz kam. Von einer vordergründigen Fortschrittsgläubigkeit kann man bei den bedeutenden Repräsentanten dieser reformpädagogischen Linie indessen nicht schlechthin sprechen.

Dagegen bleibt eine positivistische Grundhaltung unverkennbar. Sie ist aber auch Auswirkung jenes kulturkritischen Postulats: Hin zu den Sachen und weniger eine bloße Daseinsgläubigkeit. Als eine späte Frucht jener realistischen Forderung Rousseaus, daß die ersten Philosophielehrer des Kindes seine Augen, Füße und Hände sein müssen, fehlt auch die kindertümlich philosophierende Haltung in der Reformpädagogik nicht ganz. Sie ist in der Pflege der Kontemplation bei Reddie, Montessori, Decroly und Ferrière zu erkennen, und selbst Kilpatrick, der Ausgestalter der Projektmethode, des aktivitätspädagogischen Modells der Reformbewegung, bleibt nicht so ganz bar eines philosophischen Gehalts[1]. Sicherlich sind die Meditationsübungen Montessoris

1 Vgl. Hermann Röhrs: Die progressive Erziehungsbewegung. A. a. O., S. 52, sowie ders.: Die Reformpädagogik und die Perspektiven für eine Bildungsreform. Donauwörth 1991.

zunächst mehr Einübungsformen zum Stillesein, aber es ist zugleich eine Stille, die die Besinnung über und auf das eigene Tun einschließt.

Es ist eine Haltung des vertrauensvollen Öffnens des Auges — nicht ohne Wissen um die tieferen Zusammenhänge dieser Wirklichkeit, aber doch zunächst ganz angetan von dem Willen ihrer gründlichen Erforschung und Ordnung. Es ist daher bezeichnend, daß diese lebensphilosophische Metapher in der reformpädagogischen Argumentation eine reiche Anwendung fand. Alle erziehungspraktische Arbeit lebt nun einmal von der Hoffnung auf ein besseres Morgen, das pädagogisch gestaltbar und überschaubar ist, und es hat wohl keine zweite Bewegung gegeben, die von Grund auf so erziehungspraktisch ausgerichtet war wie die Reformpädagogik. Daher drängt sie mit ihren Spitzen auch über die Schule hinaus auf eine pädagogische Gestaltung der Gemeinde und der Arbeitswelt.

In dieser strengen Ausrichtung auf die erziehungspraktische Effizienz liegen die großen Verdienste, aber auch die Grenzen der Reformpädagogik beschlossen. Die sie begleitende Theorie ist jene Philosophie des sich öffnenden Auges — klärend gerichtet auf den nächsten Umkreis des Tätigseins, aber ohne eigentliche Sinndeutung des Tuns im weiteren anthropologischen Zusammenhang. Der erste lebensphilosophische Schwung der vie créatrice und des élan vital steht ebenso hinter der Reformpädagogik wie der behavioristische Versuch einer Reaktionssteuerung oder die pragmatische Theorie von der Prioriät des Handelns. Aber es sind pädagogische Auslegungen und Übersetzungen, die nicht unmittelbar gemessen werden können an den dahinterstehenden philosophischen Doktrinen, sondern die im Erziehungsfeld eine Eigenbedeutung haben, von der her sie verstanden sein wollen.

Dennoch darf uneingeschränkt festgestellt werden, daß die Ergebnisse der Reformpädagogik in ihren geläuterten Spitzen das Signum einer reichen pädagogischen Substanz tragen. Eine Auseinandersetzung mit ihren primären Repräsentanten — Reddie, Lietz, Ferrière, Geheeb, Montessori, Otto, Gaudig, Reichwein, Freinet — bedeutet, ins Zentrum der pädagogischen Fragestellung vorzudringen und Lösungsansätze zu erfahren, die über ihre Zeitbedingtheit hinaus einen gültigen Antwortkern in sich tragen. Im Rahmen der Reformpädagogik ist ein echtes pädagogisches Engagement spürbar, ein Einsatz des ganzen Menschen für die Erziehung der Heranwachsenden, ohne daß die sekundär relevanten standes- und gehaltspolitischen Fragen Grenzen setzten.

Der Lehrer gerät noch nicht in den Konflikt zwischen dem privaten Bereich und den erzieherischen Aufgaben, vielmehr begibt er sich als ganzer Mensch in die Erzieherrolle; Fachmann und Erzieher kennen keine lähmende Rivalität, weil das pädagogische Integral sie zusammenhält. Bereits bei Gaudig findet sich die Formel: »Die Tätigkeit des Lehrers ist im idealen Falle gleich Null . . .«[2] Darin geht es aber keineswegs um ein pädagogisches Funktionärstum, das aus wohltuender Distanz regulieren will; das Ziel ist vielmehr die Einleitung einer selbsttätigen Auseinandersetzung, die dem

2 Hugo Gaudig: Die Schule im Dienste der werdenden Persönlichkeit. Erster Band. Leipzig 1922, S. 110.

Lehrenden Raum gewährt für die Hinwendung zum Kinde. Diese gesamte Haltung ist von einem hohen erzieherischen Ethos getragen, das sich ausschließlich am Kinde, seiner Entfaltung und seinem Wohlergehen orientiert.

Ein ganz entscheidendes Motiv zur Inspiration der Schularbeit ist die Vermittlung eines methodischen Grundwissens an die Lernenden, so daß die Selbsttätigkeit und Verantwortung zum vorherrschenden Prinzip wird. Nichts nimmt den Heranwachsenden so für eine Aufgabenstellung ein als die Ausübung von Verantwortung in Bereichen, in denen er traditionell gegängelt wird. Gerade die Vermittlung von Selbstverantwortung, soweit sie didaktisch und erzieherisch vorbereitet wird, vermag neue personale Kräfte freizusetzen.

Diese Zusammenhänge sind sehr früh erkannt und betont worden — insbesondere von Thomas Arnold und Berthold Otto. Die Reflexion über den Lernprozeß, seine Inhalte und den möglichen Bildungsertrag findet bei den Schülern eine große Resonanz. Auf dieser metakommunikativen Ebene zeigt sich, daß die Schüler nicht nur ein großes und ursprüngliches Interesse an pädagogischen Fragen haben, sondern daß sie auch ein begründetes Urteilsvermögen zu entwickeln in der Lage sind. Ein Teil der reformpädagogischen Intentionen ist darauf gerichtet, dieses Urteilsvermögen zu vertiefen, um den Schüler partiell in die Rolle des Lehrenden zu heben sowie den Unterricht und die Erziehung »von der Seite« zu stärken. Wieweit dieses sich bildende Urteilsvermögen zu tragen vermag, zeigt die kundige und verantwortungsbewußte Mitwirkung der Schüler Berthold Ottos bei der Lehrplangestaltung.

Dementsprechend stellt auch die sich während der Reformpädagogik entwickelnde Erziehungswissenschaft ihre Klärungsfunktion in den Dienst des Bildungsprozesses, seiner erzieherischen und fachlichen Aspekte. Die Erziehungswissenschaft orientiert sich an der Erziehungswirklichkeit, ihren Nöten und Möglichkeiten. Sie ist über weite Strecken Beobachtungswissenschaft, die sich als kontemplative Instanz der immer schon vorgegebenen Erziehungswirklichkeit versteht[3].

Dennoch hat auch die Reformpädagogik eine Reihe von Unstimmigkeiten und Fehlentwicklungen gezeitigt, die kritisiert sein wollen. Beispielhaft sei auf den einseitigen Anschauungsbegriff und auf die über weite Strecken aufweisbare Glaubensindifferenz bzw. -feindlichkeit hingewiesen.

Die Veranschaulichung muß noch keineswegs zu einer Aktivierung der Schülerarbeit führen. Darum kann der Anschauungsunterricht — soweit er die betrachtende Haltung nicht schlechthin hinnimmt — zwei Tendenzen auslösen: Einmal die Klärung dessen, was Anschauung in richtiger didaktischer Dimensionierung heißt. Dabei wird deutlich, daß sie zu einer Gegenüberstellung von Kind und Gegenstand zu führen vermag, in der Fragen entstehen und das Kind zum Überlegenden und Untersuchenden wird. Daneben gilt es, an jene Wesensschicht des Gegenständlichen heranzuführen, in der das Exemplum für die Spezies steht und als solches seine Funktion insgesamt ein-

---

3 Vgl. Peter Petersen: Allgemeine Erziehungswissenschaft. A. a. O., S. 107. — Herman Nohl: Die pädagogische Bewegung in Deutschland und ihre Theorie. A. a. O., S. 119.

sichtig werden läßt. Hier geht es entscheidend um die Grundlagen der Anschauung, wie sie Pestalozzi in seinem »ABC der Anschauung« zu entfalten versucht. Dieser Versuch ist erneut bei Berthold Otto, Maria Montessori, aber auch bei Adolphe Ferrière nachweisbar.

Ein weiterer kritischer Ansatz schließt an den passiven Charakter des traditionellen Anschauungsunterrichts an, der primär Vorzeigeunterricht blieb. Demgegenüber erfolgt die Betonung des hohen Werts des Darstellens sowohl in mündlicher und schriftlicher Form als auch im manuellen und zeichnerischen Bereich. Daneben steht die Erkenntnis der Gefahren einer bloßen Aktivierung, die geistig-seelische Grundgesetze verletzen könnte, wenn sie nicht auch die Tugenden des Sehens, Hinhörens und Aufnehmens pflegt. Was zunächst eine rein pädagogische Tugend zu sein schien, nämlich dem gegenwartsbezogenen Denken des Kindes entsprechend von seinen im außerschulischen Bereich geweckten Fragen auszugehen, blieb oft bloßer Vorsatz und führte häufig zu einer pragmatischen Gegenwartsbindung. Der Unterricht kann auf diese Weise wie »mit Fallstricken« an die Gegenwart gefesselt werden, wie Maria Montessori kritisch gegenüber einem einseitigen Anschauungsprinzip[4] ganz im Sinne Pestalozzis bemerkt, so daß der dadurch einzuleitende Prozeß der Abstraktion und Ideation zu kurz gerät.

Diese Haltung wird verschärft durch die religiöse Neutralität, Indifferenz oder gar Feindlichkeit vieler reformpädagogischer Positionen. Obgleich nicht wenige Repräsentanten, wie Lietz, Wyneken, Geheeb von ihrem Ausgang her Theologen sind, bleibt ihre Arbeit religiös neutral oder führt zu einer immanenten Religiosität wie bei Geheeb.

Auf die religiöse Indifferenz breiter Kreise der Reformpädagogik hat bereits Franz Pöggeler hingewiesen[5]. Sicherlich hat die Nachwirkung der kirchenobrigkeitlichen Küster- und Winkelschule den säkularen Lösungsdrang so verstärkt, daß mit der administrativen Eigenständigkeit die religiöse Bindung häufig als lästige Fessel abgestreift wurde. Es gehört zur Dialektik jeder Aufklärungsepoche, daß sie mit dem Abstreifen vermeintlicher Abhängigkeitsverhältnisse in neue Limitierungen gerät. Die Gestaltung der Reform im Rahmen einer konfessionell gebundenen Form der Religiosität erfordert so viel Glaubenskraft oder aber abgeklärte Lebensreife, wie sie in Aufbruchsituationen nicht ohne weiteres gesichert sind.

Eine Verstärkung erfuhr diese Entwicklung durch die religionskritische Haltung der Kulturkritik — insbesondere von Nietzsche und Lagarde — sowie durch den philosophischen Materialismus, wie er von Feuerbach, Lange, Büchner, Moleschott, Vogt u. a. vertreten wurde. Die evolutionistischen Grundideen fanden ihre Zuspitzung in dem Axiom: »Der Mensch ist, was er ißt«[6]. Dieser diesseitigen Einstellung korrespon-

---

4 Vgl. hierzu in diesem Buch S. 236.

5 Franz Pöggeler (Hrsg.): Das Wagnis der Schule. Freiburg, Basel, Wien 1963, S. 91.

6 Vgl. Ludwig Feuerbach: Rezension des Buches von Moleschott: Lehre der Nahrungsmittel für das Volk (Erlangen 1850). In: Blätter für literarische Unterhaltung. 12. November 1850,

dierte eine hedonistisch pragmatische Ethik. Die erzieherischen Bemühungen waren in erster Linie auf den homo faber gerichtet, auf den Planer und Gestalter des diesseitigen Aufgabenfeldes. Das schicksalhaft Fordernde als konstitutiver Teil aller innerweltlichen Erfahrungen, dem nur die Hingabe an das transzendent Göttliche entsprechen kann, wurde verdrängt oder als Exponent einer irrationalen Gegenaufklärung ausgeklammert.

Als eine bedeutende dritte Kraft, die diesen antikonfessionellen Kurs der Reformpädagogik stärkte, müssen die Theosophie und Anthroposophie betrachtet werden. Von nicht unerheblichem Einfluß ist der Ursprung der New Education Fellowship aus der englischen Theosophischen Gesellschaft (Theosophical Fraternity in Education). Wenn die New Education Fellowship sich auch aus dem theosophischen Kreise löste, so blieb sie dem Gedankengut doch entscheidend verbunden — nicht zuletzt durch ihre Gründungsmitglieder Beatrice Ensor und H. Baillie-Weaver[7]. Über die Fellowship, die bis in die Jahre nach dem Zweiten Weltkrieg die Umgangsformen der theosophischen Bruderschaft pflegte, gelangte die theosophische Grundanschauung zu einer weltweiten Geltung, die hinter dem reformpädagogischen Denken und Planen in vielen Fällen zu sehen ist. Der große Einfluß der Theosophie auf die Pädagogik Montessoris ist wiederholt aufgewiesen worden[8]. Dieser Einfluß ist auch bei Kees Boeke festzustellen, der in den 20er und 30er Jahren als Leiter der Reformschule »Werkplaats« bei Utrecht zu den Sprechern der reformpädagogischen Bewegung in Holland gehörte[9].

Die Aufhebung der Grenzen zwischen Leben und Tod durch ein Weiterleben in höheren Welten als Grundüberzeugung der Theosophie kommt dem evolutionistischen Konzept der postdarwinistischen Epoche entgegen; sie entbindet außerdem von dem Glauben an die Ursünde, die jeder pädagogisch fortschrittlichen Auffassung ein Ärgernis ist und jeder aufklärerischen Haltung ein Paradoxon bleibt. Der Gedanke einer Verarbeitung der Erfahrungen des Erdenganges als Voraussetzung für die Wiedergeburt entspricht zudem einem lerntheoretischen Modell, das das Lernen als die orientierende und bestimmende Lebensmitte versteht.

So hebt sich die Dualität des Sterblichen und Göttlichen auf, denn das strebende Bemühen gewährt unmittelbare Teilhabe am Unsterblichen[10]. Es erfolgt durch diese

---

S. 1082. — Vgl. auch die Kritik am Materialismus von Friedrich Albert Lange: Geschichte des Materialismus und Kritik seiner Bedeutung in der Gegenwart. 1. und 2. Buch, Leipzig 1898.

7 Vgl. William Boyd, Wyatt Rawson: The Story of the New Education. London 1965. — Hermann Röhrs: Die Reform des Erziehungswesens als internationale Aufgabe. A. a. O.

8 Winfried Böhm: Maria Montessori. A. a. O., S. 313.

9 Vgl. in diesem Buch S. 60.

10 Vgl. die kritischen Stellungnahmen von Kurt Leese: Moderne Theosophie. Berlin [2]1922. — H. P. Blavatsky: Schlüssel zur Theosophie. Aus dem Englischen übersetzt von Eduard Hermann. Leipzig o. J.

theosophische Einstellung eine Versöhnung mit dem Konzept Nietzsches von der »Wiederkehr des Gleichen«, das herausfordernd und dennoch zunächst kaum erfüllbar an der Schwelle der Reformpädagogik steht. Die älteren und lebenserfahrenen Menschen – insbesondere die Lehrenden – erhalten durch diese Auffassung zarathustrahafte Züge des Wissens um die Kehren und Wendepunkte in diesem Weltengange.

Es hieße indessen, die Komplexität der Reformpädagogik vereinfachen zu wollen, wenn nicht darauf hingewiesen wird, daß sie zugleich die Impulse zur Entfaltung einer Religionspädagogik vermittelt[11]. Kennzeichnend für die religiöse Grundhaltung der reformpädagogischen Repräsentanten bleibt aber jene Form immanenter Religiosität, die letztlich auf die Auffassung Rousseaus in den Preisschriften und im Glaubensbekenntnis[12] zurückgeht. Diese Einstellung findet gerade durch die Entwicklung der Naturwissenschaft eine Bestärkung hinsichtlich eines Gottesglaubens in relativer Freiheit von kirchlicher Institutionalisierung. Carl-Heinrich Becker hat diese Einstellung während der Schlußphase der Reformpädagogik, die er selber weitgehend mitbestimmt hat, folgendermaßen umschrieben: *»Man muß den Mut und die Kraft haben, an den Sinn des Lebens zu glauben.* Erkennen können wir ihn nicht. Das Ewige, Göttliche oder wie man das Absolute nennen mag, bleibt unerkennbar, aber es muß irgendwie in uns wirksam sein, und nur dadurch wird das sonst Sinnlose zum Sinnhaften.«[13]

2. Die Kritik an der Reformpädagogik

Unabhängig von der Tatsache, daß die kritische Erörterung unsere ganze Darstellung durchzieht, seien abschließend einige zusammenfassende kritische Bemerkungen gemacht. Dabei besteht ein wichtiges Ziel darin, die Möglichkeiten und Grenzen der reformpädagogischen Bestrebungen zu klären. Das wäre in einem gegenüberstellenden Plädoyer des Für und Wider möglich, wie es unter dem Titel »Pour ou contre« in einer französischen Darstellung durch zwei Autoren geschieht[14]. Die Entfaltung der reformpädagogischen Bewegung erfolgte indessen wenig systematisch. Ein Motiv wurde aus dem anderen hervorgetrieben, so daß auch Vor- und Nachteile eng miteinander verwoben sind. Es erscheint daher sinnvoll, sie in einem abwägenden Verfahren einander gegenüberstellend zu deuten.

11 Helmut Kittel: Evangelische Unterweisung und Reformpädagogik. Lüneburg 1947.

12 Vgl. Hermann Röhrs: Jean-Jacques Rousseau. Köln ^{3}1993. – Ders. (Hrsg.): Jean-Jacques Rousseau: Preisschriften und Erziehungsplan. Bad Heilbrunn ^{4}1993.

13 Vgl. Carl Heinrich Becker: Das Problem der Bildung in der Kulturkrise der Gegenwart. Leipzig 1930, S. 16 ff.

14 Vgl. André Berge: Pour l'éducation nouvelle. – Gilbert Robin: Contre l'éducation nouvelle. Collection Pour ou Contre. Nancy 1968.

Die Kritik an der Reformpädagogik als internationaler Bewegung ist so vielfältig und unterschiedlich wie ihr Gegenstandsbereich selber. Eine Bewegung von einem derart euphorischen Grundgepräge mußte von Anbeginn neben begeisterter Zustimmung auch starke Ablehnung finden. Dabei waren die Einwände oft kaum stimmiger als die vermeintlichen Fehlerquellen, die sie aufweisen wollten. Die Mißdeutungen und Irrtümer haben auch hier ihre eigene Geschichte, die in seltsamen Abwandlungen und Wiederholungen bis in die unmittelbare Gegenwart reicht. Nach der vollen Entfaltung der Reformtendenzen in den zwanziger Jahren wurde auch die kritische Auseinandersetzung grundsätzlicher und bewußter.

Im Grunde hat die Pädagogik ihr Selbstverständnis als Wissenschaft in deskriptiv-empirischer, vergleichender und systematischer Hinsicht während dieses Zeitraums erlangt. Das wurde weitgehend ermöglicht durch die wissenschaftliche Urfunktion der Kritik des ihr zugeordneten Wirklichkeitsbereichs und der Möglichkeiten seiner Gestaltung.

Selten hat die Pädagogik eine so reich und gegensätzlich gestaltete Erziehungswirklichkeit vorgefunden, und niemals hat sie seither wieder ihr Wächteramt der Beobachtung, Klärung und Wegweisung so bewußt wahrgenommen. Wenn auch die tiefste Wurzel der Vergleichenden Pädagogik bis zu Marc Antoine Jullien de Paris zurückreicht, so kann man doch von einem wissenschaftlich bewußten Vergleich in der Pädagogik erst seit dem Beginn der Reformbewegung sprechen. Sobald der globale Grundzug dieser Bewegung bewußt wurde, begann seit der Jahrhundertwende in verstärktem Maße der Vergleich und die zusammenschauende Auseinandersetzung.

Das anthropologische Grundmodell der Reformpädagogik im internationalen Feld ist bestimmt durch einen pädagogischen Optimismus, der von einer erzieherisch begründeten Entfaltung der guten Kräfte im Kinde viel erwartet. Unter dem Einfluß der Lebensphilosophie in existentieller und pragmatischer Richtung bei Bergson, Peirce und Boutroux, der auch eine Studie über James schrieb[15], entstand ein Wandel in der Wertschätzung der erzieherischen Kräfte. Nahezu rousseauistisch ergab sich daraus die Folgerung eines Zurücktretens des Lehrers in die Rolle des Anregers und Beobachters sowie die Forderung nach einer verstärkten pädagogischen Umgestaltung des Erziehungsraumes zum Lebensbereich schlechthin.

Das Erlebnis als die subjektive Form der Weltbegegnung sowie die unmittelbare Konfrontierung mit ihren Inhalten und nicht die systematische Einführung in die geistigen Aufgaben wird das neue Ziel. Pädagogisch gesichert bleibt dieses natürliche Lernen in der Begegnung mit echten Lebenssituationen durch ihre entwicklungsspezifische Abstimmung. Dieser reformpädagogische Grundgedankengang findet in den verschiedenen Lebensbereichen eine unterschiedliche Ausfaltung. Herangereift in der Opposition gegen die starren Erziehungsformen einer ständisch geschlossenen Gesellschaft, bleibt er orientiert an dem neuen Menschen- und Gesellschaftsbild, das notwendigerweise in Ost und West verschiedene Akzente zeigen muß. Begrenzt auf die

---

15 Emile Boutroux: William James. Deutsche Übersetzung von Bruno Jordan, Leipzig 1912.

wesentlichen Erscheinungsformen, werden wir von einer pragmatischen, liberalistisch-positivistischen, revolutionären und synthetischen oder pluralistischen Richtung der Reformpädagogik sprechen können.

Die Kritik am pädagogischen Pragmatismus wird immer an seinen ihm eigenen Kriterien, Erfahrungen und Einsichten anzusetzen haben. Daher wird die Pioniersituation als die einmalige geistesgeschichtliche Epoche, in der diese Sichtweise entstand, dem vollen Verständnis erschlossen werden müssen. Bezeichnenderweise wurden die vier Begründer des Pragmatismus — Charles S. Peirce (1839—1914), William James (1842—1910), John Dewey (1859—1952) und George H. Mead (1863—1931) — in der noch offenen Weite des Landes geboren[16]. Sie alle waren während ihrer Kindheit Zeuge davon, wie dieses Land durch menschliche Erfahrung und Erfindungsgabe erschlossen wurde. Besonders Dewey zehrte als pädagogischer Reformer bis ins hohe Alter von seiner glücklichen Jugend in Vermont, wo das Leben in der Vielfalt seiner Erscheinungen und Aufgaben noch der vorzüglichste Lehrer war.

Wie Charles S. Peirce 1878 in seinem für den Pragmatismus wegweisenden Aufsatz[17] ausführt, daß die praktischen Folgen der Ideen wesentlich für ihr klärendes Verständnis sind, so hat der pädagogische Pragmatismus den instrumentalen und experimentalen Charakter des menschlichen Wissenserwerbs und Erkennens stets betont. Wahr ist, was sich bewährt und in der Bewährung wiederum eine Vertiefung des Wissens und eine Ausweitung der Erfahrung nach sich zieht. Der Satz von James, daß der Pragmatismus keine Doktrin, sondern eine Methode sei (not a doctrine, but a method), hat sich daher auch in der pädagogischen Richtung, die den Kernbereich des amerikanischen Pragmatismus darstellt, bestätigt. Es ist vornehmlich die experimentale Methode, die nach einem bewußten Durchspielen der Möglichkeiten zu innerweltlicher Bewährung führt. Erfahrung, Lernen und Wachstum sind die einander ergänzenden Stadien in einem Entwicklungsprozeß, der trotz der zunehmenden Weltbeherrschung offen bleibt in die Zukunft. Daher gebührt der Erziehung in allen Lagen der Vorrang: eine durch den jeweiligen Erfahrungszuwachs vertiefte Einstellung auf die wandelnden Lebenslagen. Das Lernen als die erzieherische Umsatzstelle des pädagogischen Pragmatismus hebt an in der wirklichen Lebenssituation.

In Ergänzung zur pragmatischen Erscheinungsform der Reformpädagogik ist die liberale Richtung, die vor allem in Europa aufweisbar ist, gekennzeichnet von einer unmittelbaren Hinwendung zum heranwachsenden Menschen, seinen Sorgen, Nöten und Möglichkeiten. Das vorherrschende Postulat ist auch hier das pädagogische Nichtstun als Abwendung vom erzieherisch bewußten Machen. Dagegen gilt als Ziel nicht die stete Verifikation der Einsicht durch ihre praktische Bewährung, sondern das

16 Vgl. John L. Childs: American Pragmatism and Education. New York 1956, S. 3.

17 Charles Sanders Peirce: How to Make our Ideas Clear. — Erstmals: Popular Science Monthly, Vol. 12, S. 286—302 (1878). Abgedruckt in: Peirce: Collected Papers. Ed. by Ch. Hartshorne und P. Weiss, Vol. V., S. 248—271. Cambridge (Mass.) ^{2}1960.

wachsende methodische Bewußtsein und die Möglichkeit einer unmittelbareren Begegnung zwischen Lehrer und Schüler im Medium der Sache.

Im Gegensatz zu diesen beiden einander verwandten reformpädagogischen Ansätzen, die trotz aller Polemik gegen breite Bereiche der pädagogischen Tradition von dem gelegten Fundament aus konstruktiv weiterbauen, stellt die revolutionäre Reformpädagogik einen kompromißlosen Sproß dar, der über den Umsturz der konservativen Elemente die Neugestaltung einleiten will. Die revolutionäre Pädagogik ist ihrem Wesen entsprechend der konsequenteste Bruch mit jeder Tradition und der Versuch, mit der Stoßkraft einer politisch-pädagogischen Utopie das bisher nicht Gestaltete zu verwirklichen. Davon macht auch die frühsowjetische Periode mit ihrem reformerischen Pathos keine Ausnahme, das seiner revolutionären Grundabsicht nach Schule und Erziehung zu einem Übungsfeld für die gesellschaftlich-industrielle Wirklichkeit[18] machen will.

Eine weitere Spielart in der Reformpädagogik ist schließlich eine synthetische oder pluralistische Richtung, in der im Hinblick auf bestimmte pädagogische Voraussetzungen mehrere dieser Methoden verbunden werden — zuweilen auch durch die Gestaltung eines relativ neuen Verfahrens. Angesichts der Internationalität der Bewegung und der sich daraus ergebenden gegenseitigen Anregung ist diese letztere Richtung dominierend geworden.

Gegenüber diesen reformpädagogischen Positionen ist die Kritik immer wieder vorgetragen worden — am heftigsten seit den zwanziger Jahren wohl gegen den pädagogischen Pragmatismus. Sie wendet sich gegen die Monomanie der guten Kräfte, denen freier Raum zur Entfaltung gesichert werden soll. Angesichts einer Welt, in der das Böse viele Gesichter kennt, erhält auch das erzieherische Bewahren und Widerstandleisten eine erhöhte Bedeutung. In unmittelbarem Zusammenhang damit steht die Übertreibung der Kindgemäßheit, die das Kind zum Maß aller pädagogischen Handlungen macht. Wenn auch das Wohl des Kindes oberstes Gebot für alle Ziele bleiben muß, so schließt das nachgehende Verfahren als eine mögliche erzieherische Grundeinstellung das dialogische, geleitende oder fordernde Verfahren nicht aus.

Überhaupt ist die Artikulation der methodischen Einsätze als eine wesentliche erzieherische Möglichkeit arg vernachlässigt worden. Die unangemessen hohen Erwartungen gegenüber einem pädagogischen Expressionismus haben zu einer Lähmung der Schule als Institution geführt. Die berechtigte Kritik an der Belehrungsschule hat eine Verallgemeinerung nach sich gezogen, die die Überwindung oder gar das Ende der Schule anstrebte. Die Schule ohne Schule — orientiert an den Lebensbereichen — hat notwendig die pädagogische Paradoxie zur Folge, daß das Leben mit allen seinen gefährdenden Begleiterscheinungen als Lehrer eingesetzt wird. Die konsequente Durchführung dieses Prinzips mußte die Anarchie aufkommen lassen. Nun kann auch

18 Vgl. Karl-Heinz Günther: Bemerkungen über unser Verhältnis zur Reformpädagogik. In: Pädagogik. 11. Jg. 1956, S. 201. — Robert Alt: Über unsere Stellung zur Reformpädagogik. In: Pädagogik. 11. Jg. 1956, S. 360.

die Anarchie wie das Wagnis zu einem Erziehungsmittel werden — zu einem riskanten freilich, das insbesondere dann nachdenklich stimmen muß, wenn es nicht das ausnahmsweise gewählte ganz Andere bleibt, vielmehr zum Programm gehört.

Angesichts dieser breit und erfindungsreich angelegten Versuche einer Entschulung der Schule muß es erstaunen, daß die gegenwärtige Diskussion dieses Problembereichs die wichtige reformpädagogische Vorgeschichte völlig übersieht[19]. In historischer Dimensionierung muß notwendig der (im Grunde auch unberechtigte) ungeteilte Originalitätsanspruch aufgegeben werden; dafür gewinnt die Diskussion indessen an problemgeschichtlicher Tiefe und Tragfähigkeit der Aussage, wenn vieles angesichts der Vorgeschichte sowie der gemachten Erfahrungen relativiert oder korrigiert werden muß.

Der Vorrang der Sachen und Methoden gegenüber einer Klärung der erzieherischen Inhalte und Ziele ist eine weitere Einseitigkeit der Reformpädagogik. Die lebendige Auseinandersetzung mit den Dingen bleibt eine Scheinlebendigkeit, wenn sie nicht zu einer fachlich begründeten sowie menschlich gewichteten Einsicht führt. Ein Unterricht, der nicht in die geistige Wirklichkeit einführt, ist trotz aller Lebensnähe im wesentlichen ertraglos. Dieser Prozeß kann sinnvoll durch eine praktische Auseinandersetzung und Veranschaulichung eingeleitet werden — immer unter der Voraussetzung, daß er zu einem systematischen Durchdenken realer Aufgaben führt. Die Erstarrung der praktischen Einkleidung zum Dogma — ohne Rücksicht auf die Fragestellung und die Altersstufe — ist ein altes Gefahrenmoment der Reformpädagogik in allen ihren Richtungen. Es gibt auch rein geistige Formen der Veranschaulichung, die lebendiger und wirksamer sein können als der Weg über die reale Begegnung, die in der methodischen Monotonie zu einem Irrweg zu werden vermag.

Damit wird mit der »Verfälschung der Idee des Wissens«[20], die schon Scheler am Pragmatismus kritisierte, ein weiteres Gefahrenmoment deutlich. Durch eine einseitige Auslegung der Theorie von den bildenden Lebensumständen wurde der Wissenserwerb entwertet und die notwendigen Kenntnisse mit leerem Formalismus verwechselt. Das recht erworbene Wissen vermag aber durchaus den Lebenssinn zu erschließen und verdient daher den reformpädagogischen Bannfluch nicht. »Unglücklich ist eine Jugend, die nicht das Vergnügen am Geist erfahren hat und die nicht zu entflammen ist durch die Freude am Wissen und die Freude an der Schönheit, durch die Begeisterung für Ideen und das beschwingende Erlebnis der ersten Liebe und der schwelgerischen Wonnen, die Weisheit und Poesie gewähren.«[21] Diese harte Absage Jacques Maritains an den Pragmatismus in seinen an der Yale-Universität gehaltenen Vorträgen ist aus der thomistischen Gegenposition gesprochen und läßt gerade darum die Einseitigkeiten hell beleuchtet heraustreten. Dazu gehört auch die zu starke Ausrich-

---

19 Ivan Illich: Entschulung der Gesellschaft. München 1972. — Vgl. ergänzend Hartmut von Hentig: Cuernavaca: oder Alternativen zur Schule? Stuttgart, München 1971.

20 Max Scheler: Die Wissensformen und die Gesellschaft. Bern und München 1960, S. 226.

21 Jacques Maritain: Erziehung am Scheidewege. Berlin und Hamburg 1951, S. 31.

tung der Bildungsarbeit auf den Beruf — die »Berufsschulungssucht«, — wie ein Jacques Maritain verwandter Geist und nicht minder starker Gegner des Pragmatismus, Robert M. Hutchins, diese vermeintliche Fehlform nennt.

Dagegen hat die revolutionäre Pädagogik in Gestalt der frühsowjetischen Form weniger von seiten der pragmatischen und liberalistisch-positivistischen Richtung als im eigenen Lager Kritik gefunden. Die Gründe dafür dürften vielschichtiger und die postulierte Verwandtschaft spannungsreicher sein als allgemein angenommen wird. Die Reformpädagogik war in ausgesprochenem Maße in einer Zeit des Übergangs in Sowjetrußland ein Integrationsmittel, um die guten und unentbehrlichen traditionellen Kräfte sowie die Vertreter einer ausgesprochen revolutionären Pädagogik zusammenzuführen. Die Differenzen in der Grundauffassung wurden zusammengehalten durch die Erwartung, daß die innere Logik der eigenen Position sich durchsetzen werde. Die mit dem reformpädagogischen Ansatz für den Rahmen der revolutionären Richtung freigesetzte innere Dialektik haben Sergius Hessen und Nicholas Hans am Beispiel der Komplexmethode trefflich beschrieben: »Der ursprüngliche Sinn und das ganze Pathos der Methode der Komplexe bestand ja darin, daß die marxistisch — im Sinne des ›proletarischen Klassenkampfes‹ — aufgefaßte ›Arbeit‹ die ›bürgerliche‹ Autonomie der einzelnen Bildungswerte verschlingen sollte. Im Gegensatz zur radikalbürgerlichen Idee des Gesamtunterrichts sollte die kommunistische Idee eines ›komplexen Unterrichts‹ die Schule zu einem bloßen ›Überbau‹ und einem Werkzeug der proletarischen Klassendiktatur machen.«[22]

Die zustimmenden Urteile der westlichen Beobachter — etwa diejenigen von Washburne und Counts — berücksichtigen nur einen Teil der Wirklichkeit. Das bestätigen die vielen späteren Auseinandersetzungen und Revisionen dieser ersten Periode und ihrer Repräsentanten. Dazu gehören die Einwände aus der Sicht des kämpferischen Bolschewismus gegen die reaktionäre bürgerliche Pädagogik, insbesondere gegen Wentzel, Schatzki und Blonskij. Sie beanstanden allgemein die mangelnde Verbindung dieser bürgerlichen Pädagogik mit der radikalen Umwandlung der gesellschaftlichen Verhältnisse.

Die eigentlich pädagogische Widersprüchlichkeit der ersten Phase lag gerade in diesem Versuch, die reformpädagogischen Einsichten in den Dienst der kommunistischen Ideologie zu nehmen. Darüber hinaus trug schon die Pluralität der reformpädagogischen Methoden den Keim des Mißlingens in sich, weil sie eine Überforderung der Lehrerschaft darstellte und daher notwendigerweise eine Verfälschung der pädagogischen Absichten nach sich zog — nicht zuletzt auch wegen der ideologischen Umdeutung. Im Grunde stellt diese Periode in der Erziehungspraxis ein treffliches Beispiel für die pluralistische Richtung dar. Sergius Hessen und Nicholas Hans haben diese Situation (nach dem Buche von S. Dzjubinskij) in einem Gespräch mit einem Dorfschullehrer[23] anschaulich umschrieben, der angesichts der einander schnell abwechselnden

---

22 Sergius Hessen und Nicholas Hans: Fünfzehn Jahre Sowjetschulwesen. A. a. O., S. 94.
23 A. a. O., S. 21.

Reformpläne in einem Akt pädagogischer Selbsthilfe zu einer pluralistischen Methode getrieben wird.

Die härteste Kritik erfährt die Reformpädagogik — insbesondere die »Pädagogik vom Kinde aus« — von seiten der Marxistischen Pädagogik. Das »Verwerfen jeglicher objektiv gültigen Methode« wird ebenso abgelehnt wie die Überbetonung der »Eingebung des Lehrers« und das Zurückdrängen seines Führungsanspruchs — eine Entwicklung, von der befürchtet wird, daß sie anarchistische Verhaltensweisen zu fördern vermag. Die Hauptpunkte der Kritik sind der Mangel an objektivierbaren Wissensbeständen sowie die Subjektivierung des Unterrichts auf Kosten seiner wissenschaftlichen Durchdringung und Objektivierung. Diese Kritik wird am klarsten von Robert Alt dargelegt: »Wir sehen also, daß hier mit dem Verzicht auf eine objektive Methode des Unterrichts die Abkehr von der Kenntnis realer Tatbestände, von der rationalen, verstandesgemäßen Durchdringung der Objekte stattfindet und der Unterricht auch in den Einzelheiten eine völlig unwissenschaftliche Gestalt annehmen muß. Die Anschauung der Wirklichkeit, das exakte Beobachten und der sachliche Bericht werden ersetzt durch die phantasiegemäße Ausgestaltung empfangener Eindrücke und Erlebnisse.«[24]

Wie bei allen reformpädagogischen Richtungen wird die Kritik die Gegnerschaft nicht übersehen dürfen, die erst den neuen Ansatz zu seinem Profil kommen ließ. So hat eine Überbetonung der Prinzipien der »Regierung« durch die Pädagogik Herbarts erst die freieren Formen des pädagogischen Mit- und Zueinander herausgefordert. Daß es sich um Extreme handelt, haben Arbeiten wie Litts »Führen oder Wachsenlassen?« oder Zeidlers »Die Wiederentdeckung der Grenze« zu deuten versucht[25]. Dennoch besteht das unverlierbare Verdienst des reformpädagogischen Aufbruchs darin, daß der Versuch unternommen wird, die bloßen Formen pädagogischen Reglementierens durch die Formen der Selbsttätigkeit und -bestimmung zu ersetzen.

Die Kritik als der objektivierbare Prozeß des Scheidens in Für und Wider wird die Argumente in ihrem sachlichen Gewicht fortlaufend zu prüfen haben. Dabei wird sich

---

24 Robert Alt: Über unsere Stellung zur Reformpädagogik. In: Pädagogik. 11. Jg. 1956, S. 352. — Ders.: Zur gesellschaftlichen begründung der neuen schule. In: Pädagogik. 1. Jg. 1946, S. 12. — Werner Dorst: Zur Frage des pädagogischen Erbes in Deutschland. In: Pädagogik 6. Jg. 1951, S. 14. — Reformpädagogik und Berufspädagogik. Hrsg. von Wolfgang Fritz Haug. Berlin 1978 (Darin besonders: Adalbert Rang, Brita Rang-Dudzik: Elemente einer historischen Kritik der gegenwärtigen Reformpädagogik. Die Alternativlosigkeit der westdeutschen Alternativschulkonzepte, S. 6. — Georg Rückriem: Sieben Thesen über organisierte Willkür und willkürliche Organisation. Zur Kritik der Gegenschulbewegung, S.62.— Brita Rang-Dudzik: Pädagogischer Subjektivismus und objektive Notwendigkeit. Zur Kritik an der Reformpädagogik in der SBZ und in der frühen DDR [1945—1956], S. 87).

25 Vgl. Theodor Litt: »Führen« oder »Wachsenlassen«? 1927, 13. Auflage Stuttgart 1967. — Kurt Zeidler: Die Wiederentdeckung der Grenze. Jena 1926. — Ders.: Pädagogischer Reisebericht durch acht Jahrzehnte. Hamburg 1975.

immer wieder herausstellen, daß viele der Einwände gegen die Reformpädagogik bestimmt sind von den offensichtlichen Fehlformen in Idee und Praxis. Es gehört durchaus zum Wesen der pädagogischen Theorie, daß sie hingeordnet ist auf eine Praxis, so daß auch die Kritik beide Pole umgreifen muß. Verhängnisvoll wird dieser Prozeß immer dann, wenn er bestimmt wird von einer zufälligen und sehr begrenzten Kenntnis einer pädagogisch unzulänglichen Praxis. Wird der Aussagewert einer derartig punktuellen Begegnung mit der Praxis gegenüber dem im reformpädagogischen Grundgedankengang als möglich Aufgezeigten überschätzt, so entstehen gefährlich verallgemeinernde Urteile über eine vermeintlich unzulängliche Praxis, die einer schulfremden Theorie entsprungen ist.

Viele der Stellungnahmen gegenüber der Reformpädagogik sind Ausdruck einer derart punktuellen Einsichtnahme, die sich der pädagogischen Möglichkeiten in Theorie und Praxis nicht in vollem Ausmaß vergewissert hat. Sehen wir ab von jener großzügigen Form, die bereits durch eine abwertende Nennung des Wortes progressive education glaubt, der gesamten Bewegung das Urteil gesprochen zu haben, so bleibt noch eine ganze Reihe ernst zu nehmender Fälle. So bedürfte es einer Begrenzung jener globalen Urteile, daß die Schule durch die Reformpädagogik den kindlichen Launen und Interessen preisgegeben, die Autorität verlorengegangen, geistige Zucht durch Spielerei ersetzt worden sei, Bildung zu einer Frage des life adjustment abgewandelt wurde u. a. m. Diese Punkte seien daher in aller Kürze, gleichsam als Kritik der Kritik, beleuchtet.

Die Schlüsselfrage gilt mit Recht der Freiheit und ihrer sinnvollen Wahrung in geistiger Zucht und Bindung. Als Einwand gegen die Reformpädagogik erhoben, schließt sie den Zweifel daran ein, ob Ordnung und Sitte auch ohne äußere Reglementierung aufrechterhalten werden können. Es ist ein altes Vorurteil, daß Schule und Gebot zusammengehören. Dabei wird verkannt, daß es andere und nicht minder wirksame erzieherische Wege gibt, Autorität und Disziplin in der Schule zu wahren, als die vom Lehrer festgelegte und überwachte Ordnung. Sicherlich ist im frühen Kindesalter der Gehorsam aus bloßer Achtung vor Sitte und Ordnung notwendig. Aber dem Wesen aller Erziehung entsprechend, deren Ziel die schrittweise Ablösung des Geleits durch Selbständigkeit und Selbstverantwortung ist, müssen die Kinder sich nach ihrem möglichen Sinnverständnis schon selber für Ordnung und Sitte verpflichtet fühlen. Je mehr man für eine Angelegenheit sich einzusetzen bereit ist, um so größer wird auch die Wertschätzung sein. Eine äußerlich durch Machtbefugnisse legitimierte Autorität wird respektiert, eine innere und fachlich begründete kann in eine frei angenommene Bindung führen.

Die reformpädagogische Theorie und die gelungenen Bereiche ihrer Praxis beweisen, daß die Berücksichtigung der geistigen Interessen der Kinder in der Schule die Lernfreude vertieft, was wiederum dem Lernerfolg zugute kommt. Diese Form pädagogischer Potenzierung bleibt gebunden an einen Lehrer, der das methodisch-didaktische Verfahren bewußt gestaltet. Unter dieser Voraussetzung muß die Schule nicht der kindlichen Willkür preisgegeben werden, vielmehr gewinnt sie mit der inneren Lebendigkeit des Lernens die glücklichste Voraussetzung. Daß die kindlichen Interessen und Fragen zurechtgerückt, ausgeweitet und gegebenenfalls einmal zurückgestellt oder abgewiesen werden müssen, ist mit dem Ziel der Schule vermacht, das von der Reformpädagogik zwar eine sinnvolle Umdeutung, aber keine Ablehnung erfährt. Die Vorbereitung auf das Leben durch das Medium der lernenden Weltaneignung schließt auch für die reformpädagogische Theorie die Echtheit der Gehalte ein. Eine Aktivierung des Lernprozesses durch eine Kultivierung der Mittel als methodischer Selbstzweck ohne Sorge um die Bedeutsamkeit der Lehrinhalte ist keineswegs ein verbindliches reformpädagogisches Ziel — wohl aber ein Gefahrenmoment.

Überhaupt übersieht jener Einwand, daß die Schule zum Spielball kindlicher Interessen werde, eine andere gewichtige Tatsache. Das Grundverfahren der Reformpädagogik gehört nämlich in seiner methodischen Stufung — sei es nun als école active im Sinne Ferrières, als Arbeit nach den Interessenzentren Decrolys, als Projektmethode Deweys und Kilpatricks oder arbeitsunterrichtliches Verfahren — zu den ausgesprochen systematischen Lehrgängen. Hier drängt sich sogleich der Vergleich mit den Formalstufen Herbarts auf, die zweifellos auch bei deren Konzeption Pate gestanden haben, und nichts ist verfehlter, als von einer Spielschule sprechen zu wollen. Daß die Reformpädagogik darüber hinaus das Spiel, jene edelste Tätigkeitsform des Menschen, für die Schule wieder entdeckt hat, gehört durchaus zu ihren Verdiensten. Die sinnvolle Grenzziehung wird hier immer das pädagogisch Aufgegebene bleiben, dessen Schwierigkeiten eher im Menschlich-Allzumenschlichen als im Lehrgang ruhen. Es ist daher schon eher eine metaphysische als eine pädagogische Frage, ob die hier angelegten Schwächen der Neuen Erziehung im Hinblick auf die menschliche Entwicklung vielleicht zuweilen fruchtbarer sein können als das lückenlos vermittelte Wissen der traditionellen Schule.

Man kann indessen nicht sagen, daß das Wissen durch die Reformpädagogik schlechthin unterschätzt oder abgewertet wird. Abgelehnt wird lediglich die Vielwisserei als Ergebnis der Stoffhuberei, die zu keiner eigentlichen Bildung der Person führt. Nach den Einseitigkeiten der ersten Phase wurde in den zwanziger Jahren weithin die Notwendigkeit des Lernens betont — allerdings möglichst unter Wahrung eines realen Zusammenhangs. Dennoch hat die Reformpädagogik durch ihre Grundeinstellung unbewußt eine Hierarchie des Wissens und Wissenswerten geschaffen, an deren Spitze das Lebenswissen steht.

Daher bleibt der reformpädagogische Wissenskanon durch eine pragmatische und positivistische Ausrichtung auf die Lebensmeisterung begrenzt. Die historischen Studien sowie weite Bereiche des eigentlich philosophischen und religiösen Wissens kommen zu kurz — selbst im Sinne einer innerweltlich überkonfessionellen Religiosität. Die Reformpädagogik ist in ihrer erstaunlichen pädagogischen Entdeckerfreude ganz lebens- und weltzugewandt geblieben. Diese Blickrichtung schließt zwar die Sinnfrage nicht aus, aber fördert sie freilich auch nicht.

Die Reformpädagogik ist eine historische Bewegung und als solche auch in ihrer überspitzten Frontstellung nur aus der Opposition gegen die Belehrungsschule in ihren allbekannten Entartungsformen verständlich. Daß eine derartige Belehrungsschule heute selbst dann nicht mehr möglich ist, wenn bewußt ein konventioneller Kurs gewählt wird, ist ein Nebeneffekt der Reformbewegung. Sie hat, im Hinblick auf den Schulrahmen und seine stilvolle Gestaltung, das pädagogische Gewissen geweckt, das nicht völlig zu überhören ist. Aber auch eine Schule aus dem Geiste Deweys, Blonskijs, Ferrières, Kerschensteiners oder Petersens heraus konzipiert entspricht nicht völlig dem uns Notwendigen. Die Schule der Reformbewegung ist auch nicht die ideale Schule schlechthin, vielmehr eine optimale Schule, in der einige ideale erzieherische und methodisch-didaktische Gesichtspunkte in wechselnder Akzentuierung zur Geltung gebracht worden sind.

Diese Schule setzt einen Lehrer voraus, der nicht nur in hohem Maße begeisterungsfähig ist für die Gestaltung des Neuen, sondern es auch pädagogisch bewußt und reflektierend vollführt. Dieser Lehrertyp aus reformpädagogischem Geiste heraus ist weitaus seltener, als allgemein vermutet wird. Darin liegen die wesentlichen Gründe dafür, daß die Schulen so leicht abgleiten von der im Grunde strengen Linie. Dann tritt eine verhängnisvolle pädagogische Wechselwirtschaft ein, die Bindungslosigkeit für innere Zucht eintauscht und ziellose Bastelei mit interessenbetonter geistiger Arbeit verwechselt.

Neben den Montessori-Schulen haben vor allem die Waldorf-Schulen – nach der Gründung der ersten Schule 1919 durch Rudolf Steiner in Stuttgart zunächst für die Arbeiter der Waldorf-Astoria-Zigarettenfabrik eingerichtet – eine weltweite Verbreitung gefunden. Begründet durch das pädagogische Konzept Rudolf Steiners als Ausdruck seiner anthroposophischen Anthropologie haben sich die Waldorf-Schulen als ein wirksamer Lösungsbeitrag erwiesen, der Antworten auf die Erziehungskrise zu erteilen vermag.

Die Gründe liegen in dem umgreifenden pädagogischen und weltanschaulich begründeten Ansatz, der von einer äußeren Differenzierung wenig, aber von einer Erhöhung der erzieherischen Bemühungen alles erwartet. Gestützt wird dieser Ansatz durch ein relativ ganzheitliches Verfahren, das neben den geistigen Aktivitäten durch Betonung von Kunst, Werken, Eurythmie und Leibeserziehung auch den Körper und die Ausdrucksfähigkeit in einem komplexen anthropologischen Sinne anzusprechen und zu vertiefen versucht. In Fortführung dieser Intention ist in mehreren Schulen — beispielhaft in der Hibernia-Schule in Wanne-Eickel — auch die Berufserziehung einbezogen worden. Die Waldorf-Schulen können wie die Montessori- und Petersen-Schulen als Vorläufer der Gesamtschulen genannt werden, die indessen bis in die unmittelbare Gegenwart den Weg der inneren Reform bevorzugt haben.[25a]

25a Rudolf Steiner: Gegenwärtiges Geistesleben und Erziehung. Stuttgart ³1957 (1. Aufl. 1927). – Ders.: Die Erneuerung der pädagogisch-didaktischen Kunst durch Geisteswissenschaft. Dornach ²1958. – Ders.: Die Erziehung des Kindes. Stuttgart ²1965. – Helmut Schrey: Waldorfpädagogik. Bad Godesberg 1968. – Wilhelm Rauthe: Die Waldorfschule als Gesamtschule. Stuttgart 1970. – Georg Rist, Peter Schneider: die hiberniaschule. von der lehrwerk-

Die bewußt und stilgerecht gestaltete Reformschule ist auch gegenwärtig noch ein guter Orientierungspunkt über das schulisch Mögliche, wie die Schulen dieser Art zeigen. Sie sind zudem ein nachdrücklicher Beweis dafür, daß Theorie und Praxis einander in der Erziehungswirklichkeit wirksam ergänzen können. Darüber hinaus erweisen diese Schulen selbst dann, wenn sie sich als Arbeits-, Dalton-, Montessori-, Waldorf-, Jenaplan- oder Werkschulen zu einer bestimmten Richtung bekennen, daß zwar eine Schwerpunktbildung möglich ist, aber dennoch weitere Motive berücksichtigt werden müssen. Beispielhaft genannt sei in diesem Rahmen die Werkschule Merz in Stuttgart; sie wurde 1918 von Albrecht Merz aus reformpädagogischem Geist, den er als Teilnehmer des Weltkongresses der New Education Fellowship 1926 in Heidelberg erfahren hatte, gegründet. In dieser Schule wird bis zum heutigen Tage auf werktätiger Grundlage erzieherische Pionierarbeit geleistet. Möglich sind heute im Hinblick auf unsere Sorgen und Nöte vornehmlich synthetische Lösungen. Die Gestaltung geschlossener reformpädagogischer Systeme muß notwendig begrenzt bleiben. Alle gegenwärtig noch wirkenden Schulen der Reformpädagogik haben bei voller Wahrung ihres pädagogischen Propriums diese Offenheit in der weiteren Entwicklung behalten. Die Bereitstellung aber eines Kanons des erzieherisch und methodisch-didaktisch Möglichen und Erstrebenswerten sowie der Nachweis darüber, daß die Verwirklichung nur in einem weltweiten Austausch der Gedanken und Erfahrungen voll gelingen kann, ist das unverlierbare Verdienst der Reformpädagogik. Die Einsicht in den hohen Grad der Internationalität der pädagogischen Erwägungen und Planungen ist nicht nur ein Vermächtnis, sondern auch eine Verpflichtung gegenüber der Reformpädagogik, die Vergangenheit und Gegenwart zu vereinen vermag.

3. Die politischen Standorte

Gegen die Reformpädagogik ist häufig der Einwand erhoben worden, daß sie im Grunde eine unpolitische Bewegung gewesen sei. Ihr primärer Richtpunkt sei das Kind und seine Erziehung, ohne daß der Gesellschaftsbezug eine entsprechende Berücksichtigung gefunden habe. Die Festigung und Fortschreibung bestehender Verhältnisse — insbesondere der dominierenden Klassen — blieb ihr wichtigstes Ziel. Selbst dort, wo es ihr um Gesellschaftsveränderungen ging, sei es ein taktisches Manöver gewesen, um verbal etwas vorzutäuschen und um von den begründeten Aufgaben und Zielen der sozialistischen Erziehungsbewegung abzulenken. Das sicherste Anzeichen für Richtigkeit dieser Kritik bestehe darin, daß im gesamten offiziellen Schrift-

---

statt zur gesamtschule: eine waldorfschule integriert berufliches und allgemeines lernen. Reinbek bei Hamburg 1977. – Kl. J. Fintelmann, P. Schneider: Die Rudolf Steiner-Schulen – Menschenbildung auf der Grundlage der Anthroposophie. In: H. Röhrs (Hrsg.): Die Schulen der Reformpädagogik heute. Düsseldorf 1986, S. 159–184.

tum von den sozialistischen Reformbestrebungen überhaupt keine Kenntnis genommen wurde[26].

Diese Einwände erfolgen nicht grundlos, und dennoch treffen sie in dieser globalen Form nicht zu. Die Reformpädagogik ist eine ungewöhnlich komplexe Bewegung, der gegenüber — trotz unverkennbar durchhaltender Gemeinsamkeiten — der Einwand gemacht werden kann, daß es ihr an der eigentlich sinnstiftenden Mitte fehlte. Sie hat so unterschiedliche Sprecher hervorgebracht wie Cecil Reddie, Hermann Lietz, Berthold Otto, Maria Montessori, Paul Oestreich, Adolf Reichwein, Célestin Freinet u. a. Sicherlich waren sie alle keine pädagogischen Revolutionäre, die die Abschaffung der Klassengesellschaft als Grundvoraussetzung für die Menschenbildung betrachteten, wie es von seiten der marxistischen Pädagogik gefordert wird; sie waren in erster Linie Pädagogen und suchten die Reform mit pädagogischen Mitteln in pädagogischer Begründung einzuleiten.

Unter diesem Aspekt wurde die politische Aufgabenstellung aber von allen gesehen, allerdings von einem durchaus unterschiedlichen Standpunkt aus und daher auch mit einem grundverschiedenen Stellenwert. Dabei spielte auch das Freihalten der Schule von politischen Auseinandersetzungen eine Rolle; es ist angesichts der parteipolitischen Gegensätzlichkeit in den 20er Jahren, die am (damals gern karikierten) »Parteischeuklappen-Unmenschen«[27] vergegenwärtigt werden kann, ein pädagogisch nicht völlig unverständliches Verlangen. Es führte indessen in jenes andere Extrem, das die Politik überhaupt von der Schule fernhalten wollte.

Die Unterschiede der politischen Standpunkte und Sichtweisen sollen zumindest angedeutet werden. So ging es beispielsweise Cecil Reddie in platonischer Orientierung um die Bildung der Regenten in politischer Verantwortung. Dabei wurde der Rekrutierungskreis durchaus ausgeweitet, er blieb aber doch in erster Linie begrenzt auf die bereits herrschenden Kreise, die ihre Kinder zu offerieren verstanden.

Berthold Otto war in seinem pädagogischen Denken stets politisch bestimmt, aber aus tiefster Überzeugung blieb er Monarchist. Diese politische Grundeinstellung wird ihm selbst von der DDR-Pädagogik bestätigt: »Berthold Otto war ein politischer Pädagoge.«[28] Otto selber formulierte es folgendermaßen: »Die pädagogische Theorie ist von der politischen nicht zu trennen.«[29] Aber sein Ziel, die Monarchie durch parlamentarische Kontrolle schrittweise zu demokratisieren, hatte nicht minder utopische

---

26 K. W. Döring, H. Kupffer: Die eindimensionale Schule. Weinheim und Basel 1972, S. 72. — Bruno Schoning: Irrationalismus als pädagogische Tradition. A. a. O. — Bogdan Suchodolski: Theorie der sozialistischen Bildung. Hannover, Berlin, Darmstadt, Dortmund 1974.

27 Vgl. Pädagogik Deines Wesens. Gedanken der Erneuerung aus dem Wendekreis. Hamburg 1920, S. 76.

28 Geschichte der Erziehung. Redaktion: Karl-Heinz Günther, Franz Hofmann, Gerd Hohendorf, Helmut König, Heinz Schuffenhauer. A. a. O., S. 440.

29 Berthold Otto: Volksorganische Einrichtungen der Zukunftsschule. Berlin-Lichterfelde 1914, S. 2.

Züge wie seine wirtschaftspolitischen Spekulationen[30]. Deutlich ist aber, daß die politische Verantwortung, ihre Weckung und Vertiefung, kennzeichnend für sein gesamtes Konzept ist. Die Protokolle des Gesamtunterrichts zeigen, wie stark die Bestrebungen um eine politische Aufklärung angelegt sind — immer innerhalb des charakterisierten Rahmens, der organisatorisch durch die Hauslehrerschule und durch die Hauslehrerbestrebungen abgesteckt ist.

Dagegen war das Sinnen und Trachten von Paul Oestreich und Fritz Karsen im Kreise der entschiedenen Schulreformer — Kawerau, Ausländer, Baege, Hilker u. a. —, deren Sprecher sie beide waren, auf eine einheitlich gegliederte Schule gerichtet, die eine pädagogische Heimstatt für jedermann werden könnte[31]. Daß gerade dieser Kreis aus der Sicht der Marxistischen Pädagogik das Prädikat »utopisch« erhält, zeigt die ganze Breite dessen, was als politische Zielsetzung im Rahmen der Reformpädagogik gesehen werden muß. Hohendorf übt diese Kritik beispielhaft an Karsen: »Karsen wollte an die Stelle der alten Schule eine Schule setzen, den ›Schulstaat‹, die ›Freie Schulgemeinde‹ oder die ›Produktionsschule‹, die einen völligen Bruch mit der alten Schule bedeutete. Karsen mußte zum Utopisten werden, weil er die objektive Realität des Imperialismus nicht verstand, die dialektische Methode weder kannte noch anerkannte und somit zu einem Vertreter der Ideologie der herrschenden Klasse in der Arbeiterklasse wurde.«[32]

Neben Paul Oestreich, der sich selber als einen »politischen Pädagogen«[33] bezeichnet, ist Pawel P. Blonskij ein exemplarischer Vertreter der entschiedenen Schulreformer, weil er die Schule zu einem politischen Lebensraum auszugestalten versucht. Die Bildung der Kinder zu Bürgern für eine bessere Gesellschaft von morgen ist sein Ziel. Die Mitte seiner Produktionsschule bildet die »Robinsonade«[34], die den Schülern die Mitwirkung bei der Ausgestaltung der (nach dem Modell des Schulstaates konzipierten) Schule in baulicher, organisatorischer und wirtschaftlicher Hinsicht gewährleistet; neben anderen Motiven zeugt sie von dem Einfluß Rousseauscher Ideen.

Aufschlußreich für die doppeldeutige Auslegung der entschiedenen Schulreformer von seiten der marxistisch-leninistischen Linie ist die Polemik Hohendorfs gegen Blonskij, den er zu den »reaktionären Theoretikern der ›Überwindung der Schule‹«

---

30 Berthold Otto: Der Zukunftsstaat als sozialistische Monarchie. Berlin 1910. — Ders.: Mammonismus, Militarismus, Krieg und Frieden. Berlin 1918. — Ders.: Die Rettung der Deutschen Wirtschaft. Langensalza 1919. — Ders.: Moral und Wirtschaft. Berlin-Lichterfelde 1931.

31 Paul Oestreich (Hrsg.): Entschiedene Schulreform. Berlin 1920. — Bernhard Reintges: Hauptschriften des Bundes Entschiedener Schulreformer. In: Pädagogik und Schule in Ost und West. 24. Jg. 1976, S. 125.

32 Gerd Hohendorf: Die pädagogische Bewegung in den ersten Jahren der Weimarer Republik. Berlin 1954, S. 87.

33 Paul Oestreich: Aus dem Leben eines politischen Pädagogen. Berlin, Leipzig 1947. — Winfried Böhm: Kulturpolitik und Pädagogik Paul Oestreichs. Bad Heilbrunn 1973.

34 Pawel P. Blonskij: Die Arbeitsschule. 1. Teil 1921, S. 53.

zählt. »Sie verfälschten die Lehre Lenins und zogen aus der Tatsache, daß in einer antagonistischen Gesellschaft die Schule das Instrument der herrschenden Klasse zur Aufrechterhaltung ihrer Macht ist, die völlig irrige Schlußfolgerung, daß sich die Schule im Sozialismus auflöse und die junge Generation ihre Erfahrungen und Kenntnisse aus der Teilnahme am Arbeitsprozeß allein ziehen könne.«[35] Die Kritik richtet sich gegen die »radikale Auflösung der Schule« durch »Blonskijs Arbeitsschule«.

Blonskij war weder Parteimitglied noch Vertreter des offiziellen pädagogischen Kurses. Daher fand er — ähnlich wie Makarenko — erst Ende der zwanziger Jahre seine Anerkennung in der UdSSR. Andererseits wird Reichwein in der Deutung durch Gerd Hohendorf nicht zuletzt wegen seiner Aufgeschlossenheit für Blonskijs »Arbeitsschule« in die kommunistische Linie der »Antifaschistischen Lehrer im Widerstand« eingegliedert[36]. Daß diese Deutung nur durch eine einseitige Auslegung der Fakten möglich wurde, ist von westlicher Seite mehrfach kritisch angemerkt worden[37]; so heißt es gegenüber diesen Interpretationen in östlicher Auslegung, daß sie nur »durch die beschlagene Brille antikommunistischer Vorurteile«[38] zustande gekommen seien.

In einem abschließenden Urteil über diesen Fragenkreis — und insbesondere über Reichwein — müssen alle Dokumente eine Berücksichtigung finden. Das Ergebnis ist, daß sich im antifaschistischen Widerstand alle Kräfte zu einer Gegenwehr gegen die Diktatur zusammenfanden. Wie stark der Widerstand gegen den Faschismus war, darüber gibt Band XV der Monumenta Paedagogica »Lehrer im antifaschistischen Widerstandskampf der Völker« (Berlin 1974) in ergreifender Weise Auskunft. Als ein Beispiel für die Breite der internationalen Front sei einerseits auf das instruktive Kapitel über die Hamburger Lehrerschaft[39] hingewiesen; zum andern sei auch das von nahezu übermenschlicher pädagogischer Hingabebereitschaft gekennzeichnete Eintre-

---

35 Gerd Hohendorf: Die pädagogische Bewegung in den ersten Jahren der Weimarer Republik. A. a. O., S. 83.

36 Gerd Hohendorf: Adolf Reichwein. In: Antifaschistische Lehrer im Widerstand. In der Reihe: Lebensbilder großer Pädagogen. Berlin (Ost) 1967, S. 54.

37 Vgl. Klaus Fricke: Die Pädagogik Adolf Reichweins. Bern, Frankfurt a. M. 1974, S. 9. — Wilfried Huber: Neuere Literatur zu Leben und Werk Adolf Reichweins. In: Pädagogische Rundschau, 31. Jg. 1977, S. 153.

38 Gerd Hohendorf: Adolf Reichwein. In: Antifaschistische Lehrer im Widerstand. A. a. O., S. 56. — G. Nitzsche: Die Saekow-Jacob-Bästlein-Gruppe. Berlin 1963. — Paul Mietzenheim: Adolf Reichwein. In: Lehrer im antifaschistischen Widerstandskampf der Völker. Zusammengestellt und bearbeitet von Gerd Hohendorf, Barbara Musick, Gerhard Schreiber. Monumenta Paedagogica. Bd. XV. 1. Folge. Berlin 1974, S. 326.

39 Gertrud Meyer: Widerstand und Verfolgung Hamburger Lehrer (1933—1945). In: Monumenta Paedagogica. Bd. XV: Lehrer im antifaschistischen Widerstandskampf der Völker. A. a. O., S. 336.

ten von Janusz Korczak für seine Waisenkinder – bis zur gemeinsamen Fahrt in das Vernichtungslager Treblinka – genannt[40].

Als Arzt in einem Warschauer Krankenhaus lernte Korczak das Kinderelend im Rahmen des Proletariats kennen. Das war der entscheidende Anstoß zu seiner zweiten und eigentlichen Berufsentscheidung, Pädagoge zu werden. Nach seinen Entwürfen wurde das Waisenhaus »Dom Sierot« gegründet, dessen Leitung er 1911 übernahm und bis zum schrecklichen Ende 1942 innehatte. Janusz Korczak, der auch der »polnische Pestalozzi« genannt wird, hat es mit einer kongenialen Einfühlungsbereitschaft, verbunden mit einer praktischen Hilfsfähigkeit, verstanden, die Welt des Kindes von ihrem ureigensten Lebenszentrum, den alltäglichen Sorgen und Freuden her, einsichtig aufzuschließen[41]. In der Art seiner Deutung wird nicht nur die Lebenssituation Pestalozzis auf dem Neuhof und in Stans gegenwärtig, vielmehr wird auch viel von den geistigen Kräften, die sich in der sozialen Bewegung im Rahmen der Reformpädagogik in Ost und West regten, in dieser verantwortungsbewußt gestalteten Kinderwelt spürbar.

In diesem Rahmen der antifaschistischen Lehrer muß auch Reichwein gesehen und gedeutet werden. In der Würdigung dieser Züge stimmen die Darstellungen in Ost und West in einem erstaunlichen Maße überein. Daß Reichwein darum kommunistische Ziele anstrebte oder heute realpolitisch vertreten würde, ist auf dem Hintergrund des Lebensweges unwahrscheinlich. Unabhängig von dieser Kontroverse hinsichtlich des politischen Standorts wird Adolf Reichwein allseitig als der politisch verantwortungsbewußte Pädagoge anerkannt. Er gilt als ein Pädagoge, der sowohl in der Anlage seines Berufsweges und in der Gestaltung seiner Aufgaben als auch in der Bewährungsstunde seines Lebens bewußt politisch gehandelt hat.

Reichwein verkörpert schlechthin die Gestalt des Erziehers, der die ihm gestellten Lebensziele in wachsender politischer Einstellung erfüllt und im Zusammenhang mit der erworbenen Welterfahrung seine pädagogischen Aufgaben in Angriff nimmt. Seine Haltung in der politischen Grenzsituation am 20. Juli 1944 wirkt wie eine letzte Bewährung dessen, was in diesem Lebensweg von Anbeginn angelegt ist.

Dennoch läßt sich gegenüber der bisherigen Auslegung manche Korrektur anbringen. Einmal bedarf die Deutung Reichweins als »Antifaschistische(n) Lehrer im Widerstandskampf« einer ergänzenden Anmerkung. Reichwein war durch und durch Antifaschist, aber sein Mißtrauen und seine Vorbehalte waren differenziert gegen jede radikale Wendung des Sozialismus gerichtet. So hat Reichwein genügend Einwände gegen den Kommunismus vorgebracht, die eine prosowjetische Vereinnahmung verbieten sollten und die zugleich seine Vorstellungen von einem humanen Sozialismus deutlich werden lassen. Aufschlußreich ist auch, wie der durch die Jugendbewegung und den Sozialidealismus Natorps und Tillichs geprägte Reichwein bei hoher Einschätzung des politischen Kräftespiels jede dauerhafte Entwicklungsänderung von

40 Janusz Korczak: Wie man ein Kind lieben soll. Göttingen 1967.

41 A. a. O., S. 4 ff. – Ders.: Das Recht des Kindes auf Achtung. Göttingen 1970.

dem Einbezug der Kultur abhängig macht. Die Kultur ist ihm das Fundament der menschlichen Existenz und ihrer politischen Sicherung.

Diese Wechselbeziehung muß »organisch« wachsen und ist daher nur bedingt »machbar«. Eine im doppelten Sinne instruktive Stellungnahme Reichweins zum angesprochenen Fragenkreis sei angeführt: »Wir sind jetzt manchmal mit Kommunisten zusammen gewesen; waren auch neulich bei der kommunistischen Jugenddemonstration, bei welcher Gelegenheit auf dem Heimweg in Charlottenburg von der Polizei ein Junge von 15 Jahren erschossen, vier andere schwer und eine Anzahl anderer leicht verletzt wurden (z. T. durch Bajonettstiche). Das war für die Schupo meiner Ansicht nach – obwohl die Berichte in der Presse zugunsten der Polizei gefärbt waren – eine sehr peinliche Affäre, da sie ohne Grund provoziert hat. Aber auch solche eigenen Erlebnisse können mich nicht zum Kommunisten bekehren: ich kann nicht glauben, daß man einfach eine neue Kultur durch Umgestaltung der ›Verhältnisse‹ ›machen‹ kann.«[42]

Daß darin der Indoktrination ebenso enge Grenzen gesetzt werden wie der Revolution, ist ein unmittelbarer Ausdruck der (stark morphologisch orientierten)[43] Denkweise Reichweins. Die Charakteristik Beckers durch Reichwein in der kleinen Studie: »Carl-Heinrich Becker, Siegelbewahrer des Humanen« hat zugleich Aussagekraft für den Autor. Er selber war ein Wächter der Kultur und des in steter Wechselwirkung mit ihr geweckten Humanen, aber bei stärkerer Akzentuierung des Politischen. Daher war er ein Gegner totalitärer Regelungen[44]. Wenn auch das von ihm vertretene Gildenprinzip[45] die Gegnerschaft zum Klassendenken bekundet, so doch in einer freien kooperativen Form, ohne ideologisch vorgeprägte Einengung.

Wie stark Reichwein von der Reformpädagogik und ihren politisch orientierten Modellen beeinflußt ist, zeigt sein eigener Schulversuch in Tiefensee. Bereits die Thematisierung »Schaffendes Schulvolk«[46] bringt die arbeitsunterrichtliche Zielstellung zum Ausdruck, allerdings unter dem Einfluß der produktiven Spielform der entschiedenen Schulreformer. Es sind zweifellos Anregungen der Schulfarm-Konzepte und insbesondere der Produktionsschule Blonskijscher Prägung aufweisbar, die aber in ein schulisches Gemeinschaftsleben integriert werden, in dem das gemeinsame Erleben und Wollen zur Grundlage einer Arbeitsgemeinschaft wird. Die Arbeitsgemeinschaft

42 Brief an den Vater. Berlin, 5. September 1922. In: Adolf Reichwein. Ein Lebensbild aus Briefen. Ausgewählt von Rosemarie Reichwein unter Mitwirkung von Hans Bohnenkamp. Hrsg. von Ursula Schulz. München 1974, S. 46.

43 Carl Heinrich Becker. Siegelbewahrer des Humanen. In: H. H. Schaeder (Hrsg.): Carl Heinrich Becker. Ein Gedenkbuch. Göttingen 1950, S. 5.

44 Adolf Reichwein: Rußland, das Heute und Wir. In: Vivos voco. Zeitschrift für neues Deutschtum. 3. Jg. 1922/23, S. 400.

45 Adolf Reichwein: Die Gilde. In: Volkshochschulblätter (Neue Form der Blätter der Volkshochschule Thüringen) 6, 1924/25, S. 15. – Zitiert nach Klaus Fricke: Die Pädagogik Adolf Reichweins. A. a. O., S. 93.

46 Adolf Reichwein: Schaffendes Schulvolk, Stuttgart 1937.

findet ihre Freiheit verwirklicht vor der selbstgefundenen Aufgabe unter dem gemeinsam formulierten Gesetz, das das Schulleben regelt. Dieser Gedanke hat bereits den Schulversuch von Johannes Langermann bestimmt, den dieser nach Stein-Fichteschen Gesichtspunkten im Rahmen einer Hilfsschule gestaltete[47] und dessen pädagogisch-politischer Grundgedanke der Selbstbestimmung auf Reichwein gewirkt hat.

Neben Reichwein muß ein zweiter allzu häufig übersehener Repräsentant der Reformpädagogik im Zusammenhang mit den antifaschistischen Lehrern ausdrücklich genannt werden: Aloys Fischer. Er ist Gegner und Opfer des Nationalsozialismus zugleich. Fischer hat aber auch in entscheidendem Maße die wissenschaftliche Klärung der Ziele, Inhalte und Methoden der reformpädagogischen Strömungen, wie Arbeitsschule, Kunsterziehung, Erlebnispädagogik u. a. gefördert. Er hat darüber hinaus durch seine grundlegenden Schriften wie »Arbeiten und Lernen«[48] und »Humanisierung der Berufsschule«[49], »Staat und Bildung«[50], »Bildungspolitische Ideen und Mächte der Gegenwart«[51] dazu beigetragen, daß das reformpädagogische Gedankengut seine Verwirklichung im Rahmen der Schulen erhält und zwar nicht nur in einzelnen Versuchsschulen, sondern in der vollen Breite der Erziehungswirklichkeit.

Daneben hat er durch seine entscheidenden Beiträge zur wissenschaftstheoretischen Grundlegung der Erziehungswissenschaft dafür Sorge getragen, daß dieser gesamte Prozeß seine wissenschaftliche Rückbindung und Auswertung erfahren kann. Was aber wohl in diesem Zusammenhang entscheidend ist: er hat diese Entwicklung in bewußter Gegnerschaft zum Nationalsozialismus und in hoher politischer Verantwortung vorangetrieben. Verheiratet mit der Jüdin Paula Thalmann wurde er 1937 zwangsemeritiert und starb im nächsten Jahr, während seine Frau im Konzentrationslager Theresienstadt umkam und sein Sohn Ernst Maria, der als Maler bereits ein bedeutendes Werk gestaltet hatte, kurz vor seiner geplanten Emigration am Westwall fiel.

Hier ist auf ein exemplarisches Leben und Werk hinzuweisen — nicht aus Pietät, sondern aus Verantwortung vor wissenschaftlichen Beiträgen, die noch heute Vorgriffe auf die Zukunft darstellen, weil sie ein immer noch viel zu wenig beachtetes System der Erziehungswissenschaft verkörpern. Im Gegensatz zu vielen anderen Repräsentanten gewinnt dieses Werk durch die Lauterkeit und Verantwortungskraft des dahin-

---

47 Johannes Langermann: Der Erziehungsstaat nach Stein-Fichteschen Grundsätzen in einer Hilfsschule durchgeführt. Berlin-Zehlendorf 1911. — Vgl. auch Franz Pöggeler: Die Verwirklichung politischer Lebensformen der Erziehungsgemeinschaft. Ratingen 1954.

48 Karl Kreitmair (Hrsg.): Aloys Fischer. Ausgewählte pädagogische Schriften. Paderborn 1961, S. 5.

49 Karl Kreitmair, Josef Dolch (Hrsg.): Aloys Fischer. Leben und Werk. Bd. 2, München o. J. (1950).

50 Karl Kreitmair, Hermann Röhrs (Hrsg.): Aloys Fischer. Leben und Werk. Bd. 8, München 1971, S. 357.

51 A. a. O., S. 420.

ter stehenden politischen Wollens an Glaubwürdigkeit und Exemplarität in der Aussage[52].

An den wenigen, aber durchaus exemplarischen Beispielen wird neben der Komplexität der Positionen eines deutlich: die Reformpädagogik war in ihrer Grundeinstellung durchaus politisch. Die Vielfalt der politischen Standpunkte — mögen sie an Parteien, zeitspezifischen Strömungen oder letztpersönlich geprägt gewesen sein — ließ keine einheitlich strukturierte politische Meinungsbildung aufkommen. Die parteipolitische Gegensätzlichkeit, die sich in permanenten Auseinandersetzungen äußert, hat Berthold Otto wiederholt beklagt. Er spricht von einer gegenseitigen »Kämpfergerichtsgesinnung«, die sich einerseits in politischer Rücksichtslosigkeit, aber andererseits in »steigender Empfindlichkeit der Parteien«[53] äußert.

Aus dieser Situation heraus ist die Forderung C. H. Beckers zu verstehen, die in vielen Varianten von ihm wiederholt wird: »Wir müssen versuchen, zu einer nationalen statt zu einer parteipolitischen Bildungspolitik zu kommen.«[54] Die nationale Konsolidierung wurde in organologischer Betrachtungsweise, die viele verwandte Züge mit der Deutung Reichweins zeigt, als Voraussetzung für die internationale Kooperation betrachtet. Diesen Gedanken hat Becker besonders eindringlich in dem Vortrag »Der soziale Wandel und die Erziehung unter dem Gesichtspunkt der Verschiedenheit der Völker« dargelegt, den er auf dem Weltkongreß des Weltbundes für Erneuerung der Erziehung 1932 in Nizza gehalten hat[55].

Durchaus verwandt mit dieser Sichtweise deutet James L. Henderson, der erste Biograph Reichweins, dessen Grundanschauungen: »Reichweins Sozialismus entsprang seiner Liebe zum deutschen Volk, aus der er immer neue Kraft und Gewißheit schöpfte.«[56] Diese nationale Grundeinstellung ist geboren aus der Sorge um die politische Sicherung des Lebensrahmens, der erzieherisch nur wirksam bleiben kann, wenn die parteipolitischen Konflikte nicht in die Selbstzerfleischung führen. Daher wurde auf diesem Hintergrund der parteipolitischen Gegensätzlichkeit 1913 von der sozialdemokratischen Reichstagsfraktion der Antrag gestellt, einen »Reichsschulrat« einzurich-

---

52 Hermann Röhrs: Die Pädagogik Aloys Fischers. Versuch einer Darstellung seines wissenschaftlichen Gesamtwerks. Heidelberg ²1957. — Karl Kreitmair: Aloys Fischer. Leben und Werk. 8 Bde. München o. J. (1950) ff. — Hermann Röhrs: Aloys Fischer. In: Josef Speck (Hrsg.): Geschichte der Pädagogik des 20. Jahrhunderts. Bd. 1. Stuttgart, Berlin, Köln, Mainz 1978, S. 72.

53 Berthold Otto: In schwerer Zeit. In: Deutscher Volksgeist. Zeitschrift zur Verständigung zwischen allen Schichten des Volkes. 27. Jg. 1927, S. 17.

54 Carl Heinrich Becker: Kulturpolitische Aufgaben des Reichs. Leipzig 1919, S. 6.

55 Vgl. Carl Heinrich Becker: Der soziale Wandel und die Erziehung unter dem Gesichtspunkt der Verschiedenheit der Völker. In: Sixth World Conference of the New Education Fellowship. Ed. by Wyatt Rawson. London o. J., S. 14. — Hermann Röhrs: Die Reform des Erziehungswesens als internationale Aufgabe. A. a. O., S. 19.

56 James L. Henderson: Adolf Reichwein. Eine politisch-pädagogische Biographie. Stuttgart 1958, S. 76.

ten[57]. Dieser berechtigte Antrag fand allerdings keine Mehrheit, weil die Ansprüche der Länder auf Wahrung der Kulturhoheit zu ausgeprägt waren und das föderalistische Prinzip noch durch die parteipolitischen Taktiken verstärkt wurde.

Hier von einem überspitzten Nationalismus sprechen zu wollen, wäre aus mehreren Gründen ein einseitiges Urteil. Nationalismus und Internationalismus schließen einander keineswegs aus; in einer pädagogisch ausgewogenen Bildungsarbeit müssen sie sich ergänzen. Im Verlauf der Reformbewegung fanden die Richtungen in bewußt abgestimmter Form nur in wenigen Fällen zusammen. Mit nicht minderer Berechtigung ist allerdings auch festzustellen, daß die isolierten Lösungen die selteneren geblieben sind. Reddie und Lietz sind zwar Nationalisten reinen Gepräges, aber selbst sie sind von der Notwendigkeit der internationalen Kooperation und Verständigung überzeugt und versuchen, sie in ihrem Bildungsprogramm zu verankern. Lietz fand zudem seinen pädagogischen Ausgangspunkt wie auch Geheeb in der sozialreformerischen Arbeit im Kreise Moritz von Egidy.

Die sozialistische Programmatik in der klassenkämpferischen Zielstellung eines Abbaus der Bildungsprivilegien sowie der wirtschaftlichen Gegensätze als deren mögliche Ursache wurde von der kommunistischen Richtung vertreten. Ihre pädagogische Repräsentanz findet sie einmal durch die Kinderfreundebewegung und zum andern durch einzelne Vertreter, von denen Edwin Hoernle und Célestin Freinet genannt seien. Es ist insbesondere die sozialistische Kinder- und Jugendarbeit im Rahmen der Kinderfreundebewegung in Deutschland und Österreich gewesen, die eine Grundlage für die Umsetzung der kommunistischen Ideen in der erzieherischen Breitenarbeit anbahnte.

Das Ziel, wie es von Otto F. Kanitz formuliert wird[58], ist im Rahmen der vorgegebenen kapitalistischen Klassengesellschaft die Erziehung zum Klassenkampf. Die Erziehung ist im marxistischen Verständnis schlechthin gesellschaftliche Erziehung, die (soweit überhaupt) ausschließlich von der herrschenden Klasse wahrgenommen wird. Aus dieser erziehungspolitischen Tatsache folgert Edwin Hoernle die Notwendigkeit einer proletarischen Erziehung: »Man kann eine Revolution auf dem Gebiete der Erziehung nicht herbeiführen, ohne gleichzeitig das soziale Milieu zu verändern, d. h. ohne die ökonomisch-politische Revolution des Proletariats und ohne eine Wechselwirkung zwischen Politik und Erziehung herzustellen. Nur in der Atmosphäre des proletarischen Klassenkampfes, nur in dem Milieu der für den Sozialismus kämpfenden Arbeiterklassen, nur in engster Verbindung von Schule und Massenbewegung können die neuen Erziehungsgrundsätze und Einrichtungen, die neue Erzieher-Schule entstehen, deren die sozialistische Gesellschaft bedarf.«[59]

---

57 Heinrich Schulz: Der Weg zum Reichsschulgesetz. Leipzig 1920, S. 63. – Vgl. auch Christoph Führ: Zur Schulpolitik der Weimarer Republik. Weinheim, Basel, Berlin 1970, S. 30.

58 Otto Felix Kanitz: Das proletarische Kind in der bürgerlichen Gesellschaft. Jena 1925. – Ders.: Kämpfer der Zukunft. Frankfurt a. M. 1970.

59 Edwin Hoernle: Grundfragen proletarischer Erziehung. Frankfurt a. M. [4]1973, S. 14, 15.

Ein Grundsatz der marxistischen Richtung im Rahmen der Reformpädagogik besteht darin, die Menschen und ihre Lebensverhältnisse wechselseitig durch Umwandlung der Umweltbedingungen zu verändern. Darin beruht eine grundsätzliche Übereinstimmung mit den Rousseauschen Postulaten — allerdings bei einseitiger Betonung des klassenkämpferischen und politischen Gesichtspunkts.

Célestin Freinet ist bestrebt, für diesen Umwandlungsprozeß den pädagogischen Rahmen in der Schule zu entfalten, der bei ihm als Schulkollektiv eine pädagogische Synthese zwischen dem Schulstaat und der Schulfarm bildet[60]. Die Druckerpresse als das schulpraktische Zentrum bietet Möglichkeiten sowohl hinsichtlich der selbsttätigen Aufgabenlösung — sei es als individuelle Leistung oder als kooperative Bewährung in der Gruppe. Der Austausch der Arbeitsergebnisse mit Patenschulen in anderen Regionen und Ländern gewährt zugleich die Möglichkeiten des internationalen Gedanken- und Erfahrungsaustauschs als Vorstufe zur internationalen Verständigung.

Der Gedanke der internationalen Verständigung und der Friedenserziehung ist am zentralsten in der New Education Fellowship angelegt und während der großen Weltkongresse überzeugend dargestellt und vorgelebt worden; er ist von dorther in die nationale Arbeit zurückgetragen worden. Die Zeitspanne von 1921 bis 1933 ist weitgehend von den Bestrebungen nach internationaler Verständigung und Kooperation gekennzeichnet gewesen. Beispielhaft könnten die Ansätze bei Elisabeth Rotten[61] und Maria Montessori[62] genannt werden. Wiederholt haben sich beide nachdrücklich für den Brückenschlag zwischen den Völkern und die internationale Verständigung als erzieherische Aufgabe eingesetzt. Dennoch wäre es eine Überschätzung dieser Tendenzen, sie als kennzeichnend für jenen Zeitraum anzusehen, wie überhaupt die Reformpädagogik keine eigentlich durchdringende Massenbewegung in Gang gesetzt hat. So waren auch die politischen Modelle der Schul- und Erziehungsgestaltung, wie sie im Rahmen der Reformpädagogik entfaltet wurden, allenfalls Orientierungshilfen, die für die Praxis Maßstäbe gesetzt, aber keineswegs diese Praxis einheitlich gestaltet haben.

Kennzeichnend für die Bestrebungen um eine politische Gestaltung der Praxis sind die Bemühungen um die staatsbürgerliche Erziehung bzw. politische Bildung der jungen Menschen. Wegweisend auf diesem Felde wurden die Ansätze von Homer Lane und Alexander S. Neill einerseits sowie von Kerschensteiner andererseits. Die aus der praktischen Arbeit mit schwererziehbaren jungen Menschen herausreifenden Vor-

---

60 Célestin Freinet: L'imprimerie à l'école. Gap 1927. — Ders.: L'éducation du travail. Neuchâtel 1960. — Ders.: Pour l'école du peuple. Cannes 1969.

61 Elisabeth Rotten: Probleme der Friedenserziehung. In: Das Werdende Zeitalter. X. Jg. 1931, S. 204. — Hermann Röhrs: Elisabeth Rotten. In: Lexikon der Pädagogik. 3. Bd. Freiburg i. Br. 1971, S. 449.

62 Maria Montessori: Disarmament in Education. In: New Era Vol. 13, 1932, S. 257. — Dies.: Frieden und Erziehung. Hrsg. von Paul Oswald und Günter Schulz-Benesch. Freiburg, Basel, Wien 1973.

schläge von Lane[63] und Neill[64] sind auf Personalisation und politische Mündigkeit durch bewußt gemachte Erfahrungen in der selbstverantwortlich gestalteten Gemeinschaft gerichtet. Nicht Belehrung über gesellschaftliche Werte und Umgangsformen, vielmehr ihre beispielhafte Gestaltung und Erfahrung ist das Ziel. Die Demokratisierung dieses Verfahrens geht so weit, daß jede Autorität durch Partnerschaft ersetzt wird, in der dann allerdings personale Reife und Erfahrung ihren natürlichen Stellenwert erlangen.

Aufschlußreich ist es in diesem Zusammenhang, daß Neills Arbeit in Summerhill ebenso wie seine ersten Publikationen[65] nur eine begrenzte Resonanz fanden. Der Gedanke der antiautoritären Erziehung mit allen politischen Implikationen hat erst in den 50er Jahren nach dem Scheitern der progressiven Erziehungsbewegung seinen vollen Einfluß nach den Erfahrungen mit dem »McCarthyanism« in den USA ausgeübt. Wie eine pädagogische Erweckungsbewegung fanden die Neillschen Ideen nunmehr ihren Weg nach Europa zurück. Nicht uninteressant an dieser Renaissance ist die Tatsache, daß Neill in den Rahmen der vermeintlich überwundenen progressiven Erziehungsbewegung gehört; seine ersten internationalen Gesprächspartner fand er im Kreise der New Education Fellowship, aber seinen Ideen wurden auch bald Vorbehalte entgegengebracht, so daß er als Mitarbeiter der »New Era« ausscheiden mußte.

Die staatsbürgerliche Erziehung in der Auslegung Kerschensteiners ist dagegen in erster Linie eine »Lehre von den Pflichten« und erst in zweiter Linie eine »Lehre von den Rechten« des Staatsbürgers. Diese Pflichten gilt es im täglichen Tun zu üben. Die Schule im Geiste Kerschensteiners muß sich daher als ein kleines Staatsgefüge konstituieren mit einer Fülle echter sozialer Aufgaben: »Der einzige Weg, für das Leben im Staate vorzubereiten ist, sich zu bewegen im sozialen Leben ...«[66] Immer wieder betont er darum – in gedanklicher Übereinstimmung mit seinem Vorbild John Dewey – die Notwendigkeit der selbsttätigen und selbstverantwortlichen Arbeit im Rahmen der Arbeitsgemeinschaft und der freiwilligen Unterordnung unter die selbstgewählten Träger der Schülermitverwaltung als »conditio sine qua non« der staatsbürgerlichen Erziehung.

Im Zusammenhang mit diesem Konzept der staatsbürgerlichen Erziehung erhält auch das Verhältnis von Allgemeinbildung und Berufsbildung eine neue Auslegung. In der industriellen Gesellschaft ist die Arbeit das Schicksal eines jeden Menschen geworden. Die berufliche Qualifikation wird die Grundlage der menschlichen Existenz. Die Bildung des »idealen Menschen« – das ist der »Fundamentalsatz« Kerschenstei-

63 E. T. Bazeley: Homer Lane and the little Commonwealth. London 1965.

64 Alexander S. Neill: Theorie und Praxis der antiautoritären Erziehung. Das Beispiel Summerhill. A. a. O. – Summerhill: Pro und Contra. 15 Ansichten zu A. S. Neills Theorie und Praxis. A. a. O.

65 Alexander S. Neill: Summerhill. In: New Era. Vol. 9, 1928, S. 70.

66 Georg Kerschensteiner: Der Begriff der staatsbürgerlichen Erziehung. Leipzig, Berlin 1923, S. 51.

ners, der Allgemein- und Berufsbildung verbinden soll — führt über den »brauchbaren Menschen«. Nur im Zusammenhang mit der Berufsarbeit behält die Allgemeinbildung ihren tieferen Sinn als Persönlichkeitsbildung: als Bildung des Menschen in der Gemeinschaft und für die Gemeinschaft. Sein Ziel ist daher, daß jeder zu seiner menschlichen und politischen Reife kommt durch die Bewährung in dem ihm schicksalhaft zugewiesenen Wirkungsbereich, in dem ihm gegenwärtig allein Mensch zu werden *und* zu sein beschieden ist[67].

Das ist auch der eigentliche Grund, warum er mißtrauisch bleibt gegenüber jeder bloßen Allgemeinbildung und eine Verlängerung der Schulzeit durch ein 9. und 10. Schuljahr nur in engem Zusammenhang mit dem Berufsgedanken, ja möglichst in Verbindung mit der Berufsschule, befürwortet. Das Leben in einer tätigen Gemeinschaft, die täglich neue Erprobung in werktätiger Menschenliebe und selbstbescheidenem Ein- und Unterordnen in kooperativer Einstellung sucht, gilt ihm mehr als der theoretische Unterricht. Darum erblickt er in der Staatsbürgerkunde auch weniger ein Instrument der staatspolitischen Belehrung als der Erziehung zu einer politischen Gesinnung, die ihre Bewährung zunächst im kleinsten Kreise findet: in der gemeinsamen Arbeit in der Gruppe und der selbstverantwortlichen Mitwirkung im Schulganzen. So gesehen ist die arbeitsunterrichtliche Gestaltung des Schullebens immer schon ein Stück staatsbürgerlicher Erziehung.

Diese Tatsache, den jungen Menschen mitverantwortlich mitwirken zu lassen, ist in der Reformpädagogik in vielen Spielformen angelegt. So wird der Erziehungsraum zum Übungsfeld, in dem die mitmenschlichen und -bürgerlichen Tugenden geübt werden. Beispielhaft sind diese Ansätze in der Schulgemeinde, dem Schulgericht, der Schulfarm, dem Schulstaat und dem Kollektiv aufweisbar. Dabei ist das Präfektensystem der englischen Schulen oft nur eine Vorform, zumal dann, wenn Verantwortung nur delegiert wird und die demokratische Basis fehlt.

Die Kritik an diesen Verfahren ist häufig geübt worden — am krassesten aus der Sicht der DDR-Pädagogik, die der »pädologischen« Verharmlosung der Aufgabenstellung mißtraut und die Lösung ausschließlich von einer revolutionären Umgestaltung der ökonomischen und politischen Verhältnisse erwartet[68]. Damit sind zugleich die beiden äußeren Pole politischen Selbstverständnisses im Rahmen der Reformpädagogik angedeutet. Daß beide von der politisch-terroristischen Maschinerie des Nationalsozialismus überrollt und in das menschliche Verderben und den politischen Ruin gerissen wurden, muß Anlaß sein, um nach Möglichkeit und Notwendigkeit einer »Erziehung nach Auschwitz«[69] zu fragen, um die Wiederholung ein für allemal zu verhindern.

67 Georg Kerschensteiner: Der Begriff der staatsbürgerlichen Erziehung. München [7]1950, S. 49.

68 Vgl. Gerd Hohendorf: Die pädagogische Bewegung in den ersten Jahren der Weimarer Republik. A. a. O., S. 87.

69 Theodor W. Adorno: Erziehung zur Mündigkeit. Frankfurt a. M. 1970. (Darin: Erziehung nach Auschwitz, S. 92).

Dennoch wäre es einseitig, aus einer ex-eventu-Perspektive aufgrund der Erfahrungen im Nachhinein Schuldsprüche an die Reformpädagogik richten zu wollen. Sie ist weder der Keimboden noch der Vorläufer des Nationalsozialismus. Der verbrecherische Mißbrauch ist keine Fortführung, sondern der brutale Bruch einer begonnenen Entwicklung. Dennoch müssen auf dem Hintergrund der teuer erkauften Erfahrungen Lehren aus dieser Entwicklung gewonnen werden — weniger nach dem Muster einer historia docet als demjenigen einer Geschichte des Menschen als Zubereiterin des menschlichen Lebensrahmens und seiner menschlich-politischen Bedingungen.

Die reformpädagogische Bewegung wurde 1933 in Deutschland jäh unterbrochen. Das Reden von ihrer präfaschistischen Funktion scheint den Blick für die Tatsache getrübt zu haben, daß dem Nationalsozialismus als totalitärem Regime nichts so suspekt und verhaßt war wie der liberale und humanitäre Kurs der Reformpädagogik. Internationalität und Friedenserziehung als umgreifende Ziele der Reformpädagogik sind Gegenpole zum Faschismus, weil sie weder den Aufbau von Feindattrappen noch Meinungsmanipulation erlauben; gerade aus den Reihen der Reformpädagogik sind dem Faschismus entschiedene Gegner erwachsen. Daher mußte auch die New Education Fellowship — als die übernationale Sammlungsbewegung der Reformpädagogik — ihre Arbeit weitgehend einstellen, weil ihre Konferenzen in den unter faschistischem Einfluß stehenden Ländern verboten wurden. Progressivität, Humanität, Liberalität als Grundmotive reformpädagogischer Arbeit standen im völligen Widerspruch zu den Zielen des Faschismus, die auf Militarismus, Rassismus und Nationalismus gerichtet waren. In den USA standen die Repräsentanten der Reformpädagogik (Dewey, Kilpatrik, Counts, Washburne u. a.) dem Sozialismus als einer politischen Lebensform, von der sie meinten, sie sei der pädagogischen Fragestellung gegenüber auf natürliche Weise offen, sehr nahe. Während ihrer frühen Reisen durch die UdSSR glaubten sie diese Auffassung bestätigt, zumal die frühsowjetische Entwicklungsperiode ein reiches Anwendungsfeld ihrer pädagogischen Ideen darstellte[70]. Daneben gelten Alexander S. Neill, Siegfried Bernfeld, Célestin Freinet u. a. auch in der unmittelbaren Gegenwart noch als pädagogische Gewährsleute, die keiner der jungen Kritiker in die vermeintlich präfaschistische Reformpädagogik einordnen würde.

In Deutschland waren die wirtschaftliche Depression und die Auswirkungen des Versailler Vertrags Ursachen dafür, daß der Nationalsozialismus eine so starke Resonanz im Volk fand. Ein großer Teil derer, die sich aus dem Kreise der Reformpädagogen zur Mitarbeit entschlossen, hoffte, eigenen Ideen zur Wirkung verhelfen zu können, was angesichts einer militärisch und totalitär organisierten Bewegung objektiv kaum als berechtigte Hoffnung gelten konnte.[71] Daneben spielten Opportunismus,

70 Hermann Röhrs: Die progressive Erziehungsbewegung. A. a. O., S. 18, 66, 77.

71 Selbst in einer politisch so ausgewogenen Zeitschrift wie »Die Erziehung« ist nach 1933 der Prozeß der Umorientierung festzustellen. Vgl. Hans-Jochen Gamm: Führung und Verführung. Pädagogik des Nationalsozialismus. München 1964. – Helmut Keim, Dietrich Urbach

Existenzangst und Selbsttäuschungsbereitschaft hinsichtlich der — für jeden kritisch Prüfenden hinlänglich einsichtigen — neuen Ziele in einer denkwürdigen Wechselwirkung eine erhebliche Rolle. Alle mußten indessen sehr bald erfahren, daß für die Mitwirkung in der reibungslos laufenden politisch-militärischen Maschinerie ausschließlich der politische Funktionär, aber in keiner Weise der Reformpädagoge gefordert war.

Hinsichtlich des Neubeginns nach 1945 ist wiederholt der Einwand erhoben worden, daß er unkritisch an die Entwicklung von 1933 angeschlossen und somit die Reformpädagogik erneut zum Ausgangspunkt gewählt habe. Damit war aber keine Restauration eingeleitet, vielmehr ein Anschluß an den pädagogischen Erkenntnisstand der 30er Jahre gewährleistet, der aus mehreren Gründen fundamental wichtig war: einmal, weil gerade die Reformpädagogik durch den Nationalsozialismus gewaltsam unterbrochen war und zum andern, weil diese Entwicklung die gemeinsame Basis mit den Alliierten sicherte, die — trotz einer begonnenen kritischen Auseinandersetzung — ebenfalls noch in der reformpädagogischen Tradition standen.

Der damals vorgelegt „Grimme-Plan“ kann durchaus als eine produktive Synthese einiger reformpädagogischer Bestrebungen bezeichnet werden[72]; daneben zeigt er in den Grundzügen eine gewisse Verwandtschaft mit dem englischen Erziehungsgesetz von 1944 und dem französischen Langevin-Wallon-Plan. Ein erzieherischer Neubeginn nach Auschwitz im Sinne einer „Umerziehung“ hätte aber neben der Entmilitarisierung und Entnazifizierung sehr viel stärker die Ziele der internationalen Verständigung und Friedenserziehung zum orientierenden Mittelpunkt eines im reformpädagogischen Sinne weiterentwickelnden Bildungswesens machen müssen.

Eine der Grundbedingungen des Lebens in der modernen Gesellschaft ist die Demokratisierung der Lebensvoraussetzungen, aber nicht nach undurchsichtigen und unkontrollierbaren Verfahren einer Delegierung der Verantwortung schlechthin, vielmehr eine menschliche und politische Qualifizierung und Legitimierung aller als einzelner zur Wahrnehmung der Verantwortung ihrem Entwicklungsstand und Mündigkeitsgrad entsprechend. Darüber hinaus ist ein ausgeprägtes kritisches Sensorium gegenüber totalitären und radikalisierenden Lösungen ebenso auszuprägen wie die Fähigkeit, den produktiven politischen Kompromiß im nationalen und internationalen Rahmen anzustreben.

Nicht die bloße Bewahrung des Erreichten, sondern seine einfallsreiche und verantwortungsbewußte Weiterentwicklung hinsichtlich der besseren Lösung von morgen

---

(Hrsg.): Volksbildung in Deutschland 1933–1945. Braunschweig 1976. – Karl Christoph Lingelbach: Erziehung und Erziehungstheorien im nationalsozialistischen Deutschland. Weinheim, Berlin, Basel 1970. – Hermann Röhrs: Nationalsozialismus, Krieg, Neubeginn. Frankfurt/M., Bern, New York, Paris 1990.

72 Vgl. Bildungspolitik und Bildungsreform. Hrsg. von Leonhard Froese. München 1969. – The British in Germany. Edited by Arthur Hearnden. London 1978. – Günter Pakschies: Umerziehung in der Britischen Zone 1945–1949. Weinheim, Basel 1979.

muß das Ziel für die politische Grundeinstellung sein. Sie ist das Mittel für Gesellschaftsveränderungen und — was noch wichtiger ist — für Gesellschaftsverbesserungen. Dieses Verfahren ist wirkungsvoller als die Revolution, weil das Erreichte erhalten bleibt und zugleich in politischer und pädagogischer Verantwortung seine Weiterentwicklung erfährt. Die Mitte aller dieser Bestrebungen muß die Weckung des Friedenswillens und die Stärkung der Friedensbereitschaft sein, wie sie in breiten Kreisen der Reformpädagogik lebendig waren.

Die Politik kann wiederum auch — das ist eine wichtige Lehre der Reformpädagogik — die Reform gefährden. Einerseits muß die pädagogische Reform bereits den politischen Akt des Umdenkens der Bildungsfragen im Sinne ihrer Umsetzbarkeit in einer bestehenden Gesellschaft einschließen. Ohne diese politische Dimension erhält die pädagogische Reflexion in Sorge um die Weiterentwicklung erzieherischer Prozesse nicht die Wirkungskraft einer umgreifenden Reform. Sonst bleiben die Verbesserungsversuche einzelner didaktischer Inhalte oder erzieherischer Ziele isolierte Maßnahmen. Soweit es indessen um die Verwirklichung pädagogischer Reformpläne unter realpolitischen Voraussetzungen geht, erweist sich deren bildungspolitische Durchsetzungsmöglichkeit häufig als nicht ausreichend. Es beginnt dann jener Anpassungsprozeß an parteipolitische Wünsche, Vorstellungen und Zielsetzungen, die von zeitspezifischen politischen Konstellationen und Konfrontationen abhängig sind.

Dieser Prozeß ist in einem demokratischen Staatswesen von fundamentaler Bedeutung für die Erhaltung und Fortentwicklung der Demokratie. Gerade zur Sicherung dieser Linie ist es aber notwendig, daß dieser parteipolitisch orientierte Umsetzungsprozeß von einer Bildungspolitik verantwortet wird, die ihre Entscheidungskriterien erziehungswissenschaftlich zu begründen versucht. Bleibt das Leitmotiv die parteipolitische Verve und nicht die pädagogische Verantwortbarkeit vor der inneren Bündigkeit des Reformprojekts, so kann es zu nominellen Aktionen kommen. Durch Restriktionen werden die Pläne derart formalisiert und limitiert, daß ihr pädagogischer Kern deformiert erscheint. Die Umsetzung besteht dann nur in symbolischen Akten, die in der begrenzten Form weder Glaubwürdigkeit noch Überzeugungskraft ausstrahlen.

4. Die Reformpädagogik als Fundament der gegenwärtigen Entwicklung

Ein abwägender Blick auf die Reformpädagogik lehrt, daß jene Ansätze am lebendigsten fortwirken, die wissenschaftlich konzipiert und in wissenschaftlicher Verantwortung gestaltet wurden. Dieser Hinweis hat seine Gültigkeit hinsichtlich der Montessori-, Decroly-, Jenaplan- und Daltonplan-Schulen. Wenn auch in unterschiedlichem Ausmaß, so liegt allen diesen Institutionen ein wissenschaftliches Konzept zugrunde, das als objektivierte Gründungsurkunde für die weitere Entwicklung Sicherheit und Folgerichtigkeit gewährleistet. In allen genannten Positionen wird die Weiterentwicklung durch eine lebhafte und kritische Diskussion vorangetrieben, die wegen der vorliegenden wissenschaftlichen Kriterien immer wieder auf das sachliche Grundanliegen gelenkt und objektiviert werden kann.

Um so bedauerlicher ist die Feststellung der folgenden Tatsachen: Hinsichtlich der Mehrzahl der Neuen Schulen mangelt es an den entsprechenden Klärungsversuchen, die einerseits die Kriterien bestimmen, die den Anspruch auf die verheißungsvolle Bezeichnung definieren; zum andern fehlen Kontrolluntersuchungen, die ihre Leistungsfähigkeit und die besondere Erziehungskraft erweisen. Leider gibt es zu der umfangreichen Eight-Year Study, die in den USA von 1933 bis 1941 gestaltet wurde[73], keine parallele Untersuchung über die Wirksamkeit der Neuen Schulen in Europa; im Grunde hat die amerikanische Studie wenig Resonanz gefunden; sie ist bis zur Gegenwart weitgehend unbekannt geblieben, obgleich sie eine der wenigen repräsentativen empirischen Studien darstellt.

Was den Versuch einer Bestimmung der Kriterien für eine Neue Schule betrifft, so muß auf den frühen Klärungsansatz von Ferrière hingewiesen werden. 1899 hat Ferrière das »Bureau International des Ecoles Nouvelles« gegründet, das sich weitgehend der genannten Aufgabe widmete. Dazu wurden 30 Kriterien (je 10 hinsichtlich der körperlichen, der geistigen und der moralisch-religiösen Erziehung) als Voraussetzung für die Anerkennung als Neue Schule definiert[74]. Unter Anwendung dieser Kriterien wurden Listen der Neuen Schulen auf allen Kontinenten zusammengestellt und veröffentlicht. Die von Ferrière 1922 veröffentlichte Liste umfaßt 44 Neue Schulen – davon 13 in Deutschland, 6 in Frankreich, 15 in England und 10 in den USA. Darunter finden sich in Deutschland vor allem die Gründungen von Lietz, Wyneken und Geheeb, in England Abbotsholme und Bedales, in Frankreich die Ecole des Roches und in den USA die Francis W. Parker School, die Fairhope Organic School und die Gary Schools[75]. Darüber hinaus versuchte Ferrière Kontakte und kooperative Verhältnisse zwischen den neuen Schulen zu stiften.

Diese Arbeit wurde vor allem im Rahmen der New Education Fellowship – nicht zuletzt durch die Initiativen Ferrières – fortgeführt[76]. Die Breite des Kreises der Versuchsschulen wurde bereits auf der Konferenz in Helsingör deutlich. Dort waren im Rahmen der Gruppenarbeit unter dem Titel »New Schools in Action« u. a. die folgenden Repräsentanten anwesend: M. G. Bertier (Ecoles des Roches), Paul Geheeb (Odenwaldschule), O. B. Powell (Bedales), Caroline Pratt (Play School, New York), Roger Cousinet (Les écoles nouvelles, Frankreich), Julius Gebhard (Hamburger Versuchsschulen), Fritz Karsen (Kaiser-Friedrich-Realgymnasium, Berlin), A. J. Lynch (West Green School, London).

---

73 Wilford M. Aikin: The Story of the Eight-Year Study. New York 1942. Zur Erörterung dieser Studie vgl. Hermann Röhrs: Die progressive Erziehungsbewegung. A. a. O. (Darin: Die Erfolgsfrage an die Neuen Schulen, S. 113).

74 Adolphe Ferrière: Le Bureau International des Ecoles Nouvelles. In: Erziehung und Wirklichkeit. Festschrift zum 50jährigen Bestehen der Odenwaldschule. Braunschweig 1960, S. 65.

75 Vgl. Adolphe Ferrière: Les écoles nouvelles à la campagne. In: L'Ere nouvelle, 1922.

76 Vgl. hierzu Hermann Röhrs: Die Reform des Erziehungswesens als internationale Aufgabe. Rheinstetten-Neu 1977, S. 64.

Obgleich weder die Daltonplan-Schulen und die Winnetka-Plan-Schulen noch die Schulen nach der Methode Decroly oder Montessori vertreten waren, zeigte sich ein originäres Feld, das geradezu zu einem Vergleich der gemeinsamen Grundzüge und der differenzierenden Faktoren herausfordert. Kees Boeke hat den Gedanken der internationalen Schulkooperation 1951 mit seinem »Internationalen Plan« im Anschluß an Ferrière wieder aufgegriffen und im Rahmen des Weltbundes für Erneuerung der Erziehung den Versuch unternommen, durch Projekte Patenschaftsverhältnisse zwischen den Schulen verschiedener Länder zu stiften. Dieser Plan Kees Boekes, der selber durch die Gründung des Werkplaats in Bilthoven bei Utrecht Leiter einer Neuen Schule[77] war, blieb ohne eigentlich wissenschaftlichen Ertrag und wurde nicht fortgeführt.

Sicherlich ist die Folgerung nicht berechtigt, die Reformpädagogik zum alleinigen Fundament der gegenwärtigen Entwicklung erheben zu wollen. Wenn formal dazu auch der Hinweis auf die in Europa durch den Krieg unterbrochene Entwicklung ein gewichtiges Argument darstellt, so muß einschränkend festgestellt werden, daß die Geschichte unter veränderten bildungspolitischen Voraussetzungen weitergegangen ist. Ein Zurück zu den reformpädagogischen Bewegungen ist weder möglich noch wünschenswert. Dazu sind manche Positionen zu euphorisch und zu wenig wirklichkeitsbezogen.

Was indessen real- und bildungspolitisch möglich wäre, ist das kritische Durchdenken und Sichten dieser reichen Bewegung hinsichtlich ihrer vielen auch gegenwärtig noch tragfähigen und zukunftsträchtigen Motive. Eine Auseinandersetzung mit den reformpädagogischen Grundgedanken bedeutet stets eine substantielle Bereicherung, weil hier gültige Antworten auf Fragen entwickelt wurden, die in veränderter zeitspezifischer Konfiguration noch unsere Fragen sind.

Das Konzept der daltonisierten Schule, die Methoden von Decroly, Freinet, Montessori, Steiner, Petersen sind noch heute so aussagekräftig wie in den 20er Jahren, als sie entwickelt wurden. Genauer gesagt: sie gehören auch gegenwärtig zu den wenigen gültigen Modellen, die eine begründete und bewährte Antwort auf die Bildungsproblematik geben.

Der entscheidende Grundgedanke der Reformpädagogik, der ihre Verästelung in die verschiedensten pädagogischen Bereiche zusammenhält, ist das Prinzip der Selbsttätigkeit in der Erziehung. Es zeigt sich in der Individualisierung des Unterrichts ebenso wie in den Formen der Selbstbeurteilung oder Mitverwaltung. In einer erfindungsreichen Weiterentwicklung, Gestaltung und Umsetzung des reichen pädagogischen Ideengutes der pädagogischen Klassiker entstand ein neues Bild der Schule als Lebens-und Wirkungsraum des Kindes, in dem es sich wohlfühlt, weil es durch seine Mitwirkung ein begründetes Heimatrecht erwirkt.

Mit Blick auf den bewährten Bestand der Reformpädagogik wäre die Lösung — im Gegensatz zu dem nicht möglichen und nicht wünschenswerten Zurück — in einer

---

77 Vgl. in diesem Buch S. 60.

permanenten Auseinandersetzung mit ihrem bleibenden Bestand hinsichtlich einer besseren Bewältigung der Aufgaben von morgen zu suchen. Ein Zurück ist auch darum nicht notwendig, weil die reformpädagogischen Schulen in unserer Mitte gegenwärtig eine noch beredsame Zeugenschaft ausüben. Was an diesen Beispielen augenfällig ist, gilt sinngemäß auch von weiteren Teilen der Reformpädagogik. Von entscheidender Bedeutung bleibt die stete Vergegenwärtigung ihrer Grundeinsichten, denn die Reformpädagogik ist wie jede historische Epoche potentiell stets von der Gefahr des Vergessenwerdens bedroht.

Die Gründe dafür, daß die Reformpädagogik weder in Europa noch in den USA zu einer umfassenden und dauerhaften Wirkung gekommen ist, sind mehrfacher Art: Einmal ist die Reformpädagogik eine so komplexe Bewegung, die nicht auf einzelne theoretische Grundformeln zurückführbar ist, und zweitens ist es geradezu unmöglich, die Ziele eindeutig im Rahmen eines Curriculums oder einer Form der Schulorganisation zu verankern. Daher sind die Einflüsse kaum eindeutig fixierbar. Wird indessen die erzieherische Grundeinstellung und der Versuch, die Lehrinhalte anschaulich und lebensnah zu vermitteln, als Maßstab gewählt, so sind die Einflüsse der Reformpädagogik unermeßlich groß und von einer Intensität, die nur schwer abzuschätzen ist.

Alle Versuche, das Leben selber als curricularen Orientierungspunkt zu gewinnen und die Lehrinhalte schwerpunkthaft (exemplarisch) unter zeitlicher Betonung einzelner Gebiete (Epochenunterricht), bei Aktivierung der Schülerarbeit (Projektunterricht) — sei es im Projekt in Gruppen oder durch »Unterricht von der Seite« — zu gestalten, sind von der Reformpädagogik vorweggenommen worden. Selbst jene vermeintlich revolutionäre Abschaffung der Schule durch das Einlagern des Lernens in die Lebensbereiche hat ihre reformpädagogischen Vorformen. Insofern kann gesagt werden, daß die Reformpädagogik in einem breiten Ausmaß die Voraussetzungen geschaffen hat, die in der Gegenwart die geistige Grundhaltung für pädagogisches Planen und Gestalten ausmachen.

Um ideologische Verkürzungen und dogmatische Verengungen zu vermeiden, bedarf eine so vielschichtige Bewegung wie die Reformpädagogik immer wieder der kritischen Sichtung ihrer ursprünglichen Absichten sowie ihrer gegenwärtigen Perspektiven[78]. Ein Ergebnis muß jedoch bewußt bleiben: Die Reformpädagogik ist keine Schulbewegung; ihre reformpädagogischen Ziele sind vielmehr auf die gesamte Bildungswirklichkeit gerichtet: Sozialarbeit, Erwachsenenbildung, Frauenbildung, Bibliothekswesen, die in die Erörterung einbezogen wurden. In allen diesen Bereichen hat sie wirkungsvolle Beispiele gestiftet, die der historischen Sichtung, Weiterentwicklung und kritisch ingeniösen Anwendung bedürfen[79].

Wenn die Reformpädagogik auch nicht auf die Schule begrenzt ist, so stellt dieselbe dennoch das bevorzugte Feld ihrer Reformbemühungen dar. Die Schule vermag als Lebensraum der heranwachsenden Jugend eine Übergangsgesellschaft zu formieren,

---

78 Jürgen Oelkers: Reformpädagogik. Eine kritische Dogmengeschichte. Weinheim 1989.
79 Vgl. in diesem Buch S. 278–297.

in der jene sozialen und politischen Tugenden vorgeübt werden, die die Gesetze der Erwachsenenwelt nicht nur fortschreiben, sondern in kritischer Sicht auch analysieren *und* verbessern. Zumindest als Möglichkeit ist der Schule dieses Verfahren nahegelegt, und die Reformpädagogik hat durch ihre besten Exponenten es umzusetzen versucht. Lernen für eine mögliche bessere Gesellschaft von Morgen, die einen Teil der alltäglich empfundenen Unzulänglichkeiten zu verbessern versucht, ist die umfassendste Zielstellung dieser reformpädagogischen Schulen; sie versuchen auch heute noch diesen Weg beispielhaft zu erschließen[80]. Sie haben nicht nur auf Grund ihrer pädagogischen Stabilität und Entwicklungsfähigkeit modellhaften Charakter, sondern sie repräsentieren insgesamt Beispiele einer guten Schule mit einer lebendigen Methode[81].

Die Kontinuität in der Entwicklung wurde in erster Linie durch diese reformpädagogischen Schulen gewahrt. Während der Diktaturen haben sie ihr pädagogisches Erbe zu retten versucht, indem sie in formalistischer Erziehungseinstellung in die innere Opposition gingen oder aber sich partiell anpaßten, um die schulische Existenz zu sichern. Die Reformpädagogik hat gerade während der Zeit des Nationalsozialismus auf vielfältige Weise durch das Bewußtsein der Kontinuität ein pädagogisches Orientierungswissen wachgehalten, das erlaubte, den pädagogischen Alltag in Theorie und Praxis zu bestehen, ohne sich entscheidend auf die nationalsozialistische Pädagogik einzulassen oder sich in die Bildungsgeschichte zurückzuziehen.

Einen welch starken Rückhalt die reformpädagogischen Ideen in den existentiellen Grenzsituationen zu vermitteln vermögen, zeigt die Tatsache, daß sie sich selbst in der Emigration als gestaltungsfähig erweisen und einen pädagogischen Rückhalt gewährleisten können. Davon vermögen die Neugründungen nach der Emigration in aller Welt[82] – insbesondere aber auch in Israel[83] – ein gewichtiges Zeugnis abzulegen.

---

80 Vgl. Hermann Röhrs (Hrsg.): Die Schulen der Reformpädagogik heute. Handbuch reformpädagogischer Schulideen und Schulwirklichkeit. Düsseldorf 1986. (Mit Beiträgen über die traditionellen und alternativen Schulen von Rudolf Lassahn, Birgit Ofenbach, Hartwig Henke, Gerold Becker, Martin Näf, Michael Knoll, Winfried Böhm, Gernot Scheid, Klaus I. Fintelmann, Peter Schneider, Volker Merz, Hans Jörg, Theodor Klassen, Franz Pöggeler, Hildegard Feidel-Mertz, Michael Behr, Hartmut v. Hentig, Oskar Negt, Monika Bruns, Theodor Hellbrügge, Wolfram Floßner, Peter Paulig, David B. Sutcliffe, Ulf Händel, Jürgen Zimmer, Volker Lenhart. – Theodor F. Klassen, Eberhard Skiera, Bernd Wachter (Hrsg.): Handbuch der reformpädagogischen und alternativen Schulen in Europa. Burgbücherei Schneider 1990.

81 Hermann Röhrs: Die Reformpädagogik und ihre Perspektiven für eine Bildungsreform. Donauwörth 1991.

82 Hildegard Feidel-Mertz, H. Schnorbach (Hrsg.): Lehrer in der Emigration. Weinheim, Basel 1981. – Hildegard Feidel-Mertz (Hrsg.): Schulen im Exil. Die verdrängte Pädagogik nach 1933. Reinbek 1983.

83 Ludwig Liegle, Franz-Michael Konrad (Hrsg.): Reformpädagogik in Palästina (1918–1948). Frankfurt/M. 1989.

Wie stark die Kontinuität faktisch, trotz diskontinuierlicher Phasen und Intervalle war, zeigte die Zeit nach 1945. Der kurzfristige Wiederbeginn der Bildungsarbeit in Schule, Hochschule und Erwachsenenbildung wurde letztlich gesichert durch das gemeinsame reformpädagogische Fundament, das die sachlichen Voraussetzungen für eine Kooperation zwischen den Deutschen und den Alliierten gewährleistete[84].

Die traditionsstiftende und -sichernde Funktion der Reformpädagogik besteht darin, daß sie ein Modell reflektierter und (partiell) empirisch verifizierter Praxis darstellt. Sie liefert die klassischen Fälle der kritisch reflektierten Praxisgestaltung – mag es sich um die Kleinkinderziehung, die Schule, die Sondererziehung in der Vielfalt ihrer Fälle oder um die Erwachsenenbildung handeln. Die Reformpädagogik bildet ein weltweites Forum für den Dialog über die fortlaufende Gestaltung der Erziehungswirklichkeit in pädagogischer Verantwortung. Sie setzt, soweit ihr Lebensnerv erspürt werden soll, pädagogisches Verständnis für die Vielzahl der bedrängenden Sorgen und Nöte der unterschiedlichen Bereiche der Erziehungswirklichkeit voraus sowie eine eigene praktische Erfahrung, die erst das Aufschlüsseln der Vieldimensionalität der interdependenten pädagogischen Theorie und Praxis gewährleistet.

Die Repräsentanten der Reformpädagogik sind Gestalten eigener Dignität. Ihre Theorie ist fest mit den relevanten praktischen Wirklichkeitsbereichen verwoben, so daß das eine jeweils mit dem anderen mitbedacht sein will. Die Reformpädagogik stellt insgesamt gleichsam ein System der pädagogischen Schlüsselbegriffe dar, die, unter Nutzung der Grundeinsichten der pädagogischen Klassiker, die Bereiche der Erziehungswirklichkeit so erschließen und gestaltbar machen, daß ein nicht abreißender Dialog zwischen Theorie und Praxis entsteht. Es ist dieser Dialog, der Kontinuität und somit ein gemeinsames Fundament sichert, weil durch ihn Theorie und Praxis in ein einander forderndes Wechselverhältnis gebracht sind, in dem die eine Seite an der anderen gemessen wird. Aus diesen Gründen vermag gerade die Reformpädagogik in der historisch bedeutsamen Situation der politischen Annäherung zwischen Ost und West, Süd und Nord durch die Vergewisserung einer verwandten Vorgeschichte die Voraussetzungen für eine pädagogisch kooperative Zukunft zu sichern.

84 Ulrich Herrmann (Hrsg.): »Die Formung des Volksgenossen«. Weinheim und Basel 1985. – Karl Christoph Lingelbach: Erziehung und Erziehungstheorien im nationalsozialistischen Deutschland. Frankfurt/M. 1987. – Wolfgang Klafki (Hrsg.): Verführung, Distanzierung, Ernüchterung. Weinheim und Basel 1988. – Wolfgang Keim (Hrsg.): Pädagogen und Pädagogik im Nationalsozialismus. Frankfurt/M., Bern, New York, Paris [2]1990. – Hermann Röhrs: Nationalsozialismus, Krieg, Neubeginn. Frankfurt/M., Bern, New York, Paris 1990.

Personenregister

Heisenberg 160, 175

SACHREGISTER